21世纪中国高校
法学系列教材

民法（第五版）

主　编　房绍坤

撰稿人（以撰写章节先后为序）

房绍坤　季秀平　孙良国　于海防
曹相见　范李瑛　史浩明　王洪平

中国人民大学出版社
·北京·

作者简介

房绍坤，法学博士，吉林大学法学院教授、博士生导师，教育部高等学校法学类专业教学指导委员会副主任委员、中国法学教育研究会副会长；教育部“长江学者奖励计划”特聘教授，首届国家级教学名师，新世纪百千万人才工程国家级人选，中宣部文化名家暨“四个一批”人才，国家“万人计划”哲学社会科学领军人才。代表性著作有《公益征收法研究》《用益物权基本问题研究》，代表性论文有《民事法律的正当溯及既往问题》《标表型人格权的构造与人格权商品化批判》。

季秀平，法学博士，淮阴师范学院法政学院教授，硕士生导师，中国法学教育研究会理事，江苏省高校“青蓝工程”中青年学术带头人培养对象。代表性著作有《物权之民法保护制度》《物权总论》，代表性论文《优先权制度几个争议问题》《对债务客体的重新认识》。

孙良国，法学博士，吉林大学法学院教授，博士生导师。代表性论文有《违约方合同解除的理论争议、司法实践与路径设计》《效率违约理论研究》《论人身权侵权获益赔偿的性质、功能与适用》。

于海防，法学博士，烟台大学法学院教授，硕士生导师。代表性著作有《数据电文意思表示制度基本问题研究》，代表性论文有《数据电文意思表示形式问题的体系化解决》《人工智能法律规制的价值取向与逻辑前提》。

曹相见，法学博士，山东农业大学泰山法治研究院副教授，硕士生导师，山东省法学会农事法研究会秘书长。代表性论文有《权利客体的概念构造与理论统一》《人格权“受尊重权”之提倡》。

范李瑛，法学硕士，烟台大学法学院教授，硕士生导师，山东省高等学校教学名师，山东省法学会婚姻法学研究会副会长。代表性著作有《夫妻关系的立法与现实问题研究》，代表性论文有《夫妻财产契约所对致的物权变动》《论我国推行住房反向抵押法律制度保障》。

史浩明，法学硕士，苏州大学王健法学院副教授，硕士生导师，中国民法学研究会理事，江苏省法学会民法学研究会副会长。代表性论文有《我国地下空间开发法制体系的反思与完善》《论预约的法律效力及强制履行》。

王洪平，法学博士，烟台大学法学院教授，烟台大学中国土地政策法律实施评估研究中心主任。代表性著作有《公私法交融视域下的违法建筑问题研究》，代表性论文有《权益主体视角下农户家庭成员土地承包权益研究》《民法视角下土地经营权再流转的规范分析》。

第五版修订说明

2020年5月28日，第十三届全国人民代表大会第三次会议通过了《中华人民共和国民法典》，开创了我国民法的新时代。《民法典》整合了《民法总则》《物权法》《担保法》《合同法》《婚姻法》《继承法》《侵权责任法》等民事单行法的内容，并创新了若干新制度、新规则。为了及时反映《民法典》的内容，我们对教材进行了全面修订，主要做了如下工作：一是结合《民法典》的规定，对教材的全部内容进行了认真修改和补充，以帮助读者更好地理解《民法典》的基本精神；二是根据法律职业资格考试的发展变化，不再将原司法考试题作为例题，并对例题、课堂讨论案例做了适当调整；三是根据读者对第四版提出的意见和建议，对相关内容进行了完善。

本次修订工作由作者共同完成，具体分工如下：房绍坤，第一编；季秀平，第二编；孙良国，第三编；于海防，第四编；曹相见，第五编；范李瑛，第六编；史浩明，第七编；王洪平，第八编。修订稿完成后，由房绍坤统一修改定稿。因本次修订工作时间紧，加之对《民法典》的理解不够深入，书中不妥之处在所难免，望广大读者批评、指正。

房绍坤

2020年6月

编写说明

民法是法科学生的必修课，属于法学教育的核心课程之一，也是司法考试中分值比重较大的部门法学。为使学生掌握民法的基本概念、基本理论、基本制度，培养学生运用民法知识解决实践问题的能力，帮助学生了解司法考试的基本要求和发展动态，我们在编写本教材时着重遵循了如下指导思想。

第一，按照我国未来民法典的体系结构，以大民法的学科体系进行设计，共分8编：民法总论、人身权、亲属、物权、债权总论、债权分论、继承权、侵权责任。

第二，采用全新的编写体例，章前设“引读案例”，以增加学生的学习兴趣；章后设“引读案例解答”，以帮助学生掌握案例分析的基本方法和思路。同时，章后设置“课堂讨论案例”和“重点思考习题”，以方便学生课堂和课后讨论、思考。在正文阐述中增加了“例题”及其“解析”，以培养学生分析和解决实际问题的能力。

第三，内容阐述力求简明扼要，尽量用简洁的语言集中阐述民法的基本概念、基本理论、基本制度，不作过多的理论分析和观点评述，不对历史发展、作用意义等内容展开论述，以便使学生对民法知识能够一目了然。

第四，紧密结合司法考试，章前设置“司法考试要点”，以使学生了解司法考试的基本要求，同时，以“例题”和“课堂讨论案例”的形式将历年司法考试真题收入教材中，以使学生了解司法考试的考点。例题解析意在帮助学生掌握司法考试题的方法、思路，增强解题能力。

本教材由房绍坤任主编，撰稿人的具体分工如下：房绍坤，第一编；张新民，第二编；范李瑛，第三编；季秀平，第四编；罗思荣，第五编；焦富民，第六编；史浩明，第七编；王洪平，第八编。初稿完成后，由主编进行全面修改、统稿并最后定稿。“引读案例”“引读案例解答”“例题”“解析”“课堂讨论案例”“重点思考习题”由房绍坤负责编辑、整理。

由于本教材的参编人数较多，加之能力和时间所限，书中不妥之处在所难免，欢迎广大读者批评指正，以便进一步修订和完善。

房绍坤

2009年1月

目　录

第一编　民法总则

第二编　物　权

第三编 合同总论

第四编　合同分论

第五编 人格权

第六编 婚姻家庭

第七编　继　承

第八编　侵权责任

第一编

民法总则

第一章
民法概述

引读案例

1. 甲是一位从事熟肉食品加工的个体工商户。一日，当地市场监督管理局接到群众举报，称甲用死鸡加工烧鸡，市场监督管理局即派乙前往调查。经检验，情况属实，乙当场查封了全部烧鸡。甲不服，与乙发生冲突。在争执中，甲将乙的手机摔坏。请分析以下问题：(1) 乙查封甲的烧鸡的行为是否应由民法调整？(2) 甲摔坏乙的手机的行为是否应由民法调整？

2. 甲是法国人，乙是英国人，两人均在中国某大学任外教。2016 年 5 月 5 日，两人在观看法国队与英格兰队的足球比赛时发生冲突，甲将乙打伤。于是，乙要求甲按照英国法律赔偿损失。请分析以下问题：(1) 甲将乙打伤的行为是否属于民法调整？(2) 甲将乙打伤的纠纷应当适用哪国法律解决？

法律职业资格考试要点

民法的概念；民法的调整对象（平等主体之间的人身关系、平等主体之间的财产关系）；民法基本原则；民法的适用

第一节　民法的含义和调整对象

一、民法的含义

民法是调整平等主体之间的人身关系和财产关系的法律规范的总称。民法一语，在不同场合具有不同的含义。

（一）形式民法与实质民法

形式民法是指从形式上界定的民法，即经过系统编纂，以“民法”命名的民法。形式民法存在于成文法国家，如各国的民法典。2020 年 5 月 28 日通过的《中华人民共和国民法典》（以下简称《民法典》）即属于形式民法。

实质民法是指从内容上界定的民法，即调整民事关系的法律规范的总称。实质民法既包括形式民法，也包括其他法律、法规中有关的民事法律规范。

（二）普通民法与特别民法

普通民法是指规范一般民事关系的民法。例如，《民法典》就属于普通民法。

特别民法是指规范特定方面、特定领域的民事关系的民法。例如，《中华人民共和国农村

土地承包法》（以下简称《农村土地承包法》）、《中华人民共和国合伙企业法》（以下简称《合伙企业法》）、《中华人民共和国公司法》（以下简称《公司法》）、《中华人民共和国涉外民事关系法律适用法》（以下简称《涉外民事关系法律适用法》）等，均属于特别民法的范畴。

（三）成文民法与不成文民法

成文民法又称制定民法，是指由立法机关制定的民事法律规范。成文民法是成文法国家民法的主要表现形式，在民法中占有十分重要的地位。

不成文民法是指成文民法之外的民事法律规范，如习惯法、判例法等。不成文民法主要存在于不成文法国家，但在成文法国家，习惯法、判例法也是民法的组成部分。

二、民法的调整对象

从《民法典》的规定来看，其不仅在第一篇“总则”规定了民法的调整对象（第 2 条），而且还于各分编规定了各自的调整对象（第 205 条、第 463 条、第 989 条、第 1040 条、第 1119 条、第 1164 条）。依据《民法典》第 2 条的规定，民法的调整对象是平等主体之间的人身关系和财产关系。

（一）民法调整的人身关系

人身关系是指具有人身属性，与民事主体的人身不可分离的，不具有直接经济内容的社会关系。民法调整的人身关系具有以下特点：（1）人身关系与主体的人身不可分离。离开了人身，人身关系即不存在。（2）人身关系不具有直接的经济内容。当然，人身关系与财产关系也有密切的联系，例如，夫妻之间的人身关系是相互扶助关系的前提，父母子女之间的人身关系是发生继承关系的前提，人身关系受到破坏将会产生损害赔偿关系等。（3）人身关系主体的法律地位平等。人身关系的种类很多、性质各异，既有国家生活中的人身关系（如选民关系），也有市民社会中的人身关系，民法所调整的人身关系只能是市民社会中的人身关系，即平等主体之间的人身关系。

民法调整的人身关系包括两大类：一是人格关系，即基于民事主体的人格而发生的社会关系。人格关系反映在权利上为人格权，如生命权、身体权、健康权、姓名权、名称权、肖像权、名誉权、荣誉权、隐私权等。人格关系主要由《民法典》人格权编调整，如第 989 条规定：人格权编“调整因人格权的享有和保护产生的民事关系”。基于人格权的保护，《民法典》侵权责任编规定了具体的救济措施。二是身份关系，即基于民事主体的特定身份而发生的社会关系。所谓身份，是指民事主体在特定社会关系中所处的一种与主体不可分离的地位或具有的资格。身份关系反映在权利上为身份权，如亲权、亲属权、配偶权等。身份关系主要由《民法典》婚姻家庭编调整，如第 1001 条规定：“对自然人因婚姻家庭关系等产生的身份权利的保护，适用本法第一编、第五编和其他法律的相关规定；没有规定的，可以根据其性质参照适用本编人格权保护的有关规定。”

（二）民法调整的财产关系

财产关系是指人们在社会生产、分配、交换和消费过程中所形成的具有经济内容的社会关系。民法调整的财产关系具有以下特点：（1）财产关系的主体主要是自然人、法人和非法人组织。国家只有在特殊情况下才能成为民事主体参与财产关系并受民法调整，如国家所有权关系、国债关系。（2）财产关系主体的法律地位平等。民法所调整的财产关系只能是平等主体之间的财产关系，非平等主体之间的财产关系不属于民法调整，因此，财产关系主体的法律地位是平等的。（3）财产关系当事人的意思自由。民法所调整的财产关系与当事人有着直接的经济利益，当事人是根据自己的利益自主、自愿地确立相互间的财产关系，不受他人意志的支配。

民法调整的财产关系包括两大类：一是财产归属与利用关系。这种关系属于静态的财产关系，表现为财产的所有和利用关系，反映在权利上主要是物权。财产归属与利用关系主要由《民法典》物权编调整，如第205条规定：物权编“调整因物的归属和利用而产生的民事关系”；《民法典》继承编所调整的继承关系也属于财产归属与利用关系，如第1119条规定：继承编“调整因继承产生的民事关系”。对于物权的保护，主要由《民法典》侵权责任编提供救济。二是财产流转关系。这种关系属于动态的财产关系，表现为债的关系，反映在权利上主要是债权。财产流转关系主要由《民法典》合同编调整，即合同编“调整因合同产生的民事关系”（第463条）。

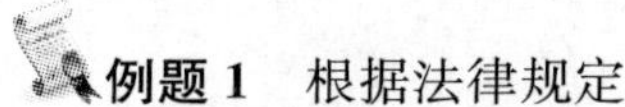

例题1 根据法律规定，下列哪一种社会关系应由民法调整？

A. 甲请求税务机关退还其多缴的个人所得税

B. 乙手机丢失后发布寻物启事称：“拾得者送还手机，本人当面酬谢”

C. 丙对女友书面承诺：“如我在上海找到工作，则陪你去欧洲旅游”

D. 丁作为青年志愿者，定期去福利院做帮工

解析：本题的考点是民法的调整对象，答案为B项。A项中，甲与税务机关的税收关系不是平等主体之间的社会关系，不属于民法调整。B项中，乙丢失手机后发布寻物启事属于悬赏广告，为平等主体之间的社会关系，属于民法调整。C项中，丙对女友的承诺属于一般生活关系，不具有民事权利、义务的内容，不属于民法调整。D项中，丁作为青年志愿者定期去福利院做帮工，属于道德关系的内容，不属于民法调整。

第二节 民法的基本原则

民法的基本原则是贯穿于各项民事法律制度之中的根本规则，是民法立法的指导方针和解释民法规范、适用民法规范以及进行民事活动的基本准则。

一、平等原则

依据《民法典》第4条的规定，民事主体在民事活动中的法律地位一律平等。平等原则是民法的首要原则，这是由民法调整对象的性质所决定的。因为民法的调整对象是平等主体之间的人身关系和财产关系，所以，没有平等原则，也就没有民法。

平等原则主要体现在以下方面：（1）民事主体的民事权利能力平等；（2）民事主体在具体民事法律关系中的地位平等；（3）民事主体平等地协商确定相互间的权利、义务；（4）民事主体的合法权益平等地受法律保护；（5）民事主体平等地负担义务和承担民事责任。

二、自愿原则

依据《民法典》第5条的规定，民事主体从事民事活动，应当遵循自愿原则。自愿原则又称意思自治或私法自治原则，是指民事主体按照自己的意思设立、变更、终止民事法律关系。

民法调整的是平等主体之间的人身关系和财产关系，这种民事法律关系的确立、变更、终止应完全由当事人自己决定，只有这样，才能真正体现民事主体之间的法律地位平等。当然，任何自由都不是绝对的，而只能是相对的、有限制的，民事主体自主自由地从事民事法律活动，也不得违反法律的规定，不得损害他人利益，不得违背公序良俗。

自愿原则主要体现在以下方面：(1) 民事主体根据自己的意愿决定民事事项。民事主体不仅可以自主决定是否参与民事法律关系，而且可以自主决定如何参与民事法律关系，如选择民事法律关系的相对人、民事法律关系的内容以及纠纷的处理方式等。(2) 民事主体应对依自己的真实意思作出的行为负责。民事主体应受根据自己的意愿所实施的民事法律行为的约束，并对行为后果承担责任。(3) 民事主体的意愿优于任意性规范而得到实现。因此，对于民法中的任意性规范，民事主体可以排除适用。

三、公平原则

依据《民法典》第6条的规定，民事主体从事民事活动，应当遵循公平原则。公平原则是指民事主体应当以社会主义的公平、正义观念指导自己的民事法律行为，合理确定各方的权利、义务。

公平原则主要体现在以下方面：(1) 民事主体参与民事法律关系的机会均等。在民事活动中，民事主体应当实行正当竞争，不得进行不公平、不公正的竞争行为，以保证民事主体都有均等的机会参与民事法律关系。(2) 民事主体的利益分配应当均衡。在民事主体的利益关系上，权利、义务分配要合理，利益与风险分担要均衡。一旦民事主体的利益关系失去均衡，就应当按照公平原则予以矫正。(3) 民事责任负担应合理。民事主体应当公平地解决民事纠纷，合理地确定其民事责任。

四、诚信原则

依据《民法典》第7条的规定，民事主体从事民事活动，应当遵循诚信原则。诚信原则是指民事主体在民事活动中，应当秉持诚实，恪守承诺，善意地行使权利和履行义务。诚信原则不仅是民事主体行使民事权利和履行民事义务的准则，也是人民法院解释当事人的意思、调整当事人之间以及当事人与社会之间的利益关系的基准，具有广泛的适用性，因此，被称为“帝王条款”。

诚信原则主要体现在以下方面：(1) 民事主体在民事活动中要讲诚信，反对欺诈；(2) 民事主体在行使权利时应善意为之，不得以损害他人利益和社会利益的方式来获取私利；(3) 在履行各种义务时，要信守诺言，不擅自毁约，并兼顾各方利益；(4) 在当事人的约定不明确或者订约后客观情形发生重大改变时，应依诚信原则确定当事人之间的权利、义务和责任。

五、守法与公序良俗原则

依据《民法典》第8条的规定，民事主体从事民事活动，不得违反法律，不得违背公序良俗。这里规定了民法的守法与公序良俗原则。守法，即不得违反法律；公序良俗原则是指民事主体在民事活动中不得违反社会公德，不得损害社会利益和国家利益。公序良俗原则是判断民事法律行为效力的基本准则，即凡是违反公序良俗原则的行为，都应无效。

公序良俗原则主要体现在以下方面：(1) 民事活动应当尊重社会公德和善良风俗。所谓社会公德，是指社会公认的道德规范。民事主体从事民事活动不得违反社会公德，不得违反善良风俗。(2) 民事主体不得滥用权利。民事主体行使权利不得损害国家利益、社会利益和他人利益，不得违反法律的强行性或禁止性规定。

六、绿色原则

依据《民法典》第9条的规定，民事主体从事民事活动，应当有利于节约资源、保护生态环境。这一规定，可以概括为绿色原则，体现了国家对资源、生态环境的高度重视。民事主体在从事民事活动时，不仅要注重节约资源，以实现资源利用的最大化、最优化，而且要切实保护生态环境，以防止造成对生态环境的损害。

第三节　民法的法源

民法的法源又称民法的渊源，是指民法规范的来源或具体表现形式，也就是法院裁判民事案件所依据的法律规范或根据的来源。在我国，民法的法源主要是国家机关在其职权范围内所制定的各种有关民事方面的规范性文件。

一、宪法中的民事规定

宪法是国家的根本大法，是各部门法的立法依据。宪法中有关民事方面的规定，如财产制度、公民的基本权利与义务等，不仅是民事立法的基本依据，也是处理民事纠纷的基本依据，因而是民法的重要法源。

二、民事法律

法律是全国人民代表大会及其常务委员会制定的规范性文件，其效力仅次于宪法。国家权力机关制定的民事法律是民法主要的和基本的法源，具体包括民法典和单行民事法律。《民法典》属于民事基本法，《公司法》《涉外民事关系法律适用法》等则属于民事单行法。

三、其他法律中的民事规范

除民事法律外，其他法律中涉及民事问题的法律规范，也属于民法的法源。例如，《中华人民共和国土地管理法》(以下简称《土地管理法》)、《中华人民共和国产品质量法》(以下简称《产品质量法》)、《中华人民共和国海洋环境保护法》(以下简称《海洋环境保护法》)、《中华人民共和国水污染防治法》(以下简称《水污染防治法》)、《中华人民共和国大气污染防治法》(以下简称《大气污染防治法》)、《中华人民共和国道路交通安全法》(以下简称《道路交通安全法》)等法律中有关民事问题的规定，也是解决民事纠纷的依据。

四、行政法规和地方性法规中的民事规范

国务院制定的规范性文件和地方人民代表大会及其常务委员会制定的规范性文件中有关的民事规范，例如，《城镇国有土地使用权出让和转让暂行条例》《医疗事故处理条例》等，是民法的法源。

五、行政规章中的民事规范

国务院各部（委）和地方人民政府为贯彻法律、法规所制定的规范性文件，统称为规章。规章虽一般不能直接作为法院判案的依据，但在法律、法规没有具体规定时，可作为处理纠纷的重要参照规范。因此，在不与法律、法规相抵触时，规章中有关的民事规范，属于民法的法源。

六、民事司法解释

最高人民法院的民事司法解释在法院审判实践中具有重要的作用，也属于民法的法源。民事司法解释有两种类型：一是民事法律的整体性解释，如对《民法典》进行解释；二是对某项具体制度进行解释，如对建筑物区分所有权、买卖合同进行解释等。

七、民事习惯

依据《民法典》第10条的规定，处理民事纠纷，应当依照法律；法律没有规定的，可以适用习惯，但是不得违背公序良俗。这是我国民事立法首次将习惯确定为民法的法源。所谓习惯，是指一定范围、一定地域的人们长期形成的，为多数人认可并遵从的行为规则。在民法上，习惯是补充性的法源，只在法律没有规定的情况下适用，且不得违背公序良俗。

第四节　民法的适用

一、民法的适用范围

（一）民法在时间上的适用范围

民法在时间上的适用范围即民法在时间上的效力，是指民法规范在何期间内有效。关于民法在时间上的适用范围，主要涉及以下三个问题。

一是民法规范的生效时间。民法规范的生效时间分两种情况：（1）民法规范自颁布之日起开始生效。（2）民法规范颁布后经过一定时间开始生效，即民法规范的颁布时间与生效时间要间隔一段时间。例如，《民法典》于2020年5月28日颁布，但生效时间为2021年1月1日。

二是民法规范的失效时间。民法规范的失效时间有以下三种确定形式：（1）在民法规范中确定该规范至何时失效。（2）通过发布命令或作出决定的方式，宣布某项民法规范废止。（3）通过新法改废旧法。这是指在新法生效后针对同一事项的旧法即使没有被明令废除，也当然废止。例如，依据《民法典》第1260条的规定，自《民法典》施行之日起，《中华人民共和国婚姻法》《中华人民共和国继承法》《中华人民共和国民法通则》《中华人民共和国收养法》《中华人民共和国担保法》《中华人民共和国合同法》《中华人民共和国物权法》《中华人民共和国侵权责任法》《中华人民共和国民法总则》同时废止。从我国实践来看，民法规范的失效时间主要采用第三种形式。

三是法不溯及既往的原则。法不溯及既往是指民法原则上只适用于民法规范生效后发生的事项，而不适用于生效前发生的事项。但如果民法明确规定对其施行前发生的事项适用，则该法有溯及既往的效力，对其施行前发生的事项也适用。

（二）民法在空间上的适用范围

民法在空间上的适用范围即民法在空间上的效力，是指民法规范适用于何地域内发生的民事法律关系。依《民法典》第12条的规定，在中华人民共和国领域内的民事活动，适用中华人民共和国法律。法律另有规定的，依照其规定。当然，由于民法规范的表现形式不同，其在空间上的适用范围也有所不同，具体来说有以下情形：(1) 全国性的民法规范适用于全国，但若全国性的民法规范仅为某一地区制定的，则该民法规范仅适用于规定的特定地区；(2) 地方性的民法规范仅适用于该地区，而不能适用于其他地区；(3) 我国实行“一国两制”，香港、澳门特别行政区及台湾地区的民法规范仅在其辖区内有效。

（三）民法对人的适用范围

民法对人的适用范围即民法对人的效力，是指民法规范适用于哪些人。民法对人的适用范围主要有以下情形：(1) 我国公民和法人、非法人组织；(2) 居住在我国境内的外国人、无国籍人以及外国法人在我国设立的分支机构（《涉外民事关系法律适用法》第11～14条）。

二、民法的适用规则

（一）特别法优于普通法

对于同一事项，特别法有规定的，应当适用特别法的规定；只有在没有特别法规定时，才能适用普通法的规定。例如，《民法典》关于法人的规定为普通法的规定，而《公司法》有关公司法人的规定为特别法的规定，因此，在涉及公司法人的有关问题时，应当优先适用《公司法》，只有在《公司法》没有规定时，才适用《民法典》的相关规定。

（二）后法优于前法

后法优于前法，也就是新法优于旧法，是指对于某一事项，后法与前法都有规定且规定不一致的，应当适用后法的规定，前法的规定不再适用。因为在这种情形下，实际上是以后法改、废了前法。但应当注意的是，在适用这一规则时，后法、前法应是同一立法机关制定的法律规范。

（三）强行法优于任意法

强行法是人们必须遵守的法律规范，任意法是人们可以自由选择适用的法律规范。民法规范多为任意性规范，当事人可以排除其适用。但民法规范中也有一些强行性规范。对于强行性规范，当事人不得以个人的意思排除其适用。对于某一事项，只要有强行性规范，就应适用该强行性规范，而不能适用任意性规范。

（四）例外规定排除一般规定

一般规定是法律对一般情形的规定，例外规定是法律对例外情形的规定。民法规范对某一事项既有一般规定又有例外规定的，应适用例外规定。

（五）具体规定优于一般条款

一般条款是法律关于原则的规定，并不具体规定某种事实状态发生的法律效果，例如，《民法典》中关于基本原则的规定即为一般条款。对于某一事项，法律有具体规定的，应适用具体规定，而不能直接适用一般条款；只有在法律没有具体规定时，才可直接适用一般条款。

引读案例解答

1. (1) 乙查封甲的烧鸡属于行使职权的行政行为，该行为所产生的关系不属于平等主体之间的财产关系，因此，不应由民法调整。(2) 手机是乙的私有财产，依法受法律保护。甲将乙的手机摔坏属于侵犯财产所有权的侵权行为，这属于平等主体之间的一种财产关系，应当由民法调整。

2.（1）甲将乙打伤，侵犯了乙的人身权，属于一种侵权行为，应当由民法调整。（2）虽然甲、乙都是外国人，但他们均在中国某大学任外教，属于在中华人民共和国领域内的外国人，因此，他们之间的侵权纠纷应当适用中国民法解决，而不能适用英国法或法国法解决。

课堂讨论案例

甲、乙系中学同学，二人与其他人经常在一起赌博，乙先后欠甲赌资3万元。因乙无力偿还赌资，甲、乙遂协商，乙到甲所开设的企业工作1年，用以抵顶赌资。乙在甲的企业工作半年后，因无法承受劳动强度，便提出不再去甲的企业工作。甲认为乙违约，要求乙继续工作半年或者偿还赌资。

问：甲、乙之间的协议是否有效？为什么？

重点思考习题

1. 如何认识民法的调整对象？
2. 如何认识民法基本原则的作用？
3. 民法的适用范围应当如何确定？
4. 民法在适用时应当遵循哪些规则？

第二章 民事法律关系

引读案例

1. 甲、乙系夫妻，二人于晚饭后在路边散步时，被丙驾驶的汽车撞倒，甲当场死亡，乙受轻伤。乙因受到严重打击，早产一女婴丁。请分析当事人之间民事法律关系的变动及其原因。

2. 甲、乙系同事，因工作上的琐事产生矛盾。某日，甲在乙下班途中将乙殴打一顿，并将乙的汽车轮胎扎破。乙为避免矛盾扩大，没有追究此事。直到三年后，乙因无法忍受甲的欺辱，才向人民法院提起诉讼，要求甲赔偿损失。甲承认此事，但以诉讼时效已过为由拒绝赔偿。请分析当事人的民事权利及其行使。

法律职业资格考试要点

民事法律关系的概念和特点；民事法律关系的要素；民事法律事实；民事权利的分类及其意义；民事权利的行使和救济；民事义务的分类及其意义；民事责任的概念和特点；民事责任的分类；承担民事责任的方式；民事责任的优先适用

第一节 民事法律关系的含义和要素

一、民事法律关系的含义

民事法律关系是由民法规范所确立的具有民事权利、义务内容的社会关系。民事法律关系具有以下特点。

第一，民事法律关系是由民法规范所调整的平等主体之间的社会关系。任何法律关系都是法律规范调整社会关系的结果，但只有为民法规范所调整的社会关系，才能形成民事法律关系。由于民事法律关系是因民法规范调整平等主体之间的人身关系和财产关系而形成的，所以，民事法律关系是平等主体之间的社会关系。

第二，民事法律关系是当事人意志占主导地位的社会关系。在民事法律关系中，既包含国家意志，也包含当事人的意志。但就具体的民事法律关系而言，在国家意志和当事人意志的关系上，当事人的意志在民事法律关系中占有主导地位。在不违反国家意志的前提下，当事人的意志直接决定了民事法律关系的发生、变更、消灭。

第三，民事法律关系是基于民事法律事实而形成的社会关系。民事法律关系是民法规范调整平等主体之间的人身关系和财产关系的结果，但仅有民法规范，民事法律关系不会发生变动，还需要有民事法律事实的存在。没有民事法律事实的存在，民事法律关系不会自动发生、变更、消灭。

第四，民事法律关系是以民事权利、义务为内容的社会关系。民事法律关系是由民法规范确认和保护的社会关系，而民法调整平等主体之间的人身关系和财产关系就是通过赋予民事主体以民事权利、义务来实现的，因此，民事法律关系是一种民事权利义务关系。

例题 2 下列哪种情形成立民事法律关系？

A. 甲与乙约定某日商谈合作开发房地产事宜

B. 甲对乙说：如果你考上研究生，我就嫁给你

C. 甲不知乙不胜酒力而极力劝酒，致乙酒精中毒住院治疗

D. 甲应同事乙之邀前往某水库游泳，因抽筋溺水身亡

解析：本题的考点是民事法律关系的成立，答案为C项。A项尚未进入缔约阶段，没有涉及合同订立的具体事项，不具有法律意义；B项属于爱情关系的范畴，不具有民事权利和义务的内容；C项中甲虽然不知道乙不胜酒力，但其极力劝酒导致乙酒精中毒，这说明甲是存在过失的，因而能够在甲、乙之间形成侵权赔偿关系；D项中乙虽然邀请甲前往水库游泳，但乙对甲的溺水身亡并无过失，因而不能形成侵权赔偿关系。

二、民事法律关系的要素

民事法律关系的要素是民事法律关系必要的构成因素或条件。民事法律关系包括主体、内容和客体三个要素。

（一）民事法律关系的主体

民事法律关系的主体简称民事主体，是指参与民事法律关系，享有民事权利和承担民事义务的人。在我国，自然人和法人是最主要的民事主体；个人独资企业、合伙企业等非法人组织也可以自己的名义参与民事法律关系而成为民事主体；国家只有在一定条件下，才能成为民事法律关系的主体。

民事法律关系是人与人之间的社会关系，因而民事法律关系的主体须为双方。其中，一方享受民事权利，为权利主体；另一方负担义务，为义务主体。不过，在多数民事法律关系中，当事人双方既为权利主体又为义务主体，而在某些民事法律关系中，一方仅为权利主体而不为义务主体，另一方仅为义务主体而不为权利主体。

民事法律关系主体双方中的任何一方，既可以是一个人，也可以是多个人。但在民事法律关系的双方主体中，权利主体只能是特定的人，而义务主体既可以是特定的人，也可以是不特定的一切人。

（二）民事法律关系的内容

民事法律关系的内容是指民事主体在民事法律关系中所享有的民事权利和负担的民事义务。可见，民事法律关系的内容包括民事权利与民事义务两个方面。在民事法律关系中，民事权利与民事义务既相互对立又相互联系：民事权利的内容是通过相应的民事义务来表现的，而民事义务的内容是由相应的民事权利来限定的。

（三）民事法律关系的客体

民事法律关系的客体是民事权利、义务共同指向的对象。民事法律关系的客体是多种多样的，不同的民事法律关系，其客体是不同的。概括地说，民事法律关系的客体可以包括物、行为、知识产品（包括作品，发明、实用新型、外观设计，商标，地理标志，商业秘密，集成电路布图设计，植物新品种，法律规定的其他客体）、人身利益，以及其他能够满足人们物质和精神生活需要的各种利益。依据《民法典》第127条的规定，法律对数据、网络虚拟财产的保护有规定的，依照其规定。可见，在法律有规定的情况下，数据、网络虚拟财产等也成为民事法律关系的客体。《民法典》第111条规定："自然人的个人信息受法律保护。任何组织或者个人需要获取他人个人信息的，应当依法取得并确保信息安全，不得非法收集、使用、加工、传输他人个人信息，不得非法买卖、提供或者公开他人个人信息。"据此，个人信息也可以成为民事法律关系的客体。

第二节　民事法律关系的变动

一、民事法律关系变动的形态

民事法律关系的变动是指民事法律关系的发生、变更和消灭，因此，民事法律关系变动的形态包括以下三种。

一是民事法律关系的发生，即在民事主体之间产生民事法律关系，如甲、乙之间签订了房屋租赁合同。

二是民事法律关系的变更，即民事主体之间的民事法律关系发生了变化。这里的变更包括民事法律关系的主体、内容和客体的变更。例如，甲将在买卖关系中所享有的权利转让给了乙，即属于民事法律关系主体的变更；甲、乙协商降低了买卖关系中的价款，即属于民事法律关系内容的变更；甲将自己的三间房屋拆除一间，即属于民事法律关系客体的变更。

三是民事法律关系的消灭，即民事主体之间不再存在民事法律关系。这里的消灭包括绝对消灭和相对消灭。绝对消灭是在任何民事主体之间不再存在民事法律关系，如甲、乙之间的租赁关系因到期而终止。相对消灭是在原民事主体之间不再存在民事法律关系，而由新民事主体参与到原民事法律关系中来。例如，买受人甲将在买卖关系中所享有的权利转让给了乙，则甲与出卖人之间的民事法律关系消灭，但该民事法律关系存在于乙与出卖人之间。

二、民事法律关系变动的原因

（一）民事法律事实的含义

任何民事法律关系的发生、变更、消灭都不是自动的，都须有一定的根据或原因，这一原因就是民事法律事实。所谓民事法律事实，是指民法规范所规定的能够引起民事法律关系的发生、变更或消灭的客观现象。虽然民事法律事实是客观现象，但并不是任何客观现象都能成为民事法律事实，只有能够引起民事法律关系的发生、变更或消灭的客观现象才能成为民事法律事实。

在一般情形下，只要有一个民事法律事实就可以引起民事法律关系的变动。但在某些情形下，单一的民事法律事实并不能导致民事法律关系的变动，其变动须具备两个以上的法律事实。在民法上，相互结合才能引起民事法律关系变动的民事法律事实的总和，称为民事法律事实构成。

（二）民事法律事实的分类

民事法律事实的种类繁多，根据其是否与人的意志有关，可以分为自然事实与人的行为两大类。

1. 自然事实

自然事实是指与人的意志无关的，能够引起民事法律关系变动的客观现象。所谓与人的意志无关，是指该现象本身不直接包含人的意志，而不是指该客观现象的出现与人的意志无关。

自然事实可以分为事件与状态两种。事件是指偶发的客观情况，如人的出生与死亡、洪水与地震的发生等。状态是指某种客观情况的持续，如人的下落不明、时间的经过等。

2. 人的行为

人的行为是指与人的意志有关，直接体现人的意志的，能够引起民事法律关系变动的客观现象。人的行为既包括当事人自己的行为，也包括他人的行为。当事人自己的行为是指由当事人实施的能够引起民事法律关系变动的行为；他人的行为是指由非当事人实施的，但能够引起当事人之间的民事法律关系变动的行为，如人民法院的判决、仲裁机构的裁决。

当事人的行为有表示行为与非表示行为之分。表示行为包括民事法律行为与准民事法律行为，非表示行为为事实行为。

民事法律行为是指以意思表示为要素，以发生民事法律后果为目的的行为。民事法律行为有合法行为与违法行为之分。如果民事法律行为符合法律的规定，则为合法的民事法律行为；若不符合法律的规定，则为违法的民事法律行为。

准民事法律行为是指行为人实施的有助于确定民事法律关系相关事实因素的意愿表达或事实通知行为。这类行为不是民事法律行为，不能直接引起民事法律关系的变动，但可以准用民事法律行为的相关规则。准民事法律行为如催告、通知等行为。

事实行为是指不以意思表示为要素，当事人没有发生民事法律后果的目的，但可引起民事法律后果的行为。事实行为既有合法行为，也有违法行为。前者如无因管理、从事智力创作活动等，后者如侵权行为等。

例题3 关于民事法律关系，下列哪一选项是正确的？

A. 民事法律关系只能由当事人自主设立

B. 民事法律关系的主体即自然人和法人

C. 民事法律关系的客体包括不作为

D. 民事法律关系的内容均由法律规定

解析：本题的考点是民事法律关系的发生和要素，答案为C项。民事法律关系是基于民事法律事实而发生的，而民事法律事实既可以是人的行为，也可以是自然事实，当事人自主设立民事法律关系只是民事法律关系发生的一种情形。民事法律关系包括主体、客体、内容三个要素，其中，主体包括自然人、法人、非法人组织；客体包括物、行为等，而行为包括了不作为；内容除由法律规定外，还可以由当事人约定。

第三节 民事权利

一、民事权利的含义

民事权利是民事主体依法享有并受法律保护的利益范围或者实施一定行为以实现某种利益的可能性。民事权利具有以下特点。

第一，民事权利是由法律规定的，但民事主体只有在具体的民事法律关系中才能享有具体的权利。民事主体依法享有和行使民事权利，受法律保护。离开了法律的保护，民事权利也就失去了意义。

第二，民事权利以利益为内容，是民事主体利用各种社会财富以满足个人与社会需要的法律形式和手段。在民事权利中，民事主体可以自主决定是否直接享有某种利益，如是否取得某财产的所有权；也可以依法请求他人为一定行为或不为一定行为，如债权人请求债务人偿还借款。

第三，民事权利是权利主体享有的利益范围和实现某种利益的限度。不同的民事权利，其利益范围有所不同，实现利益的限度也不一样。例如，在所有权中，所有权人可以对客体行使占有、使用、收益、处分的权利；而在用益物权中，权利人不能对客体进行处分。

二、民事权利的分类

依据《民法典》总则编第五章的规定，民事权利包括人身权、物权、债权、知识产权、继承权、股权和其他投资性权利以及法律规定的其他民事权利。这些权利根据不同的标准，可以作如下分类。

（一）根据民事权利有无财产内容，民事权利可以分为人身权与财产权

人身权是指与民事主体的人身不可分离，不具有直接财产内容的权利。人身权与民事主体的人身不可分离，故人身权原则上不具有可让与性。同时，人身权不具有直接的财产内容。财产权是指以财产利益为内容，直接体现物质利益的权利。财产权以财产利益为内容，一般具有可让与性。

区分人身权与财产权的主要意义在于：人身权与财产权受到侵害时所采取的救济措施有所不同。例如，侵害人身权的，既可以采取财产责任的救济方式，也可以采取非财产责任的救济方式，如赔礼道歉、恢复名誉、消除影响等。而侵害财产权的，一般只能采取财产责任的救济方式。

（二）根据民事权利的效力范围，民事权利可以分为绝对权与相对权

绝对权是指义务人是不特定的，权利人可以向任何人主张的权利。绝对权的主要特点在于：民事权利的效力及于权利人之外的一切人，也就是可以对抗权利人以外的一切人。从这个意义上说，绝对权又称对世权。绝对权的权利人无须借助于义务人的行为就可以实现其权利，因此，义务主体是不特定的。物权、人身权、知识产权、继承权等，都属于绝对权。

相对权是指义务人是特定的，权利人只能向特定义务人主张的权利。相对权的主要特点在于：义务人是特定的，只能对抗特定的具体义务人，权利人须通过特定义务人实施一定的行为才能实现其权利。从这个意义上说，相对权又称对人权。债权为典型的相对权，债权的实现必须依赖于债务人履行债务的行为。

区分绝对权与相对权的主要意义在于：一方面，权利人实现权利的途径存在差异。绝对权的行使不需要他人行为的介入，而相对权的行使需要他人行为的介入。另一方面，侵害绝对权和侵害相对权产生的民事责任不同。一般而言，侵害绝对权产生侵权责任，而侵害相对权产生债的不履行责任。

（三）根据民事权利的作用，民事权利可以分为支配权、请求权、抗辩权与形成权

支配权是指对民事权利的客体直接加以支配并排除他人干涉的权利。在支配权中，权利人可以直接支配客体以满足其利益需要，并可以禁止他人妨碍其对权利客体的支配。物权、人身权、继承权、知识产权等都属于支配权。

请求权是指可以请求他人为一定行为或不为一定行为的权利。在请求权中，权利人实现权利须借助他人的行为。请求权是由一定的基础性权利派生的权利，例如，在物权受到侵害的情况下，会发生物权请求权；在债权设定后，会发生债权请求权。

抗辩权是指对抗请求权或否认对方权利存在的权利。抗辩权依其对抗请求权的效力，可以分为一时抗辩权和永久抗辩权。一时抗辩权仅发生一时阻止请求权的效力，如双务合同中的同时履行抗辩权、先履行抗辩权、不安抗辩权等；永久抗辩权发生永久阻止请求权的效力，如诉讼时效完成的抗辩权等。

形成权是指权利人依自己一方的意思即可使民事法律关系发生变动的权利。形成权的实现无须相对人的义务履行，仅依权利人自己的意思表示即可。权利人为意思表示的方式，可以是明示的方式，也可以是默示的方式。

区分支配权、请求权、抗辩权、形成权的主要意义在于：这些权利发生的作用不同，实现的途径也存在差异。例如，支配权通过支配一定的客体即可实现，而请求权须基于他人的行为才能实现。

**例题 4**　在行为人进行的下列行为中，哪些属于行使形成权的行为？

A. 被代理人对越权代理进行追认

B. 监护人对限制民事行为能力人纯获利益的合同进行追认

C. 受遗赠人于知道受赠后 60 日内未作受赠的意思表示

D. 承租人擅自转租，出租人作出解除合同的意思表示

解析：本题的考点是形成权的认定，答案为 A、C、D 项。被代理人对越权代理进行追认，依被代理人一方的意思表示即可以使无权代理变成有权代理，因而这种追认权属于形成权；限制民事行为能力人纯获利益的合同为有效合同，无须监护人的追认，不存在追认权；受遗赠人在知道受遗赠后 60 日内没有作出受遗赠的意思表示，即丧失接受遗赠的权利，这属于以默示方式作出意思表示，属于行使形成权的行为；承租人擅自转租的，出租人享有解除权，自解除通知到达承租人时生效，因而解除权属于形成权。

（四）根据两项相互联系的民事权利之间的关系，民事权利可以分为主权利与从权利

在两项相互联系的民事权利中，不依赖他项权利而独立存在的权利，称为主权利；依赖于他项权利（主权利）而存在的权利，称为从权利。例如，于有担保的债权与担保权，债权为主权利，担保权为从权利。主权利与从权利须为同一主体享有，否则不发生主权利与从权利。同时，主权利与从权利是互为条件的：无主权利也就无从权利；反之，无从权利也就无所谓主

权利。

区分主权利与从权利的主要意义在于：在一般情况下，从权利决定于主权利。主权利无效，从权利也归于无效；主权利转让，从权利也随之转让；主权利消灭，从权利也随之消灭。

（五）根据民事权利有无让与性，民事权利可以分为专属权与非专属权

专属权是指不具有让与性的权利。例如，人格权、身份权、继承权都属于专属权。非专属权是指具有让与性的权利。例如，物权、知识产权、债权一般为非专属权。

区分专属权与非专属权的主要意义在于：对于专属权，权利人不能转让，也不能继承；而对于非专属权，权利人一般可以依法转让，也可以依法继承。

（六）根据民事权利的实现条件是否完全具备，民事权利可以分为既得权与期待权

既得权是指权利的实现条件已完全具备，权利人可以行使的权利。在民事权利中，多数权利都属于既得权。期待权是指权利的实现条件尚未完全具备，权利人尚不能行使，需要待一定条件具备时才可行使的权利。

区分既得权与期待权的主要意义在于：既得权可以行使，而期待权尚不能行使。

（七）根据两项民事权利之间的派生关系，民事权利可以分为原权利与救济权

原权利简称原权，是指在原有民事法律关系中存在的权利，属于基础性权利。人身权、物权、债权、知识产权、继承权等都属于原权利。救济权是指在原权利受到侵害或有受侵害的现实危险时产生的权利，是由原权利所派生的权利。

区分原权利与救济权的主要意义在于：原权利可以单独存在，而救济权不能单独存在，只能在原权利受到侵害时产生。

**例题 5**　下列关于民事权利的表述哪一个是错误的？

A. 抵销权是一种形成权

B. 知识产权是一种支配权

C. 债权请求权不具有排他性

D. 支配权不存在对应义务

解析：本题的考点是支配权、请求权、抗辩权、形成权的性质，答案为 D 项。抵销权以抵销权人一方的意思表示而发生效力，属于形成权；知识产权以权利人支配知识产品为内容，属于支配权；债权请求权是请求权人对相对人的权利，只有相对性，不具有排他性；支配权虽然不能对应作为义务，但存在对应的不作为义务。

三、民事权利的取得和行使

民事权利的取得是指民事主体依据特定的民事法律事实取得具体的某项民事权利。依据《民法典》第 129 条的规定，民事权利可以依据民事法律行为、事实行为、法律规定的事件或者法律规定的其他方式取得。

民事权利的行使是指民事主体为实现民事权利而实施一定的行为。民事权利可以由权利人自己行使，也可以由他人代为行使。当然，有的民事权利依其性质只能由权利人本人行使，不能由他人代为行使。

民事权利的行使有事实方式和法律方式。事实方式是权利主体通过某种事实行为来行使权

利，如所有权人自己占有和使用房屋；法律方式是权利主体通过民事法律行为来行使权利，如所有权人将房屋出租。

民事权利的行使应依权利人的意思，以自由行使为原则。依据《民法典》第130条的规定，民事主体按照自己的意愿依法行使民事权利，不受干涉。但是，权利人在行使权利时，应当履行法律规定的和当事人约定的义务，不得滥用民事权利损害国家利益、社会公共利益或者他人合法权益（《民法典》第131、132条）。

四、民事权利的保护

民事权利的保护是指当民事权利受到侵犯时所采取的各种救济措施。依据《民法典》第3条的规定，民事主体的人身权利、财产权利以及其他合法权益受法律保护，任何组织或者个人不得侵犯。对于财产权利，法律实行平等保护原则（《民法典》第113条）。

从保护力量上讲，民事权利的保护包括私力保护与公力保护。民事权利的私力保护又称私力救济，是指权利人自己采取各种合法手段来保护其权利。民事权利的私力保护只能采取法律许可的方式，如正当防卫、紧急避险、自助行为等。民事权利的公力保护又称公力救济，是指权利受到侵犯时，由公力救济机关给予的保护。公力保护民事权利是通过行政、司法、仲裁等多种机关采用多种手段来实现的。例如，在民事权利受到侵害时，权利人有权向人民法院提起民事诉讼，请求法院予以保护；或者依据仲裁协议，向仲裁机构提起仲裁，请求仲裁机构予以保护。

第四节　民事义务

一、民事义务的含义

民事义务是指义务人为满足权利人的利益需要而为一定行为或不为一定行为的法律约束。民事义务具有以下特点。

第一，民事义务是根据法律或当事人约定而产生的。民事义务的产生根据具有多元性，既可以由法律加以规定，也可以由当事人加以约定。但是，当事人的约定不得违反法律的规定。

第二，民事义务在本质上是一种法律约束。这种约束体现为义务人必须按照法律的规定或当事人的约定，为一定行为或不为一定行为。如果当事人违背这种约束，就是违反义务，即应当承担民事责任。因此，民事义务具有强制性。

第三，民事义务的履行是为了满足民事权利的需求。法律规定或当事人约定民事义务的目的，并不在于实现义务人自身的需求，而在于实现民事权利。因此，民事义务的履行也就意味着民事权利的实现。

二、民事义务的分类

（一）根据民事义务的发生原因，民事义务可以分为法定义务与约定义务

法定义务是指直接根据法律规定而发生的义务。一般而言，与绝对权相对应的义务属于法定义务。例如，任何人不得侵害所有权的义务，任何人不得侵害人身权的义务等，都是法定义务。约定义务是指由当事人自行约定的义务。一般而言，与相对权相对应的义务属于约定义

务。例如，在买卖合同中，出卖人向买受人交付标的物的义务，买受人向出卖人交付价款的义务，都属于约定义务。

区分法定义务与约定义务的主要意义在于：违反法定义务的，一般产生侵权责任；而违反约定义务的，一般产生债的不履行责任。

（二）根据民事义务的内容，民事义务可以分为积极义务与消极义务

积极义务是指以义务人须为一定积极行为（即作为）为内容的义务。例如，在买卖合同中，出卖人交付标的物的义务，买受人支付价款的义务，都属于积极义务。消极义务是指以义务人不为一定行为（即不作为）为内容的义务。例如，不得侵害他人所有权、人身权的义务就是消极义务。

区分积极义务与消极义务的主要意义在于：违反义务的表现形式不同。违反积极义务表现为不作为，即应为一定行为而不为一定行为；而违反消极义务表现为作为，即不应为一定行为而为一定行为。

（三）根据民事义务有无让与性，民事义务可以分为专属义务与非专属义务

专属义务是指不具有让与性的义务。例如，赡养义务、抚养义务等都属于专属义务。一般而言，与人身有关的义务为专属义务。非专属义务是指具有让与性的义务。例如，在买卖合同中，交付货物、支付价款的义务都属于非专属义务。一般而言，财产性义务为非专属义务。

区分专属义务与非专属义务的主要意义在于：对于专属义务，义务人不得将其让与他人承受；而对于非专属义务，义务人一般可以将其让与他人承受。

（四）根据民事义务的性质，民事义务可以分为一般义务与附随义务

一般义务又称主要义务，是指决定民事法律关系性质的基本义务，例如，买卖合同中的交付标的物义务、支付价款义务等。附随义务又称附从义务，是指为一般义务的履行所负担的辅助性义务。例如，在合同关系中，当事人负有的通知、协助、保密义务等，都属于附随义务。应当指出，附随义务与从义务不同：附随义务与一般义务之间不构成主从关系，而从义务与主义务之间构成主从关系。

区分一般义务与附随义务的主要意义在于：一般义务决定民事法律关系的性质，原则上属于对待给付义务；而附随义务与民事法律关系的性质无关，原则上不属于对待给付义务。

第五节　民事责任

一、民事责任的含义

民事责任是指民事主体因违反民事义务而依法应承担的民事法律后果。依据《民法典》第176条的规定，民事主体依照法律规定或者当事人约定，履行民事义务，承担民事责任。

一般地说，民事责任具有以下特点。

第一，民事责任是违反民事义务的法律后果。从本质上说，民事义务体现为一定的法律约束，即义务人应为一定行为或不为一定行为。义务人若违反这一法律约束，即应对由此产生的后果负责，这就是民事责任。可见，民事义务是民事责任的前提，而民事责任是违反民事义务的法律后果。

第二，民事责任以恢复被侵害的权利为目的。民事权利的实现有赖于民事义务的履行，因此，民事义务的违反也就是对民事权利的侵害。为恢复被侵害的民事权利，违反义务的人须承

担民事责任。因此，民事责任的目的在于恢复被侵害的民事权利。也正因为如此，民事责任是违反民事义务的当事人向受害人承担的责任。

第三，民事责任可以由当事人在法律允许的范围内进行协商。民事责任是一种法律责任，具有强制性，但民事责任的强制性不同于其他法律责任的强制性。民事责任一般由当事人自愿承担，只有在当事人不能自愿承担的情形下，国家才强制其承担。另外，有的民事责任如违约责任，当事人可事先约定；有的民事责任如侵权责任，当事人虽不得事先约定，事后却可以进行协商。只要当事人的约定或协商不违反法律的规定，法律就承认其效力。

第四，民事责任具有适用优先性。民事责任与刑事责任、行政责任同属于法律责任，性质不同，不能相互代替。如果民事主体因同一行为而应当承担上述责任的，民事责任具有适用优先性。对此，《民法典》第 187 条规定："民事主体因同一行为应当承担民事责任、行政责任和刑事责任的，承担行政责任或者刑事责任不影响承担民事责任；民事主体的财产不足以支付的，优先用于承担民事责任。"

二、民事责任的分类

（一）根据民事责任发生的原因，民事责任可以分为债务不履行的民事责任与侵权的民事责任

债务不履行的民事责任是指因债务人不履行已经存在的债务而发生的民事责任。债务不履行的民事责任主要是违约责任，还包括不履行无因管理之债、不当得利之债、缔约过失之债等产生的民事责任。债务不履行的民事责任是违反积极义务的结果，是一种"应为"而不为的民事责任。侵权的民事责任简称侵权责任，是指因实施侵权行为而发生的民事责任。侵权的民事责任通常是违反消极义务的结果，是一种"不应为"而为的民事责任。

区分债务不履行的民事责任与侵权的民事责任的主要意义在于：这两种责任的发生事由、责任构成、归责原则、责任方式等有所不同。

（二）根据民事责任的内容有无财产性，民事责任可以分为财产责任与非财产责任

财产责任是指以一定的财产为内容的责任。财产责任的目的在于使责任人承担不利的财产后果，从而使受害人的财产利益得到补偿。例如，返还财产、赔偿损失、恢复原状、支付违约金等都属于财产责任。非财产责任是指不具有直接财产内容的民事责任。非财产责任的目的不在于使责任人承担不利的财产后果，而是使受害人的非财产利益得到恢复。例如，消除影响、恢复名誉、赔礼道歉等都属于非财产责任。

区分财产责任与非财产责任的主要意义在于：这两种责任的适用范围有所不同。一般而言，侵害财产权的，行为人应承担财产责任，而不承担非财产责任；而侵害人身权的，既会产生财产责任，也会产生非财产责任。

（三）根据民事责任的主体人数，民事责任可以分为单独责任与共同责任

单独责任是指由一人独自承担的民事责任，共同责任是指由二人以上共同承担的民事责任。单独责任不同于单方责任，共同责任也不同于双方责任。单方责任是由一方承担的责任，双方责任是由双方承担的责任。无论是单方责任还是双方责任，只要承担责任的一方只有一人，就为单独责任。

区分单独责任与共同责任的主要意义在于：单独责任的承担关系比较简单，仅涉及一个责任人；而共同责任的承担关系较为复杂，涉及两个以上的责任人。

（四）根据共同责任中责任人之间的关系，民事责任可以分为按份责任、连带责任与补充责任

按份责任是指在责任人为多数时，各责任人按照一定的份额承担的民事责任，各责任人之间无连带关系。在按份责任中，每个责任人只按照自己的份额承担民事责任，而不是承担全部民事责任。依据《民法典》第177条的规定，二人以上依法承担按份责任，能够确定责任大小的，各自承担相应的责任；难以确定责任大小的，平均承担责任。

连带责任是指在责任人为多数时，各责任人不分份额、共同承担的民事责任，各责任人之间存在连带关系。连带责任为加重责任，因此，连带责任由法律规定或当事人约定（《民法典》第178条第3款）。在连带责任中，每个责任人都应承担全部责任，只要其中一个责任人承担了全部责任，其他责任人的责任即归于消灭。依据《民法典》第178条第1、2款的规定，二人以上依法承担连带责任的，权利人有权请求部分或者全部连带责任人承担责任。连带责任人的责任份额根据各自责任大小确定；难以确定责任大小的，平均承担责任；实际承担责任超过自己责任份额的连带责任人，有权向其他连带责任人追偿。

补充责任是指在责任人不能承担全部民事责任时，由他人承担不足部分的民事责任。例如，有财产的无民事行为能力人、限制民事行为能力人造成他人损害的，应从本人财产中支付赔偿费用，不足部分由监护人赔偿。这里，监护人所承担的民事责任，即为补充责任。

区分按份责任、连带责任与补充责任的主要意义在于：在不同的责任形态中，责任人承担责任的范围、顺序存在着不同。例如，按份责任的责任人只按照确定的份额承担责任，而连带责任的责任人在承担责任上没有份额之分；按份责任、连带责任的责任人在责任承担上没有顺序之分，而补充责任的责任人在责任承担上仅具有补充作用，属于第二顺序的责任人。

（五）根据民事责任的归责原则，民事责任可以分为过错责任与无过错责任

过错责任是指以过错为归责原则的民事责任。过错是民事责任的构成要件，行为人没有过错的，则不承担民事责任。无过错责任是指依照法律规定没有过错也要承担的民事责任。只有在法律有明确规定的情况下，才能发生无过错责任。

区分过错责任与无过错责任的主要意义在于：这两种责任所适用的归责原则不同，而且适用范围也有所不同。例如，侵权责任一般为过错责任，特殊情况下为无过错责任；而违约责任一般为无过错责任，特殊情况下为过错责任。

例题6 甲单独邀请朋友乙到家中吃饭，乙爽快答应并表示一定赴约。甲为此精心准备，还因炒菜被热油烫伤。但当日乙因其他应酬而未赴约，也未及时告知甲，致使甲准备的饭菜浪费。关于乙对甲的责任，下列哪一说法是正确的？

A. 无须承担法律责任

B. 应承担违约责任

C. 应承担侵权责任

D. 应承担缔约过失责任

解析：本题的考点民事责任的成立，答案为A项。甲邀请朋友乙来家中吃饭属于友情关系，尽管乙答应，也不成立合同关系。因此，乙未赴约，无须承担违约责任。同时，乙对甲被烫伤也不存在过错，不应承担侵权责任。

三、民事责任的承担方式和免责事由

（一）民事责任的承担方式

民事责任的承担方式是指责任人向受害人承担民事责任的具体形式。不同的责任方式有其不同的适用范围和适用条件，因而可以单独适用，也可以合并适用。依据《民法典》第 179 条的规定，民事责任的承担方式包括以下 11 种：（1）停止侵害；（2）排除妨碍；（3）消除危险；（4）返还财产；（5）恢复原状；（6）修理、重作、更换；（7）继续履行；（8）赔偿损失；（9）支付违约金；（10）消除影响、恢复名誉；（11）赔礼道歉。如果法律对惩罚性赔偿有特殊规定的，应当依照其规定。

（二）民事责任的免责事由

民事责任的免责事由是指行为人不承担民事责任的情形。关于民事责任的免责理由，《民法典》在总则编和侵权责任编均有规定，这里仅阐述总则编所规定的免责事由。

1. 不可抗力

不可抗力是民事责任的一般免责事由，既适用于侵权责任，也适用于违约责任等其他民事责任。依据《民法典》第 180 条第 1 款的规定，因不可抗力不能履行民事义务的，不承担民事责任。法律另有规定的，依照其规定。所谓不可抗力，是指不能预见、不能避免且不能克服的客观情况（《民法典》第 180 条第 2 款）。

2. 正当防卫

正当防卫是指为了使国家利益、公共利益、本人或者他人的人身、财产和其他权益免受正在进行的不法侵害，而对不法侵害人实施的制止其不法侵害且未明显超过必要限度的行为。依据《民法典》第 181 条，因正当防卫造成损害的，不承担民事责任；但正当防卫超过必要的限度，造成不应有的损害的，正当防卫人应当承担适当的民事责任。

3. 紧急避险

紧急避险是指为了使国家利益、公共利益、本人或者他人的人身、财产和其他权益免受正在发生的危险，不得已而采取的损害另一较小合法权益的救险行为。依据《民法典》第 182 条的规定，因紧急避险造成损害的，由引起险情发生的人承担民事责任。如果危险是由自然原因引起的，紧急避险人不承担责任，可以给予适当补偿。紧急避险采取措施不当或者超过必要的限度，造成不应有的损害的，紧急避险人应当承担适当的民事责任。

4. 自愿紧急救助行为

自愿紧急救助行为是指行为人在紧急情况下，自愿实施的救助行为。依据《民法典》184 条的规定，因自愿实施紧急救助行为造成受助人损害的，救助人不承担民事责任。这就通常所称的“好人法”条款。

四、民事补偿

民事补偿是指受益人对于受害人的损失给予补偿的制度。受益人给予受害人民事补偿，不同于民事赔偿，其并不是因违法行为引起的，而是基于受益的原因，是出于公开原则的考量。依据《民法典》第 183 条的规定，因保护他人民事权益使自己受到损害的，由侵权人承担民事责任，受益人可以给予适当补偿。如果没有侵权人、侵权人逃逸或者无力承担民事责任，受益人请求补偿的，受益人应当给予适当补偿。

引读案例解答

1. 丙将甲撞死、将乙撞伤，发生侵权赔偿法律关系，其变动的原因是行为，即丙的侵权行为。甲死亡，导致甲、乙之间的婚姻关系消灭，继承法律关系发生，其变动的原因均为事件，即甲的死亡。丁出生，发生人身法律关系，其变动的原因亦为事件，即丁的出生。

2. 乙对其人身利益享有人身权，对其汽车享有财产权（所有权），这两种权利属于支配权。甲殴打乙并将乙的汽车轮胎扎破，侵犯了乙的人身权和财产权，乙享有请求权，即请求甲赔偿损失的权利。乙向人民法院起诉，说明乙是采取公力救济的方式保护民事权利。在乙向人民法院起诉时，甲认为诉讼时效已过而拒绝赔偿，这是行使抗辩权的行为。

课堂讨论案例

1. 甲将自己的一套住房出租给乙，用于开设零售商店。双方到主管部门办理了相关手续。乙在经商之余，经常与朋友在承租房屋内相聚赌博，乙累计欠朋友丙赌资 3 000 元。一次，乙与朋友相聚赌博时，被公安机关查获，乙及其朋友被公安机关处罚。

问：本案例中涉及哪些民事法律关系？

2. 甲在某超市购买食品时，保安人员认为甲有偷窃行为，就将甲带入办公室，并强迫甲脱光衣服进行检查。为此，甲与保安人员发生激烈争执，争执中甲将办公室里的一台电脑碰落到地上摔坏。同时，甲在走出办公室后，因超市地面太滑而摔伤。

问：甲与超市之间因何种民事法律事实发生何种民事法律关系？

重点思考习题

1. 如何认识民事法律关系？
2. 民事法律关系包括哪些要素？
3. 民事法律关系、民事法律事实与民事法律规范之间是什么关系？
4. 各种民事权利的分类有何意义？
5. 民事义务与民事责任的关系如何？
6. 民事赔偿与民事补偿有何区别？

第三章 自然人

引读案例

1.16周岁的甲初中毕业后一直在家闲着，偶尔给他人打零工赚一些钱。某日，甲因没钱玩游戏，在向父母要钱遭拒后，趁家中无人，便到马路上喊来收购旧家电的乙到家中，将自己的一台价值近5 000元的电脑低价卖给乙，得款1 500元。甲的父亲丙回家后发现电脑不翼而飞，经询问，得知是甲卖给了收购旧家电的乙。几天后，丙找到乙，要求返还上述电脑。乙拒绝。请分析以下问题：(1) 甲是否具有民事权利能力？(2) 甲的民事行为能力应当如何认定？(3) 甲是否有权出卖自己的电脑？

2.甲未婚，有弟乙、妹丙，其父母均已死亡。2012年4月，甲外出打工，有4年时间没有回家。乙、丙四处寻找，也没有得到甲的消息，于是，乙向人民法院申请宣告甲死亡，但丙坚决反对，要求宣告甲失踪，并主张对甲的财产进行代管。请分析以下问题：(1) 人民法院应否宣告甲死亡？(2) 甲的财产能否实行代管？

法律职业资格考试要点

自然人民事权利能力的开始和终止；胎儿利益的特殊保护；自然人民事行为能力的划分及认定；监护的设立及监护人的职责；宣告失踪和宣告死亡的条件及法律后果；宣告死亡的撤销及其后果；个体工商户、农村承包经营户的财产责任承担；自然人的住所

第一节　自然人的民事权利能力

一、自然人民事权利能力的含义

自然人是指基于自然规律而出生的人。自然人的民事权利能力是指法律赋予自然人的享受民事权利和负担民事义务的资格。

自然人的民事权利能力具有以下特点。

第一，自然人的民事权利能力是法律赋予的一种资格。自然人的民事权利能力是法律对自然人民事主体资格的一种确认，是法律赋予自然人的享受权利和负担义务的一种资格。因此，只有具备民事权利能力的人，才有资格享受民事权利和负担民事义务，才能成为民事主体。这种资格不能由自然人自行决定，不受自然人意志的影响，并且与自然人的主体不可分离，既不能放弃，也不能转让。

第二，自然人的民事权利能力一律平等（《民法典》第 14 条）。凡自然人均具有平等的民事权利能力，不论其自然状况、财产状况、政治状况如何，都具有平等的民事主体资格，都平等地参与各种民事法律关系。

第三，自然人的民事权利能力是享有权利的资格与负担义务的资格的统一体。自然人的民事权利能力既包括享受权利的能力，也包括负担义务的能力，是享受权利的资格与负担义务的资格的统一体。每个自然人既有享受权利的资格，是权利主体，又有负担义务的资格，是义务主体。

二、自然人民事权利能力的开始

依据《民法典》第 13 条的规定，自然人从出生时起到死亡时止，具有民事权利能力，依法享有民事权利，承担民事义务。因为自然人的民事权利能力与其人身不可分离，所以，自然人的民事权利能力自应从其出生开始，即出生是自然人取得民事权利能力的法律事实。那么，应如何确定出生时间呢？依据《民法典》第 15 条的规定，自然人的出生时间，以出生证明记载的时间为准；没有出生证明的，以户籍登记或者其他有效身份登记记载的时间为准。有其他证据足以推翻以上记载时间的，以该证据证明的时间为准。

在自然人民事权利能力的开始问题上，涉及胎儿利益的保护问题。因胎儿终将出生，出生后将成为民事主体，所以，法律需要采取一定的方式保护胎儿的利益。依据《民法典》第 16 条的规定，涉及遗产继承、接受赠与等胎儿利益保护的，胎儿视为具有民事权利能力。但是，胎儿娩出时为死体的，其民事权利能力自始不存在。也就是说，在涉及胎儿利益时，如遗产继承、接受赠与、接受遗赠、侵权损害赔偿等，胎儿视为具有民事权利能力，可以作为民事主体。但是，如果胎儿在娩出时为死体的，则其民事权利能力自始即不存在。

三、自然人民事权利能力的终止

自然人的民事权利能力是为自然人一生所享有的，因而自然人死亡时，其民事权利能力终止，即死亡是自然人民事权利能力终止的法律事实。自然人的死亡既包括自然死亡，也包括宣告死亡。

自然死亡又称生理死亡，是自然人生命的终结。那么，应当如何确定自然死亡的时间呢？依据《民法典》第 15 条的规定，自然人的死亡时间，以死亡证明记载的时间为准；没有死亡证明的，以户籍登记或者其他有效身份登记记载的时间为准；有其他证据足以推翻以上记载时间的，以该证据证明的时间为准。

宣告死亡是经利害关系人申请，由人民法院宣告下落不明满一定期间的自然人死亡。宣告死亡与自然死亡产生相同的法律后果，也会导致自然人民事权利能力的终止。

自然人死亡后，其民事权利能力终止，因而，死亡的自然人也就不能再享有民事权利。但是，自然人死亡之后，其名誉、肖像、隐私等人格利益仍受法律保护（《民法典》第 185 条、第 994 条）。

第二节　自然人的民事行为能力

一、自然人民事行为能力的含义

自然人的民事行为能力是指法律确认的自然人通过自己的独立行为取得和行使民事权利、设定和履行民事义务的资格。自然人的民事行为能力具有以下特点。

第一，自然人的民事行为能力是法律赋予自然人的一种资格。自然人的民事行为能力和民事权利能力一样，也是法律赋予自然人的一种资格，而不是由自然人自己的主观意思所决定的。自然人的民事行为能力是一种法定资格，不仅本人不得转让或放弃，并且非依法定条件和法定程序，任何人也不得加以限制和取消。

第二，自然人的民事行为能力以自然人的意思能力为根据。意思能力是自然人对客观事物的认识和判断能力。只有具有意思能力的人，才能具有民事行为能力；没有意思能力，也就没有民事行为能力。自然人的意思能力与自然人的智力发育及年龄有关，只有达到一定年龄的自然人，才能有相应的意思能力。当然，自然人的意思能力也与精神健康状况有关。由于精神健康方面的原因，有的自然人虽然达到一定的年龄，但仍不具有同年龄人所具有的意思能力。

第三，自然人的民事行为能力不具有平等性。与自然人的民事权利能力一律平等不同，自然人的民事行为能力与意思能力有关，而自然人的意思能力又因年龄、精神健康状况的不同而存在差异，因而自然人的民事行为能力并不具有平等性。

二、自然人民事行为能力的划分

（一）完全民事行为能力

完全民事行为能力是指自然人具有的完全独立地通过自己的行为取得民事权利和承担民事义务的资格。依据《民法典》的规定，下列两类自然人具有完全民事行为能力：一是18周岁以上的成年人（第17条）。成年人为完全民事行为能力人，可以独立实施民事法律行为（第18条第1款）。二是16周岁以上，以自己的劳动收入为主要生活来源的未成年人。以自己的劳动收入为主要生活来源的16周岁以上的未成年人，视为完全民事行为能力人（第18条第2款）。所谓“以自己的劳动收入为主要生活来源”，通常是指“能够以自己的劳动取得收入，并能维持当地群众一般生活水平”。

（二）限制民事行为能力

限制民事行为能力是指自然人具有的，可以通过自己的行为取得部分民事权利和承担部分民事义务的资格。依据《民法典》的规定，下列两类自然人具有限制民事行为能力：一是8周岁以上的未成年人。8周岁以上的未成年人为限制民事行为能力人，实施民事法律行为由其法定代理人代理或者经其法定代理人同意、追认；但是，可以独立实施纯获利益的民事法律行为或者与其年龄、智力相适应的民事法律行为（第19条）。二是不能完全辨认自己行为的成年人。不能完全辨认自己行为的成年人为限制民事行为能力人，实施民事法律行为由其法定代理人代理或者经其法定代理人同意、追认；但是，可以独立实施纯获利益的民事法律行为或者与其智力、精神健康状况相适应的民事法律行为（第22条）。限制民事行为能力人所进行的民事活动是否与其年龄、智力或者精神健康状况相适应，应从行为与本人生活相关联的程度、本人的智力或者精神状态能否理解其行为并预见相应的行为后果，以及行为的标的额等方面认定。

例题7 甲17岁，以个人积蓄1 000元在慈善拍卖会拍得明星乙表演用过的道具，市价约100元。事后，甲觉得道具价值与其价格很不相称，颇为后悔。关于这一买卖，下列哪一说法是正确的？

A. 买卖显失公平，甲有权要求撤销　　B. 买卖存在重大误解，甲有权要求撤销

C. 买卖无效，甲为限制行为能力人　　D. 买卖有效

解析：本题的考点是限制民事行为能力人的行为的效力，答案为D项。甲作为17岁的限制民事行为能力人，应当理解参加拍卖活动的法律后果，因此，甲对参与拍卖活动不存在重大误解。同时，拍卖以“价高者得”为基本特点，因此，甲以1 000元拍得市价100元的物品，也不存在显失公平的问题。甲参与拍卖活动购得1 000元物品的行为与其年龄相适应，因此，甲的买卖行为是有效的。

（三）无民事行为能力

无民事行为能力是指自然人不具有以自己的行为取得民事权利和承担民事义务的资格。依据《民法典》的规定，下列两类自然人不具有民事行为能力：一是不满8周岁的未成年人。不满8周岁的未成年人为无民事行为能力人，由其法定代理人代理实施民事法律行为（第20条）。二是不能辨认自己行为的成年人。不能辨认自己行为的成年人为无民事行为能力人，由其法定代理人代理实施民事法律行为（第21条第1款）。8周岁以上的未成年人不能辨认自己行为的，适用前款规定（第21条第2款）。

应当指出的是，法律规定限制民事行为能力人、无民事行为能力人的目的在于保护他们的利益和维护交易安全，因此，如果限制民事行为能力人和无民事行为能力人所实施的行为有利于本人，又不损害社会和他人利益，无碍交易安全的，就应当承认这种行为的效力。例如，无民事行为能力人、限制民事行为能力人接受奖励、赠与、报酬，他人不得以行为人系无民事行为能力人、限制民事行为能力人为由，主张以上行为无效。

三、自然人民事行为能力的认定

自然人民事行为能力的认定是指对成年人的民事行为能力状况依法定程序作出确认。

依据《民法典》第24条的规定，不能辨认或者不能完全辨认自己行为的成年人，其利害关系人或者有关组织，可以向人民法院申请认定该成年人为无民事行为能力人或者限制民事行为能力人。被人民法院认定为无民事行为能力人或者限制民事行为能力人的，经本人、利害关系人或者有关组织申请，人民法院可以根据其智力、精神健康恢复的状况，认定该成年人恢复为限制民事行为能力人或者完全民事行为能力人。有权申请认定的有关组织包括：居民委员会、村民委员会、学校、医疗机构、妇女联合会、残疾人联合会、依法设立的老年人组织、民政部门等。

第三节 监 护

一、监护的含义

监护是指为未成年人和无民事行为能力与限制民事行为能力的成年人设置保护人，以监督和保护其人身、财产及其他合法权益的制度。监护具有以下特点。

第一，被监护人只能是未成年人和无民事行为能力与限制民事行为能力的成年人。未成年人以及无民事行为能力与限制民事行为能力的成年人不具有完全民事行为能力，不能独立进行民事活动或不能独立进行全部民事活动，为保护这些人的利益，法律确立监护制度，为其设立监护人，对其予以保护。

第二，监护人只能是完全民事行为能力人和有监护条件的组织。不具有完全民事行为能力的人是被监护人，不可能再担任监护人。在这种情况下，有监护条件的组织可以担任监护人。

第三，监护是为了弥补被监护人在民事行为能力方面的不足或缺陷而设立的，以实现其民事权利能力，保护其合法权益。

二、监护人的设立

（一）未成年人的监护人的设立

依据《民法典》第27条第1款的规定，父母是未成年子女的监护人。未成年人一经出生，其父母就当然成为未成年人的监护人。父母作为未成年人的监护人，是其法定义务。所以，父母对未成年子女负有抚养、教育和保护的义务（《民法典》第26条）。父母的监护人资格，不因父母离婚而丧失，所以，父母离婚后，未与未成年子女共同生活的一方仍为未成年人的监护人。依据《民法典》第29条的规定，被监护人的父母担任监护人的，可以通过遗嘱指定监护人。被监护人的父母在遗嘱中指定监护人的，被指定的人为监护人。

依据《民法典》第27条第2款的规定，未成年人的父母已经死亡或者没有监护能力的，由下列有监护能力的人按顺序担任监护人：（1）祖父母、外祖父母；（2）兄、姐；（3）其他愿意担任监护人的个人或者组织，但是须经未成年人住所地的居民委员会、村民委员会或者民政部门同意。

（二）无完全民事行为能力的成年人的监护人的设立

依据《民法典》第28条的规定，无民事行为能力或者限制民事行为能力的成年人，由下列有监护能力的人按顺序担任监护人：（1）配偶；（2）父母、子女；（3）其他近亲属；（4）其他愿意担任监护人的个人或者组织，但是须经被监护人住所地的居民委员会、村民委员会或者民政部门同意。

（三）监护人的协商确定和指定

依《民法典》第30、31条的规定，依法具有监护资格的人之间可以协议确定监护人。在协议确定监护人时，应当尊重被监护人的真实意愿。对监护人的确定有争议的，由被监护人住所地的居民委员会、村民委员会或者民政部门指定监护人，有关当事人对指定不服的，可以向人民法院申请指定监护人；有关当事人也可以直接向人民法院申请指定监护人。居民委员会、村民委员会、民政部门或者人民法院应当尊重被监护人的真实意愿，按照最有利于被监护人的原则在依法具有监护资格的人中指定监护人。在指定监护人前，被监护人的人身权利、财产权利以及其他合法权益处于无人保护状态的，由被监护人住所地的居民委员会、村民委员会、法律规定的有关组织或者民政部门担任临时监护人。监护人被指定后，不得擅自变更；擅自变更的，不免除被指定的监护人的责任。

（四）国家监护和意定监护

国家监护是指在没有依法具有监护资格的人的情形下，由法定的组织依法担任被监护人的监护人。依据《民法典》第32条的规定，没有依法具有监护资格的人的，监护人由民政部门担任，也可以由具备履行监护职责条件的被监护人住所地的居民委员会、村民委员会担任。

意定监护是指具有完全民事行为能力的成年人与他人协商，在其不具有完全民事行为能力时，由该他人担任监护人。依据《民法典》第33条的规定，具有完全民事行为能力的成年人，可以与其近亲属、其他愿意担任监护人的个人或者组织事先协商，以书面形式确定自己的监护人。协商确定的监护人在该成年人丧失或者部分丧失民事行为能力时，履行监护职责。

**例题 8**　关于监护，下列哪一表述是正确的？

A. 甲委托医院照料其患精神病的配偶乙，医院是委托监护人

B. 甲的幼子乙在寄宿制幼儿园期间，甲的监护职责全部转移给幼儿园

C. 甲丧夫后携幼子乙改嫁，乙的爷爷有权要求人民法院确定自己为乙的法定监护人

D. 甲、乙之子丙 5 周岁，甲乙离婚后对谁担任丙的监护人发生争议，丙住所地的居民委员会有权指定

解析：本题的考点是监护人的设立，答案为 A 项。监护人可以将监护职责委托给他人，因此，甲将对乙的监护职责委托给医院，该医院即为乙的委托监护人。甲的幼子乙在幼儿园寄宿，幼儿园只负有教育管理之责，甲的监护职责不能全部转移给幼儿园。父母是未成年人的法定监护人，甲即使改嫁也不影响其对乙的监护人资格，乙的爷爷无权要求人民法院确定自己为乙的法定监护人。父母离婚后，双方仍是未成年人的监护人，不存在指定监护人的问题。

三、监护人的职责

依据《民法典》第 34 条第 1 款的规定，监护人的职责是代理被监护人实施民事法律行为，保护被监护人的人身权利、财产权利以及其他合法权益等。

监护人履行监护职责，既是其权利，也是其义务。依据《民法典》第 34 条第 2、3 款的规定，监护人依法履行监护职责产生的权利，受法律保护；监护人不履行监护职责或者侵害被监护人合法权益的，应当承担法律责任。应当指出的是，因发生突发事件等紧急情况，监护人暂时无法履行监护职责，被监护人的生活处于无人照料状态的，被监护人住所地的居民委员会、村民委员会或者民政部门应当为被监护人安排必要的临时生活照料措施（《民法典》第 34 条第 4 款）。

依据《民法典》第 35 条的规定，监护人应当按照最有利于被监护人的原则履行监护职责。监护人除为维护被监护人的利益外，不得处分被监护人的财产。未成年人的监护人履行监护职责，在作出与被监护人的利益有关的决定时，应当根据被监护人的年龄和智力状况，尊重被监护人的真实意愿。成年人的监护人履行监护职责，应当最大限度地尊重被监护人的真实意愿，保障并协助被监护人实施与其智力、精神健康状况相适应的民事法律行为。对于被监护人有能力独立处理的事务，监护人不得干涉。

四、监护人资格的撤销

依据《民法典》第 36 条的规定，监护人有下列情形之一的，人民法院根据有关个人或者组织的申请，撤销其监护人资格，安排必要的临时监护措施，并按照最有利于被监护人的原则依法指定监护人：（1）实施严重损害被监护人身心健康行为的；（2）怠于履行监护职责，或者无法履行监护职责且拒绝将监护职责部分或者全部委托给他人，导致被监护人处于危困状态的；（3）实施严重侵害被监护人合法权益的其他行为的。这里的有关个人、组织包括：其他依法具有监护资格的人，居民委员会、村民委员会、学校、医疗机构、妇女联合会、残疾人联合

会、未成年人保护组织、依法设立的老年人组织、民政部门等。如果有关个人和民政部门以外的组织未及时向人民法院申请撤销监护人资格的，民政部门应当向人民法院申请。

依据《民法典》第 37、38 条的规定，依法负担被监护人抚养费、赡养费、扶养费的父母、子女、配偶等，被人民法院撤销监护人资格后，应当继续履行负担的义务。被监护人的父母或者子女被人民法院撤销监护人资格后，除对被监护人实施故意犯罪的外，确有悔改表现的，经其申请，人民法院可以在尊重被监护人真实意愿的前提下，视情况恢复其监护人资格，人民法院指定的监护人与被监护人的监护关系同时终止。

五、监护关系的终止

依据《民法典》第 39 条的规定，有下列情形之一的，监护关系终止：(1) 被监护人取得或者恢复完全民事行为能力；(2) 监护人丧失监护能力；(3) 被监护人或者监护人死亡；(4) 人民法院认定监护关系终止的其他情形。在监护关系终止后，如果被监护人仍然需要监护的，应当依法另行确定监护人。

第四节　宣告失踪和宣告死亡

一、宣告失踪

（一）宣告失踪的含义

宣告失踪是指经利害关系人申请，由人民法院将下落不明满一定期间的自然人宣告为失踪人的制度。

如果一个人下落不明，那么他所参与的财产关系就处于不稳定的状态，如财产无人管理、债务无法清偿等。这种状态既不利于失踪人，也不利于他人。因此，法律设立宣告失踪制度，目的就在于通过对失踪人的财产设立代管人，结束失踪人所参与的财产关系的不稳定状态，保护失踪人与相对人的财产权益，进而稳定社会经济秩序。

（二）宣告失踪的条件

依据《民法典》第 40 条的规定，宣告失踪应当具备以下条件。

第一，自然人下落不明须满法定期间。所谓下落不明，是指自然人离开最后居住地没有音讯的状况。这种下落不明的状态须满 2 年，未满 2 年的，不得宣告自然人失踪。依据《民法典》第 41 条的规定，自然人下落不明的时间从其失去音讯之日起计算；战争期间下落不明的，下落不明的时间自战争结束之日或者有关机关确定的下落不明之日起计算。

第二，利害关系人须向人民法院提出申请。只有在利害关系人提出申请的情况下，人民法院才能宣告自然人为失踪人。这里的利害关系人包括被申请宣告人的配偶、父母、子女、兄弟姐妹、祖父母、外祖父母、孙子女、外孙子女，以及其他与被申请人有民事权利义务关系的人。上述利害关系人在申请宣告失踪时，没有先后顺序上的限制。

第三，人民法院须依法定程序宣告。宣告自然人失踪为人民法院的职权，其他任何机关不得为之。人民法院受理宣告失踪的申请后，应发出寻找失踪人的公告，公告期间为 3 个月。公告期满后，人民法院根据被申请人失踪的事实是否确定作出裁决，对于仍未出现或无确切消息的，作出宣告被申请人为失踪人的判决。人民法院作出宣告失踪判决的，被申请人即为失踪人。

（三）宣告失踪的法律后果

自然人被宣告失踪后，其民事权利能力并没有终止，因此，宣告失踪并不发生人身关系方面的法律后果，而仅发生财产关系方面的法律后果，这一法律后果就是为失踪人的财产设立代管人。依据《民法典》第 42 条的规定，失踪人的财产由其配偶、成年子女、父母或者其他愿意担任财产代管人的人代管。代管有争议，没有上述代管人，或者上述代管人无代管能力的，由法院指定的人代管。

财产代管人应当妥善管理失踪人的财产，维护其财产权益。失踪人所欠税款、债务和应付的其他费用，由财产代管人从失踪人的财产中支付。财产代管人因故意或者重大过失造成失踪人财产损失的，应当承担赔偿责任（《民法典》第 43 条）。

财产代管人不履行代管职责、侵害失踪人财产权益或者丧失代管能力的，失踪人的利害关系人可以向人民法院申请变更财产代管人。财产代管人有正当理由的，可以向人民法院申请变更财产代管人。人民法院变更财产代管人的，变更后的财产代管人有权请求原财产代管人及时移交有关财产并报告财产代管情况（《民法典》第 44 条）。

（四）失踪宣告的撤销

宣告失踪是人民法院基于自然人下落不明的事实所作的一种推定，一旦这种事实不存在，即可推翻失踪宣告的效力。依据《民法典》第 45 条的规定，失踪人重新出现，经本人或利害关系人申请，人民法院应当撤销失踪宣告。失踪人重新出现的，有权请求财产代管人及时移交有关财产并报告财产代管情况。

二、宣告死亡

（一）宣告死亡的含义

宣告死亡是指经利害关系人申请，由人民法院将下落不明满一定期间的自然人宣告为死亡人的制度。

如前所述，法律设立宣告失踪的目的仅在于稳定失踪人所参与的财产关系，宣告失踪对人身关系不能产生效力。同时，即使有了宣告失踪制度，失踪人的财产仍需要他人代管。为了彻底结束失踪人所参与的人身关系和财产关系的不稳定状态，法律设置了宣告死亡制度。因此，一旦自然人被宣告死亡，便与自然死亡一样，发生民事权利能力终止的后果，从而使他所参与的法律关系趋于稳定状态。

由于法律设置宣告死亡与宣告失踪的目的有所不同，所以，宣告失踪不是宣告死亡的必经程序。也就是说，自然人下落不明的，符合申请宣告死亡条件的，利害关系人可以不经申请宣告失踪而直接申请宣告死亡。但利害关系人只申请宣告失踪的，法院应当宣告失踪。即使符合宣告死亡的条件，法院也不得宣告死亡。

（二）宣告死亡的条件

依据《民法典》第 46 条的规定，宣告死亡应当具备以下条件。

1. 自然人下落不明须满法定期间

依据《民法典》第 46 条的规定，下落不明的期间应依下列情况确定：（1）在一般情况下，下落不明须满 4 年；（2）因意外事件，下落不明满 2 年。因意外事件下落不明，经有关机关证明该自然人不可能生存的，不受该 2 年的限制。

2. 利害关系人须向人民法院提出申请

在宣告死亡中，利害关系人的范围与申请宣告失踪的利害关系人的范围是相同的。但是，申请宣告死亡的利害关系人有先后顺序的限制，也就是说，先顺序的利害关系人没有申请宣告死亡的，后顺序的利害关系人无权申请宣告死亡。但依据《民法典》第 47 条的规定，对同一自然人，有的利害关系人申请宣告死亡，有的利害关系人申请宣告失踪，符合宣告死亡条件的，人民法院应当宣告死亡。申请宣告死亡的利害关系人的顺序为：(1) 配偶；(2) 父母、子女；(3) 兄弟姐妹、祖父母、外祖父母、孙子女、外孙子女；(4) 其他有民事权利义务关系的人。

3. 人民法院须依法定程序宣告

人民法院受理宣告死亡案件后，应发出寻找失踪人的公告，公告期间为 1 年；但因意外事件下落不明的，经有关机关证明确实不能生存的，公告期间为 3 个月。公告期间届满失踪人仍未出现的，法院即可作出宣告死亡的判决。依据《民法典》第 48 条的规定，被宣告死亡的人，人民法院宣告死亡的判决作出之日视为其死亡的日期；因意外事件下落不明宣告死亡的，意外事件发生之日视为其死亡的日期。

（三）宣告死亡的法律后果

自然人被宣告死亡的，发生与其自然死亡相同的法律后果。自确定的死亡之日起，被宣告死亡人所参与的各种民事法律关系终止。例如，被宣告死亡的人，自死亡宣告之日起，其婚姻关系消除（《民法典》第 51 条），其合法财产为遗产，由其继承人继承。

但是，宣告死亡毕竟是一种法律上的推定死亡，被宣告死亡的人在事实上可能并没有死亡，此时，被宣告死亡的人仍会参与各种民事法律关系。因此，自然人被宣告死亡但并未死亡的，不影响该自然人在被宣告死亡期间实施的民事法律行为的效力（《民法典》第 49 条）。

（四）死亡宣告的撤销

宣告死亡为推定死亡，因此，若被宣告死亡的人重新出现的，经本人或者利害关系人申请，人民法院应当撤销死亡宣告（《民法典》第 50 条）。

宣告死亡的判决撤销后，在人身关系与财产关系方面均会产生一定的法律后果，具体来说包括以下情形。

(1) 在婚姻关系方面，死亡宣告被撤销的，婚姻关系自撤销死亡宣告之日起自行恢复。但是，其配偶再婚或者向婚姻登记机关书面声明不愿意恢复的除外（《民法典》第 51 条）。

(2) 在父母子女关系方面，死亡宣告被撤销后，父母子女关系自行恢复。但被宣告死亡的人在被宣告死亡期间，其子女被他人依法收养的，在死亡宣告被撤销后，不得以未经本人同意为由主张收养关系无效（《民法典》第 52 条）。

(3) 在财产关系方面，被撤销死亡宣告的人有权请求依据《民法典》继承编取得其财产的民事主体返还财产；无法返还的，应当给予适当补偿。利害关系人隐瞒真实情况，致使他人被宣告死亡而取得其财产的，除应当返还财产外，还应当对由此造成的损失承担赔偿责任（《民法典》第 53 条）。

例题 9 甲、乙为夫妻，长期感情不和。某年 5 月 1 日甲乘火车去外地出差，在火车上失踪，没有发现其被害尸体，也没有发现其在何处下车。五年之后，乙向人民法院申请宣告甲死亡，人民法院依照法定程序宣告甲死亡。之后，乙向人民法院起诉要求铁路公司对甲的死亡进行赔偿。关于甲被宣告死亡，下列哪些说法是正确的？

A. 甲的继承人可以继承其财产

B. 甲、乙婚姻关系消除且不可能恢复

C. 人民法院宣告死亡的判决作出之日为甲的死亡日期

D. 铁路公司应当对甲的死亡进行赔偿

解析：本题的考点为宣告死亡的效力，答案为A、C项。宣告死亡与自然死亡发生同样的法律效果，因此，甲的个人合法财产为遗产，其继承人有权继承。甲、乙的婚姻关系因宣告死亡而归于消除，但若甲重新出现，除乙再婚或者向婚姻登记机关书面声明不愿意恢复的，其婚姻关系自行恢复。依据《民法典》的规定，宣告死亡的时间应当以人民法院宣告死亡的判决作出之日的时间加以认定。铁路公司并未造成甲的自然死亡，因此，铁路公司对甲的宣告死亡没有法律责任。

第五节 个体工商户和农村承包经营户

一、个体工商户

依据《民法典》第54条的规定，自然人从事工商业经营，经依法登记，为个体工商户。个体工商户具有以下特点。

第一，个体工商户以“户”为经营单位。个体工商户可以是家庭经营，也可以是个人经营，但无论采何种经营形式，个体工商户都是以“户”的名义而非以自然人的名义从事经营活动。因此，个体工商户以“户”的名义享有民事权利和承担民事义务。

第二，个体工商户从事个体工商业经营。个体工商户所从事的是工商业生产经营活动，而不是农业生产经营。同时，个体工商户从事的是个体经营活动，而不是集体经营活动。

第三，个体工商户须依法登记。自然人从事个体工商业经营活动的，须经依法登记，领取营业执照。个体工商户自依法登记之日起取得独立经营的资格，可以以“户”的名义在银行开立账户，自主经营；可以起字号，并对自己的名称享有名称权。

第四，个体工商户须在法律允许的范围内从事生产经营活动。个体工商户所从事的生产经营活动只能是法律允许个体从事的，并且应在登记的范围内经营。

第五，个体工商户对其债务负无限清偿责任。个体工商户的债务，个人经营的，以个人财产承担；家庭经营的，以家庭财产承担；无法区分的，以家庭财产承担（《民法典》第56条第1款）。

二、农村承包经营户

依据《民法典》第55条的规定，农村集体经济组织的成员，依法取得农村土地承包经营权，从事家庭承包经营的，为农村承包经营户。

农村承包经营户具有以下特点。

第一，农村承包经营户为农村集体经济组织的成员。非农村集体经济组织的成员，一般不能成为农村承包经营户。

第二，农村承包经营户以“户”为单位从事承包经营。承包经营户可以是个人经营，也可以是家庭经营，但须是以“户”的名义进行经营活动，以“户”的名义独立进行民事活动。

第三，承包经营户依承包合同独立从事商品经营。农村承包经营户依承包合同取得承包经营权，其经营活动限于商品经营。

第四，农村承包经营户对经营期间的债务承担无限清偿责任。农村承包经营户的债务，以从事农村土地承包经营的农户财产承担；事实上由农户部分成员经营的，以该部分成员的财产承担（《民法典》第56条第2款）。

第六节　住所和身份证明

一、住所

（一）住所的含义

住所是指自然人生活和进行民事活动的主要基地与中心场所，是自然人参与民事法律关系的主要地方。

住所与居所不同，居所是指自然人居住的场所。一个自然人可以有多处居所，但只能有一处住所；居所与住所可以一致，也可以不一致。

（二）住所的确定

依据《民法典》第25条的规定，自然人以户籍登记或者其他有效身份登记记载的居所为住所；经常居所与住所不一致的，经常居所视为住所。

（三）住所的法律效力

自然人的住所一旦确定，即产生以下法律效力。

第一，确定民事主体的状态。例如，在宣告失踪和宣告死亡中，确定某一自然人是否下落不明，应以离开最后居住地无消息为准。

第二，确定某些民事法律关系的发生、变更、终止和履行的地点。例如，继承开始地点一般为被继承人的最后住所地；债务履行地点约定不明确的，给付货币的，应在接受给付的一方的住所地履行。

第三，确定有关民事事项的管辖权。例如，对监护人的确定有争议的，由被监护人住所地的居民委员会、村民委员会指定监护人；利害关系人申请宣告自然人失踪或死亡的，应向下落不明的被申请人的住所地人民法院提起。

第四，确定涉外民事法律关系法律适用的准据法。例如，自然人的民事权利能力和民事行为能力、宣告失踪或者宣告死亡，适用经常居所地法律；人格权的内容，适用权利人经常居所地法律（《涉外民事法律关系法律适用法》第11～13条、第15条）。

二、身份证明

自然人的身份证明文件主要包括户籍和居民身份证。

户籍是以户为单位记载自然人的姓名、性别、出生、住所、婚姻状况等事项的法律文件。户籍可以确定自然人的姓名、住所、出生或死亡日期、婚姻和家庭状况等事项，自然人可以将此作为行使民事权利和承担民事义务的依据。

居民身份证是为证明居住在我国境内的公民的身份，由国家统一颁发的法定身份证件。自然人从事有关活动，需要证明身份的，有权使用居民身份证证明身份。例如，自然人在办理常住户口登记项目变更、兵役登记、婚姻与收养登记、申请办理出境手续，以及法律、行政法规规定需要用居民身份证证明身份的其他情形下，应当出示居民身份证证明身份。

引读案例解答

1.（1）自然人从出生时起到死亡时止，具有民事权利能力，因此，甲具有民事权利能力。（2）甲为16周岁的未成年人，虽然偶尔给人打工挣点零钱，但并没有达到以自己的劳动收入为主要生活来源的程度，因此，甲不能被视为完全民事行为能力人，仍属于限制民事行为能力人。（3）甲是限制民事行为能力人，只能进行与他的年龄、智力相适应的民事活动，其他民事活动应由他的法定代理人代理或者征得法定代理人的同意。甲低价出卖自己电脑的行为，与其年龄、智力不相适应，因此，甲不能独立实施这种买卖行为。

2.（1）甲下落不明已达4年之久，且乙属于甲的利害关系人的范围，因此，乙有权申请人民法院宣告甲死亡。乙、丙属于同一顺序的利害关系人，在同一顺序的利害关系人中，有的申请宣告失踪，有的申请宣告死亡的，人民法院应当宣告死亡。（2）丙主张对甲的财产进行代管不符合法律的规定，因为如果人民法院宣告甲死亡，自然不能适用财产代管制度，只能发生自然人死亡的法律后果。

课堂讨论案例

1. 甲已年满17周岁，在一家保洁公司做临时工，月工资2 800元。甲在未征得家长同意的情况下，将用自己工资购买的一台价值3 000元的手机卖给乙。之后，甲被人民法院认定为无民事行为能力人。

问：（1）如何认定甲的民事行为能力？（2）甲是否有权出卖手机？

2. 张某一家共4口人：张某夫妻、两岁儿子及张父。张某自2002年外出去深圳打工，2003年春节张某托人捎给张妻王某一封信与6 000元，其后音信皆无。直至2008年2月王某已经对张某的归来不抱任何希望，于是向人民法院申请宣告张某死亡，人民法院依法定程序于2009年10月宣告张某死亡。2010年5月，王某将儿子送与李某夫妻收养并办理了收养手续。之后，王某与刘某结婚，但1年后刘某得病过世。请回答以下问题。

（1）人民法院宣告张某死亡需要的条件有哪些？

A. 张某下落不明4年以上的事实

B. 王某作为利害关系人申请

C. 法院受理王某的申请

D. 法院依法定程序进行宣告

（2）如果张某于2013年重新出现，其儿子的收养关系应如何处理？

A. 张某可以基于未经其同意而主张收养关系无效

B. 王某可因张某的重新出现而主张收养关系无效

C. 如收养人和被收养人同意解除收养关系的，收养关系可以解除

D. 收养关系因张某的重新出现而当然解除

（3）张某重新出现后，其与王某间的婚姻关系如何？

A. 张某与王某的婚姻关系自行恢复

B. 张某与王某的婚姻关系不能自行恢复

C. 张某与王某的婚姻关系已经消灭

D. 张某与王某的婚姻关系未曾消灭

重点思考习题

1. 如何理解自然人民事权利能力的开始和终止？
2. 如何保护胎儿的利益？
3. 自然人的民事行为能力是如何划分的？
4. 如何为未成年人和成年人设立监护人？
5. 宣告失踪与宣告死亡有何区别？

第四章 法 人

引读案例

1. 甲、乙、丙三人各出资50万元，设立一家贸易公司，从事木材销售业务。在经营过程中，由于木材市场不景气，贸易公司欠下70万元的债务，而公司的实有资产只有50万元。债权人要求贸易公司、甲、乙、丙共同偿还70万元的债务。请分析以下问题：(1) 贸易公司能否取得法人资格？若能取得法人资格，应属于何种类型的法人？(2) 贸易公司欠下的70万元债务应当如何清偿？

2. 甲、乙系两家具有法人资格的市属企业。甲因经营不善而负债累累，经有关部门研究协商，乙将甲兼并。甲、乙兼并协议中约定：乙承受甲的全部资产，但只承担甲80%的债务，其余债务由甲自己解决。丙是甲的债权人，在乙兼并甲后，丙要求乙清偿债务，但乙以兼并协议的约定为由，只愿承担80%的债务。请分析以下问题：(1) 甲、乙之间的兼并发生什么法律后果？(2) 乙的主张是否合法？

法律职业资格考试要点

法人的含义；法人的成立条件；法人的分类及其意义；法人的设立；法人的民事权利能力和民事行为能力；法人机关的类型；法人变更的类型和后果；法人终止的原因和清算

第一节 法人概述

一、法人的含义

依据《民法典》第57条的规定，法人是指具有民事权利能力和民事行为能力，依法独立享有民事权利和承担民事义务的组织。

法人具有以下特点。

第一，法人是一种社会组织。法人是自然人的集合体或者财产的集合体，是为实现一定的宗旨按照一定的条件而设立的社会组织。因此，非社会组织不能成为法人。

第二，法人是具有民事权利能力和民事行为能力的社会组织。法人是社会组织，但并非所有的社会组织都能成为法人。能够成为法人的社会组织，只能是具有民事权利能力和民事行为能力、能够以自己的名义享有民事权利和承担民事义务的社会组织。

第三，法人是独立享有民事权利和承担民事义务的社会组织。法人的这种独立性主要体现在以下方面：一是组织上的独立性，即法人有健全的组织机构，独立于法人的成员而存在；二是财产上的独立性，即法人有自己独立的财产；三是责任上的独立性，即法人独立承担民事责任，法人设立人和法人成员不对法人的债务负清偿责任。

二、法人的分类

（一）学理上的法人分类

1. 根据法人成立的基础，法人可以分为社团法人与财团法人

社团法人是指以人的集合为基础，以有一定的成员为成立条件的法人。例如，公司、学校等法人属于社团法人。财团法人是指以一定的目的财产的集合为基础，以一定的捐助行为为成立条件的法人。例如，基金会、慈善组织等法人为财团法人。

区分社团法人与财团法人的主要意义在于：这两种法人设立的基础不同，因而在设立行为的性质、设立人的地位、设立目的、组织机构等方面存在着差别。例如，在社团法人中，设立行为属于共同行为，设立人为法人成员，设立目的可以是营利或公益，组织机构有权力机关（如社员大会）、执行机关（如董事会）等。而在财团法人中，设立行为属于单方行为，设立人不为法人成员，设立目的是公益，组织机构只有管理机关。

2. 根据法人的设立目的，法人可以分为营利法人与公益法人

营利法人是指以营利为目的，并将所得利益分配给成员的法人。例如，公司法人就是营利法人，其目的在于取得投资回报。公益法人是指以从事公益事业为目的而不以营利为目的的法人。例如，学校、医院、慈善组织等法人就属于公益法人，其目的在于谋取公益。

区分营利法人与公益法人的主要意义在于：这两种法人设立目的不同，因而法律的要求也有所不同。例如，营利法人一般依特别法如公司法的规定而设立；而公益法人除有特殊规定外，一般依民法的规定设立。营利法人除有特殊规定外，一般不需要得到主管机关的许可，采取准则主义；而公益法人则需要得到主管机关的许可，采取许可主义。营利法人只能采取社团法人的形式，而公益法人可以采取财团法人或社团法人的形式。营利法人可以从事各种营利活动，也可以从事一定的公益活动；而公益法人只能从事公益活动，不得从事以向其成员分配利润为目的的营利性活动。

3. 根据法人的国籍，法人可以分为本国法人与外国法人

本国法人是指具有本国国籍的法人。在我国，凡依据我国法律在我国境内设立的法人，无论法人设立人是否具有中国国籍，均为本国法人。外国法人是指本国法人以外的法人。依照外国法律在外国设立的法人，即使法人设立人具有中国国籍，该法人也为外国法人。我国法规定，外国法人可以在我国设立分支机构。

区分本国法人与外国法人的主要意义在于：法律对于外国法人有特殊的法律调整规则，如在民事权利能力上对外国法人有所限制。

（二）《民法典》对法人的分类

《民法典》总则编第三章除一般规定外，分别用三节规定了营利法人、非营利法人和特别法人。

1. 营利法人

依据《民法典》第76条的规定，以取得利润并分配给股东等出资人为目的成立的法人，为营利法人。营利法人包括有限责任公司、股份有限公司和其他企业法人等。

营利法人具有如下特点。

(1) 营利法人以营利为目的。营利法人是以营利为目的而成立的社团，其须进行生产经营活动，有自己的营业。营利法人从事经营活动，应当遵守商业道德，维护交易安全，接受政府和社会的监督，承担社会责任（《民法典》第 86 条）。

(2) 营利法人经依法登记成立（《民法典》第 77 条）。依据《民法典》第 78 条的规定，依法设立的营利法人，由登记机关发给营利法人营业执照，营业执照签发日期即为营利法人的成立日期。营利法人依法成立后，其合法权益受法律保护，任何人不得侵犯。依据《民法典》第 83、84 条的规定，营利法人的出资人不得滥用出资人权利损害法人或者其他出资人的利益，否则，应当依法承担民事责任。当然，营利法人的出资人也不得滥用法人独立地位和出资人有限责任损害法人债权人的利益；滥用法人独立地位和出资人有限责任，逃避债务，严重损害法人债权人的利益的，应当对法人的债务承担连带责任。营利法人的控股出资人、实际控制人、董事、监事、高级管理人员不得利用其关联关系损害法人的利益，利用关联关系给法人造成损失的，应当承担赔偿责任。

(3) 营利法人应当依法制定法人章程（《民法典》第 79 条）。法人章程是规定法人名称、住所、经营范围、经营管理制度等重大事项的基本文件。营利法人从事经营活动，应当遵守法人章程的规定。依据《民法典》第 85 条的规定，营利法人的权力机构、执行机构作出决议的会议召集程序、表决方式违反法律、行政法规、法人章程，或者决议内容违反法人章程的，营利法人的出资人可以请求人民法院撤销该决议。但是，营利法人依据该决议与善意相对人形成的民事法律关系不受影响。

(4) 营利法人的组织机构包括权力机构、执行机构和监督机构。权力机构行使修改法人章程，选举或者更换执行机构、监督机构成员，以及法人章程规定的其他职权（《民法典》第 80 条）。执行机构行使召集权力机构会议，决定法人的经营计划和投资方案，决定法人内部管理机构的设置，以及法人章程规定的其他职权。执行机构为董事会或者执行董事的，董事长、执行董事或者经理按照法人章程的规定担任法定代表人；未设董事会或者执行董事的，法人章程规定的主要负责人为其执行机构和法定代表人（《民法典》第 81 条）。营利法人设监事会或者监事等监督机构的，监督机构依法行使检查法人财务，监督执行机构成员、高级管理人员执行法人职务的行为，以及法人章程规定的其他职权（《民法典》第 82 条）。

2. 非营利法人

依据《民法典》第 87 条的规定，为公益目的或者其他非营利目的成立，不向出资人、设立人或者会员分配所取得利润的法人，为非营利法人。非营利法人包括事业单位、社会团体、基金会、社会服务机构等。

事业单位法人是指从事各类社会公益事业、具有法人资格的社会组织。依据《民法典》第 88 条的规定，具备法人条件，为适应经济社会发展需要，提供公益服务设立的事业单位，经依法登记成立，取得事业单位法人资格；依法不需要办理法人登记的，从成立之日起，具有事业单位法人资格。事业单位法人设理事会的，除法律另有规定外，理事会为其决策机构。事业单位法人的法定代表人依照法律、行政法规或者法人章程的规定产生（《民法典》第 89 条）。

社会团体法人是指由具有共同目的的一定数量成员共同组成的或者由一定财产组成的具有法人资格的社会组织。依据《民法典》第 90 条的规定，具备法人条件，基于会员共同意愿，为公益目的或者会员共同利益等非营利目的设立的社会团体，经依法登记成立，取得社会团体法人资格；依法不需要办理法人登记的，从成立之日起，具有社会团体法人资格。设立社会团体法人的，应当依法制定法人章程。同时，社会团体法人应当建立完善的组织机构，应当设会员大会或者会员代表大会等权力机构、理事会等执行机构。社会团体法人的理事长或者会长等负责人，按照法人章程的规定担任法定代表人（《民法典》第 91 条）。

捐助法人是指为公益目的以捐助财产设立的基金会、社会服务机构等法人。依据《民法典》第 92 条的规定，具备法人条件，为公益目的以捐助财产设立的基金会、社会服务机构等，经依法登记成立，取得捐助法人资格。依法设立的宗教活动场所，具备法人条件的，可以申请法人登记，取得捐助法人资格。法律、行政法规对宗教活动场所有规定的，依照其规定。设立捐助法人的，应当依法制定法人章程。同时，捐助法人应当设理事会、民主管理组织等决策机构，并设执行机构，以及监事会等监督机构。理事长等负责人按照法人章程的规定担任法定代表人（《民法典》第 93 条）。在捐助法人成立后，捐助人有权向捐助法人查询捐助财产的使用、管理情况，并提出意见和建议，捐助法人应当及时、如实答复。捐助法人的决策机构、执行机构或者法定代表人作出决定的程序违反法律、行政法规、法人章程，或者决定内容违反法人章程的，捐助人等利害关系人或者主管机关可以请求人民法院撤销该决定。但是，捐助法人依据该决定与善意相对人形成的民事法律关系不受影响（《民法典》第 94 条）。

3. 特别法人

特别法人是指营利法人和非营利法人以外的一类法人。依据《民法典》第 96 条的规定，机关法人、农村集体经济组织法人、城镇农村的合作经济组织法人、基层群众性自治组织法人，为特别法人。

机关法人是指依法从事国家管理活动，承担行政职能并因行使职权需要而享有民事权利能力和民事行为能力的法定机构。依据《民法典》第 97 条的规定，有独立经费的机关和承担行政职能的法定机构从成立之日起，具有机关法人资格，可以从事为履行职能所需要的民事活动。机关法人被撤销的，法人终止，其民事权利和义务由继任的机关法人享有和承担；没有继任的机关法人的，由作出撤销决定的机关法人享有和承担（《民法典》第 98 条）。

农村集体经济组织是由农民联合形成的，集体组织农业生产经营、集体劳动，按劳分配的农村经济组织；城镇农村的合作经济组织是自愿成立的自我组织、自我管理、自我受益的合作组织。依据《民法典》第 99、100 条的规定，农村集体经济组织、城镇农村的合作经济组织依法取得法人资格。法律、行政法规对农村集体经济组织、城镇农村的合作经济组织有规定的，依照其规定。

居民委员会、村民委员会是居民、村民依据《城市居民委员会组织法》《村民委员会组织法》成立的自我管理、自我教育、自我服务的基层群众性自治组织。居民委员会、村民委员会为履行职能需要从事民事活动，法律有必要赋予其主体资格。依据《民法典》第 101 条的规定，居民委员会、村民委员会具有基层群众性自治组织法人资格，可以从事为履行职能所需要的民事活动。未设立村集体经济组织的，村民委员会可以依法代行村集体经济组织的职能。

例题 10 关于法人，下列哪一表述是正确的？

A. 社团法人均属营利法人　　B. 基金会法人均属公益法人

C. 社团法人均属公益法人　　D. 民办非企业单位法人均属营利法人

解析：本题的考点是法人的分类，答案为 B 项。社团法人中，有的属于营利法人如公司，有的属于公益法人如学校。基金会法人的设立以财产为基础，无法人成员，只能以公益为目的，只能是公益法人。民办非企业单位法人中，如民办学校等属于非营利法人。

第二节　法人的设立

一、法人设立的原则

在法人的设立上，法律针对不同类型的法人实行不同的原则，主要有特许主义、许可主义、准则主义、强制主义。特许主义是指法人的设立须经法律的特别许可，如机关法人的设立；许可主义是指法人的设立须经行政机关的许可，如社会团体法人的设立；准则主义是指只要符合法律规定的条件，经申请即可设立，如有限责任公司法人的设立；强制主义是指依法律规定必须设立法人，如工会法人的设立。

二、法人设立的条件

法人的设立条件是指社会组织取得法人资格所必须具备的基本条件。依据《民法典》第58条的规定，法人设立的条件包括以下几项。

第一，依法成立。所谓依法成立，是指法人的设立须符合法定条件和法定程序。一方面，法人须依法定条件设立，即法人的设立要有法律根据、符合法律规定的实质条件。另一方面，法人须依法定程序设立。如依法需要登记的，应当办理法人登记。登记机关应当依法及时公示法人登记的有关信息（《民法典》第66条）。如果法人的实际情况与登记的事项不一致的，不得对抗善意相对人（《民法典》第65条）。

第二，应当有自己的财产或者经费。财产或经费是法人进行民事活动，独立承担民事责任的物质基础和基本保障。任何社会组织取得法人资格，都需要有与法人的设立宗旨、业务活动等相应适应的财产或者经费。

第三，应当有自己的名称、组织机构和住所。名称是一个社会组织特定化的必要条件。法人有自己的名称，才能以自己的名义进行民事活动，因此，法人必须有自己的名称，并且依法只能有一个名称。法人的组织机构是形成和执行法人的意志，对内管理法人事务，对外代表法人进行民事活动的常设机构。法人的住所是法人从事业务活动的地方。法人的场所可以有多处，但每个法人只能有一个住所。法人以其主要办事机构所在地为住所。依法需要办理法人登记的，应当将主要办事机构所在地登记为住所（《民法典》第63条）。

第四，能够独立承担民事责任。法人能够独立承担民事责任，是指法人具有独立承担民事责任的能力。法人作为独立的民事主体，以自己的财产从事各项民事活动，同时也以自己的财产承担民事责任，因此，能够独立承担民事责任是法人必须具备的条件。依据《民法典》第60条的规定，法人以其全部财产独立承担民事责任。

第三节　法人的民事能力

一、法人的民事权利能力

法人的民事权利能力是指法人以自己的名义独立享受民事权利和负担民事义务的资格。法人的民事权利能力与自然人的民事权利能力相比，具有以下特点。

第一，法人的民事权利能力始于成立、终于消灭。依据《民法典》第59条的规定，法人的民事权利能力从法人成立时产生，到法人终止时消灭。

第二，法人的民事权利能力受法人自然属性的限制。法人是社会组织，具有团体性，因而法人不享有自然人基于自然属性所享有的权利，如法人不能享有生命权、身体权、健康权等。同时，专属于自然人的某些民事权利能力的内容，法人也不可能享有，例如，法人不可能享有婚姻能力、遗嘱能力、收养能力等。

第三，法人的民事权利能力受法人宗旨的限制。法人是为实现特定目的而成立的社会组织，不同法人有其不同的设立目的，法人的民事权利能力受其宗旨的限制，不得超越其经营范围从事活动。但应当指出，法人超越其经营范围的民事法律行为并非一定无效。依据《民法典》第505条的规定，法人超越经营范围订立的合同，不得仅以超越范围认定合同无效。

二、法人的民事行为能力

法人的民事行为能力是指法人通过自己的行为取得民事权利和承担民事义务的资格。与自然人的民事行为能力相比，法人的民事行为能力具有以下特点。

第一，法人的民事行为能力与其民事权利能力同时产生、同时消灭，在存续时间上具有一致性。因此，法人的民事行为能力亦从法人成立时产生，到法人终止时消灭（《民法典》第59条）。

第二，法人的民事行为能力与其民事权利能力在范围上具有一致性。当然，法人的民事权利能力的范围有所不同，因而法人的民事行为能力也存在差别。

第三，法人的民事行为能力是通过法定代表人和其他法人机关成员来实现的。法人具有团体性，因而法人的意思是一种团体意思，这种团体意思只能通过一定的形式由自然人的意思来形成和表现，这里的自然人就是法定代表人和其他法人机关成员。

第四节　法人机关

一、法人机关的含义

法人机关是指根据法律、法人章程的规定，在法人成立时无须特别授权就能够以法人的名义对内管理法人的事务、对外代表法人进行民事活动的机构。

法人机关具有以下特点。

第一，法人机关是形成、表示和实现法人意志的法人机构。法人是社会组织而不是生命体，因此，法人意思的形成、表示和实现必须通过一定的组织机构来实现。法人机关就是法人形成、表示和实现其意志的法人机构。

第二，法人机关是法人的有机组成部分。法人机关并不是独立的主体，而是法人的重要组成部分。因此，法人机关与法人同时产生、同时存在，不能与法人相分离。有法人，必有法人机关；有法人机关，也必有法人存在。

第三，法人机关是根据法律、法人章程的规定而成立的法人代表机关。法人机关对内负责管理法人的各项事务，对外代表法人进行民事活动。法人机关代表法人进行民事活动时，不需另行授权。

第四，法人机关由自然人个人或集体组成。法人机关是法人组织机构的重要组成部分，该机关可以由自然人个人组成，也可以由集体组成。由单个自然人组成的法人机关称为独任机关，如企业的厂长；由集体组成的法人机关称为合议制机关，如股份有限公司的股东大会、董事会等。

二、法人机关的类型

一般来说，法人机关包括权力机关、执行机关和监督机关。

法人的权力机关又称决策机关，是法人意思的形成机关，有权决定法人民事活动中的重大事项。例如，股份有限公司的股东大会、有限责任公司的股东会等都是法人的权力机关。

法人的执行机关是实现法人的意志、执行权力机关决定的机关，有权执行法人章程、法人权力机关所决定的事项。例如，股份有限公司的董事会是法人的执行机关。

法人的监督机关是对法人的执行机关的行为进行监督检查的机关，如股份有限公司的监事会。

例题 11　下列关于法人机关的表述哪些是正确的？

A. 法人机关无独立人格

B. 财团法人没有自己的意思机关

C. 法人的分支机构为法人机关的一种

D. 监督机关不是法人的必设机关

解析：本题的考点是法人机关的性质和类型，答案为 A、B、D 项。法人机关只是法人的一个组成部分，并无独立人格；财团法人的基础是财产的集合，只有管理机关而无意思机关或权力机关；法人的分支机构应属于非法人组织，不属于法人机关；监督机关虽然属于法人机关，但并不是任何法人都必须设立的法人机关。

三、法定代表人

依据《民法典》第 61 条第 1 款的规定，法定代表人是指依照法律或者法人章程的规定，代表法人从事民事活动的负责人。

法定代表人具有以下特点。

第一，法定代表人是依法确定的。何人为法定代表人是由法律或法人章程规定的，如《公司法》中规定，公司的董事长为法定代表人。

第二，法定代表人是代表法人从事民事活动的负责人。法定代表人依照法律或者法人章程的规定，以法人的名义从事的民事活动，其法律后果由法人承受（《民法典》第 61 条第 2 款）。法人章程或者法人权力机构对法定代表人代表权的限制，不得对抗善意相对人（《民法典》第 61 条第 3 款）。如果法定代表人因执行职务造成他人损害的，应当由法人承担民事责任。当然，法人承担民事责任后，依照法律或者法人章程的规定，可以向有过错的法定代表人追偿（《民法典》第 62 条）。

第三，法定代表人是代表法人从事民事活动的自然人，且有资格的限制。法定代表人只能由一个自然人担任，而且担任法定代表人的自然人也只有依照法律或法人章程的规定在职权范围内代表法人从事民事活动时，才为法定代表人。尽管法定代表人由自然人担任，但并不是任何自然人都可以担任法定代表人，法律规定不得担任法定代表人的自然人，不得担任法定代表人。

例题 12 甲公司和乙公司在前者印制的标准格式《货运代理合同》上盖章。《货运代理合同》第 4 条约定："乙公司法定代表人对乙公司支付货运代理费承担连带责任。"乙公司法定代表人李红在合同尾部签字。后双方发生纠纷，甲公司起诉乙公司，并要求此时乙公司的法定代表人李蓝承担连带责任。关于李蓝拒绝承担连带责任的抗辩事由，下列哪一表述能够成立？

A. 第 4 条为无效格式条款

B. 乙公司法定代表人未在第 4 条处签字

C. 乙公司法定代表人的签字仅代表乙公司的行为

D. 李蓝并未在合同上签字

解析：本题的考点主要是法定代表人的责任认定，答案为 D 项。《货运代理合同》第 4 条的约定不具备无效事由，不构成无效条款。在合同中，法定代表人不需要单独在某个条款处签字，只需在合同尾部签字即可。法定代表人在合同中的签字既代表公司，也代表自己，因此，李红的签字对其具有约束力。虽然李蓝后来成为公司的法定代表人，但其并未在合同上签字，因此，不能因李红的签字而确认李蓝本人的连带责任。

第五节 法人的变更和终止

一、法人的变更

法人的变更是指法人在存续期间所发生的重要事项的变动。法人的变更包括法人组织体的变更、法人组织形式的变更和其他重要事项的变更。无论何种形式的法人变更，均应当向登记机关办理登记并予以公告。依据《民法典》第 64 条的规定，法人存续期间登记事项发生变化的，应当依法向登记机关申请变更登记。

（一）法人组织体的变更

法人组织体的变更包括合并和分立两种情形。

法人的合并是指由两个以上的法人合并为一个法人，包括创设合并与吸收合并两种情形。创设合并是指两个以上的法人合为一个新法人，原法人的资格消灭；吸收合并是指两个以上的法人合为一个法人，但其中一个法人的资格保留，其余法人的资格消灭。法人合并后，它的权利与义务由变更后的法人享有和承担。

法人的分立是指由一个法人分成两个以上的法人，包括派生分立与新设分立两种情形。派生分立是指由一个法人中分出两个以上的新法人，而原法人的资格并不消灭；新设分立是指将一个法人分开成立两个以上的新法人，原法人的资格消灭。法人分立后，它的权利与义务由变更后的法人享有和承担。

依据《民法典》第 67 条的规定，法人合并的，其权利和义务由合并后的法人享有和承担；法人分立的，其权利和义务由分立后的法人享有连带债权、承担连带债务，但是债权人和债务人另有约定的除外。

（二）法人组织形式的变更

法人组织形式的变更即法人组织结构的变化，是在原法人主体的基础上创设新法人。例如，将非公司法人变更为有限责任公司法人，将有限责任公司法人变更为股份有限公司法人等，均属于法人组织形式的变更。法人组织形式的变更，应当依法律规定办理。

（三）法人其他重要事项的变更

法人登记的其他事项，如法人的名称、住所、经营场所、法定代表人、经营范围、经营方式、注册资本等事项变更的，亦属于法人的变更。

例题 13　甲公司分立为乙、丙两公司，约定由乙公司承担甲公司全部债务的清偿责任，丙公司继受甲公司全部债权。关于该协议的效力，下列哪一选项是正确的？

A. 该协议仅对乙、丙两公司具有约束力，对甲公司的债权人并非当然有效

B. 该协议无效，应当由乙、丙两公司对甲公司的债务承担连带清偿责任

C. 该协议有效，甲公司的债权人只能请求乙公司对甲公司的债务承担清偿责任

D. 该协议效力待定，应当由甲公司的债权人选择分立后的公司清偿债务

解析：本题的考点是法人分立后的责任承担，答案为 A 项。依《民法典》第 67 条的规定，法人分立的，其权利和义务由分立后的法人享有连带债权、承担连带债务，但是债权人和债务人另有约定的除外。可见，法律并不禁止分立后的法人约定债权分享和债务分担。但债务分担须经债权人的同意，才能发生效力。因此，乙、丙两公司之间的约定对内是有效的，但对甲公司的债权人并非当然有效。若该约定不能对甲公司的债权人有效，则乙、丙两公司应当对甲公司的债务承担连带责任。

二、法人的终止

（一）法人终止的原因

法人的终止是指法人资格的消灭。法人终止后，其主体资格消灭，不再享有民事权利能力和民事行为能力。

依据《民法典》第 68 条的规定，法人终止的原因主要有以下几种。

第一，法人解散。依据《民法典》第 69 条的规定，有下列情形之一的，法人解散：(1) 法人章程规定的存续期间届满或者法人章程规定的其他解散事由出现；(2) 法人的权力机构决议解散；(3) 因法人合并或者分立需要解散；(4) 法人依法被吊销营业执照、登记证书，被责令关闭或者被撤销；(5) 法律规定的其他情形。

第二，法人被宣告破产。当企业法人出现破产法所规定的应宣告破产的事由时，经该企业法人、其债权人或债务人提出申请，人民法院受理并宣告该企业法人破产的，该破产企业的法人资格消灭。

第三，法律规定的其他原因。如发生法律规定的其他法人终止事由，法人亦应当终止。

在法人终止时，法律、行政法规规定须经有关机关批准的，应当依照规定获得批准。

（二）法人的清算

法人的清算是指法人终止时由清算组织依据职权清理并消灭法人参与的全部财产关系，使法人归于消灭的行为。

清算是法人终止的程序，而不是法人终止的原因，因此，在清算期间，法人仍存续，只是不得从事与清算无关的活动（《民法典》第72条第1款）。从清算程序上看，法人清算有破产清算与非破产清算之分。清算义务人应当按照法律规定的清算程序和清算组职权进行清算；没有规定的，参照适用公司法律的有关规定（《民法典》第71条）。

法人解散的，除合并或者分立的情形外，清算义务人应当及时组成清算组进行清算。法人的董事、理事等执行机构或者决策机构的成员为清算义务人。法律、行政法规另有规定的，依照其规定。清算义务人如果未及时履行清算义务，造成损害的，应当承担民事责任；主管机关或者利害关系人可以申请法院指定有关人员组成清算组进行清算（《民法典》第70条）。

法人清算后的剩余财产，按照法人章程的规定或者法人权力机构的决议处理。法律另有规定的，依照其规定（《民法典》第72条第2款）。依据《民法典》第95条的规定，为公益目的成立的非营利法人终止时，不得向出资人、设立人或者会员分配剩余财产，剩余财产应当按照法人章程的规定或者权力机构的决议用于公益目的；无法按照法人章程的规定或者权力机构的决议处理的，由主管机关主持转给宗旨相同或者相近的法人，并向社会公告。

清算结束并完成法人注销登记时，法人终止；依法不需要办理法人登记的，清算结束时，法人终止（《民法典》第72条第3款）。法人被宣告破产的，依法进行破产清算并完成法人注销登记时，法人终止（《民法典》第73条）。

例题 14 某公司因营业期限届满解散，并依法成立了清算组，该清算组在清算过程中实施的下列哪些行为是合法的？

A. 为使公司股东分配到更多的剩余财产，将公司的库房出租给甲公司收取租金

B. 为减少债务利息，在债权申报期间清偿了可以确定的乙公司债务

C. 向违约的丙公司主张违约损害赔偿

D. 代表公司参加了一项仲裁活动并与对方当事人达成和解协议

解析：本题的考点是清算组织的职责，答案为C、D项。A项属于与清算无关的经营活动，清算组织不得实施；B项属于违反清算职责的行为，因为清算组织应当按照比例清偿债务。C、D项为清算组织职责范围内的行为，属于合法行为。

引读案例解答

1.（1）贸易公司符合法人成立的条件，经登记后，能够取得法人资格。贸易公司是由甲、乙、丙三人共同投资设立的，以营利为目的的社会组织，因此，贸易公司属于社团法人、营利法人。同时，贸易公司又是依据中国法律设立的，因而属于本国法人。（2）贸易公司应当清偿70万元债务，甲、乙、丙不对该债务承担清偿责任。因为贸易公司具有法人资格，而法人应当独立承担民事责任，法人的设立人不对法人的债务承担清偿责任。

2.（1）甲、乙之间的兼并发生合并的法律后果。这种合并属于吸收合并，即甲并入乙，甲的法人资格消灭，乙仍保留法人资格。（2）甲、乙合并后，甲的权利、义务应由合并后的乙享有和承担。因此，乙应当承受甲的全部债务。尽管兼并协议约定乙只承担甲80%的债务，但这种约定不具有法律效力，乙不能以此对抗丙。

课堂讨论案例

1. 甲厂与乙厂订立了一份买卖合同，约定由乙厂向甲厂供应一套机床设备，甲厂应于收货后付货款。后甲厂原厂长因经营不善被撤换。新任厂长上任后改变了企业的生产计划，原订的设备不再需要。因此，在乙厂按合同交货时，甲厂新任厂长指令拒收，并提出这是原厂长订的合同，现要对以前的合同进行清理，原订的买卖合同无效。

问：(1) 甲厂原任厂长、新任厂长与甲厂是什么关系？(2) 甲厂拒收乙厂供应的设备是否合法？

2. 甲、乙订有一份供货合同，约定由甲向乙供应钢材30吨，乙于货到后付款。甲供应钢材后，乙没有按约定付款。后经乙的主管部门决定，将乙分为丙、丁两个企业，并将乙现有的财产和债权、债务一分为二，由丙、丁分别接受，但乙所欠甲的钢材款没有分配。甲得知乙分立为丙、丁后，即要求丙、丁偿还欠款，均遭拒绝。甲找乙的主管部门索要，亦遭拒绝。

问：(1) 乙的变更属于什么性质的变更？(2) 乙原欠甲的钢材款应如何清偿？

重点思考习题

1. 法人的设立需要具备哪些条件？
2. 试比较法人的民事权利能力和自然人的民事权利能力。
3. 法人的民事行为能力和自然人的民事行为能力有何区别？
4. 如何认识法人与法人机关之间的关系？
5. 如何认识法人清算组织的地位？

第五章 非法人组织

引读案例

1. 甲、乙、丙各投资3万元，合伙开设了一家装修公司，合伙协议对利益分配及亏损分担作了约定，其中特别约定：甲以出资额为限承担亏损。后因经营不善，装修公司倒闭，共欠债15万元。请分析以下问题：(1) 甲、乙、丙之间的合伙是什么性质的合伙？(2) 合伙人之间应当如何清偿合伙债务？

2. 甲个人投资开办了一个食品加工企业，从事海产品加工业务。但甲在设立登记时，明确以其家庭共有财产作为个人财产出资。后因经营不善，甲欠他人债务30万元。请分析以下问题：(1) 甲的食品加工企业是什么性质的组织？(2) 甲欠他人的债务应当如何清偿？

法律职业资格考试要点

非法人组织的含义和类型；非法人组织的设立和民事责任的承担

第一节 非法人组织概述

一、非法人组织的含义

非法人组织又称非法人团体，是指不具有法人资格，但能够依法以自己的名义从事民事活动的组织，包括个人独资企业、合伙企业、不具有法人资格的专业服务机构等（《民法典》第102条）。

非法人组织具有以下特点。

第一，非法人组织是一种社会组织。非法人组织是依法成立的社会组织，不是以自然人个人的名义存在于社会的。并且，非法人组织应当是为实现一定的目的而设立的具有稳定性的集合体，有自己的名称、组织规则和组织形式，也有自己支配的财产。

第二，非法人组织是不具备法人条件的社会组织。尽管非法人组织有自己支配的财产，但其财产并不具有独立性，非法人组织也不能够独立承担民事责任。因此，非法人组织的财产不足以清偿债务的，其出资人或者设立人承担无限责任。法律另有规定的，依照其规定（《民法典》第104条）。

第三，非法人组织具有相应的民事权利能力和民事行为能力。非法人组织是为实现一定目的而存在的，为实现目的其需要以自己的名义进行民事活动，因此，非法人组织也具有相应的民事权利能力和民事行为能力，可以自己的名义享有民事权利和承担民事义务。依据《民法典》第105条的规定，非法人组织可以确定一人或者数人代表该组织从事民事活动。

二、非法人组织的设立与解散

非法人组织应当按照法律规定设立，并进行应当进行登记。依据《民法典》第103条的规定，非法人组织应当依照法律的规定登记。设立非法人组织，法律、行政法规规定须经有关机关批准的，依照其规定。

在下列情形下，非法人组织解散：（1）章程规定的存续期间届满或者章程规定的其他解散事由出现；（2）出资人或者设立人决定解散；（3）法律规定的其他情形（《民法典》第106条）。非法人组织解散的，应当依法进行清算（《民法典》第107条）。

第二节 合伙企业

一、合伙企业的含义

依据《合伙企业法》的规定，合伙企业包括普通合伙企业和有限合伙企业两种形式。普通合伙企业由普通合伙人组成，合伙人对合伙企业的债务承担无限连带责任；有限合伙企业由普通合伙人和有限合伙人组成，普通合伙人对合伙企业的债务承担无限连带责任，有限合伙人以其认缴的出资额为限对合伙企业的债务承担责任。

概括地说，合伙企业具有以下特点。

第一，合伙企业是按照协议成立的组织。合伙企业成立的基础是合伙协议，只有合伙人之间达成合伙协议，合伙才可能成立。合伙协议一般应当采取书面形式，对合伙的目的、合伙人的出资方式和数额、合伙的盈余分配和亏损分担、合伙事务的执行、入伙、退伙及合伙的终止等事项，作出约定。

第二，合伙企业是独立从事经营活动的联合体。合伙是合伙人为共同的经济目的而成立的联合体，具有团体性。合伙应经工商行政管理部门核准登记才能成立，有自己的名称或字号，可以自己的名义从事经营活动、享有权利和负担义务。

第三，合伙企业是合伙人共同出资、共享收益、共担风险的组织。合伙人共同出资，是合伙经营的物质条件。合伙人的出资可以是货币、实物、知识产权及其他财产权利，也可以是劳务，但有限合伙人不得以劳务出资。合伙企业是合伙人为实现共同的经济目的而成立的联合体，因此，合伙人之间有着共同的经济目的，合伙企业经营所得的收益由合伙人共享，合伙企业经营的风险也由合伙人共担，但有限合伙人仅以出资为限对合伙债务承担有限责任。至于合伙人是否共同参与合伙经营管理，应视合伙的不同类型而定。在有限合伙和隐名合伙中，有限合伙人和隐名合伙人不参与合伙的经营管理。所谓隐名合伙，是指部分合伙人按照合伙协议提供资金或实物，并约定参与合伙盈余分配，但不参与合伙经营管理的合伙。

第四，合伙企业是须有合伙人对合伙债务负无限连带责任的组织。尽管合伙有普通合伙和有限合伙之分，但合伙中须有合伙人对合伙债务承担无限连带责任。在普通合伙中，合伙人均对合伙债务承担无限连带责任。在有限合伙中，普通合伙人须对合伙债务承担无限连带责任，有限合伙人仅以出资额为限对合伙债务承担责任。由于普通合伙人对合伙债务承担无限连带责任，所以，《合伙企业法》第3条特别规定，国有独资公司、国有企业、上市公司以及公益性的事业单位、社会团体不得成为普通合伙人。

二、合伙企业的内部关系

（一）合伙财产的使用、管理

合伙财产是合伙企业存在的财产基础，包括合伙人的出资和合伙存续期间以合伙名义取得的收益和依法取得的其他财产。合伙人可以用货币、实物、知识产权、土地使用权或者其他财产权利出资，也可以用劳务出资（《合伙企业法》第 16 条）。合伙人应当按照合伙协议约定的出资方式、数额和缴付期限，履行出资义务。以非货币财产出资的，依照法律、行政法规的规定，需要办理财产权转移手续的，应当依法办理（《合伙企业法》第 17 条）。

合伙人在合伙企业清算前，除法律另有规定外，不得请求分割合伙财产；合伙人在合伙清算前私自转移或者处分合伙财产的，合伙不得以此对抗善意第三人。除合伙协议另有约定外，普通合伙人向合伙人以外的人转让其全部或部分财产份额的，须经全体合伙人一致同意，在同等条件下，其他合伙人有优先购买权；普通合伙人之间转让其份额的，应当通知其他合伙人。普通合伙人以其财产份额出质的，须经其他合伙人一致同意，否则，其出质行为无效，由此给善意第三人造成损失的，由行为人依法承担赔偿责任。有限合伙中的有限合伙人不参与合伙的经营，因此，有限合伙人可以按照合伙协议的约定向合伙人以外的人转让其在有限合伙中的财产份额，但应当提前 30 日通知其他合伙人；除合伙协议另有约定外，有限合伙人可以将其在合伙中的财产份额出质。

（二）合伙事务的决策、执行和监督

在普通合伙企业中，合伙人对合伙事务享有同等的决策和执行的权利，依法应由全体合伙人同意的事项，须经全体合伙人决定。除合伙协议另有约定外，合伙企业的下列事项应当经全体合伙人一致同意：（1）改变合伙的名称；（2）改变合伙的经营范围、主要经营场所的地点；（3）处分合伙的不动产；（4）转让或者处分合伙的知识产权和其他财产权利；（5）以合伙名义为他人提供担保；（6）聘任合伙人以外的人担任合伙的经营管理人员；（7）增加或者减少对合伙的出资；（8）普通合伙人转变为有限合伙人，或者有限合伙人转变为普通合伙人。应当指出，有限合伙人若转变为普通合伙人的，对于其作为有限合伙人期间有限合伙发生的债务承担无限连带责任。

合伙人可以在合伙协议中约定或经全体合伙人决定，委托一个或数个合伙人对外代表合伙、执行合伙的事务，不执行合伙事务的合伙人对于合伙事务的执行有监督的权利，执行合伙事务的合伙人应当定期向其他人报告事务执行情况以及合伙企业的经营和财务状况；合伙人分别执行合伙事务的，执行事务的合伙人可以对其他合伙人执行的事务提出异议；受委托执行合伙事务的合伙人不按照合伙协议或者全体合伙人的决定执行合伙事务的，其他合伙人可以决定撤销该委托；合伙人为了解合伙的经营状况和财务状况，有权查阅合伙的账簿；合伙人在合伙事务执行中应尽到与处理自己事务一样的注意，不得违反合伙协议的约定或全体合伙人的决定，不得自营或者同他人合作经营与本合伙相竞争的业务，不得从事损害合伙企业利益的活动；除合伙协议另有约定或者经全体合伙人同意外，不得与本合伙企业进行交易。依据《合伙企业法》第 57 条的规定，一个合伙人或者数个合伙人在执业活动中因故意或者重大过失造成合伙企业债务的，应当承担无限责任或者无限连带责任，其他合伙人以其在合伙企业中的财产份额为限承担责任。这种合伙企业称为特殊普通合伙企业。

在有限合伙企业中，由普通合伙人执行合伙事务，执行事务的合伙人可以要求在合伙协议中确定执行事务的报酬及报酬提取方式。有限合伙人不执行合伙事务，不得对外代表有限合伙

企业，因此，作为有限合伙人的自然人在有限合伙存续期间丧失民事行为能力的，其他合伙人不得因此要求其退伙（《合伙企业法》第79条）。有限合伙人的下列行为，不视为执行合伙事务：(1) 参与决定普通合伙人入伙、退伙；(2) 对企业的经营管理提出建议；(3) 参与选择承办有限合伙企业审计业务的会计师事务所；(4) 获取经审计的有限合伙企业财务会计报告；(5) 对于涉及自身利益的情况，查阅有限合伙企业财务会计账簿等财务资料；(6) 在有限合伙中的利益受到侵害时，向有责任的合伙人主张权利或者提起诉讼；(7) 执行事务合伙人怠于行使权利时，督促其行使权利或者为了本合伙的利益以自己的名义提起诉讼；(8) 依法为本企业提供担保（《合伙企业法》第68条）。除合伙协议另有约定外，有限合伙人可以同本有限合伙企业进行交易，可以自营或者同他人合作经营与本有限合伙企业相竞争的业务。第三人有理由相信有限合伙人为普通合伙人并与其交易的，该有限合伙人对该笔交易承担与普通合伙人同样的责任。这种合伙企业称为表见普通合伙企业。有限合伙人未经授权以有限合伙名义与他人进行交易，给该有限合伙企业或者其他合伙人造成损失的，该有限合伙人应当承担赔偿责任。

例题15 某普通合伙企业为内部管理与拓展市场的需要，决定聘请陈东为企业经营管理人。对此，下列哪一表述是正确的?

A. 陈东可以同时具有合伙人身份

B. 对陈东的聘任须经全体合伙人的一致同意

C. 陈东作为经营管理人，有权以合伙企业的名义对外签订合同

D. 合伙企业对陈东对外代表合伙企业权利的限制，不得对抗第三人

解析：本题的考点是合伙事务的执行，答案为B项。依据《合伙企业法》的相关规定，按照合伙协议的约定或者经全体合伙人决定，可以委托一个或者数个合伙人对外代表合伙企业，执行合伙事务；聘任合伙人以外的人担任合伙企业的经营管理人员的，应当经全体合伙人一致同意。据此判断，陈东不具有合伙人身份。被聘任的合伙企业的经营管理人员应当在合伙企业授权范围内履行职务，合伙企业对合伙人执行合伙事务以及对外代表合伙企业权利的限制，不得对抗善意第三人。

(三) 合伙企业的利润分配、亏损分担

合伙企业的利润分配、亏损分担，按照合伙协议的约定办理；合伙协议未约定或者约定不明确的，由合伙人协商决定；协商不成的，由合伙人按照实缴出资比例分配、分担；无法确定出资比例的，由合伙人平均分配、分担（《合伙企业法》第33条）。普通合伙企业的合伙协议不得约定将全部利润分配给部分合伙人或者由部分合伙人承担全部亏损，但有限合伙企业的合伙协议可以约定将利润分配给部分合伙人，协议没有约定的，不得将全部利润分配给部分合伙人。

三、合伙企业的外部关系

(一) 善意第三人的保护

合伙人以合伙企业名义代表合伙企业进行的经营活动，为合伙企业的行为，由全体合伙人承担民事责任。合伙企业对于合伙人执行合伙事务以及对外代表合伙权利的限制，不得对抗善意第三人（《合伙企业法》第37条）。

（二）合伙债务的清偿

合伙债务是指合伙企业存续期间以合伙企业名义从事经营活动而负担的债务。合伙企业对其债务，应先以其全部财产进行清偿。合伙企业不能清偿到期债务的，由普通合伙人承担无限连带责任，但合伙人承担无限连带责任的数额超过其按照亏损比例应当承担的数额的，有权向其他合伙人追偿。合伙人发生与合伙企业无关的债务，相关债权人不得以其债权抵销其对合伙的债务，也不得代位行使合伙人在合伙中的权利。合伙人的自有财产不足以清偿其与合伙企业无关的债务的，该合伙人可以以其从合伙企业中分取的收益用于清偿，债权人也可以依法请求人民法院强制执行该合伙人在合伙中的财产份额用于清偿。人民法院强制执行合伙人的财产份额时，应当通知全体合伙人，其他合伙人有优先购买权；其他合伙人未购买，又不同意将该财产份额转让给他人的，依照法律的规定为该合伙人办理退伙结算，或者办理削减该合伙人相应财产份额的结算。

例题 16 兰艺咖啡店是罗飞、王曼设立的普通合伙企业，合伙协议约定罗飞是合伙事务执行人且承担全部亏损。为扭转经营亏损局面，王曼将兰艺咖啡店加盟某知名品牌，并以合伙企业的名义向陈阳借款 20 万元支付了加盟费。陈阳现在要求还款。关于本案，下列哪一说法是正确的？

A. 王曼无权以合伙企业的名义向陈阳借款

B. 兰艺咖啡店应以全部财产对陈阳承担还款责任

C. 王曼不承担对陈阳的还款责任

D. 兰艺咖啡店、王曼和罗飞对陈阳的借款承担无限连带责任

解析：本题的考点是合伙企业债务的承担，答案为B项。在普通合伙企业中，合伙企业对其债务，应先以其全部财产进行清偿；合伙企业不能清偿到期债务的，合伙人承担无限连带责任。同时，合伙协议不得约定将全部利润分配给部分合伙人或者由部分合伙人承担全部亏损。陈阳为普通合伙企业的债权人，兰艺咖啡店应当先以自己的全部财产承担还款责任。合伙协议虽然约定罗飞为合伙事务执行人，但该约定不得对抗善意第三人。因此，陈阳与合伙企业的借款合同应为有效。

四、合伙企业的入伙

入伙是指在合伙存续期间第三人加入合伙企业而成为合伙人。新合伙人入伙，除合伙协议另有约定外，应当经全体合伙人一致同意，并依法订立书面入伙协议。订立入伙协议时，原合伙人应当向新合伙人如实告知原合伙企业的经营状况和财务状况（《合伙企业法》第 43 条）。入伙的新合伙人与原合伙人享有同等权利、承担同等责任，但入伙协议另有约定的除外。在普通合伙企业中，新合伙人对入伙前合伙企业的债务承担无限连带责任（《合伙企业法》第 44 条）。

五、合伙企业的退伙

（一）退伙的类型

退伙是指在合伙企业存续期间，合伙人脱离合伙企业关系而不再为合伙人。退伙分为任意

退伙、法定退伙、强制退伙三种。

任意退伙又称声明退伙，是指基于合伙人的意思而决定的退伙。合伙协议约定有合伙的期限，在合伙企业存续期间，有下列情形之一的，合伙人可以退伙：(1) 合伙协议约定的退伙事由出现；(2) 经全体合伙人一致同意；(3) 发生合伙人难以继续参加合伙的事由；(4) 其他合伙人严重违反合伙协议约定的义务（《合伙企业法》第 45 条）。合伙协议未约定合伙期限的，合伙人在不给合伙企业事务执行造成不利影响的情况下，可以退伙，但应提前 30 日通知其他合伙人（《合伙企业法》第 46 条）。合伙人违反上述规定擅自退伙的，应当赔偿由此给其他合伙人造成的损失。

法定退伙又称当然退伙，是指基于法律的直接规定而退伙。普通合伙的合伙人有下列情形之一的，当然退伙：(1) 作为合伙人的自然人死亡或者被依法宣告死亡；(2) 个人丧失偿债能力；(3) 作为合伙人的法人或者非法人组织依法被吊销营业执照、责令关闭、撤销或者被宣告破产；(4) 法律规定或者合伙协议约定合伙人必须具有相关资格而丧失该资格；(5) 合伙人在合伙中的全部财产份额被法院强制执行。有限合伙企业的有限合伙人有上述第二种情形以外的情形的，当然退伙。合伙人死亡的，对该合伙人在合伙中的财产份额享有合法继承权的继承人，按照合伙协议的约定或者经全体合伙人一致同意，从继承开始之日起，取得该合伙的合伙人资格。继承人不愿意成为合伙人，或者法律规定或者合伙协议约定合伙人必须具有相关资格而该继承人未取得该资格的，合伙应当向合伙人的继承人退还被继承合伙人的财产份额。普通合伙人被认定为无民事行为能力人或者限制民事行为能力人的，经其他合伙人一致同意，可以依法转为有限合伙人；其他合伙人未能一致同意的，该无民事行为能力或者限制民事行为能力的合伙人退伙。

强制退伙又称除名退伙，是指因有某种事由经合伙人全体一致决议将该合伙人除名。合伙人有下列情形之一的，经其他合伙人一致同意，可以决议将其除名：(1) 未履行出资义务；(2) 因故意或者重大过失给合伙企业造成损失；(3) 执行合伙企业事务时有不正当行为；(4) 发生合伙协议约定的事由。对合伙人的除名决议应当书面通知被除名人。自被除名人接到除名通知之日起，除名生效，被除名人退伙；被除名人对除名决议有异议的，可以在接到除名通知之日起 30 日内向人民法院起诉（《合伙企业法》第 49 条）。

例题 17 甲、乙、丙于 2018 年成立一家普通合伙企业，三人均享有合伙事务执行权。2020 年 3 月 1 日，甲被人民法院宣告为无民事行为能力人。3 月 5 日，丁因不知情找到甲商谈一笔生意，甲以合伙人身份与丁签订合同。下列哪些选项是错误的？

A. 因丁不知情，故该合同有效，对合伙企业具有约束力

B. 乙与丙可以甲丧失民事行为能力为由，一致决议将其除名

C. 乙与丙可以甲丧失民事行为能力为由，一致决议将其转为有限合伙人

D. 如甲因丧失民事行为能力而退伙，其退伙时间为其无民事行为能力判决的生效时间

解析：本题的考点是合伙企业事务的执行、退伙等，答案为 A、B、D 项。甲虽然享有合伙企业事务的执行权，但因甲为无民事行为能力人，无论丁是否知情，双方签订的合同均为无效合同。在普通合伙企业中，甲丧失民事行为能力并不是除名退伙的条件。经乙、丙一致同意，甲可以转为有限合伙人。如甲因丧失民事行为能力而退伙，其退伙时间应当是退伙事由实际发生之日，即其他合伙人一致决议之日。

（二）退伙人的责任

合伙人退伙，其他合伙人应当与该退伙人按照退伙时的合伙企业财产状况进行结算，退还退伙人的财产份额。退伙人对于给合伙企业造成的损失负有赔偿责任的，相应扣减其应当赔偿的数额；退伙时有未了结的合伙事务的，待该事务了结后进行结算。退伙人在合伙中财产份额的退还办法，由合伙协议约定或者由全体合伙人决定，可以退还货币，也可以退还实物。

退伙人对于基于其退伙前的原因发生的合伙企业债务，承担无限连带责任。因有限合伙人对合伙企业债务负有限责任，所以，有限合伙人退伙的，对于基于退伙前的原因发生的有限合伙企业债务，仅以其退伙时从有限合伙企业中取回的财产承担责任。

例题 18 贾某以一套房屋作为投资，与几位朋友设立一家普通合伙企业，从事软件开发。四年后，贾某举家移民海外，故打算自合伙企业中退出。对此，下列哪一选项是正确的？

A. 在合伙协议未约定合伙期限时，贾某向其他合伙人发出退伙通知后，即发生退伙效力

B. 因贾某的退伙，合伙企业须进行清算

C. 退伙后贾某可向合伙企业要求返还该房屋

D. 贾某对退伙前合伙企业的债务仍须承担无限连带责任

解析：本题的考点是退伙，答案为 D 项。在合伙企业中，合伙协议未约定合伙期限的，合伙人在不给合伙企业事务执行造成不利影响的情况下，可以退伙，但应当提前 30 日通知其他合伙人。合伙企业的清算是以解散为前提的，贾某的退伙不会导致该合伙企业的解散，故无须清算。在合伙企业中，退伙人在合伙企业中的财产份额的退还办法，由合伙协议约定或者由全体合伙人决定，可以退还货币，也可以退还实物。贾某虽然退伙，但对于基于其退伙前的原因发生的合伙企业债务仍须承担无限连带责任。

六、合伙企业的解散

合伙企业解散是指合伙人之间的合伙关系终止，合伙企业的主体资格消灭。合伙企业有下列情形之一的，应当解散：(1) 合伙期限届满，合伙人决定不再经营；(2) 合伙协议约定的解散事由出现；(3) 全体合伙人决定解散；(4) 合伙人已不具备法定人数满 30 天；(5) 合伙协议约定的合伙目的已经实现或者无法实现；(6) 被依法吊销营业执照、责令关闭或者被撤销；(7) 出现法律、行政法规规定的其他原因（《合伙企业法》第 85 条）。有限合伙企业仅剩有限合伙人的，应当解散；但仅剩普通合伙人的，合伙企业不解散，而是转为普通合伙企业（《合伙企业法》第 75 条）。

合伙解散，应当由清算人进行清算。清算人由全体合伙人担任；经全体合伙人过半数同意，可以自合伙企业解散事由出现后 15 日内指定一名或数名合伙人，或者委托第三人，担任清算人；逾期未确定清算人的，合伙人或者其他利害关系人可以申请人民法院指定清算人（《合伙企业法》第 86 条）。

清算人在清算期间执行下列事务：(1) 清理合伙企业的财产，分别编制资产负债表和财产清单；(2) 处理与清算有关的合伙企业未了结的事务；(3) 清缴所欠税款；(4) 清理债权、债

务；（5）处理合伙企业清偿债务后的剩余财产；（6）代表合伙企业参加诉讼或者仲裁活动（《合伙企业法》第87条）。清算人自被确定之日起10日内将合伙企业解散事项通知债权人，并于60日内在报纸上公告。债权人应当自接到通知书之日起30日内，未接到通知书的自公告之日起45日内，向清算人申报债权（《合伙企业法》第88条）。清算结束，清算人应当编制清算报告，经全体合伙人签名、盖章后，在15日内向企业登记机关报送清算报告，申请办理合伙企业的注销登记（《合伙企业法》第90条）。合伙企业注销后，原普通合伙人对合伙企业存续期间的债务仍应承担无限连带责任（《合伙企业法》第91条）。

第三节 其他非法人组织

一、个人独资企业

个人独资企业是指由一个自然人投资，财产为投资人个人所有，投资人以其个人财产对企业债务承担无限责任的经营实体。

个人独资企业具有以下特点。

第一，个人独资企业是一个企业。个人独资企业是企业的一种形式，具备企业的一般属性，如有自己的名称、财产、住所，须经登记成立。

第二，个人独资企业由自然人一人投资，财产由投资人个人所有。依现行法的规定，个人独资企业的投资没有最低资本的要求。个人独资企业既不同于法人企业，也不同于合伙企业。

第三，个人独资企业自主经营。个人独资企业经登记取得营业执照后，依法自主经营，他人不得非法干预。个人独资企业的投资人可以自行管理企业事务，也可以委托或者聘任其他具有民事行为能力的人负责企业事务的管理。

第四，个人独资企业不能独立承担民事责任。个人独资企业不具有独立承担民事责任的能力，投资人对个人独资企业的债务负无限责任。依据《个人独资企业法》的规定，个人独资企业在申请企业设立登记时明确以其家庭共有财产作为个人财产出资的，应当依法以家庭共有财产对企业债务承担无限责任。个人独资企业解散的，企业财产不足以清偿债务的，投资人应当以其个人的其他财产予以清偿。

二、专业服务机构

专业服务机构是指利用自己的专业知识，在特定领域为服务对象提供服务的社会组织，例如，会计师事务所、律师事务所、科技咨询服务机构、市场调查服务机构等。

从法律地位上说，专业服务机构可以为非法人组织，也可以依法登记为法人，取得法人资格。例如，依据《会计师事务所执业许可和监督管理办法》第6条的规定，会计师事务所可以采用普通合伙、特殊普通合伙或者有限责任公司形式。合伙形式为非法人组织，公司形式则为法人。再如，合伙制律师事务所也为非法人组织。

三、法人的分支机构和设立中的法人

《民法典》第102条中并没有列明法人的分支机构和设立中的法人为非法人组织，但从其法律地位上讲，这两者都属于非法人组织的范畴。

（一）法人的分支机构

法人的分支机构是指法人为实现其职能而设立的，可以自己的名义进行民事活动，但不能独立承担民事责任的独立机构。

法人的分支机构具有以下特点。

第一，法人的分支机构是法人为实现其职能而设立的机构，是法人的一个组成部分，受法人的统一支配和管理。因此，法人的分支机构的名称须冠以其所从属的法人名称，法人分支机构的营业须在法人的业务范围内。依据《民法典》第 74 条第 1 款的规定，法人可以依法设立分支机构。法律、行政法规规定分支机构应当登记的，依照其规定。

第二，法人的分支机构是相对独立的机构。法人的分支机构虽然是法人的组成部分，但具有相对独立性，例如，法人的分支机构有自己可独立支配的财产，有自己的组织机构，有自己的名称和营业场所。法人的分支机构在办理工商登记并领取营业执照后，有权在法人授权的范围内独立进行民事活动。

第三，法人的分支机构不能独立承担民事责任。法人的分支机构虽具有相对独立性，但并不具有法人资格，因此，法人的分支机构独立进行民事活动的法律后果应由法人承担。依据《民法典》第 74 条第 2 款的规定，法人的分支机构以自己的名义从事民事活动，产生的民事责任由法人承担；也可以先以该分支机构管理的财产承担，不足以承担的，由法人承担。

（二）设立中的法人

设立中的法人是指为设立法人而进行筹建活动的组织。

设立中的法人具有以下特点。

第一，设立中的法人为一种组织。设立中的法人应当有自己的名称、财产、相应的组织机构等，因此，设立中的法人并不是设立人个人，而是一种组织。

第二，设立中的法人的存在目的在于设立法人，为筹建法人进行各项准备工作。因此，设立中的法人可以自己的名义从事与筹建活动相关的民事活动。

第三，设立中的法人不能独立承担民事责任。依据《民法典》第 75 条的规定，设立人为设立法人从事的民事活动，其法律后果由法人承受；法人未成立的，其法律后果由设立人承受，设立人为二人以上的，享有连带债权，承担连带债务。设立人为设立法人以自己的名义从事民事活动产生的民事责任，第三人有权选择请求法人或者设立人承担。

例题 19 李某和王某正在磋商物流公司的设立之事。甲公司出卖一批大货车，李某认为物流公司需要，便以自己的名义与甲公司签订了买卖合同，甲公司交付了货车，但尚有 150 万元车款未收到。后物流公司未能设立。关于本案，下列哪一说法是正确的？

A. 甲公司可以向王某提出付款请求

B. 甲公司只能请求李某支付车款

C. 李某、王某对甲公司的请求各承担 50％的责任

D. 李某、王某按拟定的出资比例向甲公司承担责任

解析：本题的考点是设立中法人的责任承担，答案为 A 项。法人的设立人为设立法人从事的民事活动，其法律后果由法人承受；法人未成立的，其法律后果由设立人承受，设立人为二人以上的，享有连带债权，承担连带债务。设立人为设立法人以自己的名义从事民事活动产生的民事责任，第三人有权选择请求法人或者设立人承担。据此，甲公司可以向王某提出付款请求。

引读案例解答

1. (1) 甲、乙、丙的合伙协议约定甲只以出资额为限承担亏损，即对合伙企业债务承担有限责任，因此，甲、乙、丙的合伙为有限合伙企业，甲是有限合伙人，乙、丙为普通合伙人。(2) 对于15万元的合伙企业债务，甲应承担3万元，其余12万元应由乙、丙承担连带清偿责任。

2. (1) 甲的食品加工企业经登记，从事海产品加工业务，应当属于个人独资企业。(2) 甲食品加工企业在申请设立登记时，明确以其家庭共有财产作为个人财产出资，因此，应当以家庭共有财产对甲的债务承担无限责任。

课堂讨论案例

1. 甲、乙、丙三人约定各出资1万元，成立名为“便民油漆队”的合伙企业，各按出资比例分享收益和承担亏损。合伙成立后，一日，三人在为某厂油漆楼房的外墙时，甲不慎将油漆桶撞落，恰巧砸到在楼下行走的丁某的头部，致使丁某受伤。

问：(1) 如何认定甲、乙、丙之间合伙的性质？(2) 丁某的医疗费损失应由谁赔偿？

2. 为开展业务，甲法人在某地设立了一个办事机构，并依法办理了登记。为开展业务，办事机构向银行贷款30万元。贷款期满后，办事机构无力偿还贷款。银行向办事机构催要贷款，但办事机构已无力还款。于是，银行要求甲法人偿还贷款。

问：(1) 办事机构的法律地位应当如何确定？(2) 银行的贷款应当由谁偿还？

3. 王某、张某、田某、朱某共同出资180万元，于2012年8月成立绿园商贸中心（普通合伙企业）。其中，王某、张某各出资40万元，田某、朱某各出资50万元。就合伙事务的执行，合伙协议未特别约定。请回答下列问题。

(1) 2013年9月，鉴于王某、张某的业务能力不足，经合伙人会议决定，王某不再享有对外签约权，而张某的对外签约权仅限于每笔交易额3万元以下。关于该合伙人决议，下列选项正确的是？

A. 因违反合伙人平等原则，剥夺王某对外签约权的决议应为无效

B. 王某可以此为由向其他合伙人主张赔偿其损失

C. 张某此后对外签约的标的额超过3万元时，须事先征得王某、田某、朱某的同意

D. 对张某的签约权限制，不得对抗善意相对人

(2) 2014年1月，田某以合伙企业的名义，自京顺公司订购价值80万元的节日礼品，准备在春节前转销给某单位。但对这一礼品订购合同的签订，朱某提出异议。就此，下列选项正确的是？

A. 因对合伙企业来说，该合同标的额较大，故田某在签约前应取得朱某的同意

B. 朱某的异议不影响该合同的效力

C. 就田某的签约行为所产生的债务，王某无须承担无限连带责任

D. 就田某的签约行为所产生的债务，朱某须承担无限连带责任

(3) 2014年4月，朱某因抄底买房，向刘某借款50万元，约定借期4个月。4个月后，因房地产市场不景气，朱某亏损不能还债。关于刘某对朱某实现债权，下列选项正确的是？

A. 可代位行使朱某在合伙企业中的权利

B. 可就朱某在合伙企业中分得的收益主张清偿

C. 可申请对朱某的合伙财产份额进行强制执行

D. 就朱某的合伙份额享有优先受偿权

重点思考习题

1. 如何认识合伙的法律地位和性质？
2. 合伙债务应当如何清偿？
3. 合伙人入伙与退伙发生何种法律后果？
4. 法人的分支机构和设立中的法人的债务应当如何承担？

第六章 物

引读案例

1. 李某因病需要换肾，遂与张某约定：李某出5万元，张某将其左肾转让给李某。李某在确定施行手术前20日通知张某，让张某于手术日到医院做肾移植手术，但张某反悔，李某则要求张某交付左肾。请分析以下问题：(1) 人体器官能否成为物？(2) 李某能否要求张某交付左肾？

2. 张某与某肉联厂约定：张某将其自有的两头黄牛交由肉联厂宰杀，肉联厂按净得的牛肉每公斤5元的价格付给张某价款，牛头、牛皮、牛下水归肉联厂，张某付给肉联厂宰杀费。在宰杀过程中，肉联厂的工人在一头牛的下水中发现牛黄70克。肉联厂将这些牛黄出卖，得价款若干。张某得知此事后，认为牛黄应归他所有，遂向肉联厂索要出卖牛黄的价款。肉联厂认为牛黄应归其所有，拒绝给付。双方发生纠纷。请分析以下问题：(1) 牛黄属于何种物？(2) 如何确定牛黄的所有权？

法律职业资格考试要点

物的含义；物的分类及其意义；货币的属性；有价证券的特点和种类

第一节 物的概述

一、物的含义

物是指人身之外的能够为民事主体实际支配或控制，并能满足其社会需要的物质资料。

民法上的物具有以下特点。

第一，物须为有体物。在民法上，物通常是指有体物。有体物是指具有一定形态，能够为人的感官所感触到的物。随着人们对自然界支配能力的增强，有体物的范围也在不断扩大。例如，电、声、光、热等自然力，原来人们不承认其为有体物，但在现代，其有体性已为人们所承认。

第二，物须存在于人身之外。在民法上，人为权利主体，而不能为权利客体，因而，人身不能为法律上的物。但人死亡后的尸体已无生命，可为物。不仅人身不能为物，人身上的某一部分，在与人身脱离前也不能为物。以人体器官为交易对象的，不受法律保护。

第三，物须能为人力所实际控制和支配。物是权利、义务的载体，是民事主体所有的、可用于交换的对象。物理学上的物若不能为人力所实际控制和支配，则不为民法上的物。

第四，物须能满足人们的生产或生活需要。物须具有价值和使用价值，能够满足人们的生产或生活需要。若不能满足人们的生产或生活需要，则不具有价值和使用价值，也就不为民法上的物。

二、物的分类

（一）根据物是否具有可移动性，物可以分为不动产与动产

《民法典》第115条中规定，物包括不动产和动产。不动产是指不能移动或者移动后会改变其性质或者降低其价值的物。依我国法的规定，土地及房屋、林木等地上定着物为不动产。动产是指能够移动并且移动后不会改变或不会损害其价值的物。不动产以外的财产为动产，如生产设备、原材料、产品、船舶、航空器、机动车等。

区分不动产与动产的主要意义在于：(1) 不动产与动产上存在的物权种类不同。例如，用益物权应设立于不动产之上，而质权、留置权只能存在于动产之上。(2) 物权的公示方式和变动要件不同。不动产物权以登记为公示要件，不动产物权变动一般须办理登记手续；而动产物权以交付为公示要件，动产物权变动不需要办理登记手续。(3) 在某些法律关系中，法律的适用不同。如涉外物权关系中，不动产物权适用不动产所在地法律；动产物权当事人未选择的，适用法律事实发生时动产所在地法律（《涉外民事关系法律适用法》第36、37条）。(4) 诉讼管辖不同。不动产纠纷由不动产所在地法院管辖，而动产纠纷不能依其动产所在地确定管辖。

（二）根据两个物之间的关系，物可以分为主物与从物

主物是指为同一所有权人所有的、需共同使用才能更好发挥作用的两物中起主要作用的物；从物是指辅助主物发挥效用的物。从物须具有如下条件：一是从物须与主物为同一人所有，不同所有权人的物不存在主物、从物的关系。二是须为独立之物，非独立之物不能成为从物。例如，房屋上的门窗不能成为房屋的从物。三是须与主物共同使用才能发挥物的效用。例如，房屋与电视机之间就不存在共同使用才能发挥物的效用的问题，因而二者不是主物与从物的关系。

区分主物与从物的主要意义在于：除当事人另有约定外，主物转让的，从物随主物转让（《民法典》第320条）。

（三）根据两物之间的派生关系，物可以分为原物与孳息

原物是指能够产生孳息的物，孳息为原物所生的收益。例如，生产果实的果树为原物，果实即为孳息。孳息包括天然孳息与法定孳息：前者是指依物的自然属性而产生的收益，后者是指依法律关系所生的收益。

区分原物与孳息的主要意义在于：除当事人另有约定外，天然孳息由所有权人取得，既有所有权人又有用益物权人的，由用益物权人取得；法定孳息由当事人约定取得，没有约定或者约定不明确的，按照交易习惯取得（《民法典》第321条）。

例题20 下列各选项中，哪些属于民法上的孳息？

A. 出租柜台所得租金　　B. 果树上已成熟的果实

C. 动物腹中的胎儿　　D. 彩票中奖所得奖金

解析：本题的考点是孳息的认定，答案为A、D项。出租柜台所得租金、彩票中奖所得奖金均为法定孳息，而果树上已成熟的果实、动物腹中的胎儿，在没有与果树、动物脱离之前，属于物的组成部分，不属于孳息。

（四）根据物的流通性，物可以分为流通物、限制流通物与禁止流通物

流通物又称融通物，是指允许作为交易对象，在民事主体之间自由流通的物。限制流通物又称限制融通物，是指限定在特定主体之间或特定范围内流通的物。例如，文物、外币、麻醉药品、运动枪支、弹药等属于限制流通物。禁止流通物又称禁止融通物，是指不得作为交易的标的物而流通的物。例如，土地、矿藏、水流等国家专有物以及毒品、淫秽物品等属于禁止流通物。

区分流通物、限制流通物与禁止流通物的主要意义在于：流通物可以自由流通；限制流通物只能在限定的范围内流通；禁止流通物不得为交易的标的物。如果以禁止流通物为交易对象或超出限定范围交易限制流通物的，则其交易无效。

（五）根据物经使用后形态的变化性，物可以分为消耗物与非消耗物

消耗物又称消费物，是指经一次性使用就归于消灭或改变形态和性质的物，如米、糖、茶等；非消耗物又称非消费物，是指可以长期多次使用而不会改变形态和性质的物，如房屋、机器、电视机等。

区分消耗物与非消耗物的主要意义在于：消耗物不能反复使用，因而不能成为转移使用权的债的标的物；而非消耗物可以反复使用，因而可以成为转移使用权的债的标的物。例如，租赁合同、借用合同的标的物只能是非消耗物，而借贷合同的标的物只能是消耗物。

（六）根据物是否可分割，物可以分为可分物与不可分物

可分物是指可以分割且分割后不会改变其性质或影响其效益的物，如粮、油等；不可分物是指按照物的性质不能分割或者分割后会改变其性质或影响其用途的物，如电视机、冰箱、牛马等。

区分可分物与不可分物的主要意义在于：(1) 在分割共有财产时，若为可分物，可以采取实物分割的办法；若为不可分物，则不能采用实物分割的办法。(2) 债的标的物若为可分物，则可以成立可分之债；若为不可分物，则只能成立不可分之债。

（七）根据物在交易中的确定方式，物可以分为特定物与种类物

特定物是指以单独特点而具体确定的物。特定物既可是依物自身的特点确定的物，如某件文物，也可以是依当事人的主观意志确定的物，如当事人特别选定的某台电视机。种类物是指仅以品种、规格、型号或度量衡加以确定的物，例如，同一型号的自行车、同一标号的汽油等。

区分特定物与种类物的主要意义在于：(1) 物权的标的物只能是特定物，而不能是种类物。(2) 种类物的所有权只能在交付以后转移；而特定物的所有权可以在交付后转移，也可以在交付前转移。(3) 以特定物为债的给付对象的，在标的物意外灭失时，发生债的履行不能。而以种类物为债的给付对象的，在标的物意外灭失时，一般不发生债的履行不能。只有在种类物全部灭失的情况下，才能发生债的履行不能。(4) 某些法律关系如租赁、借用关系只能以特定物为标的物，而有些法律关系如借贷关系只能以种类物为标的物。

（八）根据物是否具有可代替性，物可以分为代替物与非代替物

代替物是指可以用同一种类、质量、数量的物代替的物，如米、面等；非代替物是指不能以他物代替的物，如房屋、文物等。

代替物与非代替物和种类物与特定物有密切联系，但并不相同。种类物与特定物的区分是交易方法的区别，而代替物与非代替物的区分是物本身性质的区别。一般来说，代替物为种类物，非代替物为特定物。但代替物也可以是特定物，如金钱为代替物，但当金钱以封金的形式出现时，即为特定物，可以成为质权的客体；非代替物也可以是种类物，如赛马为非代替物，但若当事人只约定澳大利亚血统的赛马10匹，则其为种类物。

区分代替物与非代替物的主要意义在于：代替物一般只能为借贷法律关系的标的物，非代

替物则是租赁关系、借用关系等法律关系的标的物。

（九）根据物是否有所有权人，物可以分为有主物与无主物

有主物是指有所有权人的物。例如，某人的房屋、汽车、电脑等都属于有主物。无主物是指没有所有权人的物，如抛弃物、法律允许采集或狩猎的野生植物或动物等。

区分有主物与无主物的主要意义在于：无主物可以依先占取得所有权，而有主物只能依法律规定确定所有权的归属。

（十）根据物的构成形态，物可以分为单一物、合成物与集合物

单一物是指独立为一体的物，如一头牛；合成物又称结合物，是指由多数单一物结合成一体的物，如房屋；集合物又称聚合物，是指由多个单一物、合成物结合为一体的物，如一群羊、图书馆的所有图书、一个企业的全部财产等。

区分单一物、合成物与集合物的主要意义在于：单一物、合成物只能就其整体为交易对象，不能就其某一部分进行交易；集合物可以就集合物整体进行交易，如设定财团抵押，也可以就集合物中的单一物或合成物单独进行交易。

第二节　货币和有价证券

一、货币

货币是指在流通中充当一般等价物的一种特殊的物。

在民法上，货币具有以下特点。

第一，货币的价值体现为票面价值，即货币的价值是通过票面上的数额表示的。因此，只要货币票面的价值相同，其价值就是一样的。

第二，货币是一般等价物，在性质上属于动产、种类物、代替物，因而，货币是一种支付手段、流通手段和补偿手段。

第三，货币的占有即等于所有。这就是货币的所有与占有一致原则，也就是说，货币的占有人即被推定为货币的所有权人，丧失货币的占有即丧失货币的所有权。因此，在货币被侵占时，只能发生不当得利返还请求权，而不发生所有物返还请求权。

二、有价证券

（一）有价证券的含义

有价证券是指设定或证明持券人有权取得一定财产权利的书面凭证。

有价证券具有以下特点。

第一，有价证券代表的是财产权利。有价证券与无价证券相对应，具有一定的经济价值，这种经济价值是由有价证券所代表的财产权利体现出来的，而不在于证券本身。有价证券之所以“有价”，就是因为它代表着一定的财产权利并可用于交易。所以，有价证券所代表的权利只能是财产权利，而不能是人身权利。

第二，有价证券与证券上所记载的财产权利不可分离。有价证券所代表的财产权利与证券本身不可分离，具有权利证券化属性。因此，只有持有证券才能享有证券上所记载的财产权利，行使证券上的权利须提示证券，转让证券上的权利须交付证券。一旦丧失证券，就不能享有和行使证券上的权利。

第三，有价证券的持有人只能向特定义务人主张权利。有价证券的义务人是特定的，因此，有价证券的持有人只能向特定的义务人主张权利，并且对证券持有人负给付义务的人不会因证券持有人的改变而改变。

第四，负有支付义务的人有单方的见券即付的义务。有价证券的义务人负有向持券人履行债务的义务，并且该义务是单方的见券即付义务。也就是说，义务人见到证券就应履行义务，其无权要求对方给付对价，也不论持券人是否为真正的权利人，即有价证券是“认券不认人”。

（二）有价证券的分类

1. 根据有价证券所设定和代表的权利性质，有价证券可以分为以下三种。

（1）设定和代表一定债权的有价证券，如票据和债券。票据包括本票、汇票、支票，义务人负有无条件支付票面所载金额的义务。债券包括国库券、公司债券等，义务人负有到期向债权人还本付息的义务。

（2）设定和代表一定物权的有价证券，如仓单、提单。仓单、提单的义务人负有向证券持有人交付证券上所载明的物品的义务，取得提单、仓单也就取得了证券上所载物品的所有权。

（3）设定和代表一定股份权利的有价证券，如股票。取得股票，也就享有股票上代表的股份的权利，为公司的股东。

2. 根据有价证券载明的权利的标的性质，有价证券可以分为以下三种。

（1）金钱有价证券，即证券上的权利的标的为金钱的有价证券，如票据、债券、存款单等。

（2）物品有价证券，即证券上的权利的标的为物品的有价证券，如仓单、提单等。

（3）服务有价证券，即证券上的权利的标的为提供一定服务的有价证券，如车票、船票、飞机票等。

3. 根据有价证券上权利的转让方式，有价证券可以分为以下三种。

（1）记名有价证券，即在证券上记明了权利人姓名或名称的有价证券。记名有价证券的权利转让一般须按债权转让的方式进行。有的记名有价证券的转让须办理过户手续，如转让记名股票的，即须办理过户登记手续。记名有价证券持有人行使权利时不仅要提示有价证券，而且还应出示有关的身份证明。

（2）指示有价证券，即在证券上指明第一个取得证券权利人之姓名或者名称的有价证券。指示有价证券的义务人仅向证券上指示的权利人履行义务。因此，指示证券的权利转让须以背书方式，即在证券上背书受让人的姓名或名称，并交付证券。

（3）无记名有价证券，即证券上没有记载权利人姓名或名称的有价证券。无记名有价证券的权利转让，可以单纯交付证券的方式进行，谁持有证券，谁就是权利人。

例题 21　甲、乙两公司签订协议，约定甲公司向乙公司采购面包券。双方交割完毕，面包券上载明“不记名、不挂失，凭券提货”。甲公司将面包券转让给张某，后张某因未付款等原因被判处合同诈骗罪。面包券全部流入市场。关于协议和面包券的法律性质，下列哪一表述是正确的？

A. 面包券是一种物权凭证

B. 甲公司有权解除与乙公司的协议

C. 如甲公司通知乙公司停止兑付面包券，乙公司应停止兑付

D. 如某顾客以合理价格从张某处受让面包券，该顾客有权请求乙公司兑付

解析：本题的考点是有价证券的认定，答案为D项。本题中，面包券上载明“不记名、不挂失，凭券提货”，这说明面包券只是一种提货凭证，并不代表货物本身，因此，面包券不是物权凭证，只是一种债权凭证。甲公司与乙公司之间的协议合法有效，并且双方已经履行完毕，甲公司无权要求解除与乙公司的协议。由于甲、乙公司之间的协议已履行完毕，双方之间已不再有权利义务关系，因而，甲公司不得要求乙公司停止兑付面包券。由于面包券是一种不记名的有价证券，谁持有证券，谁就有权行使证券上的权利，因而，某顾客以合理价格从张某处受让面包券后，即有权请求乙公司兑付。

引读案例解答

1.（1）人体器官在与人身分离前，不能成为物，因为人身不能作为权利的客体。（2）李某不能要求张某交付左肾，因为肾是人身的组成部分，他人不能强制将其与人身分离。

2.（1）牛黄是基于牛的属性而产生的物，因此，牛属于原物，而牛黄属于天然孳息。（2）张某与肉联厂之间并没有发生牛的买卖关系，因此，牛的所有权仍属于张某。基于原物与孳息的关系，在当事人没有另外约定的情况下，牛黄的所有权应当属于张某。

课堂讨论案例

1. 李某与王某就出卖汽车达成以下协议：李某以10万元的价格将自有的汽车卖给王某。双方未约定其他事项。在李某将车交付给王某时，李某提出：该车带有一副备用胎，如王某需要再加2 000元，否则，就将该备用胎自己留用。王某不同意另加款，也不同意李某将备用胎留下。双方发生纠纷。

问：（1）汽车备用胎属于何种性质的物？（2）李某是否有义务将备用胎交付于王某？

2. 甲购买了一张可以抽奖的电影票，但因故无法观看，遂将该电影票送给同事乙。乙看完电影后到抽奖处抽奖，结果中得一等奖，得奖金500元。甲得知后，向乙索要500元奖金，理由是：甲只是将电影票送给了乙，而并没有将得奖的权利送给乙。

问：（1）电影票中奖所得奖金是何种性质的物？（2）如何确定电影票中奖所得奖金的归属？

重点思考习题

1. 如何认识民法上物的属性？
2. 各种物的分类有何意义？
3. 如何认识货币与有价证券的属性？

第七章
民事法律行为

引读案例

1. 甲系有妇之夫，但对美貌少女乙倾慕已久，于是甲想尽办法讨好乙，并最终达到了与乙非法同居的目的。不久，甲妻丙发现此事，并与甲、乙发生激烈争吵。为不使家庭破裂，丙与甲、乙达成如下协议：甲每周只能与乙同居两个晚上，乙每月向丙支付500元作为补偿。半年后，乙不再向丙支付补偿费。于是，丙要求乙履行协议。请分析上述协议的效力。

2. 甲厂与乙厂签订了一份供货合同，约定：乙厂每月向甲厂提供某种型号的设备零件1万件，每件单价2元；每月月底交货付款；供货期限不定，但在甲厂研制的某种新产品投产后，供货合同解除。合同订立后，双方开始履行，货款两清。合同履行6个月后，甲厂书面通知乙厂：我厂自行研制的某种新产品已经成功并已投入生产，原供货合同解除。乙厂接到通知后，仍向甲厂供货2万件。甲厂均拒收并拒付货款。请分析甲厂与乙厂之间民事法律行为的性质。

法律职业资格考试要点

民事法律行为的含义；民事法律行为的分类及意义；意思表示的分类、撤回、解释；民事法律行为的成立和生效条件；无效民事法律行为的种类及后果；可撤销民事法律行为的种类及撤销权的行使；效力待定民事法律行为的种类及效果；附条件和附期限民事法律行为的效力

第一节　民事法律行为概述

一、民事法律行为的含义

民事法律行为是民事主体通过意思表示设立、变更、终止民事法律关系的行为（《民法典》第133条）。

民事法律行为具有以下特点。

第一，民事法律行为是民事法律事实的一种。民事法律行为属于人的行为的一种，属于民事法律事实，能够引起民事法律关系的变动。

第二，民事法律行为是民事主体实施的以发生一定民事法律后果为目的的行为。民事法律行为是民事主体实施的行为，既不同于行政行为，也不同于刑事行为。民事法律行为是以发生一定民事法律后果为目的的行为，因而不同于事实行为。所以，只有民事主体以发生一定民事

法律后果为目的而实施的行为，才可成为民事法律行为。这里的民事法律后果就是设立、变更、终止民事法律关系。

第三，民事法律行为是以意思表示为要素的行为。民事法律行为是当事人实施的以发生一定民事法律后果为目的的行为，这种目的只是行为人内在的一种意愿或意思，行为人只有将这种内在的意愿表达出来，才能为他人所了解，才能发生相应的效力。这种内在意思的外部表达方式，就是意思表示。可见，民事法律行为是以意思表示为要素的，没有意思表示，也就不会有民事法律行为。当然，意思表示是民事法律行为的要素，但并不意味着意思表示就是民事法律行为。

二、民事法律行为的分类

（一）根据行为人实施行为所要发生的法律后果的性质，民事法律行为可以分为财产行为与身份行为

财产行为是指当事人实施行为所要发生的后果为财产权利、义务变动的行为。财产行为有负担行为与处分行为之分。前者是指使一方负担给付义务的行为，如买卖使出卖人、买受人负给付义务；后者是指直接发生财产权利变动的行为，如抛弃所有权、免除债务等。身份行为是指当事人实施行为所要发生的后果为身份关系变动的行为。例如，结婚、离婚、收养、解除收养等均属于身份行为。

区分财产行为与身份行为的主要意义在于：(1) 适用的法律规范不同。财产行为适用财产法规范，如《民法典》物权编、合同编等；而身份行为适用身份法规范，如《民法典》婚姻家庭编等。(2) 法律效果的性质不同。财产行为的目的是发生财产权利、义务的变动，一般可由代理人代理；而身份行为的目的是发生身份权利、义务的变动，一般不能由代理人代理。

（二）根据构成民事法律行为的意思表示状况，民事法律行为可以分为双方或多方行为与单方行为

《民法典》第134条第1款规定，民事法律行为可以基于双方或者多方的意思表示一致成立，也可以基于单方的意思表示成立。可见，双方或多方行为是指须有两个以上当事人的意思表示一致才能成立的民事法律行为。在双方或多方行为中，不仅须有两个以上的意思表示，而且这些意思表示必须一致，民事法律行为才能成立。在这些意思表示中，有的内容完全相反，如买卖行为，而有的内容完全相同，如决议行为。① 单方行为是指仅有一方当事人的意思表示即可成立的民事法律行为，例如，债务免除、解除合同、设立遗嘱等。

区分双方行为与单方行为的主要意义在于：通过这种分类，可以正确确定民事法律行为是否成立。在双方行为中，须有各方的意思表示一致才能成立；而在单方行为中，只要有一方的意思表示即可成立。

（三）根据民事法律行为是否有对价，民事法律行为可以分为有偿行为与无偿行为

有偿行为是指一方从对方取得利益，必须向对方支付相应的财产代价的民事法律行为。例如，在买卖行为中，出卖人如不交付标的物，就不能取得价款。无偿行为是指一方取得某种财产利益，无须向对方支付财产对价的行为。例如，赠与行为、遗赠行为就是无偿行为。

民事法律行为的有偿或无偿决定于法律的规定和当事人的约定。有的民事法律行为只能是

① 《民法典》第134条第2款规定，法人、非法人组织依照法律或者章程规定的议事方式和表决程序作出决议的，该决议行为成立。

有偿的，如买卖行为、互易行为；有的民事法律行为只能是无偿的，如赠与行为、借用行为；有的民事法律行为既可以是有偿的，也可以是无偿的，是否有偿决定于当事人的约定，如借款行为、委托行为、保管行为等。

区分有偿行为与无偿行为的主要意义在于：(1) 对当事人的民事行为能力的要求不同。有偿行为的当事人须有相应的民事行为能力，而无民事行为能力人可以独立实施纯受利益的无偿行为，如无民事行为能力人接受不附负担的赠与是有效的。(2) 有偿行为当事人的责任重于无偿行为当事人的责任。例如，买卖中的出卖人对标的物负有瑕疵担保责任，而赠与人对赠与物的瑕疵一般不负瑕疵担保责任。(3) 有偿行为显失公平的，当事人可以请求撤销该有偿行为；而无偿行为不存在显失公平问题。(4) 能否适用善意取得的要求不同。在无权处分人处分他人财产时，若处分行为是有偿行为，则可以构成善意取得；而若处分行为是无偿行为，则不会构成善意取得。(5) 债权人撤销权的行使条件有所不同。在债务人将其财产无偿转让给第三人时，只要该行为有害于债权，债权人即可行使撤销权；而若债务人以明显不合理的低价将其财产有偿转让给第三人，则不仅需要该行为有害于债权，而且须受让人有恶意，债权人才能行使撤销权。

（四）根据民事法律行为中当事人是否存在对待给付关系，民事法律行为可以分为双务行为与单务行为

双务行为是指当事人双方相互负有对待给付义务的民事法律行为。在双务行为中，一方的权利即为对方的义务，双方当事人之间存在着对价关系。例如，买卖行为是典型的双务行为，出卖人的义务就是买受人的权利。单务行为是指当事人双方并不相互负有对待给付义务的民事法律行为。在单务行为中，双方的权利和义务无对价关系。例如，赠与行为就是单务行为。在赠与行为中，赠与人仅负有将赠与物交付给受赠人的义务，而受赠人享有接受赠与物的权利，双方的权利与义务并无对价关系。

区分双务行为与单务行为的主要意义在于：(1) 义务履行抗辩权的适用要求不同。在双务行为中，一般适用义务履行抗辩权，如同时履行抗辩权、先履行抗辩权、不安抗辩权；而在单务行为中，不存在上述履行抗辩权问题。(2) 风险负担规则有所不同。在双务行为中，因不可抗力发生履行不能的，义务人不再履行义务，权利人也无权要求对方履行；义务人已经履行的，得主张恢复原状。而在单务行为中，因不可抗力发生履行不能的，不发生双务行为中的风险负担问题，仅发生义务人不再负担给付义务的法律后果。(3) 当事人违约的法律后果不同。在双务行为中，当事人一方不履行义务的，应向对方承担继续履行等民事责任；而在单务行为中，由于双方并不存在对待给付义务，所以，当事人一方违反义务的，不存在要求对方对待履行问题。

（五）根据民事法律行为的成立是否以标的物的实际交付为要件，民事法律行为可以分为诺成行为与实践行为

诺成行为又称不要物行为，是指只要当事人各方的意思表示一致即可成立，不以标的物的实际交付为成立要件的民事法律行为。大多数民事法律行为都属于诺成行为，如买卖、互易、租赁、承揽等。实践行为又称要物行为，是指除有当事人之间的意思表示一致外，还需有标的物的实际交付才能成立的民事法律行为。例如，保管、借用行为等属于实践行为。

区分诺成行为与实践行为的主要意义在于：这两种民事法律行为的成立时间和交付标的物的意义不同。诺成行为自当事人达成合意时成立，交付标的物为履行义务；而实践行为自当事人交付标的物时成立，交付标的物为民事法律行为的成立要件。

（六）根据民事法律行为是否须以法律规定的特定方式为之，民事法律行为可以分为要式行为与不要式行为

要式行为是指须采取法律规定的特定形式的民事法律行为。不要式行为是指当事人可以自由选择任何形式的民事法律行为。在现代民法上，民事法律行为的形式以不要式为原则，以要式为例外。

区分要式行为与不要式行为的主要意义在于：对于要式行为，若当事人未采用法律规定的方式，则行为不能成立、生效。

（七）根据两个民事法律行为之间的关系，民事法律行为可以分为主行为与从行为

在两个民事法律行为中，不借助其他民事法律行为的存在即可独立存在的民事法律行为，为主行为；而以主行为的存在为存在前提，其效力受主行为制约的民事法律行为为从行为。例如，为担保借款而实施保证行为的，借款行为就是主行为，而保证行为就是从行为。

区分主行为与从行为的主要意义在于：主行为决定从行为的命运，主行为不存在，从行为也就不能存在。

（八）根据民事法律行为发生效力的时间，民事法律行为可以分为生前行为与死后行为

生前行为又称生存行为，是指在行为人生存时就可以发生效力的民事法律行为。例如，买卖行为、租赁行为、承揽行为、赠与行为等都属于生前行为。死后行为又称死因行为，是指在行为人死亡后才发生法律效力的民事法律行为。例如，遗嘱行为属于死后行为，只有在遗嘱人死亡后才能发生效力。

区分生前行为与死后行为的主要意义在于：生前行为在行为人生存期间即发生法律效力，而死后行为只有在行为人死亡后才能发生法律效力。同时，法律对于死后行为多设有特别规定，如当事人设立遗嘱须依据《民法典》继承编的特别规定进行。

（九）根据行为与原因之间的关系，民事法律行为可以分为要因行为与不要因行为

要因行为又称有因行为，是指行为与其原因不可分离，原因不存在，也就不能成立、生效的民事法律行为。例如，买卖行为的原因是出卖人取得价款、买受人取得出卖的标的物，若无这一原因，买卖也就不能成立、生效。因此，买卖为要因行为。不要因行为又称无因行为，是指行为与其原因可以分离，原因存在与否不影响行为效力的民事法律行为。例如，甲为支付货款而签发一票据，签发票据的行为原因为应付货款，无论甲实施的该行为原因是否存在（其应否付货款），甲所签发的票据都是有效的。

区分要因行为与不要因行为的主要意义在于：要因行为若原因不存在，则行为无效；而不要因行为不因原因的不存在或有瑕疵而无效。

三、民事法律行为的形式

民事法律行为的形式也就是当事人进行意思表示的形式。《民法典》第 135 条规定，民事法律行为可以采用书面形式、口头形式或者其他形式。法律、行政法规规定或者当事人约定采用特定形式的，应当采用特定形式。可见，依据不同的标准，民事法律行为可以有不同的分类。

（一）口头形式、书面形式和其他形式

1. 口头形式

口头形式是指当事人以直接对话的方式进行意思表示的形式。例如，当事人当面交谈、电

话交谈等都属于口头形式。以口头形式实施民事法律行为，简便易行，在日常生活中适用得十分广泛。例如，集市上的现货交易、商店里的商品零售买卖等，一般都采取口头形式。当然，以口头形式实施民事法律行为也可以有书面凭证，如购货发票、购物凭证等，但这些书面凭证只能作为民事法律行为成立的证明，而不能作为民事法律行为成立的条件。

口头形式的缺点是，在发生纠纷时，难以取证，不易分清责任。所以，对于不能即时清结或者标的额较大的民事法律行为，不宜采取口头形式。

2. 书面形式

书面形式是指当事人以书面文字的方式进行意思表示的形式。但应当指出，并不是一切文字凭据都是民事法律行为的书面形式，只有文字凭据上载有当事人之间的权利、义务，并有当事人签字或盖章的，才能成为民事法律行为的书面形式。

书面形式的优点是，在发生纠纷时，举证方便，有据可查，易于分清责任。因此，对于复杂的、不能即时清结的民事法律行为以及标的额较大的民事法律行为，宜采取书面形式。

3. 其他形式

民事法律行为除口头形式、书面形式外，还可以有其他形式，如推定形式。所谓推定形式，是当事人未用语言、文字表达其意思表示，而是通过实施某种行为进行意思表示。例如，商店设置自动售货机，顾客将规定的货币投入自动售货机内，买卖行为即告成立，即通过顾客的投币行为就可以推定买卖行为成立。

（二）约定形式和法定形式

约定形式是当事人对于无法定形式要求的民事法律行为约定采用的形式。由于口头形式是最简单的形式，只要当事人没有特别约定不能采用，就可采用，所以，当事人之间的约定形式实际上是就应当采用的书面形式作出约定。在当事人约定采用书面形式的情形下，民事法律行为应当采用书面形式。

法定形式是法律、行政法规规定的民事法律行为应当采用的形式。从各国法律的规定看，除口头形式外，其他的民事法律行为形式都可由法律规定为法定形式，其中最主要的是书面形式。

第二节 意思表示

一、意思表示的含义

意思表示是指民事法律行为的行为人将其实施民事法律行为的目的以一定的方式表现于外部。民事法律行为是以设立、变更、终止民事法律关系为目的的行为，因此，意思表示就是行为人欲设立、变更、终止民事法律关系这一内在意思的外部表现。

意思表示由两部分组成，即意思和表示。这里的意思，是指行为人欲设立、变更、终止民事法律关系即发生法律效果的意思，所以又称效果意思。效果意思反映的是行为人要设立、变更、终止的民事法律关系，也就构成民事法律行为的内容。效果意思必须是真实的、确定的、合法的，否则不能发生效力。效果意思是行为人实施民事法律行为的具体目的的体现，与行为人实施行为的动机无关。这里的表示，是指行为人以一定形式表达出其意思。因此，表示又包括两个要素：其一是表示行为，即行为人表达意思的行为；其二是由表示行为所表达出的外部意思。

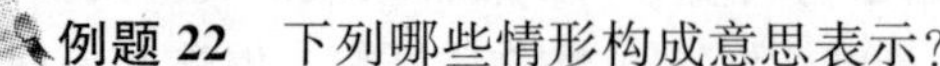

例题 22　下列哪些情形构成意思表示？

A. 甲对乙说：我儿子如果考上重点大学，我一定请你喝酒

B. 潘某在寻物启事中称，愿向送还失物者付酬金 500 元

C. 孙某临终前在日记中写道：若离人世，愿将个人藏书赠与好友汪某

D. 何某向一台自动售货机投币购买饮料

解析：本题的考点是意思表示的认定，答案为 B、C、D 项。A 项缺乏效果意思，而 B、C、D 项均具有效果意思，能够发生民事法律后果，属于意思表示。

二、意思表示的分类

（一）根据意思表示有无相对人，意思表示可以分为有相对人的意思表示与无相对人的意思表示

有相对人的意思表示是指有表示对象的意思表示。意思表示的对象一般是特定的，如订立合同中的要约和承诺、债务的免除、代理权的授予等；也可以是不特定的，如悬赏广告。无相对人的意思表示是指无表示对象的意思表示，如遗嘱、捐助。

区分有相对人的意思表示与无相对人的意思表示的主要意义在于：有相对人的意思表示，必须向相对人为之，并且只有到达相对人才能发生效力；而无相对人的意思表示，不发生向相对人为之的问题，意思表示完成时即可生效。对此，《民法典》第 138 条规定，无相对人的意思表示，表示完成时生效。法律另有规定的，依照其规定。应当指出的是，以公告方式作出的意思表示，无论有无相对人，均自公告发布时生效（《民法典》第 139 条）。

（二）有相对人的意思表示，根据表示到达的方式可以分为对话的意思表示与非对话的意思表示

对话的意思表示，是指表意人作出的意思表示直接进入可为对方了解的范围，相对人基本可同步受领该意思表示的意思表示，如双方面谈或者通过电话作出的意思表示。非对话的意思表示，是指表意人作出的意思表示不直接进入可为对方了解的范围，相对人不能同步受领该意思表示的意思表示，例如，以书信作出的意思表示，通过第三人转达的意思表示。

区分对话的意思表示与非对话的意思表示的主要意义在于二者生效的时间不同。依据《民法典》第 137 条的规定，以对话方式作出的意思表示，相对人知道其内容时生效。以非对话方式作出的意思表示，到达相对人时生效。以非对话方式作出的采用数据电文形式的意思表示，相对人指定特定系统接收数据电文的，该数据电文进入该特定系统时生效；未指定特定系统的，相对人知道或者应当知道该数据电文进入其系统时生效。当事人对于采用数据电文形式的意思表示的生效时间另有约定的，按照其约定。

（三）根据意思表示有无瑕疵，意思表示可以分为健全的意思表示与不健全的意思表示

健全的意思表示又称无瑕疵的意思表示，是指表意人的意思与表示相一致，且其意思为自己自由形成的。不健全的意思表示又称有瑕疵的意思表示，是指表意人的意思不是其自由形成的或者其意思与表示不一致的意思表示。

区分健全的意思表示与不健全意思表示的主要意义在于二者的效力不同：健全的意思表示

为有效的意思表示，而不健全的意思表示影响民事法律行为的效力。

（四）根据意思表示的外部表示形式，意思表示可以分为明示的意思表示与默示的意思表示

《民法典》第140条第1款规定，行为人可以明示或者默示作出意思表示。明示的意思表示是指以行为人以口头、书面或者其他直接表意方法表示效果意思的意思表示；默示的意思表示是指从行为人的作为或不作为中推断出的意思表示。

区分明示的意思表示与默示的意思表示的主要意义在于：有的意思表示必须是明示的，如保证人承担保证责任的意思表示、放弃继承的意思表示、接受遗赠的意思表示须为明示的意思表示；而在默示的意思表示中，沉默只有在有法律规定、当事人约定或者符合当事人之间的交易习惯时，才可以视为意思表示（《民法典》第141条第2款）。

三、意思表示的撤回

意思表示的撤回是指行为人在作出意思表示后取消该意思表示，从而使该未生效的意思表示不发生效力的行为。《民法典》第141条中规定，行为人可以撤回意思表示。如前所述，意思表示分为有相对人的意思表示与无相对人的意思表示，而无相对人的意思表示一般自表示完成时生效，因此，无相对人的意思表示一般不存在撤回的问题。而有相对人的意思表示，只有撤回的通知在意思表示到达相对人前或者与意思表示同时到达相对人，才能发生撤回的效力（《民法典》第141条）。

四、意思表示的解释

意思表示的解释是指阐明并确定当事人意思表示的真实含义。当事人的意思表示明确、清楚，双方的理解认识一致，并无任何争议时，不会发生意思表示的解释。但是，在意思表示不够明了或不十分完整，当事人对其含义发生争议时，也就发生意思表示的解释。

依据《民法典》第142条的规定，意思表示的解释因有相对人的意思表示与无相对人的意思表示而有所不同。对于有相对人的意思表示的解释，应当按照所使用的词句，结合相关条款、行为的性质和目的、习惯以及诚信原则，确定意思表示的含义；对于无相对人的意思表示的解释，不能完全拘泥于所使用的词句，而应当结合相关条款、行为的性质和目的、习惯以及诚信原则，确定行为人的真实意思。

第三节 民事法律行为的成立和生效

一、民事法律行为的成立

民事法律行为的成立须具备一定的条件，即须具备民事法律行为的构成要素。民事法律行为的成立条件有一般成立条件和特别成立条件之分。

（一）民事法律行为的一般成立条件

民事法律行为的一般成立条件是指任何民事法律行为成立都必不可少的共同要件。民事法律行为成立的一般条件有以下几项。

第一，须有行为人。行为人是民事法律行为的主体，是民事法律行为成立的首要条件。当

然，不同的民事法律行为对行为人的要求并不一致。例如，单方法律行为仅须有一方行为人，而双方法律行为须有双方行为人。

第二，须有意思表示。意思表示是民事法律行为的核心要素，是民事法律行为区别于事实行为的根本特点，因此，没有意思表示就不会有民事法律行为。

第三，须有标的。民事法律行为的标的也就是意思表示的内容，是行为人实施民事法律行为所要达到的效果。没有标的，也就无意思表示的内容，民事法律行为当然也就不能成立。

（二）民事法律行为的特别成立条件

民事法律行为的特别成立条件是指一些特别的民事法律行为成立所需具备的特有条件。何种民事法律行为需要特别的成立条件依民事法律行为的性质而有所不同。例如，要式行为的特别成立条件是须具备特别要求的形式，也就是说，如果民事法律行为没有采用特定的形式，则民事法律行为不能成立。再如，实践行为的特别成立条件是须有标的物的实际交付。

二、民事法律行为的生效

民事法律行为的生效是指民事法律行为发生法律效力。民事法律行为成立后，能否发生法律效力取决于是否符合法律规定的有效条件。一般地说，民事法律行为自成立时生效，但是法律另有规定或者当事人另有约定的除外。行为人非依法律规定或者未经对方同意，不得擅自变更或者解除民事法律行为（《民法典》第 136 条）。

民事法律行为的生效条件，包括一般生效条件和特别生效条件。

（一）民事法律行为的一般生效条件

民事法律行为的一般生效条件是指民事法律行为生效普遍具备的条件。依据《民法典》第 143 条的规定，民事法律行为的一般生效条件包括以下几项。

第一，行为人具有相应的民事行为能力。民事法律行为是民事主体从事民事活动的基本法律形式，因此，只有具有相应民事行为能力的人，才能实施相应的民事法律行为。就自然人来说，完全民事行为能力人可以独立实施民事法律行为，而限制民事行为能力人只能独立实施与其年龄、智力或精神健康状况相适应的民事法律行为，其他行为须经法定代理人同意才可实施。就法人来说，法人只能实施与其民事行为能力相适应的民事法律行为，例如，机关法人不具有从事以营利为目的的民事活动的民事行为能力。

第二，意思表示真实。意思表示真实是指意思表示是行为人基于自己的利益在自愿的基础上作出的，且内在意思与其外部表示相一致。只有意思表示真实的民事法律行为，才能发生法律效力。当事人的意思与其表示不一致，或者当事人的意思不是自愿形成的，则该意思表示即为不真实。所谓意思与表示不一致，是指当事人希望发生某种法律效力的意思与其表示于外部的意思不相同，如虚假的意思表示、重大误解的意思表示等。所谓意思表示不自由，是指行为人的意思表示不是在自愿的基础上形成的，而是因受到不正当的干预所形成的，如受欺诈的意思表示、受胁迫的意思表示等。

第三，不违反法律、行政法规的强制性规定，不违背公序良俗。这是从民事法律行为的内容来界定其生效条件，强调民事法律行为不得违反法律、行政法规的强制性规定，也不得违背公序良俗。应当指出的是，民事法律行为的内容不仅须合法，而且应可能和确定。所谓可能，是指民事法律行为的内容是能够实现的；所谓确定，是指民事法律行为所设定的权利、义务能够确定。若行为的内容不可能或者不确定，则该民事法律行为不能生效。

（二）民事法律行为的特别生效条件

民事法律行为的特别生效条件是指一些特殊的民事法律行为除了具备一般生效要件外，还需具备的生效要件。例如，死后行为的特别生效要件为行为人的死亡；对于依法需要办理审批、登记手续等生效的民事法律行为，审批、登记手续就属于特别生效要件。例如，依据《民法典》第 502 条第 2 款的规定，法律、行政法规规定合同应当办理批准等手续生效的，应依其规定，未办理批准等手续的，该合同未生效。

例题 23　下列哪一情形下，民事法律行为可以成立？

A. 甲应允乙同看演出，但迟到半小时。乙要求甲赔偿损失

B. 甲听说某公司股票可能大涨，便告诉乙，乙信以为真大量购进，事后该只股票大跌。乙要求甲赔偿损失

C. 甲与其妻乙约定，如因甲出轨导致离婚，甲应补偿乙 50 万元，后二人果然因此离婚。乙要求甲依约赔偿

D. 甲对乙承诺，如乙比赛夺冠，乙出国旅游时甲将陪同，后乙果然夺冠，甲失约。乙要求甲承担赔偿责任

解析：本题的考点是民事法律行为的成立，答案为 C 项。A 项中甲应允乙同看演出，不具有效果意思，双方之间不存在民事法律行为；B 项中甲虽然告诉乙某公司股票可能大涨，但并无要求乙购买的效果意思，乙完全是基于自己的判断而购买股票，与甲之间不存在民事法律行为；C 项中甲乙约定的事项以发生经济补偿为内容，具有效果意思，双方存在民事法律行为；D 项中甲承诺陪同乙出国不具有效果意思，双方之间不存在民事法律行为。

第四节　无效民事法律行为

一、无效民事法律行为的含义

无效民事法律行为是指因根本不具备民事法律行为的有效要件，自始就确定地当然不能发生效力的民事法律行为。

无效民事法律行为具有以下特点。

第一，无效民事法律行为是严重欠缺民事法律行为生效条件的民事法律行为。所谓严重欠缺，是指所欠缺的要件是从外观上就可以确定的，当事人不能补正。

第二，无效民事法律行为是自始无效的民事法律行为。所谓自始无效，是指从民事法律行为成立时起就是无效的。一旦民事法律行为被宣告无效，它的效力就要溯及民事法律行为成立之时。

第三，无效民事法律行为是当然无效的民事法律行为。所谓当然无效，是指无须经任何程序和无须任何人主张，民事法律行为就是无效的。当然，当事人就民事法律行为是否无效发生争议时，得请求人民法院或仲裁机构予以确认，人民法院或者仲裁机构应当依法作出确认，但

人民法院或仲裁机构的裁决不能将民事行法律为无效的事实改变。

第四，无效民事法律行为是确定无效的民事法律行为。这就是说，无效民事法律行为不仅自成立时起就不发生效力，其后也不会因其他行为的补正而发生效力。其无效的后果是自始确定不变的，不能因为时间的经过而转为有效，也不能通过当事人的实际履行转为有效。

第五，无效民事法律行为是绝对无效的民事法律行为。所谓绝对无效，是指不仅人民法院和仲裁机构可依职权主动确认无效民事法律行为，而且任何当事人和利害关系人都可以主张无效民事法律行为的无效。在民事纠纷中，即使当事人未主张民事法律行为无效，人民法院或仲裁机构也不能将无效民事法律行为作为有效民事法律行为处理。

第六，无效民事法律行为可以是全部无效或部分无效。全部无效的民事法律行为因其不符合法律的要求而不能发生法律效力。民事法律行为部分无效，若不影响其他部分的效力，则其他部分仍然有效（《民法典》第 156 条）。

二、无效民事法律行为的种类

（一）无民事行为能力人实施的民事法律行为

《民法典》第 144 条规定，无民事行为能力人实施的民事法律行为无效。应当指出的是，对于无民事行为能力人纯获利益的民事法律行为，如接受赠与的行为，不应认定为无效。

（二）限制民事行为能力人不能独立实施的单方行为

《民法典》第 145 条第 1 款规定，限制民事行为能力人实施的纯获利益的民事法律行为或者与其年龄、智力、精神健康状况相适应的民事法律行为有效；实施的其他民事法律行为经法定代理人同意或者追认后有效。可见，限制民事行为能力人只能实施与其年龄、智力或者精神健康状况相适应的民事法律行为，其他民事法律行为应由其法定代理人代理或者征得法定代理人的同意。限制民事行为能力人实施的其不能独立实施的民事法律行为，应属于行为人不具有相应民事行为能力的行为。至于双方行为，即使限制民事行为能力人不能独立实施，也可经其法定代理人的追认而有效，因此，只有限制民事行为能力人实施的其依法不能独立实施的单方行为，才为无效民事法律行为。例如，限制民事行为能力人订立遗嘱的行为，就是无效民事法律行为。

（三）虚假的民事法律行为

《民法典》第 146 条第 1 款规定：“行为人与相对人以虚假的意思表示实施的民事法律行为无效。”当事人双方以虚假的意思表示实施民事法律行为，尽管双方存在着合意，但因该虚假的意思表示与表意人的内心意思不符，也即当事人并不存在效果意思，因此，虚假的民事法律行为为无效民事法律行为。但是，虚假的意思表示往往隐藏着真实的意思表示，被隐藏的民事法律行为是否有效，应依该民事法律行为是否符合有效条件加以认定。对此，《民法典》第 146 条第 2 款规定：“以虚假的意思表示隐藏的民事法律行为的效力，依照有关法律规定处理。”

（四）恶意串通的民事法律行为

《民法典》第 154 条规定：“行为人与相对人恶意串通，损害他人合法权益的民事法律行为无效。”恶意串通的民事法律行为是指当事人双方故意合谋实施的损害他人合法权益的民事法律行为。这种行为虽然是当事人双方真实的意思表示，但因以损害他人合法权益为目的，因而是无效民事法律行为。在恶意串通的民事法律行为中，当事人双方须有共同的故意，并且当事人合谋的后果损害了他人的合法权益。

（五）违反法律、行政法规的强制性规定的民事法律行为

民事法律行为不得违反法律、行政法规的强制性规定，这是民事法律行为的有效条件之一。因此，《民法典》第 153 条第 1 款规定："违反法律、行政法规的强制性规定的民事法律行为无效。但是，该强制性规定不导致该民事法律行为无效的除外。"这里的法律、行政法规必须是全国人大及其常委会制定的法律和国务院制定的行政法规，而不包括地方性法规和规章。一般认为，这里的"强制性规定"，是指效力性强制性规定。也就是说，只有民事法律行为违反了法律、行政法规中的效力性强制性规定，才能认定其无效。如果民事法律行为只是违反了法律、行政法规中的管理性强制性规定，并不能导致该民事法律行为无效。

（六）违背公序良俗的民事法律行为

民事主体从事民事活动，不得违背公序良俗，这是民法的基本原则。当事人实施的民事法律行为违背了公序良俗，也就是违反了民法的基本原则，就会损害社会公共利益，因此，《民法典》第 153 条第 2 款规定："违背公序良俗的民事法律行为无效。"

三、无效民事法律行为的后果

依据《民法典》第 157 条的规定，民事法律行为无效后，发生如下法律后果。

1. 返还财产

无效民事法律行为成立后，如果当事人已履行的，应当恢复原状，将从对方取得的财产返还给对方。若只有一方从对方取得了财产，则发生单方返还。

2. 折价补偿

当事人因无效民事法律行为而取得的财产，如果不能返还或者没有必要返还的，应当折价补偿。

3. 赔偿损失

因无效民事法律行为的实施使一方当事人受到损失的，有过错的一方应当承担赔偿责任。双方都有过错的，应当各自承担相应的赔偿责任。

第五节　可撤销民事法律行为

一、可撤销民事法律行为的含义

可撤销民事法律行为是指因意思表示有缺陷，当事人可以请求人民法院或者仲裁机构予以撤销的民事法律行为。

可撤销民事法律行为具有以下特点。

第一，可撤销民事法律行为是意思表示有瑕疵的民事法律行为。从民事法律行为的生效条件来看，可撤销民事法律行为在外观上具备民事法律行为的生效条件，只是欠缺意思表示真实这一生效条件。

第二，可撤销民事法律行为是可以撤销的民事法律行为。可撤销民事法律行为从成立时起是有效的，只是因意思表示不真实，当事人可以撤销。民事法律行为被撤销的，该行为溯及行为开始时无效。

第三，可撤销民事法律行为是只有当事人才可主张无效的民事法律行为。在可撤销民事法律行为中，只有享有撤销权的当事人才能主张撤销民事法律行为而使之无效。当事人不主张民

事法律行为无效的，法院或仲裁机构不能依职权主动确认其无效。

二、可撤销民事法律行为的种类

（一）重大误解的民事法律行为

重大误解的民事法律行为是指行为人因对行为的性质、对方当事人以及标的物的品种、质量、规格和数量等认识错误，使自己的行为与自己的意思不一致并造成较大损失的民事法律行为。《民法典》第 147 条规定："基于重大误解实施的民事法律行为，行为人有权请求人民法院或者仲裁机构予以撤销。"所谓重大误解，是指一般人若知道该错误就不会实施该行为，并且实施该行为的结果给当事人造成重大损失。若仅为一般的误解，并未给当事人造成较大损失，则不为重大误解的民事法律行为。

（二）受欺诈的民事法律行为

所谓欺诈，是指行为人故意告知虚假情况或者隐瞒真实情况，诱使他人作出错误意思表示的行为。在受欺诈的民事法律行为中，表意人须因受欺诈而陷入错误认识，并基于该错误认识作出违背其真实意思的表示而与欺诈人实施了民事法律行为。依据《民法典》的规定，受欺诈的民事法律行为包括两种情形：一是一方以欺诈手段，使对方在违背真实意思的情况下实施民事法律行为的，受欺诈方有权请求人民法院或者仲裁机构予以撤销（第 148 条）；二是第三人实施欺诈行为，使一方在违背真实意思的情况下实施民事法律行为的，对于这种欺诈行为，对方知道或者应当知道该欺诈行为的，受欺诈方有权请求人民法院或者仲裁机构予以撤销（第 149 条）。

例题 24 某旅游地的纪念品商店出售秦始皇兵马俑的复制品，价签标名为"秦始皇兵马俑"，2 800 元一个。王某购买了一个。次日，王某以其购买的"秦始皇兵马俑"为复制品而非真品、属于欺诈为由，要求该商店退货并赔偿。下列哪些表述是错误的？

A. 商店的行为不属于欺诈，真正的"秦始皇兵马俑"属于法律规定不能买卖的禁止流通物

B. 王某属于重大误解，可请求撤销买卖合同

C. 商店虽不构成积极欺诈，但构成消极欺诈，因其没有标明为复制品

D. 王某有权请求撤销合同，并可要求商店承担缔约过失责任

解析：本题的考点是受欺诈的民事法律行为、重大误解的民事法律行为的认定，答案为 B、C、D 项。本题中，商店的行为并不属于欺诈（包括积极欺诈和消极欺诈），因为真正的"秦始皇兵马俑"属于法律禁止流通物，是不得买卖的。同时，结合一般人的常识判断，王某也应当知道真正的"秦始皇兵马俑"属于法律禁止买卖的，故不能认定为重大误解，王某无权请求撤销该合同。

（三）受胁迫的民事法律行为

依据《民法典》第 150 条的规定，一方或者第三人以胁迫手段，使对方在违背真实意思的情况下实施的民事法律行为，受胁迫方有权请求人民法院或者仲裁机构予以撤销。所谓胁迫，是指行为人以给表意人本人或亲友的身体、生命、健康、自由、名誉、财产造成损害为要挟，以使表意人产生恐惧，并作出违背其真实意思的表示。在胁迫的民事法律行为中，表意人须因

受胁迫而产生恐惧，并因此作出违背其真实意思的表示而与胁迫人实施了民事法律行为。

**例题 25**　下列哪一情形下，甲对乙不构成胁迫？

A. 甲说，如不出借 1 万元，则举报乙犯罪。乙照办，后查实乙构成犯罪

B. 甲说，如不将藏獒卖给甲，则举报乙犯罪。乙照办，后查实乙不构成犯罪

C. 甲说，如不购买甲即将报废的汽车，将公开乙的个人隐私。乙照办

D. 甲说，如不赔偿乙撞伤甲的医疗费，则举报乙醉酒驾车。乙照办，甲取得医疗费和慰问金

解析：本题的考点是胁迫的构成，答案为 D 项。A、B、C 项中，甲均有非法目的，且实施了一定的胁迫行为，构成胁迫。D 项中，乙赔偿撞伤甲的医疗费是法律规定必须承担的责任，甲并没有非法目的，不构成胁迫。

（四）显失公平的民事法律行为

《民法典》第 151 条规定："一方利用对方处于危困状态、缺乏判断能力等情形，致使民事法律行为成立时显失公平的，受损害方有权请求人民法院或者仲裁机构予以撤销。"可见，显失公平的民事法律行为是使当事人双方的权利、义务明显不对等的行为，并且这种不对等是违反法律和交易习惯的。因此，只有依实施民事法律行为当时的情况，社会公众认为是不公平的，获利的一方也明知不公平时，才可认定为不公平。

**例题 26**　下列哪些情形属于可撤销民事法律行为？

A. 甲医院以国产假肢冒充进口假肢，高价卖给乙

B. 甲乙双方为了在办理房屋过户登记时避税，将实际成交价为 100 万元的房屋买卖合同价格写为 60 万元

C. 有妇之夫甲委托未婚女乙代孕，约定事成后甲补偿乙 50 万元

D. 甲父患癌症急需用钱，乙趁机以低价收购甲收藏的 1 幅名画，甲无奈与乙签订了买卖合同

解析：本题的考点是可撤销民事法律行为的认定，答案为 A、D 项。A 项中，甲医院以国产假肢冒充进口假肢属于欺诈，属于可撤销民事法律行为。B 项中，甲、乙为了避税，将 100 万元的实际买卖价款写为 60 万元，属于双方恶意串通，损害国家税收利益的行为，应为无效。C 项中，乙的代孕违反了公序良俗，属于无效民事法律行为。D 项中，乙乘甲处于危难之机，以低价收购甲收藏的 1 幅名画，甲无奈与乙签订合同，这构成了显失公平的民事法律行为，属于可撤销民事法律行为。

三、可撤销民事法律行为的撤销

（一）撤销权的行使

可撤销民事法律行为实施后，当事人一方享有撤销权。在可撤销民事法律行为中，只有受

到损害的一方即意思表示不真实的一方才享有撤销权。从性质上说，撤销权属于形成权，因为撤销权的行使是以一方的意思表示而使当事人之间的权利义务关系发生变动的。当事人行使撤销权，应向人民法院或仲裁机构提出撤销的请求，但其撤销的意思表示无须对方当事人同意。

当事人应当在规定期间内行使撤销权。撤销权的行使期间为除斥期间，当事人未在该期间内行使撤销权的，该权利消灭。依据《民法典》第152条的规定，有下列情形之一的，撤销权消灭：(1) 当事人自知道或者应当知道撤销事由之日起1年内、重大误解的当事人自知道或者应当知道撤销事由之日起90日内没有行使撤销权；(2) 当事人受胁迫，自胁迫行为终止之日起1年内没有行使撤销权；(3) 当事人知道撤销事由后明确表示或者以自己的行为表明放弃撤销权。当事人自民事法律行为发生之日起5年内没有行使撤销权的，撤销权消灭。

（二）可撤销民事法律行为被撤销的后果

可撤销民事法律行为经当事人行使撤销权而被撤销的，则该行为自成立时起归于无效，发生与无效民事法律行为相同的法律后果。

例题27 乙公司以国产牛肉为样品，伪称某国进口牛肉，与甲公司签订了买卖合同，后甲公司得知这一事实。此时恰逢某国流行疯牛病，某国进口牛肉滞销，国产牛肉价格上涨。下列哪些说法是正确的？

A. 甲公司有权自知道样品为国产牛肉之日起1年内主张撤销该合同

B. 乙公司有权自合同订立之日起1年内主张撤销该合同

C. 甲公司有权决定履行该合同，乙公司无权拒绝履行

D. 在甲公司决定撤销该合同前，乙公司有权按约定向甲公司要求支付货款

解析：本题的考点是可撤销民事法律行为中撤销权的行使，答案为A、C、D项。在民事法律行为中，一方以欺诈的手段使对方在违背真实意思的情况下实施民事法律行为，属于可撤销民事法律行为，受损害的一方有权请求人民法院或者仲裁机构撤销，撤销权应当自撤销权人知道或应当知道撤销事由之日起1年内行使。甲作为受害的一方，享有撤销该合同的权利，但乙作为欺诈方无权行使撤销权。可撤销民事法律行为在没有撤销前是有效的，因此，甲有权决定履行该合同，乙无权拒绝履行。当然，乙在甲没有撤销合同之前，也有权要求甲按约定支付货款。

第六节　效力待定民事法律行为

一、效力待定民事法律行为的含义

效力待定民事法律行为是指民事法律行为有效还是无效尚不能确定，须有待于其他行为使之效力确定的民事法律行为。

效力待定民事法律行为具有以下特点。

第一，效力待定民事法律行为成立后，其效力处于不确定状态。效力待定民事法律行为欠缺民事法律行为的生效条件，因而于民事法律行为成立时还不能生效，但又不是当然无效，其

是有效还是无效处于不确定的状态。

第二，效力待定民事法律行为可以通过一定的事实予以补正而生效。效力待定民事法律行为欠缺民事法律行为的生效条件，但这种欠缺是非实质性的，可以通过一定的事实加以补正。效力待定民事法律行为一旦经过补正，即成为有效民事法律行为。

第三，效力待定民事法律行为的效力只能通过当事人意思以外的事实加以补正。效力待定民事法律行为所欠缺的事项，不能由行为人自己的意思来补正，只能由他人的行为补正。

二、效力待定民事法律行为的种类

1. 民事行为能力欠缺的民事法律行为

民事行为能力欠缺的民事法律行为是指限制民事行为能力人在不具有相应的民事行为能力的情况下实施的，需要法定代理人给予补正的民事法律行为。依据《民法典》第 145 条的规定，限制民事行为能力人实施的纯获利益的民事法律行为或者与其年龄、智力、精神健康状况相适应的民事法律行为有效；实施的其他民事法律行为经法定代理人同意或者追认后有效。相对人可以催告法定代理人自收到通知之日起 30 日内予以追认；法定代理人未作表示的，视为拒绝追认。民事法律行为被追认前，善意相对人有撤销的权利。撤销应当以通知的方式作出。

2. 代理权欠缺的民事法律行为

代理权欠缺的民事法律行为是指代理人在欠缺代理权的情况下实施的，需要被代理人给予补正的民事法律行为。依据《民法典》第 171 条第 1、2 款的规定，行为人没有代理权、超越代理权或者代理权终止后，仍然实施代理行为，未经被代理人追认的，对被代理人不发生效力。相对人可以催告被代理人自收到通知之日起 30 日内予以追认。被代理人未作表示的，视为拒绝追认。行为人实施的行为被追认前，善意相对人有撤销的权利。撤销应当以通知的方式作出。

例题 28 甲委托乙采购一批电脑，乙受丙诱骗高价采购了一批劣质手机。丙一直以销售劣质手机为业，甲对此知情。关于手机买卖合同，下列哪些表述是正确的？

A. 甲有权追认　　B. 甲有权撤销

C. 乙有权以甲的名义撤销　　D. 丙有权撤销

解析：本题的考点是效力待定民事法律行为的效力，答案为 A、B、C 项。甲委托乙采购电脑，但乙却购买了手机，显然构成了无权代理，属于效力待定民事法律行为，甲有追认权和撤销权。乙受丙的欺诈而购买了劣质手机，构成可撤销民事法律行为，乙作为代理人有权以甲的名义撤销。但丙作为欺诈人，不享有撤销权。

第七节　附条件民事法律行为和附期限民事法律行为

一、附条件民事法律行为

（一）附条件民事法律行为的含义

附条件民事法律行为是指行为人在民事法律行为中设立一定的条件，并以该条件的成就与否作为民事法律行为效力发生或消灭根据的民事法律行为。依据《民法典》第158条的规定，民事法律行为可以附条件，但是根据其性质不得附条件的除外。附生效条件的民事法律行为，自条件成就时生效；附解除条件的民事法律行为，自条件成就时失效。一般来说，民事法律行为均可以附条件，但是法律明确规定不得附条件的民事法律行为除外。例如，法定抵销、票据背书、结婚与离婚、收养等民事法律行为不得附条件。

（二）条件的含义

民事法律行为中所附的条件是指当事人在实施民事法律行为时用以限制民事法律行为的效力的客观事实。条件具有以下特点。

第一，条件须是尚未发生的客观事实。条件是限制民事法律行为的效力的客观事实，因此，只能是尚未发生的客观事实。在民事法律行为成立时已经存在的客观事实不能作为条件。

第二，条件须是将来发生与否不能确定的客观事实。条件应是将来可能发生，也可能不发生的客观事实，其发生与否具有或然性。若某一客观事实是将来肯定会发生或肯定不会发生的事实，则不能作为条件。

第三，条件须是合法的客观事实。条件是限制民事法律行为效力的客观事实，因此，条件须是合法的客观事实。以违法的客观事实为条件的，不能发生法律效力；若该条件无效不影响民事法律行为其他部分的效力，则其他部分可以有效。

第四，条件须是当事人约定的客观事实。条件是民事法律行为的附款，因此，只能是当事人商定的客观事实，是当事人意思表示一致的结果。如果是法律规定的或者民事法律行为的性质所决定的限制民事法律行为的效力的事项，则不属于条件。

第五，条件须是与当事人希望发生的效果不相矛盾的客观事实。当事人关于条件的约定，属于民事法律行为内容的一部分，若与当事人的效果意思相互矛盾，则当事人的意思表示的内容相互冲突。因此，与当事人的效果意思相矛盾的客观事实不能作为条件。

（三）条件的分类

1. 根据条件的作用，条件可以分为生效条件与解除条件

生效条件又称停止条件或延缓条件，是指决定民事法律行为之效力发生的条件。例如，甲、乙约定，若甲考上大学，则乙送给甲电脑一台。这里“甲考上大学”，就是赠与行为所附的停止条件。

解除条件又称消灭条件，是指决定民事法律行为效力消灭的条件。例如，甲、乙约定，若甲的儿子大学毕业后回到本市工作，则双方的房屋租赁合同解除。这里的“甲的儿子大学毕业后回到本市工作”，就是房屋租赁行为所附的解除条件。

2. 根据条件的内容，条件可以分为积极条件与消极条件

积极条件又称肯定条件，是指以某种客观事实的发生为内容的条件。例如，上述的“甲考上大学”“甲的儿子大学毕业后回到本市工作”，都是积极条件。

消极条件又称否定条件，是指以某种客观事实的不发生为内容的条件。例如，甲、乙约定，若甲的儿子不回本市工作，则将房屋出卖给乙。“甲的儿子不回本市工作”即为消极条件。

无论是积极条件还是消极条件，都既可以作为生效条件，也可以作为解除条件。

（四）附条件民事法律行为的效力

在附条件民事法律行为中，民事法律行为生效抑或消灭，取决于条件的成就与否。所谓条件成就，是指当事人约定的客观事实出现。相应地，当事人约定的客观事实未出现，则为条件不成就。由于条件的成就与否直接关系到民事法律行为的效力，而这又直接影响到当事人能否取得某种利益，或者是否丧失某种利益，所以，条件的成就与不成就，应是自然发生的结果，

当事人不得恶意地促成或者阻碍条件的成就。依据《民法典》第159条的规定，当事人为自己的利益不正当地阻止条件成就的，视为条件已经成就；不正当地促成条件成就的，视为条件不成就。

附条件民事法律行为的效力，因民事法律行为所附条件的种类不同而有所差别。在附生效条件的民事法律行为中，条件成就前，当事人间的权利、义务虽已经确定，但处于停止状态，一直延缓到条件成就时才发生效力；若条件不成就，则该民事法律行为效力消灭。在附解除条件的民事法律行为中，条件成就前，当事人间的权利、义务已经发生效力，当条件成就时，当事人间的权利义务关系解除；若条件不成就，则当事人间的权利义务关系继续有效。

例题 29　甲打算以10万元价格出卖房屋，问乙是否愿买，乙同意购买。但乙一向迷信，就跟甲说："如果明天早上7点你家屋顶上来了喜鹊，我就出10万元买你的房子。"甲同意。乙回家后非常后悔。第二天早上7点差几分时，恰有一群喜鹊停在甲家的屋顶上，乙正要将喜鹊赶走，甲不知情的儿子拿起弹弓把喜鹊打跑了，至7点再无喜鹊飞来。关于甲乙之间的房屋买卖合同，下列哪一选项是正确的？

A. 合同尚未成立　　B. 合同无效

C. 乙有权拒绝履行该合同　　D. 乙应当履行该合同

解析：本题的考点是附条件民事法律行为的效力，答案为C项。从案情来看，甲、乙之间的房屋买卖合同已经成立，但附加了条件，即"明天早上7点甲家屋顶上来了喜鹊，乙就购买甲的房子"的条件，该条件应属于生效条件。由于第二天早上7点钟甲家的屋顶上并没有来喜鹊，故这种生效条件并没有成就。当然，该条件未成就并不是乙故意阻止造成的，而是甲的儿子在不知情的情况所致。因此，甲、乙的买卖合同并未生效，乙有权拒绝履行合同。

二、附期限民事法律行为

（一）附期限民事法律行为的含义

附期限民事法律行为是指当事人以将来确定到来的客观事实来限制民事法律行为之效力的民事法律行为。依据《民法典》第160条的规定，民事法律行为可以附期限，但是根据其性质不得附期限的除外。附生效期限的民事法律行为，自期限届至时生效；附终止期限的民事法律行为，自期限届满时失效。

附期限民事法律行为不同于附条件民事法律行为，其特点主要表现在以下几个方面。

第一，附期限民事法律行为中所附的期限是将来确定发生的客观事实。附期限民事法律行为中所附的期限与附条件民事法律行为中所附的条件，都是限制民事法律行为效力发生或消灭的、将来出现的客观事实，二者的根本区别在于：作为期限的客观事实确定发生，而作为条件的客观事实发生与否并不确定。

第二，附期限民事法律行为中所附的期限是当事人任意约定的，是民事法律行为的附款，而不是法律规定的或者裁判机构确定的期限。

第三，附期限民事法律行为中所附的期限不得与民事法律行为的性质或法律规定相违背。

例如，收养行为、债务免除行为等都不得附期限。

（二）期限的分类

1. 根据期限的作用，期限可以分为始期与终期

始期又称延缓期限、生效期限，是指决定民事法律行为之效力发生的期限。例如，双方约定租赁合同自5月20日生效，5月20日即为始期。终期又称解除期限，是指决定民事法律行为之效力消灭的期限。例如，双方约定租赁合同至5月20日终止，5月20日即为终期。

2. 根据期限是否确定，期限可以分为确定期限与不确定期限

确定期限是指作为期限的客观事实发生时间确定的期限。例如，上述所说的“5月20日”就是确定期限。不确定期限是指作为期限的客观事实发生时间不确定的期限。例如，甲、乙约定，当甲父死亡时，房屋出租给乙。这里的“甲父死亡”，就是不确定期限。

（三）附期限民事法律行为的效力

在附始期的民事法律行为中，在期限届至前，民事法律行为的效力处于停止状态；在期限届至后，民事法律行为发生效力。在附终期的民事法律行为中，在期限届至前，民事法律行为的效力继续；在期限届至时，民事法律行为的效力消灭。

引读案例解答

1. 丙与甲、乙的协议以乙向丙支付补偿费为代价维持非法同居关系，违反了法律的规定和公序良俗原则，属于无效民事法律行为，因此，丙的请求不能得到支持。

2. 甲厂与乙厂之间所签订的供货合同属于附解除条件的民事法律行为，这里的解除条件就是“甲厂研制的某种新产品投产”。在合同开始履行后，甲厂成功研制了新产品并已投入生产，合同所附的条件成就，因此，甲厂与乙厂的供货合同应予以解除。

课堂讨论案例

1. 李某、王某同系个体建筑老板张某的雇工。2017年6月20日中午，张某请李某、王某同到一家餐馆吃饭时，李某说他能在半个小时内喝完10瓶啤酒。王某不信，拿出自己购买了才3天的手机说：“你要能在半个小时内喝完10瓶啤酒，我刚买的这部手机就归你。”说毕，王某掏出自己的手机放在李某面前。李某听后，即让餐馆服务员拿来10瓶啤酒，并在规定时间内将啤酒全部喝完。张某见李某喝完啤酒，拿起手机问王某说话算不算数，王某拍拍自己的胸脯说：“君子一言，驷马难追。”说罢，让张某把手机交给李某。事后，王某反悔，在多次与李某交涉无果的情况下，将李某诉至人民法院，要求李某退回自己的手机。

问：王某、李某之间的约定是否有效？

2. 李某花32万元从刘某夫妇处购买了一套七十多平方米的二手房，装修时邻居告知：2014年间，就在这套房子里，刘某夫妇20岁的儿子将一名到他家做客的10岁小女孩奸杀了，还残忍地将小女孩的尸体肢解成多块后藏在屋顶上的水箱边，好几天后尸体才被邻居发现。听到这一消息后，李某即找到刘某夫妇商量退房事宜，但均遭到拒绝。于是，李某向人民法院提起诉讼，请求撤销其与刘某夫妇签订的房屋买卖合同。

问：(1) 李某与刘某夫妇之间的买卖行为的效力如何？(2) 法院能否支持李某的请求？

重点思考习题

1. 各种民事法律行为的分类有何意义？

2. 如何理解民事法律行为的成立与生效的关系？
3. 无效民事法律行为有哪些？其法律后果如何？
4. 可撤销民事法律行为中的撤销权应当如何行使？
5. 效力待定民事法律行为如何使之效力确定？
6. 举例说明附条件民事法律行为。

第八章
代 理

引读案例

1. 甲、乙各交给丙5 000元，委托丙为其购买电脑。丙又将该款转交给丁，委托丁代为购买，但未通知甲、乙。后甲、乙因长时间未见到委托丙买的电脑，遂询问丙，丙告知已经托丁购买，但现丁不知下落。甲、乙表示不再购买，要求丙还款。丙拒绝还款，让甲、乙向丁索要。请分析以下问题：(1) 甲、乙与丙、丁之间发生何种代理关系？(2) 甲、乙应当向谁请求偿还5 000元？

2. 乙经常到外地出差，甲委托乙外出到某地时代买一台录像机。乙到某地后发现当地所卖的录像机并不便宜，而电视机较便宜。乙知道甲还未买电视机，于是就为甲购买了一台电视机。乙回来后向甲作了说明，甲未表示反对，将电视机收下，并与乙结算了货款。第二天，甲发现该电视机质量不太好，就找到乙，要求乙自己处理电视机，而乙不同意。请分析以下问题：(1) 乙的行为是否构成无权代理？(2) 该电视机应否由乙留下自己处理？

法律职业资格考试要点

代理的含义；代理的分类；再代理的条件和效力；代理权的滥用；狭义无权代理的效力；表见代理的构成条件和效力；代理的终止原因

第一节 代理概述

一、代理的含义

代理是指代理人在代理权限内，以被代理人名义从事民事活动，由被代理人直接承受法律后果的制度。

代理具有以下特点。

第一，代理人以被代理人名义实施代理行为。代理涉及三方当事人，即代理人、被代理人(又称本人)、相对人。代理人在从事代理活动时，只有以被代理人的名义进行，才能构成代理。如果代理人以自己的名义从事民事活动，则这种活动就不构成代理。

第二，代理人在代理权限内独立实施代理行为。首先，代理人实施代理行为，以有代理权为前提。没有代理权所实施的“代理”，不能发生代理的法律后果。其次，代理人独立地实施代理行为。所谓代理人独立地实施代理行为，是指代理人独立地向相对人作意思表示或者受领意思表示。

第三，代理人所实施的代理行为是有民事法律意义的行为。在代理中，由于代理人须与相对人实施行为，并由被代理人承受由此行为所发生的权利、义务，所以，代理人实施的代理行为须是有民事法律意义的行为。所谓具有民事法律意义，是指能够发生民事权利义务关系。

第四，代理人实施代理行为的后果直接由被代理人承受。代理人的代理行为所发生的法律后果不是由代理人承受，也不是由代理人承受后再转给被代理人承受，而是由被代理人直接承受。因此，代理人以被代理人名义实施的民事活动视为被代理人的行为，与被代理人自己实施行为有相同的法律后果。

二、代理的分类

（一）根据代理人是否以被代理人的名义实施代理行为，代理分为直接代理与间接代理

直接代理是指代理人在代理权限内，以被代理人的名义从事民事活动，由被代理人直接承受法律后果的制度。由于直接代理是以被代理人的名义进行的，因而直接代理又称显名代理。《民法典》总则编所规定的代理，为直接代理。

间接代理是指代理人在代理权限内以自己的名义从事民事活动，由被代理人承受法律后果的制度。在间接代理中，代理人可以公开代理关系（《民法典》第925条），也可以不公开代理关系（《民法典》第926条）。由于间接代理并没有反映出被代理人的名义，因而间接代理又称隐名代理。

（二）根据代理权的发生根据，代理可以分为委托代理与法定代理

《民法典》第163条第1款规定，代理包括委托代理和法定代理。委托代理是指按照委托人的委托而产生的代理。在委托代理中，代理人的代理权来自被代理人的授予，所以，委托代理又称授权代理。同时，委托代理人是由被代理人的意思决定的，所以，委托代理也称意定代理。

法定代理是指根据法律的直接规定而产生的代理。在法定代理中，代理人的代理权来自法律规定，与被代理人的意志无关。依据《民法典》第23条的规定，无民事行为能力人、限制民事行为能力人的监护人是其法定代理人。

区分委托代理与法定代理的主要意义在于：这两种代理的代理权的来源不同，因此，在行使代理权时的要求也有所不同。

（三）根据代理权限的范围，代理可以分为一般代理与特别代理

一般代理又称概括代理，是指代理人的代理权限为代理一般事项的代理。在一般代理中，代理人的代理权限及于一般事项的全部，其范围并无特别规定。特别代理又称限定代理，是指特别表明代理人就某种事项有代理权的代理。在特别代理中，代理人的代理权限仅限于一定范围内或者特定的事项或者特定事项的特定部分。

区分一般代理与特别代理的主要意义在于：这两种代理的代理权限不同。虽一般代理有利于代理人进行代理活动，但并非一般代理的代理权限就较特别代理的代理权限为广。法律规定某些事项须有特别授权的，只有在特别授权的情形下，代理人才有代理权，仅为一般代理的，不具有该事项的代理权。

（四）根据代理人的人数，代理可以分为单独代理与共同代理

单独代理是指代理人仅为一人，亦即代理权仅授予一人的代理。委托代理与法定代理均可为单独代理。共同代理是指代理权授予二人以上，代理人共同行使代理权的代理。共同代理与数人代理不同。数人代理是指代理人为数人，并单独行使代理权的代理。

区分单独代理与共同代理的主要意义在于：共同代理发生数个代理人应如何行使代理权的问题。在共同代理中，数个代理人在代理权限内应共同行使代理权。依据《民法典》第 166 条的规定，数人为同一代理事项的代理人的，应当共同行使代理权，但是当事人另有约定的除外。部分代理人未与其他代理人协商实施代理行为，损害被代理人权益的，应当对被代理人因此而受到的损害负赔偿责任，其他未实施代理行为的代理人不承担民事责任。

（五）根据代理权授予的来源不同，代理可以分为本代理与再代理

本代理是指代理人的代理权来源于被代理人的授予，或者来源于法律的规定而产生的代理。再代理又称复代理，是指由代理人为被代理人再选任代理人而产生的代理。

依据《民法典》第 169 条的规定，代理人需要转委托第三人代理的，应当取得被代理人的同意或者追认。转委托代理经被代理人同意或者追认的，被代理人可以就代理事务直接指示转委托的第三人，代理人仅就第三人的选任以及对第三人的指示承担责任。转委托代理未经被代理人同意或者追认的，代理人应当对转委托的第三人的行为承担责任，但在紧急情况下代理人为了维护被代理人的利益需要转委托第三人代理的除外。这里的“紧急情况”，通常是指由于急病、通信联络中断等特殊原因，委托代理人自己不能办理代理事项，又不能与被代理人及时取得联系，如不及时转委托他人代理，会给被代理人的利益造成损失或者扩大损失的情况。

区分本代理与再代理的主要意义在于：再代理是一种多层次的代理关系，其法律后果较本代理要复杂一些。在再代理中，虽然再代理人是代理人选任的，但再代理人并不是代理人的代理人，而是被代理人的代理人，因此，再代理的法律后果应由被代理人直接承受。

例题 30 下列哪些情形属于代理？

A. 甲请乙从国外代购 1 套名牌饮具，乙自己要买 2 套，故乙共买 3 套一并结账

B. 甲请乙代购茶叶，乙将甲写好茶叶名称的纸条交给销售员，告知其是为自己朋友买茶叶

C. 甲律师接受法院指定担任被告人乙的辩护人

D. 甲介绍歌星乙参加某演唱会，并与主办方签订了三方协议

解析：本题的考点是代理的认定，答案为 A、B、C 项。A 项中，乙以自己的名义为甲购买饮具，构成间接代理。B 项中，乙为甲代购茶叶，并告知销售员是为自己朋友购买。若乙表明了朋友是甲，则构成直接代理；若乙没有表明朋友是甲，则构成公开代理关系的间接代理。C 项中，甲律师接受法院指定担任被告人乙的辩护人，构成指定代理。D 项中，甲只是介绍歌星乙参加演唱会，而不是以乙的名义与主办方签订协议，故不属于代理。

三、代理的适用范围

依据《民法典》第 161 条第 1 款的规定，民事主体可以通过代理人实施民事法律行为。可见，代理主要适用于民事法律行为，但不限于民事法律行为，其他能够发生民事权利义务关系的行为，如办理产权登记、法人登记、商标注册等行为，也可以适用代理。但是，下列行为不得适用代理。

第一，应当由本人实施的民事法律行为。依据《民法典》第 161 条第 2 款的规定，依照法律规定、当事人约定或者民事法律行为的性质，应当由本人亲自实施的民事法律行为，不得代

理，如结婚登记、订立遗嘱等行为不得代理。

第二，事实行为。因代理须有三方当事人，而事实行为不以发生民事法律后果为目的，无须有相对人，因而不适用代理。

第三，违法行为。代理行为是一种民事法律行为，其内容须符合法律的规定。如果代理人代理实施违法行为，不仅不能发生代理的法律后果，而且应受到法律的制裁。依据《民法典》第167条的规定，代理人知道或者应当知道代理事项违法仍然实施代理行为，或者被代理人知道或者应当知道代理人的代理行为违法未作反对表示的，被代理人和代理人应当承担连带责任。

第二节 代理权

一、代理权的授予

代理权是代理人以被代理人的名义从事民事活动，并由被代理人承受其行为后果的法律资格。代理资格的取得根据是代理权的授予，因此，没有代理权的授予，代理人也就不能取得代理的资格。代理权的授予，依代理发生的原因不同而有所不同。

在委托代理中，代理权由被代理人授予，没有被代理人的授权行为，就没有代理权的发生。关于授权行为，应明确如下几点：(1) 授权行为是一种单方行为，只要有被代理人一方授予代理权的意思表示，就可以发生授权的法律效力，而不必经相对人同意。(2) 授权行为原则上应为无因行为，即使授权的基础关系无效，被代理人未撤销授权的，善意第三人也可以主张代理行为有效。授权的意思表示既可以向代理人为之，也可以向与代理人实施民事法律行为的第三人为之。(3) 授权行为属于不要式行为，除法律另有规定外，当事人可任意选择以何种形式授权。被代理人以书面形式授权的，授权的文件称为授权委托书。依据《民法典》第165条的规定，委托代理授权采用书面形式的，授权委托书应当载明代理人的姓名或者名称、代理事项、权限和期限，并由被代理人签名或者盖章。

在法定代理中，代理权因法律的直接规定而发生，因此，代理权是由法律直接授予的。法定代理人证明自己有代理权的证据是自己与被代理人有法律规定的产生法定代理的社会关系的有关文件。例如，法定代理人只要证明自己为被代理人的监护人，也就证明自己有代理权。

例题31 甲公司与15周岁的网络奇才陈某签订委托合同，授权陈某为甲公司购买价值不超过50万元的软件。陈某的父母知道后，明确表示反对。关于委托合同和代理权授予的效力，下列哪一表述是正确的？

A. 均无效，因陈某的父母拒绝追认

B. 均有效，因委托合同仅需简单智力投入，不会损害陈某的利益，其父母是否追认并不重要

C. 是否有效，需确认陈某的真实意思，其父母拒绝追认，甲公司可向法院起诉请求确认委托合同的效力

D. 委托合同因陈某的父母不追认而无效，但代理权授予是单方法律行为，无须追认即有效

解析：本题的考点是效力待定民事法律行为、代理权授予的效力，答案为D项。陈某为15周岁的未成年人，属于限制民事行为能力人，其不能独立订立的合同属于效力待定民事法律行为，须经法定代理人追认后，才能有效。甲公司与陈某签订的委托合同显然与陈某的年龄、智力等状况不相适应，因此，该合同因其父母拒绝追认而无效。代理权的授予属于单方民事法律行为，且为无因行为，其效力不因委托合同的效力而受影响，无须法定代理人的追认即为有效。

二、代理权的行使原则

代理人在行使代理权时，应当遵守以下原则。

第一，在代理权限内行使代理权的原则。代理人仅有权实施代理权限范围内的行为，只有代理权限范围内的代理行为才对被代理人发生效力。因此，委托代理人应当按照被代理人的委托行使代理权，法定代理人应当依照法律的规定行使代理权（《民法典》第163条第2款）。代理人实施的代理行为若超越代理权限，则属于无权代理，不能当然地发生代理的法律后果。依据《民法典》第170条的规定，执行法人或者非法人组织工作任务的人员，就其职权范围内的事项，以法人或者非法人组织的名义实施的民事法律行为，对法人或者非法人组织发生效力。但法人或者非法人组织对于执行其工作任务的人员职权范围的限制，不得对抗善意相对人。

第二，积极行使代理权的原则。代理人应当积极地行使代理权，认真履行其代理的职责。依据《民法典》第164条第1款的规定，代理人不履行或者不完全履行职责，造成被代理人损害的，应当承担民事责任。

第三，亲自行使代理权的原则。在代理关系中，代理人应当亲自行使代理权，不得擅自将代理权转授他人。代理人将代理权转托他人而不构成再代理的，由代理人自己承担其转托行为的法律后果。

第四，维护被代理人的利益的原则。代理人在实施代理行为时，应尽相当的注意义务，应从被代理人的利益出发，维护被代理人的利益，以免给被代理人造成损失。在法定代理中，代理人应以有利于被代理人的原则行使代理权；在委托代理中，代理人不得擅自改变被代理人的指示。代理人在代理中擅自变更被代理人的指示、未尽相当的注意义务，从而损害被代理人的利益的，属于不履行代理职责，代理人应对被代理人因此受到的损害承担民事责任。

三、代理权的滥用

（一）代理权滥用的含义和构成

代理权的滥用是指代理人在行使代理权时，违背代理的宗旨而实施损害被代理人的利益的行为。代理是由被代理人直接承受法律后果的制度，因此，代理人在行使代理权时应当维护被代理人的利益。如果代理人在行使代理权时，违背代理的宗旨，损害被代理人的利益，就构成了代理权的滥用。

代理权的滥用须具备以下条件：（1）代理人有代理权。滥用代理权是以代理权的存在为前提的，没有代理权，就不可能发生代理权滥用的问题。（2）代理人实施行使代理权的代理行为。代理权的滥用是行使代理权有违代理宗旨的行为，因此，只有代理人行使代理权，才会发生代理权的滥用。（3）代理权的行使违反代理权的行使原则，有损被代理人的利益。

（二）代理权滥用的主要形态

代理权滥用的形态主要包括自己代理、双方代理、代理人与第三人恶意串通等。

自己代理又称对己代理，是指代理人以被代理人的名义与自己实施代理行为。代理人实施代理行为，应与相对人从事民事活动，双方达成意思表示一致。但在自己代理中并不存在相对人，也没有代理人与相对人意思表示的一致，而只有代理人自己的意思表示。可见，在自己代理的情况下，代理人出于自己利益的考虑，往往会损害被代理人的利益。所以，自己代理一般是无效的。对此，《民法典》第 168 条第 1 款规定，代理人不得以被代理人的名义与自己实施民事法律行为，但是被代理人同意或者追认的除外。除被代理人同意或追认外，在以下两种情况下，自己代理也可以有效：一是使被代理人纯获利益的，二是交易习惯允许的。

双方代理又称同时代理，是指代理人同时代理双方实施同一代理行为。在双方代理中，实际上只有代理人一人的意思表示，既谈不上合意，也难以顾及双方的利益，往往会损害某一方的利益，因此，双方代理也是代理权的滥用。对此，《民法典》第 168 条第 2 款规定，代理人不得以被代理人的名义与自己同时代理的其他人实施民事法律行为，但是被代理的双方同意或者追认的除外。当然，如果双方代理符合商业惯例的，双方代理也可以是有效的。

代理人与第三人恶意串通，损害被代理人利益的，是恶意串通的无效民事法律行为。由于代理人实施代理行为应维护被代理人的利益，而代理人与第三人串通严重违背了代理的宗旨，所以，代理人与第三人恶意串通的行为，属于代理权的滥用。依据《民法典》第 164 条第 2 款的规定，代理人和相对人恶意串通，损害被代理人合法权益的，代理人和相对人应当承担连带责任。

例题 32 甲公司员工唐某受公司委托从乙公司订购一批空气净化机，甲公司对净化机单价未作明确限定。唐某与乙公司私下商定将净化机单价比正常售价提高 200 元，乙公司给唐某每台 100 元的回扣。商定后，唐某以甲公司名义与乙公司签订了买卖合同。对此，下列哪一选项是正确的？

A. 该民事法律行为以合法形式掩盖非法目的，因而无效

B. 唐某的行为属无权代理，买卖合同效力待定

C. 乙公司行为构成对甲公司的欺诈，买卖合同属可撤销民事法律行为

D. 唐某与乙公司恶意串通损害甲公司的利益，应对甲公司承担连带责任

解析：本题的考点是代理行为的效力认定，答案为 D 项。甲公司委托员工唐某订购空气净化机属于委托代理，唐某没有超越代表权限，不属于无权代理。同时，乙公司也没有实施欺诈甲公司的行为，因此，双方的合同关系既不是无权代理合同，也不是受欺诈的民事法律行为。唐某与乙公司恶意串通，收取回扣，损害甲公司的利益，但并非以合法形式掩盖非法目的，因此，唐某与乙公司实施的是代理人与相对人恶意串通，损害被代理人利益的行为，属于滥用代理权的行为。对此，唐某与乙公司应当承担连带责任。

第三节　无权代理

一、无权代理的含义

无权代理是指行为人没有代理权而以被代理人的名义与相对人从事民事活动的现象。无权代理有广义和狭义之分。广义的无权代理是指行为人无代理权而以被代理人的名义实施代理行为，主要包括两种情形：一是行为人无代理权而以被代理人的名义与相对人从事民事活动，但行为人与被代理人之间的某种关系的存在，足以使相对人相信行为人有代理权。这种情况称表见代理。二是行为人没有代理权，也没有使相对人相信其有代理权的客观事实，却以被代理人的名义而为代理行为。这种情况称狭义无权代理。

无论是狭义的无权代理还是表见代理，均具有以下特点。

第一，行为人以被代理人的名义从事民事活动。在无权代理中，行为人以被代理人的名义从事民事活动，符合代理的外部表征。如果行为人不是以被代理人的名义从事民事活动，则不成立无权代理。

第二，行为人没有实施代理行为的代理权限。无权代理的成立前提是行为人没有代理权，因此，只有行为人没有以被代理人的名义从事民事活动的代理权时，才发生无权代理。无权代理的发生有三种情形：一是行为人自始没有代理权；二是行为人有代理权，但其所为的行为超越代理权；三是行为人原有代理权，但代理权已经终止。

第三，无权代理的行为并非绝对不能发生代理的法律后果。尽管行为人没有代理权，但其以被代理人的名义与相对人所从事的民事活动未必一定损害被代理人和相对人的利益，因此，为了维护被代理人、相对人的利益，以及维护交易安全和保护善意第三人的利益，法律并没有规定无权代理为无效民事法律行为，而是将狭义无权代理规定为效力待定民事法律行为，将表见代理规定为直接发生有权代理的法律后果。

例题 33　下列哪一情形构成无权代理？

A. 甲冒用乙的姓名从某杂志社领取乙的论文稿酬据为已有

B. 某公司董事长超越权限以本公司名义为他人提供担保

C. 刘某受同学周某之托冒充丁某参加求职面试

D. 关某代收某推销员谎称关某的邻居李某订购的保健品并代为付款

解析：本题的考点是无权代理的认定，答案为D项。A项中甲是冒用乙的姓名领取稿酬而非以乙的名义，不符合代理的构成要素；B项中公司董事长与公司的关系是代表关系，而不是代理关系，故不发生无权代理；C项中刘某并没有以周某的名义从事活动，而且求职面试必须由求职人亲自为之，其也不是民事法律行为，故不发生无权代理；D项中关某以李某的名义代收物品、代为付款，但并没有得到李某的授权，故李某的行为构成无权代理。

二、狭义无权代理

狭义无权代理是指行为人没有代理权，也没有足以使相对人相信其有代理权的客观事实，而以被代理人的名义与相对人从事民事活动所为的代理。依据《民法典》第171条第1款的规定，行为人没有代理权、超越代理权或者代理权终止后，仍然实施代理行为，未经被代理人追认的，对被代理人不发生效力。

狭义无权代理行为实施后，在被代理人与相对人、行为人与相对人、行为人与被代理人之间均发生一定的关系。

（一）被代理人与相对人之间的关系

无权代理行为属于效力待定民事法律行为，其是否对被代理人产生效力取决于被代理人是否追认。如果被代理人追认了无权代理行为，该行为即发生有权代理的后果，对被代理人产生效力；反之，若被代理人没有追认无权代理行为，则该行为对被代理人不产生效力。

无权代理行为在被代理人表示追认前，其效力是不确定的，这不利于相对人，所以，法律赋予相对人以催告权和撤销权。相对人可以催告被代理人自收到通知之日起30日内予以追认，被代理人未作表示的，视为拒绝追认。行为人实施的行为被追认前，善意相对人有撤销的权利，但撤销应当以通知的方式作出（《民法典》第171条第2款）。依据《民法典》第503条规定，无权代理人以被代理人的名义订立合同，被代理人已经开始履行合同义务或者接受相对人履行的，视为对合同的追认。

（二）行为人与相对人之间的关系

在被代理人不追认无权代理行为时，无权代理的行为人应向相对人承担民事责任。依据《民法典》第171条第3款的规定，行为人实施的行为未被追认的，善意相对人有权请求行为人履行债务或者就其受到的损害请求行为人赔偿。但是，赔偿的范围不得超过被代理人追认时相对人所能获得的利益。

（三）行为人与被代理人之间的关系

在被代理人未追认无权代理行为时，若该行为是为了使被代理人的利益免受损害而实施的，则行为人与被代理人之间可发生无因管理关系；若该行为损害了被代理人的利益，则其行为可构成侵权行为，行为人应向被代理人负赔偿责任。如果相对人知道或者应当知道行为人无权代理的，相对人和行为人按照各自的过错承担责任（《民法典》第171条第4款）。

例题34 甲用伪造的乙公司公章，以乙公司名义与不知情的丙公司签订食用油买卖合同，以次充好，将劣质食用油卖给丙公司。关于该合同，下列哪一表述是正确的？

A. 如乙公司追认，则丙公司有权通知乙公司撤销

B. 如乙公司追认，则丙公司有权请求法院撤销

C. 无论乙公司是否追认，丙公司均有权通知乙公司撤销

D. 无论乙公司是否追认，丙公司均有权要求乙公司履行

解析：本题的考点是可撤销民事法律行为、无权代理的效力，答案为B项。甲用伪造的乙公司公章，以乙公司的名义与丙公司签订合同，构成了无权代理合同。对此，在该合同被乙公司追认前，善意相对人丙公司有权以通知的方式撤销合同。但若乙公司已

追认，则丙公司无权以通知的方式撤销合同。甲以乙的名义将劣质食用油卖给丙公司，构成受欺诈的民事法律行为，属于可撤销民事法律行为，若乙公司已追认，丙公司有权请求法院撤销该合同。无权代理属于效力待定民事法律行为，如乙公司不追认，则该合同无效，丙公司无权要求乙公司履行合同。

三、表见代理

（一）表见代理的构成

表见代理是指行为人无代理权而以被代理人的名义实施代理行为，但有足以使相对人相信行为人有代理权的事实和理由，从而产生与有权代理相同法律后果的一种无权代理。一般来说，表见代理的构成须具备以下条件。

第一，行为人没有代理权而以被代理人的名义进行民事活动。表见代理属于无权代理，因此，只有行为人没有代理权才能产生。同时，在行为人没有代理权的情况下，行为人须以被代理人的名义进行民事活动，才能构成表见代理。

第二，行为人与相对人之间的民事法律行为具备生效要件。在表见代理中，被代理人应承担行为人与相对人所为民事法律行为的法律后果，因此，只有在行为人与相对人之间的民事法律行为具备生效要件时，才发生表见代理。

第三，客观上存在足以使相对人相信行为人有代理权的事实。表见代理的实质在于，行为人无代理权而又表现为有代理权，因此，虽被代理人与行为人之间无代理权的授予，但从外表上看行为人有代理权，即客观上有足以使相对人相信行为人有代理权的事实时，才能发生表见代理。

第四，相对人主观须为善意。所谓相对人为善意，是指相对人与行为人实施民事法律行为时不知道或不应当知道行为人无代理权。只有在相对人为善意时，法律才有对其加以保护的必要。若相对人为恶意，即知道或应当知道行为人无代理权，而仍与之为民事法律行为，则不能成立表见代理。

例题 35 吴某是甲公司员工，持有甲公司授权委托书。吴某与温某签订了借款合同，该合同由温某签字、吴某用甲公司合同专用章盖章。后温某要求甲公司还款。下列哪些情形有助于甲公司否定吴某的行为构成表见代理？

A. 温某明知借款合同上的盖章是甲公司合同专用章而非甲公司公章，未表示反对

B. 温某未与甲公司核实，即将借款交给吴某

C. 吴某出示的甲公司授权委托书载明甲公司仅授权吴某参加投标活动

D. 吴某出示的甲公司空白授权委托书已届期

解析：本题的考点是表见代理的构成，答案为 C、D 项。从合同签订来看，法律上对盖章并没有具体要求，公司的合同专用章和公司公章在代表该公司对外签订合同时，均产生法律效力，可以构成表见代理。吴某持有甲公司的授权委托书，温某有理由相信其享有代理权，可以构成表见代理。吴某出示的授权委托书明确限定仅授权其参加投标活动，或者授权委托已经届期，则不存在合理理由使温某相信吴某享有代理权，不能构成表见代理。

（二）表见代理的效力

依据《民法典》第 172 条的规定，行为人没有代理权、超越代理权或者代理权终止后，仍然实施代理行为，相对人有理由相信行为人有代理权的，该代理行为有效。可见，表见代理产生与有效代理相同的效力，即行为人所为的代理行为的后果直接由被代理人承受。

第四节　代理的终止

代理的终止是指代理人与被代理人之间的代理关系消灭。代理终止后，代理人的代理权全部消灭。因代理权发生的根据不同，代理终止的原因也存在差别。

一、委托代理的终止

依据《民法典》第 173 条的规定，有下列情形之一的，委托代理终止。

（1）代理期限届满或者代理事务完成。如果被代理人授权时明确限定了代理的期限或代理的事务，则于代理期限届满或代理事务完成时，委托代理终止。

（2）被代理人取消委托或者代理人辞去委托。取消委托或者辞去委托为单方行为，自取消或者辞去委托的通知到达对方时生效。因取消委托或者辞去委托而给对方造成损失的，有过错的一方应当承担民事责任。

（3）代理人丧失民事行为能力。在代理中，代理人应独立为意思表示，因此，如果自然人为代理人的，则代理人应具有完全民事行为能力。如果代理人丧失了民事行为能力，也就不具有为代理人的资格，因此，代理应终止。

（4）代理人或被代理人死亡。代理是代理人取得的一种法律资格，具有人身属性，不能转移给他人，因此，代理人死亡时，代理终止。在被代理人死亡时，代理一般也归于消灭，但是，因为代理人代理的事务可以由他人继受，所以，为维护被代理人的继承人的利益，在特定情况下，被代理人死亡的，代理并不终止。依据《民法典》第 174 条第 1 款的规定，被代理人死亡后，有下列情形之一的，委托代理人实施的代理行为有效：1）代理人不知道且不应当知道被代理人死亡；2）被代理人的继承人予以承认；3）授权中明确代理权在代理事务完成时终止；4）被代理人死亡前已经实施，为了被代理人的继承人的利益继续代理。

（5）作为代理人或者被代理人的法人、非法人组织终止。法人、非法人组织终止，也就失去了民事主体资格，并且不发生继承问题。因此，法人、非法人组织不论是为代理人还是为被代理人，在其终止时，代理亦随之终止。但在作为被代理人的法人、非法人组织终止时，可以参照适用《民法典》第 174 条第 1 款的规定（《民法典》第 174 条第 2 款）。

二、法定代理的终止

依据《民法典》第 175 条的规定，有下列情形之一的，法定代理终止。

第一，被代理人取得或者恢复完全民事行为能力。法定代理存在的原因都是被代理人不具有完全民事行为能力。因此，在被代理人取得或者恢复完全民事行为能力时，也就没有存在法定代理的必要，代理应终止。

第二，代理人丧失民事行为能力。代理人不论因何原因丧失民事行为能力，均不具有为代理人的资格，代理当然终止。

第三，代理人或者被代理人死亡。代理人或被代理人死亡的，代理关系的主体归于消灭，代理无继续存在的必要和可能，因而法定代理应终止。

第四，法律规定的其他情形。法定代理是因监护关系的存在而发生的，因此，因其他原因引起被代理人和代理人之间的监护关系消灭的，法定代理也就终止。

引读案例解答

1. (1) 甲、乙与丙之间发生了委托代理关系，其代理事项是购买电脑。丙又委托丁代为购买电脑，但并没有取得甲、乙的同意，事后也没有及时告诉甲、乙，因此，甲、乙与丁之间不发生再代理关系。(2) 由于甲、乙与丁之间不存在再代理关系，丙属于擅自转委托，所以，丙应当对丁的行为负责，有义务向甲、乙返还5 000元。

2. (1) 甲、乙发生了委托代理关系，代理事项是代买录像机，但乙超越代理权限，为甲购买了电视机，从而构成了无权代理。(2) 虽然乙为甲购买电视机的行为为无权代理，但在乙向甲说明后，甲未反对，而且收下电视机并付款。这表明甲对乙的无权代理行为予以追认，乙购买电视机的行为对甲发生效力，该电视机已归甲所有，不能归由乙处理。

课堂讨论案例

1. 甲系乙企业的业务员，从事产品采购工作。为方便起见，乙企业将多份盖有合同专用章的空白合同书及介绍信交给甲。后甲因违反劳动纪律被乙企业除名，但甲拒绝将上述文书交回。乙企业在当地一家报纸上刊登了声明，宣布上述文书作废。甲利用上述文书与丙签订了产品采购合同，但丙并不了解甲被开除及上述声明情况。事后，丙要求乙企业履行合同，乙企业则以甲已经被开除并已登报声明为由，拒绝履行。

问：甲与丙签订合同的行为是否构成表见代理？

2. 甲为一专业摄影师，欲赴日本出差，邻居乙特别委托甲购买一部摄像机。甲回国后，带回摄像机一部，价值1万元，送至乙家。但此时乙已经去世，乙的儿子丙以父亲去世为由拒绝收下摄像机。请回答以下问题。

(1) 被代理人乙死亡后，关于甲的代理行为，下列哪些说法是正确的？

A. 甲的代理行为无效

B. 甲的代理行为有效

C. 丙有责任承受该代理行为的结果，支付摄像机价款

D. 丙无责任承受该代理行为的结果，支付摄像机价款

(2) 根据法律的规定，被代理人死亡后遇有下列哪些情形的，委托代理人实施的行为有效？

A. 被代理人的其中一个继承人予以承认的

B. 被代理人的唯一继承人予以承认的

C. 被代理人与代理人约定到代理事项完成时代理权终止的

D. 在被代理人死亡前已经进行，而在被代理人死亡后为了被代理人的利益继续完成的

(3) 假设乙未去世，甲的代理权终止的可能情形有哪些？

A. 甲因车祸而丧失民事行为能力　　　B. 甲死亡

C. 乙撤销甲的代理权　　　D. 乙因公出差1年

(4) 假设甲在日本未买到摄像机，但考虑到乙缺一台笔记本电脑，于是购回一台笔记本电

脑。下列哪些说法是错误的?

A. 乙有权拒收电脑　　　　　　　　　B. 乙应当买下电脑

C. 甲与乙共同拥有该电脑的所有权　　D. 甲与乙应当分摊购买电脑的费用

(5) 假设甲因有事未去日本，甲在未与乙协商的情况下委托去日本的同事买回摄像机。下列哪些说法是正确的?

A. 乙有权拒收摄像机

B. 乙无权拒收摄像机，因为甲的行为是为了乙的利益

C. 乙无权拒收摄像机，因为甲的同事买回的摄像机符合乙的要求

D. 该摄像机的费用应当由甲与乙分摊

重点思考习题

1. 如何认识代理制度?
2. 试分析再代理关系。
3. 代理权的滥用有哪些情形?
4. 狭义无权代理有哪些效力?
5. 表见代理的构成条件有哪些?

第九章 诉讼时效和期限

引读案例

1.2012年5月10日，甲向乙借款5万元，但双方未约定还款期限。2015年6月7日，乙因购买房屋，遂向甲索要借款，但甲以超过诉讼时效为由拒不还钱。为此，甲、乙发生争吵，甲将乙的头部打伤。2016年2月7日，乙向人民法院起诉，要求甲还钱并赔偿医疗费等损失。请分析本案中的诉讼时效问题。

2.2011年7月9日，甲向乙借款3万元，双方约定于2011年12月9日还款。在还款期届至时，甲并未还款，乙也没有索要。2013年6月10日，乙为孩子考大学筹集学费，遂向甲索要欠款，但甲没有还款。此后，乙没有再提及此事。2015年2月4日，乙因交通事故造成大脑神经受损，一直处于昏迷状态。后经多方治疗，乙于2016年6月6日病愈。2016年8月1日，乙向人民法院起诉，要求甲还款，而甲以早已超过诉讼时效为由，拒绝还款。请分析本案中的诉讼时效问题。

法律职业资格考试要点

诉讼时效的含义；诉讼时效的适用范围；诉讼时效的起算；诉讼时效的中止、中断和延长；诉讼时效的效力；除斥期间的起算和效力

第一节 诉讼时效

一、诉讼时效的含义

诉讼时效是指权利人于一定期间内不行使请求人民法院保护其民事权利的请求权，就丧失该项请求权的时效制度。权利人向人民法院请求保护其民事权利的法定期间，即为诉讼时效期间。

诉讼时效具有以下特点。

第一，诉讼时效属于消灭时效。所谓时效，是指一定的事实状态持续存在一定的时间即发生一定法律后果的法律制度。诉讼时效是因权利人不行使请求人民法院保护其民事权利的事实状态达一定期间而发生该请求权消灭的时效，所以，诉讼时效属于消灭时效。与消灭时效相对应的是取得时效，即占有他人财产的事实状态持续存在一定期间即取得该财产所有权的时效制度。

第二，诉讼时效具有强行性。法律关于诉讼时效的规定属于强行性规定，当事人不得以协议排除诉讼时效的适用，也不得以协议变更诉讼时效期间。依据《民法典》第 197 条的规定，诉讼时效的期间、计算方法以及中止、中断的事由由法律规定，当事人约定无效。当事人对诉讼时效利益预先放弃的，亦为无效。

第三，诉讼时效具有普遍性。除法律另有规定或依权利性质不能适用诉讼时效外，诉讼时效适用于各种民事法律关系。因此，诉讼时效具有普遍性。

二、诉讼时效的适用范围

诉讼时效的适用范围也就是诉讼时效的客体，是指哪些权利应适用诉讼时效。由于诉讼时效是权利人于一定期间内不行使请求人民法院保护其民事权利的请求权，就丧失该项请求权的制度，所以，诉讼时效只适用于请求权，而不适用于支配权、抗辩权、形成权。依据《民法典》第 196 条的规定，下列请求权不适用诉讼时效。

(1) 请求停止侵害、排除妨碍、消除危险。停止侵害、排除妨碍、消除危险的请求权是基于人格权、物权等绝对权受到侵害而产生的请求权，因人格权、物权的支配权性质，且侵害行为的持续性，故这些请求权不适用诉讼时效的规定。

(2) 不动产物权和登记的动产物权的权利人请求返还财产。在物权请求权中，返还财产请求权能否适用诉讼时效，应区别情况而定：对于不动产物权和登记的动产物权而言，返还财产请求权不适用诉讼时效；而对于非登记的动产物权而言，返还财产请求权适用诉讼时效。

(3) 请求支付抚养费、赡养费或者扶养费。支付抚养费、赡养费或者扶养费的请求权是基于身份权而产生的，属于债权请求权，但这些请求权具有人身性质，不应适用诉讼时效。与此相类似的权利，如离婚请求权、解除收养关系请求权、确认婚生子女的请求权、确认生父母身份的请求权等，也不适用诉讼时效。

(4) 依法不适用诉讼时效的其他请求权。依照最高人民法院《关于审理民事案件适用诉讼时效制度若干问题的规定》(以下简称《诉讼时效规定》) 第 1 条的规定，下列债权请求权不适用诉讼时效：1) 支付存款本金及利息请求权；2) 兑付国债、金融债券以及向不特定对象发行的企业债券本息请求权；3) 基于投资关系产生的缴付出资请求权；4) 其他依法不适用诉讼时效规定的债权请求权，如共有财产分割请求权、遗产分割请求权、相邻关系中的通行请求权及排水请求权等。

**例题 36**　下列哪些请求不适用诉讼时效？

A. 当事人请求撤销合同　　B. 当事人请求确认合同无效

C. 业主大会请求业主缴付公共维修基金　　D. 按份共有人请求分割共有物

解析：本题的考点是诉讼时效的适用范围，答案为 A、B、C、D 项。诉讼时效适用于债权请求权，不适用于形成权。合同撤销权、确认合同无效请求权、共有物分割请求权均属于形成权，不适用诉讼时效。公共维修基金是住宅楼房的公共部位和共用设施、设备的维修养护基金，由售房单位和购房职工共同筹集，所有权归购房人。基于公共维修基金涉及小区公共设施维修维护的特殊性，该请求权并非普通的债权请求权，不适用诉讼时效。

三、诉讼时效的种类

（一）普通诉讼时效

普通诉讼时效又称一般诉讼时效，是指民法上统一规定的适用于法律没有另外规定的各种民事法律关系的诉讼时效。依据《民法典》第188条第1款的规定，除法律另有规定外，权利人向法院请求保护民事权利的诉讼时效期间为3年。因此，时效期间为3年的诉讼时效即为普通诉讼时效。

（二）特别诉讼时效

特别诉讼时效又称特殊诉讼时效，是指由民法或单行法特别规定的仅适用于法律特殊规定的民事法律关系的诉讼时效。例如，《民法典》第594条规定，因国际货物买卖和技术进出口合同争议提起诉讼的时效为4年。

（三）最长诉讼时效

最长诉讼时效是指法律所规定的民事权利保护的最长期限。依据《民法典》第188条第2款中的规定，从权利被侵害之日起超过20年的，人民法院不予保护。这种以20年为时效期间的时效，即为最长诉讼时效。

四、诉讼时效的起算

诉讼时效的起算是指诉讼时效期间开始计算。依据《民法典》第188条第2款的规定，诉讼时效期间从权利人知道或者应当知道权利受到损害及义务人之日起计算。所谓知道，是指权利人明确知悉其权利受到损害的事实和义务人；所谓应当知道，是指根据客观事实，推定权利人知悉权利受到损害的事实和义务人。

权利人于何时才为知道或者应当知道权利受到损害，在不同的情形下有不同的标准。一般来说，诉讼时效期间的起算依下列情形确定。

（1）附条件的债权请求权，从条件成就之日起计算；附期限的债权请求权，从期限届至之日起计算。

（2）约定履行期限的债权请求权，从约定的履行期限届满之日起计算（《诉讼时效规定》第5条）。

（3）未约定债务履行期限的，依照法律规定可以确定履行期限的，从履行期限届满之日起计算；不能确定履行期限的，从债权人要求债务人履行义务的宽限期届满之日起计算，但债务人在债权人第一次向其主张权利之时明确表示不履行义务的，从债务人明确表示不履行义务之日起计算（《诉讼时效规定》第6条）。

（4）合同被撤销的，返还财产、赔偿损失请求权的诉讼时效期间从合同被撤销之日起计算（《诉讼时效规定》第7条第2款）。

（5）返还不当得利的请求权，从当事人一方知道或者应当知道不当得利事实及对方当事人之日起计算（《诉讼时效规定》第8条）。

（6）管理人因无因管理行为产生的给付必要管理费用、赔偿损失的请求权，从无因管理行为结束并且管理人知道或者应当知道本人之日起计算。本人因不当无因管理行为而享有的赔偿损失请求权，从其知道或者应当知道管理人及损害事实之日起计算（《诉讼时效规定》第9条）。

（7）请求他人不作为的债权请求权，从义务人违反不作为义务之日起计算。

(8) 侵害身体健康，伤害明显的，从受伤害之日起计算；伤害当时未曾发现，后经确诊并能证明是由侵害引起的，从伤势确诊之日起计算。

(9) 法律对诉讼时效的起算时间有特别规定的，应适用法律的特殊规定。对此，《民法典》规定了三种特殊情形的诉讼时效起算：1）当事人约定同一债务分期履行的，诉讼时效期间自最后一期履行期限届满之日起计算（第189条）；2）无民事行为能力人或者限制民事行为能力人对其法定代理人的请求权的诉讼时效期间，自该法定代理终止之日起计算（第190条）；3）未成年人遭受性侵害的损害赔偿请求权的诉讼时效期间，自受害人年满18周岁之日起计算（第191条）。

五、诉讼时效的中止、中断和延长

（一）诉讼时效的中止

1. 诉讼时效中止的含义和事由

诉讼时效中止是指在诉讼时效期间的最后6个月内，发生法定事由，致使权利人不能行使请求权，暂停计算时效期间，待中止的事由消除后，再继续计算诉讼时效期间的法律制度。

依据《民法典》第194条第1款的规定，诉讼时效中止的法定事由包括：(1) 不可抗力；(2) 无民事行为能力人或者限制民事行为能力人没有法定代理人，或者法定代理人死亡、丧失民事行为能力、丧失代理权；(3) 继承开始后未确定继承人或者遗产管理人；(4) 权利人被义务人或者其他人控制；(5) 其他导致权利人不能行使请求权的障碍。只有上述事由在诉讼时效期间的最后6个月内出现时，诉讼时效才中止。若诉讼时效中止的事由发生在诉讼时效期间的最后6个月前而于最后6个月时已消除，则诉讼时效不中止；若诉讼时效中止的事由发生后延续到诉讼时效期间的最后6个月，则自最后6个月时起诉讼时效中止。

2. 诉讼时效中止的效力

诉讼时效中止后，从中止时效的原因消除之日起，诉讼时效期间继续计算。因此，发生诉讼时效中止的，已经进行的诉讼时效仍然有效，而仅是将诉讼时效中止的时间不计入诉讼时效期间。依据《民法典》第194条第2款的规定，自中止时效的原因消除之日起满6个月，诉讼时效期间届满。也就是说，诉讼时效中止后，继续计算的期间为6个月。

（二）诉讼时效的中断

1. 诉讼时效中断的含义和事由

诉讼时效中断是指在诉讼时效进行中，发生法定事由，致使已经经过的诉讼时效期间全归无效，待中断时效的事由消除后，重新开始计算诉讼时效期间的法律制度。

依据《民法典》第195条的规定，诉讼时效中断的法定事由包括以下四种情形。

(1) 权利人向义务人提出履行要求。权利人向义务人提出履行要求，也就是权利人向义务人主张权利。依据相关规定，具有下列情形之一的，应当认定为“权利人向义务人提出履行要求”，产生诉讼时效中断的效力：1）当事人一方直接向对方当事人送交主张权利文书，对方当事人在文书上签字、盖章，或者虽未签字、盖章，但能够以其他方式证明该文书到达对方当事人的。对方当事人为法人或者非法人组织的，签收人可以是其法定代表人、主要负责人、负责收发信件的部门或者被授权主体；对方当事人为自然人的，签收人可以是自然人本人、同住的具有完全民事行为能力的亲属或者被授权主体。2）当事人一方以发送信件或者数据电文方式主张权利，信件或者数据电文到达或者应当到达对方当事人的。3）当事人一方为金融机构，依照法律规定或者当事人约定从对方当事人账户中扣收欠款本息的。4）当事人一方下落不明，对方当事人在国家级或者下落不明的当事人一方住所地的省级有影响的媒体上刊登具有主张权利内容的公告的，但法律和司法解释另有特别规定的，适用其规定。

依据《诉讼时效规定》第11条的规定，权利人对同一债权中的部分债权主张权利，诉讼时效中断的效力及于剩余债权，但权利人明确表示放弃剩余债权的情形除外。债权转让的，应当认定诉讼时效从债权转让通知到达债务人之日起中断（《诉讼时效规定》第19条第1款）。对连带债权人中的一人发生诉讼时效中断效力的事由，对其他连带债权人也发生诉讼时效中断的效力（《诉讼时效规定》第17条第1款）。

（2）义务人同意履行义务。义务人同意履行义务是指义务人承认权利人的权利，同意履行其义务。依据《诉讼时效规定》第16条的规定，义务人作出分期履行、部分履行、提供担保、请求延期履行、制订清偿债务计划等承诺或者行为的，应当认定为义务人同意履行义务。在债务承担情形下，构成原债务人对债务的承认的，应当认定诉讼时效从债务承担意思表示到达债权人之日起中断（《诉讼时效规定》第19条第2款）。对连带债务人中的一人发生诉讼时效中断效力的事由，对其他连带债务人也发生诉讼时效中断的效力（《诉讼时效规定》第17条第2款）。

（3）权利人提起诉讼或者申请仲裁。提起诉讼是指权利人依诉讼程序向法院起诉，请求保护其权利。当事人一方向法院提交起诉状或者口头起诉的，诉讼时效从提交起诉状或者口头起诉之日起中断（《诉讼时效规定》第12条）。申请仲裁是指权利人依仲裁程序向仲裁机构提出仲裁申请，请求保护其权利。权利人提起诉讼或申请仲裁，意味着权利人在积极行使权利，诉讼时效也就应当中断。

（4）与提起诉讼或者申请仲裁具有同等效力的其他情形。有下列事项之一的，应当认定与提起诉讼具有同等诉讼时效中断的效力：1）申请仲裁；2）申请支付令；3）申请破产、申报破产债权；4）为主张权利而申请宣告义务人失踪或死亡；5）申请诉前财产保全、诉前临时禁令等诉前措施；6）申请强制执行；7）申请追加当事人或者被通知参加诉讼；8）在诉讼中主张抵销；9）其他与提起诉讼具有同等诉讼时效中断效力的事项，如权利人向人民调解委员会以及其他依法有权解决民事纠纷的社会组织提出保护民事权利的请求（《诉讼时效规定》第13条）。依据《诉讼时效规定》第14条、第15条的规定，权利人向人民调解委员会以及其他依法有权解决相关民事纠纷的国家机关、事业单位、社会团体等社会组织提出保护相应民事权利的请求的，诉讼时效从提出请求之日起中断。权利人向公安机关、检察院或法院报案或者控告，请求保护其民事权利的，诉讼时效从其报案或者控告之日起中断。如果上述机关决定不立案、撤销案件、不起诉的，诉讼时效期间从权利人知道或者应当知道不立案、撤销案件或者不起诉之日起重新计算；刑事案件进入审理阶段的，诉讼时效期间从刑事裁判文书生效之日起重新计算。

依据《诉讼时效规定》第18条的规定，债权人提起代位权诉讼的，应当认定对债权人的债权和债务人的债权均发生诉讼时效中断的效力。

2. 诉讼时效中断的效力

诉讼时效中断后，从中断、有关程序终结时起，诉讼时效期间重新计算（《民法典》第195条）。也就是说，发生诉讼时效中断时，已经进行的诉讼时效期间全归无效，重新开始计算诉讼时效期间。诉讼时效因权利人主张权利或义务人同意履行义务而中断后，权利人在新的诉讼时效期间内再次主张权利或义务人再次同意履行义务的，可以认定诉讼时效再次中断。

**例题 37**　关于诉讼时效中断的表述，下列哪一选项是正确的？

A. 甲欠乙 10 万元到期未还，乙要求甲先清偿 8 万元。乙的行为，仅导致 8 万元债务诉讼时效中断

B. 甲和乙对丙因共同侵权而需承担连带赔偿责任计 10 万元，丙要求甲承担 8 万元。丙的行为，导致甲和乙对丙负担的连带债务诉讼时效均中断

C. 乙欠甲 8 万元，丙欠乙 10 万元，甲对丙提起代位权诉讼。甲的行为，不会导致丙对乙的债务诉讼时效中断

D. 乙欠甲 10 万元，甲将该债权转让给丙。自甲与丙签订债权转让协议之日起，乙的 10 万元债务诉讼时效中断

解析：本题的考点是诉讼时效的中断事由，答案 B 项。依《诉讼时效规定》第 11 条、第 18 条、第 19 条第 1 款的规定，A、C、D 项均错误；而依《诉讼时效规定》第 17 条第 2 款的规定，B 项正确。

（三）诉讼时效的延长

诉讼时效的延长是指在诉讼时效完成后，权利人向法院提出请求时，经人民法院查明权利人确有正当理由未能及时行使权利的，可延长时效期间，使诉讼时效不完成。所谓有正当理由，是指权利人因有客观的障碍在法定期间内不能行使请求权的特殊情况。依据《民法典》第 188 条第 2 款的规定，诉讼时效期间自权利人知道或者应当知道权利受到损害以及义务人之日起计算；法律另有规定的，依照其规定。但是，自权利受到损害之日起超过 20 年的，人民法院不予保护；有特殊情况的，人民法院可以根据权利人的申请决定延长。

六、诉讼时效的效力

诉讼时效的效力是诉讼时效期间届满后发生的法律后果。依据《民法典》第 192 条的规定，诉讼时效期间届满的，义务人可以提出不履行义务的抗辩。诉讼时效期间届满后，义务人同意履行的，不得以诉讼时效期间届满为由抗辩；义务人已经自愿履行的，不得请求返还。可见，《民法典》在诉讼时效的效力上采取了抗辩权发生说。在诉讼时效期间届满后，义务人自愿履行债务的，权利人仍有权受领，并不构成不当得利。

依据《民法典》第 193 条的规定，人民法院不得主动适用诉讼时效的规定。在诉讼中，当事人未提出诉讼时效抗辩，人民法院不应对诉讼时效问题进行释明（《诉讼时效规定》第 3 条）。依据《诉讼时效规定》第 4 条的规定，当事人在一审期间未提出诉讼时效抗辩，在二审期间提出的，法院不予支持，但其基于新的证据能够证明对方当事人的请求权已过诉讼时效期间的情形除外。当事人未按照前述规定提出诉讼时效抗辩，以诉讼时效期间届满为由申请再审或者提出再审抗辩的，法院不予支持。

例题 38 甲公司向乙公司催讨一笔已过诉讼时效期限的 10 万元货款。乙公司书面答复称："该笔债务已过时效期限，本公司本无义务偿还，但鉴于双方的长期合作关系，可偿还 3 万元。"甲公司遂向法院起诉，要求偿还 10 万元。乙公司接到应诉通知后书面回函甲公司称："既然你公司起诉，则不再偿还任何货款。"下列哪一选项是正确的？

A. 乙公司的书面答复意味着乙公司需偿还甲公司 3 万元

B. 乙公司的书面答复构成要约

C. 乙公司的书面回函对甲公司有效

D. 乙公司的书面答复表明其丧失了 10 万元的时效利益

解析：本题的考点主要是诉讼时效的效力，答案为 A 项。在诉讼时效期间届满后，当事人一方向对方作出同意履行义务的意思表示或者自愿履行义务后，又以诉讼时效期间届满为由进行抗辩的，法院不予支持。乙公司在诉讼时效期间届满后，向甲公司以书面形式作出"愿意偿还 3 万元"的意思表示，表明其抛弃了对 3 万元债务的时效利益，故其应向甲公司偿还 3 万元。乙公司的书面答复并不是想与甲公司订立合同，故不构成要约。乙公司已经放弃了 3 万元的时效利益，因此，乙公司书面回函称不再偿还任何货款对甲公司不发生效力。

第二节　除斥期间

一、除斥期间的含义

除斥期间又称预定期间，是指法律规定或者当事人依法约定的某种权利预定的存续期间。《民法典》第 199 条规定："法律规定或者当事人约定的撤销权、解除权等权利的存续期间，除法律另有规定外，自权利人知道或者应当知道权利产生之日起计算，不适用有关诉讼时效中止、中断和延长的规定。存续期间届满，撤销权、解除权等权利消灭。"这里所规定的权利存续期间，即为除斥期间。

概括地说，除斥期间具有以下特点。

第一，除斥期间是权利的存续期间。权利人于除斥期间内未行使权利的，除斥期间届满后，其权利即消灭。

第二，除斥期间是不变期间。除斥期间是权利的预定存续期间，这种期间属于不变期间，不适用中止、中断或延长的规定。

第三，除斥期间通常是法定期间。因为除斥期间涉及权利的存续，所以该期间通常是由法律加以规定的。当然，在特殊情况下，法律为满足权利人的利益需求，也允许当事人在法律许可的范围内确定某种权利的除斥期间。例如，当事人约定的合同解除权的行使期间就属于除斥期间。

二、除斥期间的适用范围

除斥期间适用于形成权，而不适用于请求权、支配权、抗辩权。从我国现行法的规定来看，除斥期间的适用主要有以下情形：(1) 在可撤销民事法律行为中，撤销权的除斥期间为1年（重大误解民事法律行为的撤销权的除斥期间为90日）；(2) 在债权人撤销权中，撤销权的除斥期间为1年；(3) 法律规定或者当事人约定的合同解除权的存续期间；(4) 在赠与合同中，赠与人的撤销权的除斥期间为1年，赠与人的继承人或者法定代理人的撤销权的除斥期间为6个月；(5) 法律所规定或者当事人约定的保证期间；(6) 在遗赠中，受遗赠权的除斥期间为60日。

三、除斥期间的起算和效力

关于除斥期间的起算，通常有两种确定方法：一是根据法律的规定确定除斥期间的起算。例如，可撤销民事法律行为中的撤销权的除斥期间一般自权利人知道或者应当知道撤销事由之日起计算，债权人撤销权的除斥期间自债权人知道或者应当知道撤销事由之日起计算，赠与合同中的撤销权自权利人知道或者应当知道撤销原因之日起计算，受遗赠人的受遗赠权自知道受遗赠之日起计算。二是法律没有规定除斥期间起算的，除斥期间应当自权利发生之日起计算。例如，保证期间、合同解除权的行使期间等均自权利发生之日起计算。

除斥期间届满后，发生权利消灭的法律后果。由于除斥期间届满后，当事人的权利归于消灭，所以，在诉讼中，即使当事人不援用除斥期间，法院也应当主动加以援用。

第三节　期　限

一、期限的含义

期限是指民事法律关系发生、变更和终止的时间。期限包括期日和期间。所谓期日，是指不可分的一定时间，如某年、某月、某日、某时；所谓期间，是指从某一时刻到另一时刻的一段时间，例如，2013年3月20日至5月20日。

二、期间的分类

（一）根据期间是否具有强制性，期间可以分为任意性期间与强行性期间

任意性期间是指法律允许由当事人自行约定的期间，如合同的履行期间；强行性期间是指法律直接规定的当事人不得排除其适用的期间，如诉讼时效期间。

（二）根据期间的确定性程度，期间可以分为确定期间、相对确定期间与不确定期间

确定期间是指以日历上的某一时间来确定的期间，如2014年5月1日至5月31日；相对确定期间是指以某一事件或行为的发生而准确计算的期间，如合同签字后2个月；不确定期间是指未明确规定而由当事人根据情况来确定的期间，如债权人应给予债务人合理的准备期间中的“合理期间”。

（三）根据期间的计算方法，期间可以分为连续期间与不连续期间

连续期间是指期间开始后持续不间断地进行计算，不因任何情况的出现而中断计算的期间，如除斥期间。不连续期间是指期间开始后只计算其中的某些时间或者可以舍去计算某些时间的期间。例如，双方约定“因故不能施工的时间，不计算在工期内”，这里的“施工时间”即属于不连续期间。

（四）根据期间确定的根据，期间可以分为法定期间、指定期间与意定期间

法定期间是指由法律直接规定的期间，如诉讼时效期间、除斥期间；指定期间是指由法院或仲裁机构等确定的期间，如法院判决中规定的偿还债务的期间；意定期间是指由当事人自行约定的期间，所以也称约定期间。

三、期限的确定和计算

期限的确定方式大致有4种：一是规定日历上的某一时间，如2013年3月1日；二是规定一定期间，如1个月、1年；三是规定某一必然到来的特定时刻，如死亡之日；四是规定以当事人提出的时间为准，如通知发货之日、债权人要求偿还之日。

依据《民法典》第200条的规定，民法所称的期间按照公历年、月、日、小时计算。按照年、月、日计算期间的，开始的当日不计入，自下一日开始计算；按照小时计算期间的，自法律规定或者当事人约定的时间开始计算（《民法典》第201条）。按照年、月计算期间的，到期月的对应日为期间的最后一日；没有对应日的，月末日为期间的最后一日（《民法典》第202条）。期间的最后一日是法定休假日的，以法定休假日结束的次日为期间的最后一日。期间的最后一日的截止时间为24时；有业务时间的，停止业务活动的时间为截止时间（《民法典》第203条）。

民法所称的“以上”“以下”“以内”“届满”，包括本数；所称的“不满”“超过”“以外”，不包括本数（《民法典》第1259条）。

引读案例解答

1. 本案仅是为说明问题而设定的时间，无须溯及力方面的考量（下同，特此说明）。甲、乙之间形成了借款关系，应适用普通诉讼时效的规定，时效期间为3年。甲、乙之间的借款协议没有约定还款期限，乙有权随时要求甲偿还借款，不涉及诉讼时效问题，因此，乙于2015年6月7日向甲索要欠款并没有超过诉讼时效。乙于2015年6月7日向甲索要欠款遭到拒绝，说明乙的债权受到了侵害，故应从2015年6月8日开始计算诉讼时效，期间为3年。乙于2016年2月7日向法院起诉要求甲偿还借款，并没有超过3年诉讼时效期间。2015年6月7日，乙被甲打伤，故应从2015年6月8日开始计算诉讼时效，时效期间为3年。2016年2月7日，乙向法院起诉要求甲赔偿医疗费等损失，也没有超过3年诉讼时效期间。

2. 甲、乙之间形成了借款关系，应适用普通诉讼时效，时效期间为3年。甲、乙的借款协议约定了还款期限，诉讼时效应从还款期限届至之日开始计算，即从2011年12月10日开始计算3年诉讼时效。因此，乙于2013年6月10日向甲索要欠款，没有超过诉讼时效。乙要求甲履行债务，引起诉讼时效中断，诉讼时效从2013年6月11日重新开始计算。2015年2月4日乙因交通事故处于昏迷状态，属于不能行使请求权的法定事由，且该事由发生在诉讼时效期间的最后6个月内，故发生诉讼时效中止。乙于2016年6月6日病愈，诉讼时效中止的事由消除，诉讼时效应当继续计算6个月。因此，乙于2016年8月1日向人民法院起诉，并没有超过诉讼时效。

课堂讨论案例

1.2014年12月30日，甲、乙发生纠纷，争执中甲将乙打伤。乙向其好朋友丙表示要让甲赔偿。丙向乙表示，甲、乙原来关系不错，为不伤和气，可由他调解让甲赔偿。乙未表示反

对。其后，丙因其他事情将该事忘记。2015 年 5 月 6 日，乙向丙询问调解的情况，丙向乙表示歉意，并说自己还未与甲商谈，将尽快找甲商谈。2015 年 10 月 6 日，乙再次向丙询问情况，丙表示此事较难办。乙见丙调解始终没有结果，就于 2016 年 3 月 1 日向法院起诉，要求甲赔偿其损失 1 000 元。

问：本案的诉讼时效应当如何认定?

2. 甲家与乙家系邻居。2013 年 12 月 16 日，两家为生活琐事发生纠纷，相互吵骂，继而发展为厮打，造成甲头、胸部软组织损伤，花去医疗费若干。甲在向乙家索赔未果后于 2014 年 7 月 22 日向法院提起诉讼，要求乙赔偿损失。人民法院经审理查明，在纠纷发生时，甲和乙妻丙厮打，甲的丈夫丁与乙厮打。双方在厮打过程中，致伤甲的是丙，而不是乙。人民法院认为，甲要求乙赔偿的证据不足，所诉被告主体错误，遂于 12 月 30 日判决驳回了甲的诉讼请求。

问：向人民法院起诉，错告被告是否引起诉讼时效中断?

重点思考习题

1. 如何认定诉讼时效的适用范围?
2. 诉讼时效有哪几种?
3. 诉讼时效中止与中断有何区别?
4. 诉讼时效期间届满后发生何种法律后果?
5. 诉讼时效与除斥期间有何区别?

第二编

物 权

第十章 物权总论

引读案例

1. 某城建局与某广告公司签订了协议，以500万元的价格将该市“一路两环三街”的户外广告经营发布权卖给广告公司独家经营10年。此前，金龙宾馆经城建局批准在自己的楼顶设置了广告牌。广告公司以金龙宾馆未经其同意擅自在上述买断范围内发布广告、侵犯其独家经营权为由，要求金龙宾馆承担侵权赔偿责任。请分析以下问题：该广告经营发布权是否属于物权？

2. 张某因交通事故经村委会调解与刘某达成赔偿协议，约定张某在8月15日前给付赔偿款，否则，以其房屋作抵押。到9月29日，张某仍未履行协议，于是，村委会决定对张某的房屋采取封门的“强制措施”。刘某用钢筋将张某的房屋大门拧死，村委会主任在门上书写“请见字后在10月10日前到村委调解此事，超期此房以最低价处理”。张某务工返乡后，无法入住和使用房屋，遂将村委会和刘某诉至法院。请分析以下问题：(1) 张某的何种权利受到侵害？(2) 张某可以提出哪些主张？

法律职业资格考试要点

物权的含义和种类；物权的效力；物权法定原则；物权变动的原因和原则；物权变动的公示方式；物权的保护方法

第一节 物权概述

一、物权的含义

依据《民法典》第114条第2款的规定，物权是指权利人依法对特定的物享有直接支配和排他的权利。

物权具有以下特点。

第一，物权是以特定物为客体的权利。物权的客体只能是物，而不能是行为。依据《民法典》第115条的规定，物包括不动产和动产；法律规定权利作为物权客体的，依照其规定。可见，物权的客体主要是有体物，只有在特殊情况下，权利才能作为物权的客体。在物权的客体问题上，物权法实行物权客体特定主义。按照物权客体特定主义，物权的客体只能是特定的一物、独立的一物，对物的构成成分不能设立物权。

第二，物权是权利人直接支配特定物的权利。物权是权利人对特定物直接支配的权利，因此，物权是支配权。所谓直接支配，是指权利人得依自己的意思，无须借助于他人的意思或行为，即可行使和实现物权。

第三，物权是具有排他性的权利。这里的排他性主要包括两个方面：一方面，同一特定物之上不能同时存在两个以上相同的支配力，即在同一特定物之上不能同时存在两个以上内容相抵触的物权，但不影响两个以上内容相容的物权同时存在于同一特定物之上。物权的这种排他性，通常被称为物权法的一物一权原则。另一方面，物权的效力及于权利人之外的其他人，其他人都负有不得侵害物权的消极义务。

二、物权的种类

（一）物权的法定种类

在物权的法定种类问题上，民法实行物权法定原则。依据《民法典》第116条的规定，物权的种类和内容，由法律规定。可见，所谓物权法定原则，是指物权的种类和内容由法律统一规定，不允许当事人依自己的意志自由创设。物权法定原则包括两个方面的内容：一是物权种类法定，即民事主体不得创设民法典或其他法律所不认可的物权类型。对此，理论上称为“类型强制”。二是物权内容法定，即各种物权的内容由法律规定，当事人不得创设与法定内容不符的物权。对此，理论上称为“内容固定”。

当事人在设立物权时，如果违反了物权法定原则，应视情况产生以下不同的法律后果：（1）当事人约定的“物权”违反了法律关于物权种类的强制性规定，不能发生物权法上的效果，其设立的“物权”归于无效。（2）当事人约定的有关物权的事项在物权法上无明确规定时，视同违反法律的禁止性规定，应认定无效或不产生物权法上的效力。（3）当事人的约定部分违反物权法定原则，但不影响其他部分的效力的，其他部分仍可有效。（4）虽然物权的设立无效，但该行为符合其他法律规定的，可以产生相应的法律后果，如合同上的效果。

（二）物权的学理分类

1. 根据物权的发生原因，物权可以分为意定物权与法定物权

意定物权是指依当事人的意思而发生的物权，如土地承包经营权、建设用地使用权、居住权、地役权、抵押权、质权等；法定物权是指依法律的直接规定而发生的物权，如留置权。

区分意定物权与法定物权的主要意义在于：这两种物权的成立要件及法律适用不同。法定物权不需要当事人通过合意设立，只要具备法律所规定的条件即可发生。同时，法定物权发生后，权利人应当按照法律所规定的内容行使物权。

2. 根据物权人与标的物的关系，物权可以分为自物权与他物权

自物权是指权利人依法对自己的物所享有的全面支配的物权。在物权中，所有权是唯一的自物权。他物权是指权利人按照法律的规定或合同的约定，对他人之物所享有的在一定范围内支配的物权。在物权中，所有权之外的物权皆为他物权。

区分自物权与他物权的主要意义在于：一方面，这两种物权支配标的物的范围不同。自物权是所有权人对所有物的最全面、最完整、最充分的支配权，因而自物权又称完全物权。他物权只是非所有权人支配标的物的特定方面的权利，因而他物权又称定限物权或限制物权。另一方面，他物权的效力强于自物权的。所有物之上存在他物权时，在他物权人的权利范围内，自物权人不能同时享有相同的权利内容。

3. 根据他物权的目的和功能，物权可以分为用益物权与担保物权

用益物权是指以使用、收益为目的，在一定范围内支配他人之物的使用价值的物权，如土

地承包经营权、建设用地使用权、宅基地使用权、居住权、地役权；担保物权是指以担保债的履行为目的，在一定范围内支配他人之物的交换价值的物权，如抵押权、质权、留置权。

区分用益物权与担保物权的主要意义在于：一方面，用益物权的目的和功能是使用、收益他人之物，而担保物权的目的和功能是担保债的履行，因此，用益物权以追求标的物的使用价值为内容，标的物必须具有使用价值；而担保物权以追求标的物的价值和优先受偿为内容，标的物必须具有交换价值。另一方面，用益物权标的物的实物形态发生变化会对用益物权人的使用、收益产生直接的影响；而担保物权标的物的实物形态发生变化一般不会对担保物权的存在和实现产生影响，当担保财产发生形态变化时，担保物权即存在于变化之后的形态上，此即所谓“物上代位”。

4. 根据物权的客体，物权可以分为不动产物权、动产物权与权利物权

不动产物权是指以不动产为客体的物权，如不动产所有权、土地承包经营权、宅基地使用权、居住权、不动产抵押权等；动产物权是指以动产为客体的物权，如动产所有权、动产质权和留置权等；权利物权是指以财产权利为客体的物权，如权利抵押权和权利质权等。

区分不动产物权、动产物权与权利物权的主要意义在于：这三种物权变动的要件和公示方式不同。例如，一般来说，不动产物权以登记为权利存在和权利变动的公示方式，动产物权以占有为权利存在公示方式、以交付为权利变动的公示方式，权利物权以占有权利凭证为权利存在的公示方式、以交付权利凭证或登记为权利变动的公示方式。

5. 根据物权有无从属性，物权可以分为主物权与从物权

主物权是指独立存在，不从属于其他权利的物权，如所有权、土地承包经营权、建设用地使用权、宅基地使用权、居住权等；从物权是指从属于其他权利并为所从属的权利服务的物权。担保物权属于从物权，从属于其所担保的债权；地役权也属于从物权，从属于需役地的权利。

区分主物权与从物权的主要意义在于：主物权能独立存在，而从物权的存在取决于其所从属的主权利的存在，主权利消灭，从物权随之消灭。

6. 根据物权变动是否须经登记，物权可以分为登记物权与非登记物权

登记物权是指物权的变动非经登记不生效力的物权。一般来说，不动产物权为登记物权。非登记物权是指物权的变动只需交付而无须登记即可生效的物权。一般来说，动产物权属于非登记物权。当然，不动产物权亦存在非经登记而发生物权变动的情况，如土地承包经营权、地役权。

区分登记物权与非登记物权的主要意义在于：登记物权的变动依登记而生效力，非登记物权的变动依交付而生效力。

7. 根据物权的存续有无期限，物权可以分为有期物权与无期物权

有期物权是指仅能在一定期限内存续的物权，如土地承包经营权、建设用地使用权、抵押权、质权、留置权等；无期物权是指无存续期间限制，能够永久存续的物权，如所有权。

区分有期物权与无期物权的主要意义在于：一般而言，有期物权的存续期间届满时，该物权即归于消灭；而无期物权除抛弃、标的物灭失等原因外，将永续存在。

第二节　物权的效力

物权的效力是指法律赋予物权的保障力。从作用范围上看，物权的效力分为共有效力与特有效力。前者是指各种物权所共有的效力，后者是指某种物权所特有的效力。这里所讲的物权效力是指物权的共有效力。一般来说，物权的共有效力包括排他效力、优先效力、追及效力、妨害排除效力。

一、排他效力

物权的排他效力是指在同一标的物上，不容许有两个以上同一性质或内容相冲突的物权并存。物权的排他效力包括两个方面内容：一是同一标的物之上不得同时并存两个以上所有权。因此，一物之上已有一所有权存在，就不能另有其他所有权的存在。二是同一标的物之上不得同时并存两个以上同以占有为内容的定限物权。例如，同一块土地上不得同时并存两个以上的土地承包经营权。

二、优先效力

（一）物权优先于债权的效力

物权优先于债权的效力是指在物权的客体同时又是债的给付标的物时，无论物权成立先后，其效力均优先于债权的。例如，在“一房二卖”的情形下，甲与乙先订立房屋买卖合同，并已将房屋交付乙占有、使用，但甲、乙并未办理房屋过户登记。后甲又与丙订立房屋买卖合同，并办理了房屋过户登记。在此情形下，丙对房屋的所有权就优先于乙对房屋的合同债权，乙只能要求甲承担违约责任。

当然，物权优先于债权的效力也存在例外。例如，在租赁关系中，出租人将租赁物出卖给受让人时，受让人虽取得租赁物的所有权，但不能以该所有权对抗承租人的租赁权。也就是说，承租人的租赁权虽为债权，但具有优先于受让人的所有权的效力。这就是所谓的“买卖不破租赁”规则。

（二）物权相互间的优先效力

物权相互间的优先效力是指在同一标的物之上有不同性质或内容的物权并存时，成立在先的物权优先于成立在后的物权。这就是物权法上所称的“先来后到”规则或“时间在先，权利在先”规则。物权相互间的优先效力表现在两个方面：一是成立在先的物权的物权人优先享受其利益。例如，在同一不动产上先后设立了两个经登记的抵押权，则前一个抵押权将优先于后一个抵押权实现。二是成立在先的物权压制成立在后的物权，即当后成立的物权害及先成立的物权时，后成立的物权将因先成立的物权的实行而被排斥或消灭。

物权的“先来后到”规则也存在例外，即后成立的物权也可以优先于先成立的物权。例如，在同一块土地上，虽然土地承包经营权、建设用地使用权等用益物权成立于所有权之后，但由于定限物权具有限制所有权的功能，故土地承包经营权人、建设用地使用权人等定限物权人仍可优先于所有权人行使权利。再如，如果法律明确规定了物权的先后顺序，则应以法律的规定确定物权的先后顺序。例如，《民法典》第 456 条规定，同一动产上已设立抵押权或者质权，该动产又被留置的，留置权人优先受偿。

三、追及效力

追及效力是指不管物权的标的物辗转流入何人之手，除法律另有规定外，物权人均可追及其物而直接行使权利。例如，当所有权人的财产被侵夺，而该财产又被侵夺人转让于第三人时，则财产的原所有权人就可以对现实的财产占有人主张其权利，请求返还其所有物。再如，抵押人将抵押财产转让给第三人的，抵押权不受影响（《民法典》第 406 条）。

应当指出的是，承认物权的追及效力，虽然有利于加强对物权人利益的维护，但却可能损及第三人的利益和交易安全。因此，各国民法典通常设立善意取得和时效取得制度，切断物权的追及效力，以维护善意第三人的利益和交易安全。

四、妨害排除效力

物权的妨害排除效力是指物权人于其物权被妨害或有被妨害的危险时，得请求排除侵害或防止侵害，以回复其物权的圆满状态的效力。物权的妨害排除效力以物权的存在为前提，以排除对物权的妨害、使物权处于圆满状态为目的，是对物权受到妨害的一种救济方式。

基于物权妨害排除效力而产生的权利，通常称为物权请求权。具体地说，物权请求权是指当物权的圆满状态受到妨害或者有被妨害的危险时，物权人为恢复其物权的圆满状态，可以请求妨害人为或不为一定行为的权利。一般而言，物权请求权包括返还请求权、妨害排除请求权和妨害预防请求权三项内容。返还请求权是指物权人在其标的物被他人非法侵占时，得请求返还的权利；妨害排除请求权是指物权人于其物权的圆满状态被以占有之外的其他方法妨害时，得请求除去妨害的权利；妨害预防请求权是指物权人于有妨害其物权之虞时，得请求防止妨害发生的权利。

第三节　物权的变动

一、物权变动的含义和形态

（一）物权变动的含义

关于物权变动，《民法典》规定了的设立、变更、转让和消灭四种形态。对此，可以从两个方面把握：从物权主体的角度来看，物权变动是指物权的取得、变更与丧失；从物权本体的角度来看，物权变动是指物权的发生、变更与消灭。物权变动反映了人与物之间物权关系的三种形态变化，其实质是权利主体对权利客体的支配和归属关系的变更。

（二）物权变动的形态

1. 物权的发生

物权的发生又称物权的取得，是指特定主体与特定的物相结合，从而取得该物权。基于物权发生的根据不同，物权取得可以分为原始取得与继受取得。

原始取得又称固有取得，是指非基于他人既存之权利而取得物权。通过生产、税收、征收、没收、先占、添附、善意取得等方法取得的物权，都属于物权的原始取得。

继受取得又称传来取得，是指以他人的权利为基础而取得物权。继受取得又分为创设的继受取得（简称创设取得）和转移的继受取得（简称转移取得）。前者是指在他人之物上设立新的物权，如在他人之物上设立用益物权或担保物权；后者是指依物权的原状而取得他人之物权，如通过买卖、互易、赠与、继承等取得物权。

例题 39　下列哪一选项属于所有权的继受取得？

A. 甲继承其父房屋一间　　B. 乙的 3 万元存款得利息 1 000 元

C. 丙购来木材后制成椅子一把　　D. 丁拾得他人丢弃的一台旧电扇

解析：本题的考点是物权的取得，答案为 A 项。存款利息属于孳息，所有权人收取孳息属于原始取得；权利人将购买的木材制成椅子属于生产的一种形式，椅子所有权的取得属于原始取得；拾得他人丢弃的旧电扇属于先占，为物权的原始取得。

2. 物权的变更

物权的变更有广义与狭义之分。广义的物权变更包括物权主体的变更、物权客体的变更和物权内容的变更。狭义的物权变更仅指物权客体的变更和物权内容的变更，而不包括物权主体的变更。物权主体的变更是指物权人的变化，即权利人将物权通过一定的方式转移于新的权利人，属于物权的转让，例如，通过买卖、互易、赠与的方式取得某物的所有权。简言之，物权主体的变更就是物权的转让。物权客体的变更是指物权标的物在量上的变化，即标的物在量上的增减，例如，物权的标的物因添附而增加或因毁损而减少。物权内容的变更是指物权质的方面的改变，即权利人的权利、义务存在状态的改变，例如，地役权当事人经过合意改变土地的使用方法或期限，在抵押关系中抵押权次序的升降。

3. 物权的消灭

物权的消灭又称物权的丧失，是指物权与特定主体相分离。物权的消灭有绝对消灭与相对消灭之分。物权的绝对消灭是指物权与特定主体相分离，而他人又未取得该物权，如物权标的物的灭失、物权人抛弃物权、他物权与所有权混同等。物权的相对消灭是指物本身并未灭失，物权离开一主体而与另一主体相结合并使新主体取得物权，如物权人因转让标的物而丧失物权。物权的相对消灭从受让人的角度来看，为物权的继受取得。由于物权的相对消灭可以归结为物权的继受取得和物权主体的变更，所以，物权的消灭一般仅指绝对消灭。

二、物权变动的原因

物权变动的原因是指引起物权变动的法律事实。物权变动的原因多种多样，从性质上可以分为民事法律行为、事实行为与事件、行政行为与司法行为。

（一）民事法律行为

民事法律行为是导致物权变动的最常见、最主要的原因。这里的民事法律行为既包括双方行为，也包括单方行为。前者如设立、变更及转让物权的合同行为，后者如抛弃物权的行为。所谓物权的抛弃，是指依物权人的意思表示，使物权归于消灭的一种民事法律行为。抛弃物权，除需有抛弃物权的意思表示外，尚需放弃对动产的占有或者办理不动产注销登记手续，始生效力。

（二）事实行为与事件

事实行为可以导致物权的变动，如先占、拾得遗失物、发现埋藏物、添附、混同等。所谓混同，是指同一物之上所存在的两个以上的物权归属于同一人。在物权发生混同的情况下，其中一个物权即因混同而消灭。物权的混同包括两种情形：一是所有权与其他物权混同，即一物之上存在的所有权和其他物权归属于同一人时，他物权因混同而消灭。例如，甲在自己的房屋上为乙设立了抵押权，现乙将该抵押权转让给甲，则该抵押权消灭。二是他物权与以该权利为客体的物权混同，即他物权与以该权利为客体的物权归属于同一人时，以该权利为客体的物权消灭。例如，甲在自己的建设用地使用权上为乙设立了抵押权，现乙将该抵押权转让给甲，则该抵押权消灭。需要注意的是，在特殊情况下，物权发生混同时，如果其他物权的存续对于所有权人或第三人有法律上的利益，其他物权不消灭。例如，甲在合法取得的建设用地使用权上为乙设立了地役权，又将该建设用地使用权抵押给丙，现甲将该建设用地使用权转让给乙，但地役权并不消灭，因为该地役权和其主权利建设用地使用权一起，负担着丙的抵押权。

事件也是导致物权变动的一种原因，如法定期间的届满、物权人的死亡及继承的发生等。

（三）行政行为与司法行为

行政行为与司法行为也可以引起物权的变动，例如，因征收、没收、人民法院判决、仲裁机构裁决等而致物权发生变动。

三、物权变动的公示原则

物权变动的公示原则简称物权公示原则，是指物权的得丧变更应当依法律的规定采用能够为公众所知晓的外部表现形式。物权公示原则不仅有利于明确物权的归属、解决物权冲突，而且有利于保护交易安全、提高交易效率。

物权变动的公示方式，依物权的种类不同而有所不同。《民法典》第 208 条规定，不动产物权的设立、变更、转让和消灭，应当依照法律规定登记；动产物权的设立和转让，应当依照法律规定交付。据此，不动产物权以登记为公示方式，而动产物权以交付为公示方式。

物权变动的公示效力如何，主要有三种不同的立法例：一是公示对抗主义，即物权变动仅依当事人的意思表示即可形成，法定的公示方式并非物权变动的成立或生效要件，而仅仅是物权变动的对抗要件。二是公示要件主义，即物权的变动不但要有当事人之间转让物权的合意，而且还需要客观的外在表示形式即动产的交付和不动产的登记，才能成立或生效。三是折中主义，即兼采公示对抗主义和公示要件主义，或侧重于公示对抗主义，或侧重于公示要件主义。我国《民法典》在物权变动的公示效力上，采取了侧重于公示要件主义的折中主义立场，具体而言：（1）不动产物权的设立、变更、转让和消灭，经依法登记，发生效力；未经登记，不发生效力，但是法律另有规定的除外（第 209 条）。（2）动产物权的设立和转让，自交付时发生效力，但是法律另有规定的除外（第 224 条）。（3）船舶、航空器和机动车等的物权的设立、变更、转让和消灭，未经登记，不得对抗善意第三人（第 225 条）。

物权变动公示后，依法产生公信力，即以公示方式所表现的物权即使与真实的权利状态不符，法律仍然承认其具有与真实物权存在相同的效果。具体而言，在不动产登记簿上记载某人享有某项物权时，应推定该人享有该项权利；动产的占有人对其占有的动产实施某项行为时，应推定该人依法享有为此种行为的权利。在上述情形下，即使通过公示所表现的权利与真实的物权不一致，第三人基于对公示权利的信赖而自推定权利人处取得物权的，仍可取得受让的物权，真正物权人不得以处分人无权处分为由否认第三人已经取得的物权。

例题 40　甲将一辆汽车以 15 万元的价格卖给乙，乙付清全款，双方约定 7 日后交付该车。丙知道此交易后，向甲表示愿以 18 万元购买该车，甲当即答应并交付了汽车。乙起诉甲、丙，要求判令汽车归其所有，并赔偿因不能及时使用汽车而发生的损失。下列哪一说法是正确的？

A. 归乙所有，甲、丙应赔偿乙的损失

B. 归乙所有，乙只能请求甲承担赔偿责任

C. 归丙所有，但甲应赔偿乙的损失

D. 归丙所有，但丙应赔偿乙的损失

解析：本题的考点是动产物权的变动，答案为 C 项。甲没有将汽车交付给乙，而是交付给了丙，故丙应取得汽车的所有权。甲不能向乙交付汽车，构成违约，甲应当对乙承担违约责任。丙与乙之间并不存在合同关系，丙也没有侵害乙的权利，故丙对乙不承担赔偿责任。

四、物权变动的模式

（一）基于民事法律行为而发生的物权变动

民事法律行为是引起物权变动的最主要法律事实。在基于民事法律行为而发生的物权变动的问题上，各国存在着三种立法例：一是意思主义（又称债权意思主义），即物权因民事法律行为而变动时，仅有当事人的意思表示即为已足，无须履行登记或交付的法定形式。按照意思主义，公示原则所要求的登记或交付，并非物权变动的生效要件，而仅是物权变动的对抗要件。二是形式主义（又称物权形式主义），即物权因民事法律行为而变动时，不仅需有债权行为，还需有物权变动的意思表示以及履行登记或交付的法定形式。按照形式主义，债权行为只能发生债权关系，而物权变动则是物权行为的效果。物权行为独立存在，其效力不受原因关系即债权行为的影响。物权公示原则所要求的登记或交付为物权行为的法定形式，是物权变动的生效要件。三是折中主义（又称债权形式主义），即物权因民事法律行为而变动时，除债权的合意外，仅需践行登记或交付的法定形式，就可以发生物权变动的效力。按照折中主义，物权的变动仅在债权意思表示外加上登记或交付的形式为已足，不需要另有物权变动的合意。

我国《民法典》在基于民事法律行为而发生物权变动的模式上采取了折中主义，即采取了物权变动的债权意思主义与登记或交付相结合的模式，既不要求物权变动须另有物权合意，也未承认物权变动的无因性。但是，我国《民法典》采取了债权行为与物权变动相区分的原则，即当事人之间订立有关设立、变更、转让和消灭不动产物权的合同，除法律另有规定或者当事人另有约定外，自合同成立时生效；未办理物权登记的，不影响合同效力（第 215 条）。

例题 41　乙向甲购买一套房屋，已经支付 1/3 价款，双方约定余款待过户手续办理完毕后付清。后甲反悔，要求解除合同，乙不同意，起诉要求甲继续履行合同，转移房屋所有权。下列哪一选项是正确的？

A. 合同尚未生效，甲应返还所受领的价款并承担缔约过失责任

B. 合同无效，甲应返还所受领的价款

C. 合同有效，甲应继续履行合同

D. 合同有效，人民法院应当判决解除合同、甲赔偿乙的损失

解析：本题的考点是债权行为与物权变动的区分原则，答案为 C 项。依照债权行为与物权变动的区分原则，甲、乙之间的房屋买卖合同自合同成立时即已生效；双方未办理房屋过户手续的，不影响买卖合同的效力。而对于生效的房屋买卖合同，甲负有继续履行的责任。

（二）基于非民事法律行为而发生的物权变动

一般说来，基于非民事法律行为而发生的物权变动，不经登记或交付公示即可直接发生效力。依据《民法典》第 229 条至第 231 条的规定，这类物权变动主要有三种情形：（1）因人民法院、仲裁机构的法律文书或者人民政府的征收决定等，导致物权设立、变更、转让或者消灭的，自法律文书或者人民政府的征收决定等生效时发生效力。这里的法律文书是指形成性法律文书，不包括给付性法律文书和确认性法律文书。（2）因继承取得物权的，自继承开始时发生效力。（3）因合法建造、拆除房屋等事实行为设立或者消灭物权的，自事实行为成就时发生效力。

例题 42 中原公司依法取得某块土地建设用地使用权并办理报建审批手续后，开始了房屋建设并已经完成了外装修。对此，下列哪一选项是正确的?

A. 中原公司因为享有建设用地使用权而取得了房屋所有权

B. 中原公司因为事实行为而取得了房屋所有权

C. 中原公司因为民事法律行为而取得了房屋所有权

D. 中原公司尚未进行房屋登记，没有取得房屋所有权

解析：本题的考点是基于事实行为而发生的物权变动，答案为B项。权利人享有建设用地使用权是取得房屋所有权的前提，但并不是取得房屋所有权的根据。中原公司在取得建设用地使用权的建设用地上合法建造房屋的行为属于一种事实行为，该行为是取得房屋所有权的根据，至于是否登记并不影响房屋所有权的取得。

应当注意的是，在上述三种情形下，依据《民法典》第232条的规定，尽管物权可以发生变动，但在处分不动产物权时，依照法律规定需要办理登记的，未经登记，不发生物权效力。

例题 43 甲、乙和丙于某年3月签订了散伙协议，约定登记在丙名下的合伙房屋归甲、乙共有。后丙未履行协议。同年8月，人民法院判决丙办理该房屋过户手续，丙仍未办理。9月，丙死亡，丁为其唯一继承人。12月，丁将房屋赠给女友戊，并对赠与合同作了公证。下列哪一表述是正确的?

A. 3月，甲、乙按份共有房屋　　B. 8月，甲、乙按份共有房屋

C. 9月，丁为房屋所有人　　D. 12月，戊为房屋所有人

解析：本题的考点是不动产物权变动，答案为C项。3月，甲、乙、丙三人虽然将登记在丙名下的合伙房屋约定归甲、乙共有，但由于房屋没有办理过户登记手续，所有权仍然归属于丙。8月，人民法院判决丙办理该房屋过户手续，是判决丙履行合同，而非直接判决房屋所有权的归属。因此，此时房屋所有权人仍然是丙。9月，丙死亡，丁作为唯一继承人因继承丙的房屋而成为房屋所有人。12月，丁将房屋赠与女友戊，双方虽然对赠与合同作了公证，但未办理房屋过户登记，不发生物权变动的效力。因此，房屋的所有权人仍然是丁。

五、物权变动的公示方式

（一）不动产登记

1. 不动产登记的含义和意义

依据《不动产登记暂行条例》第2条第1款的规定，不动产登记是指不动产登记机构依法将不动产权利归属和其他法定事项记载于不动产登记簿的行为。下列不动产权利，应当依照规定办理登记：（1）集体土地所有权；（2）房屋等建筑物、构筑物所有权；（3）森林、林木所有权；（4）耕地、林地、草地等土地承包经营权；（5）建设用地使用权；（6）宅基地使用权；

(7) 海域使用权；(8) 地役权；(9) 抵押权；(10) 法律规定需要登记的其他不动产权利（《不动产登记暂行条例》第5条）。

不动产登记在物权变动中具有重要意义，主要体现为以下几方面。

(1) 依据《民法典》第209条的规定，不动产物权的设立、变更、转让和消灭，经依法登记，发生效力；未经登记，不发生效力，但是法律另有规定的除外。依法属于国家所有的自然资源，所有权可以不登记。

(2) 依据《民法典》第214条的规定，不动产物权的设立、变更、转让和消灭，依照法律规定应当登记的，自记载于不动产登记簿时发生效力。

(3) 依据《民法典》第216条和第217条的规定，不动产登记簿是确认物权的根据，不动产权属证书是权利人享有该不动产物权的证明。不动产权属证书记载的事项，应当与不动产登记簿一致；记载不一致的，除有证据证明不动产登记簿确有错误外，以不动产登记簿为准。

2. 不动产登记机构及其职责

依据《民法典》第210条的规定，不动产登记，由不动产所在地的登记机构办理。可见，不动产登记实行地域管辖而不实行级别管辖。我国对不动产实行统一登记制度。统一登记的范围、登记机构和登记办法，由法律、行政法规规定。

依据《民法典》第211条的规定，当事人申请不动产登记的，应当根据不同登记事项，向登记机构提供权属证明和不动产界址、面积等必要材料。不动产登记机构在进行不动产登记时，应当履行下列职责：(1) 查验申请人提供的权属证明和其他必要材料；(2) 就有关登记事项询问申请人；(3) 如实、及时登记有关事项；(4) 法律、行政法规规定的其他职责。申请登记的不动产的有关情况需要进一步证明的，登记机构可以要求申请人补充材料，必要时可以实地查看（《民法典》第212条）。依据《不动产登记暂行条例》第19条的规定，属于下列情形之一的，不动产登记机构可以对申请登记的不动产进行实地查看：(1) 房屋等建筑物、构筑物所有权首次登记；(2) 在建建筑物抵押权登记；(3) 因不动产灭失导致的注销登记；(4) 不动产登记机构认为需要实地查看的其他情形。对于可能存在权属争议或者可能涉及他人利害关系的登记申请，不动产登记机构可以向申请人、利害关系人或者有关单位进行调查。不动产登记机构进行实地查看或者调查时，申请人、被调查人应当予以配合。同时，为了防止有些登记机构利用职权设置障碍以谋取私利，依据《民法典》第213条的规定，登记机构不得有下列行为：(1) 要求对不动产进行评估；(2) 以年检等名义进行重复登记；(3) 超出登记职责范围的其他行为。

为了保障权利人和利害关系人的权利，并约束利害关系人的不当行为，《民法典》规定，权利人、利害关系人可以申请查询、复制不动产登记资料，登记机构应当提供（第218条）；利害关系人不得公开、非法使用权利人的不动产登记资料（第219条）；不动产登记费按件收取，不得按照不动产的面积、体积或者价款的比例收取（第223条）。

对于登记错误造成的损害，《民法典》第222条规定，不动产登记机构因登记错误给他人造成损害的，应当承担赔偿责任。登记机构赔偿后，可以向造成登记错误的人追偿。当然，当事人提供虚假材料申请登记，给他人造成损害的，也应当承担赔偿责任。

3. 更正登记和异议登记

更正登记是指对不动产登记簿上的瑕疵记载（错误或遗漏）进行改正、补充而进行的登记。《民法典》第220条第1款规定，权利人、利害关系人认为不动产登记簿记载的事项错误的，可以申请更正登记。不动产登记簿记载的权利人书面同意更正或者有证据证明登记确有错误的，登记机构应当予以更正。

异议登记是指真正的权利人或利害关系人针对不动产登记簿记载事项的正确性提出异议，而向登记机构提出的登记。《民法典》第220条第2款规定，不动产登记簿记载的权利人不同意更正的，利害关系人可以申请异议登记。登记机构予以异议登记的，申请人自异议登记之日起15日内不提起诉讼的，异议登记失效；异议登记不当，造成权利人损害的，权利人可以向申请人请求损害赔偿。《不动产登记暂行条例实施细则》第84条规定，在异议登记期间，不动产登记簿上记载的权利人以及第三人因处分权利申请登记的，不动产登记机构应当书面告知申请人该权利已经存在异议登记的有关事项。申请人申请继续办理的，应当予以办理，但申请人应当提供知悉异议登记存在并自担风险的书面承诺。

例题44　刘某借用张某的名义购买房屋后，将房屋登记在张某名下。双方约定该房屋归刘某所有，房屋由刘某使用，产权证由刘某保存。后刘某、张某因房屋所有权归属发生争议。关于刘某的权利主张，下列哪些表述是正确的？

A. 可直接向登记机构申请更正登记

B. 可向登记机构申请异议登记

C. 可向人民法院请求确认其为所有权人

D. 可依据人民法院确认其为所有权人的判决请求登记机关变更登记

解析：本题的考点是更正登记、异议登记，答案为B、C、D项。在不动产登记中，如果权利人、利害关系人认为不动产登记簿记载的事项错误的，可以申请更正登记，但只有在不动产登记簿记载的权利人书面同意更正或者有证据证明登记确有错误的情况下，登记机构才能予以更正，权利人、利害关系人不能直接向登记机构申请更正登记。如果不动产登记簿记载的权利人不同意更正的，利害关系人可以申请异议登记。刘某与张某关于房屋登记在张某名下、由刘某使用房屋并保存产权证的约定并不违反法律和行政法规的强制性规定，应属有效，刘某可以请求人民法院确认其为所有权人，并依据法院判决请求登记机关变更登记。

4. 预告登记

预告登记是指为保全一项以将来发生不动产物权变动为目的的请求权的不动产登记。依据《民法典》第221条第1款规定，当事人签订买卖房屋的协议或者签订其他不动产物权的协议，为保障将来实现物权，按照约定可以向登记机构申请预告登记。依据《不动产登记暂行条例实施细则》第85条的规定，有下列情形之一的，当事人可以按照约定申请不动产预告登记：（1）商品房等不动产预售的；（2）不动产买卖、抵押的；（3）以预购商品房设定抵押权的；（4）法律、行政法规规定的其他情形。

关于预告登记的法律效力，《民法典》第221条第1款规定，预告登记后，未经预告登记的权利人同意，处分该不动产的，不发生物权效力。例如，未经预告登记的权利人同意，转移不动产所有权，或者设立建设用地使用权、地役权、抵押权等其他物权的，应当认定其不发生物权效力。但是，预告登记后，债权消灭或者自能够进行不动产登记之日起90日内未申请登记的，预告登记失效（《民法典》第221条第2款）。所谓"债权消灭"，是指买卖不动产物权的协议被认定无效、被撤销、被解除，或者预告登记的权利人放弃债权的情形。

（二）动产交付

动产交付即动产占有的移转，是指对动产的占有从一个民事主体移转给另一个民事主体。

动产的交付是动产物权变动的生效要件。依据《民法典》的规定，动产物权的设立和转让，自交付时发生效力，但是法律另有规定的除外（第224条）；船舶、航空器和机动车等的物权的设立、变更、转让和消灭，未经登记，不得对抗善意第三人（第225条）。

动产交付包括现实交付和观念交付。现实交付又称直接交付，是指物权的让与人将动产的占有直接移转给受让人；观念交付是指占有在观念上的转移而非现实的转移，包括简易交付、指示交付和占有改定。

简易交付是指当事人双方以转移物权的合意代替该动产现实转移占有的交付。依据《民法典》第226条的规定，动产物权设立和转让前，权利人已经占有该动产的，物权自民事法律行为生效时发生效力。

指示交付是指当动产由第三人占有时，让与人以对第三人的返还请求权让与受让人，以代替现实交付。《民法典》第227条规定，动产物权设立和转让前，第三人占有该动产的，负有交付义务的人可以通过转让请求第三人返还原物的权利代替交付。

占有改定是指转让动产物权的出让人仍直接占有标的物，而由受让人间接占有该标的物。依据《民法典》第228条的规定，动产物权转让时，当事人又约定由出让人继续占有该动产的，物权自该约定生效时发生效力。

例题45 甲有件玉器，欲转让，与乙签订合同，约好10日后交货付款；第二天，丙见该玉器，愿以更高的价格购买，甲遂与丙签订合同，丙当即支付了80%的价款，约好3天后交货；第三天，甲又与丁订立合同，将该玉器卖给丁，并当场交付，但丁仅支付了30%的价款。后乙、丙均要求甲履行合同，诉至人民法院。下列哪一表述是正确的？

A. 应认定丁取得了玉器的所有权

B. 应支持丙要求甲交付玉器的请求

C. 应支持乙要求甲交付玉器的请求

D. 第一份合同有效，第二、三份合同均无效

解析：本题的考点是债权行为与变动的区分原则、动产物权变动，答案为A项。甲分别与乙、丙、丁签订玉器买卖合同，甲在签订合同时对玉器均为有权处分，因此，三份合同均有效。依《民法典》第224条的规定，甲将玉器交付给了丁，丁取得了玉器的所有权。因此，人民法院不应支持乙、丙要求交付玉器的请求。

第四节 物权的保护

一、物权保护的含义

物权的保护有广义与狭义之分。广义的物权保护是指依据法律规定对物权予以保护的各种机制的总和。例如，《民法典》规定，国家坚持和完善公有制为主体、多种所有制经济共同发展，按劳分配为主体、多种分配方式并存，社会主义市场经济体制等社会主义的基本经济制

度；国家巩固和发展公有制经济，鼓励、支持和引导非公有制经济的发展；国家实行社会主义市场经济，保障一切市场主体的平等法律地位和发展权利（第 206 条）。国家、集体、私人的物权和其他权利人的物权受法律平等保护，任何组织或者个人不得侵犯（第 207 条）。上述规定都体现了对物权的保护，属于广义的保护。狭义的物权保护是指民法典特别规定的保护物权的方式。这里所讲的物权保护是狭义上的物权保护。

《民法典》在物权编第一分编中专设了“物权的保护”一章，充分显示了我国法律对物权保护的重视。《民法典》关于物权保护的规定，具有以下特点：一是从物权的特殊规则出发，着重运用物权法方法保护物权，同时兼顾运用债法方法。二是物权的保护方式可以单独适用，也可以根据权利被侵害的情形合并适用（第 239 条）。三是物权人可以通过多种途径保护物权，如和解、调解、仲裁、诉讼等（第 233 条）。

二、物权的保护方式

（一）确认物权

确认物权是指在物权归属和内容发生争议时，利害关系人请求有关国家机关确认物权归属、明确物权内容，以解决物权争议的行为。依据《民法典》第 234 条的规定，因物权的归属、内容发生争议的，利害关系人可以请求确认权利。

（二）返还原物

返还原物是指物权人请求现时的无权占有人返还其物。依据《民法典》第 235 条的规定，无权占有不动产或者动产的，权利人可以请求返还原物。物权人请求返还原物的权利，通常称为返还原物请求权。

（三）排除妨害

排除妨害是指当他人以侵夺占有之外的方式妨害物权人行使物权时，物权人得请求妨害人除去妨害，以回复物权的圆满状态。依据《民法典》第 236 条的规定，妨害物权的，权利人可以请求排除妨害。物权人请求排除妨害的权利，通常称为排除妨害请求权。

（四）消除危险

消除危险是指当他人的行为有妨害物权人行使物权的危险时，物权人得请求妨害人消除该危险。依据《民法典》第 236 条的规定，可能妨害物权的，权利人可以请求消除危险。物权人请求消除危险的权利，通常称为消除危险请求权或预防妨害请求权。

（五）恢复原状

恢复原状是指通过修理等方式将被损坏之物恢复到被损坏前的状态。依据《民法典》第 237 条的规定，造成不动产或者动产毁损的，权利人可以依法请求修理、重作、更换或者恢复原状。

（六）损害赔偿

损害赔偿是指行为人侵害物权人的物权造成损害的，应当承担赔偿的责任。依据《民法典》第 238 条的规定，侵害物权，造成权利人损害的，权利人可以依法请求损害赔偿，也可以依法请求承担其他民事责任。

例题 46 蔡父在遗嘱中表示，某处房产由蔡永继承。蔡父去世前，该房由蔡永之姐蔡花借用，借用期未明确。之后，蔡父去世，蔡永一直未办理该房屋所有权变更登记，也未要求蔡花腾退。再后来，蔡永因结婚要求蔡花腾退，蔡花拒绝搬出。对此，下列哪一选项是正确的？

A. 因未办理房屋所有权变更登记，蔡永无权要求蔡花搬出

B. 因 3 年诉讼时效期间届满，蔡永的房屋腾退请求不受法律保护

C. 蔡花系合法占有，蔡永无权要求其搬出

D. 蔡永对该房屋享有物权请求权

解析：本题的考点是物权的保护，答案为 D 项。蔡永按照其父遗嘱的指定，在遗嘱人死亡后，有权按照遗嘱继承指定的房产。因继承取得的物权，自继承开始时发生效力，不以登记为条件。因此，自蔡父死亡时，蔡永即取得了房屋的所有权。在蔡永要求蔡花搬出而遭到拒绝时，蔡花的占有即变成无权占有，蔡永有权要求其搬出。蔡永要求蔡花返还房屋的请求权为不动产物权返还请求权，不适用诉讼时效。

引读案例解答

1. 该广告经营发布权不属于物权，理由在于：(1) 物权的客体是特定的物，而广告经营发布权没有特定的支配对象。物权是对特定物的支配权，广告公司若未经金龙宾馆同意，根本无权支配金龙宾馆楼顶上的特定空间。同时，物权具有排他性，广告公司的广告经营发布权不能排除金龙宾馆在其楼顶上设置广告牌。(2) 物权法实行物权法定原则，我国物权法和其他法律都没有规定一种叫作“广告经营发布权”的物权。

2. (1) 张某对其房屋享有所有权，刘某和村委会将张某房屋的大门用钢筋拧死，致使张某无法使用其房屋，因此，张某的房屋所有权受到侵害。(2) 张某可以请求刘某、村委会排除妨害、恢复原状并赔偿损失。

课堂讨论案例

1. 甲将自己的房屋出卖给乙，双方签订了房屋买卖合同，甲按约定交付了房屋，乙按约定交付了房款，但双方一直没有办理房屋所有权变更登记手续。一年后，甲认为房价偏低，遂以房屋没有办理过户手续为由主张房屋买卖合同无效，要求乙返还房屋。

问：(1) 甲、乙之间的房屋买卖合同是否因没有办理过户登记而无效？(2) 甲、乙中的哪一方对房屋享有所有权？

2. 甲为担保自己的债务，以其房屋为乙设立了抵押权，并依法办理了抵押登记。乙死亡后，乙的继承人丙、丁继承了乙对甲的债权及抵押权，但未就抵押权办理变更登记手续。

问：在甲未清偿到期债务时，丙、丁能否申请人民法院拍卖抵押房屋？

重点思考习题

1. 如何理解物权的概念？

2. 如何理解物权法定原则?
3. 物权具有哪些效力?
4. 物权变动的原因有哪些?
5. 如何理解物权变动的公示原则?
6. 如何理解我国物权变动的规范模式?
7. 如何理解预告登记和异议登记?
8. 如何理解动产的观念交付?

第十一章 所有权

引读案例

1. 甲公司开发建设了某住宅小区，因不能集中供暖，便规划建设了供暖设施。后来，该市实行集中供暖，住宅小区内的供暖设施便不再使用。于是，甲公司准备将该供暖设施拆除，另行建造一个商店用于出租，但甲公司的行为遭到了住户们的反对。请分析以下问题：(1) 住户对小区内的住宅发生何种法律关系？(2) 甲公司能否拆除供暖设施？

2. 甲、乙的住宅相邻，甲院中的一棵古树的根系延伸到乙房屋地基下，将乙房屋的墙壁和火炕挤裂。乙要求甲砍掉古树或切断树根，甲不同意。请分析以下问题：(1) 甲、乙之间是否形成相邻关系？(2) 如何解决这类纠纷？

3. 甲在集贸市场拾得一钱包，里面有票据若干。因等不到失主，甲遂将钱包带回家，准备第二天继续寻找失主。次日，甲在市场门口发现一则悬赏广告，失主乙承诺对拾得钱包者支付酬金 2 000 元。甲确定钱包为乙遗失后即与乙取得联系，让乙到约定地点领取遗失物。但乙领取钱包后，却拒绝向甲支付 2 000 元酬金。请分析以下问题：(1) 甲能否取得钱包的所有权？(2) 乙是否有义务向甲支付 2 000 元酬金？

法律职业资格考试要点

所有权的含义和内容；所有权的分类；建筑物区分所有权；相邻关系的主要类型；共同共有和按份共有；善意取得的成立条件和效力；拾得遗失物和发现埋藏物的成立条件和效力；添附的成立条件和效力。

第一节　所有权概述

一、所有权的含义

依据《民法典》第 240 条的规定，所有权是所有权人对自己的不动产或者动产依法享有的占有、使用、收益和处分的权利。

所有权具有以下特点。

第一，所有权具有完全性。所有权的完全性又称全面性，是指所有权人对于所有物，可以为全面的、概括的支配，既可以支配物的使用价值，也可以支配物的交换价值。因此，所有权是完全物权。

第二，所有权具有整体性。所有权的整体性又称浑一性，是指所有权不是占有、使用、收益和处分等各种权能在量上的总和，而是一个整体（浑然一体）的权利。所以，所有权本身不得在内容或时间上加以分割。

第三，所有权具有弹力性。所有权的弹力性又称归一性，是指所有权的单一内容可以自由伸缩。在所有权之上设立限制物权时，所有权人对所有物的全面支配权将因受到限制而缩减，而在该限制解除时，所有权人又恢复了对所有物的圆满支配状态。

第四，所有权具有恒久性。所有权的恒久性又称永久性，是指所有权因所有物的存在而永久存续，不得预定其存续期间。因此，所有权是无期物权。应当指出，所有权的恒久性并非指所有权永不消灭或不可消灭，而只是指所有权不得如其他物权一样预定存续期间。

二、所有权的内容

所有权的内容又称所有权的权能，是指所有权人为利用所有物以实现其对所有物的独占利益，而于法律规定的范围内可以采取的各种措施和手段。《民法典》第 241 条规定，所有权人有权在自己的不动产或者动产上设立用益物权和担保物权。用益物权人、担保物权人行使权利，不得损害所有权人的权益。

依据《民法典》第 240 条的规定，所有权包括以下权能。

第一，占有权能。占有权能是指所有权人对所有物为事实上管领、控制的权能。占有权能既是所有权人对所有物进行现实支配的前提和基础，也是所有权人支配其所有物的直观表现。占有权能在一定条件下可以与所有权相分离，依所有权人的意思或法律的规定交由他人行使。当占有权能与所有权分离而属于非所有权人时，非所有权人享有的占有权能同样受法律保护，所有权人不得随意请求返还原物、回复对所有物的占有。

第二，使用权能。使用权能是指依所有物的性能或用途，在不毁损其物或变更其性质的前提下加以利用，以满足生产和生活需要的权能。使用权能是所有权人对标的物为事实上支配的权能，本质上是对标的物使用价值的利用。使用权能的行使以对物的占有为前提，享有物的使用权能须同时享有物的占有权能。但在某些场合，享有物的占有权能并不一定享有物的使用权能。使用权能可以与所有权发生分离，即物的使用权人可以依照法律的规定或与所有权人的约定取得物的使用权能。

第三，收益权能。收益权能是指收取标的物的孳息的权能。在市场经济条件下，收益权能已成为所有权各权能中最重要的权能。收益权能可以与所有权发生分离，且分离的形式呈现出多样化的趋势。由于收益权能既是所有权的权能之一，也是用益物权的权能之一，所以，二者就可能发生冲突。对此，《民法典》第 321 条规定，天然孳息，由所有权人取得；既有所有权人又有用益物权人的，由用益物权人取得。当事人另有约定的，按照其约定。法定孳息，当事人有约定的，按照约定取得；没有约定或者约定不明确的，按照交易习惯取得。

第四，处分权能。处分权能是指依法对标的物进行处置、决定标的物命运的权能。处分权能是所有权最基本的权能，是所有权的核心内容。处分包括事实上的处分和法律上的处分。前者是指对标的物进行物理上处置的事实行为，如消费产品、拆除房屋等。后者是指使标的物的所有权发生变动的民事法律行为，如通过买卖移转标的物所有权，通过合同设定抵押权、质权等。处分权能通常由所有权人行使，非所有权人只有在法律有特别规定或当事人有特别约定时才能处分他人所有的财产。

三、所有权的分类

（一）根据所有权的主体，所有权可以分为国家所有权、集体所有权和私人所有权

1. 国家所有权

国家所有权是指国家对国有财产即全民所有财产所享有的占有、使用、收益和处分的权利。国家所有权具有以下特点。

（1）国家所有权的主体具有统一性和唯一性。国家所有权的主体只能是代表全体人民意志和利益的国家，其他任何国家机关、单位或个人都不能充当国家所有权的主体。因此，国家所有权的主体具有统一性和唯一性。

（2）国家所有权的客体具有无限广泛性和专有性。任何财产都可以成为国家所有权的客体而不受限制，而且有些财产只能属于国家专有。依据《民法典》第242条的规定，法律规定专属于国家所有的不动产和动产，任何组织或者个人不能取得所有权。因此，国家所有权的客体具有无限广泛性和专有性。依据《民法典》第247条至第254条的规定，下列财产属于国家所有：1）矿藏、水流、海域；2）无居民海岛；3）城市的土地以及法律规定属于国家所有的农村和城市郊区的土地；4）森林、山岭、草原、荒地、滩涂等自然资源，但是法律规定属于集体所有的除外；5）法律规定属于国家所有的野生动植物资源；6）无线电频谱资源；7）法律规定属于国家所有的文物；8）国防资产以及法律规定为国家所有的铁路、公路、电力设施、电信设施和油气管道等基础设施。

（3）国家所有权的取得方式具有特殊性。国家所有权的取得除具有与集体所有权、私人所有权的取得相同的方式外，还有一些特殊的取得方式，如征收、税收、没收等。依据《民法典》第243条的规定，为了公共利益的需要，依照法律规定的权限和程序可以征收集体所有的土地和组织、个人的房屋及其他不动产。征收集体所有的土地，应当依法及时足额支付土地补偿费、安置补助费以及农村村民住宅、其他地上附着物和青苗等的补偿费用，并安排被征地农民的社会保障费用，保障被征地农民的生活，维护被征地农民的合法权益。征收组织、个人的房屋及其他不动产，应当依法给予征收补偿，维护被征收人的合法权益；征收个人住宅的，还应当保障被征收人的居住条件。任何组织或者个人不得贪污、挪用、私分、截留、拖欠征收补偿费等费用。应当指出，征收与征用是不同的法律制度，前者是对财产所有权的剥夺，后者是对财产使用权的剥夺。依据《民法典》第245条的规定，因抢险救灾、疫情防控等紧急需要，依照法律规定的权限和程序可以征用组织、个人的不动产或者动产。被征用的不动产或者动产使用后，应当返还被征用人。组织、个人的不动产或者动产被征用或者征用后毁损、灭失的，应当给予补偿。

（4）国家所有权的行使具有特殊性。《民法典》第246条第2款规定，国有财产由国务院代表国家行使所有权。法律另有规定的，依照其规定。国务院在代表国家行使所有权时，可以根据具体情况决定所有权的行使方法。例如，依据《民法典》第255条至第257条的规定，国家机关对其直接支配的不动产和动产，享有占有、使用以及依照法律和国务院的有关规定处分的权利。国家举办的事业单位对其直接支配的不动产和动产，享有占有、使用以及依照法律和国务院的有关规定收益、处分的权利。国家出资的企业，由国务院、地方人民政府依照法律、行政法规的规定分别代表国家履行出资人职责，享有出资人权益。

（5）国家所有权的管理具有特殊性。国家所有的财产受法律保护，禁止任何组织或者个人侵占、哄抢、私分、截留、破坏（《民法典》第258条）。履行国有财产管理、监督职责的机构及其工作人员，应当依法加强对国有财产的管理、监督，促进国有财产保值增值，防止国有财

产损失；滥用职权，玩忽职守，造成国有财产损失的，应当依法承担法律责任。违反国有财产管理规定，在企业改制、合并分立、关联交易等过程中，低价转让、合谋私分、擅自担保或者以其他方式造成国有财产损失的，应当依法承担法律责任（《民法典》第259条）。

2. 集体所有权

集体所有权是指劳动群众集体组织依法对集体财产所享有的占有、使用、收益和处分的权利。集体所有权的财产受法律保护，禁止任何组织或者个人侵占、哄抢、私分、破坏（《民法典》第265条第1款）。

集体所有权具有以下特点。

（1）集体所有权的主体具有广泛性与多元化。集体所有权的主体是为数众多的劳动群众集体组织，包括农民集体组织和城镇集体组织。依据《民法典》第261条第1款和第263条的规定，农民集体所有的不动产和动产，属于本集体成员集体所有；城镇集体所有的不动产和动产，依照法律、行政法规的规定由本集体享有占有、使用、收益和处分的权利。

（2）集体所有权的客体具有限定性。只有法律规定的财产才能属于集体所有的财产，国家专有财产不能成为集体所有权的客体。依据《民法典》第260条的规定，集体所有的财产主要包括：1）法律规定属于集体所有的土地和森林、山岭、草原、荒地、滩涂；2）集体所有的建筑物、生产设施、农田水利设施；3）集体所有的教育、科学、文化、卫生、体育等设施；4）集体所有的其他不动产和动产。

（3）集体所有权的取得方式具有有限性。集体所有的财产最初是由劳动群众在自愿、互利的基础上，通过生产资料的集体化或交纳股金、入社费等取得的。在建立起集体组织后，集体财产主要是通过民事方式取得的。

（4）集体所有权的行使规则具有特殊性。集体所有权由作为所有权人的集体组织直接行使，或者由所有权人的代表行使。依据《民法典》第261条第2款的规定，农民集体所有权行使中的重大事项应当依照法定程序经本集体成员决定，如土地承包方案以及将土地发包给本集体以外的单位或者个人承包、个别土地承包经营权人之间承包地的调整、土地补偿费等费用的使用及分配办法、集体出资的企业的所有权变动等。依据《民法典》第262条的规定，对于集体所有的土地和森林、山岭、草原、荒地、滩涂等，依照下列规定行使所有权：1）属于村农民集体所有的，由村集体经济组织或者村民委员会依法代表集体行使所有权；2）分别属于村内两个以上农民集体所有的，由村内各该集体经济组织或者村民小组依法代表集体行使所有权；3）属于乡镇农民集体所有的，由乡镇集体经济组织代表集体行使所有权。在行使农民集体所有权时，农村集体经济组织或者村民委员会、村民小组应当依照法律、行政法规以及章程、村规民约向本集体成员公布集体财产的状况。集体成员有权查阅、复制相关资料（《民法典》第264条）。如果农村集体经济组织、村民委员会或者其负责人作出的决定侵害集体成员合法权益的，受侵害的集体成员可以请求人民法院予以撤销（《民法典》第265条第2款）。

3. 私人所有权

依据《民法典》第266条的规定，私人所有权是指私人对其合法的收入、房屋、生活用品、生产工具、原材料等不动产和动产依法所享有占有、使用、收益、处分的权利。私人的合法财产受法律保护，禁止任何组织或者个人侵占、哄抢、破坏（《民法典》第267条）。

私人所有权具有以下特点。

第一，私人所有权的主体是私人。私人所有权的主体只能是私人，而不能是国家或集体组织。这里的私人，包括自然人、个体工商户、农村承包经营户、合伙企业、个人独资企业等。

第二，私人所有权的客体包括生活资料和生产资料。私人财产主要包括私人的合法收入、房屋、生活用品、生产工具、原材料、储蓄、投资及其收益等。可见，私人所有权的客体包括生活资料和生产资料，但主要是生活资料。

第三，私人所有权主要是通过劳动获得的。私人所有权的取得方式主要是劳动，当然也可以通过其他方式取得，如接受继承、遗赠等非劳动方式。

此外，《民法典》在国家所有权和集体所有权、私人所有权的规定中，还就法人有关的财产权利作了规定，主要包括：(1) 国家、集体和私人依法可以出资设立有限责任公司、股份有限公司或者其他企业。国家、集体和私人所有的不动产或者动产投到企业的，由出资人按照约定或者出资比例享有资产收益、重大决策以及选择经营管理者等权利并履行义务（第268条）。(2) 营利法人对其不动产和动产依照法律、行政法规以及章程享有占有、使用、收益和处分的权利。营利法人以外的法人，对其不动产和动产的权利，适用有关法律、行政法规以及章程的规定（第269条）。(3) 社会团体法人、捐助法人依法所有的不动产和动产，受法律保护（第270条）。

（二）根据所有权的客体，所有权可以分为动产所有权与不动产所有权

动产所有权是指以动产为客体的所有权。不动产所有权是指以不动产为客体的所有权，包括土地所有权和建筑物所有权。

区分动产所有权与不动产所有权的主要意义在于：(1) 取得方式不尽相同。例如，先占可以作为动产所有权的取得方式，但不能作为不动产所有权的取得方式。(2) 物权变动的公示方式不同。动产所有权的变动以交付为公示方式，而不动产所有权的变动以登记为公示方式。(3) 法律对二者的限制程度不同。一般来说，法律对不动产所有权的限制较多，而对动产所有权的限制较少。

（三）根据不动产所有权的客体，所有权可以分为土地所有权和建筑物所有权

1. 土地所有权

土地所有权是指以土地为权利客体的不动产所有权。在我国，土地所有权具有以下特点：(1) 土地所有权的客体是土地，包括国有土地和集体土地；(2) 土地所有权的主体是国家或农民集体，其他任何人或任何组织都不得成为土地所有权的主体；(3) 土地所有权不允许以任何形式进行土地交易，如买卖或以土地所有权进行投资等，都属于非法行为。

土地所有权以土地为客体，而土地又包括地表、地上空间和地下地身，因此，就需要明确土地所有权的效力范围。对此，可以从“横”和“纵”两个方面理解。在“横”的方面，可以通过划定四至的方法，明确地界，以此来确定某一土地所有权的范围。因此，土地所有权在“横”的方面即以地界为其效力所及的范围。在“纵”的方面，土地所有权的效力及于地表、地上空间和地下地身，但土地所有权的效力在及于地上空间、地下地身时应受到一定的限制：一方面，土地所有权的效力范围要受到法律的限制，如国防、电信、交通、自然资源、环境保护、名胜古迹保护等方面的法律限制。另一方面，土地所有权的效力范围仅限于其行使受到法律保护的利益范围之内；超出此范围，为土地所有权的效力所不及。

2. 建筑物所有权

建筑物所有权是指以各种类型的建筑物为客体的不动产所有权。建筑物所有权包括普通建筑物所有权和建筑物区分所有权，它们各自具有不同的特性。

建筑物属于地上定着物，在物理上与土地不可分离。但在我国法律上，建筑物与土地可以各自独立成为物权的客体，具体表现为建筑物所有权与土地所有权（主要表现为土地使用权）是两种独立的不动产物权。可见，我国法在建筑物与土地的关系上采取了分别主义。但我国法在实行分别主义的同时，又实行了“房地一体处分”原则，就是说，建设用地使用权转让、互

换、出资或者赠与的，附着于该土地上的建筑物、构筑物及其附属设施一并处分；建筑物、构筑物及其附属设施转让、互换、出资或者赠与的，该建筑物、构筑物及其附属设施占用范围内的建设用地使用权一并处分。这就是通常所称的“房随地走”或“地随房走”规则。

第二节　建筑物区分所有权

一、建筑物区分所有权的含义

依据《民法典》第271条的规定，建筑物区分所有权是指业主即区分所有权人对建筑物内的住宅、经营性用房等专有部分享有所有权，对专有部分以外的共有部分享有共有权和共同管理权的一种不动产所有权。

建筑物区分所有权具有以下特点。

1. 权利内容的复合性

建筑物区分所有权是由专有部分的所有权（即专有权）、共有部分的共有权（即共有权）和管理权（即成员权）所共同构成的一种复合所有权。其内容主要表现为三方面的权利义务关系：一是权利主体作为所有权人的权利义务关系，二是权利主体作为共有权人的权利义务关系，三是权利主体作为管理团体成员的权利义务关系。

2. 权利性质的一体性

构成建筑物区分所有权的专有权、共有权和管理权必须结为一体，不可分离，失去其中一个，建筑物区分所有权即刻解体，因此，建筑物区分所有权在转让、抵押、继承时，应将专有权、共有权和管理权一并转让、抵押或继承；他人在受让建筑物区分所有权时，也应同时取得这三项权利。

3. 专有权的主导性

在建筑物区分所有权中，专有权居于主导地位，主要表现在：(1) 业主取得专有权时便取得了共有权和管理权；反之，业主丧失专有权时，也就丧失了共有权和管理权。(2) 专有权的大小决定了共有权和管理权的大小。(3) 在建筑物区分所有权的设定登记上，只登记专有权，共有权和管理权不需单独登记。

4. 权利主体身份的多重性

建筑物区分所有权由专有权、共有权和管理权复合而成，因此，其权利主体的身份具有多重性。就专有部分而言，业主享有所有权，为所有权人；就共用部分而言，业主享有共有权和管理权，为共有权人和管理权人。

二、专有权

（一）专有权的含义和客体

专有权是指业主对专属于自己的、在构造和使用上具有独立性的建筑物部分所享有的占有、使用、收益和处分的权利。通说认为，专有权是一种空间所有权。

专有权的客体为专有部分。所谓专有部分，是指在构造上能够明确区分，具有排他性且可以独立使用的建筑物部分。数个专有部分的存在是建筑物区分所有权成立的基础。依据最高人民法院《关于审理建筑物区分所有权纠纷案件具体应用法律若干问题的解释》（以下简称《区分所有权解释》）第2条规定，建筑区划内符合下列条件的房屋（包括整栋建筑物），以及车位、摊位等特定空间，应当认定为专有部分：(1) 具有构造上的独立性，能够明确区分；(2) 具有利用上的独立性，可以排他使用；(3) 能够登记成为特定业主所有权的客体。规划上专属于特定房屋，且建设单位销售时已经根据规划列入该特定房屋买卖合同中的露台等，应当认定为专有部分的组成部分。

（二）专有权的内容

1. 业主的权利

在专有权中，业主可以在法律范围内行使占有、使用、收益和处分权并排除他人的干涉。《民法典》第 272 条规定，业主对其建筑物专有部分享有占有、使用、收益和处分的权利。

2. 业主的义务

在专有权中，业主负有以下义务：(1) 按照专有部分本来的用途加以使用，不得擅自改变。业主不得违反法律、法规以及管理规约，将住宅改变为经营性用房。业主将住宅改变为经营性用房的，除遵守法律、法规以及管理规约外，应当经有利害关系的业主一致同意（《民法典》第 279 条）。依据《区分所有权解释》第 11 条的规定，业主将住宅改变为经营性用房，本栋建筑物内的其他业主，应当认定为“有利害关系的业主”；建筑区划内、本栋建筑物之外的业主，主张与自己有利害关系的，应证明其房屋价值、生活质量受到或者可能受到不利影响。(2) 正常使用专有部分，不损害区分所有权人的共同利益。《民法典》第 272 条规定，业主行使权利不得危及建筑物的安全，不得损害其他业主的合法权益。业主基于对住宅、经营性用房等专有部分特定使用功能的合理需要，无偿利用屋顶以及与其专有部分相对应的外墙面等共有部分的，不应认定为侵权，但违反法律、法规、管理规约，损害他人合法权益的除外（《区分所有权解释》第 4 条）。(3) 容忍义务。业主为使用、修缮、改良其专有部分而必须使用其他业主的专有部分时，其他业主有容忍的义务。(4) 损害赔偿义务。业主超越自己的权利范围行使权利时，应当停止侵害；造成他人损害的，应当承担损害赔偿责任。

三、共有权

（一）共有权的含义和客体

共有权是指业主依照法律或管理规约的规定，对区分所有建筑物的共有部分所享有的占有、使用和收益的权利。

共有权的客体为共有部分。所谓共有部分，是指区分所有建筑物除专有部分以外的其他部分以及不属于专有部分的附属物。依据《民法典》的规定，区分所有建筑物的共有部分主要包括以下内容。

(1) 建筑区划内的道路，属于业主共有，但是属于城镇公共道路的除外。建筑区划内的绿地，属于业主共有，但是属于城镇公共绿地或者明示属于个人的除外。建筑区划内的其他公共场所、公用设施和物业服务用房，属于业主共有（第 274 条）。

(2) 依据《民法典》的规定，建筑区划内，规划用于停放汽车的车位、车库应当按照以下规定明确其归属：1) 建筑区划内，规划用于停放汽车的车位、车库的归属，由当事人通过出售、附赠或者出租等方式约定（第 275 条第 1 款）；但是，应当首先满足业主的需要（第 276 条）。依据《区分所有权解释》第 5 条的规定，建设单位按照配置比例将车位、车库，以出售、附赠或者出租等方式处分给业主的，应当认定其行为符合“应当首先满足业主的需要”的规定。这里所称配置比例，是指规划确定的建筑区划内规划用于停放汽车的车位、车库与房屋套数的比例。2) 占用业主共有的道路或者其他场地用于停放汽车的车位，属于业主共有（第

275 条第 2 款）。依据《区分所有权解释》第 6 条的规定，这里所称车位，是指建筑区划内在规划用于停放汽车的车位之外，占用业主共有道路或者其他场地增设的车位。

（3）除法律、行政法规规定的共有部分外，建筑区划内的以下部分，应当认定为共有部分：1）建筑物的基础、承重结构、外墙、屋顶等基本结构部分，通道、楼梯、大堂等公共通行部分，消防、公共照明等附属设施、设备，避难层、设备层或者设备间等结构部分；2）其他不属于业主专有部分，也不属于市政公用部分或者其他权利人所有的场所及设施等；3）建筑区划内的土地，依法由业主共同享有建设用地使用权，但属于业主专有的整栋建筑物的规划占地或者城镇公共道路、绿地占地除外（《区分所有权解释》第 3 条）。

（二）共有权的内容

依据《民法典》第 273 条第 1 款的规定，业主对建筑物专有部分以外的共有部分，享有权利，承担义务；不得以放弃权利为由不履行义务。业主转让建筑物内的住宅、经营性用房，其对共有部分享有的共有和共同管理的权利一并转让。

1. 业主的权利

在共有权中，业主享有以下权利：（1）共有部分的使用权，这是业主作为共有权人的一项基本权利；（2）共有部分的收益权，即取得共有部分所生利益的权利；（3）共有部分单纯的修缮、改良权，即业主基于居住或其他用途的需要，有权对共有部分进行单纯的修缮与改良。

2. 业主的义务

在共有权中，业主负有以下义务：（1）依共有部分的本来用途使用共有部分。所谓本来用途，是指依共有部分的种类、位置、构造、性质或依管理规约规定的共有部分的目的或用途。（2）分担共同费用和负担，如管理、修缮费用等。

例题 47 王某有一栋两层楼房，在楼顶上设置了一个商业广告牌。后王某将该楼房的第二层出售给了张某。下列哪些选项是正确的？

A. 张某无权要求王某拆除广告牌

B. 张某与王某间形成了建筑物区分所有权关系

C. 张某对楼顶享有共有和共同管理的权利

D. 张某有权要求与王某分享其购房后的广告收益

解析：本题的考点是建筑物区分所有权中的共有权，答案为 A、B、C、D 项。王某将自己的两层楼房的第二层出售给张某后，张某与王某就该楼房形成了建筑物区分所有权关系。该楼房的楼顶属于建筑物所有权中的共有部分，张某与王某享有共同使用和管理的权利。在建筑物区分所有权形成后，王某在楼顶上设置的商业广告牌应属于对共有部分的利用，张某应与王某协商处置该广告牌，而无权要求王某拆除。但张某就该广告牌所获得的收益，有权要求与王某分享。

四、管理权

（一）管理权的含义和性质

管理权是指业主基于对区分所有建筑物的共同管理而享有的权利。管理权是独立于专有权与共有权以外的权利，是基于业主之间的共同关系而产生的权利，属于一种永续性的权利。管理权是建筑物区分所有权中的“人法”因素，以区别于专有权与共有权的“物法”因素。

（二）管理权的内容

在管理权中，业主享有以下权利：（1）业主可以设立业主大会，选举业主委员会（《民法典》第277条）；（2）表决权，即有权参加管理团体大会，就大会讨论的事项享有投票表决权；（3）参与订立规约权，即有权参加管理团体大会，参与订立规约；（4）选举与解任管理人的权利；（5）请求权，即对公共管理事项及共同收益的应得份额享有请求权。对此，《民法典》第287条规定，业主对建设单位、物业服务企业或者其他管理人以及其他业主侵害自己合法权益的行为，有权请求其承担民事责任。

在管理权中，业主负有以下义务：（1）应当遵守法律、法规以及管理规约，相关行为应当符合节约资源、保护生态环境的要求。对于物业服务企业或者其他管理人执行政府依法实施的应急处置措施和其他管理措施，业主应当依法予以配合（《民法典》第286条第1款）。（2）执行管理团体会议所作决议的义务。（3）接受管理人管理的义务。业主作为管理团体的一名成员，须接受管理人的管理。依据《民法典》第286条第2款、第3款的规定，业主大会或者业主委员会，对任意弃置垃圾、排放污染物或者噪声、违反规定饲养动物、违章搭建、侵占通道、拒付物业费等损害他人合法权益的行为，有权依照法律、法规以及管理规约，要求行为人停止侵害、排除妨碍、消除危险、恢复原状、赔偿损失。业主或者其他行为人拒不履行相关义务的，有关当事人可以向有关行政主管部门报告或者投诉，有关行政主管部门应当依法处理。

（三）区分所有建筑物的管理

区分所有建筑物的管理是指为维持区分所有建筑物的物理机能，并充分发挥其社会的、经济的机能，而对之所为的一切经营活动，包括物的管理与人的管理。所谓物的管理，是指对建筑物及其附属设施的保存、改良、利用乃至处分等所为的物理的管理，原则上仅限于建筑物的共有部分，专有部分不包括在内。所谓人的管理，是指对业主群居生活关系所为的管理，其对象不以业主的行为为限，凡出入区分所有建筑物的人的行为均应纳入，其内容包括对建筑物不当毁损行为、不当使用行为的管理以及对生活妨害行为的管理等。

1. 管理机构

管理机构是指业主为了维护建筑物各部分的机能，解决彼此间的纷争，进而维护共同生活秩序及共同利益而设立的机构。依据《民法典》第277条的规定，业主的管理机构包括业主大会和业主委员会。

业主大会是区分所有建筑物管理的最高决策机构，其活动方式是举行会议、作出决议，对外代表该建筑物的全体业主，对内对建筑物的管理作出决策。依据《民法典》第278条的规定，下列事项由业主共同决定：（1）制定和修改业主大会议事规则；（2）制定和修改管理规约；（3）选举业主委员会或者更换业主委员会成员；（4）选聘和解聘物业服务企业或者其他管理人；（5）使用建筑物及其附属设施的维修资金；（6）筹集建筑物及其附属设施的维修资金；（7）改建、重建建筑物及其附属设施；（8）改变共有部分的用途或者利用共有部分从事经营活动；（9）有关共有和共同管理权利的其他重大事项。业主共同决定事项，应当由专有部分面积占比2/3以上的业主且人数占比2/3以上的业主参与表决。决定上述第6项至第8项规定的事项，应当经参与表决专有部分面积占比3/4以上的业主且参与表决人数3/4以上的业主同意。决定上述其他事项，应当经参与表决专有部分面积过半数的业主且参与表决人数过半数的业主同意。

业主委员会是业主大会的执行机构，可以按照业主大会的议事规则以及业主大会的授权，召集业主大会会议，报告物业管理的实施情况，按照业主大会会议选定物业管理人，代表业主与之签订物业服务合同，监督业主规约的实施以及行使业主大会赋予的其他职责。

依据《民法典》第280条的规定，业主大会或者业主委员会的决定，对业主具有法律约束力。业主大会或者业主委员会作出的决定侵害业主合法权益的，受侵害的业主可以请求人民法院予以撤销。依据《区分所有权解释》第15条的规定，业主或者其他行为人违反法律、法规、国家相关强制性标准、管理规约，或者违反业主大会、业主委员会依法作出的决定，实施下列行为的，可以认定为其他“损害他人合法权益的行为”：(1) 损害房屋承重结构，损害或者违章使用电力、燃气、消防设施，在建筑物内放置危险、放射性物品等危及建筑物安全或者妨碍建筑物正常使用；(2) 违反规定破坏、改变建筑物外墙面的形状、颜色等损害建筑物外观；(3) 违反规定进行房屋装饰装修；(4) 违章加建、改建，侵占、挖掘公共通道、道路、场地或者其他共有部分。

2. 区分所有建筑物及其附属设施的管理

依据《民法典》第284条和第285条的规定，业主可以自行管理建筑物及其附属设施，也可以委托物业服务企业或者其他管理人管理；对建设单位聘请的物业服务企业或者其他管理人，业主有权依法更换。物业服务企业或者其他管理人根据业主的委托，管理建筑区划内的建筑物及其附属设施，接受业主的监督，并及时答复业主对物业服务情况提出的询问。物业服务企业或者其他管理人应当执行政府依法实施的应急处置措施和其他管理措施，积极配合开展相关工作。物业服务企业或者其他管理人应当执行政府依法实施的应急处置措施和其他管理措施，积极配合开展相关工作。依据《民法典》的规定，建筑物及其附属设施的维修资金，属于业主共有。经业主共同决定，可以用于电梯、屋顶、外墙、无障碍设施等共有部分的维修、更新和改造。建筑物及其附属设施的维修资金的筹集、使用情况应当定期公布。紧急情况下需要维修建筑物及其附属设施的，业主大会或者业主委员会可以依法申请使用建筑物及其附属设施的维修资金（第281条）。建设单位、物业服务企业或者其他管理人等利用业主的共有部分产生的收入，在扣除合理成本之后，属于业主共有（第282条）。建筑物及其附属设施的费用分摊、收益分配等事项，有约定的，按照约定；没有约定或者约定不明确的，按照业主专有部分面积所占比例确定（第283条）。

3. 管理规约

管理规约是指全体业主就建筑物的管理、使用及所有关系，以书面形式订立的自治规则。管理规约是业主为了增进共同利益，确保良好的生活环境而共同制定的。一般来说，管理规约的事项包括下述三类：(1) 关于业主间的基础法律关系的事项，如共有部分的持分比例、共有部分的所有关系、建筑物灭失时业主的权利与义务等。(2) 关于业主间的共同事务的事项，如管理团体的组织机构、人数及权限，管理人的选任、解任及职务权限，管理费的数额与缴纳方法。(3) 关于业主间的利害关系的调整事项，如对专有部分的使用限制、对违反义务者的处置事项等。

第三节　相邻关系

一、相邻关系的含义

相邻关系是指相互毗邻的不动产所有权人或使用权人在行使所有权或使用权时，因相互间应当给予方便或接受限制而发生的权利义务关系。

相邻关系具有以下特点。

第一，相邻关系的主体是两个以上的不动产所有权人或使用权人。相邻关系是对所有权或使用权的一种限制，只能发生在两个以上的民事主体之间，单一的民事主体不可能发生不动产相邻关系问题。

第二，相邻关系只能基于不动产相邻的事实而发生。相邻关系只能发生在两个以上不动产所有权人或使用权人的不动产相邻的情况下。没有不动产的相邻，就不能发生相邻关系。

第三，相邻关系的客体是行使不动产权利时所体现的利益。相邻关系作为一种物权制度，其要解决的问题是在行使不动产权利时所发生的冲突，而非不动产本身的争议，因此，相邻关系的客体并不是物，而是相邻方行使不动产权利时所体现的利益。

第四，相邻关系的内容是给予相邻他方以必要便利。相邻关系的基本内容是相邻一方要求他方为自己行使不动产所有权或使用权提供必要便利的权利，以及他方应当给予必要方便的义务。因此，相邻关系的实质是不动产所有权或使用权的合理延伸和受到的必要限制。所谓必要的便利，是指非从相邻一方获得这种便利，便无法行使其权利；而相邻一方获得此种便利后，其权利就得到延伸，也能够顺利地行使自身权利；相邻的另一方则因提供此种便利而使其权利受到限制。

第五，相邻关系是依法律规定而直接产生的。相邻关系是由法律直接规定的，而不是当事人约定的，是法律为调和不动产所有权人或使用权人之间的利益冲突而对所有权所作的限制，属于所有权制度的一项重要内容，这与地役权制度明显不同。

二、相邻关系的处理原则

依据《民法典》第 288 条的规定，不动产的相邻权利人应当按照有利生产、方便生活、团结互助、公平合理的原则，正确处理相邻关系。其第 289 条规定，法律、法规对处理相邻关系有规定的，依照其规定；法律、法规没有规定的，可以按照当地习惯。可见，相邻人在处理相邻关系时，应当坚持以下三项原则。

第一，有利生产和方便生活的原则。相邻关系是人们在生产、生活中，因行使不动产权利而产生的，与人们的生产、生活直接相关，因此，相邻人在处理相邻关系时，应当从有利生产、方便生活的原则出发，正确处理相邻关系。

第二，团结互助和公平合理的原则。不动产的相邻权利人应当按照团结互助、公平合理的原则，正确处理相邻关系。一方面，相邻一方有权要求对方给予自己方便，同时，自己也应当给予对方方便；另一方面，相邻一方在获得便利时，也应当承担一定的义务。对此，《民法典》第 296 条规定，不动产权利人因用水、排水、通行、铺设管线等利用相邻不动产的，应当尽量避免对相邻的不动产权利人造成损害。

第三，遵循习惯的原则。基于不动产的特殊性，相邻关系并非一朝一夕就形成的，因此，在处理相邻关系时，在法律、法规没有规定的情况下，可以按照当地习惯处理。

例题 48 叶某将自有房屋卖给沈某，在交房和过户之前，沈某擅自撬门装修，施工导致邻居赵某经常失眠。下列哪些表述是正确的？

A. 赵某有权要求叶某排除妨害　　B. 赵某有权要求沈某排除妨害

C. 赵某请求排除妨害不受诉讼时效的限制　　D. 赵某无权干涉沈某装修

解析：本题的考点是相邻关系、精神损害赔偿，答案为A、B、C项。沈某施工给赵某的生活带来了重大妨害，赵某基于相邻关系的规定，可以请求排除妨害。因沈某是施工人，故赵某有权请求沈某排除妨害。同时，因房屋的所有人仍然是叶某，故赵某也可以请求叶某排除妨害。排除妨害是一种物权请求权，不受诉讼时效的限制。

三、相邻关系的主要类型

（一）相邻用水、排水关系

依据《民法典》第290条的规定，在相邻用水和排水关系中，不动产权利人应当为相邻权利人用水、排水提供必要的便利。对自然流水的利用，应当在不动产的相邻权利人之间合理分配；对自然流水的排放，应当尊重自然流向。

（二）相邻土地通行关系

依据《民法典》第291条的规定，在相邻土地通行关系中，不动产权利人对于相邻权利人因通行等而必须利用其土地的，应当提供必要的便利。

（三）相邻不动产利用关系

依据《民法典》第292条的规定，在相邻不动产利用关系中，不动产权利人因建造、修缮建筑物以及铺设电线、电缆、水管、暖气和燃气管线等必须利用相邻土地、建筑物的，该土地、建筑物的权利人应当提供必要的便利。

（四）相邻通风、采光和日照关系

依据《民法典》第293条的规定，在相邻通风、采光和日照关系中，建造建筑物，不得违反国家有关工程建设标准，不得妨碍相邻建筑物的通风、采光和日照。

（五）相邻环保关系

依据《民法典》第294条的规定，在相邻环保关系中，不动产权利人不得违反国家规定弃置固体废物，排放大气污染物、水污染物、土壤污染物、噪声、光辐射、电磁辐射等有害物质。

（六）相邻防险关系

依据《民法典》第295条的规定，在相邻防险关系中，不动产权利人挖掘土地、建造建筑物、铺设管线以及安装设备等，不得危及相邻不动产的安全。

第四节　共　有

一、共有的含义

依据《民法典》第297条的规定，共有是指两个以上的民事主体对同一项财产共同享有所有权。

共有具有以下特点。

第一，共有主体的多元性。共有必须有两个以上的自然人、法人或非法人组织作为其主体，单一主体不构成共有，因此，共有的主体具有多元性。

第二，共有客体的同一性。共有作为所有权的一种表现形式，其客体也是物，但这种物表现为同一项特定财产。所谓“同一财产”，是指同一项特定财产。它既可以是某一个特定的不动产或动产，也可以是特定的集合财产，如夫妻共有财产、死者的遗产等。如果民事主体共同享有用益物权、担保物权的，则产生准共有，参照共有的规定（《民法典》310条）。

第三，共有内容的双重性。共有的内容不仅包括共有人与非所有权人之间的权利义务关系，还包括共有人内部相互之间的权利义务关系，因此，共有的内容具有双重性。

二、按份共有

（一）按份共有的含义

按份共有又称分别共有，是指共有人按照确定的份额对共有财产分享权利、分担义务的共有。

按份共有具有以下特点。

第一，按份共有人对共有财产存在一定的应有部分。依据《民法典》第298条的规定，按份共有人对共有财产按照其份额享有所有权，因此，共有人对共有财产存在一定的应有部分。所谓应有部分，是指共有人对共有财产所有权所享权利的比例，或共有人对共有财产所有权在量上应享的份额。

第二，按份共有人对其应有部分享有相当于所有权的权利。按份共有人虽然按照应有部分的比例享有权利、分担义务，但共有人对其应有部分享有相当于所有权的权利，因此，在法律或共有协议未作限制的情况下，按份共有人随时都可要求分出或转让其份额。按份共有人死亡时，其继承人有权继承其应有部分。

第三，按份共有人的权利、义务及于共有财产的全部。按份共有人按照自己的应有部分享有权利、承担义务，但由于应有部分只是所有权的量的分割而非共有财产的量的分割，所以，按份共有人并不是就共有财产的各特定部分享有权利、承担义务，而是就自己的份额比例对整个共有财产享有权利、承担义务。

（二）按份共有的内部关系

按份共有的内部关系是指按份共有人相互间的法律关系，涉及按份共有人之间的权利和义务。

1. 应有部分及其处分

在按份共有中，应有部分一般依共有人的意思而定。依据《民法典》第309条的规定，按份共有人对共有财产享有的份额，没有约定或者约定不明确的，按照出资额确定；不能确定出资额的，视为等额享有。应有部分的处分，通常包括应有部分的分出、转让、设定负担和抛弃等。

（1）应有部分的分出。按份共有人有权要求将自己的应有部分从共有财产中分出。但在法律或共有协议对分出设有限制时，按份共有人应遵守该限制。在不损害共有财产的使用性能与其他共有人的权利的前提下，共有人可以分出实物。

（2）应有部分的转让与优先购买权。依据《民法典》第305条的规定，按份共有人可以转让其享有的共有财产份额，其他共有人享有同等条件下的优先购买权。按份共有人转让其享有的共有财产份额的，应当将转让条件及时通知其他共有人，其他共有人应当在合理期限内行使优先购买权（《民法典》第306条第1款）。

优先购买权的成立与行使须符合以下条件：其一，优先购买权须在共有份额出卖的情形下适用。因此，共有份额的权利主体因继承、遗赠等原因发生变化时，其他按份共有人不得主张优先购买，但按份共有人之间另有约定的除外。其二，优先购买权须在向共有人之外的第三人转让共有份额时适用。因此，按份共有人之间转让共有份额，其他按份共有人不得主张优先购买，但按份共有人之间另有约定的除外。其三，共有人须于同等条件下主张优先购买权。所谓同等条件，应当综合共有份额的转让价格、价款履行方式及期限等因素确定。其四，共有人只能于合理期限内行使优先购买权。如果有两个以上按份共有人主张优先购买且协商不成的，各共有人可以按照转让时各自份额的比例行使优先购买权（《民法典》第306条第2款）。

例题 49 甲、乙、丙、丁按份共有一艘货船，份额分别为10%、20%、30%、40%。甲欲将其共有份额转让，戊愿意以50万元的价格购买，价款一次付清。关于甲的共有份额转让，下列哪些选项是错误的？

A. 甲向戊转让其共有份额，须经乙、丙、丁同意

B. 如乙、丙、丁均以同等条件主张优先购买权，则丁的主张应得到支持

C. 如丙在合理期限内以50万元分期付款的方式要求购买该共有份额，应予支持

D. 如甲改由向乙转让其共有份额，丙、丁在同等条件下享有优先购买权

解析：本题的考点是按份共有份额的转让，答案为A、B、C、D项。在按份共有中，共有人有权转让其共有份额，不需要经过其他按份共有人的同意。共有人在向共有人之外的人转让共有份额时，其他共有人在同等条件下享有优先购买权。如果多个共有人均主张优先购买且协商不成时，应当按照转让时各自份额的比例行使优先购买权。在优先购买权中，同等条件应当综合共有份额的转让价格、价款履行方式及期限等因素确定。因此，尽管丙与戊的出价相同，但丙系采取分期付款的方式购买，故不属于同等条件，丙的请求不能得到支持。按份共有人的优先购买权原则仅适用于向共有人之外的人转让共有份额的情形，除非共有人之间另有约定。可见，如甲向乙转让共有份额，丙、丁不享有优先购买权。

（3）以应有部分设立负担。按份共有人可以就其应有部分设立抵押权。在设立抵押权后，即使共有财产分割，对抵押权也不产生影响。

（4）抛弃应有部分。抛弃在性质上属于处分行为，共有人可以自由为之。

2. 共有财产的使用、收益

在按份共有中，共有人按其应有部分对共有财产的全部享有使用、收益的权利，主要体现在以下三个方面：（1）无论应有部分的多寡，各共有人对共有财产的全部均有使用、收益权；（2）共有人对共有财产的使用、收益权要受其他共有人应有部分的限制，并不得损害其他共有人的权利；（3）共有人的共有权如被其他共有人否认或侵夺，该共有人可以提起确认或回复之诉。共有人未经协议或未获其他共有人的同意而径对共有财产的全部或一部任意加以占有、使用和收益的，视为对其他共有人的所有权的侵害。

3. 共有财产的管理

依据《民法典》第300条的规定，共有人按照约定管理共有财产；没有约定或者约定不明确的，各共有人都有管理的权利和义务。共有财产的管理包括共有财产的保存、改良和利用。共有财产的保存是指以防止共有财产的毁损、灭失或其权利丧失、限制等为目的而维持其现状的行为；共有财产的改良是指不变更共有财产的性质而增加其效用或价值的行为；共有财产的利用是指以满足共有人的共同需要为目的，不变更共有财产的性质而决定其使用、收益方法的行

为，如将共有房屋出租给他人居住。依据《民法典》第 301 条的规定，对共有财产作重大修缮、变更性质或用途的，应当经占份额 2/3 以上的按份共有人同意，但共有人之间另有约定的除外。

4. 共有财产的处分

共有财产的处分包括事实上的处分与法律上的处分。处分共有财产，应当经占份额 2/3 以上的按份共有人同意，但共有人之间另有约定的除外（《民法典》第 301 条）。

5. 共有财产的费用负担

依据《民法典》第 302 条的规定，共有人对共有财产的管理费用以及其他负担，有约定的，按照约定；没有约定或者约定不明确的，按份共有人按照其份额负担。

（三）按份共有的外部关系

按份共有的外部关系是指共有人与第三人间的法律关系，涉及按份共有人与第三人之间的权利和义务。

1. 按份共有人基于应有部分的持分权可以向第三人提出物权请求权

按份共有人就其应有部分享有相当于所有权的权利，因此，按份共有人基于应有部分的持分权可以对第三人单独主张各种物权请求权，包括应有部分的确认请求权、共有财产返还请求权、排除妨害请求权、消除危险请求权等。

2. 按份共有人的对外责任

依据《民法典》第 307 条的规定，因共有财产产生的债权、债务，在对外关系上，共有人享有连带债权、承担连带债务，但法律另有规定或者第三人知道共有人不具有连带债权债务关系的除外；偿还债务超过自己应当承担份额的按份共有人，有权向其他共有人追偿。

例题 50 甲、乙、丙、丁共有 1 套房屋，各占 1/4，对共有房屋的管理没有进行约定。甲、乙、丙未经丁同意，以全体共有人的名义将该房屋出租给戊。关于甲、乙、丙上述行为对丁的效力的依据，下列哪一表述是正确的？

A. 有效，出租属于对共有物的管理，各共有人都有管理的权利

B. 有效，对共有物的处分应当经占共有份额 2/3 以上的共有人的同意，出租行为较处分为轻，当然可以为之

C. 无效，对共有物的出租属于处分，应当经全体共有人的同意

D. 有效，出租是以利用的方法增加物的收益，可以视为改良行为，经占共有份额 2/3 以上的共有人的同意即可

解析：本题的考点是按份共有，答案为 B 项。在按份共有中，处分共有财产或者对共有财产作重大修缮、变更性质或用途的，应当经占份额 2/3 以上的共有人的同意。甲、乙、丙、丁对共有财产各有 1/4 的份额，三人的份额已经超过共有份额的 2/3。共有财产的出租并不是改良行为，而是利用行为，较处分行为为轻。因此，经占共有份额 2/3 以上的共有人的同意，共有人有权出租共有财产。

三、共同共有

（一）共同共有的含义

共同共有是指共有人基于共同关系，对共有财产不分份额地享有权利、承担义务的共有。

共同共有具有以下特点。

第一，共同共有是不分份额的共有。依据《民法典》第 299 条的规定，共同共有人对共有财产共同享有所有权。可见，共同共有人对共有财产没有份额之分，不存在应有部分。在共同共有关系存续期间，共同共有人不能对共同共有财产确定份额。只有在共同共有关系终止而分割共有财产时，才能确定各自的份额。

第二，共同共有的发生以共有人之间存在共同关系为前提。所谓共同关系，是指两个以上的民事主体因共同目的而结合，成立具有共同共有基础的法律关系，主要包括家庭关系和夫妻关系。共同共有以共有人之间存在共同关系为成立的前提，没有共同关系的存在，就不能成立共同共有。共同关系消灭时，共同共有关系也就随之消灭。对于共有人之间对其共有是共同共有还是按份共有存在争议的情形，《民法典》第 308 条规定，共有人对共有财产没有约定为按份共有或者共同共有，或者约定不明确的，除共有人具有家庭关系等外，视为按份共有。

第三，共同共有人对共有财产平等地享有权利和承担义务。在共同共有关系中，各共同共有人对共有财产享有平等的占有、使用、收益与处分的权利，同时，各共有人对共有财产也承担平等的义务。

（二）共同共有的效力

1. 共同共有的内部关系

共同共有的内部关系是指共同共有人相互间的法律关系，主要包括以下内容。

（1）共同共有人的权利及于共同共有财产的全部，共有人平等地享有使用、收益权。依据《民法典》第 301 条的规定，对共有财产进行处分时须经全体共同共有人一致同意，但共有人之间另有约定的除外。

（2）共同共有人就共有财产享有的权利，须受产生该共同关系的法律的限制，当事人不得随意变更法律关于共同共有关系成立基础的规定。

（3）对共有财产进行管理的权利和义务。依据《民法典》第 300 条的规定，共有人应当按照约定管理共有财产；没有约定或者约定不明确的，各共有人都有管理的权利和义务。

（4）处分共同共有的不动产或者动产以及对共有的不动产或者动产作重大修缮、变更性质或者用途的，应当经全体共同共有人同意，但共有人之间另有约定的除外（《民法典》第 301 条）。

2. 共同共有的外部关系

共同共有的外部关系是指共有人与第三人间的法律关系，主要包括以下内容。

（1）共有财产造成他人损害时，共有人应承担连带赔偿责任。

（2）承担部分共有人擅自处分共有财产的法律后果。在共有关系存续期间，部分共有人擅自处分共有财产的，一般并不因此而认定该处分行为无效，以维护善意第三人的利益和交易秩序。至于其他共同共有人的损失，则由擅自处分共有财产的人予以赔偿。

（3）对所欠债务的连带清偿责任。依据《民法典》第 307 条的规定，因共有财产产生的债权、债务，在对外关系上，共有人享有连带债权、承担连带债务。

四、共有财产的分割

（一）共有财产分割的原则

《民法典》第 303 条规定：共有人约定不得分割共有财产，以维持共有关系的，应当按照约定，但共有人有重大理由需要分割的，可以请求分割；没有约定或者约定不明确的，按份共有人可以随时请求分割，共同共有人在共有的基础丧失或者有重大理由需要分割时可以请求分割。因分割对其他共有人造成损害的，应当给予赔偿。依照这一规定，共有人在分割共有财产时，应当遵循以下四项原则。

一是遵循约定原则，即共有人约定不得分割共有财产，以维持共有关系的，应当按照约定；但共有人有重大理由需要分割的，可以请求分割。

二是分割自由原则，即共有人没有约定不得分割共有财产或者约定不明确的，按份共有人可以随时请求分割，共同共有人在共有的基础丧失或者有重大理由需要分割时也可以请求分割。

三是物尽其用原则，即共有人分割共有财产时，应当保存和发挥共有财产的效用，不得损害共有财产的价值。对于难以实物分割或实物分割会减损价值的，应采取其他的分割方式。如果因分割共有财产对其他共有人造成损害的，请求分割人应当给予赔偿。

四是平等协商原则，即共有人在分割共有财产时，应当在平等协商的基础上，本着团结和睦的精神进行。共有人对共有财产的分割时间、方法、范围等都应当进行协商。

（二）共有财产分割的方法

《民法典》第 304 条第 1 款规定：共有人可以协商确定分割方式。达不成协议，共有财产可以分割且不会因分割减损价值的，应当对实物予以分割；难以分割或者分割会减损价值的，应当对折价或者拍卖、变卖取得的价款予以分割。依照这一规定，共有财产的分割方法有以下三种。

一是实物分割，即共有人对共有财产进行实体分割，由各共有人取得分割部分的单独所有权。实物分割只有在共有财产为可分物且不会因分割减损价值的情况下，才能适用。

二是折价补偿，即由某个共有人取得共有财产的所有权，并由该共有人向其他共有人补偿其应取得部分的价值。

三是变价分割，即将共有财产出卖而由共有人分配价款。在共有财产不能进行实物分割，或者共有人都不愿意接受共有财产时，可以将共有财产拍卖或变卖，由共有人分割价款。

（三）共有财产分割的效力

共有财产分割后，各共有人取得分割部分的单独所有权。同时，共有人之间应当对其他共有人分得的共有财产的瑕疵承担担保责任。依据《民法典》第 304 条第 2 款规定，共有人分割所得的共有财产有瑕疵的，其他共有人应当分担损失。

第五节　所有权的取得

一、善意取得

（一）善意取得的含义

善意取得是指无权处分他人财产的人将该财产转让给第三人，受让人在取得该财产时系出于善意并支付了合理的对价，即依法取得财产的所有权的制度。

依据《民法典》第 311 条第 3 款的规定，善意取得不仅适用于所有权的取得，也适用于其他物权的取得。当事人善意取得其他物权的，参照所有权善意取得的规定。

（二）善意取得的构成要件

《民法典》第 311 条第 1 款规定，无处分权人将不动产或者动产转让给受让人的，所有权人有权追回；除法律另有规定外，符合下列情形的，受让人取得该不动产或者动产的所有权：(1) 受让人受让该不动产或者动产时是善意的；(2) 以合理的价格转让；(3) 转让的不动产或者动产依照法律规定应当登记的已经登记，不需要登记的已经交付给受让人。依照这一规定，善意取得须具备以下构成要件。

1. 让与人对处分的财产无处分权

这一要件包含了两个方面的含义：一方面，善意取得的标的物包括动产和不动产。就动产而言，除法律禁止流通的动产、货币和无记名有价证券、盗窃物等外，其他动产均可适用善意取得。但遗失物只是在特定情形下适用善意取得。《民法典》第312条规定，所有权人或者其他权利人有权追回遗失物。该遗失物通过转让被他人占有的，权利人有权向无处分权人请求损害赔偿，或者自知道或应当知道受让人之日起2年内向受让人请求返还原物，但受让人通过拍卖或者向具有经营资格的经营者购得该遗失物的，权利人请求返还原物时应当支付受让人所付的费用。权利人向受让人支付所付费用后，有权向无处分权人追偿。可见，权利人自知道或者应当知道受让人之日起2年内没有请求受让人返还原物的，遗失物应当适用善意取得，由受让人取得遗失物的所有权。就不动产而言，因我国法律禁止土地的流通，所以，可以适用善意取得的不动产仅限于建筑物等地上定着物。

另一方面，让与人必须是无处分权的动产的占有人或不动产的登记所有权人。对于动产，让与人须为占有人，因为只有占有人才有可能将占有的动产转让给第三人；对于不动产，让与人须为登记的所有权人，因为只有登记为所有权人的人才有可能将登记的不动产转让给第三人。无论是动产的占有人还是登记为不动产所有权人的人，只有让与人没有处分该动产或不动产的权利，才能适用善意取得。

2. 受让人受让财产时为善意

善意取得以受让人善意为成立条件，至于让与人是否为善意，对善意取得的成立不产生影响。所谓受让人的善意，是指受让人在受让财产时不知道或者不应当知道让与人无处分财产的权利。受让人受让不动产或者动产时，不知道转让人无处分权，且无重大过失的，应当认定受让人为善意；真实权利人主张受让人不构成善意的，应当承担举证证明责任。一般地说，具有下列情形之一的，应当认定不动产受让人知道转让人无处分权：（1）登记簿上存在有效的异议登记；（2）预告登记有效期内，未经预告登记的权利人同意；（3）登记簿上已经记载司法机关或者行政机关依法裁定、决定查封或者以其他形式限制不动产权利的有关事项；（4）受让人知道登记簿上记载的权利主体错误；（5）受让人知道他人已经依法享有不动产物权。真实权利人有证据证明不动产受让人应当知道转让人无处分权的，应当认定受让人具有重大过失。受让人受让动产时，交易的对象、场所或者时机等不符合交易习惯的，应当认定受让人具有重大过失。

受让人的善意以不动产登记或者动产交付时为善意即为已足。不动产登记或动产交付后，受让人是否为善意，不影响善意取得的成立。所谓受让财产时，是指依法完成不动产物权转移登记或者动产交付之时。以简易交付的方式交付动产的，转让动产的民事法律行为生效时为动产交付之时；以指示交付的方式交付动产的，转让人与受让人之间有关转让返还原物请求权的协议生效时为动产交付之时。此外，如果法律对不动产、动产物权的设立另有规定的，应当按照法律规定的时间认定权利人是否为善意。

3. 受让人须支付了合理的价格

受让人取得动产或不动产应为有偿，且支付了合理的价格。这是因为，如果允许受让人无偿或者以不合理的低价取得财产，而原所有权人又不能从无权处分人处获得补偿，则会造成受让人与原所有权人之间的利益失衡。受让价格是否合理，应当根据转让标的物的性质、数量以及付款方式等具体情况，参考转让时交易地市场价格以及交易习惯等因素综合认定。

4. 转让的财产已完成物权变动的公示

善意取得的成立须受让人取得不动产登记或动产的占有，即转让的不动产或者动产依照法律规定应当登记的已经登记，不需要登记的已经交付给受让人。在无权处分人转让船舶、航空器和机动车等时，转让人将其交付给受让人的，应当认定已经完成物权变动的公示。

例题 51 甲被人民法院宣告失踪，其妻乙被指定为甲的财产代管人。3个月后，乙将登记在自己名下的夫妻共有房屋出售给丙，交付并办理了过户登记。在此过程中，乙向丙出示了甲被宣告失踪的判决书，并将房屋属于夫妻二人共有的事实告知丙。1年后，甲重新出现，并经人民法院撤销了失踪宣告。现甲要求丙返还房屋。对此，下列哪一说法是正确的？

A. 丙善意取得房屋所有权，甲无权请求返还

B. 丙不能善意取得房屋所有权，甲有权请求返还

C. 乙出售夫妻共有房屋构成家事代理，丙继受取得房屋所有权

D. 乙出售夫妻共有房屋属于有权处分，丙继受取得房屋所有权

解析：本题的考点是夫妻共同财产的处分效力，答案为B项。乙处分的房屋虽然登记在乙的名下，但为甲、乙的夫妻共同财产。因此，乙作为失踪丈夫的财产管理人，对共同财产不享有单独处分权，乙的处分为无权处分。在乙处分房屋时，受让人丙知晓这一情况，因此，丙不能善意取得房屋的所有权，甲有权请求返还。乙出售共有房屋的行为并非日常生活需要，故不构成家事代理。

（三）善意取得的效力

善意取得成立后，发生以下两个方面的主要效力。

第一，善意受让人取得受让物的所有权，原所有权人的所有权消灭。同时，因善意取得属于原始取得，所以，善意受让人取得动产后，该动产上的原有权利消灭，但善意受让人在受让时知道或者应当知道该权利的除外（《民法典》第313条）。

第二，原所有权人取得损害赔偿请求权。受让人依照善意取得而取得受让财产的所有权的，原所有权人有权向无处分权人请求赔偿损失（《民法典》第311条第2款）。

例题 52 吴某和李某共有一套房屋，所有权登记在吴某名下。某年2月1日，人民法院判决吴某和李某离婚，并且判决房屋归李某所有，但是并未办理房屋所有权变更登记。3月1日，李某将该房屋出卖给张某，张某基于对判决书的信赖支付了50万元价款，并入住了该房屋。4月1日，吴某又就该房屋和王某签订了买卖合同，王某在查阅了房屋登记簿确认房屋仍归吴某所有后，支付了50万元价款，并于5月10日办理了所有权变更登记手续。下列哪些选项是正确的？

A. 5月10日前，吴某是房屋所有权人

B. 2月1日至5月10日，李某是房屋所有权人

C. 3月1日至5月10日，张某是房屋所有权人

D. 5月10日后，王某是房屋所有权人

解析：本题的考点是物权变动、善意取得，答案为B、D项。依据《民法典》第229条的规定，李某自人民法院的判决书生效之日起享有该房屋的所有权。因此，2月1日至5月10日，李某是房屋所有权人，吴某不再享有所有权。李某将该房屋出卖给张某，但因其没有办理产权过户登记，张某对房屋不享有所有权。王某是善意第三人，且办理了房屋过户登记手续，基于善意取得对房屋享有所有权。

二、拾得遗失物

（一）拾得遗失物的含义

拾得遗失物是指发现他人的遗失物而予以占有的事实。拾得遗失物是一种事实行为，故拾得人不以具有民事行为能力为限。只要拾得人发现遗失物并予以实际占有的，均可构成拾得遗失物。

依据《民法典》第319条的规定，拾得漂流物，应参照拾得遗失物的有关规定办理。所谓漂流物，是指漂流在水上的遗失物。

（二）拾得遗失物的构成条件

一般来说，拾得遗失物应当具备以下两个条件。

1. 标的物须为遗失物

遗失物是指所有权人或合法占有人不慎丢失或遗忘于某处的物。遗失物的构成须具备以下条件：(1) 须为有主物，无主物不构成遗失物；(2) 须为动产，不动产不会成为遗失物；(3) 须物的所有权人或合法占有人丧失了对物的占有，即丧失对物行使事实上的管领力；(4) 遗失人丧失对物的占有须非出于本意。所有权人抛弃之物、被他人侵夺之物、误占之物均不属于遗失物。

2. 须有拾得行为

所谓拾得行为，是指发现并实际占有遗失物的行为。发现与占有，是构成拾得行为的两个要素。虽发现但不占有，尚不能称为拾得。

（三）拾得遗失物的效力

1. 拾得人的义务

(1) 返还义务。拾得人拾得遗失物的，应当返还权利人（《民法典》第314条）。所谓权利人，是指遗失物的所有权人及其他合法占有人。当权利人认领遗失物时，拾得人有返还的义务，否则构成侵权。

(2) 通知和送交义务。拾得人应当及时通知权利人领取遗失物，或者送交公安等有关部门（《民法典》第314条）。拾得人无正当理由未及时通知或送交的，应视为“侵占遗失物”。有关部门收到遗失物，知道权利人的，应当及时通知其领取；不知道的，应当及时发布招领公告（《民法典》第315条）。

(3) 保管义务。拾得人在将遗失物送交有关部门前，有关部门在遗失物被领取前，应当妥善保管遗失物。因故意或者重大过失致使遗失物毁损、灭失的，拾得人或有关部门应当承担民事责任（《民法典》第316条）。

2. 拾得人的权利

(1) 费用偿还请求权。权利人领取遗失物时，应当向拾得人或者有关部门支付为保管遗失物等而支出的必要费用（《民法典》第 317 条第 1 款）。所谓必要费用，是指拾得人出于保管或保存拾得物的目的，或出于查明有权受领人的目的所支出的费用，以及拾得人依当时的情况认为有必要支出的费用。

（2）报酬请求权。在一般情况下，拾得人无报酬请求权。只有在权利人悬赏寻找遗失物的情况下，拾得人才享有报酬请求权。依据《民法典》第 317 条第 2 款的规定，权利人悬赏寻找遗失物的，领取遗失物时应当按照承诺履行义务。也就是说，权利人悬赏寻找遗失物的，在领取遗失物时应当按照承诺支付报酬。但是，拾得人侵占遗失物的，无权请求偿还保管遗失物等支出的费用，也无权请求权利人按照承诺履行义务（《民法典》第 317 条第 3 款）

3. 无人认领遗失物的所有权归属

依据《民法典》第 318 条规定，遗失物自发布招领公告之日起 1 年内无人认领的，归国家所有。

例题 53 一日清晨，甲发现一头牛趴在自家门前，便将其拴在自家院内，打探失主未果。时值春耕，甲用该牛耕种自家田地。期间该牛因劳累过度得病，甲花费 300 元将其治好。两年后，牛的主人乙寻牛来到甲处，要求甲返还，甲拒绝返还。下列哪一说法是正确的？

A. 甲应返还牛，但有权要求乙支付 300 元

B. 甲应返还牛，但无权要求乙支付 300 元

C. 甲不应返还牛，但乙有权要求甲赔偿损失

D. 甲不应返还牛，无权要求乙支付 300 元

解析：本题的考点是拾得遗失物的效力，答案为 B 项。乙丢失一头牛，故该牛为遗失物。拾得人拾得遗失物的，应当返还给权利人；权利人在领取遗失物时，应当向拾得人支付保管遗失物等支出的必要费用；拾得人侵占遗失物的，无权请求保管遗失物等支出的费用。在乙要求返还遗失物时，甲拒绝返还而构成了侵占遗失物。据此，甲为牛治疗支付的 300 元医疗费用无权要求乙偿还。

三、发现埋藏物

（一）发现埋藏物的含义

发现埋藏物是指认识埋藏物之所在的事实。发现埋藏物是一种事实行为，因此，发现人不以具有民事行为能力为限，只需具有意思能力即可。同时，发现人也不以具有所有的意思为必要。

（二）发现埋藏物的构成条件

一般来说，发现埋藏物须具备以下两个条件。

1. 标的物须为埋藏物

埋藏物是指埋藏于他物之中的物。埋藏物的构成须具备下列条件：（1）须为动产。埋藏物以动产为限，不动产不构成埋藏物。（2）须埋藏于他物之中。所谓埋藏，是指一物包藏于他物之中，不易自外部发现的状态。（3）须为有主物。由埋藏物的“埋藏”的意义可知，埋藏物在性质上为有主物，而非无主物。

我国法除使用了埋藏物的概念外，还使用了“隐藏物”一词。实际上，埋藏物与隐藏物的含义并无不同，只是包藏物有所不同而已。埋藏物是埋藏于土地之中的物，而隐藏物是隐藏于土地以外的其他包藏物中的物。

2. 须有发现的行为

所谓发现，是指认识埋藏物之所在。通说认为，发现人只需认识埋藏物之所在，即可构成发现，不以同时加以占有为必要。

（三）发现埋藏物的效力

《民法典》第319条规定，发现埋藏物或者隐藏物的，参照拾得遗失物的有关规定。因此，发现埋藏物的效力基本等同于拾得遗失物的效力。

例题54 甲将一套房屋转让给乙，乙再转让给丙，相继办理了房屋过户登记。丙翻建房屋时在地下挖出一瓷瓶，经查为甲的祖父埋藏，甲是其祖父唯一继承人。丙将该瓷瓶以市价卖给不知情的丁，双方钱物交割完毕。现甲、乙均向丙和丁主张权利。下列哪一选项是正确的?

A. 甲有权向丙请求损害赔偿

B. 乙有权向丙请求损害赔偿

C. 甲、乙有权主张丙、丁买卖无效

D. 丁善意取得瓷瓶的所有权

解析：本题的考点是埋藏物所有权的认定，答案为A项。丙翻建房屋时在地下挖出一瓷瓶，该瓷瓶应认定为埋藏物。该埋藏物为甲的祖父所埋藏，因此，所有人应为甲的祖父。因甲是其祖父的唯一继承人，所以，该瓷瓶应由甲继承而取得所有权。丙在发现甲祖父的埋藏物后转让给不知情的丁，甲作为权利人有权向无权处分人丙请求损害赔偿。而乙并非该埋藏物的所有权人或者其他权利人，无权向丙请求损害赔偿。丙、丁的买卖合同不存在无效情形，应为有效。依据《民法典》关于善意取得的规定，遗失物、漂流物、埋藏物、隐藏物原则上不适用善意取得。

四、添附

（一）添附的含义和形式

添附是指不同所有权人的动产或不动产被结合、混合在一起，成为一个新物，或者利用他人之物加工成新物的事实状态。

依据《民法典》第322条的规定，添附的形式有加工、附合、混合三种。

加工是指加工人将他人之物加工、改造为新物的法律事实。例如，甲将乙的树根加工成根雕艺术品。通常而言，加工会使原物的价值提高。

附合是指不同所有权人的动产或不动产密切结合在一起而成为一种新物，包括动产与动产附合、动产与不动产附合。在附合的情况下，各原所有权人的物虽可识别，但非经拆毁不能恢复原来的状态。例如，砖、木的附合构建成房屋，宝石镶入戒指构成宝石戒指等。

混合是指不同所有权人的动产混杂在一起而形成一种新物。例如，甲将自己的10斤大米与乙的10斤大米混装在一个口袋里。在混合的情况下，混合物已经无法从外观上识别混合前的各项动产，不能识别何者属于何人。

（二）添附物的归属

依据《民法典》第 322 条的规定，因加工、附合、混合而产生的物的归属，有约定的，按照约定；没有约定或者约定不明的，依照法律规定；法律没有规定的，按照充分发挥物的效用以及保护无过错当事人的原则确定。在理论上，对于没有约定或者约定不明，也没有法律规定情形下添附物的归属，有以下见解。

对于加工物所有权的归属，应当分别按如下情形予以处理：（1）如果加工所增价值未超过原物的价值，则加工物归原材料所有权人，即采用材料主义。（2）如果加工价值显然大于原物的价值，则加工物可以归加工人所有，即采取加工主义。（3）如果加工价值与原物价值相当，则可以由双方共有。

对于附合物所有权的归属，应当分别按如下情形予以处理：（1）当动产附合于不动产之上时，由不动产所有权人取得所有权，原动产所有权人丧失所有权。（2）当动产与动产附合时，如果附合的动产有主物、从物之别，则由主物的所有权人取得附合物的所有权，原从物所有权丧失所有权；如果附合的动产无主物、从物之别，则由原物价值较大的一方取得所有权，另一方丧失所有权；如果原物价值相当，可以由原所有权人共有附合物。

对于混合物所有权的归属，可以由原物价值较大的一方取得所有权，另一方丧失所有权；如果原物价值相当，也可以由原所有权人共有混合物。这种共有通常为按份共有，可以采取实物分割的方式分割混合物。

（三）因添附产生的赔偿或补偿

依据《民法典》第 322 条的规定，因一方当事人的过错或者确定物的归属造成另一方当事人损害的，应当给予赔偿或者补偿。

五、先占

（一）先占的含义

先占是指占有人以所有的意思，最先占有无主动产而取得所有权的事实。先占属于事实行为，所以，先占人并不以具有民事行为能力者为限。即使民事行为能力受有限制者，也可因先占而取得所有权。

（二）先占的构成条件

一般来说，先占的构成须具备以下三个条件。

第一，先占物须为无主物。所谓无主物，是指现在不属于任何人所有的物。某物是否为无主物，不以先占人的主观认识为准，而应以先占时的客观情况为依据。

第二，先占物须为动产。先占物不仅须为无主物，而且须为动产。无主的不动产不得依先占取得所有权，只能依法律的规定处理。但是，法律禁止适用先占的物，如禁止流通物、文物等，不得成为先占物。

第三，先占人须以所有的意思占有无主动产。一方面，先占人须有“所有的意思”，即先占人须具有将占有的动产归于自己管领、支配的意思。另一方面，先占人须实际占有无主动产。行为人仅发现无主动产，尚不构成先占，还必须加以实际占有。

（三）先占的效力

我国《民法典》并没有将先占规定为所有权的取得方式，但民法理论和司法实践均承认之。在现实生活中，通过先占取得无主动产的所有权已成为一项重要的习惯。例如，对于抛弃的废、旧物，先占人可以取得所有权。

例题 55 潘某与刘某相约出游，潘某在长江边拾得一块奇石，爱不释手，拟带回家。刘某说，《民法典》规定水流属于国家所有，这一行为可能属于侵占国有财产。关于潘某能否取得奇石的所有权，下列哪一说法是正确的？

A. 不能，因为石头是水流的成分，长江属于国家所有，石头从水流中分离后仍然属于国家财产

B. 可以，因为即使长江属于国家所有，但石头是独立物，经有关部门许可即可以取得其所有权

C. 不能，因为即使石头是独立物，但长江属于国家所有，石头也属于国家财产

D. 可以，因为即使长江属于国家所有，但石头是独立物、无主物，依先占的习惯可以取得其所有权

解析：本题的考点是先占，答案为D项。依法律规定，长江属于国家所有。而长江边的石头不属于长江的成分，是一种独立之物。同时，这种石头也不属于任何人所有，而属于无主物，潘某可以依先占取得其所有权。

引读案例解答

1. (1) 在甲公司建设的住宅小区内，住户（业主）对小区内的住宅享有建筑物区分所有权。(2) 住宅小区内的供暖设施是为满足业主的取暖需要而建造的，属于公用设施的范围，应属于业主共有，而不属于甲公司所有。因此，对供暖设施的处理，应由业主共同研究决定，甲公司无权拆除。

2. (1) 甲、乙双方当事人因住宅相邻，且因房屋所有权及树木所有权的行使问题发生冲突，所以，双方之间因不动产所有权的行使而产生了相邻关系。(2) 甲的树木的根枝伸延而危及乙的建筑物安全，这种相邻关系属于相邻防险关系。双方当事人应当在有利生活、团结互助、公平合理原则的前提下，由甲消除危险、恢复原状、赔偿损失。

3. (1) 甲不能取得钱包的所有权，因为钱包属于遗失物。甲应当将钱包返还给遗失人乙，这是甲作为拾得人的义务。(2) 乙作为遗失物的所有权人悬赏寻找遗失物，其悬赏承诺一旦作出，对乙即具有法律约束力，乙应当在领取遗失物时按照承诺履行义务，向甲支付2 000元酬金。

课堂讨论案例

1. 甲家的房门与邻居乙家房门相距很近，多年来相安无事。自从2018年5月乙家装上向外开的防盗门后，甲进出家门时都可能因乙家突然开门而被撞到。甲建议乙更换防盗门或将门改为向里开，但遭到乙的拒绝。

问：(1) 甲、乙之间的纠纷属于何种性质的纠纷？(2) 甲是否有权要求乙更改防盗门方向？

2. 甲、乙、丙系朋友关系，共同受赠一栋房屋，该房屋一直由甲个人使用。后来，甲与乙、丙协商将该房屋出租，乙对此表示赞同，但丙不同意出租而主张出卖。乙认为丙出卖的理

由更充分，遂同意丙出卖房屋的意见。但甲坚持出租而不出卖。乙、丙在未经甲同意的情况下，将房屋出卖给丁。

问：(1) 甲、乙、丙对受赠的房屋是何种共有？(2) 乙、丙在未经甲同意的情况下，能否将房屋出卖？(3) 丁能否取得房屋的所有权？

3. 甲捡到一匹母马，并牵回家饲养。1年之后，因无人认领母马，甲通过拍卖将母马出卖给不知情的乙。1个月后，失主丙发现了丢失的母马在乙处，即向乙索要。

问：(1) 甲能否取得母马的所有权？(2) 乙能否基于善意取得而取得母马的所有权？(3) 若丙请求乙返还母马，则乙对丙享有何种权利？

4. 甲有一块价值1万元的玉石。甲与乙订立了买卖该玉石的合同，约定价金1.1万元。由于乙没有带钱，甲未将该玉石交付与乙，约定3日后乙到甲的住处付钱取玉石。随后甲又向乙提出，再借用玉石把玩几天。乙表示同意。隔天，知情的丙找到甲，提出愿以1.2万元购买该玉石，甲同意并当场将玉石交给丙。丙在回家路上遇到债主丁，丁向丙催要9 000元欠款甚急，丙无奈，将玉石交付与丁抵偿债务。后丁将玉石丢失，被戊拾得，戊将其转卖给己。请回答以下问题。

(1) 关于乙对该玉石所有权的取得和交付的表述，下列选项正确的是？

A. 甲、乙的买卖合同生效时，乙直接取得该玉石的所有权

B. 甲、乙的借用约定生效时，乙取得该玉石的所有权

C. 由于甲未将玉石交付给乙，所以乙一直未取得该玉石的所有权

D. 甲通过占有改定的方式将玉石交付给了乙

(2) 关于丙、丁对该玉石所有权的取得问题，下列说法正确的是？

A. 甲将玉石交付给丙时，丙取得该玉石的所有权

B. 甲、丙的买卖合同成立时，丙取得该玉石的所有权

C. 丙将玉石交给丁时，丁取得该玉石的所有权

D. 丁不能取得该玉石的所有权

(3) 关于该玉石的返还问题，下列说法正确的是？

A. 戊已取得了该玉石的所有权，原所有权人无权请求返还该玉石

B. 该玉石的真正所有权人请求己返还该玉石不受时间限制

C. 该玉石的真正所有权人可以在戊与己的转让行为生效之日起3年内请求己返还该玉石

D. 该玉石的真正所有权人可以在知道或者应当知道该玉石的受让人己之日起3年内请求己返还该玉石

重点思考习题

1. 所有权包括哪些权能？
2. 建筑物区分所有权的结构形态如何？
3. 如何认识建筑物区分所有权中的专有权和共有权？
4. 处理相邻关系应当遵循哪些原则？
5. 按份共有与共同共有存在哪些差异？
6. 试分析善意取得的构成条件和效力。
7. 拾得遗失物发生哪些效力？
8. 添附物的所有权应当如何认定？

第十二章 用益物权

引读案例

1. 甲公司通过出让方式取得一块国有土地的建设用地使用权。甲公司先用该建设用地使用权向银行抵押贷款，然后又以该建设用地使用权出资，与乙公司共同组建了丙房地产开发有限公司，开发建设商品房。请分析以下问题：(1) 甲公司的行为是否违法？(2) 该地块上的商品房建成后，其所有权属于谁？

2. 村民甲取得一块宅基地使用权，并将其以 5 万元的价格卖给城市居民乙。然后甲又向村委会申请宅基地，村委会不允。请分析以下问题：(1) 甲、乙买卖宅基地的行为是否有效？(2) 村委会不同意甲再申请宅基地是否违法？

法律职业资格考试要点

土地承包经营权的取得、效力和消灭；建设用地使用权的取得、效力和消灭；宅基地使用权的取得、效力和消灭；居住权的特点、取得和效力；地役权的特点、取得、效力和消灭

第一节 用益物权概述

一、用益物权的含义

依据《民法典》第 323 条的规定，用益物权是指权利人对他人之物依法享有占有、使用和收益的权利。用益物权具有以下特点。

第一，用益物权属于他物权、定限物权、有期物权。用益物权是在他人之物上设立的一种物权，用益物权人对标的物的支配仅限于一定限度或一定范围，因此，用益物权属于他物权、定限物权。同时，用益物权只能在一定期限内存在，因此，用益物权是有期物权。

第二，用益物权以对物的使用、收益为内容。用益物权是一种支配权，这种支配权的内容仅限于利用物的使用价值，因此，用益物权是以使用、收益为目的而设立的物权。

第三，用益物权通常以对物的实际占有为前提。用益物权的内容是利用物的使用价值，而利用物的使用价值的前提是对标的物加以占有，因此，用益物权人须实际占有标的物，对标的物进行有形支配，才能实现使用、收益的目的。

第四，用益物权的客体以土地为主。用益物权的客体主要是不动产，包括土地和房屋，但以土地为主。这是因为，土地具有稀缺性、不可替代性、价值大以及保值、增值等特点，而所

有权又不能交易，但他人又须利用之。

二、用益物权的种类

（一）传统民法上用益物权的种类

用益物权起源于罗马法，罗马法上的用益物权包括役权、地上权和永租权，而役权又包括地役权和人役权。法国民法上的用益物权有地役权和人役权，其中，地役权包括通行地役权、取水地役权、放牧地役权、废水排放地役权等，人役权包括用益权、使用权和居住权。德国民法上的用益物权有地上权、役权和土地负担等。日本民法上的用益物权有地上权、永佃权、地役权。我国台湾地区“民法”上的用益物权有地上权、农育权、不动产役权和典权。

（二）新中国民法上用益物权的种类

2007年《物权法》在总结我国已有立法的基础上，确立了土地承包经营权、建设用地使用权、宅基地使用权和地役权四种主要的土地用益物权；《民法典》为满足人民群众的居住需求，增加了居住权这一针对住宅的用益物权。

三、民法典关于用益物权的一般规定

（一）自然资源的使用和收益

《民法典》第324条规定，国家所有或者国家所有由集体使用以及法律规定属于集体所有的自然资源，组织、个人依法可以占有、使用和收益。对于自然资源，国家实行有偿使用制度，但是法律另有规定的除外（《民法典》第325条）。

（二）用益物权人行使权利的要求

《民法典》第326条规定，用益物权人行使权利，应当遵守法律有关保护和合理开发利用资源的规定。

（三）用益物权的保护

关于用益物权的保护，《民法典》主要有两项规定：一是所有权人不得干涉用益物权人行使权利（第326条）；二是因不动产或者动产被征收、征用致使用益物权消灭或者影响用益物权行使的，用益物权人有权依照民法典的有关规定获得相应补偿（第327条）。

（四）特许物权的规定

《民法典》规定如下类型的特许物权：（1）海域使用权。《民法典》第328条规定，依法取得的海域使用权受法律保护。（2）探矿权、采矿权、取水权、养殖权、捕捞权。《民法典》第329条规定，依法取得的探矿权、采矿权、取水权和使用水域、滩涂从事养殖、捕捞的权利受法律保护。

第二节　土地承包经营权

一、土地承包经营权的含义

土地承包经营权是与农用地“统分结合的双层经营体制”相适应的。依据《民法典》第330条的规定，农村集体经济组织实行家庭承包经营为基础、统分结合的双层经营体制。农民集体所有和国家所有由农民集体使用的耕地、林地、草地以及其他用于农业的土地，依法实行土地承包经营制度。国家所有的农用地实行承包经营的，应参照《民法典》物权编第三分编的有关规定（《民法典》第 343 条）。

依据《民法典》第 331 条的规定，土地承包经营权是指土地承包经营权人依法享有的对其承包经营的耕地、林地、草地等占有、使用和收益，以及从事种植业、林业、畜牧业等农业生产的权利。

土地承包经营权具有以下特点。

第一，土地承包经营权的主体是农业生产者。土地承包经营权的主体只能是从事农业生产的人，其他非从事农业生产的组织或个人不能成为土地承包经营权的主体。

第二，土地承包经营权的客体是农用土地。所谓农用土地，是指农民集体所有和国家所有、依法由农民集体使用的耕地、林地、草地，以及其他依法用于农业的土地。

第三，土地承包经营权的目的具有特殊性。土地承包经营权的目的是权利人从事种植业、林业、畜牧业等农业生产，而非营造建筑物。

第四，土地承包经营权的存续期限较长。《民法典》第 332 条规定，在土地承包经营权中，耕地的承包期为 30 年，草地的承包期为 30 年～50 年，林地的承包期为 30 年～70 年。可见，土地承包经营权的存续期限较长。

二、土地承包经营权的设立

土地承包经营权以承包合同的方式设立时，土地所有权人应当与土地承包人签订土地承包经营合同，通过合同确定双方当事人的权利义务关系。《民法典》第 333 条规定，土地承包经营权自土地承包经营权合同生效时设立。登记机构应当向土地承包经营权人发放土地承包经营权证、林权证等证书，并登记造册，确认土地承包经营权。可见，土地承包经营权的取得不以登记为生效要件。

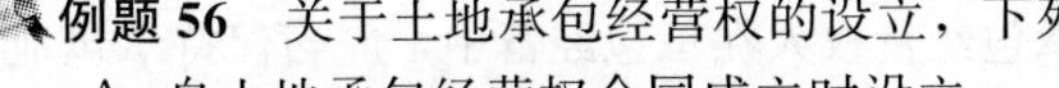

例题 56　关于土地承包经营权的设立，下列哪些表述是正确的？

A. 自土地承包经营权合同成立时设立

B. 自土地承包经营权合同生效时设立

C. 登记机构在土地承包经营权设立时应当发放土地承包经营权证

D. 登记机构应当对土地承包经营权登记造册，未经登记造册的，不得对抗善意第三人

解析：本题的考点是土地承包经营权的设立，答案为 B、C 项。在土地承包经营权的设立上，土地承包经营权自土地承包经营权合同生效时设立，登记机构在土地承包经营权设立时应当发放土地承包经营权证并登记造册。

三、土地承包经营权的效力

（一）土地承包经营权人的权利

土地承包经营权设立后，土地承包经营权人享有以下主要权利。

第一，承包土地的占有、使用、收益权。土地承包经营权人取得土地承包经营权的目的，

在于在承包地上从事农业生产活动，因此，土地承包经营权人有权占有、使用承包地，并获取承包地收益。为了保障土地承包经营权人对承包地的占有、使用、收益权，《民法典》第336条规定，承包期内发包人不得调整承包地。因自然灾害严重毁损承包地等特殊情形，需要适当调整承包的耕地和草地的，应当依照农村土地承包的法律规定办理。

第二，自主生产经营权。土地承包经营权人有权自主组织农业生产经营活动，不受其他组织和个人的干涉。

第三，互换、转让土地承包经营权。《民法典》第334条规定，土地承包经营权人依照法律规定，有权将土地承包经营权互换、转让。未经依法批准，不得将承包地用于非农建设。土地承包经营权互换、转让的，当事人可以向登记机构申请登记；未经登记，不得对抗善意第三人（《民法典》第335条）。

第四，依法流转土地经营权。依据《民法典》第339条的规定，土地承包经营权人可以自主决定依法采取出租、入股或者以其他方式向他人流转土地经营权。流转期限为五年以上的土地经营权，自流转合同生效时设立。当事人可以向登记机构申请土地经营权登记；未经登记，不得对抗善意第三人（《民法典》第341条）。土地承包经营权人依法流转土地经营权后，土地经营权人有权在合同约定的期限内占有农村土地，自主开展农业生产经营并取得收益（《民法典》第340条）。

第五，承包地被征收时的补偿请求权。依据《民法典》第338条的规定，承包地被征收的，土地承包经营权人有权依据《民法典》第243条的规定获得相应补偿。

第六，法律、行政法规规定的其他权利。除上述权利外，土地承包经营权人还享有法律、行政法规规定的其他权利。例如，土地承包经营权人有权拒绝土地所有权人或者其他组织、个人针对承包地收取法律规定以外的费用，或者违法进行的集资、摊派、罚款等。

（二）土地承包经营权人的义务

土地承包经营权人负有以下主要义务。

第一，维持土地的农业用途。土地承包经营权是为了农业生产而设定的权利，土地承包经营权人应当维持土地的农业用途，不得私自将承包地用于非农建设。

第二，依法保护和合理利用土地。土地承包经营权人在承包经营中，应当保持承包地的土地生态及环境的良好性能和质量，在利用土地、提高土地生产能力的同时，应采取相应措施，保护土地的质量和生态环境，防止水土流失和土地盐碱化等，以保护和提高地力。

第三，支付相关费用的义务。在土地承包经营权中，如果需要支付相关费用的，土地承包经营权人负有支付相关费用的义务。

例题57 甲、乙兄弟二人，成年后各自立户，甲一直未婚。甲从所在村集体经济组织承包耕地若干。关于甲的土地承包经营权，下列哪些表述是正确的?

A. 自土地承包经营权合同生效时设立

B. 如甲转让其土地承包经营权，则未经变更登记不发生转让的效力

C. 如甲死亡，则乙可以继承该土地承包经营权

D. 如甲死亡，则乙可以继承该耕地上未收割的农作物

解析：本题的考点是土地承包经营权的效力，答案为A、D项。依据《民法典》第333条的规定，土地承包经营权自土地承包经营权合同生效时设立。土地承包经营权的流转并不以登记为生效条件，但未经登记，不得对抗善意第三人。根据现行法律的规定，土地承包经营权不得继承，但承包人应得的承包收益可以继承，因此，如甲死亡，乙可以继承该耕地上未收割的农作物。

四、土地承包经营权的消灭

（一）土地承包经营权消灭的原因

一般来说，土地承包经营权可以因下列原因而消灭。

第一，土地承包经营权提前交回。《农村土地承包法》第30条规定，承包期内，承包方可以自愿将承包地交回发包方。承包方自愿交回承包地的，可以获得合理补偿，但是应当提前半年以书面形式通知发包方。承包方在承包期内交回承包地的，在承包期内不得再要求承包土地。另外，根据该法第27条的规定，承包期内，承包农户进城落户的，发包方可以引导其将承包地交回。

第二，土地承包经营权被提前收回。为了保护权利人的土地承包经营权，《民法典》第337条规定，承包期内发包人不得收回承包地。法律另有规定的，依照其规定。依据《农村土地承包法》第31条的规定，在承包期内，妇女结婚，在新居住地取得承包地的，发包方即可收回其原承包地；妇女离婚或者丧偶，不在原居住地生活且在新居住地取得承包地的，发包方也可以收回其原承包地。

第三，承包期限届满而承包人不再继续承包。依据《民法典》第332条第2款规定，承包期届满，由土地承包经营权人依照农村土地承包的法律规定继续承包。据此，承包期届满，土地承包经营权人不愿继续承包的，土地承包经营权即归于消灭。

第四，土地承包经营权被征收。国家基于社会公共利益的需要而征收集体所有的农村土地时，在该土地上设立的土地承包经营权归于消灭。

第五，承包地灭失或丧失使用价值。土地承包经营权人承包土地就是为了使用、收益承包地，如果由于自然原因承包地灭失或丧失使用价值的，则存在于该承包地上的土地承包经营权消灭。

（二）土地承包经营权消灭的法律后果

土地承包经营权消灭后，发生以下主要法律后果。

第一，承包人返还土地的义务。在土地承包经营权消灭时，土地承包经营权人应当将土地返还给发包人。如果当事人约定，在返还土地时，土地承包经营权人应当恢复原状的，还应当恢复土地的原状。

第二，承包人的取回权与发包人的购买权。土地承包经营权消灭后，承包人有权取回其在土地上的青苗、竹木以及附属设施，同时负有恢复土地原状的义务。如果上述工作物不能取回，或者取回有损其使用价值，而继续留存对土地利用有利的，承包人可不予取回，而要求发包人按价补偿。如果发包人希望获得这些工作物，应当以市场价格购买。发包人提出购买要求时，承包人不得拒绝。

第三，特别改良费用或有益费用的补偿权。承包人在其权利存续期间，为土地使用上的便利或为增加土地的生产力，需要投入资金对土地进行改良，如深耕土地、建造排灌设施等。这不仅有利于承包人使用、收益土地，而且会提升土地的利用价值，对社会经济有利。因此，承包方对于其在承包地上投入而提高土地生产能力的资金，有权获得相应的补偿。《农村土地承包法》第 27 条第 4 款规定，承包期内，承包方交回承包地或者发包方依法收回承包地时，承包方对其在承包地上投入而提高土地生产能力的，有权获得相应的补偿。

五、“四荒地”土地经营权

依据《农村土地承包法》的规定，不宜采取家庭承包方式的荒山、荒沟、荒丘、荒滩等农村土地，可以通过招标、拍卖、公开协商等方式承包（第 48 条）。通过家庭承包方式以外的其他方式承包“四荒地”的，承包方依法取得土地经营权（第 49 条）。以其他方式承包“四荒地”，在同等条件下，本集体经济组织成员有权优先承包（第 51 条）。发包方将“四荒地”发包给本集体经济组织以外的单位或者个人承包，应当事先经本集体经济组织成员的村民会议 2/3 以上成员或者 2/3 以上村民代表的同意，并报乡（镇）人民政府批准（第 52 条）。

通过招标、拍卖、公开协商等方式承包农村土地，经依法登记取得权属证书的，可以依法采取出租、入股、抵押或者其他方式流转土地经营权（《民法典》第 342 条）。

例题 58 河西村在第二轮承包过程中将本村耕地全部发包，但仍留有部分荒山，此时本村集体经济组织以外的 Z 企业欲承包该荒山。对此，下列哪些说法是正确的？

A. 集体土地只能以家庭承包的方式进行承包

B. 河西村集体之外的人只能通过招标、拍卖、公开协商等方式承包

C. 河西村将荒山发包给 Z 企业，经 2/3 以上村民代表同意即可

D. 如河西村村民黄某也要承包该荒山，则在同等条件下黄某享有优先承包权

解析：本题的考点是“四荒地”土地经营权的设立，答案为 B、D 项。在农村承包中，家庭承包方式只适用于本集体经济组织的农户，集体经济组织之外的人只能通过招标、拍卖、公开协商的方式承包。可见，集体土地除了家庭承包之外，也可以通过招标、拍卖、公开协议等方式承包。如果以家庭承包以外的其他方式承包“四荒地”的，在同等条件下，本集体经济组织成员享有优先承包权。发包方将“四荒地”发包给本集体经济组织以外的单位或者个人承包的，应当事先经本集体经济组织成员的村民会议 2/3 以上成员的同意，并报乡（镇）人民政府批准。

第三节　建设用地使用权

一、建设用地使用权的含义

依据《民法典》第 344 条的规定，建设用地使用权是指建设用地使用权人依法利用国家所有的土地建造建筑物、构筑物及其附属设施的权利。

建设用地使用权具有以下特点。

第一，建设用地使用权以开发利用、生产经营和社会公益事业为目的。建设用地使用权的设立目的，因土地出让方式不同而有差别。通过出让方式取得的建设用地使用权，建设用地使用权人有权以开发利用、生产经营为目的使用该国有土地；通过划拨方式取得的建设用地使用权，建设用地使用权人应当从事社会公益事业，不得以营利为目的使用该国有土地。

第二，建设用地使用权的标的物为城镇国有土地。建设用地使用权的标的物限于国有土地，不包括集体所有的农村土地。依据《民法典》第361条的规定，集体所有的土地作为建设用的，应当依照土地管理的法律规定办理。而依照《土地管理法》第63条的规定，土地利用总体规划、城乡规划确定为工业、商业等经营性用途，并经依法登记的集体经营性建设用地，土地所有权人可以通过出让、出租等方式交由单位或者个人使用。

第三，建设用地使用权的使用范围限于建造建筑物、构筑物及其附属设施。建设用地使用权人使用土地的范围不包括种植竹木。

二、建设用地使用权的设立

（一）建设用地使用权的设立要求

依据《民法典》的规定，建设用地使用权的设立须符合以下要求：（1）建设用地使用权可以在土地的地表、地上或者地下分别设立（第345条）；（2）设立建设用地使用权应当符合节约资源、保护生态环境的要求，遵守法律、行政法规关于土地用途的规定，不得损害已经设立的用益物权（第346条）。

（二）建设用地使用权的设立方式

《民法典》第347条第1款规定，建设用地使用权的设立方式主要有两种，即出让和划拨。

1. 建设用地使用权的出让

建设用地使用权的出让是指国家以土地所有者的身份将建设用地使用权在一定年限内让与建设用地使用权人，并由建设用地使用权人向国家支付土地出让金的行为。依据《民法典》第347条第2款的规定，工业、商业、旅游、娱乐和商品住宅等经营性用地以及同一土地有两个以上意向用地者的，应当采取招标、拍卖等公开竞价的方式出让。以出让方式设立建设用地使用权的，当事人应当采用书面形式订立建设用地使用权出让合同。建设用地使用权出让合同一般包括下列条款：（1）当事人的名称和住所；（2）土地界址、面积等；（3）建筑物、构筑物及其附属设施占用的空间；（4）土地用途、规划条件；（5）建设用地使用权期限；（6）出让金等费用及其支付方式；（7）解决争议的方法（《民法典》第348条）。

2. 建设用地使用权的划拨

建设用地使用权的划拨是指县级以上人民政府依法批准，在建设用地使用权人缴纳补偿、安置等费用后将土地交付其使用，或者将建设用地使用权无偿交付给建设用地使用权人使用的行为。划拨的方式有两种：一是县级以上人民政府依法批准，在土地使用者缴纳补偿、安置等费用后，将国有土地交付给建设用地使用权人使用；二是县级以上人民政府依法批准，将建设用地使用权无偿交付给建设用地使用权人使用。依据《民法典》第347条第3款的规定，严格限制以划拨方式设立建设用地使用权。

（三）建设用地使用权的登记

《民法典》第349条规定，设立建设用地使用权的，应当向登记机构申请建设用地使用权登记。建设用地使用权自登记时设立，登记机构应当向建设用地使用权人发放权属证书。

三、建设用地使用权的效力

（一）建设用地使用权人的权利

建设用地使用权设立后，建设用地使用权人享有以下主要权利。

第一，土地利用权。土地利用权主要表现为建设用地使用权人利用土地从事建造建筑物、构筑物及其附属设施的行为，也包括在占用的土地范围内，从事必要的，非以建造建筑物、构筑物及其附属设施为目的的附属行为，如开辟道路、修筑围墙、种植花木等。

第二，权利处分权。除法律另有规定外，建设用地使用权人有权将建设用地使用权转让、互换、出资、赠与或者抵押。依据《民法典》第353条的规定，建设用地使用权人有权将建设用地使用权转让、互换、出资、赠与或者抵押，但是法律另有规定的除外。建设用地使用权转让、互换、出资、赠与或者抵押的，当事人应当采用书面形式订立相应的合同。使用期限由当事人约定，但是不得超过建设用地使用权的剩余期限（《民法典》第354条）。建设用地使用权转让、互换、出资或者赠与的，应当向登记机构申请变更登记（《民法典》第355条）。同时，按照“房随地走”“地随房走”原则，建设用地使用权转让、互换、出资或者赠与的，附着于该土地上的建筑物、构筑物及其附属设施一并处分（《民法典》第356条）；建筑物、构筑物及其附属设施转让、互换、出资或者赠与的，该建筑物、构筑物及其附属设施占用范围内的建设用地使用权一并处分（《民法典》第357条）。

第三，建筑物、构筑物以及附属设施所有权的取得权。依据《民法典》第352条的规定，建设用地使用权人建造的建筑物、构筑物及其附属设施的所有权属于建设用地使用权人，但是有相反证据证明的除外。

第四，请求补偿的权利。依据《民法典》第358条的规定，建设用地使用权期限届满前，因公共利益需要提前收回该土地的，出让人应当依法对该土地上的房屋以及其他不动产给予补偿。

（二）建设用地使用权人的义务

建设用地使用权设立后，建设用地使用权人负有以下主要义务。

第一，支付出让金等费用的义务。依据《民法典》第351条的规定，建设用地使用权人应当依照法律规定以及合同约定支付出让金等费用。

第二，合理利用土地的义务。依据《民法典》第350条的规定，建设用地使用权人应当合理利用土地。据此，建设用地使用权人应当按照土地的自然属性和法律属性合理使用土地，维护土地的价值和使用价值。

第三，按土地用途进行使用的义务。依据《民法典》第350条的规定，建设用地使用权人不得改变土地用途；需要改变土地用途的，应当依法经有关行政主管部门批准。据此，建设用地使用权人应当按照建设用地使用权设立时所登记的用途使用土地，不得自行改变。确需改变土地用途的，应当在当事人协商一致的基础上，依法经有关行政主管部门审批后，方可变更登记用途。

四、建设用地使用权的消灭

（一）建设用地使用权消灭的原因

一般来说，建设用地使用权可以因下列原因而消灭。

（1）建设用地使用权被提前收回。依据《民法典》第358条的规定，建设用地使用权期限届满前，因公共利益需要，土地所有权人有权提前收回该土地。建设用地使用权被提前收回的，建设用地使用权归于消灭。

（2）建设用地使用权期限届满。期限届满主要是出让建设用地使用权消灭的原因，因为划拨建设用地使用权一般并没有期限的限制。同时，在出让建设用地使用权中，因住宅建设用地使用权期限届满后，自动续期，所以，住宅建设用地使用权也不会因期限届满而消灭。在我国，建设用地使用权出让的最高年限为：1）居住用地 70 年；2）工业用地 50 年；3）教育、科技、文化、卫生、体育用地 50 年；4）商业、旅游、娱乐用地 40 年；5）综合或者其他用地 50 年。

建设用地使用权约定的期限届满的，建设用地使用权消灭。但是，为保护建设用地使用权人的建筑物所有权，法律赋予了建设用地使用权人在期间届满时的续期权。

（3）建设用地使用权被撤销。在以下两种情况下，土地所有权人有权撤销建设用地使用权：一是建设用地使用权人违反按照约定用途使用土地的义务，经土地所有权人请求停止仍不停止，或已经造成土地永久性损害的。二是建设用地使用权人未按合同约定开发土地达一定程度的。例如，以出让方式取得建设用地使用权进行房地产开发，满 2 年未动工开发的，国家可以无偿收回建设用地使用权。

（4）建设用地使用权的抛弃。建设用地使用权因抛弃而消灭，但抛弃不得损害土地所有权人及第三人的利益。

（5）土地灭失。在土地全部灭失的情况下，建设用地使用权完全消灭；在土地部分灭失的情况下，建设用地使用权就剩余部分继续存在。

（二）建设用地使用权消灭的法律后果

建设用地使用权消灭后，发生以下主要法律后果。

第一，建设用地使用权因公共利益需要被提前收回而消灭的，国家应当对该土地上的房屋及其他不动产给予补偿，并退还相应的出让金（《民法典》第 358 条）。

第二，住宅建设用地使用权期限届满的，自动续期。续期费用的缴纳或者减免，依照法律、行政法规的规定办理。非住宅建设用地使用权期限届满后的续期，依照法律规定办理。该土地上的房屋以及其他不动产的归属，有约定的，按照约定；没有约定或者约定不明确的，依照法律、行政法规的规定办理（《民法典》第 359 条）。

第三，建设用地使用权消灭的，出让人应当及时办理注销登记。登记机构应当收回权属证书（《民法典》第 360 条）。

第四，在建设用地使用权消灭时，建设用地使用权人不再享有继续占用土地的权利，因此，应将土地返还于土地所有权人。建设用地使用权人在返还土地时，应对土地恢复原状。

第四节 宅基地使用权

一、宅基地使用权的含义

依据《民法典》第 362 条的规定，宅基地使用权是指宅基地使用权人利用集体所有的土地建造住宅及其附属设施以供居住的权利。

宅基地使用权具有以下特点。

第一，宅基地使用权的主体具有限定性。宅基地使用权的权利主体是农村村民，且限于本集体经济组织的成员，城镇居民不能成为宅基地使用权人。当然，在发生农村房屋继承的情况下，城镇居民也可以成为宅基地使用权人。

第二，宅基地使用权的客体是集体土地。宅基地使用权的客体仅限于集体土地，在国有土地上只存在建设用地使用权而不存在宅基地使用权。

第三，宅基地使用权的目的具有限定性。宅基地只能用于村民建造住房及与居住生活相关的其他建筑物和设施，如厕所、沼气池、牛棚、猪圈、车库等。

第四，宅基地使用权的取得具有无偿性。宅基地使用权具有一定的福利和社会保障性质，其取得采取审批的方式，无须支付任何费用。

二、宅基地使用权的设立

依据《民法典》第363条的规定，宅基地使用权的取得、行使和转让，适用土地管理的法律和国家有关规定。

一般来说，宅基地使用权的申请和审批程序包括三个步骤：(1) 申请人向常住户口所在地的村民委员会或村集体经济组织提出书面申请；(2) 经村民委员会或村集体经济组织讨论同意；(3) 报乡（镇）人民政府审核批准。其中，涉及占用农用地的，应当依法办理农用地转用审批手续。村民经审批取得宅基地使用权的，应当在不动产登记机构登记，明确宅基地的坐落、界址、空间界限、面积等事项。

三、宅基地使用权的效力

（一）宅基地使用权人的权利

宅基地使用权设立后，宅基地使用权人享有以下主要权利。

第一，宅基地的占有、使用权。宅基地使用权人取得宅基地使用权的目的在于建造住宅及其附属设施，因此，宅基地使用权人有权占有和使用被批准的集体所有土地，用以建造住宅及其附属设施，并取得住宅及其附属设施的所有权。

第二，从事必要附属行为的权利。宅基地使用权人为行使宅基地使用权，可以在依法占有、使用的土地范围内，进行非以建造住宅及其附属设施的行为，如修筑围墙、种植花木等。

（二）宅基地使用权人的义务

宅基地使用权审批后，宅基地使用权人负有以下主要义务。

第一，接受统一规划的义务。《土地管理法》第62条第3款规定，农村村民建住宅，应当符合乡（镇）土地利用总体规划、村庄规划，不得占用永久基本农田，并尽量使用原有的宅基地和村内空闲地。

第二，正当使用宅基地的义务。宅基地只能用于建造住宅及其附属设施，包括住房、附属用房和庭院等，不得用于其他用途，如不得在宅基地上投资建厂等。

第三，按照批准的面积建造住宅及其附属设施的义务。农村村民一户只能拥有一处宅基地，面积不得超过本省、自治区、直辖市规定的标准。农村村民应严格按照批准面积和建房标准建设住宅，禁止未批先建、超面积占用宅基地。

第四，不得非法转让宅基地使用权。依据国家的现有政策，宅基地使用权人可以向本集体经济组织内部符合宅基地申请条件的农户转让宅基地。同时，根据"地随房走"的原则，农村村民出卖、出租、赠与住宅的，其宅基地使用权事实上也被转让。农村村民出卖、出租、赠与住宅后，再申请宅基地的，不予批准（《土地管理法》第62条第5款）。

四、宅基地使用权的消灭

（一）宅基地使用权的消灭原因

一般来说，宅基地使用权可以因以下原因而消灭。

第一，宅基地的收回和调整。土地所有权人根据城镇或者乡村发展规划，在必要时可以收回宅基地或者对宅基地进行调整。宅基地收回或调整后，宅基地使用权归于消灭。

第二，宅基地被征收。国家为了社会公共利益的需要，可以征收集体所有的土地，包括征收农村居民的宅基地。宅基地被征收的，宅基地使用权消灭。

第三，宅基地使用权的抛弃。宅基地使用权人抛弃宅基地使用权的，该权利即消灭。但宅基地使用权被抛弃后，权利人不得再申请新的宅基地。

第四，宅基地的灭失。宅基地发生灭失的，宅基地使用权归于消灭。但应当指出的是，如果只是宅基地上的建筑物或其他附属物灭失的，不影响宅基地使用权的效力，宅基地使用权人有权在宅基地上重新建造房屋。

（二）宅基地使用权消灭的法律后果

宅基地使用权消灭后，发生以下主要法律后果。

第一，重新分配宅基地。依据《民法典》第 364 条的规定，宅基地使用权因自然灾害等原因消灭后，对于失去宅基地的村民，应当依法重新分配宅基地。

第二，宅基地使用权人取得补偿权。在土地所有权人收回宅基地使用权的情况下，如非出于宅基地使用权人的原因，土地所有权人应当对宅基地使用权人的地上附着物给予适当的补偿。

第三，办理注销登记。依据《民法典》第 365 条规定，已经登记的宅基地使用权消灭的，宅基地使用权人应当及时办理注销登记。

第五节　居住权

一、居住权的含义

依据《民法典》第 366 条的规定，居住权是指居住权人按照合同约定，对他人的住宅所享有的占有和使用，以满足生活居住需要的权利。

居住权的性质属于用益物权中的人役权。因此，居住权具有以下特点。

第一，居住权的主体是特定的自然人，不包括法人和非法人组织。但是，法人、非法人组织可以为他人设立居住权。

第二，居住权的客体是他人所有的住宅，不包括他人的经营用房。

第三，居住权的取得具有无偿性，但是当事人另有约定的除外（《民法典》第 368 条）。

第四，居住权的期限一般具有长期性、终身性。当事人可以约定居住权的期限，若没有约定的，则居住权为权利人终身享有。

第五，居住权不可转让、不可继承。这是由居住权的人役权性质决定的。设立居住权的目的是满足特定自然人的生活居住需要，因此，居住权不可转让、不可继承。

二、居住权的设立

（一）设立方式

依据《民法典》的规定，居住权的取得方式主要有两种：一是通过合同方式设立（第 367 条），二是通过遗嘱方式设立（第 371 条）。以合同方式设立居住权的，当事人应当采用书面形式订立居住权合同。居住权合同一般包括下列条款：(1) 当事人的姓名或者名称和住所；(2) 住宅的位置；(3) 居住的条件和要求；(4) 居住期限；(5) 解决争议的方法。以遗嘱方式设立居住权的，参照适用以合同方式设立的居住权的有关规定。

（二）设立登记

依据《民法典》第 368 条的规定，设立居住权的，应当向登记机构申请居住权登记。居住权自登记时设立。

三、居住权的效力

（一）居住权人的权利

居住权人取得居住权后，享有如下主要权利。

第一，对房屋的占有、使用权。居住权人有权按照合同的约定，占有和使用他人的住宅，以满足自己的生活居住需要。这是居住权人最重要、最基本的权利。

第二，有权按照约定出租住宅。依据《民法典》第 369 条的规定，设立居住权的住宅不得出租，但是当事人另有约定的除外。据此，在当事人没有约定设立居住权的住宅可以出租的情况下，居住权人无权出租住宅。

第三，有权对房屋进行必要的改良和修缮，但不得对房屋作重大的结构性的改变。

（二）居住权人的义务

居住权人的义务主要有如下几项。

第一，居住权人应当合理使用住房，并承担居住房屋的日常维护费用。

第二，在居住权有偿设立的情形下，居住权人应当支付居住权的对价，即“房租”。

第三，居住权人不得转让居住权，不得让他人继承居住权。

第四，居住权人在居住期间应当合理保管居住的房屋，不得从事任何有损于房屋的行为。

四、居住权的消灭

（一）居住权消灭的原因

依据《民法典》第 370 条的规定，居住权的消灭原因主要有二：第一，居住权期限届满；第二，居住权人死亡。此外，居住权人放弃居住权、居住权混同以及因不可抗力致使住房灭失等，也是居住权的消灭原因。

（二）居住权消灭的法律后果

居住权消灭后，发生以下主要法律后果。

第一，返还房屋。在居住权期限届满后，居住权人应当返还房屋。

第二，恢复房屋原状。居住权人在居住期间对房屋进行添附的，应当恢复原状。但是，房屋所有权人不要求恢复原状的，可以不恢复原状。房屋所有权人留用添附物的，应当折价补偿。

第三，居住权消灭的，应当及时办理注销登记（《民法典》第 370 条）。

第六节　地役权

一、地役权的含义和种类

（一）地役权的含义

地役权是指为自己不动产的便利而利用他人不动产，使其承受一定负担的物权（《民法典》第 372 条）。在地役权中，享受便利的不动产称为需役地，提供便利的不动产称为供役地。相应地，享有地役权的人称为地役权人，供役地权利人称为供役地人。

一般来说，地役权具有以下特点。

第一，地役权是为需役地的便利而设立的物权。设立地役权的目的在于为需役地的利用提供便利，以增加需役不动产的效用，提高其利用价值。因此，只有为需役地的便利而利用供役地的，才能设立地役权。也就是说，地役权是为需役地而存在的。在我国，地役权主要是为土地承包经营权、建设用地使用权、宅基地使用权等权利服务的，因此，《民法典》对土地所有权人设立地役权作出了一定的限制，如土地上已经设立土地承包经营权、建设用地使用权、宅基地使用权等用益物权的，未经用益物权人同意，土地所有权人不得设立地役权（第 379 条）。

第二，地役权具有从属性。地役权从属于需役地所有权或使用权而存在，与需役地不可分离。地役权的从属性主要表现在以下两个方面：一方面，地役权不得单独转让。依据《民法典》第 380 条的规定，地役权不得单独转让。土地承包经营权、建设用地使用权等转让的，地役权一并转让，但是合同另有约定的除外。另一方面，地役权不得单独抵押。依据《民法典》第 381 条的规定，地役权不得单独抵押。土地经营权、建设用地使用权等抵押的，在实现抵押权时，地役权一并转让。

第三，地役权具有不可分性。地役权的不可分性是指地役权存在于需役地与供役地的全部，不得分割为各个部分或仅为一部分而存在。一般来说，地役权的不可分性主要表现在以下三个方面：其一，地役权发生上的不可分性。一方面，需役地为共有时，各共有人不得仅就自己的应有部分取得地役权。另一方面，供役地为共有时，各共有人不能仅就自己的应有部分为他人设立地役权；供役地已经设立了地役权的，各共有人就供役地的全部承担地役权之负担。其二，地役权享有或负担上的不可分性。依据《民法典》第 378 条的规定，土地所有权人享有地役权或者负担地役权的，设立土地承包经营权、宅基地使用权等用益物权时，该用益物权人继续享有或者负担已设立的地役权。具体而言，地役权享有或负担上的不可分性表现在：一方面，在地役权设立后，需役地为共有的，地役权由需役地共有人共同享有，而非由需役地各共有人分别享有，因此，需役地以及需役地上的土地承包经营权、建设用地使用权等部分转让时，转让部分涉及地役权的，受让人同时享有地役权（《民法典》第 382 条）。另一方面，供役地为共有的，地役权由供役地共有人共同负担，而非由供役地各共有人分别负担，因此，供役地以及供役地上的土地承包经营权、建设用地使用权等部分转让时，转让部分涉及地役权的，地役权对受让人具有法律约束力（《民法典》第 383 条）。应当指出的是，在需役地或供役地被分割时，如果地役权的行使，依其性质只涉及需役地或供役地的一部分的，则地役权仅就该部分继续存在。其三，地役权消灭上的不可分性。一方面，地役权设立后，需役地为共有的，各共有人不能按其应有部分，使已经存在的地役权一部分消灭。另一方面，地役权设立后，供役地为共有的，各共有人不能仅就其应有部分消灭地役权。

例题 59 某郊区中学为方便师生乘坐地铁，与相邻研究院约定，学校人员有权借研究院道路通行，每年支付 1 万元。据此，学校享有的是下列哪一项权利？

A. 相邻权　　B. 地役权　　C. 建设用地使用权　　D. 宅基地使用权

解析：本题的考点是地役权的含义，答案为 B 项。学校借研究院道路，只是供学校人员通行，并不是为了营造建筑物或住宅，因此，不产生建设用地使用权和宅基地使用权。中学是为了学校人员乘坐地铁的方便，才与研究院约定借道通行，而不是必须通过研究院道路，因此，这种约定产生的是地役权，而不是相邻权。

（二）地役权的种类

1. 根据地役权的内容，地役权可以分为积极地役权与消极地役权

积极地役权又称作为地役权，是指地役权人为需役地的便利，可以在供役地上从事一定积极行为的地役权，如通行地役权、汲水地役权等。消极地役权又称不作为地役权，是指以供役地人不得在供役地上从事一定行为为内容的地役权，如要求供役地人在其供役地上不得建造一定高度的房屋的眺望地役权等。

2. 根据地役权的行使状态是否持续，地役权可以分为继续地役权与不继续地役权

继续地役权是指在供役地适于地役权行使后，不需地役权人的行为就能持续不断地行使的地役权，如开设通道的通行地役权、装设水管的汲水地役权等。不继续地役权是指地役权的每次行使都须有地役权人的行为才能实现的地役权，如未开设通道的通行地役权、未装设水管的汲水地役权等。

3. 根据地役权是否具备外部表征，地役权可以分为表见地役权与不表见地役权

表见地役权是指权利的行使具备一定的外部表征，可从外部加以识别的地役权，如通行地役权、地面取水及排水地役权等。不表见地役权是指无外部表征可资识别的地役权，例如，在地下埋设管道的排水地役权以及采光、眺望等消极地役权。

例题 60 甲公司与乙公司约定：为满足甲公司开发住宅小区观景的需要，甲公司向乙公司支付 100 万元，乙公司在 20 年内不在自己厂区建造 6 米以上的建筑。甲公司将全部房屋售出后不久，乙公司在自己的厂区建造了一栋 8 米高的厂房。下列哪一选项是正确的？

A. 小区业主有权请求乙公司拆除超过 6 米的建筑

B. 甲公司有权请求乙公司拆除超过 6 米的建筑

C. 甲公司和小区业主均有权请求乙公司拆除超过 6 米的建筑

D. 甲公司和小区业主均无权请求乙公司拆除超过 6 米的建筑

解析：本题的考点是地役权的从属性、消极地役权，答案为 A 项。甲、乙之间签订的是地役权合同，甲享有的是消极地役权，乙公司负有在 20 年内不在自己厂区建造 6 米以上的建筑的不作为义务。甲将全部房屋出售给业主后，基于地役权的从属性，甲享有的地役权也随之转移给业主享有，因此，小区业主有权请求乙公司拆除超过 6 米的建筑。

二、地役权的设立

地役权的设立通常以合同方式进行，但有的也通过单独行为如基于供役地人的遗嘱而设定。

（一）地役权合同

依据《民法典》第373条的规定，设立地役权，当事人应当采用书面形式订立地役权合同。地役权合同一般包括下列条款：（1）当事人的姓名或者名称和住所；（2）供役地和需役地的位置；（3）利用目的和方法；（4）地役权期限；（5）费用及其支付方式；（6）解决争议的方法。

地役权可以有偿设立，也可以无偿设立，具体由当事人约定。若为有偿，则须同时约定支付方式；若当事人未约定支付方式，则推定为无偿。

地役权的期限由当事人约定；但是，不得超过土地承包经营权、建设用地使用权等用益物权的剩余期限（《民法典》第377条）。

（二）地役权登记

地役权自地役权合同生效时设立。当事人要求登记的，可以向登记机构申请地役权登记；未经登记，不得对抗善意第三人（《民法典》第374条）。

例题61 某年2月，A地块使用权人甲公司与B地块使用权人乙公司约定，由甲公司在B地块上修路，但双方并没有办理登记手续。4月，甲公司将A地块转让过户给丙公司，6月，乙公司将B地块转让过户给不知上述情形的丁公司。下列哪些表述是正确的？

A. 2月，甲公司对乙公司的B地块享有地役权

B. 4月，丙公司对乙公司的B地块享有地役权

C. 6月，甲公司对丁公司的B地块享有地役权

D. 6月，丙公司对丁公司的B地块享有地役权

解析：本题的考点是地役权的从属性、设立，答案应为A、B项。甲公司、乙公司通过约定，甲公司可以在乙公司的B地块上修路，甲公司据此获得了地役权。根据地役权从属性，甲公司于4月将A地块转让给丙公司，地役权作为从权利，随土地使用权转让而转让，因此，转让后丙公司对乙公司的B地块享有地役权。4月，甲公司将其A地块转让给丙公司后，甲公司不再对B地块享有地役权。甲公司、乙公司之间约定的地役权并没有登记，故不得对抗善意第三人丁。乙公司于6月将B地块过户给丁公司后，丙公司不得对丁公司享有地役权。

三、地役权的效力

（一）地役权人的权利与义务

1. 地役权人的权利

（1）供役地的使用权。地役权是为需役地的便利而设立的权利，因此，地役权人为了需役

地的便利，有权使用供役地。供役地的使用方式，包括通过积极行为对供役地加以利用，也包括以消极不作为的方式限制供役地人对供役地的使用，但应依地役权设立目的及范围加以使用。依据《民法典》第376条的规定，地役权人应当按照合同约定的利用目的和方法利用供役地，尽量减少对供役地权利人物权的限制。

（2）从事必要的附随行为。所谓附随行为，是指为达到地役权的目的或实现地役权的内容所需要的附随行为，包括设置工作物的行为；所谓必要，是指若非如此，地役权就不能实现。

（3）基于地役权的物权请求权。地役权人在设立目的范围内，基于其享有的物权可准用所有权的物权请求权，以排除他人的不法侵害或妨害，回复其权利的圆满支配状态。

2. 地役权人的义务

（1）避免对供役地的损害。地役权人应选择以损害最小的方式行使其权利，尽量避免对供役地的损害，尽可能地保全供役地人的利益。

（2）工作物的维持及允用。地役权人为实现利用目的，有权在供役地上设置并保有工作物，但应以行使或维持其权利所必要者为限，并对该工作物负有维持义务，避免因工作物的毁损而损害供役地人的利益；同时，在不妨碍地役权行使的范围内，应当允许供役地人使用工作物。

（3）支付相应对价。在地役权有偿设立的情况下，地役权人应按双方约定支付相应的对价，以补偿供役地人因此所受的限制，维持双方利益的平衡。

（4）恢复原状的义务。在地役权消灭后，如果地役权人占有供役地，则应返还土地并恢复原状。地役权人在供役地上有设施的，如该设施仅供需役地便利之用，则地役权人应取回该设施，并负责恢复原状。

（二）供役地人的权利和义务

1. 供役地人的权利

（1）供役地使用场所与方法的变更请求权。地役权原则上就整个供役地而存在，但有时其行使只限于供役地的一部分。在此情形下，如果情势变更或条件发生变化，供役地人认为该部分的使用对其有特殊不便，从而将造成较重负担，而变更场所及方法对地役权人并无不利影响的，可以主张由其负担费用，将地役权的行使场所迁移到其他适合于地役权人的处所。

（2）对地役权人所设工作物的使用权。供役地人在不妨害地役权行使的范围内，对于地役权人设置的工作物有使用权。

（3）对价支付请求权。在地役权有偿设立的情况下，供役地人有权要求地役权人支付对价。

2. 供役地人的义务

（1）容忍与不作为。地役权设立后，供役地人在所受限制范围内负有容忍与不作为义务。在积极地役权中，供役地人应容忍地役权人在其供役地上从事一定的积极行为，如通行、引水等。在消极地役权中，供役地人不得在供役地上从事一定的行为，妨害地役权的行使。依据《民法典》第375条的规定，供役地权利人应当按照合同约定，允许地役权人利用其不动产，不得妨害地役权人行使权利。

（2）分担地役权人所设工作物的维持费用。供役地人使用地役权人设置的工作物的，应当按照其受益程度，与地役权人分担该工作物的维持费用。

四、地役权的消灭

（一）地役权的消灭原因

一般来说，地役权可以因以下原因而消灭。

(1) 地役权期限届满。若当事人以合同设立地役权，当期限届满而不再续期时，地役权消灭。

(2) 约定的消灭事由发生。当事人可以在地役权合同中约定地役权消灭的事由，当消灭事由成就时，地役权便归于消灭。

(3) 供役地人依法解除合同。依据《民法典》第384条的规定，地役权人有下列情形之一的，供役地权利人有权解除地役权合同，地役权归于消灭：1）违反法律规定或者合同约定，滥用地役权；2）有偿利用供役地，约定的付款期限届满后在合理期限内经两次催告未支付费用。

(4) 供役地或需役地灭失。需役地或供役地全部灭失的，地役权归于消灭。但供役地或需役地仅一部分灭失的，除地役权已事实上不能行使外，地役权不消灭。

(5) 土地征收。国家基于公共利益的需要对供役地进行征收时，地役权随之消灭。但需役地被征收时，地役权不消灭。

(6) 地役权的抛弃。地役权人抛弃地役权的，地役权从被抛弃时消灭。当然，地役权人抛弃地役权不得损害供役地人的利益。

(7) 地役权无存续的必要。地役权设立后，因客观情势发生变化，已无继续存在的必要时，地役权消灭。例如，汲水地役权因其水源枯竭而归于消灭。

(二) 地役权消灭的法律后果

地役权消灭后，发生以下主要法律后果。

第一，供役地所有权或使用权免除限制，恢复原有状态。地役权人占有供役地的，应将其返还供役地人。

第二，地役权人为需役地便利而在供役地上设置的工作物，应由地役权人取回，并由地役权人恢复供役地原状。若供役地人有继续使用工作物的必要，愿以时价购买其设置的工作物，地役权人不得拒绝。

第三，已经登记的地役权消灭的，应当及时办理变更登记或者注销登记（《民法典》第385条）。

引读案例解答

1. (1) 建设用地使用权人有权将建设用地使用权转让、互换、出资或抵押，因此，甲公司的行为不违法。(2) 建设用地使用权人建造的建筑物、构筑物及其附属设施的所有权属于建设用地使用权人，但有相反证据证明的除外，因此，该地块上的商品房建成后，其所有权属于丙房地产开发有限公司。

2. (1) 宅基地不得出卖于城镇居民，因此，甲、乙之间买卖宅基地的行为无效。(2) 甲出卖宅基地的行为属于无效民事法律行为，宅基地使用权仍归属于甲。因甲已有宅基地，故村委会不同意甲再申请宅基地是有法律依据的，因为，我国现行法实行“一户一宅”原则，不允许一户申请两个宅基地使用权。

课堂讨论案例

1. 甲与村委会签订了一份耕地承包合同，合同约定：承包期为20年；承包期内村委会可以根据全村人口变化情况，5年调整一次承包地，甲应无条件服从；承包期内，若甲擅自改变土地用途，村委会有权收回承包地。合同签订后，双方没有去办理登记。甲取得承包地后，在上面建了一座木材加工厂，从事木材加工。

问：(1) 承包合同的约定有哪些地方违反了《民法典》？(2) 甲能否取得土地承包经营权？(3) 甲建木材加工厂的行为是否违反《民法典》？

2. 甲、乙同住一村。甲的马车可以经大路回家，但从乙家门前通过更近一些。于是，甲在乙家门前的路上设定了以车马通行为内容的地役权。后来，甲买了一辆汽车，还是从乙家门前经过，乙并未阻止。之后不久，甲将汽车卖掉，在原自家院子里开了一个废品收购站。此后，来往废品收购站的车辆都从乙家门前通过，影响了乙家的正常生活。乙出面阻止，不让过往车辆通过。甲认为自己已经设定了地役权，有权让来往废品收购站的车辆通过。

问：(1) 甲的地役权能否成立？(2) 乙是否有权阻止来往废品收购站的车辆通过？

3. 张男与王女离婚多年，携女儿张某独自居住，与王女基本不来往。王女经人介绍，认识了李男，后二人登记结婚。两年后，王女因病死亡，李男仍居住在王女留下的张男承租的公房内。后负责该公房管理的物业公司将承租人变更为张男，张男承诺保证李男的居住权，愿意让李男继续居住在该房屋内。变更完成后，张男即要求李男搬出该公房，但李男主张自己享有居住权，拒不搬出。

问：李男是否享有居住权？

重点思考习题

1. 如何理解用益物权的属性？
2. 谈谈你对土地承包经营权和宅基地使用权流转的看法。
3. 建设用地使用权的出让与划拨有何区别？
4. 如何理解居住权？
5. 地役权与相邻关系有何区别？

第十三章
担保物权

引读案例

1. 甲通过出让方式取得了某块土地的建设用地使用权。为取得乙银行的贷款，甲将建设用地使用权抵押给乙并办理了抵押登记，但地上原有的三栋建筑物并没有一并抵押。抵押之后，甲将三栋建筑物出租给丙，并交由丙占有使用，同时又建造了三栋建筑物。在贷款到期时，甲没有清偿贷款。请分析以下问题：(1) 乙能否取得建设用地使用权的抵押权？(2) 甲以建设用地使用权抵押后，地上原有三栋建筑物和新增三栋建筑物是否一并抵押？(3) 甲以建设用地使用权抵押后，又将地上原有三栋建筑物出租的，应当如何处理抵押权与租赁权的关系？

2. 甲向乙借款10万元，并以一辆轿车为乙设立了质权。甲将轿车交付乙占有10天后，因保管不便，乙又将该轿车交还给甲。甲随即将该轿车为丙设定了质权，并将轿车移交给丙占有。上述两笔债务到期后，甲均未清偿。请分析以下问题：(1) 乙能否取得轿车的质权？(2) 丙能否取得轿车的质权？

法律职业资格考试要点

担保物权的含义和种类；担保物权的竞合和消灭；抵押权的设立、效力和实现；浮动抵押权、最高额抵押权、共有抵押权的设立和效力；动产质权的设立、效力和实现；各类权利质权的标的、设立和效力；留置权的成立条件、效力和消灭

第一节　担保物权概述

一、担保物权的含义

依据《民法典》第386条的规定，担保物权是指为担保债务的履行而在债务人或者第三人的特定财产上所设立的，在债务人不履行到期债务或者发生当事人约定的情形时，担保物权人依法就担保财产优先受偿的权利。

担保物权具有以下特点。

第一，担保物权的内容是利用物的交换价值。担保物权是在担保人（债务人或债权人与债务人之外的第三人）之物上设立的一种物权，属于他物权，其内容并不是取得担保财产的使用、收益权，而仅是利用标的物的交换价值。担保物权具有价值性，因此也被称为价值权。

第二，担保物权具有优先受偿的效力。担保物权是为担保债权的实现而设置的法律制度，

因此，在债务人不履行到期债务或者发生当事人约定的情形时，担保物权人有权以担保财产的价值优先受偿。

第三，担保物权的客体可以是不动产、动产或权利。当然，不同种类的担保物权，其客体并不相同，例如，抵押权的客体可以是不动产、动产或权利，质权的客体可以是动产或权利，而留置权的客体只能是动产。

第四，担保物权具有从属性。担保物权是以担保主债权的实现为目的的权利，是其所担保的主债权的从权利。担保物权的从属性主要体现在以下三个方面：其一，担保物权在存在上具有从属性，即担保物权的存在以相应的主债权存在为前提条件，不能脱离主债权而单独存在；其二，担保物权在处分上具有从属性，即担保物权随主债权的转让而转让，不能与主债权分离而单独转让；其三，担保物权在消灭上具有从属性，即担保物权随主债权的消灭而消灭，主债权不存在，担保物权必不能存在。

第五，担保物权具有不可分性。在担保物权中，担保物权的效力就债权的全部及于担保财产的全部，担保财产的部分变化或债权的部分变化均不影响担保物权的整体性，即使被担保的债权被分割、部分清偿或消灭，担保物权仍担保各部分的债权或剩余债权；担保财产被分割或部分灭失，各部分担保财产或余存的担保财产仍担保全部债权。

第六，担保物权具有物上代位性。担保物权是以支配担保物的交换价值为内容的权利，以取得标的物的价值受偿为目的，因此，担保物权的效力及于担保财产的代替物。依据《民法典》第 390 条的规定，担保期间，担保财产毁损、灭失或者被征收等，担保物权人可以就获得的保险金、赔偿金或者补偿金等优先受偿。被担保债权的履行期限未届满的，也可以提存该保险金、赔偿金或者补偿金等。

二、担保物权的种类

（一）根据担保物权发生的原因，担保物权可以分为法定担保物权与意定担保物权

法定担保物权是指依法律的直接规定而发生的担保物权，如留置权、优先权等；意定担保物权是指依当事人的合意而设立的担保物权，如约定抵押权、约定质权等。

区分法定担保物权与约定担保物权的主要意义在于：这两种担保物权的成立条件不同。法定担保物权依法律规定而成立，约定担保物权依当事人的意思而设立。

（二）根据担保财产是否转移占有，担保物权可以分为转移占有担保物权与非转移占有担保物权

转移占有担保物权是指将担保财产转移给债权人占有的担保物权，如质权、留置权；非转移占有担保物权是指不转移担保财产给债权人占有的担保物权，如抵押权。

区分转移占有担保物权与非转移占有担保物权的主要意义在于：这两种担保物权的成立条件不同。转移占有担保物权以占有担保财产为成立条件，而非转移占有担保物权不以占有担保财产为成立条件。

（三）根据担保物权的主要效力，担保物权可以分为留置性担保物权与优先清偿性担保物权

留置性担保物权是指以留置担保财产迫使债务人清偿债务为其主要效力的担保物权，如留置权、质权；优先清偿性担保物权是指以支配担保财产的交换价值以担保债务优先清偿为其主要效力的担保物权，如抵押权。

区分留置性担保物权与优先清偿性担保物权的主要意义在于：（1）其主要效力不同。前者

的主要效力在于，通过留置担保财产来迫使债务人清偿债务；后者的主要效力在于，通过担保财产的交换价值使债权人的债权得以实现。(2) 当事人的权利义务不同。在前者，物权人对担保财产享有占有权，同时负有保管义务；在后者，物权人对担保财产没有占有权，也不负保管义务。

（四）根据担保财产的种类，担保物权可以分为不动产担保物权、动产担保物权与权利担保物权

不动产担保物权是指以不动产为担保财产而成立的担保物权，如不动产抵押权；动产担保物权是指以动产为担保财产而成立的担保物权，如动产抵押权、动产质权、留置权；权利担保物权是指以权利为担保财产而成立的担保物权，如权利抵押权、权利质权。

区分不动产担保物权、动产担保物权与权利担保物权的主要意义在于：这三种担保物权的法律规则不同。一般而言，不动产担保物权以登记为公示方式，动产担保物权以交付为公示方式，而权利担保物权以登记为公示方式。

（五）根据担保物权的登记与否，担保物权可以分为登记担保物权与非登记担保物权

登记担保物权是指依法应当办理登记才能成立的担保物权，如不动产抵押权、股权质权、知识产权质权、应收账款质权等；非登记担保物权是指依法无须登记即可成立的担保物权，如质权、留置权、动产抵押权等。

区分登记担保物权与非登记担保物权的主要意义在于：这两种担保物权的成立条件不同。登记担保物权只有经登记，才能发生物权的效力；非登记担保物权自担保合同生效时成立或者自法律规定的条件具备时成立。

三、担保物权的一般规则

（一）担保物权的适用范围

《民法典》第 387 条规定："债权人在借贷、买卖等民事活动中，为保障实现其债权，需要担保的，可以依照本法和其他法律的规定设立担保物权。第三人为债务人向债权人提供担保的，可以要求债务人提供反担保。反担保适用本法和其他法律的规定。"上述规定，主要包括两项重要内容。

1. 担保物权的适用范围是极其广泛的。其不仅可以适用于借贷、买卖等合同关系，还可以适用于其他由民事关系所产生的债权，只要该债权不违反法律、法规的强制性规定即可。也就是说，除了合同债权外，对于其他债权也可以设定担保物权。

2. 第三人为债务人向债权人提供担保的，可以要求债务人提供反担保。反担保人既可以是债务人，也可以是债务人之外的其他人；反担保的方式，既可以是债务人提供的抵押或者质押，也可以是其他人提供的保证、抵押或者质押。

（二）担保物权的设立

依据《民法典》第 388 条的规定，设立担保物权，当事人应当订立担保合同。担保合同包括抵押合同、质押合同和其他具有担保功能的合同。在担保物权中，担保合同仅指抵押合同和质押合同。其他具有担保功能的合同，包括定金合同、保证合同等。担保合同具有从属性，是主债权债务合同的从合同。因此，主债权债务合同无效，担保合同无效，但是法律另有规定的除外。在担保合同被确认无效后，债务人、担保人、债权人有过错的，应当根据其过错各自承担相应的民事责任。

（三）担保物权的担保范围

依据《民法典》第389条的规定，担保物权的担保范围包括主债权及其利息、违约金、损害赔偿金、保管担保财产和实现担保物权的费用。当事人另有约定的，按照约定。据此，除非当事人另有约定，担保物权担保的债权范围包括主债权及其利息、违约金、损害赔偿金、保管担保财产和实现担保物权的费用。当然，不同的担保物权，其担保范围存在一定在区别，如抵押权因为不移转抵押物的占有，因而不产生抵押权人对抵押物的保管费。

（四）主债务转移对第三人担保责任的影响

依据《民法典》第391条的规定，第三人提供担保，未经其书面同意，债权人允许债务人转移全部或者部分债务的，担保人不再承担相应的担保责任。“第三人提供担保”的，第三人为物上保证人，其形式包括抵押和质押。在第三人提供抵押担保和质押担保的情形下，如果债权人未经第三人书面同意，允许债务人转移全部或者部分债务的，担保人不再承担相应的担保责任。这是因为，物上担保人是为特定的债务人设立担保物权的。

（五）物保与人保并存时担保权的实行规则

物保与人保并存，是指物的担保与人的担保同时担保同一债权的情况。依据《民法典》第392条的规定，被担保的债权既有物的担保又有人的担保的，债务人不履行到期债务或者发生当事人约定的实现担保物权的情形，担保权的实行规则为：（1）债权人应当按照当事人的约定实现债权。（2）当事人没有约定或者约定不明确，债务人自己提供物的担保的，债权人应当先就该物的担保实现债权；第三人提供物的担保的，债权人可以就物的担保实现债权，也可以请求保证人承担保证责任。（3）提供担保的第三人承担担保责任后，有权向债务人追偿。

四、担保物权的消灭

依据《民法典》第393条的规定，有下列情形之一的，担保物权消灭。

第一，主债权消灭。担保物权具有从属性，随主债权的消灭而消灭。因此，在主债权因履行、抵销、免除或其他原因消灭时，担保物权也随之消灭。

第二，担保物权实现。担保物权实现后，担保物权人的债权已从担保物的价值中优先受偿，担保物权因担保的目的达到而消灭。

第三，债权人放弃担保物权。担保物权是债权人享有的权利，因此，债权人放弃担保物权的，担保物权也就消灭。当然，债权人放弃担保物权会损害其他人利益的，不发生放弃的效力。

第四，法律规定担保物权消灭的其他情形，例如，担保财产灭失后无代位物的情形等。

第二节　抵押权

一、抵押权的含义

依据《民法典》第394条的规定，抵押权是指为担保债务的履行，债务人或者第三人不转移财产的占有而将该财产抵押给债权人的，在债务人不履行到期债务或者发生当事人约定的实现抵押权的情形时，债权人有权就该财产优先受偿的权利。其中，债务人或者第三人为抵押人，债权人为抵押权人，提供担保的财产为抵押财产或抵押物。

抵押权作为一种担保物权，除具有担保物权的一般属性外，还具有以下特点。

第一，抵押权是不转移抵押财产占有的担保物权。抵押人设立抵押后，并不转移抵押财产的占有。也就是说，抵押权是在不转移抵押财产占有的情况下于抵押财产上设定的权利。

第二，抵押财产可以是不动产或动产，也可以是权利。不动产如建筑物和其他土地附着物，动产如汽车、船舶、航空器等交通运输工具，权利如建设用地使用权、海域使用权、土地经营权等。

第三，多个抵押权可以同时设立于同一抵押财产之上。抵押权不以转移对抵押财产的占有为成立要件，是对抵押财产价值的支配权，且抵押权之间并不相互抵触，因此，在同一抵押财产上可以存在多个抵押权，从而会形成重复抵押的现象。

二、抵押权的设立

（一）抵押合同

1. 抵押合同的当事人

抵押合同是抵押当事人双方自愿设立抵押权的合意。抵押合同的当事人包括抵押人和抵押权人，抵押担保的债务人并不是抵押关系的当事人。

抵押人是指以自己所有或享有处分权的财产为他人的债权设立抵押担保的人。抵押人可以是债务人，也可以是第三人。当第三人作为抵押人时，该第三人称为物上保证人。抵押人可以是自然人，也可以是法人或者非法人组织，但均须具备抵押能力。抵押人的抵押能力，首先体现为应具有相应的民事行为能力。因此，自然人为抵押人的，须具有完全民事行为能力。其次，抵押人须对抵押财产享有所有权或处分权，否则，其所设立的抵押应为无效。例如，按份共有人以其共有财产中享有的份额抵押的，抵押人为有抵押能力，抵押有效；而共同共有人以其共有财产设立抵押，未经其他共有人同意的，抵押无效，但是，其他共有人知道或者应当知道而未提出异议的，视为同意，抵押有效。

抵押权人是享有抵押权的债权人。抵押权人须为抵押权所担保的主债权的债权人，非主债权人不能成为抵押权人。

2. 抵押合同的形式和内容

依据《民法典》第400条的规定，设立抵押权，当事人应当采用书面形式订立抵押合同。抵押合同一般包括下列条款：（1）被担保债权的种类和数额；（2）债务人履行债务的期限；（3）抵押财产的名称、数量等情况；（4）担保的范围。

例题 62　甲公司开发写字楼一幢，于某年5月5日将其中一层卖给乙公司，约定半年后交房，乙公司于5月6日申请办理了预告登记。6月2日，甲公司因资金周转困难，在乙公司不知情的情况下，以该层楼向银行抵押借款并登记。现因甲公司不能清偿欠款，银行要求实现抵押权。下列哪一判断是正确的？

A. 抵押合同有效，抵押权设立

B. 抵押合同无效，但抵押权设立

C. 抵押合同有效，但抵押权不设立

D. 抵押合同无效，抵押权不设立

解析：本题的考点是抵押合同的成立和抵押权的设立，答案为C项。甲与银行之间设立的抵押为不动产抵押，该抵押合同自合同成立时生效；当事人未办理抵押登记的，不影响抵押合同的效力。甲在设立抵押之前，已经将房屋出卖给乙并办理了预告登记。甲在没有得到预告登记的权利人乙同意的情况下，以出卖的房屋向银行设立抵押，即使已经办理了抵押登记，也不能发生抵押权设立的效力。

（二）抵押财产的范围

1. 可以抵押的财产范围

依据《民法典》第395条的规定，债务人或者第三人有权处分的下列财产可以抵押：（1）建筑物和其他土地附着物；（2）建设用地使用权；（3）海域使用权；（4）生产设备、原材料、半成品、产品；（5）正在建造的建筑物、船舶、航空器；（6）交通运输工具；（7）法律、行政法规未禁止抵押的其他财产。

关于可以抵押的财产范围，须明确以下几个问题：其一，抵押人可以将上述所列财产一并抵押。其二，依据《民法典》第397条的规定，以建筑物抵押的，该建筑物占用范围内的建设用地使用权一并抵押；以建设用地使用权抵押的，该土地上的建筑物一并抵押。抵押人未依照该规定一并抵押的，未抵押的财产视为一并抵押。其三，依据《民法典》第398条的规定，乡镇、村企业的建设用地使用权不得单独抵押，但是，以乡镇、村企业的厂房等建筑物抵押的，其占用范围内的建设用地使用权一并抵押。

2. 禁止抵押的财产范围

依据《民法典》第399条的规定，下列财产不得抵押：（1）土地所有权；（2）宅基地、自留地、自留山等集体所有的土地使用权，但是法律规定可以抵押的除外；（3）学校、幼儿园、医院等以公益为目的成立的非营利法人的教育设施、医疗卫生设施和其他公益设施；（4）所有权、使用权不明或者有争议的财产；（5）依法被查封、扣押、监管的财产；（6）法律、行政法规规定不得抵押的其他财产。

（三）抵押权登记

抵押权登记又称抵押登记，是指由登记机构依法在登记簿上就抵押物上的抵押权状态予以记载。

在我国，抵押权登记的效力根据抵押财产的不同而分别实行登记生效主义和登记对抗主义，即不动产抵押权实行登记生效主义，动产抵押权实行登记对抗主义。依据《民法典》的规定，以建筑物和其他土地附着物、建设用地使用权、海域使用权、正在建造的建筑物抵押的，应当办理抵押登记，抵押权自登记时设立（第402条）。以动产抵押的，抵押权自抵押合同生效时设立；未经登记，不得对抗善意第三人（《民法典》第403条）。

例题63 甲向乙借款，丙与乙约定以自有房屋担保该笔借款。丙仅将房本交给乙，未按约定办理抵押登记。借款到期后甲无力清偿，丙的房屋被人民法院另行查封。下列哪些表述是错误的？

A. 乙有权要求丙继续履行担保合同，办理房屋抵押登记

B. 乙有权要求丙以自身全部财产承担担保义务

C. 乙有权要求丙以房屋价值为限承担担保义务

D. 乙有权要求丙承担损害赔偿责任

解析：本题的考点是抵押权的设立，正确答案应为A、B、C项。丙与乙约定以自有房屋为甲的借款提供抵押，因丙未按约定办理抵押登记，故抵押权不成立，但抵押合同是有效的。但因丙的房屋被人民法院查封，丙已不可能再办理抵押登记，所以，乙无权要求丙办理房屋抵押登记。丙未按约定办理抵押登记构成违约，应当承担违约责任，乙有权要求丙承担损害赔偿责任。乙对丙的房屋抵押权并没有成立，因此，乙无权要求丙承担担保义务。

三、抵押权的效力

（一）抵押权担保的债权范围

抵押权担保的债权范围是指抵押权人实现抵押权时，可以优先受偿的债权范围。依据《民法典》第389条的规定，除当事人另有约定外，抵押权担保的债权范围包括主债权及其利息、违约金、损害赔偿金和实现抵押权的费用。

（二）抵押权及于标的物的范围

抵押权及于标的物的范围是指抵押权人实现抵押权时可以依法变价的标的物的范围。抵押权及于标的物的范围除原抵押财产外，还包括抵押财产的从物、从权利、孳息、添附物、代位物等。

1. 抵押财产的从物和从权利

抵押权设立前为抵押财产的从物的，抵押权的效力及于抵押财产的从物。因此，实现抵押权时，抵押权的效力自应及于抵押财产的从物。

从权利与主权利的关系如同从物与主物的关系，因此，抵押权的效力应当及于抵押财产的从权利。例如，以需役地设立抵押权时，从属于需役地的地役权，可以为抵押权的效力所及。

2. 抵押财产的孳息

依据《民法典》第412条的规定，债务人不履行到期债务或者发生当事人约定的实现抵押权的情形，致使抵押财产被人民法院依法扣押的，自扣押之日起，抵押权人有权收取该抵押财产的天然孳息或者法定孳息，但是抵押权人未通知应当清偿法定孳息的义务人的除外。可见，抵押权的效力及于孳息。应当指出，抵押财产的孳息应当先充抵收取孳息的费用。

3. 抵押财产的添附物

抵押财产因附合、混合或者加工使抵押财产的所有权为第三人所有的，抵押权的效力及于补偿金；抵押财产所有权人为附合物、混合物或者加工物的所有权人的，抵押权的效力及于附合物、混合物或者加工物；第三人与抵押财产所有权人为附合物、混合物或者加工物的共有人的，抵押权的效力及于抵押人对共有财产享有的份额。

4. 抵押财产的代位物

担保物权具有物上代位性，因此，抵押权的效力当然及于抵押财产的代位物，包括抵押财产毁损、灭失或者被征收所得的保险金、赔偿金、补偿金。

（三）抵押权人的权利

1. 抵押权的处分权和变更权

抵押权的处分权是抵押权人处分抵押权及其顺位的权利，包括抵押权的转让和供作担保、抵押权及其顺位的抛弃。抵押权的变更是指抵押权人变更抵押权的相关内容，包括抵押权的顺序变更、抵押权的内容变更。

抵押权的转让是指抵押权人将其抵押权让与他人；抵押权的供作担保是指将抵押权提供为其他债权的担保。依据《民法典》第407条的规定，抵押权不得与债权分离而单独转让或者作为其他债权的担保。债权转让的，担保该债权的抵押权一并转让，但法律另有规定或者当事人另有约定的除外。据此，除非法律另有规定或者当事人另有约定，抵押权可以随被担保的债权一并转让，也可以作为其他债权的担保。

抵押权的放弃是指抵押权人放弃其优先受偿的担保利益。抵押权顺位的放弃是指抵押权人放弃优先受偿的顺序和位次。依据《民法典》第409条第1款的规定，抵押权人可以放弃抵押权或者抵押权的顺位。

抵押权顺位的变更是指同一抵押物的数个抵押权人将其抵押权的顺位互换；抵押权内容的变更是指抵押权人变更被担保的债权数额等内容。依据《民法典》第409条第1款的规定，抵押权人与抵押人可以协议变更抵押权顺位以及被担保的债权数额等内容。但是，抵押权的变更未经其他抵押权人书面同意的，不得对其他抵押权人产生不利影响。

关于抵押权人放弃抵押权、抵押权顺位或者内容变更的效果，依据《民法典》第409条第2款的规定，债务人以自己的财产设定抵押，抵押权人放弃该抵押权、抵押权顺位或者变更抵押权的，其他担保人在抵押权人丧失优先受偿权益的范围内免除担保责任，但是其他担保人承诺仍然提供担保的除外。

例题64 黄河公司以其房屋作抵押，先后向甲银行借款100万元，乙银行借款300万元，丙银行借款500万元，并依次办理了抵押登记。后丙银行与甲银行商定交换各自抵押权的顺位，并办理了变更登记，但乙银行并不知情。因黄河公司无力偿还三家银行的到期债务，银行拍卖其房屋，仅得价款600万元。关于三家银行对该价款的分配，下列哪一选项是正确的？

A. 甲银行100万元、乙银行300万元、丙银行200万元

B. 甲银行得不到清偿、乙银行100万元、丙银行500万元

C. 甲银行得不到清偿、乙银行300万元、丙银行300万元

D. 甲银行100万元、乙银行200万元、丙银行300万元

解析：本题的考点是抵押权顺位的变更，答案为C项。在黄河公司的房屋上存在三个抵押权，其先后顺序为甲的抵押权、乙的抵押权、丙的抵押权。丙与甲有权将自己的抵押权顺位予以对换，从而丙的抵押权变为第一顺位，甲的抵押权变为第三顺位。但是，在甲、丙变更抵押权的顺位时，因未经乙的书面同意，故不得对乙产生不利影响。在不影响乙的抵押权的情况下，因甲的抵押权担保债权额为100万元，故乙可以受偿300万元。而丙的抵押权在顺位变更后位于甲的抵押权之前，故可以就剩余的300万元受偿。这样，甲的债权也就得不到清偿了。

2. 抵押权的保全权

抵押权的保全权是指在抵押期间于抵押物的价值受侵害时，抵押权人享有的保全其抵押权益的权利。依据《民法典》第408条的规定，抵押人的行为足以使抵押财产价值减少的，抵押

权人有权请求抵押人停止其行为。抵押财产价值减少的，抵押权人有权请求恢复抵押财产的价值，或者提供与减少的价值相应的担保。抵押人不恢复抵押财产的价值，也不提供担保的，抵押权人有权请求债务人提前清偿债务。可见，抵押权的保全权包括停止侵害和排除妨害请求权、恢复原状请求权、提供相当担保请求权等。

例题 65 甲以自有房屋向乙银行抵押借款，办理了抵押登记。丙因甲欠钱不还，强行进入该房屋居住。借款到期后，甲无力偿还债务。该房屋由于丙的非法居住，难以拍卖，甲怠于行使对丙的返还请求权。乙银行可以行使下列哪些权利？

A. 请求甲行使对丙的返还请求权，防止抵押财产价值的减少

B. 请求甲将对丙的返还请求权转让给自己

C. 可以代位行使对丙的返还请求权

D. 可以依据抵押权直接对丙行使返还请求权

解析：本题的考点是抵押权的保全，答案为 A、B 项。丙非法占有乙银行享有抵押权的房屋，甲怠于行使返还请求权，足以使抵押财产价值减少，乙银行有权要求甲停止其行为，请求甲行使对丙的返还请求权，防止抵押财产价值的减少。抵押权是不转移占有的担保物权，抵押权人并不占有抵押物，因此，抵押权人不享有返还请求权。但在甲将对丙的返还请求权让与的情况下，乙银行可以享有返还请求权。在债权人代位权中，代位权的标的限于到期债权，不包括物权。因此，乙银行无权代位行使对丙的返还请求权。

3. 优先受偿权

优先受偿权是指于抵押权实现时，抵押权人以抵押财产的变价优先受偿的权利。

抵押权人的优先受偿权主要表现在以下几方面。

（1）在一般情况下，抵押权人优先于普通债权人受偿。在抵押人被宣告破产时，抵押权优先于抵押人的一切债权：抵押权人有别除权；抵押财产不列入破产财产；抵押权人得就抵押财产的变价于其受担保的债权额内受偿。

（2）在抵押物被查封、被执行时，抵押权优先于执行权。因此，已经设立抵押的财产被其他债权人申请采取查封、扣押等财产保全或执行措施的，不影响抵押权的效力。

（3）顺序在先的抵押权优先于顺序在后的抵押权。依据《民法典》第 414 条的规定，在实现抵押权时，拍卖、变卖抵押财产所得的价款依照下列规定清偿：其一，抵押权已经登记的，按照登记的时间先后顺序清偿；其二，抵押权已经登记的先于未登记的受偿；其三，抵押权未登记的，按照债权比例清偿。对于其他可以登记的担保物权，其清偿顺序参照上述规定。

（4）依据《民法典》第 416 条的规定，动产抵押担保的主债权是抵押物的价款，标的物交付后 10 日内办理抵押登记的，该抵押权人优先于抵押物买受人的其他担保物权人受偿，但是留置权人除外。该条规定的抵押权是购买价款抵押权，具有超级优先效力，处于超级优先顺位，属于登记在先规则的例外。即该抵押权只要在抵押财产交付后 10 日内（宽限期）办理了抵押登记，则无论其登记先后，均优先于抵押物买受人的其他担保物权，但不能优先于留置权。

（四）抵押人的权利

1. 抵押物的占有、使用、收益权

抵押权的设立并不转移抵押财产的占有，因此，抵押权成立后，抵押人仍得对抵押财产为

占有、使用、收益。

2. 抵押财产的转让权

抵押人就抵押财产设立抵押权后，并不丧失对抵押财产的所有权，因此，抵押人仍可以转让抵押财产。依据《民法典》第406条的规定，抵押期间，抵押人可以转让抵押财产。当事人另有约定的，按照其约定。抵押财产转让的，抵押权不受影响。抵押人转让抵押财产的，应当及时通知抵押权人。抵押权人能够证明抵押财产转让可能损害抵押权的，可以请求抵押人将转让所得的价款向抵押权人提前清偿债务或者提存。转让的价款超过债权数额的部分归抵押人所有，不足部分由债务人清偿。

例题66 甲将房屋一间作抵押向乙借款20 000元。抵押期间，知情人丙向甲表示愿以30 000元购买甲的房屋，甲也想将抵押的房屋出卖。对此，下列哪些表述是错误的？

A. 甲有权将该房屋出卖，但须事先告知抵押权人乙

B. 甲可以将该房屋出卖，不必征得抵押权人乙的同意

C. 甲可以将该房屋出卖，但应征得抵押权人乙的同意

D. 甲无权将该房屋出卖，因为房屋上已设置了抵押权

解析：本题的考点是抵押人对抵押财产的处分权，答案为A、C、D项。依据《民法典》的规定，抵押期间，抵押人可以转让抵押财产，无须抵押权人同意或者事先告知抵押权人，但应当及时通知抵押权人。

3. 担保物权的设立权

抵押人设立抵押权后，就同一抵押财产仍有权设立抵押权，也可以就同一抵押的动产设立动产质权。

4. 抵押财产的出租权

抵押权设立后，抵押人仍然可以将抵押财产出租给他人。抵押财产出租的，租赁关系不影响抵押权的效力。关于抵押权与租赁权的关系，《民法典》第405条规定，抵押权设立前，抵押财产已经出租并转移占有的，原租赁关系不受该抵押权的影响。

5. 用益物权的设立权

抵押人于抵押权成立后设立用益物权如设立居住权的，不能影响抵押权的效力。于抵押权实现时，后设立的用益物权应当消灭。

6. 物上保证人对债务人的追偿权

依据《民法典》第392条的规定，在抵押权中，物上保证人承担担保责任后，有权向债务人追偿；抵押人向债务人追偿的数额，为抵押权人以抵押财产的变价受清偿的债权数额。

四、抵押权的实现

（一）抵押权实现的条件

抵押权的实现是指抵押权人在债权已届清偿期而未获清偿或发生当事人约定的情形时，处分抵押财产以使债权优先受偿的行为。

依据《民法典》第410条第1款的规定，债务人不履行到期债务或者发生当事人约定的实

现抵押权的情形，抵押权人可以与抵押人协议以抵押财产折价或者以拍卖、变卖该抵押财产所得的价款优先受偿。可见，抵押权的实现须具备以下两个条件：一是须抵押权有效存在并不受限制。抵押权的设立如为无效或者已被撤销，则因抵押权已不存在，当然不能实现。虽抵押权有效存在，但其实现受有一定限制时，在受限制的范围内不能实现抵押权。例如，抵押权随同主债权一并为他债权设立质权时，抵押权的实现就受到限制。二是须债务人未履行到期债务或者发生当事人约定的实现抵押权的情形。所谓债务人不履行到期债务，是指债务履行期限届满，债务人无正当理由仍未全部履行债务的情形。

（二）抵押权实现的方式

依据《民法典》第410条的规定，抵押权实现的方式包括抵押物的折价、拍卖和变卖三种方式。但抵押财产折价或者变卖的，应当参照市场价格。抵押财产折价或者拍卖、变卖后，其价款超过债权数额的部分归抵押人所有，不足部分由债务人清偿（《民法典》第413条）。

无论采取何种方式实现抵押权，均应遵守以下法律规定。

第一，抵押权人在债务履行期届满前，与抵押人约定债务人不履行到期债务时抵押财产归债权人所有的，只能依法就抵押财产受偿（《民法典》第401条）。可见，当事人约定有流押条款的，尽管该规定有效，但也须进行清算。

第二，如果抵押人和抵押权人实现抵押权的协议损害其他债权人利益的，其他债权人可以请求人民法院撤销该协议（《民法典》第410条第1款）。

第三，同一财产既设立抵押权又设立质权的，拍卖、变卖该财产所得的价款按照登记、交付的时间先后确定清偿顺序（《民法典》第415条）。

第四，建设用地使用权抵押后，该土地上新增的建筑物不属于抵押财产。该建设用地使用权实现抵押权时，应当将该土地上新增的建筑物与建设用地使用权一并处分。但是，新增建筑物所得的价款，抵押权人无权优先受偿（《民法典》第417条）。

第五，以集体所有土地的使用权依法抵押的，实现抵押权后，未经法定程序，不得改变土地所有权的性质和土地用途（《民法典》第418条）。

五、抵押权消灭的特殊原因

抵押权的消灭除担保物权的消灭原因外，还存在特殊的消灭原因。依据《民法典》第419条的规定，抵押权人应当在主债权诉讼时效期间行使抵押权；未行使的，法院不予保护。可见，抵押权受主债权诉讼时效期间的限制。一旦主债权诉讼时效期间届满，抵押权即不再受法院保护。当然，主债权诉讼时效期间届满后，抵押权人仅丧失通过人民法院行使抵押权的胜诉权，抵押权本身并不消灭。

六、特殊抵押权

（一）浮动抵押权

1. 浮动抵押权的含义

依据《民法典》第396条的规定，浮动抵押权是指企业、个体工商户、农业生产经营者以现有及将有的生产设备、原材料、半成品、产品抵押，债务人不履行到期债务或者发生当事人约定的实现抵押权的情形时，债权人有权就抵押财产确定时的动产优先受偿。

浮动抵押权具有以下特点。

（1）浮动抵押的抵押人具有限定性。浮动抵押的抵押人限于企业、个体工商户和农业生产经营者，其他民事主体不能设立浮动抵押权。

（2）浮动抵押权的客体为集合财产。浮动抵押财产包括抵押人现有及将有的生产设备、原材料、半成品和产品，不包括不动产、其他动产以及权利。

（3）浮动抵押权的客体具有不确定性。浮动抵押权设立后，抵押财产处于变动之中，抵押人可以将抵押的原材料投入生产，也可以出卖抵押财产；同时，新增生产设备和原材料也应列入抵押财产之中。

2. 浮动抵押权的设立

依据《民法典》第403条的规定，以动产抵押的，抵押权自抵押合同生效时设立；未经登记，不得对抗善意第三人。可见，动产浮动抵押，实行登记对抗主义。

3. 浮动抵押权的效力

浮动抵押权设立后，将产生以下特殊效力：（1）抵押人有权处分抵押财产；（2）浮动抵押权不得对抗正常经营活动中已经支付合理价款并取得抵押财产的买受人（《民法典》第404条）；（3）抵押人有权以浮动抵押的动产设立固定抵押权，此时，应当按照法律规定的抵押权实现的顺序清偿债务。

4. 浮动抵押权的实现

浮动抵押权的客体具有不确定性，而抵押权的实现须以抵押财产确定为前提，因此，浮动抵押的动产须依法定事由使之确定。依据《民法典》第411条的规定，浮动抵押的动产自下列情形之一发生时确定：（1）债务履行期届满，债权未实现；（2）抵押人被宣告破产或者解散；（3）当事人约定的实现抵押权的情形；（4）严重影响债权实现的其他情形。

在浮动抵押的财产确定后，浮动抵押权即变为固定抵押权，应当按照一般抵押权的实现方式实现抵押权。

例题67 个体工商户甲将其现有的以及将有的生产设备、原材料、半成品、产品一并抵押给乙银行，但未办理抵押登记。抵押期间，甲未经乙同意以合理价格将一台生产设备出卖给丙。后甲不能向乙履行到期债务。对此，下列哪一选项是正确的？

A. 该抵押权因抵押物不特定而不能成立

B. 该抵押权因未办理抵押登记而不能成立

C. 该抵押权虽已成立但不能对抗善意第三人

D. 乙有权对丙从甲处购买的生产设备行使抵押权

解析：本题的考点是浮动抵押的成立及效力，答案为C项。浮动抵押的财产包括抵押人现有及将有的动产，因此，浮动抵押的财产可以是不特定的财产。浮动抵押权自抵押合同生效时设立，不以登记为成立条件；未经登记的，不得对抗善意第三人。在浮动抵押中，抵押权人不得对抗正常经济活动中已支付合理价款并取得抵押财产的买受人。

（二）最高额抵押权

1. 最高额抵押权的含义

依据《民法典》第420条第1款的规定，最高额抵押权是指为担保债务的履行，债务人或者第三人对一定期间内将要连续发生的债权提供抵押财产，在债务人到期不履行债务或者发生当事人约定的实现抵押权的情形时，抵押权人在最高债权额限度内就该抵押财产优先受偿的权利。

最高额抵押权具有以下特点。

（1）最高额抵押权是为担保将来不特定债权的清偿而设立的抵押权。一方面，最高额抵押权所担保的债权通常不是已经发生的债权，而是将来要发生的债权。当然，依据《民法典》第420条第2款的规定，经当事人同意，在最高额抵押权设立前已经存在的债权也可以转入最高额抵押权担保的债权范围。另一方面，最高额抵押权所担保的将来债权是不特定的，债权是否一定发生、发生额为多少都是不确定的。

（2）最高额抵押权所担保的债权是一定期间内连续发生的债权。最高额抵押权是对一定期间内连续发生的债权的担保，仅适用于有连续发生债权的法律关系，如连续交易关系、连续借贷关系等。

（3）最高额抵押权预先设定受担保债权的最高限额。所谓最高限额，是指抵押权人实现抵押权时能够优先受偿的最高债权额，即抵押权人只能在最高债权额限度内就抵押财产优先受偿。如果抵押权所担保的债权没有最高限额，则不能成立最高额抵押权。

（4）最高额抵押权具有相对的独立性。最高抵押权不具有一般抵押权的从属性，而具有相对独立性。这主要体现在：最高额抵押权一般在被担保的债权发生之前成立，而不以被担保债权已经发生为前提；除当事人另有约定外，最高额抵押权不随被担保债权的部分转让而转让；在最高额抵押权存续期间，已发生的债权即使已消灭，最高额抵押权也不随同消灭。

2. 最高额抵押权的设立

当事人设立最高额抵押权，应当订立最高额抵押合同。最高额抵押合同除应具备一般抵押合同的内容外，还须具备以下两项内容。

一是最高额抵押权所担保的债权范围和最高限额。在最高额抵押合同中，当事人应当对最高额抵押权所担保的债权范围和最高限额作出约定，否则，不能成立最高额抵押权。

二是决算期，即最高额抵押权所担保的债权的确定日期。当事人约定了决算期的，约定的债权确定期间届满时，抵押权人的债权确定。依据《民法典》第423条的规定，决算期可依下列情形确定：（1）约定的债权确定期间届满；（2）没有约定债权确定期间或者约定不明确，抵押权人或者抵押人自最高额抵押权设立之日起满2年后请求确定债权；（3）新的债权不可能发生；（4）抵押权人知道或者应当知道抵押财产被查封、扣押；（5）债务人、抵押人被宣告破产或者被解散；（6）法律规定债权确定的其他情形。

3. 最高额抵押权的效力

最高额抵押权设立后，产生以下特殊的效力：（1）依据《民法典》第421条的规定，最高额抵押担保的债权确定前，部分债权转让的，最高额抵押权不得转让，但当事人另有约定的除外。（2）依据《民法典》第422条的规定，最高额抵押权担保的债权确定前，抵押权人与抵押人可以通过协议变更债权确定的期间、债权范围以及最高债权额。但是，变更的内容不得对其他抵押权人产生不利影响。

4. 最高额抵押权的实现

在最高额抵押权所担保的不特定债权特定后，债权已届清偿期的，最高额抵押权人可以根据一般抵押权的规定行使其抵押权。最高额抵押权人实现抵押权时，如果实际发生的债权余额高于最高限额的，以最高限额为限，超过部分不具有优先受偿效力；如果实际发生的债权余额低于最高限额的，以实际发生的债权余额为限对抵押物优先受偿。

例题 68 2018 年 7 月 1 日，甲公司、乙公司和张某签订了“个人最高额抵押协议”，张某将其房屋抵押给乙公司，担保甲公司在一周前所欠乙公司货款 300 万元、最高债权额 400 万元，并办理了最高额抵押登记，债权确定期间为 2018 年 7 月 2 日到 2019 年 7 月 1 日。债权确定期间内，甲公司因从乙公司分批次进货，又欠乙公司 100 万元。甲公司未还款。关于有抵押担保的债权额和抵押权的行使期间，下列哪些选项是正确的？

A. 债权额为 100 万元

B. 债权额为 400 万元

C. 抵押权行使期间为 1 年

D. 抵押权行使期间为主债权的诉讼时效期间

解析：本题的考点主要是最高额抵押、抵押权期间，答案为 B、D 项。在最高额抵押中，抵押权设立前已经存在的债权，经当事人同意，可以转入最高额抵押担保的债权范围。本题中，当事人约定将最高额抵押设定之前的 300 万元的债务转入最高额抵押担保的债权范围，再加上最高额抵押设定后发生的 100 万元，因此，最高额抵押担保的债权额应为 400 万元。在抵押权中，抵押权人应当在主债权诉讼时效期间行使抵押权；未行使的，人民法院不予保护。据此，抵押权的行使期间为主债权的诉讼时效期间。

（三）共同抵押权

1. 共同抵押权的含义

共同抵押权是指为共同担保同一债权，而于数个不同的财产上设定一个抵押权。

共同抵押权具有以下特点。

（1）共同抵押权的客体是数个不同的财产。共同抵押权的抵押财产不是一个，而是数个；并且设定抵押权的数个抵押财产是独立的物，而不是集合在一起被视为一物。同时，该数个抵押财产也不要求必须属于同一人所有，可以为不同的人所有，即共同抵押可以就不同人的数个独立抵押财产而设立。

（2）共同抵押权所担保的债权是同一债权。所谓同一债权，是指数个抵押财产所担保的债权是相同的。这就要求，共同抵押权所担保的是同一个债权人的同一项债权。

（3）共同抵押权可以就数个抵押财产一并设立，也可以就数个抵押财产先后分别设立。

2. 共同抵押权的效力

共同抵押权的抵押财产为数个独立的财产，而且抵押财产的所有权人也并非须为同一人，因此，抵押权人如何就各个抵押财产受偿其债权，就成为共同抵押权效力上的特殊问题。对此，应区分两种情形分别讨论。

第一种情形，当事人约定了各个抵押财产所担保的债权份额的，抵押权人在实现抵押权时应就各个抵押财产所担保的债权份额优先受偿。也就是说，各个抵押财产分别以其价值按照其应担保的债权份额担保债权人的债权受偿。这种共同抵押权的各个抵押财产对同一债权的担保系分别负责，各抵押财产相互间并无“物”的连带关系。

第二种情形，当事人未约定各个抵押财产所担保的债权份额或抵押顺序的，抵押权人可以就其中任一或者各个抵押财产行使抵押权。这时，共同抵押财产之间承担“物”的连带责任，每个抵押财产之价值均担保着全部债权。抵押人承担担保责任后，可以向债务人追偿，也可以要求其他抵押人清偿其应当承担的份额。但是，共同抵押权人实现抵押权时，如果两个以上的抵押人一为债务人本人、一为物上保证人的，抵押权人原则上应当先就债务人本人提供的抵押财产变价求偿。如果债权人放弃债务人提供的抵押担保的，其他抵押人有权在债务人抵押财产的价值范围内请求法院减轻或者免除其应当承担的担保责任。

例题 69 甲对乙享有债权 500 万元，先后在丙和丁的房屋上设定了抵押权，均办理了登记，且均未限定抵押物的担保金额。其后，甲将其中 200 万元债权转让给戊，并通知了乙。乙到期清偿了对甲的 300 万元债务，但未能清偿对戊的 200 万元债务。对此，下列哪些选项是错误的？

A. 戊可同时就丙和丁的房屋行使抵押权，但对每个房屋价款优先受偿权的金额不得超过 100 万元

B. 戊可同时就丙和丁的房屋行使抵押权，对每个房屋价款优先受偿权的金额依房屋价值的比例确定

C. 戊必须先后就丙和丁的房屋行使抵押权，对每个房屋价款优先受偿权的金额由戊自主决定

D. 戊只能在丙的房屋价款不足以使其债权得到全部清偿时就丁的房屋行使抵押权

解析：本题的考点是主要是共同抵押、抵押权转让，答案应为 A、B、C、D 项。甲对乙享有 500 万元债权，丙、丁以其房屋设定抵押并办理了登记，且没有限定抵押物的担保金额，因此，该抵押为连带共同抵押。按照抵押权的从属性，抵押权可以随主债权的转让而转让；主债权部分转让的，债权人可以就其享有的债权额行使抵押权。因此，戊因受让 200 万元债权而有权行使抵押权。但在连带共同抵押中，抵押权人可以就其中任一或者各个抵押物行使抵押权，不受抵押权设定先后的限制，也不受各抵押物价值比例的限制。

第三节 质 权

一、质权的含义和种类

（一）质权的含义

质权是指为了担保债务的清偿，债务人或第三人将其动产或权利移交债权人占有，在债务人不履行到期债务或发生当事人约定的实现债权的情形时，债权人可就其占有的动产或权利变价获得的价金优先受偿的权利。

质权具有以下特点。

第一，质权是于债务人或第三人交付的财产上设立的担保物权。质押财产可以是债务人的财产，也可以是第三人的财产，但不能是债权人自己的财产，因而质权是在他人财产上设立的他物权。

第二，质押财产包括动产和权利。质押财产只能是动产和权利，而不能是不动产，在不动

产之上不能设立质权。

第三，质权以债权人占有质押财产或出质登记为设立条件。质权以动产为质押财产的，质权的设立以出质人移交质押财产的占有为设立要件，这也是质权的存续要件；质权以权利为质押财产的，质权的设立以出质人交付权利凭证或办理出质登记为设立要件。

（二）质权的种类

1. 根据质押财产的不同，质权可以分为动产质权与权利质权

动产质权是指以动产为质押财产的质权；权利质权是指以可让与的财产权为质押财产的质权。

区分动产质权与权利质权的主要意义在于：这两种质权因质押财产不同，在质权的设立和效力上存在着一定的差别。

2. 根据质权的特性，质权可以分为一般质权与特殊质权

一般质权是指法律无特别规定而具有质权一般特性的质权；特殊质权是指法律有特别规定的，在某一方面具有特殊性的质权，如最高额质权。所谓最高额质权，是指为担保债务的履行，债务人或第三人对一定期间内将要连续发生的债权提供质押财产，债务人不履行到期债务或者发生当事人约定的实现质权的情形时，质权人在最高债权额限度内就该质押财产优先受偿的权利。

区分一般质权与特殊质权的主要意义在于：一般质权适用法律关于质权的一般规定，而特殊质权除适用法律关于质权的一般规定外，还适用法律关于该种质权的特殊规定。依据《民法典》第 439 条的规定，出质人与质权人可以协议设立最高额质权。最高额质权除适用动产质权的一般规定外，参照最高额抵押权的有关规定办理。

3. 根据质权所适用的法律法规的属性，质权可以分为民事质权与营业质权

民事质权是指适用民事法律规定的质权；营业质权即适用典当管理办法规定的当铺营业质权。在营业质权中，债务人以将一定的财物交付于典当行作担保，向典当行借贷一定数额的金钱，于一定期限（即回赎期限）内，债务人清偿债务后得取回当物；回赎期限届满后，债务人不能清偿债务时，当物即归债权人所有或者由债权人以当物的价值优先受偿。

区分营业质权与民事质权的主要意义在于：(1) 二者适用的法律法规不同。民事质权适用民事法律的规定，营业质权适用典当管理办法的规定。(2) 对流质约款要求的宽严程度不同。民事质权中的流质约款需要进行清算，而营业质权中的流质约款不存在清算问题。

二、动产质权

（一）动产质权的含义

依据《民法典》第 425 条的规定，动产质权是指为担保债务的履行，债务人或者第三人将其动产出质给债权人占有，债务人不履行到期债务或者发生当事人约定的实现质权的情形时，债权人就该动产优先受偿的权利。在动产质权中，将动产转移给债权人占有而供作担保的债务人或第三人为出质人或质押人；享有质权的债权人为质权人；出质人转移给债权人占有以供作债权担保的动产称为质押财产或质物。

（二）动产质权的设立

动产质权的设立，须符合以下要求。

第一，质押财产须为法律允许出质的动产。一方面，在动产质权中，质押财产须为他人的动产，即债务人或第三人的动产。另一方面，质押财产须为法律允许出质的流通物或限制流通

物。法律、行政法规禁止转让的动产，不得出质（《民法典》第426条）。

第二，出质人对质押财产须有处分权。债务人或第三人作为出质人，应当对质押财产有处分权，否则，无权出质。但是，依据《民法典》第311条第3款的规定，质权也可以适用善意取得。因此，出质人以其不具有所有权但合法占有的动产出质的，不知出质人无处分权的质权人行使质权，给动产所有权人造成损失的，由出质人承担赔偿责任。

第三，出质人与质权人须签订书面的质押合同。设立质权，当事人应当采用书面形式订立质押合同。质押合同一般包括下列条款：(1) 被担保债权的种类和数额；(2) 债务人履行债务的期限；(3) 质押财产的名称、数量等情况；(4) 担保的范围；(5) 质押财产交付的时间、方式（《民法典》第427条）。

第四，出质人须将质押财产移交质权人占有。依据《民法典》第429条的规定，质权自出质人交付质押财产时设立。据此，质权的设立时间为质押财产的交付时间。质押财产的交付可以是现实交付、简易交付或者指示交付，但不能是占有改定。因为在占有改定的情况下，质押财产并未实际交付质权人占有。当事人也可以约定质押财产的交付方式，如共同占有、第三人监管等。

例题70　乙欠甲货款，二人商定由乙将一块红木出质并签订质押合同。甲与丙签订委托合同授权丙代自己占有红木。乙将红木交付与丙。下列哪一说法是正确的？

A. 甲乙之间的担保合同无效

B. 红木已交付，丙取得质权

C. 丙经甲的授权而占有，甲取得质权

D. 丙不能代理甲占有红木，因而甲未取得质权

解析：本题的考点是质权的设立，答案为C项。乙以自己的一块红木出质担保甲的债权，双方之间的质押合同并不违反法律规定，应属于有效合同，且自合同成立时生效。但是，质权应自出质人交付质押财产时设立。乙将自己的一块红木出质于甲，丙即使占有红木，也不可能获得质权。丙有权基于甲的委托而占有红木，因此，乙将红木交给丙，构成对甲的交付，甲取得质权。

（三）动产质权的效力

1. 动产质权所担保的债权范围

质权担保的债权范围是指质权人实现质权时，可以优先受偿的债权的范围。依据《民法典》第389条的规定，除当事人另有约定外，动产质权所担保的债权范围包括主债权及其利息、违约金、损害赔偿金、保管质押财产的费用和实现质权的费用。

2. 动产质权的效力及于标的物的范围

动产质权的效力及于标的物的范围除原质押财产外，还包括质押财产的从物、孳息物、代位物、添附物等。

动产质权的效力及于原质押财产的从物，但从物未随同质押财产移交质权人占有的，质权的效力不及于从物。除质权合同另有约定外，质权的效力及于质押财产的孳息，包括天然孳息和法定孳息。动产质权的效力及于代位物、添附物的，其性质与抵押权相同。

3. 质权人的权利和义务

（1）质权人的权利主要有如下几项。

第一，占有和留置质押财产的权利。质权以质押财产的占有转移为成立和存续要件，因此，质权人当然得占有和留置质押财产。只要债权未受清偿，质权人即得拒绝一切人返还质押财产的请求。即使出质人将质押财产转让给第三人，也不影响质权人对质押财产的占有。

第二，孳息收取权。依据《民法典》第 430 条的规定，除当事人另有约定外，质权人有权收取质押财产的孳息。质权人收取质押财产的孳息，首先应充抵收取孳息的费用。

第三，费用偿还请求权。质权人对于因保管质押财产所支出的必要费用有偿还请求权。所谓必要费用，是指为保存和管理质押财产不可缺少的费用。因质押财产为出质人所有，质权人保管质押财产也属于为出质人保管财产，所以，质权人为保管质押财产所支出的必要费用应由质押财产所有权人负担。

第四，质权保全权。依据《民法典》第 433 条的规定，因不可归责于质权人的事由可能使质押财产毁损或者价值明显减少，足以危害质权人权利的，质权人有权请求出质人提供相应的担保；出质人不提供的，质权人可以拍卖、变卖质押财产，并与出质人协议将拍卖、变卖所得的价款提前清偿债务或者提存。

第五，转质权。所谓转质，是指质权人为担保自己的债务，将质押财产移交于自己的债权人而设立新质权的行为。质权人得以质押财产转质的权利，即为转质权。因转质而取得质权的人，称为转质权人。转质有两种情况：一是责任转质，即质权人在质权存续期间，不经出质人同意而以自己的责任，为担保自己的债务将质押财产转质于第三人而设定新质权。质权人在质权存续期间，未经出质人同意转质，造成质押财产毁损、灭失的，应当向出质人承担赔偿责任（《民法典》第 434 条）。二是承诺转质，即质权人经出质人同意，为供自己债务的担保而将质押财产转移占有于第三人，就质押财产再设定新质权的行为。

第六，质权的处分权。质权的处分权是质权人处分其质权的权利，包括质权的放弃、质权的让与或供他债权的担保。依据《民法典》第 435 条的规定，债务人以自己的财产出质，质权人放弃该质权的，其他担保人在质权人丧失优先受偿权益的范围内免除担保责任，除非其他担保人承诺仍然提供担保。质权不得与其所担保的债权相分离而单独让与或者供为他债权的担保，但得与债权一并让与或供作他债权担保。债权让与时，质权应随同主债权一并让与，但当事人约定质权不随同让与时，质权应消灭。

第七，优先受偿权。优先受偿权是质权人就质押财产的变价优先受偿的权利，是质权的基本效力。当债务人不履行到期债务或发生当事人约定的实现质权的情形时，质权人有权就该质押财产的价值优先受偿。

（2）质权人的义务主要有如下几项。

第一，不得擅自使用、处分质押财产的义务。依据《民法典》第 431 条的规定，质权人在质权存续期间，未经出质人同意，擅自使用、处分质押财产，造成出质人损害的，应当承担赔偿责任。

第二，妥善保管质押财产的义务。依据《民法典》第 432 条第 1 款的规定，质权人负有妥善保管质押财产的义务，因保管不善致使质押财产毁损、灭失的，应当承担赔偿责任。

第三，返还质押财产的义务。在动产质权所担保的债权消灭时，质权人应当将质押财产的占有返还给有受领权的人。依据《民法典》第 436 条第 1 款的规定，债务人履行债务或者出质人提前清偿所担保的债权的，质权人应当返还质押财产。

4. 出质人的权利

（1）孳息收取权。出质人在设立质权后，质押财产虽已由质权人占有，但出质人可依质权合同约定保留自己对于质押财产孳息的收取权。

（2）质押财产的处分权。出质人虽将质押财产的占有转移于质权人，但并不因此丧失对质押财产的所有权，所以，出质人仍可以对质押财产为法律上的处分，如转让质押财产、就质押财产设立抵押权。因事实上的处分有害于质权人的利益，故出质人不享有对质押财产的事实上处分权。

（3）除去侵害和返还请求权。在质权人有侵害质押财产的作为或不作为的行为时，出质人得请求质权人除去侵害。依据《民法典》第 432 条第 2 款的规定，质权人的行为可能使质押财产毁损、灭失的，出质人可以请求质权人将质押财产提存，或者请求提前清偿债务并返还质押财产。

（4）物上保证人对主债务人的追偿权。依据《民法典》第 392 条的规定，在动产质权中，物上保证人在承担担保责任后，有权向债务人追偿，其追偿的数额，应为质权人以质押财产的变价所受清偿的债权数额。

（四）动产质权的实现

动产质权的实现是指质权人在债权已届清偿期而未获清偿或发生当事人约定的实现质权的情形时，处分质押财产以使债权优先受偿的行为。

依据《民法典》第 436 条第 2 款的规定，债务人不履行到期债务或者发生当事人约定的实现质权的情形，质权人可以与出质人协议以质押财产折价，也可以就拍卖、变卖质押财产所得的价款优先受偿。可见，动产质权的实现方式包括折价、拍卖、变卖三种方式。质押财产折价或拍卖、变卖后，其价款超过债权额的部分归出质人所有，不足部分由债务人清偿。

对于动产质权的实现，应当注意以下问题：第一，质权人在债务履行期限届满前，与出质人约定债务人不履行到期债务时质押财产归债权人所有的，只能依法就质押财产优先受偿（《民法典》第 428 条）。第二，出质人可以请求质权人在债务履行期限届满后及时行使质权；质权人不行使的，出质人可以请求人民法院拍卖、变卖质押财产。出质人请求质权人及时行使质权，因质权人怠于行使权利造成损害的，由质权人承担赔偿责任（《民法典》第 437 条）。

例题 71　甲向乙借款 5 000 元，并将自己的一台笔记本电脑出质给乙。乙在出质期间将电脑无偿借给丙使用。丁因丙欠钱不还，趁丙不注意时拿走电脑并向丙声称要以其抵债。下列哪些选项是正确的？

A. 甲有权基于其所有权请求丁返还电脑

B. 乙有权基于其质权请求丁返还电脑

C. 丙有权基于其占有被侵害请求丁返还电脑

D. 丁有权主张以电脑抵偿丙对自己的债务

解析：本题的考点是质权人的权利义务，答案为 A、B、C 项。甲是电脑的所有权人，乙为质权人。乙在未经甲同意的情况下，将质押财产出借于丙，这是违反保管义务的行为。而丁将丙占有的电脑拿走抵债，这又构成了侵权行为，既侵害了甲的所有权，也侵害了乙的质权。因此，甲作为电脑的所有权人，有权基于所有权要求丁返还电脑；乙作为质权人，有权基于质权请求丁返还电脑。依《民法典》第 462 条的规定，占有的动产被侵占的，占有人有权请求返还原物。可见，丙也有权基于占有被侵害请求丁返还电脑。

（五）动产质权消灭的特殊原因

除担保物权的一般消灭原因外，动产质权还存在以下特殊消灭原因。

一是丧失质押财产的占有。所谓丧失占有，是指因质押财产遗失、被盗、被侵夺或者其他情形，质权人事实上丧失对质押财产的管领力。但是，如果质权人丧失对质押财产的占有，但其又依物权请求权或占有返还请求权而恢复占有的，则质权并不消灭。

二是质押财产的任意返还。这是指质权人基于自己的意思，将质押财产的占有转移给出质人。至于转移占有的原因如何，在所不问。

三、权利质权

（一）权利质权的含义

权利质权是指为担保债务的履行，债务人或者第三人将其有权处分的权利出质给债权人，在债务人不履行到期债务或者发生当事人约定的实现质权的情形时，债权人就该权利优先受偿的权利。

权利质权具有以下特点。

第一，权利质权的客体是权利。与动产质权不同，权利质权的客体是权利。这里的权利并不是指所有的权利，而仅指所有权、用益物权以外的可以让与的财产权利。

第二，权利质权通常涉及第三债务人。权利质权的客体是财产权利，这种财产权利不仅涉及权利人，还涉及义务人。该义务人虽不是质权合同的当事人，但属于有利害关系的第三人，通常称为第三债务人。

第三，权利质权以交付权利凭证或登记为设立条件。在权利质权的设立上，以具有权利凭证的财产权利设立质权的，应将该权利凭证交付于质权人占有，质权自权利凭证交付质权人时设立；以无权利凭证的财产权利设立质权的，质权自办理出质登记时设立。

（二）权利质权的客体

依据《民法典》第440条的规定，债务人或者第三人有权处分的下列权利可以出质：(1) 汇票、支票、本票；(2) 债券、存款单；(3) 仓单、提单；(4) 可以转让的基金份额、股权；(5) 可以转让的注册商标专用权、专利权、著作权等知识产权中的财产权；(6) 现有的以及将有的应收账款；(7) 法律、行政法规规定可以出质的其他财产权利。

（三）权利质权的种类

1. 证券质权

证券质权是指以有价证券即汇票、支票、本票、债券、存款单、仓单、提单所表示的财产权利为客体的质权。

依据《民法典》第441条的规定，以汇票、本票、支票、债券、存款单、仓单、提单出质的，质权自权利凭证交付质权人时设立；没有权利凭证的，质权自办理出质登记时设立。如果汇票、本票、支票、债券、存款单、仓单、提单的兑现日期或者提货日期先于主债权到期的，质权人可以兑现或者提货，并与出质人协议将兑现的价款或者提取的货物提前清偿债务或者提存（《民法典》第442条）。当然，汇票、支票、本票、债券、存款单、仓单、提单的兑现或者提货日期后于债务履行期的，质权人只能在兑现或者提货日期届满时兑现款项或者提取货物。

2. 基金份额、股份质权

基金份额、股份质权是指以基金份额、股权所表示的财产权利为客体的质权。所谓基金份额，是指向投资者公开发行的，表示持有人按其所持份额对基金财产享有收益分配权等相关财产权利的凭证。

依据《民法典》第443条的规定，以基金份额、股权出质的，质权自办理出质登记时设立。基金份额、股权出质后，不得转让，但是出质人与质权人协商同意的除外。出质人转让基金份额、股权所得的价款，应当向质权人提前清偿债务或者提存。

3. 知识产权质权

知识产权质权是指以注册商标专用权、专利权、著作权等知识产权中的财产权为客体的质权。

依据《民法典》第444条的规定，以注册商标专用权、专利权、著作权等知识产权中的财产权出质的，质权自办理出质登记时设立。知识产权中的财产权出质后，出质人不得转让或者许可他人使用，但是经出质人与质权人协商同意的除外。出质人转让或者许可他人使用出质的知识产权中的财产权所得的价款，应当向质权人提前清偿债务或者提存。

4. 应收账款质权

应收账款质权是指以权利人现有的以及将有的应收账款债权为客体的质权。所谓应收账款，是指权利人在交易活动中因销售商品、产品或者提供劳务而有权收取的款项。

依据《民法典》第445条的规定，以应收账款出质的，质权自办理出质登记时设立。应收账款出质后，不得转让，但是经出质人与质权人协商同意的除外。出质人转让应收账款所得的价款，应当向质权人提前清偿债务或者提存。

5. 其他权利质权

除上述财产权外，法律、行政法规规定可以出质的其他财产权利，也可以设立权利质权。例如，一般债权可以设立权利质权。以一般债权设立权利质权的，适用债权转让的一般规则。

例题72 甲对乙享有10万元的债权，甲将该债权向丙出质，借款5万元。下列哪一表述是错误的?

A. 将债权出质的事实通知乙，不是债权质权生效的要件

B. 如未将债权出质的事实通知乙，丙即不得向乙主张权利

C. 如将债权出质的事实通知了乙，即使乙向甲履行了债务，乙不得对丙主张债已消灭

D. 乙在得到债权出质的通知后，向甲还款3万元，因还有7万元的债权额作为担保，乙的部分履行行为对丙有效

解析：本题的考点是债权质权，答案为D项。以债权出质的，应当适用债权转让的规则，即债权人转让债权的，应当通知债务人；未通知债务人的，对债务人不发生效力。因此，甲将债权出质的事实通知乙并不是质权的生效要件，而仅对乙的债务履行发生效力，即乙不得再向甲履行债务。如果甲未将债权出质的事实通知乙，则对乙不发生效力，丙不得向乙主张权利。如果乙在得到债权出质的通知后向甲履行了全部或部分债务，则对丙不发生效力，丙仍有权要求乙履行债务。

第四节 留置权

一、留置权的含义

依据《民法典》第447条的规定，留置权是指当债务人不履行到期债务时，债权人可以留置已经合法占有的债务人的动产，并就该动产优先受偿的权利。

留置权具有以下特点。

第一，留置权是法定担保物权。留置权的取得和存在，直接依据法律的规定，无须当事人订立留置权的合同。只要具备了法律规定的条件，留置权即当然发生。

第二，留置权的客体原则上以债务人的财产为限。抵押权和质权中的客体可以是债务人的财产，也可以是债务人以外的第三人的财产，而留置权的客体一般只能是债务人的财产，不能是债务人以外的第三人的财产。

第三，留置权的客体以动产为限。抵押权的客体可以是不动产、不动产权利，也可以是特殊的动产。质权的客体既可以是动产，也可以是权利。而留置权的客体只能是动产，不包括不动产和权利。

第四，留置权具有双重效力。留置权的第一重效力为留置效力，即当债务履行期届满债务人不履行债务时，债权人可以留置债务人的动产以促使其履行债务。留置权的第二重效力为优先受偿效力，即当债务人经过催告仍不履行债务时，债权人可以就留置财产的变价优先受偿。

二、留置权的成立条件

（一）留置权成立的积极条件

留置权成立的积极条件包括以下几项。

1. 债权人合法占有债务人的动产

债权人只有在合法占有债务人的动产的前提下，才可以享有留置权。债权人占有他人的动产或非法占有债务人的动产，不得成立留置权。所谓债务人的动产，并非专指债务人所有的动产，而是指债务人交付给债权人占有的动产。因此，尽管为第三人所有的动产，但只要系占有人交付给债权人，由债权人合法占有的，也可以成立留置权。

2. 债务人逾期不履行债务

一般而言，留置权只有在债务履行期届满而债务人没有履行债务时，方才发生。在债务履行期届满前，债务人无须履行债务，故无所谓留置权问题。当然，在特殊情况下，即使债权人的债权未届清偿期，留置权也可以成立。这种留置权，通常称为紧急留置权。

3. 债权的发生与留置的动产有牵连关系

依据《民法典》第448条的规定，债权的发生与留置的动产有牵连关系，是指债权人留置的动产与债权属于同一法律关系。在一般情况下，只有在债权人占有的动产与其债权的发生有牵连关系时，才能成立留置权，但是，企业之间发生的留置权不受此限制。在实践中，债权的发生与债权人对债务人动产的占有具有牵连关系的情形主要有三种：（1）债权与留置动产的返还义务系基于同一合同关系而生。例如，甲的手机坏了，交给乙修理，在甲清偿乙的修理费之前，乙可以留置该手机。此时，乙对甲的修理费债权与其对甲所负的返还手机的义务之间具有牵连关系。（2）债权系因留置动产本身而生。这主要是指债权的发生是由债务人的动产所引起的，其实质是由行为人的侵权行为、无因管理行为等事实行为所引起的。这种情形又可分为两种：其一，债权人因对标的物支出了费用而享有费用返还请求权。例如，甲租用乙的汽车，约定应当由乙维修汽车，现乙拒绝维修，于是甲自行维修，由此产生了维修费用。就此维修费用，甲有权请求乙返还。若乙拒绝返还，则甲可留置该汽车，迫使乙返还维修费。其二，因标的物所生的损害赔偿请求权。例如，丙的汽车撞伤了丁，丁花去医疗费等费用若干，丁有权要求丙赔偿这些费用。若丙拒绝赔偿，则丁可以留置其已经合法占有的丙的汽车，以迫使丙支付上述费用。(3) 债权与留置动产的返还义务系基于同一事实关系而生。所谓同一事实关系，又称同一生活关系，是指当事人之间没有法律关系而仅有事实关系。例如，散会后，甲、乙二人彼此错骑对方的自行车。在此情形下，一方的返还请求权与他方的返还请求权是基于同一事实关系而生，从而各就对方的自行车有留置权。

例题 73　辽东公司欠辽西公司货款 200 万元，辽西公司与辽中公司签订了一份价款为 150 万元的电脑买卖合同，合同签订后，辽中公司指示辽西公司将该合同项下的电脑交付给辽东公司。因辽东公司届期未清偿所欠货款，故辽西公司将该批电脑扣留。关于辽西公司的行为，下列哪一选项是正确的？

A. 属于行使抵押权　　B. 属于行使动产质权

C. 属于行使留置权　　D. 属于自助行为

解析：本题的考点是留置权的成立，答案为 C 项。抵押权、质权的设立均须债权人与抵押人、出质人订立担保合同。但辽西公司与辽东公司并没有订立抵押合同，辽西公司与辽中公司也没有订立质权合同，故辽西公司的行为并不是行使抵押权、质权。自助行为作为侵权责任的免责事由，行为人只能在情事紧迫而又不能及时请求国家机关保护权利的情况下，才能实施。辽西公司债权的实现并不存在情事紧迫的情形，故辽西公司的行为不是自助行为。在债务人不履行到期债务时，债权人可以留置已经合法占有的债务人的动产。债权人留置的动产应当与债权属于同一法律关系，但企业之间留置的除外。辽东公司欠辽西公司的货款届期没有清偿，而辽西公司占有应当交付给辽东公司的电脑。因两公司均为企业，故辽西公司有权留置辽东公司的电脑而行使留置权。

(二) 留置权成立的消极条件

留置权成立的消极条件包括以下几项。

第一，因非法行为而占有他人的动产。依据《民法典》第 114 条的规定，民事主体依法享有物权。据此，物权不能因非法行为而取得。如果占有人因非法行为而占有他人的动产，如占有人因盗窃、抢夺等侵权行为而占有他人的动产，则即使占有人就占有物支出了修缮费用或有益费用，也不得在受害人请求返还动产时，以未受偿各项费用而留置其所占有的动产。

第二，法律规定或当事人约定不得留置的动产。依据《民法典》第 449 条的规定，法律规定或者当事人约定不得留置的动产，不得留置。法律规定不得留置动产的情形，主要是指债权人留置财产违反公共秩序和善良风俗的情形。例如，商人在战时运送军用物资的，不得主张运费未付而留置该军用物资。又如，尸体的运送人不得以运费未付而对尸体主张留置权。

第三，留置财产与债权人所承担的义务相抵触。例如，甲委托乙将一批货物运到某地，双方约定货到目的地后付运费。在此情形下，乙不得要求甲先行支付运费，更不得以甲未支付运费为由而留置货物。如果允许乙在未将货物运到目的地的情形下行使留置权，则与乙所承担的运送义务相抵触。因此，在债权人行使留置权与其承担的合同义务相抵触时，债权人不能取得留置权。

**例题 74** 下列哪些情形下权利人可以行使留置权？

A. 张某为王某送货，约定货物送到后一周内支付运费。张某在货物运到后立刻要求王某支付运费被拒绝，张某可留置部分货物

B. 刘某把房屋租给方某，方某退租搬离时尚有部分租金未付，刘某可留置方某部分家具

C. 何某将丁某的行李存放在火车站小件寄存处，后丁某取行李时认为寄存费过高而拒绝支付，寄存处可留置该行李

D. 甲公司加工乙公司的机器零件，约定先付费后加工。付费和加工均已完成，但乙公司尚欠甲公司借款，甲公司可留置机器零件

解析：本题的考点是留置权的成立，答案为C、D项。A项中，尽管王某有支付运费的义务，但因债务尚未到期，故张某不可行使留置权。B项中，刘某留置方某的家具与方某所欠的租金不属于同一法律关系，刘某对方某的家具不能成立留置权。C项中，寄存人未按照约定支付保管费以及其他费用的，保管人对保管物享有留置权。D项中，甲公司、乙公司均为企业，甲公司留置乙公司的机器零件不受债权人留置的动产应当与债权属于同一法律关系的限制。

三、留置权的效力

（一）留置权所担保的债权范围

留置权为法定担保物权，因此，留置权所担保的债权范围是由法律所规定的。依据《民法典》第389条的规定，留置权所担保的债权范围包括主债权及利息、违约金、损害赔偿金、保管留置物的费用和实现留置权的费用。

（二）留置权效力所及的标的物范围

留置权效力所及的标的物范围包括原留置财产及其从物、孳息以及代位物。依据《民法典》第450条的规定，留置的财产为可分物的，留置财产的价值应当相当于债务的金额。

（三）留置权人的权利

留置权人的权利是留置权对留置权人的效力，主要包括以下几项。

第一，留置所占动产的权利。留置权人在债权受清偿前，有权将所占有的动产扣留而拒绝返还。留置权人的留置权可以对抗留置物所有权人的返还请求权，并不因拒绝返还而承担迟延履行的责任。

第二，留置财产所生孳息的收取权。依据《民法典》第452条的规定，留置权人有权收取留置财产所生的孳息，该孳息应当先充抵收取孳息的费用。

第三，留置财产保管上的必要使用权。原则上，留置权人对留置财产无使用权。但是，基于保管留置财产的必要，留置权人可以使用留置财产。例如，对于容易生锈的机械，留置权人可适当加以使用，以防止其生锈。留置权人对留置财产的使用，只要不超出适当使用的范围，

就不构成对保管义务的违反，也不构成侵权行为。

第四，必要费用的求偿权。留置权人为保管留置财产所支出的必要费用，是为留置财产的所有权人的利益而支出的，自应向物的所有权人请求返还。所谓必要费用，是指为留置财产的保存及管理上所不可缺的费用，如养护费、维修费等。

第五，优先受偿权。在债务人不履行到期债务并且超过了留置权人依法给予的宽限期之后，留置权人可以将留置财产折价或者拍卖、变卖，并且从所得价金中优先受偿。

（四）留置财产所有权人的权利

留置财产所有权人的权利是留置权对留置财产所有权人的效力，主要包括以下几项。

第一，对留置财产为法律上处分的权利。虽然留置财产脱离了债务人的占有，但作为留置财产的所有权人，债务人仍可处分留置财产。不过，债务人只能为法律上的处分，而不能为事实上的处分。

第二，损害赔偿请求权。依据《民法典》第451条的规定，留置权人负有妥善保管留置财产的义务，因保管不善致使留置财产毁损、灭失的，留置物所有权人有权请求赔偿损失。

第三，留置财产返还请求权。在债务人于留置权人确定的偿还债务的宽限期内偿还了债务，或者提供了其他担保而使留置权归于消灭的情形，债务人有权请求留置权人返还留置财产，留置权人有义务返还。

第四，请求留置权人及时行使留置权。依据《民法典》第454条的规定，债务人可以请求留置权人在债务履行期届满后行使留置权；留置权人不行使的，债务人可以请求人民法院拍卖、变卖留置财产。

四、留置权的实现

留置权的实现是指留置权人在具备法律规定条件时，处分留置财产以使债权优先受偿的行为。依据《民法典》第453条的规定，在留置权中，留置权人与债务人应当约定留置财产后的债务履行期限；没有约定或者约定不明确的，留置权人应当给债务人60日以上履行债务的期限，但是鲜活、易腐等不易保管的动产除外。债务人逾期未履行的，留置权人可以与债务人协议以留置财产折价，也可以就拍卖、变卖留置财产所得的价款优先受偿。留置财产折价或者变卖的，应当参照市场价格。留置物折价或者拍卖、变卖后，其价款超过债权数额的部分归债务人所有，不足部分由债务人清偿（《民法典》第455条）。

应当指出，在留置权与其他担保物权发生竞存时，留置权具有优先效力。依据《民法典》第456条的规定，同一动产上已经设立抵押权或者质权，该动产又被留置的，留置权人优先受偿。

例题75　同升公司以一套价值100万元的设备作为抵押，向甲借款10万元，未办理抵押登记手续。同升公司又向乙借款80万元，以该套设备作为抵押，并办理了抵押登记手续。同升公司欠丙货款20万元，将该套设备出质给丙。丙不小心损坏了该套设备送丁修理，因欠丁5万元修理费，该套设备被丁留置。关于甲、乙、丙、丁对该套设备享有的担保物权的清偿顺序，下列哪一排列是正确的？

A. 甲乙丙丁　　B. 乙丙丁甲　　C. 丙丁甲乙　　D. 丁乙丙甲

解析：本题的考点是担保物权竞存的处理，答案为D项。在同一动产上，抵押权、质权、留置权并存时，其行使的先后顺序，应当依照法律的规定确定。就甲、乙两个抵押权而言，因甲的抵押权未登记，乙的抵押权已登记，故乙应优先于甲；就丙的质权与甲、乙的抵押权而言，丙应优先于甲，而乙应优先于丙；就甲和乙的抵押权、丙的质权、丁的留置权而言，留置权具有优先性，丁优先于乙、丙、甲。

五、留置权消灭的特殊原因

除担保物权的一般消灭原因外，留置权还有以下特殊的消灭原因。

第一，留置财产的任意返还。留置权以留置财产的占有为存续条件，因此，留置权人任意将留置财产返还于债务人的，留置权归于消灭。

第二，留置权人丧失对留置财产的占有。留置权是以债权人对留置财产的占有为存续要件，因此，一旦留置权人丧失对留置物的占有，留置权即失去其存续要件，当然也就归于消灭（《民法典》第457条）。但是，如果留置财产的占有系被侵夺，而留置权人又恢复了对留置财产的占有的，留置权不消灭。

第三，债务人另行提供担保并被债权人接受。依据《民法典》第457条的规定，留置权人接受债务人另行提供担保的，留置权消灭。债务人另行提供的担保，可以是人的担保（如保证），也可以是物的担保（如抵押、质押），但无论何种形式的担保，只有为留置权人所接受，才能使留置权消灭。

第四，债权清偿期的延缓。留置权的成立以债务人不履行到期债务为要件，如果留置权人同意延缓债权的清偿期，则留置权人就不能请求债务人履行债务，不能认为债务人超过约定的期限不履行义务，从而也就欠缺留置权成立的要件。因此，在债权清偿期延缓时，留置权消灭。

引读案例解答

1.（1）甲是建设用地使用权人，有权以建设用地使用权设立抵押权。甲将建设用地使用权抵押给乙并办理了抵押登记，因此，乙取得了建设用地使用权的抵押权。（2）甲未将地上原有的三栋建筑物与建设用地使用权一并抵押的，未抵押的地上建筑物应视为一并抵押。但是，甲以建设用地使用权抵押后，该土地上新增的三栋建筑物并不属于抵押财产，不能视为一并抵押。（3）甲将地上原有三栋建筑物出租的，该建筑物占有范围内的建设用地使用权应当一并出租。此时，在建设用地使用权与地上原有三栋建筑物上就存在着抵押权与租赁权两种权利。由于抵押权设立在前，因而，租赁权不能对抗抵押权。

2.（1）甲将轿车交付乙占有后，乙的动产质权成立。但乙将轿车返还给甲后，即丧失了对轿车的占有，而质权是以质权人占有质押财产为存续条件的，因此，乙放弃了对轿车的占有，也就意味着放弃了质权，质权归于消灭。（2）乙返还轿车于甲后，甲又将轿车质押给丙，且由丙一直占有，因此，丙取得了对轿车的质权。

课堂讨论案例

1. 甲向乙借款将一辆轿车抵押给乙，双方签订了抵押合同，但未办理抵押登记。之后，甲又向丙借款，将轿车质押给丙，并经甲允许，丙可以使用轿车。因轿车出现故障，丙将轿车送丁修车部修理，因丙不支付修理费，丁将该轿车留置。

问：(1) 乙能否取得轿车的抵押权？(2) 如果乙取得了抵押权，就该轿车，丙、丁还能否取得质权、留置权？(3) 如果乙的抵押权、丙的质权、丁的留置权均能成立，则三者的行使顺序应如何确定？

2. 甲向乙借款 20 万元，甲的朋友丙、丁二人先后以自己的轿车为乙的债权设定抵押担保并依法办理了抵押登记，但都未与乙约定所担保的债权份额及顺序，两辆轿车的价值均为 15 万元。

问：(1) 丙、丁所设立的抵押权是否构成共同抵押权？(2) 乙如何实现抵押权？

3. 甲、乙双方于 2018 年 5 月 6 日签订水泥供应合同，乙以自己的土地使用权为其价款支付提供了最高额抵押，约定 2019 年 5 月 5 日为债权确定日，并办理了登记。丙为担保乙的债务，也于 2018 年 5 月 6 日与甲订立最高额保证合同，保证期间为一年，自债权确定日开始计算。请回答下列问题。

(1) 水泥供应合同约定，将 2018 年 5 月 6 日前乙欠甲的货款纳入了最高额抵押的担保范围。下列说法正确的是：(　　)。

A. 该约定无效

B. 该约定合法有效

C. 如最高额保证合同未约定将 2018 年 5 月 6 日前乙欠甲的货款纳入最高额保证的担保范围，则丙对此不承担责任

D. 丙有权主张减轻其保证责任

(2) 甲在 2018 年 11 月将自己对乙已取得的债权全部转让给丁。下列说法正确的是：(　　)。

A. 甲的行为将导致其最高额抵押权消灭

B. 甲将上述债权转让给丁后，丁取得最高额抵押权

C. 甲将上述债权转让给丁后，最高额抵押权不随之转让

D. 2019 年 5 月 5 日前，甲对乙的任何债权均不得转让

(3) 乙于 2019 年 1 月被人民法院宣告破产，下列说法正确的是：(　　)。

A. 甲的债权确定期届至

B. 甲应先就抵押物优先受偿，不足部分再要求丙承担保证责任

C. 甲可先要求丙承担保证责任

D. 如甲未申报债权，丙可参加破产财产分配，预先行使追偿权

重点思考习题

1. 如何理解担保物权的从属性和不可分性？
2. 如何处理担保物权的竞合？
3. 如何评价流押（质）契约？
4. 特殊抵押权有何特殊性？
5. 如何理解留置权成立的牵连关系？

第十四章
占　有

引读案例

甲、乙均为母牛饲养户，两人经常在一起放牛。一日，甲错将乙的一头母牛牵回家，后该母牛生下一头牛犊。为此，甲支出饲料费、医药费、人工费等必要费用共500元。后乙到甲家寻找母牛，甲方知实情。乙要求甲返还母牛及牛犊，而甲则要求乙偿付有关费用。请分析甲的占有性质及发生的权利义务关系。

法律职业资格考试要点

占有的含义和分类；占有的取得和消灭；占有的效力；占有的保护

第一节　占有概述

一、占有的含义

占有是指占有人对不动产或者动产的实际控制和支配。占有具有以下特点。

第一，占有是一种事实。占有仅体现行为人对物的控制和支配关系，而并不反映某种权利关系。无论是合法行为还是违法行为，均可基于控制和支配物的事实而成立占有。所以，占有不是一种权利，而是一种事实。

第二，占有的客体为物。占有是一种事实，反映的是一种人对控制和支配关系，所以，占有的客体以物为限，包括动产和不动产。当然，作为占有客体的物并不以独立物为限，物的一部分或构成部分亦可成为占有的客体。

第三，占有为法律所保护的事实。尽管占有是一种事实而不是一种权利，但这种事实如同权利，也是受法律保护的。占有的事实之所以受法律保护，是为了维护财产秩序。

第四，占有的成立须占有人对标的物有事实上的管领力。占有是一种事实，所以，只要占有人对物有事实上的管领力即可成立，而不问其内心意思如何。所谓事实上的管领力，是指人对物有确定、现实的支配状态。占有人有无事实上的管领力，应依社会观念加以认定。一般来说，人对物已有确定与继续的支配关系，或者已处于得排除他人干涉的状态，就可以认定为有事实上的管领力。

二、占有的分类

(一) 根据占有人是否有所有的意思，占有可以分为自主占有与他主占有

自主占有是指以所有的意思对物进行的占有。例如，所有权人对所有物的占有、先占人

对先占物的占有等，都属于自主占有。他主占有是非以所有的意思对物进行的占有。例如，基于租赁合同、保管合同、仓储合同、借用合同等合同关系产生的占有，即为他主占有。区分自主占有与他主占有的关键在于“所有的意思”。所谓“所有的意思”，是指只要具有认为其物是自己的物而排斥他人占有的意思即可，无须是依民事法律行为取得所有权意思表示的意思。

区分自主占有与他主占有的主要意义在于：(1) 能否依取得时效或先占而取得占有物所有权不同。自主占有人可以依取得时效或先占而取得占有物的所有权，他主占有则否。(2) 占有人的赔偿责任不同。他主占有人因自己过错而导致占有物毁损、灭失时，应负赔偿责任，而自主占有通常不会发生此种责任。

(二) 根据占有是否具有法律上的原因，占有可以分为有权占有与无权占有

有权占有又称有权原占有、正权原占有，是指具有法律上的原因或根据的占有。法律上的原因或根据称为权原或本权。本权既包括物权，也包括债权。无权占有又称无权原占有，是指没有合法原因而取得的占有，例如，小偷对盗窃物的占有、拾得人对他人遗失物的占有等。

区分有权占有与无权占有的主要意义在于：(1) 占有所受的保护法律不同。有权占有除受占有制度的保护外，还受其他法律制度如所有权制度、他物权制度及某些债的规定的保护；而无权占有只能根据其占有事实及状态受占有制度的保护。(2) 占有人是否负有返还占有物的义务不同。在有权占有中，占有人可以拒绝他人为本权的行使，不返还占有之标的物；而在无权占有中，如遇本权人行使返还请求权，占有人应当返还占有标的物。(3) 能否发生留置权的效果不同。在有权占有中，占有人在义务人不履行义务时，可以依法留置占有标的物；而在无权占有中，占有人不能留置占有标的物。

(三) 根据无权占有人的主观状态，占有可以分为善意占有与恶意占有

善意占有是指占有人不知道或不应知道无占有的权利而进行的占有。例如，买受人不知道出卖人没有处分权而购买财产并加以占有，此时买受人的占有即为善意占有。恶意占有是指占有人知道或应当知道无占有的权利而仍进行的占有。例如，承租人在租赁期满后拒不返还租赁物的，此时承租人的占有即为恶意占有。占有的善意或恶意属于占有人的主观意思问题，很难从外观加以证明，因此，除非有相反证据证明占有人的占有为恶意或者占有人基于本权的诉讼败诉，通常推定占有人的占有为善意占有。

区分善意占有与恶意占有的主要意义在于：善意占有与恶意占有受法律保护的程度有所不同，善意占有受法律保护的程度较高，具体如下。(1) 善意取得以善意占有为要件，受让人恶意占有的，不发生善意取得问题。(2) 占有人的权利、义务，因善意占有或恶意占有而有所不同。(3) 占有人因使用占有物而造成占有物损害的，赔偿责任因善意占有与恶意占有而有所不同。

(四) 根据善意占有人就其善意是否有过失，占有可以分为无过失占有与有过失占有

无过失占有是指占有人就其善意并无过失的占有；有过失占有是指占有人虽为善意，但有过失的占有。

区分无过失占有与有过失占有的意义在于：时效取得的期间有所不同。在占有之始为善意且无过失的，时效取得的期间较短，反之则较长。

(五) 根据占有人是否直接占有标的物，占有可以分为直接占有与间接占有

直接占有是指对于物有事实上的管领力的占有；间接占有是指自己不直接占有其物，而对

直接占有人基于一定法律关系而享有返还请求权，因而间接对物有事实上管领力的占有。如质权人、承租人、保管人为直接占有人，而出质人、出租人、寄存人为间接占有人。

区分直接占有与间接占有的主要意义在于：(1) 间接占有的承认，使法律有关占有的规定对其同样适用。例如，间接占有人可以基于直接占有的关系完成取得时效，或在第三人侵夺直接占有人的占有物时，享有占有人的占有保护请求权。(2) 间接占有概念的承认，使占有趋于观念化。就占有人的物上请求权而言，具有扩大维持社会秩序范围的意义；就以占有为动产物权变动的公示方法而言，使观念交付（尤其是占有改定）成为可能。

（六）根据占有人的人数不同，占有可以分为单独占有与共同占有

单独占有是指占有人为一人的占有；共同占有是指占有人为二人以上的占有。

区分单独占有与共同占有的主要意义在于：在数人共同占有一物时，各占有人就其占有物使用的范围，不得相互请求占有的保护。

（七）根据占有手段的不同，占有可以分为和平占有与强暴占有

和平占有是指以和平的手段而为的占有，如拾得人对遗失物的占有；强暴占有是指以暴力的手段而为的占有，如抢劫他人财物而占有。

区分和平占有与强暴占有的主要意义在于：时效取得以和平占有为条件，强暴占有不能成立时效取得。

（八）根据占有是否以某种方法公开，占有可以分为公然占有与隐秘占有

公然占有是指以公开的方式而为的占有；隐秘占有是指以隐蔽的方式而为的占有。

区分公然占有与隐秘占有的主要意义在于：时效取得的成立须以公然占有为条件，隐秘占有不能成立时效取得。

（九）根据占有的期间是否间断，占有可以分为继续占有与不继续占有

继续占有是指在期间上继续无间断的占有；不继续占有指在期间上有间断的占有。

区分继续占有与不继续占有的主要意义在于：时效取得的成立以继续占有为条件，不继续占有不能成立时效取得。

（十）根据无权占有是否具有瑕疵，占有可以分为无瑕疵占有与有瑕疵占有

无瑕疵占有是指善意、无过失、和平、公然、继续的占有；有瑕疵占有是指恶意、有过失、强暴、隐秘、不继续的占有。

区分无瑕疵占有与有瑕疵占有的意义在于：(1) 凡主张占有的合并的，应承继前一占有人的瑕疵；(2) 时效取得的成立以无瑕疵占有为条件。

例题 76 甲拾得乙的手机，以市价卖给不知情的丙并交付。丙把手机交给丁维修。修好后丙拒付部分维修费，丁将手机扣下。关于手机的占有状态，下列哪些选项是正确的？

A. 乙丢失手机后，由直接占有变为间接占有

B. 甲为无权占有、自主占有

C. 丙为无权占有、善意占有

D. 丁为有权占有、他主占有

解析：本题的考点是占有的分类，答案为A、B、C、D项。乙为手机的所有人，在其丢失手机后，其对手机已丧失事实上的管领，因此，其占有即由直接占有变为间接占有。甲拾得乙的手机后没有交还给乙，但却自己占有并出售给他人，其对手机的占有应属于无权占有和自主占有。由于拾得物原则上不适用善意制度，因而，丙对该手机的占有属于无权占有，但因其对该手机的来源并不知情且支付了合理价格，所以，其占有应为善意占有。丁因丙拒付维修费而留置该手机，依法享有留置权，故其对该手机的占有是有权占有。同时，丁以丙所有的意思进行占有，应属于他主占有。

第二节 占有的取得和消灭

一、占有的取得

（一）占有的原始取得

占有的原始取得是指非基于他人的既存占有而取得的占有。例如，无主物的先占、遗失物的拾得等，都属于占有的原始取得。占有的原始取得纯为事实行为而非民事法律行为，故无民事行为能力人也可依其行为直接取得对物的占有，但占有的取得须有占有的一般意思，即要求行为人具有行使管领力的意思能力。至于占有的方法，并不一定要求对物直接施加自己的力量，一般认为只要将物置于自己的控制范围内，即可认为取得了对物的占有。

（二）占有的继受取得

占有的继受取得是指基于他人既存的占有而取得的占有。占有的继受取得包括占有的转移和占有的继承。

占有的转移是指占有人以民事法律行为将其占有物交付他人，该他人因而取得占有的情形。占有的转移须具备下列要件始生效力：(1) 须有转移占有的意思表示。占有的转移既然属于依民事法律行为而为的转移，自以有转移占有的意思表示为必要。(2) 须有占有物的交付。占有的转移仅有转移占有的意思表示，还不能发生效力，只有在将占有物交付后，始生占有移转的效力。

占有的继承是指通过继承而取得占有。例如，甲盗窃了他人的一个玉镯，现甲死亡，甲唯一的女儿乙继承了该玉镯，即属于占有的继承，而不属于所有权的继承，因为甲对该玉镯不享有合法的权利（所有权），故乙不得依照继承取得该玉镯的所有权。占有因继承而取得的，自继承开始时即发生效力，既不以知悉继承事实的发生为必要，也无须事实上已管领其物或有交付之行为，更无须为继承的意思表示。

占有的继受取得发生以下效力：(1) 占有的合并，即占有的继承人或受让人，可以就自己的占有与其前占有人的占有合并而为主张。合并占有的意义，主要在于时效取得的成立。(2) 占有的分离，即占有的继受人可以将自己的占有与前占有人的占有分离，而仅就自己的占有而为主张。占有分离的效力，主要是成立新的占有。

二、占有的消灭

（一）直接占有的消灭

直接占有的消灭原因为占有人丧失对物的事实上的管领力。管领力丧失的情形主要有二：

一是基于占有人的意思而丧失，包括作为和不作为。前者如占有人抛弃占有物，后者如占有人见占有物掉落于地而不再捡起来。应当注意的是，此处所讲“占有人的意思”不属于民事法律行为上的意思表示，不以占有人具有民事行为能力为必要。二是非基于占有人的意思而丧失，如占有物被窃或遗失。应当注意的是，只是一时不能行使管领力的，不能认为是占有管领力的丧失，从而也就不能作为占有消灭的原因。此外，占有物的灭失，也是直接占有消灭的原因。

（二）间接占有的消灭

间接占有的消灭原因一般都与直接占有有关，主要包括两种情形：一是直接占有人丧失占有，二是直接占有人拒绝承认间接占有。

第三节　占有的效力

一、占有的权利推定效力

占有的权利推定效力是指占有人于占有物上行使的权利，推定其为合法并有此权利。占有是权利存在的外观，是物权变动的要件，因此，占有存在时，通常认为有实质或真实的权利为其基础。

关于占有的权利推定效力，应当注意以下几个问题。

第一，占有人被推定享有的权利，依占有人于占有物上行使的权利种类而有所不同。占有人于占有物上行使的权利不限于物权，也包括债权。占有人为自主占有时，推定其享有所有权；为他主占有时，推定其享有质权、留置权等他物权或租赁权等债权。

第二，受权利推定的占有人包括一切占有人，无论占有人的占有是否存在瑕疵。同时，曾经占有的人，推定其在占有期间内享有占有物上所行使的权利。

第三，对于占有人于占有物上行使的权利，推定其处于持续状态。不仅占有人可以主张权利的推定效力，后占有人和第三人为了自己的利益，也有权援用权利推定的规定。

第四，占有推定仅具有消极的效力，占有人不可援用权利推定为申请登记等积极行为。法律对权利行使的限制，对占有也当然适用。

例题 77　甲、乙就乙手中的一枚宝石戒指的归属发生争议。甲称该戒指是其在 2018 年 10 月 1 日外出旅游时让乙保管，属甲所有，现要求乙返还。乙称该戒指为自己所有，拒绝返还。甲无法证明对该戒指拥有所有权，但能够证明在 2018 年 10 月 1 日前一直合法占有该戒指，乙则拒绝提供自 2018 年 10 月 1 日后从甲处合法取得戒指的任何证据。对此，下列哪一说法是正确的？

A. 应推定乙对戒指享有合法权利，因占有具有权利公示性

B. 应当认定甲对戒指享有合法权利，因其证明了自己的先前占有

C. 应当由甲、乙证明自己拥有所有权，否则应判决归国家所有

D. 应当认定由甲、乙共同共有

解析：本题的考点是占有的效力，答案为B项。甲虽然无法证明对戒指享有所有权，但可以证明在2018年10月1日之前为合法占有人。乙为现实占有人，无须证明自己的占有状态，但因甲已证明在2018年10月1日之前自己为合法占有人，故乙的占有状态被推翻，应当认定甲对戒指享有合法权利，不能认定戒指归甲、乙共有。即使甲、乙不能证明自己拥有戒指的所有权，也不能判决戒指归国家所有。

二、占有人的权利和义务

依据《民法典》第458条的规定，基于合同关系等产生的占有，有关不动产或者动产的使用、收益、违约责任等，按照合同约定；合同没有约定或者约定不明确的，依照有关法律规定。据此，有权占有人的权利、义务应依当事人的约定或相关规定处理。因此，这里所讲的占有人的权利和义务为无权占有人的权利和义务。

（一）占有人的权利

占有人的权利主要包括以下几项。

第一，占有物的使用、收益权。依照各国民法的规定，只有善意占有人对占有物才享有使用、收益权，恶意占有人无此权利。这是因为，根据占有的推定力，既然可以推定善意占有人合法享有其在占有物上所行使的权利，其当然就有权使用和收益占有物。

第二，必要费用求偿权。依据《民法典》第460条的规定，不动产或者动产被占有人占有的，权利人可以请求返还原物及其孳息；但是，应当支付善意占有人因维护该不动产或者动产所支出的必要费用。

（二）占有人的义务

占有人的义务主要包括以下几项。

（1）返还占有物的义务。无论是善意占有人还是恶意占有人，对真正权利人皆有返还占有物的义务。依据《民法典》第460条的规定，无论恶意占有人或善意占有人，均有返还原物及其孳息的义务。

（2）赔偿损失的义务。占有人的赔偿义务包括两种情况：其一，依据《民法典》第459条的规定，因占有人使用占有的不动产或者动产，致使该不动产或者动产受到损害的，恶意占有人应当承担赔偿责任。其二，依据《民法典》第461条的规定，占有的不动产或者动产毁损、灭失，该不动产或者动产的权利人请求赔偿的，占有人应当将因标的物毁损、灭失而取得的保险金、赔偿金或者补偿金等返还给权利人；权利人的损害未得到足够弥补的，恶意占有人还应当赔偿损失。

例题78 丙找甲借自行车，甲的自行车与乙的很相像，均放于楼下车棚。丙错认乙车为甲车，遂把乙车骑走。甲告知丙骑错车，丙未理睬。某日，丙骑车购物，将车放在商店楼下，因墙体倒塌将车砸坏。下列哪些表述是正确的？

A. 丙错认乙车为甲车而占有，属于无权占有人

B. 甲告知丙骑错车前，丙修车的必要费用，乙应当偿还

C. 无论丙是否知道骑错车，乙均有权对其行使占有返还请求权

D. 对于乙车的毁损，丙应当承担赔偿责任

解析：本题的考点是占有的效力，答案为A、B、C、D项。丙、甲之间存在着自行车的借用关系，但丙、乙之间并不存在借用关系，故丙占有乙车构成无权占有，丙为无权占有人。甲告知丙骑错车前，丙不知道占有的自行车为乙所有，故丙的占有为善意占有。而甲告知丙骑错车后，丙知道占有的自行车为乙所有却仍占有，构成恶意占有。基于善意占有，丙有权要求乙偿还因维护占有物而支出的必要费用。无论丙的占有是善意占有还是恶意占有，乙均有权对其行使占有返还请求权，请求丙返还自行车。乙车毁损的事实发生在丙恶意占有期间，对此，丙应当承担赔偿责任。

第四节　占有的保护

一、占有的自力救济权

占有的自力救济权是指占有人对于侵夺或妨害其占有的行为，不是借助于国家的力量，而是依自己的力量保护其占有的权利。占有的自力救济权包括自力防御权和自力取回权。

所谓自力防御权，是指占有人对他人侵夺或妨害其占有的行为，可以通过自己的力量进行防御的权利。侵夺占有是指侵害人以暴力夺取占有人对于物的事实上的控制和支配，且正处于继续状态；妨害占有是指侵害人以侵夺以外的方法使占有人不能实现对于物的事实上的控制和支配。

所谓自力取回权，是指当占有物被他人非法侵夺后，占有人依法取回占有物的权利。占有取回权的行使，通常因占有物为动产或不动产而有差异：占有物为动产的，占有人可以就地或追踪向加害人取回。所谓“就地”，是指在侵夺时占有人事实上所能支配和控制占有物的空间范围；所谓“追踪”，是指侵害人虽已离开占有人事实上所能支配和控制的地域，但还在占有人的尾随、追踪之中。占有物为不动产的，占有人可以在侵夺后即时排除侵害而取回占有物。所谓“即时”，是指取回不动产所需的最短时间。至于何谓“最短时间”，一般应就个案依照客观标准加以确定。

二、占有保护请求权

占有保护请求权是指在占有人的占有被侵夺、受妨害或者有受妨害的危险时，请求侵害人为一定行为或不为一定行为的权利。依据《民法典》第 462 条第 1 款的规定，占有保护请求权包括占有物返还请求权、占有妨害排除请求权及占有妨害防止请求权（消除危险请求权）。

占有物返还请求权是指占有人在其占有物被他人侵夺以后，可依法请求侵夺人返还占有物的权利。占有物返还请求权的成立，以占有物被侵夺为条件。依据《民法典》第 462 条第 2 款的规定，自侵占发生之日起 1 年内未行使的，占有人的返还原物请求权消灭。

占有妨害排除请求权是指占有人在其占有受到他人妨害时，可以请求除去妨害的权利。占有妨害排除请求权的成立，以占有被妨害为条件。当然，妨害必须超出一般人所能容忍的限

度，在容忍限度内的，不构成占有的妨害。妨害人应当以自己的费用，排除对占有的妨害。占有人以自己的费用除去妨害的，有权要求妨害人返还所支出的费用。

占有妨害防止请求权是指在占有人的占有可能遭受他人的妨害时，占有人可以请求他人采取一定的措施以防止妨害发生的权利。占有妨害防止请求权的成立，以占有有被妨害的危险为条件。这种危险一旦成为现实，即成为对占有的妨害。至于是否存在妨害的危险，应就具体事实，依一般社会观念加以认定。妨害人应用自己的费用，除去妨害危险。占有人以自己的费用除去妨害危险的，有权要求妨害人返还所支出的费用。

例题 79 某小区徐某未获得规划许可证和施工许可证便在自住房前扩建一个门面房，挤占小区人行通道。小区其他业主多次要求徐某拆除未果后，将该门面房强行拆除，毁坏了徐某自住房屋的墙砖。关于拆除行为，下列哪些表述是正确的？

A. 侵犯了徐某门面房的所有权

B. 侵犯了徐某的占有

C. 其他业主应恢复原状

D. 其他业主应赔偿徐某自住房屋墙砖毁坏的损失

解析：本题的考点是占有的保护，答案为 B、D 项。徐某未经批准便在自住房前扩建的门面房，属于违法建筑，故徐某不能取得所有权，但徐某对自建的门面房享有占有利益，应受法律保护。小区其他业主强行将门面房拆除，侵犯了徐某的占有。其他业主在侵犯徐某的占有时，毁坏了徐某自住房的墙砖，构成侵权，其他业主应当承担赔偿责任。但门面房为违法建筑，因此，其他业主不承担恢复原状的责任。

引读案例解答

甲错将乙的母牛牵回家饲养，据此可知，甲占有母牛应为自主占有、无权占有、善意占有、无过失占有、直接占有、单独占有、和平占有、继续占有、公然占有、无瑕疵占有。因甲是无权占有人，所以，甲负有返还母牛的义务，同时，甲也负有返还孳息即牛犊的义务。当然，对于作为善意占有人的甲为饲养母牛及牛犊所支出的必要费用 500 元，乙负有偿还的义务。

课堂讨论案例

1. 甲有一部笔记本电脑，借给乙使用。乙将电脑丢失，被丙拾得，丙拾得后将电脑出租于丁。

问：(1) 甲、乙、丙、丁对电脑是什么占有关系？(2) 乙、丙、丁是通过什么方式取得电脑占有的？(3) 围绕占有，上述当事人之间发生哪些权利义务关系？

2. 张东未经有关部门审批，擅自在与邻居赵畅家的通道间搭建了一个储物间。赵畅以该储物间影响其通行为由，多次要求张东拆除，但屡遭拒绝。赵畅向有关部门举报，经有关部门认定，该储物间属违章建筑，并对张东作出了限期拆除的处罚决定，但张东一直未履行。某日，赵畅叫来兄弟、儿子等人将该储物间拆除。张东以赵畅侵犯其财产权为由诉至人民法院，要求赵畅赔偿其储物间损失。而赵畅认为该储物间系违章建筑，谁都有权拆除，更何况其已影响了自己的通行，故拒绝赔偿。

问：(1) 张东对违章搭建的储物间是否形成占有关系？(2) 张东能否要求赵畅赔偿损失？其依据是什么？

重点思考习题

1. 如何理解占有的性质？
2. 如何理解占有的分类及其意义？
3. 占有的效力有哪些？
4. 占有保护请求权与物权请求权有哪些异同？

第三编

合同总论

第十五章 债与合同概述

引读案例

甲有一块祖传宝石，乙为宝石的收藏爱好者，两人经协商，约定甲以5万元的价格将宝石转让给乙，并约定3天后付款交货。请分析甲、乙之间成立的债和合同的类型。

法律职业资格考试要点

债的含义和要素；债的发生根据；债的分类及其意义；合同的含义和分类

第一节 债的概述

《民法典》没有债法总则的制度设计，但是《民法典》中存在债、债权、债务等核心概念，故本书特专节介绍债的基本知识。

一、债的含义和要素

（一）债的含义

债是按照合同的约定或者依照法律的规定，在当事人之间产生的特定的权利义务关系。

债作为一种民事法律关系，具有以下特点。

第一，债是特定当事人之间的民事法律关系。在债的关系中，享有权利的人是债权人，负有义务的人是债务人，债权人只能向债务人主张权利，因此，债是特定当事人之间的民事法律关系。

第二，债是当事人之间得请求为特定行为的民事法律关系。在债的关系中，债权人的权利表现为可以请求债务人为一定行为或者不为一定行为，债务人的义务在于为满足债权人的请求为特定行为，因此，债权和债务所指向的都是该特定行为（给付），如请求给付金钱、提供劳务、交付货物、转移权利等。依据《民法典》第118条的规定，债权人享有请求特定义务人为或者不为一定行为的权利。

第三，债是以请求债务人给付为内容的民事法律关系。在债的关系中，债权人有权请求债务人为给付，债务人则有义务根据债权人的请求为给付，因此，债是以请求债务人给付为内容的民事法律关系。

第四，债是因合同或者法律规定而发生的民事法律关系。债的关系既可以因合同而发生，也可以因法律的直接规定而发生。因合同而发生的债称为意定之债，因法律规定而发生的债称为法定之债。

（二）债的要素

1. 债的主体

债的主体是指参与债的关系的当事人，包括债权人和债务人。在同一债的关系中，债权人可以是一人或数人，债务人也可以是一人或数人。但无论债权人或债务人为一人还是数人，都必须是特定的。

债权人和债务人具有利益上的对立性，因此，在通常情况下，债的主体具有双重身份，即每一方当事人既是债权人，又是债务人。也就是说，当事人双方互享权利、互负义务。当然，在某些债的关系中，一方当事人仅享有债权而不负有债务，另一方当事人仅负担债务而不享有债权。

2. 债的内容

债的内容是指债权人享有的权利和债务人承担的义务，即债权和债务。

（1）债权

债权是因合同、侵权行为、无因管理、不当得利以及法律的其他规定，权利人请求特定义务人为或者不为一定行为的权利（《民法典》第 118 条）。债权具有以下特点。

第一，债权是请求权。债是特定当事人之间发生的民事法律关系，以债权人请求债务人为或者不为一定行为为内容。在债务人完成给付之前，债权人无权支配标的物，更无权且不能支配债务人，而只能通过请求债务人给付来实现自己的权利，因此，债权是请求权。

第二，债权是相对权。在债的关系中，债权人只能向债务人主张权利，请求其履行义务。对于债务人之外的其他任何人，债权人没有法律根据向其主张权利。这也称为债权的相对性。当然，债权相对性的前提是其依然是法律权利，第三人必须尊重且不能侵犯债权。债权债务关系之外的第三人如知道或者应当知道债权债务关系存在，且违反以保护该债权为目的的法律、法规或违背公序良俗，造成债权人合法权益受到损害，行为人应承担侵权责任。

第三，债权设立具有任意性。除法定之债外，意定之债的设立取决于当事人的意思表示。只要不违反法律规定和公序良俗，当事人可以根据自己的意思设立任意类型的债权债务关系。

第四，债权具有平等性。数个债权人对同一债务人先后发生数个债权时，其效力一律平等，原则上不因其成立先后而有优先受偿的顺序。在债务人破产时，债权人不论其债权发生先后，都只能按债权比例参与破产财产的分配。

第五，债权无排他性。债权是请求权而非支配权，因此，当事人可以就给付同一标的物而设立两个以上内容相同的债权，各债权之间是相容的，并无排他性。

（2）债务

债务是指债务人依当事人的约定或法律规定应为特定行为的义务。债务具有以下特点。

第一，债务具有特定性。债务的特定性，首先表现为义务主体是特定的，债权人只能请求特定的义务人履行义务；其次表现为义务的内容是特定的，无论是由当事人协商确定还是由法律规定，每一个具体的债务都有具体性和确定性，债权人只能根据债的内容请求债务人履行。

第二，债务具有期限性。任何债务都是有期限的，不存在没有期限限制的永久性债务。这是因为，如果允许设立无期限的债务，则会使债务人永久失去人身或交易的自由，不能使财产发挥更大的效用，这与现代法律的精神相悖。

第三，债务具有受约束性。与其他义务一样，债务也受法律的约束。债务人不履行债务的，债权人可以通过法律程序，请求债务人履行债务以实现债权。

3. 债的客体

债的客体是指债权、债务共同指向的对象。债的设立，对债权人来说，其目的就是满足自己的某种需要，但债权人不能通过自己对标的物或债务人的直接支配来达到这一目的，而只能请求债务人为特定的行为；对债务人而言，其义务就是应债权人请求而为或不为一定的行为。可见，债权、债务共同指向的对象就是债务人应为的特定行为。也就是说，债的客体是债务人应为的特定行为，即给付。

二、债的发生根据和分类

（一）债的发生根据

债的发生根据又称债的发生原因，是指引起债的关系产生的法律事实。债的发生根据既可以是民事法律行为，也可以是法律规定。依据《民法典》第118条的规定，债的发生根据主要包括合同、侵权行为、无因管理、不当得利以及法律的其他规定。其他法律规定，如缔约过失、悬赏广告等。

例题80 王先生驾车前往某酒店就餐，将轿车停在酒店停车场内。饭后驾车离去时，停车场工作人员称："已经给你洗了车，请付洗车费5元。"王先生表示"我并未让你们帮我洗车"，双方发生争执。本案应如何处理？

A. 基于不当得利，王先生须返还5元

B. 基于无因管理，王先生须支付5元

C. 基于合同关系，王先生须支付5元

D. 无法律依据，王先生无须支付5元

解析：本题的考点是债的发生根据，答案为D项。洗车人与王先生之间没有洗车的合意，不存在合同关系；洗车人为王先生洗车，王先生并没有得到财产利益，故双方之间不发生不当得利关系；洗车人并不是为了避免王先生的利益受损失而为王先生洗车，故双方之间不发生无因管理关系。可见，洗车人与王先生之间并无债的关系存在，王先生无须支付5元洗车费。

（二）债的分类

1. 根据债的主体人数，债可以分为单一之债与多数人之债

单一之债是指债的主体双方即债权人和债务人都为一人的债；多数人之债是指债的主体双方均为两人以上或者其中一方主体为两人以上的债。

区分单一之债和多数人之债的主要意义在于：单一之债的主体双方都只有一人，当事人之间的权利义务关系简单、明了；而多数人之债的当事人之间的关系比较复杂，不仅有债权人和债务人之间的权利义务关系，而且还发生多数债权人之间或多数债务人之间的权利义务关系。

2. 根据多数人一方相互间的权利义务关系，债可以分为按份之债与连带之债

按份之债是指债的一方主体为多数，且各自按照一定的份额享有权利或承担义务的债。按份债权的各个债权人只能就自己享有的份额请求债务人给付和接受给付，无权请求和接受债务人的全部给付；按份债务的各债务人只对自己分担的债务额负责清偿，债权人无权请求各债务人清偿全部债务。依据《民法典》第517条规定，债权人为二人以上，标的可分，按照份额各

自享有债权的，为按份债权；债务人为二人以上，标的可分，按照份额各自负担债务的，为按份债务。如果按份债权人或者按份债务人的份额难以确定的，则视为份额相同。

连带之债是指债的主体一方为多数人，且多数人一方当事人都有权请求对方履行全部债务或者都有义务向对方履行全部债务的债。在连带之债中，多数人一方当事人之间有连带关系，即对当事人中一人发生效力的事项对于其他当事人同样会发生效力。在连带之债中，连带债权人的任何一人接受了全部债务的履行，或者连带债务人的任何一人清偿了全部债务时，虽然原债归于消灭，但连带债权人或连带债务人之间会产生新的按份之债。依据《民法典》第518条的规定，债权人为二人以上，部分或者全部债权人均可以请求债务人履行债务的，为连带债权；债务人为二人以上，债权人可以请求部分或者全部债务人履行全部债务的，为连带债务。连带债权或者连带债务，由法律规定或者当事人约定。

区分按份之债与连带之债的主要意义在于：二者所发生的效力不同。按份之债的各债权人的债权或各债务人的债务都是各自独立的，相互之间没有连带关系，对某一债权人或某一债务人发生效力的事项，对其他债权人或债务人不发生效力。按份债权人只能就自己享有的债权份额请求债务人履行，按份债务人只就自己分担的债务份额负清偿责任，因此，按份之债只发生对外效力，一般不发生对内效力问题。但连带之债既发生对外效力，也发生对内效力：连带之债的各债权人的债权或各债务人的债务并不是各自独立的，而是存在连带关系，对某一债权人或某一债务人发生效力的事项，对其他债权人或债务人同样发生效力。任何一个债权人接受了债务人的全部履行，或者任何一个债务人履行了全部债务，债的关系即归消灭。同时，在连带债权人之间或连带债务人之间产生一种新的按份之债。

3. 根据债的标的有无选择性，债可以分为简单之债与选择之债

简单之债又称不可选择之债，是指债的标的是单项的，当事人只能按该种标的履行而没有其他选择的债。在简单之债中，当事人只能按约定的标的履行，不能以其他标的代替。同时，当事人在履行时间、履行地点、履行方式等方面也都没有其他选择的余地。

选择之债是指债的履行标的有数种，当事人可以从中选择一种来履行的债。选择之债有两个特点：一是履行标的具有可选择性。只有当履行的标的为两个以上时，方可构成选择之债。可供选择的数项债务标的，可以是不同种类的标的、不同的履行时间、不同的履行地点、不同的履行方式等。二是履行标的特定后，债才能履行。无论有多少种可供选择的履行标的，当事人只能确定其中的一项履行。选择之债在当事人行使选择权或发生数项给付仅剩一种可以履行的情况时，就成为简单之债。在选择之债中，选择权的归属取决于法律的规定或当事人的约定或者交易习惯；法律没有规定，当事人又没有约定的，选择权一般属于债务人。选择权属于债权人的，为选择债权；选择权属于债务人的，为选择债务。

区分简单之债与选择之债的主要意义在于：第一，简单之债的标的是特定的一种，当事人只能按该标的履行；而选择之债的标的是两种以上，只有在当事人选择之后，债的标的才得以确定，进而才能履行。第二，简单之债的标的无法履行时，发生债的履行不能；而选择之债的某种标的无法履行时，不发生债的履行不能，因为当事人仍然可以选择其他的标的履行实现债的目的，只有在数项标的都无法履行时，才发生债的履行不能。

4. 根据债的标的物属性的不同，债可以分为特定之债与种类之债

特定之债又称特定物之债，是指以特定物为标的物的债。特定之债在债发生时，其标的物即已存在并已特定化，具有不可替代性。种类之债又称种类物之债，是指以种类物为标的物的债。种类之债的标的物具有可替代性，在债发生时，当事人仅以一定数量、质量、规格或型号等确定标的物。

区分特定之债与种类之债的主要意义在于：第一，在特定之债中，债务人只能以给付特定的标的物来履行债务，债权人也只能请求债务人给付特定物；而在种类之债中，债务人可以给付同种类的物来履行债务。第二，特定之债的标的物发生灭失时，发生债的履行不能。如标的物的灭失是因不可归责于债务人的事由发生的，债务人可以免责；而种类之债的标的物发生灭失时，通常不发生履行不能，当该种类物全部灭失而不存在或者即使没有全部灭失但履行成本过高时，才会发生履行不能。

5. 根据两个债之间的关系，债可以分为主债与从债

主债是指能够独立存在，不以其他债的存在为前提的债。凡是不能独立存在，而须以主债的存在为存在前提的债，为从债。

区分主债与从债的主要意义在于：从债的效力取决于主债的效力，从债随主债的存在而存在，随主债的终止而终止。

6. 根据债务人履行债务的内容，债可以分为货物之债与服务之债

货物之债是指债务人须交付一定货物的债；服务之债是指债务人须提供一定服务的债。

区分货物之债与服务之债的主要意义在于：货物之债的标的物为货物，债权人设立债的关系的目的在于获得对货物的财产权利，如所有权或使用权。基于货物的可替代性，货物之债一般可以由第三人代替履行。当债务人不履行债务时，可以申请人民法院强制履行。而债权人设立服务之债的目的在于获得特定人提供的服务（包括劳务或体现债务人劳务的工作成果）。基于服务与人身强制可能的内在关联，除法律另有规定或者当事人另有约定外，服务之债不得由第三人代替履行。当债务人不履行债务时，债务人无权请求继续履行，而只能请求损害赔偿。

例题 81　某演出公司与“黑胡子”四人演唱组合订立演出合同，约定由该组合在某晚会上演唱自创歌曲 2～3 首，每首酬金 2 万元。由此成立的债的关系属何种类型？

A. 特定之债　　B. 单一之债　　C. 选择之债　　D. 法定之债

解析：本题的考点是债的分类，答案为 B 项。演出公司与“黑胡子”四人演唱组合订立演出合同产生了双方之间的债权债务关系。这种债是意定之债、劳务之债，而不是法定之债、特定之债。同时，在该债的关系中，债的标的只有一种，即演唱自创歌曲 2～3 首，因此，该债是简单之债，而不是选择之债。在该债的关系中，“黑胡子”四人演唱组合是一个权利主体，组合成员之间并无按份或连带关系的存在，因此，该债为单一之债。

第二节　合同概述

一、合同的含义

依据《民法典》第 464 条第 1 款的规定，合同是指民事主体之间设立、变更、终止民事法律关系的协议。

合同具有以下特点。

第一，合同是一种民事法律行为。合同以意思表示为要素，并旨在按意思表示的内容引起法律效果，因而属于民事法律行为。

第二，合同是当事人意思表示一致的民事法律行为。合同是一种协议，因而合同须有双方当事人。同时，虽合同以意思表示为要素，但仅有单方的意思表示，合同还不能成立。只有当事人之间互为意思表示，并且意思表示相一致，合同才能成立。

第三，合同是以设立、变更和终止民事权利义务关系为目的的民事法律行为。任何民事法律行为都有其特定的目的，合同也不例外。当事人订立合同的目的，就是设立、变更、终止民事权利义务关系，因此，只要是以设立、变更、终止民事权利义务关系为目的的协议，均属于民法上的合同。但应当指出的是，依据《民法典》第464条第2款的规定，婚姻、收养、监护等有关身份关系的协议，适用有关该身份关系的法律规定；没有规定的，可以根据其性质适用《民法典》合同编的有关规定。

第四，合同是具有相对性的民事法律行为。所谓合同的相对性，是指合同只能在特定的当事人之间发生效力，一般不涉及第三人。依据《民法典》第465条第2款的规定，依法成立的合同，仅对当事人具有法律约束力，但是法律另有规定的除外。这里所规定的内容，就是合同的相对性。

二、合同的分类

合同是最主要的民事法律行为，因此，民事法律行为的分类也适用于合同。依据民事法律行为的分类，合同也有有偿合同与无偿合同、双务合同与单务合同、诺成合同与实践合同、要式合同与不要式合同、主合同与从合同的分类。这些合同分类的标准和意义与民事法律行为的相关分类完全相同，可以相互适用。因此，这里仅就合同的一些特殊分类作一阐述。

（一）根据法律是否对合同设有专门规范并赋予其特定名称，合同可以分为有名合同与无名合同

有名合同又称典型合同，是指法律设有专门规范并赋予特定名称的合同。法律规定有名合同，是对典型交易现象的回应和概括，为当事人缔约提供了示范性的指导，发挥着漏洞弥补的作用，同时也有利于统一司法适用和裁判尺度，是合同法是否完善和发达的重要标准。《民法典》所规定的买卖合同等19类合同均属于有名合同。

无名合同又称非典型合同，是指法律对其未设专门规范，也未赋予特定名称的合同。基于合同自由原则，当然存在合同类型的自由。在不违反公序良俗和强行法规定的前提下，当事人不必限于法律规定的有名合同，可以订立任何类型和名称的合同。无名合同在生活和商事交易中是大量存在的，主要有以下几种情况：其一，纯粹无名合同，即以法律全无规定的事项为内容，或者该合同的内容不符合任何有名合同要件的合同，如形象代言协议。其二，混合合同，即由数个有名合同的部分所构成的合同，但在性质上属于一个合同。例如，甲超市向乙啤酒厂购买桶装啤酒，约定使用后返还啤酒桶，甲的给付就属于买卖合同附带借用合同。其三，准混合合同，即在一个有名合同中规定其他无名合同事项的合同。

区分有名合同与无名合同的主要意义在于：两者适用的法律规则不同。对于有名合同，理应直接适用该合同的相关法律规定；而对于无名合同，应依据《民法典》第467条的规定处理，即“本法或者其他法律没有明文规定的合同，适用本编通则的规定，并可以参照适用本编

或者其他法律最相类似合同的规定”。例如，旅店住宿合同属于无名合同，其中可能会包含房屋租赁合同、赠与、买卖、委托、承揽等多项有名合同的内容，因此，可以参照适用这些有名合同的规则。

例题 82　甲、乙双方达成协议，约定甲将房屋无偿提供给乙居住，乙则无偿教甲的女儿学钢琴。对于该协议，下列哪些说法是正确的？

A. 属于无名合同　　　　　　　　　　　　B. 属于实践合同

C. 应适用《民法典》合同编通则分编的规定　　D. 可以参照适用租赁合同的规定

解析：本题的考点是无名合同，答案为 A、C、D 项。甲、乙之间的协议是一种租赁与委托相混合的合同，属于无名合同。对于该合同，应当适用《民法典》合同编通则分编的规定，并参照适用有关租赁合同的规定。

（二）根据合同条款是否由当事人协商确定，合同可以分为商议合同与格式合同

商议合同是指当事人可以就合同条款进行充分协商而订立的合同。商议合同的当事人享有充分的缔约自由，能够自由地决定是否缔约、与谁缔约以及合同的内容。格式合同是指当事人不能就合同内容进行有意义的协商而订立的合同。在格式合同中，合同条款往往是由一方当事人单方拟定的，另一方不能进行有意义的协商或者谈判来影响合同条款的内容。

区分商议合同与格式合同的主要意义在于：法律对当事人意思自治的干预程度不同。商议合同充分体现了合同自由原则，法律对当事人的意思自治尽量不予干涉，只是通过任意的选择性规范予以指导；而对于格式合同，由于一方当事人的谈判能力比较强，为了实现公平的结果，法律往往从程序与实质两个方面对优势一方进行更多的管制。

（三）根据合同的给付形态，合同可以分为一时性合同与继续性合同

一时性合同是指合同的内容一次给付即可履行完毕，合同关系归于消灭的合同，例如，买卖合同、赠与合同等。继续性合同是指合同的内容非一次给付即可履行完毕，而是需要持续进行给付或合作方可履行完毕的合同，例如，租赁合同、供用电合同等。

区分一时性合同与继续性合同的主要意义在于：一时性合同的解除，可以发生溯及效力；继续性合同的解除，一般不发生溯及效力，效力向将来发生。同时，在合同被确认无效、被撤销的情况下，一时性合同应恢复原状，而继续性合同无法恢复原状。

（四）根据合同利益的享受主体，合同可以分为利己合同与利他合同

利己合同是指合同当事人为自己享受合同权利而订立的合同。利己合同的效力仅发生于合同当事人之间，是合同效力相对性原则的典型体现。利他合同又称为第三人利益订立的合同，是指合同当事人为合同关系之外的第三人享受合同权利而订立的合同。在利他合同中，第三人虽不是合同的当事人，但却享有合同约定的权利。

区分利己合同与利他合同的主要意义在于：二者的缔约目的和合同的效力范围不同。在利己合同中，订约人出于为当事人自己设定权利之目的，其效力范围严格限于订约的当事人之间，仅由订约当事人享有合同权利；在利他合同中，订约人出于为第三人设定权利之目的，其效力范围越过合同相对性原则的界限，涉及第三人，使第三人享有合同权利。

（五）根据订立合同时是否有事先的约定，合同可以分为预约合同与本合同

预约合同简称预约，是指当事人之间约定将来订立某一合同的合同；本合同简称本约，是

指根据预约，将来应当订立的合同。

区分预约合同与本合同的主要意义在于：这两种合同的法律效力是不同的。在法律效力方面，预约合同的效力仅涉及将来缔约的意思表示，其成立和生效将使当事人负有将来按照预约合同规定的条件订立本合同的义务；本合同的订立既是履行预约合同的结果，也是当事人之间权利、义务最终确定的依据。依据《民法典》第495条的规定，当事人约定在将来一定期限内订立合同的认购书、订购书、预订书等，构成预约合同。当事人一方不履行预约合同约定的订立合同义务的，对方可以请求其承担违反预约合同的违约责任。

例题83 甲公司未取得商铺预售许可证，便与李某签订了“商铺认购书”，约定李某支付认购金即可取得商铺优先认购权，商铺正式认购时甲公司应优先通知李某选购。双方还约定了认购面积和房价，但对楼号、房型未作约定。李某依约支付了认购金。甲公司取得预售许可后，未通知李某前来认购，将商铺售罄。关于“商铺认购书”，下列哪一表述是正确的？

A. 无效，因甲公司未取得预售许可证即对外销售

B. 不成立，因合同内容不完整

C. 甲公司未履行通知义务，构成违约

D. 甲公司须承担继续履行的违约责任

解析：本题的考点是预约合同，答案为C项。甲公司与李某签订“商铺认购书”，目的是将来签订商铺买卖合同，因此，“商铺认购书”属于预约合同，该预约合同具备了成立条件，并不需要取得预售许可，故该认购书有效。甲公司未履行通知义务，违反了预约合同，导致李某无法与其订立买卖合同，构成违约，甲公司应承担违约责任。但因预约合同的内容仅在于订立本合同，并无具体的实体权利义务，所以，甲公司无须承担继续履行的违约责任。

引读案例解答

甲、乙之间基于买卖合同而产生了债的关系。在这一债的关系中，买卖的标的物是甲的祖传宝石，应属于特定物，因此，甲、乙之间的债为特定之债、货物之债。同时，甲、乙双方当事人均为一人，且履行标的仅为交付宝石，因此，甲、乙之间的债为单一之债、简单之债。从合同来看，甲、乙之间的合同属于有名合同、商议合同、一时性合同、利己合同、本合同。

课堂讨论案例

甲、乙签订了一份买卖合同，约定：甲向乙购买某种型号的海信牌电脑50台。合同签订后，甲支付了全部货款，并约定乙于次日负责将甲购买的电脑直接送到甲的计算机教室。当天晚上，乙所在城市遭受暴雨，导致城市排水系统崩溃，存放于地下室的电脑全部被水浸泡损坏。

问：(1) 甲、乙之间发生的债和合同属于何种类型？(2) 乙是否应承担继续交付电脑的责任？

重点思考习题

1. 债的关系与物权关系有何区别？
2. 债的发生根据包括哪些？
3. 区分按份之债与连带之债有何意义？
4. 合同的各种分类有何意义？

第十六章 合同的订立与效力

引读案例

1. 甲向乙寄送了一封信件，要求以15万元的价格购买乙的一件古董，并声明：若乙在15天之内不提出异议即视为接受要约。乙收到该信之后，未置可否。第20天，甲登门，交给乙15万元，并要求乙交付古董，但遭到乙的拒绝。请分析，甲、乙之间是否成立了买卖合同。

2. 某日，甲在京东网站上看中了一块某品牌的手表，价格是500元。甲将其放入购物车，提交了订单。京东网站系统给甲回了电子邮件。三天后，京东给甲发电子邮件称，货已发出。请分析合同是否成立以及何时成立。

3. 甲拥有某煤矿的开采权，但由于资金需要，因而与乙达成了采矿权的转让合同。但在未经批准的情况下，乙即已经实际占有并开采了大量的原煤。对此，甲并未提出异议。请分析甲、乙之间签订的采矿权转让合同的效力。

法律职业资格考试要点

合同的形式；合同的条款；合同的解释；合同订立的要约与承诺程序；合同成立的时间和地点；缔约过失责任；合同效力的特殊规则

第一节　合同的形式与内容

一、合同的形式

合同的形式是指订立合同的当事人双方达成协议的表现形式，是合同内容的外观和载体。依据《民法典》第469条的规定，当事人订立合同，可以采用书面形式、口头形式或者其他形式。书面形式是合同书、信件、电报、电传、传真等可以有形地表现所载内容的形式。以电子数据交换、电子邮件等方式能够有形地表现所载内容，并可以随时调取查用的数据电文，视为书面形式。

二、合同的内容

（一）合同条款

从实质意义上看，合同的内容是指合同当事人的权利、义务；从形式意义上看，合同的内容是指合同的条款。这里所称的合同内容，是就合同的条款而言的。

1. 合同的必备条款和非必备条款

必备条款是指合同成立必须具备的，决定合同的类型和当事人基本权利、义务的条款。一般来说，法律规定合同必须具备的条款以及由合同的类型和性质决定的合同必须具备的条款，为合同的必备条款。同时，当事人要求合同必须具备的条款，也为合同的必备条款。必备条款缺乏，合同就不能达成意思表示一致，进而不能成立。

非必备条款，是指合同必备条款以外的，不影响合同成立的条款。非必备条款包括两种：一是通常条款，即合同通常具备的，不必经当事人协商而当然成为合同内容的条款。通常条款一般依法律或交易习惯而定，合同一旦成立，其就当然成为合同的内容，当事人没有必要进行单独地协商。例如，"买卖不破租赁"的条款、瑕疵担保责任的条款等就是通常条款。二是约定条款，即须经当事人协商方能成为合同内容的条款。约定条款只有经当事人的协商一致才能成为合同的内容，在合同成立后也可以由当事人继续协商，例如，包装物返还的约定条款、包装方式的约定条款等。

2. 合同的格式条款与个别协商条款

依据《民法典》第496条第1款的规定，格式条款是当事人为了重复使用而预先拟定，并在订立合同时未与对方协商的条款。格式条款的核心特征在于预先拟定性、订立合同时未与对方协商性，至于重复使用并非格式条款的结构性特征。格式条款规范的重点是进行内容控制，使合同条款符合公平。因此，《民法典》第496条第2款规定，当事人采用格式条款订立合同的，提供格式条款的一方应当遵循公平原则确定当事人之间的权利和义务。对于格式条款的公平控制，整体上体现为两个方面：一方面，程序控制，即格式条款的提供方应当采取合理的方式提请对方注意免除或者限制其责任等与对方有重大利害关系的条款，按照对方的要求，对该条款予以说明。提供格式条款的一方未履行提示或者说明义务，致使对方没有注意或者理解与其有重大利害关系的条款的，对方可以主张该条款不成为合同的内容。另一方面，实体控制，即通过格式条款无效进行控制，避免进入合同的无效条款影响当事人的权利义务关系。依据《民法典》第497条的规定，格式条款具有法定的民事法律行为无效情形或者无效免责条款情形（即《民法典》第506条），或者提供格式条款一方不合理地免除或者减轻其责任、加重对方责任、限制对方主要权利，或者提供格式条款一方排除对方主要权利的，该格式条款应为无效。

个别协商条款是指除格式条款外当事人经过具体协商的条款。合同既可以完全由个别协商条款构成，也可以由格式条款和个别协商条款构成。一般认为，个别协商条款经过了协商，体现了当事人的自由和自愿，不受格式条款效力规定的制约。

3. 合同的提示条款

依据《民法典》第470条的规定，合同的内容由当事人约定，一般包括以下条款。

（1）当事人的姓名或者名称和住所。当事人是合同权利、义务的承受者，没有当事人，合同就不能成立。

（2）标的。合同标的是指合同权利、义务共同指向的对象。合同不规定标的，就会失去目的与意义；合同标的规定得不明确，就会严重影响合同的成立和履行，因此，标的条款是一切合同的必要条款。

（3）数量。合同标的的数量是确定合同标的的具体条件之一。一般而言，在合同中，应选择双方共同接受的计量单位，以及双方认可的计量方法等，以便确定标的的数量。

（4）质量。合同标的的质量也是确定合同标的的具体条件之一。标的的质量应尽可能订得具体详尽，包括标的技术指标、质量要求、规格、型号等。

（5）价款或者报酬。合同的价款是取得标的物应当支付的代价，报酬是获得服务应当支付的代价。价款通常指标的物本身的价款，但因合同关系产生的运费、保险费、装卸费、保管费、报关费等一系列费用，也需要在价格条款中写明。

（6）履行期限、地点和方式。履行期限是当事人依照合同约定履行合同义务的时间，履行地点是当事人履行合同义务和接受履行的地点，履行方式是当事人完成合同义务的方法。合同履行的期限、地点、方式直接关系到合同义务完成的情况，是确定违约与否的因素之一，因此，合同中应对履行的期限、地点和方式作出约定。

（7）违约责任。违约责任是促使当事人履行债务，保证非违约方免受或少受损失的法律措施。在合同中，可以约定违约金，也可以约定损失赔偿额的计算方法等。

（8）解决争议的方法。当事人可以约定协商、调解、仲裁与诉讼等解决合同纠纷的方法，在涉外合同中还可以约定法律适用条款。

（二）合同条款的解释

合同解释是指当事人对合同条款的理解不一致以及各合同文本所使用的词句不一致或者矛盾时，对该条款及词句的真实意思或者通常意思所作的理解和说明。依据《民法典》第 466 条第 1 款的规定，当事人对合同条款的理解有争议的，应当依据《民法典》第 142 条第 1 款的规定，确定争议条款的含义。合同文本采用两种以上文字订立并约定具有同等效力的，对各文本使用的词句推定具有相同含义；各文本使用的词句不一致的，应当根据合同的相关条款、性质、目的以及诚信原则等予以解释。可见，合同解释主要应当遵守文义解释、整体解释、目的解释、习惯解释、诚实信用等规则。

1. 文义解释规则

合同条款的文义是当事人意图的确定化和固定化，因此，文义解释是合同解释的出发点和首要规则。所谓文义解释，是指按照合同所使用的词句解释有争议的合同条款。合同是由若干条款所组成的，而合同条款又是由语言文字所构成的，因此，欲确定合同条款的含义，必须先了解其所用词句，并按照合同所使用的词句解释合同条款。词句的意思有很多，而且当事人一旦产生争议，即意味着其对某些词句意思产生不同的理解。此时，因合同当事人都是通常之人，故词句的通常意思应被推定为文义的真实意思；如果一方当事人提出其真实意思与通常意思不同，其应当进行举证证明。

2. 整体解释规则

整体解释又称体系解释，是指将合同的全部条款和构成部分作为一个整体，从各个条款及构成部分之间的总体联系上阐明有争议的合同条款及用语的真正含义，而不能拘泥于所用的个别词句。从法律的意义上讲，合同并不是条款简单堆积而成的，而是由各个条款或部分构成的有机联系的整体。同时，合同的内容也非一定都包含在各个条款之中。因此，在解释合同时，就应当将合同的条款及构成部分作为一个整体来考虑，以探求合同条款或用语的真正意思，并在此基础上进行符合整体的意思的判断与取舍。

3. 目的解释规则

目的解释是指对合同有争议的文字或条款，根据合同目的所进行的解释。当事人订立合同皆有目的，而且在我国的合同文本中绝大多数都有合同目的或者合同宗旨的部分或者描述。合同目的是合同存在的原因，而合同的条款及其用语都是实现这一目的的手段。因此，如果当事人对合同条款及其使用的语句或用语发生争议时，遵循能够有效达成交易的目的的解释应更加合理和真实，这就要求必须根据合同的目的确定其真正含义。但需要注意的是，基于目的解释的多种可能性，目的解释也必须受到其他解释规则的约束。

4. 习惯解释规则

习惯解释是指当事人对合同所使用的文句或条款有疑义时，按照习惯或惯例所进行的解释。交易习惯或惯例是人们在交易活动中普遍认可和遵守的行为规则，具有普遍的指导意义，常常成为民法的渊源，因此，按照习惯或惯例对合同进行解释，对于明确合同当事人的权利、义务是十分重要的。在合同法中，习惯主要体现为交易习惯。交易习惯主要有两种情况：一是在交易行为当地或者某一领域、某一行业通常采用并为交易对方订立合同时所知道或者应当知道的做法；二是当事人双方经常使用的习惯做法。对于交易习惯，由提出主张的一方当事人承担举证责任。

5. 诚实信用规则

诚实信用原则是民法的一项基本原则，当然也适用于合同解释领域。在合同中，如果合同条款本身不明确或合同缺乏规定，就应当按照一个诚实守信的人所应当作出的理智的选择进行解释，在平衡当事人双方利益的基础上，公平、合理地确定合同内容。

例题 84　2003 年甲向乙借款 3 000 元，借据中有“借期一年，明年十月十五前还款”字样，落款时间为“癸未年九月二十日”。后来二人就还款期限问题发生争执，人民法院查明“癸未年九月二十日”即公元 2003 年 10 月 15 日，故认定还款期限至 2004 年 10 月 15 日。人民法院运用了哪几种合同解释规则？

A. 文义解释　　B. 整体解释

C. 目的解释　　D. 习惯解释

解析：本题的考点是合同解释的规则，答案为 A、B 项。法官将“癸未年九月二十日”解释为 2003 年 10 月 15 日，从而认定还款时间为 2004 年 10 月 15 日。这种解释首先采用了文义解释规则，即通过对“癸未年九月二十日”这一词句的解释，确定其含义是 2003 年 10 月 15 日。其次，法官又采用了整体解释规则，即通过借据落款中的“癸未年”推知借据中的“明年”应为 2004 年。

6. 格式条款的特殊解释规则

格式条款的解释是合同解释的重中之重，需要更具体的规则。依据《民法典》第 498 条的规定，格式条款的解释应遵守如下规则。

(1) 通常理解的解释。对于格式条款的理解发生争议的，首先应当按照通常理解予以解释。

(2) 不利于格式条款提供方的解释。通常情况下，不利解释与民法的平等原则相悖。然而在格式合同中，格式条款提供方往往具有优势的谈判能力，为防止其滥用此种能力，法律需要通过特殊规定来矫正此种不平衡可能产生的不公平结果。然而，不利于格式条款提供方的解释有严格的约束条件，即对格式条款须有两种以上解释。不仅如此，这两种以上的解释都必须是合理解释；如果不是合理解释，就只能按照格式条款的通常理解予以适用。

(3) 非格式条款优先。合同条款区分为格式条款和个别协商条款，这里的非格式条款可以理解为个别协商条款。如前所述，由于个别协商条款体现了当事人的真实意思表示，因而在合同解释时应具有优先性。

例题 85 甲与乙公司订立美容服务协议，约定服务期为半年，服务费预收后逐次计扣，乙公司提供的协议格式条款中载明“如甲单方放弃服务，余款不退”（并注明该条款不得更改）。协议订立后，甲依约支付 5 万元服务费。在接受服务 1 个月并发生费用 8 000 元后，甲感觉美容效果不明显，单方放弃服务并要求退款，乙公司不同意。甲起诉乙公司要求返还余款。下列哪一选项是正确的？

A. 美容服务协议无效

B. “如甲单方放弃服务，余款不退”的条款无效

C. 甲单方放弃服务无须承担违约责任

D. 甲单方放弃服务应承担继续履行的违约责任

解析：本题考点是格式条款的效力，答案为 B 项。格式条款具有《民法典》第 146 条、第 153 条、第 154 条和第 506 规定情形的，或者提供格式条款一方免除其责任、加重对方责任、排除对方主要权利的，该条款无效。本题中，格式条款“如甲单方放弃服务，余款不退”免除己方责任，排除对方主要权利，该条款无效，但并非整个合同无效，故 A 项错误，B 项正确。甲单方放弃服务应当承担违约责任，但并非承担继续履行的违约责任，故 C、D 项错误。

第二节 合同订立的程序

合同的订立是指两个以上的民事主体就合同的内容达成一致的过程。民事主体订立合同的方式有多种，主要有要约、承诺方式或者其他方式（《民法典》第 471 条）。

一、要约、承诺方式

（一）要约

1. 要约的构成条件

依据《民法典》第 472 条的规定，要约是指希望和他人订立合同的意思表示。在要约关系中，发出要约的当事人称为要约人，受领要约的当事人称为受要约人。要约作为一种意思表示，除须具备意思表示的一般要件外，还需有其特定的构成要件。一般地说，要约须具备以下构成条件（《民法典》第 472 条）。

（1）要约须由具有订约能力的特定当事人发出。要约的作出意在通过受要约人的承诺进而订立合同，实现特定利益。因此，只有要约人是特定的人，其才可能表达具体确定的意思表示，受要约人才会对之承诺，从而订立合同。

（2）要约须向要约人希望与之订立合同的受要约人发出。要约只有向要约人希望与之订立合同的受要约人发出，才有可能得到受要约人的承诺。因此，要约必须是要约人向受要约人发出的意思表示。一般来说，受要约人应当为特定的人。在要约人实际上更关注交易达成的利益时，对不特定的人也可以发出要约，这并不影响要约的效力。

（3）要约须具有订立合同的主观目的，即要约应“表明经受要约人承诺，要约人即受该意

思表示约束”。要约是向受要约人发出的，其预期效果是订立合同。而如何让受要约人产生确定性，要约人必须表达一个确定的意思表示，即受要约人一经承诺，要约人即受到该意思表示的约束。

（4）要约的内容须具体确定。所谓“具体”，即要约的内容必须具有足以使合同成立的必备条款；所谓“确定”，即要约的内容必须明确而不能含糊不清，以免使受要约人难明其真实意思。

2. 要约与要约邀请、悬赏广告

（1）要约与要约邀请

要约邀请又称要约引诱，是指希望他人向自己发出要约的表示。尽管要约与要约邀请均是表示，但二者有重要的区别：第一，要约是由一方向他方发出订立合同的意思表示，具有法律效力；而要约邀请是一方邀请对方向自己发出要约，其非意思表示，不具有法律效力。第二，要约的对象通常是特定的，而要约邀请的对象是不特定的。第三，要约的内容具体明确，而要约邀请的内容并非具体明确。第四，要约的发出意味着一旦对方在规定期限内作出承诺，合同即成立；而要约邀请的发出通常是为了吸引他人向自己发出要约。

要约与要约邀请主要根据当事人的意图进行确定，也可以根据法律的直接规定加以确定；既可以根据订约提议的内容是否包含了合同必备条款加以确定，也可以根据交易习惯加以确定。为了降低当事人识别要约与要约邀请的困难，便利司法实践的统一，法律往往基于典型生活事实来确定典型的要约邀请的类型。依据《民法典》第473条第1款的规定，拍卖公告、招标公告、招股说明书、债券募集办法、基金招募说明书、商业广告和宣传、寄送的价目表等为要约邀请。在现实生活中，商业广告和商业宣传越来越普遍，而商业广告或者商业宣传作为要约邀请会产生诸多不公平的结果，不符合正常的民事主体的合理预期，因此，《民法典》第473条第2款规定，商业广告和宣传的内容符合要约条件的，构成要约。

（2）要约与悬赏广告

悬赏广告是指以广告的方式公开表示对于完成一定行为的人给予报酬的意思表示。依据《民法典》第499条的规定，悬赏人以公开方式声明对完成特定行为的人支付报酬的，完成该行为的人可以请求其支付。据此，只要行为人完成了特定行为，双方即成立合同关系，有权请求支付报酬。可见，悬赏广告具有要约的性质。

3. 要约的效力

（1）要约的生效时间。要约是意思表示，因此，要约的生效时间适用《民法典》第137条有关意思表示生效时间的规定（《民法典》第474条）。

（2）要约的效力期间。要约的效力期间，通常由要约人确定。如果要约人没有预先确定的，则视情况而定：对于口头要约，如受要约人没有立即作出承诺，要约即失去效力；对于书面要约，应确定一个合理期间作为要约的存续期限。

（3）要约对要约人的效力。从要约生效至要约失效期间，要约人受到要约的限制，不得随意撤销要约或对要约加以限制、变更和扩张。这既尊重了要约人的意思表示，同时也保护了受要约人的信赖。

（4）要约对受要约人的效力。要约生效后，受要约人即取得承诺的权利，受要约人可以承诺，也可以不予承诺。只有在强制缔约的情形下，受要约人才负有承诺的义务。

4. 要约的撤回与撤销

要约的撤回是指要约人发出要约后，在要约生效前使要约不发生法律效力的行为。依据《民法典》第475条的规定，要约可以撤回。要约的撤回适用《民法典》第141条的规定，即撤回要约的通知应当在要约到达受要约人之前或者与要约同时到达受要约人。

要约的撤销是指要约人在要约生效后，将该项要约取消，使要约的法律效力归于消灭的行为。依据《民法典》第476条的规定，要约可以撤销，但是有下列情形之一的除外：(1) 要约人确定了承诺期限或者以其他形式明示要约不可撤销；(2) 受要约人有理由认为要约是不可撤销的，并已经为履行合同做了合理准备工作。由于撤销要约使要约的法律效力归于消灭，而要约不仅仅涉及要约人还涉及受要约人，因而，法律对要约的撤销有更为严格的要求。依据《民法典》第477条的规定，撤销要约的意思表示以对话方式作出的，该意思表示的内容应当在受要约人作出承诺之前为受要约人所知道；撤销要约的意思表示以非对话方式作出的，应当在受要约人作出承诺之前到达受要约人。

5. 要约的失效

要约的失效是指要约丧失法律拘束力，不再对要约人和受要约人产生拘束。依据《民法典》第478条的规定，有下列情形之一的，要约失效。

(1) 要约被拒绝。受要约人以通知的方式拒绝要约的，在拒绝通知到达要约人时，要约即失去其效力。当然，受要约人在拒绝要约后，也可以撤回拒绝通知，但撤回的通知应先于或同时于拒绝要约的通知到达要约人。受要约人撤回拒绝要约的通知后，要约仍为有效。

(2) 要约被依法撤销。如前所述，要约被撤销的，要约即归于失效。

(3) 承诺期限届满，受要约人未作出承诺。承诺期限既为承诺的有效期间，也为要约的有效期间，受要约人逾期未为承诺的，要约失效。

(4) 受要约人对要约的内容作出实质性变更。原则上，受要约人只能按照要约规定的内容为承诺，不得对要约作出任何的变更或修改。受要约人对要约的内容作出了实质性变更的，则不为承诺，而是对要约的拒绝，在性质上构成一个新的要约（反要约），原要约的效力归于消灭。

例题86 甲公司于6月10日向乙公司发出要约订购一批红木，要求乙公司于6月15日前答复。6月12日，甲公司欲改向丙公司订购红木，遂向乙公司发出撤销要约的信件，于6月14日到达乙公司。而6月13日，甲公司收到乙公司的回复，乙公司表示红木缺货，问甲公司能否用杉木代替。甲公司的要约于何时失效？

A. 6月12日　　B. 6月13日　　C. 6月14日　　D. 6月15日

解析：本题的考点是要约的失效，答案为B项。因为甲公司的要约中规定了承诺期限，所以要约不得撤销，要约也就不可能因为甲公司要撤销要约而失效，故排除A、C项。6月13日，乙公司的回复对甲公司的要约内容作出了实质性变更，属于新要约，因此，甲公司关于向乙公司订购红木的要约在6月13日失效，故排除D项。

（二）承诺

1. 承诺的构成条件

依据《民法典》第479条的规定，承诺是受要约人同意要约的意思表示。一个有效的承诺，应当具备以下条件。

(1) 承诺须由受要约人作出。受要约人是要约人选定的缔约对象，因此，只有受要约人方有承诺的资格和权利。

（2）承诺须向要约人作出。受要约人承诺的目的在于与要约人订立合同，因此，承诺只有向要约人作出，才会产生实际的意义。

（3）承诺的内容应当与要约的内容相一致。所谓“内容相一致”，是指承诺不得限制、变更或者扩张要约的内容。但是，法律并不要求承诺与要约的内容完全一致。在具体交易实践中，如果受要约人对要约的内容作出了实质性变更，就改变了要约的内容及其所体现的要约人的预期，则其不构成承诺，而是构成新要约。所谓“实质性变更”，是指有关合同标的、数量、质量、价款或者报酬、履行期限、履行地点和方式、违约责任和解决争议方法等的变更（《民法典》第488条）。如果承诺对要约的内容作出非实质性变更的，除要约人及时表示反对或者要约表明承诺不得对要约的内容作出任何变更的以外，该承诺有效，合同的内容以承诺的内容为准。

（4）承诺须在要约的存续期间内作出。依据《民法典》第481条的规定，承诺应当在要约确定的期限内到达要约人。如果要约没有规定承诺期间的，承诺应依照下列规定到达：其一，要约以对话方式作出的，应当即时作出承诺；其二，要约以非对话方式作出的，承诺应当在合理期限内到达。

2. 承诺的方式

承诺的方式主要包括两种：第一，通知方式。依据《民法典》第484条的规定，承诺应当以通知的方式作出。通知是实现要约人与受要约人相互沟通的主要方式，而且能够最大限度地降低误解，避免交易障碍。第二，行为方式。基于交易的复杂性以及尽可能促进交易的理念，通知并非承诺的唯一方式。依据《民法典》第484条的规定，承诺不需要通知的，根据交易习惯或者要约的要求作出承诺的行为时生效。一般而言，承诺之所以不要求通知，主要是因为交易习惯的存在或者要约规定了此种要求。这里的交易习惯主要是指要约人和受要约人之间先前重复交易所形成的交易习惯，进而在后续交易中形成了合理预期和约束力。要约人在要约中规定行为方式的，例如要约中规定，受要约人直接发货即可，此时，发货就构成了要约中规定的承诺可以采取的行为。

需要注意的是，依据《民法典》第499条关于悬赏广告的规定，在悬赏广告中，如果行为人按照悬赏广告的要求完成了特定行为，特定行为的完成也是以行为方式为承诺。

例题 87　甲在某大学摆设饮料自动贩卖机，乙投入两枚硬币购买了一罐咖啡，咖啡出来后，两枚硬币因机器故障跳出。乙见四处无人，乃取两枚硬币放入口袋。这一场景恰好被甲的职员丙发现，遂产生纠纷。关于本案，下列哪些说法是正确的？

A. 甲摆设自动贩卖机的行为属于要约

B. 乙投币购买咖啡的行为属于承诺

C. 乙将两枚硬币放入口袋的行为构成不当得利

D. 甲有权请求乙返还该两枚硬币

解析：本题的考点主要是要约、承诺、不当得利，答案为A、B、C、D项。甲摆设自动贩卖机的行为属于现货要约，乙向自动贩卖机投币的购买行为属于承诺。乙取得两枚硬币没有法律根据，属于不当得利，应当返还。

3. 承诺的效力

依据《民法典》第483条的规定，承诺生效时合同成立，但是法律另有规定或者当事人另有约定的除外。那么，如何判断承诺的生效时间呢？依据《民法典》第 484 条的规定，以通知方式作出的承诺，其生效时间适用《民法典》第 137 条有关意思表示生效时间的规定；承诺不需要通知的，根据交易习惯或者要约的要求作出承诺的行为时生效。

4. 承诺的撤回

承诺的撤回是指受要约人发出承诺通知后，在承诺生效前使承诺不发生法律效力的行为。依据《民法典》第 485 条的规定，承诺可以撤回。承诺的撤回适用《民法典》第 141 条有关意思表示撤回的规定。承诺一经撤回，即不发生承诺的效力，合同也就不能成立。

5. 承诺的迟到

承诺的迟到是指承诺在承诺期限届满后到达要约人。关于承诺期限，《民法典》第 482 条规定，要约以信件或者电报作出的，承诺期限自信件载明的日期或者电报交发之日开始计算。信件未载明日期的，自投寄该信件的邮戳日期开始计算。要约以电话、传真、电子邮件等快速通讯方式作出的，承诺期限自要约到达受要约人时开始计算。关于承诺的迟到，主要包括两种情形：一是迟发迟到的承诺，即受要约人超过承诺期限发出承诺通知或者在承诺期限内发出承诺，按照通常情形不能及时到达要约人，从而使承诺迟到。依据《民法典》第 486 条的规定，在上述情况下，除要约人及时通知受要约人该承诺有效外，为新要约。二是未迟发而迟到的承诺，即受要约人在承诺期限内发出了承诺通知，但因客观原因而使承诺迟到。依据《民法典》第 487 条的规定，受要约人在承诺期限内发出承诺，按照通常情形能够及时到达要约人，但是因其他原因致使承诺到达要约人时超过承诺期限的，除要约人及时通知受要约人因承诺超过期限不接受该承诺的以外，该承诺有效。

例题 88 某酒店客房内备有零食、酒水供房客选用，价格明显高于市场同类商品。房客关某缺乏住店经验，又未留意标价单，误认为系酒店免费提供而饮用了一瓶洋酒。结账时酒店欲按标价收费，关某拒付。下列哪一选项是正确的？

A. 关某应按标价付款　　B. 关某应按市价付款

C. 关某不应付款　　D. 关某应按标价的一半付款

解析：本题的考点是合同的成立，答案为 A 项。酒店将明码标价的洋酒陈列于客房，构成了一种要约。而关某饮用洋酒是以行为作出了承诺。因此，双方成立了合同关系，关某应按标价付款。

（三）强制缔约

所谓强调缔约，是指法律为当事人施加必须订立合同的义务，或者要求当事人应当按照有关规定确定合同权利和义务。依据《民法典》第 494 条的规定，强制缔约有三种情形。

其一，国家根据抢险救灾、疫情防控或者其他需要下达国家订货任务或者指令性任务的，有关民事主体之间应当依照有关法律、行政法规规定的权利和义务订立合同。

其二，依照法律、行政法规的规定负有发出要约义务的当事人，应当及时发出合理的要约。

其三，依照法律、行政法规的规定负有作出承诺义务的当事人，不得拒绝对方合理的订立合同要求。

二、合同订立的其他方式

合同订立的其他方式，主要包括交叉要约以及我国交易实践依然存在的某些传统的“袖里生意”“手语生意”等。所谓交叉要约，是指订约当事人采取非直接对话的方式，相互向对方发出两个独立且内容相同的要约。在交叉要约的情况下，双方当事人都有订约的意愿，而且双方的意思表示完全相同，双方既是要约人，又是承诺人，因此，交叉要约可以使合同成立。

第三节　合同成立的时间和地点

一、合同成立的时间

依据《民法典》第 483 条的规定，承诺生效时合同成立。可见，合同成立的时间就是承诺生效的时间，即承诺通知到达要约人的时间或者根据交易习惯或者要约的要求作出承诺的行为时。关于合同成立的时间，应注意以下问题。

1. 依据《民法典》第 490 条第 1 款的规定，当事人采用合同书形式订立合同的，自当事人均签名、盖章或者按指印时合同成立。在签名、盖章或者按指印之前，当事人一方已经履行主要义务，对方接受的，该合同成立。

2. 依据《民法典》第 490 条第 2 款的规定，法律、行政法规规定或者当事人约定合同应当采用书面形式订立，当事人未采用书面形式但是一方已经履行主要义务，对方接受的，该合同成立。

3. 依据《民法典》第 491 条第 1 款的规定，当事人采用信件、数据电文等形式订立合同要求签订确认书的，签订确认书时合同成立。

4. 依据《民法典》第 491 条第 2 款的规定，当事人一方通过互联网等信息网络发布的商品或者服务信息符合要约条件的，对方选择该商品或者服务并提交订单成功时合同成立，但是当事人另有约定的除外。

二、合同成立的地点

依据《民法典》第 492 条第 1 款的规定，承诺生效的地点为合同成立的地点。关于合同成立的地点，应注意以下问题。

1. 依据《民法典》第 492 条第 2 款的规定，采用数据电文形式订立合同的，收件人的主营业地为合同成立的地点；没有主营业地的，其住所地为合同成立的地点。当事人另有约定的，按照其约定。

2. 依据《民法典》第 493 条的规定，当事人采用合同书形式订立合同的，最后签字、盖章或者按指印的地点为合同成立的地点，但是当事人另有约定的除外。

第四节　缔约过失责任

一、缔约过失责任的含义

缔约过失责任是指当事人在缔约过程中，因一方违反依照诚实信用原则而产生的保护、通知、协助、保密等先合同义务，致相对方信赖利益遭受损失所应承担的赔偿责任。

一般认为，缔约过失责任既不是侵权责任，也不是违约责任，而是一种独立类型的民事责任。缔约过失责任的基础在于诚实信用原则。在缔约之前，当事人没有任何交易关系，也不负担任何交易义务。然而当事人一旦进入严肃的交易或者谈判，他们就有了某种接触，需要通过协商尽量促进交易的达成，而且双方应当能够相互信赖，只有这样才可能进行进一步的谈判。这就需要法律上的告知、保护义务等作为保障。如果当事人违背这一保护义务，显然与诚实信用原则相悖，不利于为当事人创造交易的环境。违反此种义务的，应当产生民事责任，即缔约过失责任。但是，我们也需要清楚，市场的本质以及竞争的要求是当事人可以自由地进行协商和谈判，通常的开始、暂停、终止谈判并不产生任何法律责任。

二、缔约过失责任的构成条件

缔约过失责任须具备以下条件，才能成立。

第一，缔约过失责任发生在合同订立过程中。缔约过失责任发生在合同订立过程中，这是缔约过失责任与违约责任的基本区别之一。这里的合同订立过程与合同成立没有必然关系。在类型上，合同订立过程包括两种：一是在合同尚未成立时，二是合同虽已成立但因为不符合法定的生效要件而被确认为无效、被撤销时。只有在上述两种情况下，才会产生缔约过失责任问题。

第二，缔约一方违反了先合同义务。先合同义务是指在合同成立、生效前的缔约过程中，当事人依据诚实信用原则而应负的告知、协助、保护及保密等义务。先合同义务是一种法定义务，其目的在于保护缔约当事人的信赖利益，防止一方的背信行为导致另一方的信赖利益受损害，为交易进行提供基础。先合同义务的违反是缔约过失责任成立的先决条件。

第三，违反先合同义务的行为造成了另一方当事人信赖利益的损害。这一要件包含了两层意义：一方面，一方当事人遭受信赖利益的损害，导致自己的信赖落空；另一方面，违反先合同义务的行为与信赖利益的损害之间有事实上和法律上的因果关系。

第四，违反先合同义务的一方具有过失。缔约过失责任是一种过错责任。尽管其名为“缔约过失责任”，但违反先合同义务的一方当事人具有故意或过失都可以承担，而非只有过失才应当承担缔约过失责任。

例题 89 甲公司于 6 月 5 日以传真方式向乙公司求购一台机床，要求“立即回复”。乙公司当日回复“收到传真”。6 月 10 日，甲公司电话催问，乙公司表示同意按甲公司报价出售，要其于 6 月 15 日来人签订合同书。6 月 15 日，甲公司前往签约，乙公司要求加价，未获同意，乙公司遂拒绝签约。对此，下列哪一种说法是正确的？

A. 买卖合同于 6 月 5 日成立

B. 买卖合同于 6 月 10 日成立

C. 买卖合同于 6 月 15 日成立

D. 甲公司有权要求乙公司承担缔约过失责任

解析：本题的考点是缔约过失责任的构成，答案为D项。甲公司6月5日的传真构成要约，乙公司的回复表明要约已经到达。6月10日，乙公司要求甲公司于6月15日签订合同书，但6月15日甲公司与乙公司并未签订合同，故合同并未成立。甲公司对于合同的订立产生了合理的信赖，但因乙公司的出尔反尔，导致合同未能订立，因此，甲公司有权要求乙公司承担缔约过失责任。

三、缔约过失责任的类型

依据《民法典》第500条的规定，缔约过失责任主要包括以下几种类型。

第一，假借订立合同，恶意进行磋商。这是指缔约过失方根本没有与对方订立合同的意图，而出于自己利益考虑或者其他考虑，而假借磋商、谈判，损害对方利益。

第二，故意隐瞒与订立合同有关的重要事实或者提供虚假情况。这是缔约过程中的欺诈行为，如故意隐瞒自己财产状况恶化、告知对方虚假的财产状况等。

第三，其他违背诚实信用原则的行为。上述情形只是缔约过失责任的典型情况，并非穷尽性的，其他违背诚实信用原则的行为也会产生缔约过失责任。例如，当事人在订立合同过程中知悉的商业秘密或者其他应当保密的信息，无论合同是否成立，不得泄露或者不正当地使用；泄露、不正当地使用该商业秘密或者信息，造成对方损失的，应当承担赔偿责任（《民法典》第501条）。

例题 90　甲公司得知乙公司正在与丙公司谈判。甲公司本来并不需要这个合同，但为排挤乙公司，就向丙公司提出了更好的条件。乙公司退出后，甲公司也借故中止谈判，给丙公司造成了损失。甲公司的行为如何定性？

A. 欺诈　　B. 以合法形式掩盖非法目的

C. 恶意磋商　　D. 正常的商业竞争

解析：本题的考点是缔约过失责任的类型，答案为C项。甲先是为“排挤乙公司”向丙公司提出了更好的条件，后又“借故中止谈判”，致使合同没有成立并给丙公司造成了损失，其行为已构成“假借订立合同，恶意进行磋商”，由此甲公司应承担缔约过失责任。

四、缔约过失责任的赔偿范围

缔约过失责任的责任方式是损害赔偿，赔偿范围通常为信赖利益的损害。所谓信赖利益的损害，是指相对人因信赖合同会成立、生效或履行而遭受的损害。信赖利益的损害包括受损方的直接损害和机会利益损失。直接损害，是指因为信赖合同的有效成立所支出的各种费用，主要包括：为订立合同所支出的往返差旅费、通信费；为准备履行合同所支出的费用，如信赖对方将要出售货物而向银行贷款所支出的相关费用；为订立合同进行谈判所支出的劳务；为支出上述各种费用而产生的利息损失等。机会利益损失，是指因信赖合同的有效成立而丧失订立其他合同机会的损失，如因为信赖对方将要出售房屋而丧失与其他卖主订立房屋买卖合同所带来的损失。机会利益损失的证明相对较难，司法实践中支持者不多。一般认为，信赖利益损害的赔偿以不超过履行利益为限。

例题 91 甲隐瞒了其所购别墅内曾发生恶性刑事案件的事实，以明显低于市场价的价格将其转卖给乙。乙在不知情的情况下，放弃他人以市场价出售的别墅，购买了甲的别墅。几个月后乙获悉实情，向人民法院申请撤销合同。关于本案，下列哪些说法是正确的？

A. 乙须在得知实情后 1 年内申请法院撤销合同

B. 如合同被撤销，甲须赔偿乙在订立及履行合同过程当中支付的各种必要费用

C. 如合同被撤销，乙有权要求甲赔偿主张撤销时别墅价格与此前订立合同时别墅价格的差价损失

D. 合同撤销后乙须向甲支付合同撤销前别墅的使用费

解析：本题的考点是缔约过失责任，答案为 A、B、C、D 项。甲隐瞒其所购别墅内曾发生恶性刑事案件的事实，并以明显低于市场价的价格将其转卖给乙，构成欺诈，双方的合同为欺诈的民事法律行为。受欺诈人乙有权请求人民法院撤销，该撤销权须在知道可撤销事由后 1 年内行使。双方的合同被撤销后，甲应当承担缔约过失责任，其赔偿范围包括乙的订约费用、因合同被撤销产生的实际损失及订约机会损失（如别墅的差价损失）。但合同被撤销后，双方应恢复到订约前的状态，因此，乙使用别墅应当支付相应的使用费。

第五节　合同的效力

合同是典型的民事法律行为，有关民事法律行为效力的规定完全适用于合同。《民法典》第 508 条也规定，合同编对合同的效力没有规定的，适用有关民事法律行为效力的有关规定。因此，本节仅对合同效力中的特殊问题作一阐述。

一、未生效合同

（一）未生效合同的概念

未生效合同是指合同已经成立，但尚未发生法律效力的合同。一般地说，依法成立的合同，自成立时生效，但是法律另有规定或者当事人另有约定的除外（《民法典》第 502 条第 1 款）。可见，在法律另有规定或当事人另有约定的情况下，合同即使成立也不能生效。例如，附停止条件或停止期限的合同。

依据《民法典》第 502 条第 2 款规定，法律、行政法规规定应当办理批准等手续生效的，根据其规定。当事人未办理批准等手续的，将会影响合同的生效。这意味着，即使当事人已经订立了合同，如果法律或者行政法规规定只有办理批准才能够生效的，则在没有批准之前，合同处于未生效的状态。

（二）未生效合同的效力

未生效合同，其效力主要体现以下两个方面。

其一，整个合同未生效。在没有批准之前，合同处于未生效的状态。未生效的意思是，当事人不能按照合同条款要求行使合同权利或者承担合同义务。

其二，部分合同条款依然有效力。这里有效的部分合同条款，主要包括报批义务条款以及相关条款。未办理批准等手续影响合同生效的，不影响合同中履行报批等义务条款以及相关条款的效力。因此，应当办理申请批准等手续的当事人未履行义务的，对方可以请求其承担违反该义务的责任。

二、经被代理人追认的无权代理合同

依据《民法典》第171条的规定，无权代理人实施代理行为，未经被代理人追认的，对被代理人不发生效力。也即，被代理人追认了无权代理人的代理行为，则被代理人应当承担代理行为的后果。被代理人的追认可以通过书面或口头表示，也可以通过行为表示。对后者，《民法典》第503条作了规定："无权代理人以被代理人的名义订立合同，被代理人已经开始履行合同义务或者接受相对人履行的，视为对合同的追认。"在无权代理制度中，无权代理人以被代理人名义签订的合同属于效力待定合同。然而，基于代理关系的特殊性以及对交易关系和交易秩序的考量，往往需要一些特殊的制度设计，以平衡所涉当事人的利益。其中，追认就是其中的重要制度。

追认的法律效果体现在：其一，合同自始有效。一经出现被代理人已经开始履行合同义务或者接受相对人履行的事实，合同即溯及在合同成立时生效。其二，既然合同自始有效，则第三人和被代理人就成为合同的当事人，双方可以主张合同权利、承担合同义务。

三、法定代表人或者负责人超越职权订立的合同

法人的法定代表人或者非法人组织的负责人是代表法人或者非法人组织从事活动的，他们的行为代表着法人或者非法人组织的行为。因此，在正常职权范围内，法定代表人或者负责人的行为对法人或者非法人组织产生效力不会产生争议。那么，他们超越权限订立合同的，该合同对法人或者非法人组织是否有效力呢？对此，《民法典》第504条作出了回答：法人的法定代表人或者非法人组织的负责人超越权限订立的合同，除相对人知道或者应当知道其超越权限外，该代表行为有效，订立的合同对法人或者非法人组织发生效力。可见，其一，法人的法定代表人或者非法人组织的负责人超越权限订立的合同，该代表行为有效，订立的合同对法人或者非法人组织发生效力。该规则有助于法人或者其他法人组织通过更为完善的治理机制适当赋予或者约束法定代表人或负责人的权限，使其风险控制在合适的范围内，而不能使该风险对相对人及其所代表的第三人产生不利的影响，降低交易运行的效率。其二，相对人知道或者应当知道其超越权限的，该代表行为对相对人无效，订立的合同对法人或非法人组织不发生效力。这意味着，只有在相对人知道或者应当知道法定代表人或者负责人超越权限而订立合同之时，该合同对法人或者其他组织才不发生效力。之所以作此种规定，主要有两个缘由：一是避免法定代表人或者负责人损害法人或者非法人组织的权益；二是相对人知道或者应当知道该权限的，法律对此种"恶意"没有保护的必要。

同时，当事人超越经营范围订立的合同，应当依照民事法律行为的有效条件进行判断，不得仅以超越经营范围确认合同无效（《民法典》第505条）。

四、免责条款和程序条款的效力

基于合同自由原则，当事人可以约定免责条款，以限制或免除一方的违约责任。但是，法律对于免责条款应当给予严格管制。对此，《民法典》第506条规定，合同中的下列免责条款无效：（1）造成对方人身损害的；（2）因故意或者重大过失造成对方财产损失的。

在合同中，当事人除约定实体条款外，还可以约定程序条款。程序条款是当事人为解决合同纠纷而设置的条款，又称解决争议方法的条款，如仲裁条款、选择管辖法院的条款等。由于程序条款并不涉及当事人的实体上的权利义务，故合同不生效、无效、被撤销或者终止的，不影响合同中有关解决争议方法的条款的效力（《民法典》第507条）。

引读案例解答

1. 甲向乙寄送的信件具备了要约的条件，构成要约，且该要约的有效期为15天。乙作为受要约人，有权对要约作出承诺，但受要约人没有承诺的义务。承诺应当以通知的方式作出，且通知到达受要约人时生效。承诺不需要通知的，根据交易习惯或要约的要求作出承诺的行为时生效。乙既没有作出承诺的通知，也没有通过行为作出承诺。因此，甲、乙之间并没有成立买卖合同，乙不必交付古董。

2. 甲购买手表的买卖合同成立，且自提交订单成功时合同成立。京东网在网络上发布的出卖手表的信息，有手表的品牌、价格，应属于要约。甲选择该手表并提交订单，京东网系统给甲回了电子邮件，说明提交订单成功，合同即时成立。三天后，京东网的发货行为属于合同的履行。

3. 甲和乙之间的合同是未生效合同。根据我国现行法的规定，采矿权转让应报请自然资源主管部门审批，转让合同自批准之日起生效。甲、乙的采矿权转让合同并未得到有关部门批准，故属于未生效合同。

课堂讨论案例

1. 甲到乙开办的超市购买一只热水瓶，货架上标明热水瓶的价格为每只20元。甲付款后，携带热水瓶回来使用。初次使用以后，甲便发现热水瓶保温效果不太好。甲便找到乙，要求更换热水瓶。但乙表示："我在商店入口处以十分醒目的标志标明'货物出门，概不退换'，你既然在看到标志之后，仍然到我的商店里买东西，那便意味着你接受了这种规定，所以我也就不应当给你更换热水瓶。"

问：乙是否应当给甲更换热水瓶？为什么？

2. 李某与王某是中桂公司的股东，双方于2016年10月10日达成协议，约定李某将股权转让给王某，转让款19万元，支付期限为2016年年底，王某负责办理公司的工商年检，并清偿公司债务，追收公司债权。协议最后还约定：王某办理公司工商年审，并支付股权转让款后，协议立即生效；本协议自签字之日起开始实施，所有条款履行完毕之后协议开始生效。中桂公司因未办理年检于2019年6月18日被吊销营业执照。因双方对股权转让合同的生效时间发生争议，李某向人民法院起诉请求王某支付股权转让款。

问：本案应如何解释合同的生效时间？

3. 甲公司的仓库中存有400立方米的优质松木。2019年6月5日，甲公司给乙公司发信，询问乙公司是否愿意以860元/立方米的价格购买松木，并由甲公司代办托运，限3天内答复，过时不候。乙公司当时正急需松木，在收到信件后的第二天便回电话，表示愿意以甲公司提出的价格购买300立方米松木。第三天，双方又经过协商，将代办托运货物改为乙公司自提货物。6月12日，乙公司租用车辆，开到了甲公司的仓库。此时甲公司发现仓库里实际上只存有100立方米松木，并且松木一直在涨价，如果现在以860元/立方米的价格将松木卖出，会少赚很多钱。甲公司便提出，其发出的要约要求代办托运，并未规定由受要约人派车提货，现在乙公司派车前来，属于单方变更要约条件，应视为未接受甲公司提出的要约，乙公司的承诺只是一个反要约。此外，甲公司认为自己以发信的形式发出要约，那么乙公司也应以发信的形式作出承诺，而不应以电话的形式作出承诺。甲公司拒绝向乙公司交付松木。乙公司经反复请求无效后，向人民法院提起诉讼，要求甲公司交付300立方米松木并赔偿损失。

问：(1) 本案中的要约、承诺如何认定？(2) 甲乙双方的合同是否成立？为什么？(3) 甲公司提出的理由是否合法？为什么？

重点思考习题

1. 合同的订立要经过哪些程序？
2. 如何确定合同成立的时间和地点？
3. 缔约过失责任的构成条件和赔偿范围如何确定？

第十七章 合同的履行

引读案例

1. 甲、乙为购买大米事宜签订了买卖合同，但合同中只约定了大米的数量、价格、交货地点，而对大米的交付时间、费用负担等均没有约定。三天后，甲将大米运到乙处，乙则以事前没有通知他而来不及清扫仓库为由，拒绝接受这批大米。二人发生争执。请分析以下问题：(1) 乙是否有权拒绝接受这批大米？(2) 运费应由谁来支付？

2. 甲、乙于1月10日签订一份100万元的货物买卖合同。合同约定：甲于4月10日交货，乙于7月10日付款。合同成立后，甲得知乙的经营状况严重恶化，极有可能不能履行合同。请分析以下问题：(1) 甲是否有权中止履行合同？(2) 若乙以其价值120万元的厂房作抵押担保，甲是否可以拒绝恢复履行？

法律职业资格考试要点

合同适当履行的要素；合同适当履行的补充性规则；合同履行的主体；选择之债的履行；多数人之债的履行

第一节 合同的履行原则

合同的履行是指债务人按照合同的约定，全面、适当地完成其所负义务的行为。在合同的履行中，当事人除应遵守诚实信用原则、公平原则、平等原则外，还应遵守全面履行、适当履行、协作履行、经济合理、绿色以及情势变更原则。

一、全面履行原则

依据《民法典》509条第1款的规定，当事人应当按照约定全面履行自己的义务。该规定确立了合同的全面履行原则。所谓全面履行原则，是指当事人应当按照合同的约定，全面地履行自己的义务。全面履行原则要求债务人应当按照合同约定或者法律规定的内容履行其全部义务，既不能不履行，也不能部分履行、部分不履行。如果债务人不履行债务或者只履行部分债务的，债权人的债权就不能实现或难以得到完全的保障。依据《民法典》第531条的规定，债权人可以拒绝债务人部分履行债务，但是部分履行不损害债权人利益的除外。债务人部分履行债务给债权人增加的费用，由债务人负担。

二、适当履行原则

适当履行原则是指当事人应当按照合同规定的标的及其质量、数量，由适当的主体在适当的履行期限、履行地点，以适当的履行方式履行债务。适当履行原则要求当事人在履行债务时所履行的各种要素，如履行标的、履行主体、履行期限、履行地点等，都应当是正确的或者适当的。当事人是否适当履行了债务，是决定当事人是否承担违约责任的界限。依据《民法典》第 532 条的规定，合同生效后，当事人不得因姓名、名称的变更或者法定代表人、负责人、承办人的变动而不履行合同义务。这也体现了适当履行原则。

三、协作履行原则

协作履行原则是指合同当事人不仅应适当履行自己的债务，而且基于诚实信用原则应当协助对方履行债务。协作履行原则要求双方当事人在合同的履行中，相互协助，相互配合，以实现合同的目的。依据《民法典》第 509 条第 2 款的规定，当事人应当遵循诚实信用原则，根据合同的性质、目的和交易习惯履行通知、协助、保密等义务。

四、经济合理原则

经济合理原则是指在合同的履行过程中，合同的双方当事人应讲求效率，尽量以最小的成本获得最大或者尽可能大的收益，实现当事人利益的最大化经济效益，维护对方的利益。经济合理原则要求合同的双方当事人既要考虑自己一方的利益，同时也要考虑另一方的利益，例如，债务人应选择经济合理的运输方式。

五、绿色原则

绿色原则是民法的基本原则，合同的履行作为一种具体的民事活动，当然也应当遵守绿色原则。对此，《民法典》第 509 条第 3 款规定，当事人在履行合同过程中，应当避免浪费资源、污染环境和破坏生态。

六、情势变更原则

情势变更是指在合同成立后，因不可归责于当事人的事由致使合同赖以存在的基础条件发生了异常变化，继续履行合同对于当事人一方明显不公平的现象。依据《民法典》第 533 条的规定，合同成立后，合同的基础条件发生了当事人在订立合同时无法预见的、不属于商业风险的重大变化，继续履行合同对于当事人一方明显不公平的，受不利影响的当事人可以与对方重新协商；在合理期限内协商不成的，当事人可以请求人民法院或者仲裁机构变更或者解除合同。人民法院或者仲裁机构应当结合案件的实际情况，根据公平原则变更或者解除合同。可见，在情势变更的情况下，发生两个方面的效力：其一，受不利影响的当事人可以与对方就合同的内容进行重新协商；其二，变更或解除合同。在协商不成的情况下，当事人可以请求人民法院或者仲裁机构变更或解除合同。

第二节　合同的适当履行

一、合同适当履行的要素

（一）合同的履行主体

合同的履行主体是指履行债务和接受履行的人。合同是当事人之间的权利义务关系，是当事人通过实施特定行为来履行的，即由债务人向债权人履行债务，由债权人接受债务人的履行，因此，合同的履行主体包括债务人和债权人。当然，在不违反法律禁止性规定或当事人约定的情况下，合同也可以由第三人代替履行，此时，第三人也可以成为合同的履行主体。第三人代替履行，包括第三人代替债务人履行和第三人代替债权人接受履行两种情况。第三人代替债务人履行的，其债务必须是债务人可以不亲自履行的债务，而且是法律没有禁止性规定或当事人没有约定必须由债务人亲自履行的债务。第三人代替债权人接受履行的，不得因此使债务人增加履行费用的负担。

第三人代替履行时，第三人的身份只是履行主体，而非合同的当事人。此时，基于合同的相对性，合同的当事人应对第三人的履行后果负责。依据《民法典》的规定，当事人约定由债务人向第三人履行债务，债务人未向第三人履行债务或者履行债务不符合约定的，应当向债权人承担违约责任（第 522 条第 1 款）。当事人约定由第三人向债权人履行债务的，第三人不履行债务或者履行债务不符合约定的，债务人应当向债权人承担违约责任（第 523 条）。

关于合同的履行主体，需要注意以下两点：第一，依据《民法典》第 522 条第 2 款的规定，法律规定或者当事人约定第三人可以直接请求债务人向其履行债务，第三人未在合理期限内明确拒绝，债务人未向第三人履行债务或者履行债务不符合约定的，第三人可以请求债务人承担违约责任；债务人对债权人的抗辩，可以向第三人主张。这里所规定的是第三人利益合同的履行问题，该第三人为权利人，而非单纯的履行主体。第二，依据《民法典》第 524 条的规定，债务人不履行债务，第三人对履行该债务具有合法利益的，第三人有权向债权人代为履行；但是，根据债务性质、按照当事人约定或者依照法律规定只能由债务人履行的除外。债权人接受第三人履行后，其对债务人的债权转让给第三人，但是债务人和第三人另有约定的除外。

例题 92　甲、乙双方约定，由丙每月代乙向甲偿还债务 500 元，期限 2 年。丙履行 5 个月后，以自己并不对甲负有债务为由拒绝继续履行。甲遂向人民法院起诉，要求乙、丙承担违约责任。法院应如何处理？

A. 判决乙承担违约责任　　B. 判决丙承担违约责任

C. 判决乙、丙连带承担违约责任　　D. 判决乙、丙分担违约责任

解析：本题的考点是债的第三人代替履行，答案为 A 项。甲、乙之间存在债的关系，乙应当向甲履行债务。但经双方约定，乙的债务由丙代为履行，从而构成了第三人代替履行。因此，在丙不履行债务的情况下，应当由乙承担违约责任。

（二）履行标的

合同的履行标的是指债务人应当给付的内容，包括实物、货币、服务等。债务人的债务性质不同，履行标的的要求也有所不同。债务人以实物履行债务的，履行标的应符合当事人约定或法律规定的规格、型号、数量、质量，标的物的数量应按法定或约定的数量和计量方法确定，质量应当按当事人约定或法律规定的质量标准履行。债务人以货币履行债务的，应当按照当事人约定或法律规定的支付方法支付价款或报酬。

（三）履行期限

合同的履行期限是指债务应为履行的时间。履行期限的确定，按照当事人的约定。当事人可以约定将债务分为几个部分，并确定各部分债务的履行期限。债务人应当按照法律规定或当事人约定的履行期限履行债务。依据《民法典》第530条的规定，债权人可以拒绝债务人提前履行债务，但提前履行不损害债权人利益的除外。债务人提前履行债务给债权人增加的费用，由债务人负担。

例题93　合同规定甲公司应当在8月30日向乙公司交付一批货物。8月中旬，甲公司把货物运送到乙公司。此时乙公司有权如何处理？

A. 拒绝接收货物

B. 不接收货物并要求对方承担违约责任

C. 接收货物并要求对方承担违约责任

D. 接收货物并要求对方支付增加的费用

解析：本题的考点是债的提前履行，答案为A、D项。在债务人提前履行的情况下，除不损害债权人利益外，债权人有权拒绝。当然，债权人也可以接受履行并要求债务人支付增加的费用。

（四）履行地点

合同的履行地点是指债务人应为履行行为的地方。履行地点应依据当事人的约定确定，当事人没有约定或者约定不明确的，依照法律的规定确定。履行地点一旦确定，债务人就应当在履行地点作出履行，债权人也应当在履行地点接受给付。应当指出，债权人分立、合并或者变更住所没有通知债务人，致使履行债务发生困难的，债务人可以中止履行（《民法典》第529条）。

（五）履行方式

合同的履行方式是债务人履行义务的方法，如标的物的交付方法、运输方法，价款的支付方法等。债的履行方式由当事人约定，当事人要求一次性履行的，债务人不得分批履行；凡要求分期分批履行的，债务人也不得一次性履行。

（六）履行费用

合同的履行费用是指债务人履行义务所必要的费用。履行费用包括运输费、包装费、邮费、装卸费等。债的履行费用，应当由约定的当事人负担；当事人没有约定的，由债务人负担。

二、合同适当履行的补充性规则

在合同的履行中，如果当事人对合同的标的的质量、价款或报酬、履行期限、履行地点、履行方式、履行费用等有明确约定的，则应依据当事人的约定履行债务。如果当事人没有约定或者约定不明确的，依据《民法典》第510条的规定，当事人可以协议补充，不能达成补充协议的，按照合同相关条款或者交易习惯确定。依据《民法典》第511条的规定，当事人就有关合同内容约定不明确，依据《民法典》第510条的规定仍不能确定的，适用下列规定。

第一，质量要求不明确的，按照强制性国家标准履行；没有强制性国家标准的，按照推荐性国家标准履行；没有推荐性国家标准的，按照行业标准履行；没有国家标准、行业标准的，按照通常标准或者符合合同目的的特定标准履行。

第二，价款或报酬不明确的，按照合同订立时履行地的市场价格履行；依法应当执行政府定价或者政府指导价的，按照规定履行。依据《民法典》第513条的规定，执行政府定价或者政府指导价的，在合同约定的交付期限内政府价格调整时，按照交付时的价格计价。逾期交付标的物的，遇价格上涨时，按照原价格执行；价格下降时，按照新价格执行。逾期提取标的物或者逾期付款的，遇价格上涨时，按照新价格执行；价格下降时，按照原价格执行。

第三，履行地点不明确，给付货币的，在接受货币一方所在地履行；交付不动产的，在不动产所在地履行；于其他标的，在履行义务一方所在地履行。对于以支付金钱为内容的债，除法律另有规定或者当事人另有约定外，债权人可以请求债务人以实际履行地的法定货币履行（《民法典》第514条）。

第四，履行期限不明确的，债务人可以随时履行，债权人也可以随时要求履行，但是应当给对方必要的准备时间。

第五，履行方式不明确的，按照有利于实现合同目的的方式履行。

第六，履行费用的负担不明确的，由履行义务一方负担；因债权人原因增加的履行费用，由债权人负担。

三、电子合同的特殊履行规则

依据《民法典》第512条的规定，通过互联网等信息网络订立的电子合同的标的为交付商品并采用快递物流方式交付的，收货人的签收时间为交付时间。电子合同的标的为提供服务的，生成的电子凭证或者实物凭证中载明的时间为提供服务时间；前述凭证没有载明时间或者载明时间与实际提供服务时间不一致的，以实际提供服务的时间为准。电子合同的标的物为采用在线传输方式交付的，合同标的物进入对方当事人指定的特定系统并且能够检索识别的时间为交付时间。电子合同当事人对交付商品或者提供服务的方式、时间另有约定的，按照其约定。

四、选择之债的履行规则

选择之债是指债的履行标的有数种，当事人可以从中选择一种来履行的债。在选择之债中，选择权人既可能是债务人，也可能是债权人。依据《民法典》第515条第1款的规定，标的有多项而债务人只需履行其中一项的，债务人享有选择权；但是，法律另有规定、当事人另有约定或者另有交易习惯的除外。如果选择权人不行使选择权，将会对合同的履行产生不确定性，影响交易的顺利进行。为了避免交易僵局，法律设定了选择权的转移。依据《民法典》

第515条第2款的规定，享有选择权的当事人在约定期限内或者履行期限届满未作选择，经催告后在合理期限内仍未选择的，选择权转移至对方。

基于选择权对当事人履行可能产生的影响，选择权的行使应当让对方知悉。对此，《民法典》第516条第1款规定，当事人行使选择权应当及时通知对方，通知到达对方时，标的确定。除对方同意外，标的确定后不得变更。

在选择之债中，标的有多项，而在事实上如果多项标的中有一项或数项已经履行不能的，基于诚实信用原则以及实现合同目的的考量，此时选择权人行使选择权就应受到法律的限制。对此，《民法典》第516条第2款规定，可选择的标的发生不能履行情形的，享有选择权的当事人不得选择不能履行的标的，但是该不能履行的情形是由对方造成的除外。

五、连带之债的履行规则

（一）连带债务的效力

在连带债务中，既发生债务人之间的内部效力，又发生债务人与债权人之间的外部效力。就内部效力而言，连带债务人之间的债务有份额之分；如果连带债务人之间的份额难以确定的，视为份额相同。在债的履行中，实际承担债务超过自己份额的连带债务人，有权就超出部分在其他连带债务人未履行的份额范围内向其追偿，并相应地享有债权人的权利，但是不得损害债权人的利益。其他连带债务人对债权人的抗辩，可以向该债务人主张。被追偿的连带债务人不能履行其应分担份额的，其他连带债务人应当在相应范围内按比例分担（《民法典》第519条）。依据《民法典》第520条的规定，连带债务的外部效力主要体现在：(1) 部分连带债务人履行、抵销债务或者提存标的物的，其他债务人对债权人的债务在相应范围内消灭；(2) 部分连带债务人的债务被债权人免除的，在该连带债务人应当承担的份额范围内，其他债务人对债权人的债务消灭；(3) 部分连带债务人的债务与债权人的债权同归于一人的，在扣除该债务人应当承担的份额后，债权人对其他债务人的债权继续存在；(4) 债权人对部分连带债务人的给付受领迟延的，对其他连带债务人发生效力。

（二）连带债权的效力

在连带债权中，连带债权人之间的份额难以确定的，视为份额相同。实际受领债权的连带债权人，应当按比例向其他连带债权人返还。连带债权参照适用连带债务的有关规定（《民法典》第521条）。

第三节　双务合同履行中的抗辩权

一、同时履行抗辩权

（一）同时履行抗辩权的含义

依据《民法典》第525条的规定，同时履行抗辩权是指互负同时给付债务的一方当事人在对方当事人未履行债务或未适当履行债务时，可以拒绝履行自己债务的权利。

（二）同时履行抗辩权的构成要件

依据《民法典》第525条的规定，同时履行抗辩权的构成须具备以下条件。

第一，当事人在同一双务合同中互负对待给付义务。首先，同时履行抗辩权只适用于双务合同，而不适用于单务合同。这是因为，单务合同仅有一方当事人负担给付义务，或者另一方虽然负有义务但其所负义务不是主要义务，不存在双方权利、义务的相互对应和牵连问题，因此，不适用同时履行抗辩权。其次，同时履行抗辩权以当事人在同一双务合同中互负对待给付义务为发生的前提条件。如果双方当事人的债务不是基于同一双务合同而发生，即使双方的债务在事实上存在密切关系，也不发生同时履行抗辩权。

第二，当事人双方的债务没有先后履行顺序且均已届清偿期。首先，当事人互负的债务没有先后履行顺序。如果当事人互负的债务有先后履行顺序，当事人应当按照履行顺序履行债务，不能主张同时履行抗辩权。其次，当事人互负的债务均已届清偿期。如果双方的债务未届清偿期，则当事人没有履行债务的义务，也就不发生同时履行问题。因此，只有在双方的债务均已到期时，当事人方可主张同时履行抗辩权。

第三，对方当事人未履行债务或未适当履行债务。在双务合同中，一方当事人向对方当事人请求履行债务时，须自己已为履行，否则，对方当事人可行使同时履行抗辩权，拒绝履行自己的债务。如果一方当事人履行不适当的，对方当事人可以在不适当履行的范围内行使同时履行抗辩权。

第四，对方当事人的对待履行是可能的。同时履行抗辩权制度旨在促使双方当事人同时履行债务，而同时履行债务应以能够履行为前提，因此，如果对方当事人的对待履行已不可能，则不发生同时履行抗辩权问题。

（三）同时履行抗辩权的效力

同时履行抗辩权属于一时抗辩权，不具有消灭对方请求权的效力，仅产生使对方请求权延期的后果。此即一方在对方履行之前有权拒绝其履行请求；一方在对方履行债务不符合约定时，有权拒绝其相应的履行请求。因此，行使同时履行抗辩权的一方是行使法律赋予的权利，具有合法性和正当性，自然不构成违约，也无须担违约责任。如果双方都行使同时履行抗辩权，可能就会陷入交易僵局，此时解决方案可能是一方当事人先履行合同，例如向对方履行或者提存等，对方的同时履行抗辩权即消灭。

二、先履行抗辩权

（一）先履行抗辩权的含义

依据《民法典》第526条的规定，先履行抗辩权是指在当事人互负债务且有先后履行顺序，先履行义务的一方当事人未履行债务或履行债务不符合约定时，后履行一方当事人有权拒绝其履行要求的权利。先履行抗辩权是以先履行一方的违约为前提的，故先履行抗辩权又称先违约抗辩权或顺序履行抗辩权。从理论上说，即使法律不规定此种抗辩权，在双方互负债务且有先后履行顺序时，先履行抗辩权也应当根据合同作出相同的解释。

（二）先履行抗辩权的构成要件

依据《民法典》第526条的规定，先履行抗辩权的构成须具备以下要件。

第一，当事人因同一双务合同互负债务。先履行抗辩权只在双务合同中存在，单务合同不发生先履行抗辩权问题。同时，当事人因同一双务合同而互负对待给付义务。若当事人之间存在多个双务合同关系，则只能基于同一双务合同而主张先履行抗辩权。

第二，当事人一方有先履行的义务。在双务合同中，只有当事人互负的债务有先后履行顺序时，才能产生先履行抗辩权。如果当事人互负的债务没有先后履行顺序，则只能产生同时履行抗辩权。

第三，先履行一方到期未履行债务或未适当履行债务。先履行一方届期未履行自己的债务，构成违约，后履行一方当然可以拒绝其履行请求。此外，即使先履行一方先履行了自己的债务，但其履行不适当的，在其不适当的相应范围内，后履行一方也可以主张先履行抗辩权。

（三）先履行抗辩权的效力

先履行抗辩权属于一时抗辩权，不具有消灭对方请求权的效力，只是暂时阻止先履行一方请求权的行使。如果先履行一方完全履行了合同义务，先履行抗辩权即归消灭，后履行一方应恢复履行。当事人行使先履行抗辩权具有合法性和正当性，即使行使此项权利导致合同迟延履行的，也不承担迟延责任。此外，先履行抗辩权的行使意在防患于未然，其并不意味着免除对方当事人的违约责任，即不影响后履行一方主张违约责任。

三、不安抗辩权

（一）不安抗辩权的含义

依据《民法典》第527条的规定，不安抗辩权是指在双务合同中，应当先履行债务的当事人有确切证据证明对方有丧失或可能丧失履行债务能力的情形时，可以中止履行自己的债务，待对方提供履行担保之后再恢复履行的权利。在双务合同中，当事人互负债务，如果合同约定有先后履行顺序的，先履行债务的当事人应当先履行债务。但如果应当先履行债务的当事人，有确切证据证明对方有丧失或可能丧失履行债务能力的情形，仍要求先履行债务的当事人先为履行，会使其丧失既有货物或者服务的利益，同时又不能从先履行方获得约定的利益，这种结果不符合交易安全原则。

（二）不安抗辩权的构成要件

依据《民法典》第527条的规定，不安抗辩权须具备以下条件才能成立。

第一，当事人因同一双务合同而互负债务。不安抗辩权只适用于双务合同，而不适用于单务合同。只有在当事人基于同一双务合同而互负债务的情况下，才有不安抗辩权发生的可能。

第二，一方存在先履行的债务且其债务已届清偿期。不安抗辩权以一方存在先履行义务为前提，因此，在双务合同中，只有一方存在先履行的债务时，才可能发生不安抗辩权的问题。同时，不安抗辩权的发生还需以先履行一方的债务已届清偿期为条件。

第三，后履行一方有丧失或可能丧失债务履行能力的情形。应当先履行债务的当事人，有确切证据证明对方有下列情形之一的，可以行使不安抗辩权，中止履行：经营状况严重恶化；转移资产、抽逃资金，以逃避债务；丧失商业信誉；有丧失或者可能丧失履行债务能力的其他情形。

（三）不安抗辩权的效力

依据《民法典》第528条的规定，不安抗辩权发生以下效力。

第一，中止履行债务。先履行债务的一方中止履行债务的，应当及时通知对方。如果对方提供了适当担保的，则先履行债务的一方应当恢复履行。当事人没有确切证据中止履行的，应当承担违约责任。

第二，解除合同。中止履行债务后，对方在合理期限内未恢复履行能力并且未提供适当担保的，视为以自己的行为表明不履行主要债务，中止履行的一方可以解除合同并可以请求对方承担违约责任。

例题 94 甲、乙订立一份价款为 10 万元的图书买卖合同，约定甲先支付书款，乙两个月后交付图书。甲由于资金周转困难只交付 5 万元，答应余款尽快支付，但乙不同意。两个月后甲要求乙交付图书，遭乙拒绝。对此，下列哪一表述是正确的？

A. 乙对甲享有同时履行抗辩权

B. 乙对甲享有不安抗辩权

C. 乙有权拒绝交付全部图书

D. 乙有权拒绝交付与 5 万元书款价值相当的部分图书

解析：本题的考点是合同履行抗辩权的区分，答案为 D 项。在甲、乙之间的图书买卖合同中，双方明确约定了履行的先后顺序，因此，双方不享有同时履行抗辩权。甲作为先履行一方没有履行全部合同义务，乙作为后顺序一方不可能享有不安抗辩权，而享有先履行抗辩权。乙虽然享有先履行抗辩权，但因甲已经履行了部分合同义务，故乙只能在甲未履行的合同义务范围内行使先履行抗辩权，即乙只有权拒绝交付与 5 万元书款价值相当的部分图书，而不能拒绝交付全部图书。

引读案例解答

1. 甲、乙签订了买卖合同，双方之间产生了债的关系，双方的纠纷应当按下列规则处理：(1) 因为甲、乙双方没有约定债的履行期限，所以，甲可以随时履行债务，但应当给乙必要的准备时间。甲在没有通知乙的情况下，即将货物运至乙处，不符合诚实信用原则，乙可以拒绝接受履行。(2) 因为甲、乙双方没有就费用负担作出约定，所以，应由履行义务一方即甲负担运输费用。

2. (1) 在合同成立后，乙的经营状况严重恶化，具备了不安抗辩权的行使条件，因此，甲有权行使不安抗辩权，中止履行合同。(2) 甲行使不安抗辩权而中止履行合同后，如果乙提供了适当担保，甲应当恢复履行。

课堂讨论案例

1. 甲商店为满足情人节对红玫瑰鲜花的需要，与乙花圃订立了 1 万枝红玫瑰的买卖合同。合同约定：乙花圃应在情人节前 1 日在甲商店交货。合同订立后，乙花圃因遭受病虫害而绝产。因此，直到情人节过后，仍没有向甲商店供货。

问：(1) 乙是否违反了合同的履行原则？(2) 乙应当对自己的行为承担何种法律后果？

2. 甲公司因转产致使一台价值 100 万元的精密机床闲置。5 月 9 日，甲公司与乙公司签订了一份精密机床转让合同。合同约定：精密机床作价 95 万元，甲公司于 10 月 31 日前交货，乙公司在交货后 10 天内付清款项。除此之外，未作特别约定。乙公司在订立合同后想赚取差价，便另行寻找买家。6 月 8 日，乙公司与丙公司订立了合同，将该台精密机床转让给了丙公司，价格为 98 万元，但未约定履行时间、顺序等事项。甲公司在交货日前发现乙公司的经营状况严重恶化，于是便书面通知乙公司将拒绝交货，并要求乙公司提供担保，否则将解除合同，乙公司予以拒绝。11 月 15 日，乙公司要求丙公司支付 98 万元，希望可借此周转资金，向甲公司作出支付，以便让甲公司交付精密机床，但丙公司拒绝支付款项。12 月 21 日，因为知道乙公司的经营状况进一步恶化，甲公司书面通知乙公司解除合同。乙公司遂向人民法院起诉，要求判令甲公司继续履行合同。

问：(1) 甲公司在债务履行期届满后未交付机床，其行为是否合法？为什么？(2) 丙公司拒绝向乙公司支付98万元，其行为是否合法？为什么？(3) 甲公司能否解除合同？为什么？

重点思考习题

1. 合同的适当履行包括哪些要素？
2. 如何确定合同适当履行的补充性规则？
3. 如何理解情势变更原则？
4. 同时履行抗辩权的成立条件和效力如何？
5. 不安抗辩权的成立条件和效力如何？

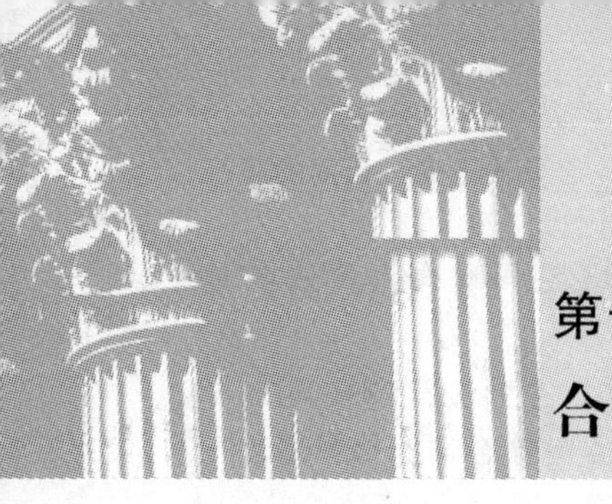

第十八章
合同的保全

引读案例

甲欠乙15万元人民币，乙多次催要，甲一直没有偿还。后来，甲将价值4万元的面包车赠与丙，将价值10万元的房屋以4万元的价格出卖给丁，但丁对甲欠债的情况并不知情。同时，甲还享有对戊3万元的到期债权，但甲一直未催要。若甲已无财产清偿乙的债权，请分析以下问题：(1) 乙能否对戊行使债权人代位权？(2) 乙能否请求人民法院撤销甲的赠与行为和出卖行为？

法律职业资格考试要点

债权人代位权的成立条件、行使要求和效力；债权人撤销权的成立条件、行使要求和效力

第一节　合同保全概述

一、合同保全的含义

合同保全即债的保全，又称责任财产的保全，是指为防止债务人财产的不当减少给债权人带来损害而设置的债的一般担保形式。

合同具有相对性，债权人只能向债务人请求履行义务，债务人也只对债权人负有履行的义务。而合同的保全制度是合同的相对性的例外和突破，即合同对第三人的效力。合同保全的手段有两种：一为债权人代位权，其目的在于保持债务人的责任财产。当债务人听任其责任财产减少时，债权人可以代其行使权利。二为债权人撤销权，其目的在于恢复债务人的责任财产。当债务人有积极减少其责任财产的行为时，债权人可以请求撤销该行为，以恢复应有范围内的责任财产。

二、债的保全的作用

法律设立合同保全制度的原因在于，债权的实现需要债务的适当履行，而债务的适当履行又以债务人的财产为物质保障。此种制度主要是应对债务人基于自身原因或者其他原因通过责任财产的减少而主观上或客观上损害债权人债权实现的现象。因此，债的保全制度的作用主要表现在以下两个方面。

其一，完善了债权人实现债权的救济方式。对于债权实现的保障，法律上通常有两种方法。

一是担保，即当合同的关系成立后，当事人可以设立人的担保（保证）或者物的担保。但无论是人的担保还是物的担保都具有一些缺陷或者不便：人的保证需要征得第三人的同意，物的担保一般需要征得担保人的同意且往往须履行一定的手续或者产生一定的负担（如抵押登记或者转移占有）。而法定担保，如留置权等，只能适用于特定类型的债务，不具有更大范围的普遍性。二是强制执行，即经由诉讼通过人民法院执行生效判决或者裁定而实现债权的最终救济。但此程序通常主要针对债务人的现有财产，而且此程序成本高、时间长，在系争利益较小时并非最佳策略。上述两种方法都不能或者很难有效回应基于各种原因而出现的债务人财产应增加而未增加或者财产不当减少的情况。相比较而言，合同保全制度能为债权人提供更为简便的实现债权的方式，在债务人为不当行为减少财产或者不积极主张权利时，为债权人提供救济的通道。

其二，为债权人实现债权提供更便捷的方式。按照合同的相对性原理，合同只发生在特定的当事人之间，与第三人无关。但是，当债务人的消极行为或积极行为使其责任财产减少以至于不足以清偿债权人的债权时，基于法律的规定，债权人就可以径自向第三人提出请求。此种方式避免了合同相对性原理可能产生的僵化，同时避免了债务人的投机行为或者其他有损债权人利益的行为。

第二节 债权人代位权

一、债权人代位权的含义

债权人代位权是指当债务人怠于行使其债权或者与该债权有关的从权利，影响债权人的到期债权实现的，债权人得以自己的名义代位行使债务人对第三人的权利之权利。

通说认为，债权人代位权的性质主要表现为以下三点：第一，如前所述，债权人代位权是属于合同的对外效力；第二，债权人代位权不是诉讼法上的权利，而是属于实体法上的权利；第三，债权人代位权是债权人固有的权利，债权人以自己的名义代位行使的权利，属于广义上的管理权，即依事实上或者法律上的行为管理财产的权利。

二、债权人代位权的成立条件

债权人代位权并不是从债的关系成立之时就存在的权利，只有具备了一定的条件，才能成立。依据《民法典》第535条的规定，债权人提起代位权诉讼，应当符合下列条件。

（一）债务人对相对人享有权利

债权人代位权的行使以债务人对相对人享有合法权利为前提，因而，首先需要债务人对相对人有正当的权利存在。这里的权利包括债权以及与该债权有关的从权利（如担保权）。如果债务人对相对人没有合法权利，则没有代位行使权利之可能和标的。

债权人代位权的行使目的是增加债务人的责任财产，因而其标的必须是已经存在的债务人对相对人的财产权，将来存在的权利或非财产权均不能成为代位权的标的。例如，对第三人要约的承诺，债务人对所有物怠于使用、收益等，债权人都不得代位行使。同时，债权人代位权是债权人代位行使债务人的权利，因此，凡专属于债务人自身的债权，均不能成为债权人代位权的标的，如指基于扶养关系、抚养关系、赡养关系、继承关系产生的给付请求权，以及劳动报酬、退休金、养老金、抚恤金、安置费、人寿保险、人身伤害赔偿请求权等权利。

（二）债务人怠于行使对相对人的权利

债务人怠于行使权利，是指债务人应行使且能行使而不行使权利。所谓“应行使”，是指若不及时行使，权利即有丧失或消灭之可能，例如，请求权因罹于时效而消灭，受偿权因不申报债权而丧失。所谓“能行使”，是指债务人在客观上有能力行使权利，例如，债务人受破产宣告的，其权利应由破产管理人行使，则债权人不能代位行使。所谓“不行使”，是指不以积极方式去行使本属于自己的权利，如债务人不以诉讼方式或者仲裁方式向其债务人主张其对相对人的权利。

（三）债务人对债权人的履行已陷于迟延

债权人代位权旨在保全债权，因此，只有当债务人对债权人的履行已经迟延时，债权人才得主张代位权。债务未届清偿期的，债权人也就没有产生到期的债权，若允许债权人行使代位权，会对债务人的权利产生破坏性影响，损害交易秩序，没有正当性。

债权人代位权原则上以债务人履行迟延为成立条件，但也存在例外。当债权人行使为防止权利的变更或消灭而专为保全债务人权利的行为，即使债务人对债权人尚未构成迟延履行，债权人也得行使代位权。例如，时效的中断、保存登记、第三人破产时的债权申报等，其目的都在于防止权利的变更或消灭，对债务人不仅没有不利益，而且还可以保存其利益进而有利于未来的债务清偿。因此，债权人可于债务人履行迟延前行使代位权。对此，《民法典》第536条明确规定，债权人的债权到期前，债务人的权利或者与该债权有关的从权利存在诉讼时效期间即将届满或者未及时申报破产债权等情形，影响债权人的债权实现的，债权人可以代位向债务人的相对人请求其向债务人履行、向破产管理人申报或者作出其他必要的行为。

（四）债权人须有保全债权的必要

债权人有保全债权的必要，是指因债务人怠于行使对相对人的权利而对债权人债权的实现造成不利影响，有不能实现的危险。因为债权人代位的目的在于保全债权，如果没有保全债权的必要，代位权也就无从成立。如果债务人怠于行使对相对人的权利，但债务人有足够的财产清偿债务，则在债务人不为清偿时，债权人没有保全债权的必要，债权人代位权就无法得到正当性支持。

三、债权人代位权的行使

（一）债权人代位权的行使主体

债权人代位权的行使主体为债权人。债权人原则上都可为代位权之主体，若有多个债权人的，多个债权人可以作为共同原告提起诉讼。如果债权人以次债务人为被告提起代位权诉讼，未将债务人列为第三人的，法院可以追加债务人为第三人。两个以上的债权人以同一次债务人为被告提起代位权诉讼的，法院可以合并审理。

（二）债权人代位权的行使范围

债权人代位权的目的在于保全债权，因此，债权人代位权的行使范围自然也以保全债权为必要。依据《民法典》第535条第2款的规定，代位权的行使范围以债权人的到期债权为限。因此，债权人行使代位权的请求数额不能超过债务人所负债务额或者超过相对人对债务人所负债务额。

（三）债权人代位权的行使方法

债权人行使代位权的方式无非有两种，即诉讼方式和直接行使方式。诉讼方式就是债权人须通过向法院提起诉讼的方式，才能行使代位权；直接行使方式就是债权人无须通过向法院提起诉讼，而直接向第三人主张权利。依据《民法典》第535条的规定，债权人可以请求人民法院以自己的名义代位行使债务人的债权。可见，我国现行法在债权人代位权行使的方式上采取了诉讼方式。

（四）债权人代位权的行使费用

依据《民法典》第535条第2款的规定，债权人行使代位权的必要费用，由债务人负担。

四、债权人代位权行使的效力

（一）对债务人的效力

依据《民法典》第537条的规定，人民法院认定代位权成立的，由债务人的相对人向债权人履行义务。可见，《民法典》赋予了行使代位权的债权人以优先受偿权，打破了债权之间的平等性。

（二）对相对人的效力

债权人代位权是债权人代债务人行使对相对人的权利。因此，无论代位权制度如何设计，相对人的法律地位及利益都不应受到影响。这主要体现在两个方面：其一，抗辩不受影响。在代位权诉讼中，相对人对债务人的抗辩可以向债权人主张（《民法典》第535条第3款）。如债务不成立、无效、撤销、超过诉讼时效、同时履行抗辩权、不安抗辩权等，均得用以对抗债权人。其二，合同消灭不受影响。债务人的相对人向债权人履行义务，债权人接受履行后，债务人与相对人之间相应的权利义务终止。债务人对相对人的权利被采取保全、执行措施，或者债务人破产的，依照相关法律的规定处理（《民法典》第537条）。

（三）对债权人的效力

依据《民法典》第537条的规定，人民法院认定代位权成立的，由债务人的相对人向债权人履行义务，债权人接受履行后，债权人与债务人之间相应的权利义务终止。

例题95　甲公司对乙公司享有5万元债权，乙公司对丙公司享有10万元债权。如甲公司对丙公司提起代位权诉讼，则针对甲公司，丙公司的下列哪些主张具有法律依据？

A. 有权主张乙公司对甲公司的抗辩

B. 有权主张丙公司对乙公司的抗辩

C. 有权主张代位权行使中对甲公司的抗辩

D. 有权要求法院追加乙公司为共同被告

解析：本题的考点是债权人代位权的行使，答案为A、B、C项。在债权人代位权诉讼中，次债务人有权主张对债务人的抗辩，也有权主张对债权人的抗辩。因此，丙公司有权主张乙公司对甲公司、丙公司对乙公司的抗辩。甲公司提起债权人代位权诉讼，需要具备一系列的条件，故丙公司有权主张代位权行使中对甲公司的抗辩。在债权人代位权诉讼中，次债务人未将债务人列为第三人的，人民法院可以追加债务人为第三人，但次债务人不能主张追加债务人为共同被告。

第三节　债权人撤销权

一、债权人撤销权的含义

债权人撤销权是指在债务人实施处分其财产或其他权利的行为影响债权人的债权实现时，

债权人可以申请人民法院撤销该行为的权利。

通说认为，债权人撤销权兼具形成权和请求权双重性质：一方面，债权人撤销权是债权人依自己的意思表示使债务人和第三人的行为归于无效，故撤销权具有形成权的性质；另一方面，债务人与第三人的行为一旦撤销，第三人所取得的财产利益即应返还，因而，撤销权行使的效果具有给付内容，撤销权具有请求权的性质。

二、债权人撤销权的成立条件

债权人撤销权的成立条件，可以分为客观要件和主观要件。在某些情况下，法律要求兼具客观要件和主观要件；在有的情况下，法律要求只需要具备客观要件。

（一）客观要件

1. 债务人于债权成立后实施了特定的行为

债权人对债务人必须存在有效的债权，这是债权人行使撤销权的前提和基础。债务人的行为不限于民事法律行为，其他减少财产或增加负担的适法行为都在撤销范围内，既包括买卖、赠与等双方行为，也包括遗赠等单方行为，还包括债权转让、债务承担等处分行为以及诉讼法上兼具私法性质的行为如和解、抵销等。当然，事实行为和无效民事法律行为不得撤销，因为事实行为无法撤销，而无效民事法律行为无须撤销。如果债务人处分财产的行为并没有成立或者生效，债权人对于这些行为通过其他法律制度解决，不在撤销权的范围内。

2. 债务人的行为须以财产或者财产利益为标的

债权人撤销权的目的在于防止债务人的责任财产减少而影响债权的实现，因此，债权人行使撤销权的对象应当是债务人以财产或者财产利益为标的而实施的行为。这意味着，对于债务人实施的非以财产为标的的行为，债权人不得撤销。例如，结婚、收养、离婚等身份行为，虽然也可能会使责任财产减少，但不能成为撤销权的标的。拒绝接受赠与、拒绝第三人承担债务等行为，虽然使债务人的责任财产没有增加，但一般认为基于债务人的行为自由考量，这些行为尚不得成为撤销权的标的，而且撤销权的目的在于恢复债务人的财产，而非增加债务人的财产。

依据《民法典》第 538 条和第 539 条的规定，债权人可以行使撤销权的情形包括两种。一是债务人积极减少责任财产，这主要包括四种情形：债务人放弃债权、放弃债权担保、无偿转让财产、以明显不合理的低价转让财产。二是通过设定或者增加债务人财产负担而减少责任财产，主要体现为恶意延长其到期债权的履行期限、以明显不合理的高价受让财产、为他人的债务提供担保。

3. 债务人的行为须影响债权的实现

所谓影响债权，是指债务人减少责任财产的行为使债权人的债权不能完全实现。不能完全实现的含义包含两个方面：一方面，因为债务人减少责任财产的行为致使对债权人的债务不能完全清偿；另一方面，因债务人减少责任财产的行为使其无资力清偿。所谓无资力，是指债务人处分财产后不具有充足的财产清偿债权人的债权。

（二）主观要件

债权人撤销权的主观要件是债务人和债务人的相对人（也称受让人）须有恶意。这一要件主要是债权人撤销债务人的有偿行为需要具备的，但也并不以有偿行为为限。依据《民法典》第 539 条的规定，在以下三种情况下，债权人的撤销权须具备恶意的主观要件：债务人以明显不合理的低价转让财产、以明显不合理的高价受让他人财产或者为他人的债务提供担保。所谓恶意，是指债务人和债务人的相对人为民事法律行为时，知道或应当知道该行为影响债权的实现而仍为之的主观状态。对于债务人有无恶意判断，其时间点应是实施行为之时。为克服债务人恶意的证明难题以及债务人规避法律，恶意的证明应当采取推定原则，即只要债务人实施的处分行为使其无资力，即可推定债务人有恶意。债务人的相对人是否存在恶意应以其在受让财产时是否知道或应当知道该行为会影响债权的实现来进行判断。如果债务人的相对人在受让财产时不知道或者不应当知道债务人的行为会影响债权实现的，则其为善意，债权人不能行使撤销权。至于债务人的相对人是否与债务人串通，是否有侵害债权的故意，对债权人撤销权的构成均无意义。对于债务人的相对人的恶意，应由债权人举证证明。

例题 96　乙向甲借款 20 万元，借款到期后，乙的下列哪些行为导致无力偿还甲的借款时，甲可申请人民法院予以撤销？

A. 乙将自己所有的财产用于偿还对他人的未到期债务

B. 乙与其债务人约定放弃对债务人财产的抵押权

C. 乙在离婚协议中放弃对家庭共有财产的分割

D. 乙父去世，乙放弃对父亲遗产的继承权

解析：本题的考点是债权人撤销权的构成，答案为 A、B、C 项。本题中，债务人乙将自己所有的财产用于偿还对他人的未到期债务、与其债务人约定放弃对债务人财产的抵押权、在离婚协议中放弃对共有财产的分割，均符合债权撤销权的构成要件，所以，债权人甲可以行使撤销权。乙放弃对父亲遗产的继承权，属于具有身份性质的行为，债权人不得实施撤销权。

三、债权人撤销权的行使

（一）债权人撤销权的行使主体

债权人撤销权的行使主体为债权人。如果债权人为数人，则数债权人可以共同行使撤销权，也可以由每一个债权人独立行使撤销权。但是，行使撤销权的结果都对全体债权人的利益发生效力。

（二）债权人撤销权的行使范围

依据《民法典》第 540 条的规定，债权人撤销权的行使范围以债权人的债权为限。因此，对债务人的一个或数个行为行使撤销权的结果足以满足债权的，债权人不得再请求撤销债务人的其他行为。

（三）债权人撤销权的行使方法

债权人撤销权的行使对债务人的相对人有重大利害关系，因此，《民法典》第 538 条规定，债权人撤销权须由债权人通过向人民法院请求撤销的诉讼方式行使。在诉讼地位上，债权人提起撤销权诉讼的，应以债务人为被告，以相对人为第三人；如果债权人提起撤销权诉讼，只以债务人为被告，未将受益人或者受让人列为第三人的，人民法院可以追加该受益人或者受让人为第三人。

（四）债权人撤销权的行使期间

债权人撤销权具有形成权的性质，因此，撤销权的行使应有除斥期间的限制。依据《民法典法》第 541 条的规定，撤销权自债权人知道或者应当知道撤销事由之日起 1 年内行使。自债务人的行为发生之日起 5 年内没有行使撤销权的，该撤销权消灭。

（五）债权人撤销权的行使费用

依据《民法典》第540条的规定，债权人行使撤销权的必要费用，由债务人负担。在撤销权诉讼中，债权人行使撤销权所支付的律师代理费、差旅费等必要费用，由债务人负担；第三人有过错的，应当适当分担。

四、债权人撤销权行使的效力

（一）对债务人的效力

依据《民法典》第542条的规定，债务人影响债权人的债权实现的行为被撤销的，自始没有法律约束力。因此，财产的赠与视为未赠与，放弃债权的视为未放弃，债务的免除视为未免除，有偿转让财产的亦为无效。具体而言，没有法律约束力意味着，财产没有交付或者设定负担的，当然恢复原状；财产已经交付或者设定负担的，负有恢复原状的义务。

（二）对受益人的效力

债务人的行为被撤销后，受益人对已经受领的财产，应负返还责任；原物不能返还的，应折价赔偿。受益人支付对价的，对债务人享有不当得利返还请求权。

（三）对债权人的效力

债权人行使撤销权仅具有恢复债务人的责任财产的效果，因此，恢复的财产应作为债务人的责任财产，实行"入库规则"，用以清偿债务人的全部债务，行使撤销权的债权人对债务人恢复的财产不享有优先受偿权。

例题97 甲欠乙30万元到期后，乙多次催要未果。甲与丙结婚数日后即办理离婚手续，在离婚协议书中约定将甲婚前的一处住房赠与知悉甲欠乙债务的丙，并办理了所有权变更登记。乙认为甲侵害了自己的权益，聘请律师向人民法院起诉，请求撤销甲的赠与行为，为此向律师支付代理费2万元。下列哪些选项是正确的？

A. 离婚协议书因恶意串通损害第三人利益而无效

B. 如甲证明自己有稳定工资收入及汽车等财产可供还债，人民法院应驳回乙的诉讼请求

C. 如乙仅以甲为被告，法院应追加丙为被告

D. 如人民法院认定乙的撤销权成立，应一并支持乙提出的由甲承担律师代理费的请求

解析：本题考点是债权人的撤销权，答案为B、D项。离婚协议书不因存在债权人无偿转让财产行为而无效，故A项错误。因债务人放弃其到期债权或者无偿转让财产，对债权人造成损害的，债权人可以请求人民法院撤销债务人的行为。如甲证明自己有其他收入及汽车等财产可供还债，则其赠与行为并未对债权人造成损害，人民法院应驳回乙的诉讼请求，故B项正确。债权人提起撤销权诉讼时只能以债务人为被告，未将受益人或者受让人列为第三人的，人民法院可以追加该受益人或者受让人为第三人，故C项错误。债权人行使撤销权的必要费用，由债务人负担。债权人因行使撤销权所支付的律师代理费、差旅费等属于必要费用，应由债务人负担，故D项正确。

引读案例解答

这一案例涉及债权人代位权和撤销权的成立问题。(1) 甲在无财产清偿债权的情况下，一直没有行使对戊的到期债权，这已影响乙的债权实现，具备了债权人代位权的成立条件，因此，乙有权以自己的名义向人民法院提起代位权诉讼。(2) 甲将面包车赠与丙，导致其无财产清偿乙的债权，已对乙的债权造成了影响，这就具备了债权人撤销权的成立条件，因此，乙有权行使债权人撤销权，请求人民法院撤销甲的赠与行为。虽然甲出卖房屋是以明显不合理的低价进行的，且也导致其无财产清偿乙的债权，但受让人丁并不知道甲的欠债情况，即不知道对乙的债权造成损害，因此，乙对甲的出卖行为不享有债权人撤销权。

课堂讨论案例

1. 甲向乙借款 2 万元，乙于 2 月 28 日将钱交给甲，约定借款期限 6 个月。5 月 10 日，甲向乙提出将 2 万元借款的偿还期限延长至年底，乙不同意，要求甲按时还款。8 月 30 日，甲无钱还款。乙知道甲的可执行财产不多，而丙 2 年前向甲借款 3 万元一直未还，且甲也没有催告丙还款。

问：(1) 乙是否有权行使代位权？(2) 如果乙向人民法院提起代位权诉讼，则甲、乙、丙的诉讼地位如何？(3) 乙行使代位权的数额是多少？

2. 甲欠乙 1 万元到期未还。2013 年 4 月，甲得知乙准备起诉索款，便将自己价值 3 万元的全部财物以 1 万元卖给了知悉其欠乙款未还的丙，约定付款期限为 2014 年年底。乙于 2013 年 5 月得知这一情况，于 2014 年 7 月决定向人民法院提起诉讼。

问：(1) 乙能否取得债权人撤销权？(2) 乙能否行使债权人撤销权？

3. 甲欠乙 20 万元，一直未还。甲做生意失败，经济状况极差，无力还钱。不过，甲拥有两套古书，市场价格分别为 10 万元、15 万元。此外，甲对丙还享有 10 万元的到期债权尚未行使。后来甲为了清偿对乙的债务，先以 5 000 元的价格将第一套古书卖给了知情的丁，随后又以 1 万元的价格将第二套古书卖给了戊。戊目不识丁，丝毫不懂古书，买回来以后便以 1.5 万元的价格卖给了己，己对此事是知情的，知道甲的目的。请回答以下问题：

(1) 乙欲提起代位权诉讼，对于乙可以选择的被告，下列说法中何者是正确的？

A. 乙可以丙为被告　　B. 乙可以甲为被告

C. 乙可以丁为被告　　D. 乙可以戊为被告

(2) 如果甲还欠老张 10 万元，也已到期，乙对丙提起了代位权诉讼，老张只想搭便车，未起诉丙。人民法院支持了乙的诉讼请求，对于丙支付的 10 万元，下列说法中何者是正确的？

A. 由乙受领　　B. 由老张受领

C. 由乙与老张平均分配　　D. 由乙与老张按照 2∶1 的比例分配

(3) 乙在知道甲的行为之后，欲对甲提起诉讼，撤销甲、丁间的买卖合同，下列说法中何者是正确的？

A. 乙可以行使撤销权　　B. 乙不能行使撤销权

C. 乙应以甲为被告，丁为第三人　　D. 乙应以丁为被告，甲为第三人

(4) 乙在知道甲的行为之后，选择撤销甲、戊间的买卖合同，下列说法中何者是正确的？

A. 乙能够撤销甲、戊间的买卖合同，因为甲有恶意

B. 乙不能撤销甲、戊间的买卖合同，因为戊没有恶意

C. 乙能够撤销甲、戊间的买卖合同，因为已有恶意

D. 乙能够撤销甲、戊间的买卖合同，因为甲以明显不合理的低价转让财产

(5) 乙先是对丙提起了代位权诉讼，从丙处受领了10万元，又对甲提起诉讼，撤销了甲、丁间的买卖合同。如果戊、丁一样知情，那么乙随后又提起诉讼，要求撤销甲、戊间的买卖合同，能否得到法院支持？

A. 能够得到支持，因为甲、戊间的行为使甲的责任财产减少

B. 能够得到支持，因为甲、戊均具有损害债权的恶意

C. 不能得到支持，因为甲的责任财产已经足以清偿乙的债权

D. 不能得到支持，因为甲、戊间的行为并未损害乙的债权

重点思考习题

1. 试分析债的保全与债的相对性之间的关系。
2. 如何理解债权人代位权与撤销权的成立要件？
3. 债权人代位权与撤销权在行使上有哪些要求？
4. 试分析债权人代位权与撤销权的效力。
5. 债权人撤销权中的撤销权与可撤销合同中的撤销权有何区别？

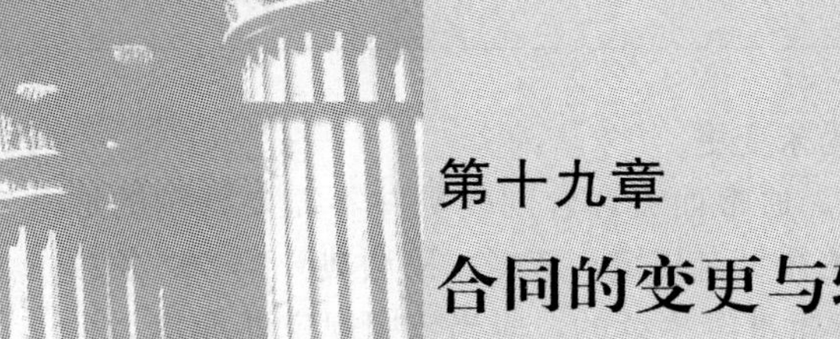

第十九章 合同的变更与转让

引读案例

1. 甲为买房向乙借款 30 万元，借期 2 年。双方同时约定：乙不得将债权转让给他人。借款合同签订后不久，乙因欠款而将债权转让给不知情的丙，双方签订了债权让与合同。甲的借款到期后，丙持债权让与合同向甲请求清偿债务，甲以该债权不得转让为由予以拒绝。请分析以下问题：(1) 乙能否将债权转让给丙？(2) 丙是否有权要求甲清偿债务？

2. 甲向乙借款 10 万元，到期后未履行偿还义务。乙因购买甲的车辆欠甲车款 12 万元，亦未按期支付。后甲与丙签订债务承担合同，由丙承担甲对乙的全部债务，乙表示同意。因丙承担甲的债务后未向乙履行还款义务，乙请求丙偿还甲所欠的 10 万元借款，丙则以乙对甲负有债务为由请求抵销。请分析以下问题：(1) 甲能否将债务转移于丙？(2) 丙能否行使抵销权？

法律职业资格考试要点

债权转让的条件和效力；债务承担的种类、条件和效力；债的概括承受的种类和效力

第一节 合同的变更

一、合同变更的含义和条件

合同变更有广义和狭义之分。广义的合同变更包括合同主体和内容的变更，狭义的合同变更仅指合同内容的变更。在合同法上，合同变更一般是指合同内容的变更，合同主体的变更称为合同的转让。

合同变更须具备以下条件。

第一，原已存在有效的合同关系。合同的变更是改变原合同关系，因此，无合同关系存在，自然不存在合同的变更。同时，合同须为有效，才能存在变更的问题。

第二，合同内容已发生变更。合同变更是在保持合同同一性的前提下，对合同内容的部分改变，如标的物、价款、履行方式、违约责任等的改变。但变更后与变更前的合同应属于同一合同，不得改变合同的性质。

第三，合同变更须明确。由于合同变更直接对双方当事人的利益关系产生影响，因而，为避免当事人的投机和纠纷，法律对是否发生合同变更比较慎重。依据《民法典》第 544 条的规

定，当事人对合同变更的内容约定不明确的，推定为未变更。

第四，合同变更须遵守约定的或者法律的方式。通常而言，合同变更并不需要特定的形式，除非当事人之间对合同变更形式另有约定或者法律另有规定。依据《民法典》第502条第3款的规定，法律、行政法规规定变更合同应当办理批准等手续的，应当依照规定办理相关手续，否则，合同不发生变更的后果。

二、合同变更的程序

合同变更的程序因合同变更的原因不同而有所不同，具体分为协议变更程序和裁决变更程序。

协议变更是指当事人经协商一致变更合同（《民法典》第543条）。因此，协议变更程序实质上是合同订立的过程，即一方当事人提出变更合同的要约，另一方当事人作出承诺，双方达成一致意见后，才发生合同的变更。

裁决变更是指通过人民法院或仲裁机构变更合同。在裁决变更程序中，只有存在裁判变更合同的法定理由时，一方当事人才可以向人民法院或仲裁机构申请裁决变更合同。裁决机关作出变更合同的裁决生效的，即发生变更合同的效力。例如，在情势变更的情况下，人民法院或者仲裁机构可以根据当事人的请求变更合同（《民法典》第533条）。

三、合同变更的效力

合同变更后，发生以下主要效力。

第一，合同变更的核心在于使变更后的合同代替原合同。所以，合同变更后，当事人应当按变更后的合同内容履行。

第二，合同的变更只对将来发生效力，未变更的权利、义务继续有效，已经履行的债务不因合同的变更而发生影响。

第三，合同的变更不影响当事人要求赔偿损失的权利。只要合同变更协议或者法律规定没有明确免除之前因违约而产生的违约责任，当事人要求承担损害赔偿的权利就不受影响，不能因为合同变更协议没有提及损害赔偿而推定默示地免除损害赔偿责任。例如，因合同变更造成一方损失的，违约方应当承担损害赔偿的责任。

第二节　债权让与

一、债权让与的含义

债权让与是合同转让的一种形态，与债务转移相对应。所谓合同转让，是指在合同的内容和标的保持不变的情况下，合同的主体发生变更。合同的转让可以基于民事法律行为（包括双方行为与单方行为）而发生，也可以基于法律规定而发生，还可以基于裁判行为而发生。

债权让与又称债权转让，是债权主体的变更，即债权人将债权转移于第三人承受。其中，债权人为让与人，第三人为受让人。

依据《民法典》第545条的规定，债权人可以将债权的全部或者部分转让第三人。据此，债权让与分为债权的全部让与和部分让与。若是债权的全部让与，则受让人取代原债权人的地位，成为新债权人，原债权人脱离债之关系；若是债权的部分让与，则受让人与原债权人共同享有债权。

债权让与具有非常丰富的功能，如作为融资的手段、催收的变通方式、债权的担保等，实践中常常被灵活运用。

二、债权让与的条件

债权让与通常是基于当事人之间的转让合同而进行的，即由债权人与第三人直接订立债权转让合同。当然，债权让与也可以是债权人、债务人和第三人订立债权转让合同。按照债权转让合同转移债权，应当具备以下条件。

（1）债权须有效存在。债权让与的标的是债权，因此，只有债权有效存在，才能发生债权的转让问题。以不存在或无效的债权或者已经消灭的债权作为标的让与他人的，为标的不能，债权转让合同自始无效。可撤销的债权、诉讼时效已完成的债权以及将来发生的债权，则可以作为债权让与的标的。

（2）债权须有可让与性。在通常情况下，债权均具有可让与性。但在特殊情况下，债权不具有可让与性，此时，债权不得作为债权让与的标的。依据《民法典》第545条第1款的规定，下列三类债权不得转让：1）依据债权性质不得转让。例如，以特定身份为基础的债权（如亲属间的扶养请求权、抚恤金请求权、养老金请求权等）、以特定债权人为基础的债权（如为特定人教授外语的债权、为特定人制作肖像的债权等）、以特殊信赖关系为基础的债权（如雇佣、委托中的债权）、不作为债权、属于从权利的债权等。2）依据当事人约定不得转让。当事人基于意思自治可以约定禁止向任何人转让债权，也可以约定禁止向特定人或特定范围的人转让债权，还可以约定在一定期间内不得转让债权。基于债权通常没有公示性以及为保护交易安全，当事人关于不得转让债权的约定，一般仅在当事人之间发生效力。对此，《民法典》第545条第2款区分了两种情况：一是当事人约定非金钱债权不得转让的，不得对抗善意第三人；二是当事人约定金钱债权不得转让的，不得对抗第三人。这种情况之所以不考虑第三人的善意与否，主要是基于金钱"占有即所有"的性质以及金钱债权的流动性特征。3）依据法律规定不得转让。依据法律规定禁止转让的债权，不具有可让与性。

（3）债权人须有处分权。债权必须属于让与人，非债权之权利人不得转让他人债权。以自己所不享有的债权为转让标的的，为无权处分。若让与人无法使受让人取得债权的，应当承担违约责任。

三、债权让与的效力

（一）债权让与的内部效力

债权让与的内部效力是债权让与在让与人和受让人之间发生的效力，主要包括以下几个方面。

第一，债权转让于受让人。债权全部让与的，受让人成为新的债权人，让与人完全退出原债权关系；债权部分让与的，则受让人和让与人成为共同债权人。在债权部分让与中，如果转让合同中约定了转让的债权份额，则原债权人与受让人按照份额享有按份债权；若转让合同中没有约定转让的债权份额，则原债权人与受让人享有连带债权。除法律另有规定或者当事人另有约定外，债权自转让合同成立之时起发生转移。

第二，债权的从权利转移于受让人。基于"从随主"的权利规则，依据《民法典》第547条第1款的规定，债权人转让债权的，受让人取得与债权有关的从权利，但是该从权利专属于债权人自身的除外。应当指出，受让人取得从权利不因该从权利未办理转移登记手续或者未转移占有而受到影响（《民法典》第 547 条第 2 款）。例如，在不动产抵押权随债权一同转让时，抵押权即使没有办理转移登记，亦发生转让的后果，这构成了物权变动一般规则的例外。这里的从权利主要包括担保权以及其他从权利（利息债权和损害赔偿请求权等），专属于债权人自身的从权利主要包括解除权、撤销权等形成权。

第三，让与人对转让的债权承担瑕疵担保责任。为保障债权转让的实现，让与人对其所转让的债权应负瑕疵担保责任，不因债务人主张得对抗让与人的事由而使受让人的利益受损害。但是，除转让合同另有约定外，让与人不对债务人的履行能力负担保责任，因为这已经超过了让与人可控制的范围。如果受让人于转让合同成立时知道债权有瑕疵而仍受让的，让与人也不负瑕疵担保责任，因为此种情况下，其缔结债权让与合同相当于承受了相应的风险。

第四，债权证明文件的交付及告知。让与人应当将债权证明文件全部交付给受让人，并告知受让人行使债权所必要的一切情况。

（二）债权让与的外部效力

债权让与的外部效力是债权让与对债务人与受让人之间的效力，主要包括以下几个方面。

第一，债务人应向受让人履行债务。在债权转让后，债务人应当向受让人履行债务，而不得再向债权人履行债务。但基于债权转让合同无公示方式且为维护债务人的利益，债务人向受让人履行债务，以债权人向债务人为债权转让的通知为必要。依据《民法典》第 546 条的规定，债权人转让债权的，未通知债务人的，该转让对债务人不生效力。债权人转让债权的通知不得撤销，但经受让人同意的除外。在债权让与中，有权作出通知的人包括让与人和受让人，相对人为债务人或其代理人。在实践中，基于债权人为让与人的事实，让与人与受让人的通知效果应当有差别。受让人为债权让与通知的，债务人可以请求受让人在合理时间内提供债权让与已经发生的证据。至于债权让与的通知方式，可以是书面形式，也可以是口头形式，但通知所使用的语言必须是债务人能够理解的，通知的内容至少能够明确被转让的债权。债务人接到债权让与的通知后，若有异议，得向对方提出，并得向让与人清偿债务；债务人未提出异议的，债权让与即对其发生效力。

第二，债务人对让与人的抗辩权得向受让人主张。依据《民法典》第 548 条的规定，债务人接到债权转让通知后，债务人对让与人的抗辩权，可以向受让人主张。例如，债权未发生的抗辩权、债权无效的抗辩权、债权履行期未届至的抗辩权、债权已消灭的抗辩权、债权已过诉讼时效的抗辩权等，债务人均得向受让人主张。

第三，债务人得主张以其债权和转让的债权相抵销。依据《民法典》第 549 条的规定，有下列情形之一的，债务人可以向受让人主张抵销：（1）债务人接到债权转让通知时，债务人对让与人享有债权，且债务人的债权先于转让的债权到期或者同时到期；（2）债务人的债权与转让的债权是基于同一合同产生。在债权转让的情况下，债务人与债权人订立的条件和预期可能会发生变化，因此，赋予债务人特定情形下的抵销权，有利于维护债务人的预期利益。

第四，让与人负担因债权转让增加的履行费用。在债权转让中，履行地点等可能会发生变化，从而导致债务人的履行费用有可能增加，此种情况超出了债务人与债权人订立合同的预期与内容，且并非债务人原因所导致的，因此，《民法典》第 550 条规定，因债权转让增加的履行费用，由让与人负担。

例题 98　乙公司欠甲公司 30 万元，同时甲公司须在 2020 年 6 月 20 日清偿对乙公司的 20 万元货款。甲公司在同年 6 月 18 日与丙公司签订书面协议，转让其对乙公司的 30 万元债权。同年 6 月 24 日，乙公司接到甲公司关于转让债权的通知后，便主张 20 万元的抵销权。下列说法哪些是正确的？

A. 甲公司与丙公司之间的债权转让合同于 6 月 24 日生效

B. 乙公司接到债权转让通知后，即负有向丙公司清偿 30 万元的义务

C. 乙公司于 6 月 24 日取得 20 万元的抵销权

D. 丙公司可以就 30 万元债务的清偿，要求甲公司和乙公司承担连带责任

解析：本题的考点是债权让与的效力，答案为 B、C 项。2020 年 6 月 18 日，甲公司与丙公司签订债权让与合同，将其对乙公司的 30 万元债权转让给丙公司，该合同不以通知乙公司为生效条件，甲公司与丙公司之间的合同于 6 月 18 日成立时生效。6 月 24 日，乙公司接到债权转让通知后，乙公司应向丙公司偿还 30 万元。乙公司对甲公司享有 20 万元的债权，履行期为 6 月 20 日。6 月 24 日乙公司接到债权转让的通知后，可以向丙公司主张抵销权，抵销 20 万元。抵销之后，乙公司只需向丙公司支付 10 万元。对于不足的 20 万元，丙公司只能要求甲公司予以支付，不能要求甲公司与乙公司承担连带责任。

第三节　债务承担

一、债务承担的含义

债务承担是债务主体的变更，是债务人将债务转移于第三人承受。债务承担使第三人成为新的债务人，取得原债务人的地位，负担履行债务的义务。

依据《民法典》第 551 条的规定，债务人可以将债务的全部转移给第三人，也可以将部分债务转移给第三人。无论何种形式的债务承担，法律、行政法规规定应当办理批准等手续的，应当依照规定办理相关手续（《民法典》第 502 条第 2 款）。

二、债务承担的条件

债务承担通常是通过合同进行的，主要表现形式是债务人与第三人订立债务承担合同。当然，实践中也存在由债权人和第三人订立债务承担合同以及由债权人、债务人与第三人共同订立债务承担合同的情况。一般地说，按照合同转移债务须具备如下两个条件：其一，债务须有效存在。如果不存在有效债务，则无债务转移可言。其二，债务须具有可转移性。一般来说，下列债务不具有可转移性：性质上不能转移的债务、法律规定不得转移的债务、当事人约定不得转移的债务等。

在债务承担中，第三人与债务人因清偿能力存在差别进而可能损害债权人的利益，或者即使不损害债权人利益也有可能违反债权人的意愿，因此，《民法典》第 551 条第 1 款规定，债

务人将债务的全部或者部分转移给第三人的，应当经债权人同意。为了促进债务承担合同对债权人产生效力，债务人或者第三人可以催告债权人在合理期限内予以同意。债权人未作表示的，视为不同意（《民法典》第551条第2款）。可见，无论是债务的全部转移还是部分转移，只有经债权人同意，债务承担合同才能对债权人发生效力。当然，如果债务承担合同是债权人、债务人和第三人共同订立的，或者是债权人与第三人订立的，因债权人参与订立合同就表明其已经表示同意债务转移，所以无须再通知。同时，债权人与第三人订立债务承担合同的，第三人不能违反债务人的意思。

三、债务承担的效力

在债务承担中，免责的债务承担与并存的债务承担的效力存在一定的差别。

（一）免责的债务承担的效力

免责的债务承担成立后，发生以下三个方面的法律效力。

第一，债务承担人成为新的债务人。新债务人的法律地位因债务是否全部转移而有所不同。债务全部转移的，新债务人取代原债务人，原债务人退出债的关系，债权人只能向新债务人请求履行或要求其承担债务不履行的责任。债务部分转移的，新债务人与原债务人成为共同债务人，原债务人与新债务人之间成立按份之债的关系。

第二，债务承担人取得原债务人的抗辩权。基于债务承担通常不能使新债务人处于比原债务人不利的立场，因此，依据《民法典》第553条的规定，债务人转移债务的，新债务人可以主张原债务人对债权人的抗辩。例如，新债务人可以主张诸如产生债务的合同无效、可撤销，或债务履行期未届至等抗辩权。但是，基于债务内容的非同一性，原债务人对债权人享有债权的，新债务人不得向债权人主张抵销（《民法典》第553条）。

第三，从属于主债务的从债务一并转移于债务承担人。依据《民法典》第554条的规定，债务人转移债务的，新债务人应当承担与主债务有关的从债务。例如，附随于主债务的利息债务、违约金债务、损害赔偿债务等，应当随主债务一并转移于债务承担人。当然，专属于原债务人自身的从债务，不能随主债务一并转移。

（二）并存的债务承担的效力

并存的债务承担也就是第三人的加入，即第三人与债务人约定，由第三人加入债务关系，与债务人成为共同债务人。依据《民法典》第552条的规定，第三人与债务人约定加入债务并通知债权人，或者第三人向债权人表示愿意加入债务，债权人未在合理期限内明确拒绝的，债权人可以请求第三人在其愿意承担的债务范围内和债务人承担连带债务。可见，在债务加入的情况下，加入人与债务人应当对原债务承担连带责任。

例题99　甲将其对乙享有的10万元货款债权转让给丙，丙再转让给丁，乙均不知情。乙将债务转让给戊，得到了甲的同意。丁要求乙履行债务，乙以其不知情为由抗辩。下列哪一表述是正确的？

A. 甲将债权转让给丙的行为无效

B. 丙将债权转让给丁的行为无效

C. 乙将债务转让给戊的行为无效

D. 如乙清偿10万元债务，则享有对戊的求偿权解析：本题的考点是债权转让、债务承担的效力，答案为D项。在债权转让中，通知债务人只是对债务人发生效力的条件，而不是债权转让的有效条件，因此，甲转让债权给丙、丙转让债权给丁不因乙不知情而无效。在债务承担中，债务转让须征得债权人的同意。乙将债务转让给戊已得到了债权人甲的同意，故该转让行为有效。乙将债务转让给戊后，乙的债务消灭，因此，如乙清偿了10万元债务，则可以依不当得利或无因管理的规定要求戊偿还。

第四节　债的概括承受

一、债的概括承受的含义与类型

债的概括承受是指债的一方当事人将其债权、债务一并转移于第三人承受。对此，《民法典》第555条规定，当事人一方经对方同意，可以将自己在合同中的权利和义务一并转让给第三人。

债的概括承受可以是债权、债务的全部均转移于受让人，也可以是债权、债务的部分转移于受让人。债权、债务的全部转移的，受让人取代让与人的法律地位，成为债的关系的当事人；债权、债务部分转移的，让与人和受让人成为共同当事人。同时，债的概括承受可以基于当事人之间的合同而发生，也可以基于法律的规定而发生。前者称为债的意定概括承受，后者称为债的法定概括承受。

二、债的意定概括承受

债的意定概括承受是基于当事人之间的民事法律行为而产生的，主要是合同法上的债的概括承受。合同法上的概括承受又称合同承受，是指合同关系一方当事人将合同上的权利、义务全部转移于第三人。由于合同承受既转让合同权利，又转让合同义务，因而被移转的合同只能是双务合同。

依据《民法典》第556条的规定，合同的权利义务一并转让的，适用债权转让、债务转移的有关规定。合同承受因涉及债务的转移，所以也须经对方当事人的同意才能生效。合同承受生效后，承受人取代原债之关系的当事人，成为新的合同当事人，取得原合同当事人的所有权利和义务，原合同方当事人则脱离债之关系。原合同方当事人只能向新的合同当事人主张合同权利，要求新的合同当事人履行义务以及承担相应责任。

三、债的法定概括承受

债的法定概括承受是基于法律的直接规定而产生的债的概括承受。法定概括承受主要包括以下两种情形。

一是法人的合并与分立。依据《民法典》第67条的规定，法人合并的，其权利和义务由合并后的法人享有和承担；法人分立的，其权利和义务由分立后的法人享有连带债权、承担连带债务，但债权人和债务人另有约定的除外。可见，法人合并、分立将导致债权、债务的概括承受。

二是不动产租赁中的债权、债务的法定概括承受。依据《民法典》第725条的规定，租赁物在承租人按照租赁合同占有期限内发生所有权变动的，不影响租赁合同的效力。即当买卖租赁物时，基于“买卖不破租赁”的原则，买受人除取得物的所有权外，还承受该租赁物上原已存在的租赁合同中出租人的权利和义务。此种合同权利义务的概括转让并非基于当事人的意志，而是基于法律的直接规定，属于法定转移。

引读案例解答

1.（1）乙对甲所享有的债权属于合法有效的债权，在性质上具有可让与性。但甲、乙约定该债权不得转让给他人，从而使该债权成为不可让与的债权。但这种债权转让的限制，不能对抗第三人。（2）丙因不知道甲、乙之间关于债权不得转让的约定，所以，该债权转让合同有效，丙有权取得转让的债权，有权要求甲清偿债务。

2.（1）甲对乙所负的债务合法有效，且不具有专属性，因此，甲有权将该债务转让给丙。（2）丙承担了甲对乙的全部债务后即取代了甲的债务人地位，享有基于债权债务关系所产生的对乙的抗辩权。但因甲只向丙转让了对乙的债务，而未向丙转让对乙的债权，所以，丙不得行使抵销权。

课堂讨论案例

1. 甲、乙间因债务纠纷发生诉讼，A人民法院判令债务人甲向乙偿还欠款本息100万元。在该判决生效后的执行过程中，丙在B人民法院起诉，要求乙偿还欠款本息170万元，并请求人民法院对乙的上述100万元债权采取保全措施。诉讼中双方达成调解协议，由乙向丙支付欠款本息140万元，于调解书生效后立即偿还。B人民法院根据丙的申请，依法冻结了经A人民法院判决所确认的乙的到期债权100万元。在乙、丙债务纠纷案的执行过程中，丁向B人民法院提出执行异议，称对乙享有140万元到期债权，并于乙、丙达成调解协议前，已经与乙达成债权转让协议，接受A人民法院判决确认的、乙对甲享有的100万元到期债权。丁以自己是上述判决确认的债权权利人为由，请求B人民法院撤销对该债权的强制措施，并在乙、丙债务纠纷案中停止对该债权的执行。

问：（1）乙是否有权向丁转让判决确认的债权？（2）若乙转让债权的行为有效，则该转让行为能否对抗法院的强制措施？

2. 2013年6月2日，甲公司与乙公司订立合同约定，甲公司向乙公司交付20台电视机，乙公司向甲公司支付10万元。7月2日，甲公司便要求乙公司支付10万元，但乙公司以合同未约定履行顺序为由，拒绝支付10万元，除非甲公司交付20台电视机。甲公司急于周转资金，便于7月6日与丙公司订立合同，将其对乙公司的债权转让给丙公司。7月7日，甲公司告知乙公司债权转让的情形，乙公司通知甲公司其不接受甲公司与丙公司间的债权转让，因此不会向丙公司履行债务。丙公司在知道乙公司的态度后，感觉合同的履行势必障碍重重，便放下此事，直到2016年6月2日，丙公司才想起此事。经过询问，丙公司得知甲公司已经对乙公司履行了债务，交付了20台电视机。但丙公司认为乙公司很可能仍不会向自己支付10万元，于是丙公司便于2016年7月2日与丁公司签订了合同，将债权转让给了丁公司，并于当日将此情形通知乙公司。请回答以下问题：

（1）乙公司表示不接受甲公司与丙公司间的债权转让，甲公司与丙公司所签订的债权转让合同是否有效?

A. 合同无效　　B. 合同有效

C. 合同效力待定　　D. 合同效力无法确定

(2) 下列选项中，关于丙公司与丁公司间的债权转让合同的说法，何者是正确的?

A. 合同有效　　B. 合同无效

C. 合同效力待定　　D. 合同效力无法确定

(3) 2016 年 7 月 3 日，如果丁公司向乙公司提出了履行请求，那么以下说法中何者是正确的?

A. 乙公司必须向丁公司作出履行，因为其为债务人

B. 乙公司可以拒绝履行，因为债权的诉讼时效已经届满

C. 乙公司可以向丁公司履行债务

D. 乙公司可以拒绝履行，因为其先前便不同意甲公司向丙公司转让债权

(4) 乙公司拒绝向丁公司履行合同，那么以下说法中何者是正确的?

A. 丁公司只能自认倒霉，因为其受让的是自然债权

B. 丁公司可以要求丙公司承担责任

C. 丙公司承担了责任之后，可以要求甲公司承担责任

D. 丁公司可以要求甲公司与丙公司承担连带责任

重点思考习题

1. 债权转让的成立要件和效力有哪些?
2. 债务承担的成立要件和效力有哪些?

第二十章 合同的权利义务终止

引读案例

1. 甲于10月4日向乙购买一批原料，当场提货并付款2.5万元。次日，甲因货物质量不合格，将这批原料退回乙，乙签收，但未退款。10月7日，甲向乙购买电器一批，价款2.8万元，提货时与乙约定2日内付款。2日期满，甲未付款，乙上门催收。甲认为前后债务相抵，只需支付3 000元，双方发生争议。请分析以下问题：(1) 甲、乙的债务能否相抵？(2) 甲、乙的债务应当如何处理？

2. 甲、乙签订销售50台笔记本电脑的合同，乙已经支付预付款。但当甲按约定向乙交付电脑时，乙以目前市场价格太低无从获利为由，拒绝受领，并要求甲返还预付款。请分析以下问题：(1) 甲能否将电脑提存？(2) 若甲将电脑提存，支出的费用应由谁承担？(3) 在提存期间，电脑意外灭失的损失应由谁承担？

法律职业资格考试要点

清偿的基本规则；合同解除的条件、程序与效力；法定抵销的条件、方法和效力；提存的条件和效力；免除的条件和效力；混同的原因和效力

第一节 债的终止概述

一、债的终止的含义和原因

债的终止又称债的消灭，是指债权、债务于客观上不复存在。在民法上，债的终止既包括合同之债的债权债务终止，也包括其他债的债权债务终止。《民法典》仅规定了合同的权利义务终止，其他债的终止可以参照适用之。

债的终止的原因是指引起债权、债务不复存在的法律事实。总体而言，债的终止的原因可以分为以下几种。

第一，因债的目的的实现而终止。债的目的实现后，债权人的利益就得到了满足，债即归于终止。例如，清偿、抵销、提存等就是因债的目的实现而终止债的原因。

第二，因债的目的不能实现而终止。债的目的不能实现，就是债权人的利益在客观上不能得到满足，例如，因不可归责于债务人的事由（如不可抗力）造成债的履行不能，债归于终止。

第三，因当事人的意思而终止。当事人可以基于自己的意思设定债，也可以基于自己的意思使债归于终止。债可以基于当事人一方的意思表示而终止，如债务的免除；也可以基于双方当事人的意思表示而消灭，如双方协商合同解除。

第四，因事实行为或法律规定而终止。债既可因民事法律行为而终止，也可因事实行为而终止。此外，债也可以基于法律的规定而终止。

二、债的终止的一般效力

债的终止后，会产生相应的法律效力，主要表现在以下几个方面。

第一，债的当事人之间的权利义务关系归于消灭，债权人不再享有债权，债务人也不再负担债务。

第二，从权利消灭。依据《民法典》第559条的规定，债权债务终止时，债权的从权利同时消灭，但是法律另有规定或者当事人另有约定的除外。例如，担保物权、保证债权、违约金债权、利息债权等，在主债权消灭时，亦归于消灭。

第三，附属文件的返还。债的产生需要很多相关文件，因此，债的终止也意味着作为证据的这些附属文件也应当一并返还，以有效进行文件管理和避免再生纠纷。在实践中，附属文件最重要的是负债字据。负债字据是证明债权存在的证据。若债权人需要保存该字据，则债务人可以请求将消灭事由记入该字据。若该负债字据灭失或者有其他理由而不能返还，则债务人可以请求债权人出具债务消灭的书面文件。

第四，债的关系消灭后，当事人之间也并非没有任何关系。基于诚实信用原则以及对当事人利益的必要性，当事人应当根据交易习惯履行通知、协助、保密、旧物回收等义务（《民法典》第558条）。

第五，合同的权利义务关系终止，不影响合同中结算和清理条款的效力（《民法典》第567条）。结算和清理条款之所以效力独立，是因为该条款的意思具有独立性，不从属于非结算和清理条款的效力，而且该条款独立具有避免双方当事人后续争议并最终解决纠纷的作用。这类条款的表现形式多样，如工程结算、工程交接条款，费用计算条款，违约金条款，退还物品条款，剩余财产分配条款，纠纷解决条款等。

第二节　清　偿

一、清偿的含义

清偿是指依债务之本旨，为实现债权、终止债之关系而为的给付。

依据《民法典》第557条的规定，债务已经履行的，债权债务终止。这里的“债务已经履行”指的就是清偿。但应当指出，清偿和履行是两个不同的概念：履行不一定产生清偿的效果，如瑕疵履行就不会产生债的终止效果；相反，完全履行是能够产生债的终止效果的履行，因而属于清偿。

二、清偿的基本规则

（一）清偿人

清偿人是依债务的内容向清偿受领人进行清偿的人，包括债务人、债务人的代理人及清偿第三人。

债具有相对性，除非法律另有规定或者当事人有特别约定，债务由债务人清偿。债务人包括债务人本人、连带债务人、保证债务人等。在法律有特殊规定的情况下，债务人的清偿会受到限制，如债务人在人民法院受理破产案件后，对破产财产丧失处分权，因而不得为有效的清偿。再如，在因清偿所为之给付行为属于民事法律行为时，该债务人还需具备民事行为能力，否则，需要征得法定代理人的同意。

债务人的代理人在代理的权限范围内可以为给付行为，其效果归于债务人，但法律规定或当事人约定由债务人本人清偿的除外。

债务以由债务人清偿为原则，也可以由第三人代为清偿。依据《民法典》第524条的规定，代为清偿要受到如下三个方面的限制：一是法律规定不得代为清偿的，第三人不得代为清偿；二是当事人约定不得代为清偿，第三人不得代为清偿；三是根据债的性质不得由第三人清偿的，不得代为清偿，如不作为债务、以债务人自身的特别技能或技术为内容的债务、因债权人与债务人之间的特别信任关系所生的债务等。对于第三人的清偿，债务人可以提出异议，此时，债权人有权拒绝受领第三人的清偿。但是，对债的清偿有利害关系的第三人，如以自己的财产提供担保的人清偿债务、抵押权顺位在后的人向顺位在前的抵押权人清偿债务、合伙人清偿合伙的债务等，其所为的清偿，即使债务人有异议，债权人也不得拒绝接受，否则，应负受领迟延责任。

（二）清偿受领人

清偿受领人是受领清偿给付的人，即受领清偿利益的人。债务的清偿只能向有权受领清偿的人为之，并经受领后，才能发生清偿的效力。

债权人是当然的清偿受领人，但在下列情形下，债权人不得受领：（1）人民法院对债权人的债权采取强制执行措施；（2）债权人是受破产宣告的企业；（3）债权已出质；（4）因清偿所为的给付行为为民事法律行为，而债权人为无民事行为能力人或限制民事行为能力人。

除债权人外，债权人的代理人、债权人的破产管理人、债权质权的质权人、表见受领人（持有真正合法收据的人）、代位权人、债权人与债务人约定受领清偿的第三人等，都可以成为有权受领清偿的人。

（三）清偿标的

清偿标的，即给付的内容，可以是物、金钱、劳务、技术、权利、不作为等以及上述内容的结合。债的清偿以全部清偿为原则，因此，只有依债务的内容为全部清偿，才能发生消灭债的效力。但在特殊情况下，债务人也可以为部分清偿和代物清偿。

部分清偿是指债务清偿人只清偿部分债务。依据《民法典》第531条第1款的规定，债权人可以拒绝债务人部分履行债务，但部分履行不损害债权人利益的除外。之所以如此规定，主要是因为部分履行可能会损害债权人利益。因此，如果部分履行不损害债权人利益的，债权人的拒绝理由就不存在了。当然，债务人部分清偿给债权人增加的费用，由债务人负担（《民法典》第531条第2款）。

代物清偿是指债务人以他种给付替代原定给付作为清偿。债权人受领代物清偿后，债的关系终止。代物清偿为合同之一种，是一种诺成合同，不以现实交付他种给付为成立条件。但代物清偿的效力有一定特殊性，即在代物清偿协议签订后至债务清偿前，债务人未按照协议履行的，债权人应当有选择权，其可以要求债务人履行原合同，也可以要求债务人履行代物清偿协议。这样才能保障债权人的合法权益，同时避免债务人的投机行为。

例题 100　王某向丁某借款 100 万元，后无力清偿，遂提出以自己所有的一幅古画抵债，双方约定第二天交付。对此，下列哪些说法是正确的？

A. 双方约定以古画抵债，等同于签订了另一份买卖合同，原借款合同失效，王某只能以交付古画履行债务

B. 双方交付古画的行为属于履行借款合同义务

C. 王某有权在交付古画前反悔，提出继续以现金偿付借款本息方式履行债务

D. 古画交付后，如果被鉴定为赝品，则王某应承担瑕疵担保责任

解析：本题的考点是代物清偿，答案为 B、C、D 项。在债的清偿中，当事人可以约定代物清偿，但原债的关系并不消灭。代物清偿作为债的一种清偿方式，在性质上为实践合同，以物的交付为生效条件。因此，王某在古画交付前，有权反悔而继续以现金清偿债务。依照代物清偿协议，王某负有交付真实古画的义务，如果古画被鉴定为赝品，则王某应承担瑕疵担保责任。

（四）清偿地、清偿期、清偿费用

清偿地又称给付地、履行地，是债务人为给付行为的场所；清偿期又称给付期、履行期，是债务人应当清偿而债权人应当受领的期间；清偿费用是指清偿债务所必要的费用，如物品交付的费用、邮汇费、包装费、运费等。关于清场地、清偿期、清偿费用的确定，当事人有约定的，按照约定；没有约定或约定不明确的，当事人可以通过补充协议确定；达不成补充协议的，按照合同有关条款或交易习惯来确定；仍不能确定的，按照法律规定的补偿性规范处理。

三、清偿抵充

（一）清偿抵充的含义和条件

清偿抵充是指债务人对同一债权人负担数宗种类相同的债务，而清偿人所提出的给付又不足以清偿全部债务时，决定其清偿抵充何宗债务的行为。

清偿抵充的成立须具备以下三个要件：（1）债务人须对同一债权人负担数宗债务。至于债务人对同一债权人负担的数宗债务，是自始发生在债务人与债权人之间，还是嗣后由他人承担而来的，基于债权平等性原则，它们都包括在内且不做区分。（2）债务人负担的数宗债务的种类相同。如果债务人负担的数宗债务给付的种类不同，债务人自应以给付的种类来确定清偿的为何宗债务，不会发生清偿抵充问题。（3）清偿人所提出的给付不足以清偿全部债权。虽然债务人负有数宗同种类给付的债务，但如清偿人提出的给付足以清偿全部债权，则每个债权人的债权都能够得到满足，抵充的顺序就没有现实意义。只有在清偿人所提出的给付不足以清偿全部债务时，清偿的顺序对债权人的利益实现极为重要，此时才能产生清偿抵充的问题。

（二）清偿抵充的方法

一般来说，清偿抵充的方法应区分原本债务与利息及费用之债而分别确定。对于原本债务的清偿抵充方法，首先应由当事人自行约定。若当事人没有约定或约定不明确的，一般依以下两种方式确定：一是指定抵充，即由当事人一方以其意思指定清偿人的清偿应抵充的债务。在指定抵充中，指定人通常为债务人。对此，《民法典》第 560 条第 1 款的规定，债务人对同一债权人负担的数项债务种类相同，债务人的给付不足以清偿全部债务的，除当事人另有约定

外，由债务人在清偿时指定其履行的债务。二是法定抵充，即在当事人未指定时，依法律规定决定清偿人的清偿应抵充的债务。依据《民法典》第560条第2款的规定，债务人在清偿时未指定其履行的债务的，应当优先履行已经到期的债务；数项债务均到期的，优先履行对债权人缺乏担保或者担保最少的债务；均无担保或者担保相等的，优先履行债务人负担较重的债务；负担相同的，按照债务到期的先后顺序履行；到期时间相同的，按债务比例履行。

如果债务人除主债务之外还应当支付利息和实现债权的有关费用，其给付不足以清偿全部债务的，除当事人另有约定外，应当按照下列顺序履行：（1）实现债权的有关费用；（2）利息；（3）主债务（《民法典》第561条）。

例题101 胡某于2016年3月10日向李某借款100万元，期限3年。2019年3月30日，双方商议再借100万元，期限3年。两笔借款均先后由王某保证，未约定保证方式和保证期间。李某未向胡某和王某催讨。胡某仅于2020年2月归还借款100万元。关于胡某归还的100万元，下列哪一表述是正确的？

A. 因2016年的借款已到期，故归还的是该笔借款

B. 因2016年的借款无担保，故归还的是该笔借款

C. 因2016年和2019年的借款数额相同，故按比例归还该两笔借款

D. 因2016年和2019年的借款均有担保，故按比例归还该两笔借款

解析：本题的考点是清偿抵充，答案为A项。本题中，胡某先后向李某两次借款，借款数额均为100万元，且均有担保。2020年2月，胡某向李某归还100万元时，第一笔借款已经到期，第二笔借款尚未到期，因此，应当优先抵充2016年的100万元借款。

第三节　合同的解除

一、合同解除的含义

合同解除是指合同有效成立以后，因当事人一方的意思表示或双方协议，使基于合同发生的债权债务关系归于消灭的行为。合同解除具有以下特点。

第一，合同解除以当事人之间存在有效合同为前提。当事人之间自始就不存在合同关系的，不存在合同的解除问题；当事人之间原来存在合同关系，但合同关系已经消灭的，也不发生合同的解除。当事人之间的合同应当为有效合同，否则，不存在合同的解除问题。

第二，合同解除须具有解除事由。合同成立后即具有法律约束力，因此，合同依法成立后，为了实现交易的目的以及稳定合同交易关系及其所衍生的一系列交易安排，任何一方不得擅自解除合同。由于合同解除的效果比较严重，法律规定只有在具备了严格约束条件的情况下，法律才允许当事人解除合同。合同解除的条件，既可以是法律规定的，也可以是当事人约定的。

第三，合同解除须实施解除行为。即使在具备合同解除的条件时，合同也并不必然解除，还需实施一定的解除行为。只有合同解除行为，才能让当事人均知悉合同解除并进行后续的交

易安排或者诉讼设计。解除行为包括两种：一是当事人双方协商同意，此种协商过程和结果即解除行为；二是享有解除权一方的单方意思表示，此种解除行为通常发生于法定解除的场合。

第四，合同解除的效果是使合同关系归于消灭。合同解除后，当事人之间的合同关系即归于消灭，双方之间不再享有合同权利，也不再承担合同义务。当然，合同解除并不意味着当事人之间没有任何法律关系了，如合同解除并不影响违约责任的承担。

二、合同解除的分类

1. 根据合同解除的主体不同，合同解除可以分为单方解除与协议解除

单方解除是指依法享有解除权的一方当事人依单方意思表示解除合同关系的行为。例如，因不可抗力致使不能实现合同目的的，当事人可以通过单方解除而解除合同。

协议解除是指当事人双方通过协商解除合同关系的行为。依据《民法典》第 562 条第 1 款的规定，当事人协商一致，可以解除合同。所谓“协商一致”，就是在双方当事人之间重新订立一个新的合同来解除原来的合同。新合同的内容是将原来的合同废除，基于原合同而发生的债权债务关系归于消灭。协议解除的优势在于，当事人可以较为自由地约定符合各自利益的事由作为合同解除的事由，避免法定解除的刚性。

2. 根据合同解除的原因不同，合同解除可以分为约定解除与法定解除

约定解除是指当事人基于双方约定的事由，通过行使解除权而解除合同。其中，有关解除权的合意称为解约条款。在约定解除中，解除权可以被赋予当事人双方，也可以被赋予当事人一方。同时，约定解除权的形式也可以多样化，既可以在合同文本中规定，也可以单纯订立合同规定。依据《民法典》第 562 条第 2 款的规定，当事人可以约定一方解除合同的事由，解除合同的事由发生时，解除权人可以解除合同。

法定解除是指在具备法定事由时，合同一方当事人通过行使解除权而解除合同。在具备法律规定的合同解除条件时，合同当事人即有权解除合同。在法定解除中，如解除条件适用于所有合同，则为一般法定解除条件；如解除条件仅适用于法律规定的特定情形，则为特别法定解除条件。

三、合同解除的法定条件

依据《民法典》第 563 条的规定，合同解除的法定条件主要包括以下几项。

第一，因不可抗力致使不能实现合同目的。不可抗力导致合同目的不能实现，该合同就失去了存在的价值与意义，因而应当允许当事人解除合同。在因不可抗力不能实现合同目的而解除合同的情况下，当事人双方都享有解除权。应当指出，如果不可抗力只是影响合同的履行而没有导致不能实现合同目的的，则当事人只能变更合同而不能解除合同。

第二，在履行期限届满前，当事人一方明确表示或者以自己的行为表明不履行主要债务。债务人在履行期限届满之前明确表示不履行债务或者以其行为表示不履行债务，为预期违约。在预期违约的情况下，合同目的确定地不能实现，因此，应当允许非违约方解除合同。

第三，当事人一方迟延履行主要债务，经催告后在合理期限内仍未履行。当事人一方迟延履行主要债务，经催告后在合理期限内仍未履行的，表明违约方根本无履约诚意或不可能履约，所以，应当允许非违约方解除合同。

第四，当事人一方迟延履行债务或者有其他违约行为致使不能实现合同目的。根据合同的性质和当事人的意思表示，履行期限在合同中特别重要的，如债务人不按期履行，合同目的就

不能实现，则非违约方有权解除合同。其他违约行为如瑕疵履行、部分不履行等，只要致使合同目的不能实现，非违约方都有权解除合同。

第五，法律规定的其他情形。除上述情形外，法律针对某些具体情形或具体合同规定了相应的解除条件的，当事人也有权解除合同。这里的法律，既包括《民法典》中的规定，也包括其他法律的规定。例如，依据《民法典》第528条的规定，因行使不安抗辩权中止履行后，对方在合理期限内未恢复履行能力且未提供适当担保的，中止履行的一方可以解除合同。

此外，以持续履行的债务为内容的不定期合同，当事人在合理期限之前通知对方后可以解除。

例题102 甲公司向乙公司购买小轿车，约定7月1日预付10万元，10月1日预付20万元，12月1日乙公司交车时付清尾款。甲公司按时预付第一笔款。乙公司于9月30日发函称因原材料价格上涨，需提高小轿车价格。甲公司于10月1日拒绝，等待乙公司答复未果后于10月3日向乙公司汇去20万元。乙公司当即拒收，并称甲公司迟延付款构成违约，要求解除合同。甲公司则要求乙公司继续履行。下列哪一表述是正确的

A. 甲公司不构成违约

B. 乙公司有权解除合同

C. 乙公司可行使先履行抗辩权

D. 乙公司可要求提高合同价格

解析：本题的考点是合同的解除、先履行抗辩权，答案为A项。合同成立后，当事人应当依照合同的约定履行约定的义务，不得擅自解除合同。本题中，原材料价格上涨，显然不构成合同解除的理由，故乙公司无权解除合同，乙公司也无权单方面变更合同而提高合同价格。在甲公司与乙公司的合同中，甲公司负有先履行的义务，因甲公司已经履行了前两期付款义务，故甲公司不存在先履行抗辩权的行使情形。乙公司要求提高合同价格，甲公司不同意，导致甲公司不能按原约定履行合同，因此，甲公司不构成违约。

四、合同解除的程序

1. 单方解除的程序

单方解除的程序以当事人享有解除权为前提，其适用于合同的约定解除和法定解除。单方解除权属于形成权，只需解除权人单方意思表示即可发生解除合同的效力，不需征得对方当事人的同意。基于双方当事人的利益，依据《民法典》第565条第1款的规定，当事人一方依法主张解除合同的，应当通知对方。合同自通知到达对方时解除。关于这种通知解除，应当注意如下三个问题：(1) 在实践中，解除权人基于自身利益考虑或者交易对方的考虑，往往会在解除通知中规定，如果在一定期限内不履行债务，则合同自动解除。这种通知符合合同法的价值判断和双方当事人的利益，为有效通知。对此，《民法典》第565条第1款中规定，解除通知中载明债务人在一定期限内不履行债务则合同自动解除，债务人在该期限内未履行债务的，合同自通知载明的期限届满时解除。(2) 解除权争议的处理。由于法定解除权的事由具有一定的模糊性，需要在具体合同语境中考虑，因而，当事人对是否成立合同解除权可能会存在争议。

对此，《民法典》第 565 条第 1 款中规定，对方对解除合同有异议的，任何一方当事人均可以请求人民法院或者仲裁机构确认解除行为的效力。(3) 诉讼或者申请仲裁方式的解除。在实践中，有的解除权人基于各种原因可能不通知而径直提起诉讼或者申请仲裁请求解除合同。对此，《民法典》第 565 条第 2 款规定，当事人一方未通知对方，直接以提起诉讼或者申请仲裁的方式依法主张解除合同，人民法院或者仲裁机构确认该主张的，合同自起诉状副本或者仲裁申请书副本送达对方时解除。

在单方解除的程序中，解除权人应在规定期限内行使解除权。依据《民法典》第 564 条的规定，法律规定或当事人约定解除权行使期限，期限届满当事人不行使的，该权利消灭；法律没有规定或当事人没有约定解除权行使期限，自解除权人知道或者应当知道解除事由之日起 1 年内不行使，或者经对方催告后在合理期限内不行使的，该权利消灭。

2. 协议解除的程序

协议解除的程序是当事人双方经过协商一致将合同解除的程序。协议解除的程序与合同订立的程序一样，应遵循由要约到承诺的一般缔约程序及其他相关要求，以实现当事人双方意思表示一致的目的。

例题 103　甲公司与乙公司签订并购协议：“甲公司以 1 亿元收购乙公司在丙公司中 51%的股权。若股权过户后，甲公司未支付收购款，则乙公司有权解除并购协议。”后乙公司依约履行，甲公司却分文未付。乙公司向甲公司发送一份经过公证的《通知》：“鉴于你公司严重违约，建议双方终止协议，贵方向我方支付违约金；或者由贵方提出解决方案。”3 日后，乙公司又向甲公司发送《通报》：“鉴于你公司严重违约，我方现终止协议，要求你方依约支付违约金。”下列哪一选项是正确的？

A. 《通知》送达后，并购协议解除

B. 《通报》送达后，并购协议解除

C. 甲公司对乙公司解除并购协议的权利不得提出异议

D. 乙公司不能既要求终止协议，又要求甲公司支付违约金

解析：本题的考点是合同解除，答案为 B 项。在合同中，当事人可以约定一方解除合同的条件。在解除合同的条件成就时，解除权人可以解除合同。当事人一方依法主张解除合同的，应当通知对方。自通知到达对方时，合同解除。本题中，甲、乙双方在并购协议中事先约定了解除协议的条件，当条件成就时，乙公司有权单方解除并购协议，但甲公司有权提出异议。乙公司行使解除权时不需要甲公司同意，只需通知甲公司即可，协议自通知到达对方时解除。另外，乙公司第一次发出的《通知》仅是建议双方终止协议，并没有直接表示要解除协议，而第二次发出的《通报》才真正直接作出了解除协议的意思表示，因此，该《通报》到达甲公司时，并购协议解除。

五、合同解除的效力

合同解除的效力较为复杂，既涉及合同的类型和性质，也涉及与违约责任的关系。依据《民法典》第 566 条的规定，合同解除后，发生以下主要效力：(1) 合同解除后，尚未履行的，终止履行。可见，合同解除原则上没有溯及力。(2) 合同已经履行的，根据履行情况和合同性

质，当事人可以要求恢复原状、采取其他补救措施。可见，根据合同履行性质和合同性质，合同解除也可以产生溯及力。(3) 合同解除后，不影响当事人要求赔偿损失的权利。除不可抗力可以作为免责事由外，因违约事由所产生的合同虽然解除了，但除当事人有明确相反约定，合同解除并不免除违约方相应的民事责任。而且即使合同解除了，合同不能继续履行，但当事人都会默示地同意承担因违约方违约给对方造成的损失。因此，合同因违约解除的，解除权人可以请求违约方承担违约责任，但是当事人另有约定的除外。(4) 主合同解除后，担保人对债务人应当承担的民事责任仍应当承担担保责任，但是担保合同另有约定的除外。

例题 104 王某因多年未育前往某医院就医，经医院介绍 A 和 B 两种人工辅助生育技术后，王某选定了 A 技术并交纳了相应的费用，但医院实际按照 B 技术进行治疗。后治疗失败，王某要求医院返还全部医疗费用。下列哪一选项是正确的？

A. 医院应当返还所收取的全部医疗费

B. 医院应当返还所收取的医疗费，但可以扣除 B 技术的收费金额

C. 王某无权请求医院返还医疗费或赔偿损失

D. 王某无权请求医院返还医疗费，但是有权请求医院赔偿损失

解析：本题的考点是合同解除的效力，答案为 A 项。医院采用合同约定以外的医疗技术为王某进行治疗导致治疗失败，已构成了违约行为，并使王某不能实现合同目的，因此，王某有权解除合同。王某解除合同后，有权要求医院返还所收取的全部医疗费。当然，王某若遭受了其他损失的，医院还应当承担赔偿损失的责任。

第四节　抵　销

一、抵销的含义

抵销是指当事人互负给付种类相同的债务，一方使自己的债务与对方的债务在对等数额内相互消灭的行为。在抵销中，提出抵销一方的债权称为主动债权、自动债权，被抵销的债权称为受动债权、被动债权。

在民法上，依据发生根据的不同，抵销可以分为法定抵销和合意抵销。前者为根据法律规定而发生的抵销，后者为根据当事人的意思而发生的抵销。

二、法定抵销

（一）法定抵销的含义和条件

法定抵销是指在具备法律规定的条件时，依当事人一方的意思表示所为的抵销。当事人享有的这种权利称为抵销权，其性质是形成权。

依据《民法典》第 568 条第 1 款的规定，当事人互负到期债务，该债务的标的物种类、品质相同的，任何一方可以将自己的债务与对方的到期债务抵销；但是，根据债务性质、按照当事人约定或者依照法律规定不得抵销的除外。由此可见，法定抵销的成立须具备以下条件。

1. 双方当事人互负债务、互享债权。抵销以当事人双方相互享有对立的债权、负有对立的债务为前提。若当事人一方对另一方仅享有债权而不负担债务，或者仅负担债务而不享有债权，就不会发生抵销问题。在抵销中，抵销人供抵销的债权应当是自己享有的、有效的、具有完全效力的债权。首先，不能有效存在的债权不能抵销，如赌债就不能主张抵销。其次，效力不完全的债权不能作为主动债权而主张抵销。例如，诉讼时效完成后的债权，债务人只是获得了抗辩权而非胜诉权，债权人不得以之供抵销，但作为被动债权，对方以其债权与之抵销的，视为放弃了抗辩，自无禁止的理由。最后，抵销人只能以自己的债权供抵销。对于他人的债权，即使其他债权人同意，也不得以之供抵销。

2. 双方债务的给付为同一种类。双方债务的给付为同一种类，即债务人用以履行债务的标的物种类、品质相同。这是因为，只有双方债务给付的种类相同，当事人双方才有相同的经济目的，通过抵销才可满足当事人双方的利益需要。就此而言，抵销的债务一般为金钱债务和种类之债。

3. 双方债务已届清偿期。在债务未届清偿期时，若允许债权人以其债权与对方的债权抵销，就等于要求债务人提前清偿债务，从而损害债务人的期限利益。但在理论上，下列情形也允许抵销：(1) 若一项债务已届清偿期，而另一项债务没有规定清偿期，则两项债务可以抵销；(2) 若一项债务已届清偿期，而另一项债务未届清偿期，未到期的债务人主张抵销的，可以抵销；(3) 若两项债务都没有规定清偿期，则因为债权人都可随时要求债务人履行，因而可以抵销。

4. 双方的债务是依法可以抵销的债务。一般地说，下列债务不能适用抵销：(1) 依债务的性质不能抵销的债务，如不作为债务、提供劳务的债务、与人身不可分离的债务（如支付抚恤金、退休金的债务）等；(2) 法律规定不得抵销的债务，如禁止强制执行的债务、因故意侵权产生的债务、违约金债务、赔偿金债务等；(3) 当事人约定不得抵销的债务。如对于可以抵销的到期债权，当事人约定不得抵销的，该约定有效。

（二）抵销的方法

抵销是一种单方行为，因一方当事人的意思表示而发生效力，此时应当让另一方当事人知道抵消权的行使进而安排自己的后续事宜。因此，《民法典》第568条第2款规定，当事人主张抵销的，应通知对方。抵销的通知自到达相对人时生效，但抵销不得附条件或者附期限。至于抵销通知的形式，可以是口头形式，也可以是书面形式或其他形式。如果对方对抵销有异议的，应当在接到抵销通知后及时提出该异议。在抵销中，通知义务与异议的配置体现了当事人之间的利益平衡。

（三）抵销的效力

第一，双方的债权、债务于抵销数额内消灭。当事人双方的债务数额相等的，双方的债权、债务全部消灭；双方的债务数额不等的，数额少的一方的债务全部消灭，另一方的债务在与对方债务相等的数额内消灭，其余额部分仍然存在，债务人就此余额部分仍负有清偿责任。

第二，抵销的意思表示溯及得为抵销之时。抵销的意思表示具有溯及力，即溯及得为抵销时，发生消灭债的效力。在双方的债务清偿期不一致时，以主张抵销的一方发生抵销权的时间为适于抵销的时间。抵销的溯及力主要有以下内容：首先，自得为抵销之时起，利息支付的债务消灭；其次，自得为抵销之时起，不再发生当事人的迟延责任；最后，自得为抵销后，债务人所发生的损害赔偿责任、违约金责任免除。

三、合意抵销

合意抵销是指按照当事人的合意所为的抵销。依据《民法典》第 569 条的规定，当事人互负债务，标的物种类、品质不相同的，经双方协商一致，也可以抵销。抵销合同的成立适用民法关于合同成立的一般规定，其效力与法定抵销的效力相同，在等额的限度内消灭双方的债权、债务。

例题 105 甲装修公司欠乙建材商场货款 5 万元，乙商场需付甲公司装修费 2 万元。现甲公司欠款已到期，乙商场欠费已过诉讼时效，甲公司欲以装修费充抵货款。下列哪一种说法是正确的？

A. 甲公司有权主张抵销

B. 甲公司主张抵销，须经乙商场同意

C. 双方债务性质不同，不得抵销

D. 乙商场债务已过诉讼时效，不得抵销

解析：本题的考点是抵销的成立，答案为 A 项。甲、乙双方互负债务，且双方债务的给付为同一种类，又不属于依法不得抵销的债务，因此，双方的债务可以抵销。虽然甲公司的债权已过诉讼时效，但只要甲公司主张抵销的，就能发生抵销的后果，无须乙商场的同意。

第五节　提　存

一、提存的含义

提存是指由于债权人的原因难以履行债务时，债务人将债的标的物提交给提存机关以清偿债务，使债的关系归于消灭的行为。依据《民法典》第 571 条第 2 款的规定，提存成立的，视为债务人在其提存范围内已经交付标的物。

债的履行往往需要债权人的协助（如提供银行账户和开户行，债权人需要提供场地接受履行等），当债务人提出给付时，债权人无正当理由拒绝受领或不能受领，将使债务人无法完成给付，从而使债务人非因自己过失却仍要处于债务的拘束之下，这将导致债务人不能及时摆脱合同约束，会影响其实现进一步的交易安排，同时对债权人也缺乏必要的规范和约束。而提存制度就是为了避免这种对债务人不利的情形的出现而设计的终止债的一种方法。

二、提存的要件

（一）具备法律规定的提存原因

提存的目的在于消灭债的关系，因此，其原因只能是债务人无法或难以向债权人正常履行债务。依据《民法典》第 570 条第 1 款的规定，提存原因有以下几种：（1）债权人无正当理由拒绝受领。（2）债权人下落不明。所谓下落不明，是指债权人离开自己住所而不知去向、债权人地址不清、债权人失踪而又无代管人等情况。(3) 债权人死亡未确定继承人、遗产管理人，或者丧失民事行为能力未确定监护人。(4) 法律规定的其他情形。例如，债权人分立、合并或者变更住所没有通知债务人，致使履行债务发生困难的，债务人可以将标的物提存(《民法典》第529条)。

(二) 标的物适合于提存

提存的标的物是债务人交付提存机关保管的物。提存的标的物，原则上是债务人应给付的标的物，但应为适于提存的物。依据《提存公证规则》第7条的规定，下列标的物可以提存：货币、有价证券、票据、提单、权利证书、贵重物品、担保物或者替代物等。可见，不动产不适于提存，不能成为提存物；动产中有毁损、灭失危险的物，易腐易烂的物，提存费用过高的物，也不适于提存。对于不适于提存的物，法律设计了替代方案。依据《民法典》第570条第2款的规定，标的物不适于提存或者提存费用过高的，债务人依法可以拍卖或者变卖标的物，提存所得的价款。

(三) 提存主体合法

提存的主体为提存人和提存部门。在一般情况下，提存人为债务人，第三人原则上不得成为提存人。提存是一种民事法律行为，因而，提存人在提存时应具备民事行为能力。

提存部门是依法负责接收提存物，并进行寄托、保管提存物等活动的机构。我国没有专门的提存部门，在实践中，公证处、人民法院、公安机关等均可为提存部门。依据《民法典》第571条第1款的规定，债务人将标的物或者将标的物依法拍卖、变卖所得价款交付提存部门时，提存成立。

三、提存的效力

(一) 债务人与债权人间的效力

提存成立后，在债务人与债权人间发生如下效力：第一，债务人的通知义务。为了使债权人能及时得知提存的事实以及进一步保护其利益，标的物提存后，债务人应当及时通知债权人或者债权人的继承人、遗产管理人、监护人、财产代管人(《民法典》第572条)。第二，债的关系消灭，债务人不再负清偿责任。第三，提存物的所有权及风险负担的转移。提存成立后，提存物的所有权转移于债权人。标的物提存后，毁损、灭失的风险责任由债权人承担；提存期间，标的物产生的孳息归债权人所有(《民法典》第573条)。第四，提存的费用，由债权人负担(《民法典》第573条)。

(二) 提存人与提存部门间的效力

提存成立后，提存部门负有保管提存物的义务。提存部门应当采取适当的方法妥善保管提存物，以防毁损、变质。对于不宜保存的、债权人到期不领取或超过保管期限的提存物，提存部门可以拍卖，保存其价款。

提存人在发现提存错误或提存原因消灭时，得撤销提存行为，并取回提存物。提存人取回提存物的，提存物所生孳息归提存人所有。例如，提存人可以凭人民法院判决、仲裁机构裁决或提存之债已经清偿的公证证明，取回提存物。提存人取回提存物的，视为未提存，因此而产生的费用由提存人承担。

(三) 提存部门与债权人间的效力

提存成立后，在提存部门与债权人间主要发生如下两个方面的效力：其一，依据《民法典》第574条第1款的规定，提存成立后，债权人可以随时领取提存物。但是，债权人对债务人负有到期债务的，在债权人未履行债务或者提供担保之前，提存部门根据债务人的要求应当拒绝其领取提存物。其二，依据《民法典》第574条第2款的规定，债权人领取提存物的权利，自提存之日起5年内不行使而消灭，提存物扣除提存费用后归国家所有。但是，债权人未履行对债务人的到期债务，或者债权人向提存部门书面表示放弃领取提存物权利的，债务人负担提存费用后有权取回提存物。

例题106 乙在甲提存部门办好提存手续并通知债权人丙后，将2台专业相机、2台天文望远镜交甲提存。后乙另行向丙履行了提存之债，要求取回提存物。但甲提存部门工作人员在检修自来水管道时因操作不当引起大水，致乙交存的物品严重毁损。下列哪一选项是错误的？

A. 甲构成违约行为　　B. 甲应承担赔偿责任

C. 乙有权主张赔偿财产损失　　D. 丙有权主张赔偿财产损失

解析：本题的考点是提存的效力，答案为D项。乙提存后，乙、丙之间的债权债务关系归于消灭，提存物归丙所有，甲提存机构应当妥善保管提存物。乙另行向丙履行了提存之债，应视为未提存，提存物回归乙所有，乙有权要求取回提存物。因提存物严重毁损系甲保管不善所致，甲构成了违约行为，乙有权要求甲承担赔偿责任，而丙无权主张赔偿财产损失。

第六节　免　除

一、免除的含义

债务免除是指债权人抛弃债权，从而使债权债务关系消灭的民事法律行为。

关于免除的性质，可以从如下方面理解：首先，债务免除原则上属于单方行为。债权人根据其单方的意思表示就可以免除债务人的债务，因此，债务免除是一种单方行为。但是，如果债务人在合理期限内表示拒绝的，则因债务人不同意免除，免除不能成立。此时的免除应为双方行为。其次，债务免除是债权人消灭债务人的债务负担的行为，并不以债权人取得相应对价为条件，因此，债务免除为无偿行为。最后，债务免除的意思表示无须特定的方式，书面、口头及其他形式均可，因此，债务免除是一种不要式行为。

二、免除的条件

免除是单方行为，因此，免除的成立应具备民事法律行为的一般条件。此外，免除还应具备如下条件。

第一，债权人应向债务人或其代理人为免除的意思表示。免除是一种单方行为，依债权人单方的意思表示即可发生效力。但基于债的相对性原则，债权人免除债务的，应向债务人或其代理人为意思表示，该意思表示到达债务人或其代理人时生效。债权人单纯向第三人为免除的意思表示的，不具有法律意义，不产生免除的效力。

第二，债权人须具有处分能力。债权人免除债务人的债务，即放弃自己的权利，因而，债务免除是债权人处分其债权的行为，债权人须有处分能力。

第三，债权人免除债务不得损害第三人的利益。债权人免除债务人的债务，虽然是债权人的权利，但该权利的行使不得损害第三人的利益。例如，在债权人就债权设立质权的情况下，若债权人免除债务人的债务，将会损害质权人的利益，因此，债权人不得免除债务人的债务。

三、免除的效力

依据《民法典》第575条的规定，债权人免除债务人部分或者全部债务的，债权债务部分或全部终止，但是债务人在合理期限内拒绝的除外。可见，第一，债的免除发生债的关系终止的效力。因债务免除，债权即为消灭，其从权利如利息债权、违约金债权、担保权等也随之消灭。债权人仅免除部分债务的，债的关系部分消灭。债务全部免除后，债权人应当向债务人返还有关债权的凭证。第二，债务人在合理期限内拒绝债务免除的，债权债务不发生终止。这是因为，债务免除也要照顾到债务人的尊严和意思。

第七节　混　同

一、混同的含义

混同是指债权、债务同归一人，从而使债的关系消灭的事实。依据《民法典》第576条的规定，债权和债务同归于一人的，债权债务终止，但是损害第三人利益的除外。

混同乃是一种事实，与当事人的意思无关。只要债权与债务同归一人的事实发生，即产生债权债务终止的效果。

二、混同的原因

一般来说，混同发生的原因有二，即概括承受和特定承受。

所谓概括承受，是指债的关系的一方当事人概括地承受他人的债权与债务。这是混同发生的主要原因，如债权人继承债务人的财产、债务人继承债权人的财产、法人合并等。

所谓特定承受，是指债务人受让债权人对自己的债权，或者债权人承担债务人对自己的债务。可见，特定承受是基于债权让与或债务承担而产生的。

三、混同的效力

债权和债务发生混同的，债权债务消灭，债权人和债务人的抗辩权也消灭，而且债权的从权利如利息债权、违约金债权、担保权等均归于消灭。在特定承受的情形下，受让的债权或承担的债务部分消灭，未转让的部分当然继续存在。

在涉及第三人利益的情况下，为保护第三人的利益，债不因混同而消灭。例如，债权为他人质权的标的时，如果债因混同而消灭，则有害于质权人的权利，此时，债不因混同而消灭。

引读案例解答

1. (1) 甲、乙互负债务，且给付种类相同，均为金钱债务。同时，双方的债务均已届清偿期，因此，甲、乙的债务可以抵销。（2）甲、乙双方的债务抵销后，双方的债务应在对等额内消灭，即在2.5万元的范围内消灭。因此，甲只需向乙支付3 000元即可。

2.（1）甲作为债务人向乙履行债务时，乙没有正当理由拒不接受履行，甲有权将电脑提存。（2）若甲将电脑提存，提存费用应当由债权人乙承担。（3）甲将电脑提存后，电脑的所有权及风险责任均转移于乙。因此，电脑意外灭失的损失应由乙承担。

课堂讨论案例

1. 甲向乙购买一套房屋，但甲未支付房款10万元。5年前，乙曾向甲借款10万元，并约定1年内还清所有借款，但乙一直没有还款，甲也未曾向乙主张权利。

问：（1）甲能否向乙主张抵销？（2）乙能否向甲主张抵销？

2. 根据甲、乙的合同约定，甲应向乙交付10吨木材，乙在收到木材后3日内支付100万元。根据乙与丙的合同约定，乙应向丙交付100台电脑，丙应支付50万元，但未约定履行顺序。在债务履行期届至后，甲、乙、丙均未履行自己的债务。后来，甲与丙签订债权让与合同，将其对乙的100万元债权转让给了丙，并将该情形通知了乙，但乙不愿意向丙公司履行债务。请回答以下问题：

（1）关于乙支付100万元的债务，下列选项中正确的是？

A. 乙应向甲履行　　B. 乙应向丙履行

C. 乙应向甲主张其对丙的抗辩权　　D. 乙应向丙主张其对甲的抗辩权

（2）如果甲将木材交付给了乙，4天以后，乙向丙发出通知，要求抵销50万元。那么，下列选项中正确的是？

A. 乙行使抵销权的行为合法

B. 乙行使抵销权的行为不合法

C. 丙可以向乙发出通知，要求抵销50万元

D. 丙可以向乙发出通知，要求抵销100万元

（3）如果乙与丙合并成丁，下列选项中正确的是？

A. 乙、丙间的合同关系消灭　　B. 甲、乙间的合同关系消灭

C. 甲、丙间的合同关系消灭　　D. 甲应向丁交付木材

（4）乙与丙随后又订立了新合同，由丙向乙出售图书。丙的债务尚未届至履行期。下列选项中正确的是？

A. 丙可以其交付图书的债务向乙交付电脑的债务主张抵销

B. 乙交付电脑的债务与丙交付图书的债务不能实施法定抵销

C. 乙交付电脑的债务与丙交付图书的债务能实施法定抵销

D. 乙与丙可以协商电脑债务与图书债务的抵销事宜

重点思考习题

1. 债的终止发生哪些效力？

2. 合同法定解除需要具有哪些条件？发生何种效力？

3. 法定抵销的成立须具备哪些条件？

4. 法定抵销与合意抵销有哪些区别？

5. 提存的原因有哪些？提存后发生哪些效力？

第二十一章 违约责任

引读案例

1. 甲欠乙现金5万元，约定于6月21日偿还。4月11日，甲便明确向乙表示，因自己资金周转不灵，到时将不能清偿欠款。请分析以下问题：(1) 甲是否构成违约？(2) 乙可以采取什么措施？

2. 甲向乙购买煤炭若干吨，用作冬季取暖。双方约定：10月底以前交货，甲支付价款总额的25%作为定金。在交货期届至时，乙交付了95%的煤炭，尚缺部分直到12月底才交货。于是，甲要求乙双倍返还定金。请分析以下问题：(1) 定金担保是否成立？(2) 甲能否要求乙双倍返还定金？

法律职业资格考试要点

违约责任的归责原则与构成要件；继续履行的条件；违约责任的免责事由；违约损害赔偿的种类；违约金责任；违约定金责任

第一节 违约责任的含义与归责原则

一、违约责任的含义

依据《民法典》第577条的规定，违约责任是指合同当事人一方不履行合同义务或履行合同义务不符合合同约定所应承担的继续履行、采取补救措施或者赔偿损失等民事责任。

违约责任具有以下特点。

第一，违约责任是当事人不履行合同或履行合同不符合约定时产生的民事责任。违约责任是以合同关系的存在且有效为前提的，没有合同关系或者合同关系无效的，不能产生违约责任。同时，违约责任的成立须以当事人不履行合同债务或履行合同债务不符合约定为条件。

第二，违约责任是违约的当事人一方向另一方承担的民事责任。合同关系具有相对性，这也决定了违约责任具有相对性，即违约责任一般由违约方自己承担，合同当事人以外的第三人对当事人之间的合同不承担违约责任。依据《民法典》第593条的规定，当事人一方因第三人的原因造成违约的，应当向对方承担违约责任；当事人一方和第三人之间的纠纷，依照法律规定或者按照约定解决。

第三，违约责任具有补偿性和一定的任意性。违约责任意在通过责任的承担实现对非违约方的权利救济，此种救济既可能表现为继续履行，也可能表现为赔偿损失或者其他补救措施，如修理、重作和更换等。同时，违约责任可以由当事人在法律允许的范围内进行约定，具有一定的任意性。由于法律更重视对当事人救济权利的规范，故其任意性的范围与其他制度的相比要窄一些。

二、违约责任的归责原则

违约责任的归责原则是指基于一定的归责事由而确定违约责任成立的法律原则。在违约责任归责原则问题上，有过错责任原则与严格责任原则之分。过错责任原则是指当事人不履行合同义务或者履行合同义务不符合合同约定时，应当以过错作为确定违约责任的要件及责任范围的依据。严格责任原则即无过错责任，是指违约方不履行合同义务，不论其主观上是否有过错，只要不存在法定的免责事由，都应承担违约责任。

依据《民法典》第577条的规定，违约方承担违约责任的前提是当事人不履行合同义务或者履行合同义务不符合约定而又不存在法定的免责事由。至于当事人主观上的过错，并非确定违约责任时所考虑的问题。因此，我国民法上的违约责任采取的是严格责任原则，而不是过错责任原则。但是，需要指出的是，在特殊类型合同中，法律也规定了违约责任的过错责任原则。此时，这种特别规定优于一般规定而适用。例如，在赠与合同中，对于经过公证的赠与合同或其他具有公益性质或道德义务的赠与合同，应当交付的赠与财产因赠与人故意或者重大过失致使赠与的财产毁损、灭失的，赠与人应当承担赔偿责任（《民法典》第660条第2款）。在委托合同中，若委托合同为有偿的，因受托人的过错给委托人造成损失的，委托人可以请求赔偿损失；若委托合同为无偿的，因受托人的故意或者重大过失给委托人造成损失的，委托人可以请求赔偿损失（《民法典》第929条第1款）。从整体上看，我国民法在违约责任归责原则上采取了以严格责任原则为主、以过错责任原则为补充的双重归责原则体系。

第二节　违约责任的一般构成条件

违约责任的构成要件是指违约方具备何种条件才应承担违约责任，包括一般构成要件和特殊构成要件。一般构成要件是违约方承担任何违约责任形式都必须具备的要件，而特殊构成要件是各种具体的违约责任形式所要求的责任构成要件。这里，我们仅讨论违约责任的一般构成要件。按照违约责任的严格责任原则，就一般违约责任而言，只要存在违约行为，违约方即应承担违约责任。因此，一般违约责任的构成要件仅有违约行为即可。

一、违约行为的含义

违约行为是指当事人一方不履行合同义务或履行合同义务不符合约定条件的行为。违约行为具有以下特点。

第一，违约行为的主体是合同当事人。根据合同相对性理论，违反合同的行为只能是合同当事人的行为。基于严格责任及其背后正当性的考量，违约行为的产生即使是因为第三人的原因而导致甚或决定的，也不影响当事人之间的合同关系和违约责任的成立。

第二，违约行为的性质是违反了合同义务。合同关系的主要内容是当事人之间的权利义务，而合同权利和义务主要是由当事人通过协商而确定的。在当事人没有协商或者协商违反法律的禁止性规定时，法律基于公共秩序的维护和交易安全的保护以及消费者权利保护等设定的强制性的权利和义务，自然也构成了合同义务的内容。因此，违约行为的认定，应当以当事人的行为在客观上与当事人的约定义务或法定义务相违背为标准。

第三，违约行为侵害的客体是当事人的债权。合同有效成立后，就在当事人之间创设了合同权利或者义务，当事人之间遂转移了特定权利给对方。如在买卖合同中，买受人就获得了对出卖人请求转移物品所有权的请求权，出卖人获得对买受人请求支付价款的请求权。如果出卖人违约，买受人就不能实现自己对标的物所有权的期待，而期待的合理内容是获得该物品的所有权。因此，违约行为侵害的客体应当是当事人的债权。

例题 107 方某为送汤某生日礼物，特向余某定做一件玉器。订货单上，方某指示余某将玉器交给汤某，并将订货情况告知汤某。玉器制好后，余某委托朱某将玉器交给汤某，朱某不慎将玉器碰坏。下列哪一表述是正确的？

A. 汤某有权要求余某承担违约责任

B. 汤某有权要求朱某承担侵权责任

C. 方某有权要求朱某承担侵权责任

D. 方某有权要求余某承担违约责任

解析：本题的考点是因第三人原因导致的违约，答案为 D 项。本题中，方某与余某之间存在合同关系，而汤某与余某之间不存在合同关系，因此，方某有权要求余某承担违约责任，而汤某无权要求余某承担违约责任。方某与余某之间的合同为承揽合同，定作物的所有权应自交付时发生转移。因玉器既没有交付给汤某，也没有交付给方某，故所有权仍属于余某，汤某、方某都无权要求朱某承担侵权责任。

二、违约行为的分类

根据不同的标准，违约行为可以有不同的分类，主要如下。

第一，单方违约与双方违约。单方违约是指由一方当事人所造成的违约行为。在单方违约中，违约责任应由违约一方来承担。双方违约是指由双方当事人所造成的违约行为。依据《民法典》第 592 条第 1 款的规定，当事人都违反合同的，应当各自承担相应的责任。

第二，根本违约与非根本违约。根本违约是指一方当事人的行为致使另一方当事人的合同目的不能实现的违约行为。在发生根本违约时，非违约方可以解除合同。非根本违约是指一方当事人的行为并不影响另一方当事人的合同目的的实现的违约行为。在发生非根本违约时，非违约方无权主张解除合同。对于是否构成根本违约，当事人可以约定具体的内容或标准。

第三，预期违约与实际违约。预期违约是指在合同履行期届满前一方明确表示或以自己的行为表明在履行期到来后将不履行合同的违约行为；实际违约是指在合同履行期届满时因一方不履行合同或履行合同不符合约定而产生的违约行为，即实际发生的违约。尽管预期违约和实际违约均会发生违约责任，但两者在构成要件以及救济措施方面是不完全相同的。

例题 108 张某与李某共有一台机器，各占 50%份额。双方共同将机器转卖获得 10 万元，约定张某和李某分别享有 6 万元和 4 万元。同时约定该 10 万元暂存李某账户，由其在 3 个月后返还给张某 6 万元。后该账户全部款项均被李某的债权人王某申请人民法院查封并执行，致李某不能按期返还张某款项。下列哪一表述是正确的？

A. 李某构成违约，张某可请求李某返还 5 万元

B. 李某构成违约，张某可请求李某返还 6 万元

C. 李某构成侵权，张某可请求李某返还 5 万元

D. 李某构成侵权，张某可请求李某返还 6 万元

解析：本题的考点是侵权责任与违约责任的区分，答案为 B 项。张某与李某共有一台机器，虽然各占 50%的份额，但并不影响当事人对机器转卖所得款不按份额比例进行分割，因此，李某应当按约定返还张某 6 万元。因 10 万元的全部款项被李某的债权人申请人民法院强制执行，李某无法向张某返还 6 万元，故应构成违约，而不构成侵权。

三、违约行为的具体形态

（一）预期违约

依据《民法典》第 578 条的规定，当事人一方明确表示或者以自己的行为表明不履行合同义务的，对方可以在履行期限届满之前请求违约方承担违约责任。可见，预期违约包括明示预期违约和默示预期违约。所谓明示预期违约，是指在合同履行期限届满之前，一方当事人无正当理由而明确向对方表示将不履行合同。所谓默示预期违约，是指在合同履行期届满之前，一方以自己的行为表明其将不履行合同。例如，在特定物买卖合同中，出卖人在合同履行期届满前将该特定物转卖给第三人，从而表明其将在合同履行期届至时不履行合同义务。

一般认为，在发生预期违约时，非违约方可以根本不考虑对方所作出的不履行合同义务的表示而坚持合同的效力，等到履行期届满以后要求违约方继续履行合同或承担其他违约责任。但一个更为有效的方法是，守约方可以要求违约方在履行期届满前承担违约责任。因为在一方当事人已经如此明确地表示将不履行合同义务的情况下，还强制守约方等待履行期届满时再提出请求，显然过于苛刻。

例题 109 甲公司与乙公司签订服装加工合同，约定乙公司支付预付款 1 万元，甲公司加工服装 1 000 套，3 月 10 日交货，乙公司 3 月 15 日支付余款 9 万元。3 月 10 日，甲公司仅交付服装 900 套，乙公司此时因濒临破产致函甲公司表示无力履行合同。下列哪一说法是正确的？

A. 因乙公司已支付预付款，甲公司无权中止履行合同

B. 乙公司有权以甲公司仅交付 900 套服装为由，拒绝支付任何货款

C. 甲公司有权以乙公司已不可能履行合同为由，请求乙公司承担违约责任

D. 因乙公司丧失履行能力，甲公司可行使先履行抗辩权

解析：本题的考点是预期违约、不安抗辩权，答案为C项。预付款是当事人为履行合同约定的债务，由债务人一方预先向对方给付一定数额的价款。预付款的作用只是为一方当事人履行合同提供资金上的帮助，并不具有阻止收取预付款的一方中止合同的效力。在甲、乙之间的承揽合同中，甲负有先履行义务。甲已经交付了900套服装，履行了合同义务的主要部分，乙若行使先履行抗辩权，只能拒绝支付甲未履行部分的相应货款，而不能拒绝支付任何货款。乙作为后履行义务的一方，在履行期届满之前明确表示因濒临破产无力履行合同，构成预期违约，甲可以行使不安抗辩权，中止履行合同，并向乙主张违约责任。

（二）实际违约

在合同履行期限届满时，如果当事人不履行合同义务或履行合同义务不符合约定的，则构成实际违约。从实际违约的表现形态上看，其主要有如下类型。

1. 履行不能

履行不能是指债务人因某种原因，客观上已不可能履行合同。履行不能使合同的目的于客观上无法实现，因而导致合同消灭或者转化为损害赔偿之债。履行不能可以分为事实上的不能和法律上的不能，前者如应交付的标的物已不存在，后者如标的物为禁止流通物。在传统民法上，履行不能还分为自始不能和嗣后不能、客观不能和主观不能。自始不能是指合同成立时就已不可能履行，如标的物自始不存在；嗣后不能是指合同成立后发生不能履行的情形，如应交付的标的物灭失。客观不能是指非基于债务人的原因导致履行不能；主观不能是因债务人的原因导致履行不能。

2. 拒绝履行

拒绝履行是指在合同履行期限到来以后，债务人无正当理由而不履行合同。在合同履行期限到来后，债务人应当按照法律的规定或当事人的约定履行合同。如果合同能够履行而债务人没有正当理由故意不履行的，即构成拒绝履行。可见，在债务已不可能履行或者债务人有正当理由而不履行合同时，债务人的不履行均不构成拒绝履行。

3. 迟延履行

迟延履行有广义与狭义之分。广义的迟延履行包括债务人的给付迟延和债权人的受领迟延，狭义的迟延履行仅指给付迟延。所谓给付迟延，是指债务人对于已届履行期的债务能够履行而未履行。所谓受领迟延，是指债权人在债务人作出履行时，没有正当理由而未及时接受债务人的履行。依据《民法典》第589条的规定，债务人按照约定履行债务，债权人无正当理由拒绝受领的，债务人可以请求债权人赔偿增加的费用。在债权人受领迟延期间，债务人无须支付利息。

4. 瑕疵履行

瑕疵履行是指当事人交付的标的物不符合约定的或规定的质量标准，包括品质、品种、规格、型号、花色等不符合当事人约定或法律规定的标准。瑕疵履行不同于履行不能、拒绝履行、迟延履行，后三者都没有履行行为，属于消极的债务违反；而前者是债务人有积极的履行行为，只是由于债务人的履行有瑕疵，因而债权人的利益遭受损害。

5. 加害履行

加害履行又称加害给付，是指因债务人的履行有瑕疵而使债权人遭受履行利益以外的损害，例如，因债务人交付有传染病的家畜，使债权人的其他家畜受传染而死亡；给付的汽车存在质量问题，致使债权人遭受车祸而伤及人身和财产等。

例题 110 甲、乙因合伙经商向丙借款 3 万元，甲于约定时间携带 3 万元现金前往丙家还款，丙因忘却此事而外出，甲还款未果。甲返回途中，将装有现金的布袋夹放在自行车后座，路经闹市时被人抢夺，现金不知所踪。下列哪一选项是正确的？

A. 丙仍有权请求甲、乙偿还 3 万元借款

B. 丙丧失请求甲、乙偿还 3 万元借款的权利

C. 丙无权请求乙偿还 3 万元借款

D. 甲、乙有权要求丙承担此款被抢夺的损失

解析：本题的考点是债权人的受领迟延，答案为 A 项。甲按约定前往丙家中偿还合伙债务，因丙不在家而还款未果，丙构成了受领迟延，但丙的债权并不因其受领迟延而消灭，所以，债务人仍负有清偿责任。由于甲、乙系合伙关系，故甲、乙仍应承担 3 万元债务的清偿责任。至于甲的现金被人抢夺，丙并无过错因而无须承担责任。

第三节 违约责任的免责事由

违约责任的免责事由是当事人免于承担违约责任的事由。在民法上，违约责任的免责事由包括约定免责事由和法定免责事由两种。

一、约定免责事由

约定免责事由又称免责条款，是指当事人事先约定一定的事由或条件，当违约行为符合所约定的事由或条件时，可限制或免除当事人的违约责任。约定免责事由排除或限制了一方当事人的违约责任，因此，为了平衡当事人的利益，防止一方当事人利用优越的谈判能力损害另一方当事人的利益，法律往往对约定免责事由设定严格的限制，其具体的规制方式就是规定特定的免责条款无效。例如，依据《民法典》第 506 条的规定，合同中的下列免责条款应为无效：（1）造成对方人身伤害的；（2）因故意或重大过失造成对方财产损失的。

例题 111 飞跃公司开发某杀毒软件，在安装程序中作了“本软件可能存在风险，继续安装视为同意自己承担一切风险”的声明。黄某购买正版软件，安装时同意了该声明。该软件误将操作系统视为病毒而删除，导致黄某电脑瘫痪并丢失其所有的文件。下列哪一选项是正确的？

A. 因黄某同意飞跃公司的免责声明，可免除飞跃公司的赔偿责任

B. 黄某有权要求飞跃公司承担赔偿责任

C. 黄某有权依据《消费者权益保护法》获得双倍赔偿

D. 黄某可同时提起侵权之诉和违约之诉

解析：本题的考点是合同免责条款的效力，答案为 B 项。飞跃公司在安装程序中加入的免责声明，属于格式条款中的免责条款。该免责条款属于“一揽子”免责，完全排除了飞跃公司的责任，而且在软件安装说明书中并未以合理方式提请用户注意该免责条款，因此，该免责条款应为无效，飞跃公司应当承担赔偿责任。但飞跃公司并不构成欺诈，不能适用《消费者权益保护法》中的双倍赔偿。同时，我国法不允许受害人同时提起侵权之诉和违约之诉，只能选择其一。

二、法定免责事由

法定免责事由是指法律明文规定的当事人对其违约行为不承担违约责任的条件。在我国法上，违约责任的法定免责事由包括不可抗力、债权人的过错以及法律规定的其他免责事由等。

（一）不可抗力

不可抗力是指不能预见、不能避免并不能克服的客观现象（《民法典》第 180 条第 2 款）。当然，在现代社会，随着科技的飞速发展以及当事人商业经验积累的增加，极少事情是不能预见的。事实上，不能预见的要件是不能要求约定那些发生可能性极低或者非常低的事件。所以，不可抗力的侧重点是不能避免且不能克服的客观现象。一般来说，不可抗力包括以下三种情况：(1) 自然灾害，如地震、台风、洪水、干旱、海啸等；(2) 政府行为，即当事人在订立合同后，政府颁布新政策、新法律和新措施；(3) 社会异常事件，如战争、罢工、骚乱、瘟疫等。

不可抗力影响合同履行的范围和程度不同的，因此，应区分不同情况认定其效力。如果不可抗力导致合同完全不能履行的，则全部免除责任；如果只是导致合同部分不能履行的，则只能在部分不能履行的范围内免责。当然，如果法律规定不可抗力不能免责的，则其不能作为免责事由（《民法典》第 590 条第 1 款）。

由于不可抗力涉及违约责任的免除，对当事人之间的权利义务影响巨大，而且对方未必清楚和知道不可抗力及其影响，这就会给对方的交易及其后续安排造成不确定的影响或者损失。因此，作为合同当事人之间合作义务的体现以及基于效率的要求，《民法典》第 590 条第 1 款规定，因不可抗力不能履行合同的，应当及时通知对方，以减轻可能给对方造成的损失，并应当在合理期限内提供证明。

当然，作为合理的合同风险分配以及避免产生不合理地损害当事人利益的情况，如果不可抗力是在履行迟延期间发生的，那么免除违约责任就是不合理的。因为双方当事人承受合同履行期间因不可抗力免除违约责任的后果符合其预期，否则当事人就会承受太多不能事先考量的风险。正是其于此，《民法典》第 590 条第 2 款规定，当事人迟延履行后发生不可抗力的，不免除其违约责任。

（二）债权人的过错

债权人的过错是指债权人对债务人不履行合同或履行合同不符合约定具有过错。换言之，债权人的过错是造成债权人损失的原因。严格地说，若此时债务人只是在表面上有违约行为，实际上其并不构成违约行为，债务人当然无须承担违约责任。例如，在客运合同中，承运人能够证明伤亡是由旅客故意或者重大过失造成的，则可以免除承运人的赔偿责任（《民法典》第

823条）；在货运合同中，承运人证明货物的毁损、灭失是因托运人或收货人的过错造成的，承运人不承担赔偿责任（《民法典》第832条）。

（三）法律规定的其他免责事由

除上述法定免责事由，《民法典》针对具体合同还规定了一些特别的免责事由。例如，对于运输过程中货物的毁损、灭失是因货物本身的自然性质或者合理损耗而造成的，承运人不承担赔偿责任（《民法典》第832条）；因仓储物本身的自然性质、包装不符合约定或者超过有效储存期造成仓储物变质、损坏的，保管人不承担赔偿责任（《民法典》第917条）。

第四节　违约责任的形式

一、继续履行

继续履行又称实际履行，是指违约方根据非违约方的请求继续履行合同规定的义务的违约责任形式。继续履行是一种独立的违约责任形式，也是我国违约责任的任意性救济方式。继续履行是一种能够实现违约方合同目的的优越责任形式，其以非违约方的请求为条件，以原合同约定的义务为内容，不依附于任何其他责任形式。同时，继续履行可以与赔偿损失、支付违约金并用。

继续履行责任形式的适用，因债务性质的不同而有所区别。例如，对于金钱债务，法律允许采取继续履行的形式。如《民法典》第579条规定，当事人一方未支付价款、报酬、租金、利息，或者不履行其他金钱债务的，对方可以请求其支付。而对于非金钱债务，法律基于债务的性质、成本高低以及现代法治价值考量的考虑，可以排除某些情况下继续履行的适用。例如，依据《民法典》第580条第1款的规定，当事人一方不履行非金钱债务或者履行非金钱债务不符合约定的，对方可以要求履行，但有下列情形之一的除外：(1) 法律上或者事实上不能履行；(2) 债务的标的不适于强制履行或者履行费用过高；(3) 债权人在合理期限内未要求履行。所谓法律不能履行，主要是指在法律上不可能继续履行，如由于法律的规定，房屋不能进行产权过户手续等；所谓事实上履行不能，是标的物已经灭失或者毁损而不能履行；所谓债务标的不适合强制履行，主要是指由于涉及人身等因素而基于反对人身奴役等现代法治理念而不能强制履行；所谓履行费用过高，主要是指履行所导致的成本与履行所取得的收益相比严重不成比例，如为了履行交付货物的合同而需要从国外进口昂贵的货物等；债权人在合理期限内未请求履行即意味着其放弃了此种权利，而且合理期限内未请求履行也已经使对方产生了不请求继续履行的合理信赖。当然，合理期限须根据合同的性质以及当事人的具体语境进行判断。

依据《民法典》第580条第2款的规定，具备不能履行的情形之一，致使不能实现合同目的的，人民法院或者仲裁机构可以根据当事人的请求终止合同权利义务关系，但是不影响违约责任的承担。这一规定表明，在合同不能履行而导致不能实现合同目的时，违约方也可以通过司法途径解除合同，但不影响其违约责任的承担。这一规定有助于在守约方不解除合同的情况下，通过违约方解除合同，打破合同僵局。

应当指出的是，在当事人一方不履行债务或者履行债务不符合约定，根据债务的性质不得强制履行的，对方可以请求其负担由第三人替代履行的费用（《民法典》第581条）。

例题 112　合同当事人一方违约后，守约方要求其承担继续履行的违约责任，在下列哪些情况下法院对守约方的请求不予支持？

A. 违约方所负债务为非金钱债务　　B. 债务的标的不适于强制履行

C. 继续履行费用过高　　D. 违约方已支付违约金或赔偿损失

解析：本题的考点是继续履行责任的适用，答案为 B、C 项。在债务的标的不适于强制履行或履行费用过高时，不应适用继续履行的责任形式。对于非金钱债务，只有在法律有特别规定的情况下，才不适用继续履行的责任形式。在违约方承担支付违约金或赔偿损失的责任形式后，继续履行仍可适用。

二、赔偿损失

（一）赔偿损失的含义与分类

赔偿损失是指违约方依据合同的约定或者法律的规定承担的赔偿对方当事人所受损失的责任形式。赔偿损失是最重要的违约责任形式，既可以单独适用，也可以与其他责任形式并用。

从赔偿损失的依据和来源看，赔偿损失分为包括约定损害赔偿和法定损害赔偿。所谓约定损害赔偿，是指当事人在订立合同时，预先约定一方违约时应当向另一方支付一定数额的赔偿金或约定违约损害赔偿的计算方法（《民法典》第 585 条）。所谓法定损害赔偿，是指当事人在合同中没有约定损害赔偿的金额或者计算方法或者当事人损害赔偿的约定无效时，法律规定的由违约方因其违约行为而向非违约方承担的损失赔偿的责任。

（二）完全赔偿原则

完全赔偿是违约责任中赔偿损失的基本理念，其意在通过损害赔偿使非违约方置于与合同履行时相同的地位，是公平原则在损害赔偿中的应用。《民法典》第 584 条中规定："当事人一方不履行合同义务或者履行合同义务不符合约定，造成对方损失的，损失赔偿额应当相当于因违约所造成的损失，包括合同履行后可以获得的利益。"这一条规定是赔偿损失的完全赔偿原则的具体体现。可见，完全赔偿的范围包括现实的财产损失和可得利益的损失。现实的财产损失包括标的物的灭失、为准备履行合同而支出的费用、停工损失、为减少违约损失而支出的费用等；可得利益的损失主要是指在合同适当履行后可以实现和取得的财产利益。若受害方能够举证证明其遭受的可得利益的损失确实是由违约方的违约行为造成的，违约方就应当赔偿这些损失。

虽然赔偿损失的责任形式应当坚持完全赔偿原则，但也不是绝对的，应受到合理预见、减轻损失、过失相抵、损益相抵等规则的限制。

1. 合理预见规则。合理预见规则是指违约方对因其违约所造成的损失所承担的赔偿责任的范围，不得超过违约一方订立合同时预见到或应当预见到的因违约可能造成的损失（《民法典》第 584 条）。在适用合理预见规则时，应注意以下几点：首先，合理预见的主体是违约方而非守约方；其次，合理预见的时间点是合同订立时，而非违约时；最后，合理预见中的损失是"可能造成的损失"，而非确定造成的损失。对此，需要结合合同的各方面因素加以认定。

2. 减轻损失规则。减轻损失规则是指对因债权人一方的原因而扩大的损失，违约方不承担赔偿责任。依据《民法典》第 591 条的规定，当事人一方违约后，对方应采取适当措施防止损失的扩大；没有采取适当措施，致使损失扩大的，不得就扩大的损失请求赔偿。当事人为防止损失扩大而支出的合理费用，应当由违约方承担。减轻损失规则是合同当事人之间基于诚实信用原则的合作义务的必然要求，能够减少违约可能产生的整体损失，符合效率的要求。减轻损失规则要求非违约方采取合理措施降低违约方的损失，如及时地将可能将漏油的木桶更换为不漏油的木桶。此外，接受对方的合理指示也是一种适当措施。例如，如果买受人有正当理由拒绝接受在其控制下的货物，而该货物有易腐烂或有迅速贬值的危险，且出卖人在拒绝接受地点没有营业地或代理人，则买受人就有义务遵循出卖人关于货物的合理指示。

3. 过失相抵规则。过失相抵规则是指受害方对违约损失的发生或扩大亦有过失时，可以减轻或免除违约方的赔偿责任。依据《民法典》第592条第2款的规定，当事人一方违约造成对方损失，对方对损失的发生有过错的，可以减少相应的损失赔偿额。过失相抵规则符合公平原则的要求，也是因果关系的具体体现。

4. 损益相抵规则。损益相抵规则是指债权人基于与损失发生的同一赔偿原因而受有利益时，其所能请求赔偿的数额应为从损失额中扣减其所受利益的差额。也就是说，依损益相抵规则，违约方仅能就债权人因此所受的损失与受有利益之间的差额承担赔偿责任。关于损益相抵规则，《民法典》并没有规定，但司法实践中承认这一规则，如买卖合同当事人一方因对方违约而获有利益，违约方有权主张从损失赔偿额中扣除该部分利益。

（三）完全赔偿的具体计算方法

完全赔偿的具体计算方法有两种：一种是抽象计算方法，另一种是具体计算方法。前者是指仅仅斟酌普通因素的计算方法，后者是指兼顾斟酌普通因素以及特别因素的计算方式。普通因素是指某类损害共同存在的因素，不考虑受害人的特别因素；特别因素是因受害人的不同而有差别的具体因素。

1. 抽象计算方法

违约损害赔偿中的抽象计算方法是指在债务人不再履行原给付义务的情况下，债权人可以请求赔偿合同价格与给付标的的市场价格的差额。其学理依据主要是，为实现债权人的期待利益，应当肯定其对于债务人的给付的金钱价值或金钱给付享有权利。抽象计算方法的适用以债务人构成违约责任、合同已被解除、债权人未从事替代交易或替代交易不宜作为计算的基础以及给付标的有市场价格为前提。抽象计算方法是依市场价格进行损害赔偿，其市场价格原则上应以合同解除时为标准，标准地应为履行地或其他合理的替代交易地。市场价格损害赔偿的公式就是市场价格与合同价格之间的差额。如果市场价格高于合同价格，应当按照市场价格与合同价格之间的差额给予赔偿；如果市场价格等于或者低于合同价格，其就没有损害，最多可以获得象征性赔偿。市场价格确定的时间在预期违约且当事人主张损害赔偿时，以守约方知道违约的时间为准，而在实际违约时以违约时为准。

2. 具体计算方法

具体计算方法就是替代交易。替代交易是非常重要的计算方法，具有接近合同履行后的地位、增加确定性、阻止或最小化间接损失的社会成本、有效分配市场风险等优势。尽管我国法律以及司法实践基于各种原因没有规定替代交易的计算方法，但并不影响其实际的作用或者功能。替代交易必须合理，合理的判断是根据诚信原则判断守约方是否进行合理的价格搜寻。在网络时代，此种替代交易的合理性的判断相对比较容易。

三、支付违约金

违约金是指合同约定在一方当事人不履行合同或履行合同不符合约定时应当支付给另一方当事人的一定数额的金钱。违约方承担支付违约金的责任，须合同中或法律中有关于违约金的规定，同时违约方的违约行为属于应支付违约金的情形。当事人在合同中约定的违约金，既可以是确定的数额，也可以是阶梯式数额。前者如甲方违约须支付乙方 10 万人民币违约金。后者如甲方如果在 10 月 1 日前不履行，须向乙方支付总价款 10%的违约金；11 月 1 日前不履行，须支付总价款 15%的违约金。

违约金具有预定损害赔偿金的性质，而违约损害赔偿实行完全赔偿原则。因此，如果当事人约定的违约金与违约损失存在较大的差距的，法律允许对违约金予以调整。依据《民法典》585 条第 2 款的规定，约定的违约金低于造成的损失的，人民法院或者仲裁机构可以根据当事人的请求予以增加；约定的违约金过分高于造成的损失的，人民法院或者仲裁机构可以根据当事人的请求予以适当减少。

违约金的适用条件不同，其与其他违约责任能否并用的情形也不一样。例如，违约金与赔偿损失不能并用，因为两者的性质相同。但是，如果当事人就迟延履行约定违约金的，违约方支付违约金后，还应当履行债务（《民法典》第 585 条第 3 款）。

例题 113 甲与乙签订房屋买卖合同，将一幢房屋卖与乙。双方约定，一方违约应支付购房款 35%的违约金。但在交房前甲又与丙签订合同，将该房卖予丙，并与丙办理了过户登记手续。下列说法中哪些是正确的？

A. 乙可以自己与甲签订的合同在先，主张甲与丙签订的合同无效

B. 乙有权要求甲收回房屋，实际履行合同

C. 乙不能要求甲实际交付该房屋，但可要求甲承担违约责任

D. 若乙要求甲支付约定的违约金，甲可以请求人民法院或仲裁机构予以适当减少

解析：本题的考点是合同的效力、违约责任，答案为 C、D 项。在一物二卖的情况下，合同均为有效，但按照物权的优先效力，物权优先于债权得到实现，因此，丙取得了房屋的所有权，乙无权要求甲收回房屋，只能要求甲承担违约责任。如果合同约定的违约金过分高于实际损失的，违约方可以请求法院或仲裁机构适当减少。

四、违约定金

《民法典》没有将定金作为合同的担保方式加以规定，而是在“违约责任”中将违约定金作为违约责任的一种形式加以规定。为方便对定金的理解，这里将定金制度一并加以阐述。

（一）定金的含义

定金是指当事人为了担保合同的订立、成立、生效以及履行，约定由当事人一方先行支付给对方一定数额的金钱或者其他替代物的法律制度。

定金具有以下特点。

第一，定金的标的物为金钱或其他替代物。定金担保属于物的担保中的金钱担保，但定金的标的物除金钱外，也可以是其他替代物。

第二，定金具有从属性。定金合同依附于主合同而存在，随主合同债权的存在而存在，随主合同债权的消灭而消灭。

第三，定金的成立具有实践性。定金是由当事人约定的，但只有当事人关于定金的约定，而无定金的实际交付，定金担保并不能成立。只有当事人将定金实际交付给对方，定金才能成立。

第四，定金具有预先支付性。定金的支付须在合同订立之时，或者在合同订立之后至合同履行之前，不可能在合同不履行或履行之后才支付。

第五，定金具有双边担保性。定金同时担保合同双方当事人的债权。换言之，基于公平，法律设定了定金罚则，即交付定金的一方不履行债务的，丧失定金；而收受定金的一方不履行债务的，则应双倍返还定金。

（二）定金的种类

关于定金的种类，除《民法典》所规定的违约定金外，司法实践中还存在立约定金、成约定金、解约定金。

1. 立约定金

立约定金是指当事人为了保证正式订立合同而在合同订立前交付的定金。立约定金是担保合同订立而存在的，因此，其常与预约合同并存。在立约定金中，当事人约定以交付定金作为订立合同担保的，给付定金的一方拒绝订立主合同的，无权要求返还定金；收受定金一方拒绝订立主合同的，应当双倍返还定金。

2. 成约定金

成约定金是指当事人约定的作为合同成立或生效要件的定金。在成约定金中，当事人约定以交付定金作为主合同成立或生效要件的，给付定金的一方未支付定金，但主合同已经履行或者已经履行主要部分的，不影响主合同的成立或者生效。

3. 解约定金

解约定金是指当事人约定的以承受定金罚则作为行使合同解除权代价的定金。在解约定金中，定金交付后，交付定金的一方可以按照合同的约定以丧失定金为代价而解除主合同，收受定金的一方可以双倍返还定金为代价而解除主合同。

4. 违约定金

违约定金是当事人约定以担保合同履行为目的且以承受定金罚则为内容而支付的定金。依据《民法典》第586条规定，当事人可以约定一方向对方给付定金作为债权的担保。这里所规定的定金即为违约定金。

（三）定金合同的成立

定金通过当事人的协议订立，当事人约定定金的协议为定金合同。定金合同为实践合同，因此，定金合同自实际交付定金时成立（《民法典》第586条第1款）。

在定金合同中，当事人约定的定金数额须符合法律规定。依据《民法典》第586条第2款的规定，定金的数额由当事人约定；但是，不得超过主合同标的额的20%，超过部分不产生定金的效力。实际交付的定金数额多于或者少于约定数额的，视为变更约定的定金数额。

例题114 甲向乙订购15万元货物，双方约定：“乙收到甲的5万元定金后，即应交付全部货物。”合同订立后，乙在约定时间内只收到甲的2万元定金。下列说法哪一个是正确的？

A. 实际交付的定金少于约定数额的，视为定金合同不成立

B. 实际交付的定金少于约定数额的，视为定金合同不生效

C. 实际交付的定金少于约定数额的，视为变更约定的定金数额

D. 当事人约定的定金数额超过合同标的额20%的，定金合同无效

解析：本题的考点是定金交付的数额及效力，答案为C项。当事人实际交付的定金数额多于或者少于约定数额的，应视为变更约定的定金数额。同时，当事人约定的定金数额超过合同标的额20%的，只是超过部分无效，并不是整个定金合同无效。

（四）违约定金的效力

依据《民法典》第587条的规定，违约定金的效力主要体现在如下方面。

第一，证约效力。违约定金是主合同的担保，具有从属性。因此，违约定金的成立具有证明主合同存在的效力。

第二，预先给付的效力。在债务人履行债务后，定金应当抵作价款或者收回。因为定金并不是主合同的给付内容。因此，在债务人履行债务后，定金的担保作用即已消灭。在此情况下，定金可以抵作合同的价款，也可以收回。如果定金抵作价款的，则定金具有预先给付的效力。当然，定金虽然具有预先给付的效力，但其与预付款是不同的。

第三，定金罚则的适用。这是违约定金的最基本效力，也是其担保属性的重要表现，当然也是一种违约责任形式。依据《民法典》第587条的规定，定金罚则体现在：给付定金的一方不履行债务，或者履行债务不符合约定，致使不能实现合同目的的，无权请求返还定金；收受定金的一方不履行债务，或者履行债务不符合约定，致使不能实现合同目的的，应当双倍返还定金。

（五）违约金与违约定金并存时的处理

在当事人于同一份合同中既约定违约金又约定违约定金时，如何处理两者的关系对双方的利益都有重要影响。对此，《民法典》第588条规定，当事人既约定违约金，又约定定金的，一方违约时，对方可以选择适用违约金或者定金条款。这意味着，当事人不能同时请求适用违约金和定金条款，而只能择一适用。因为如果两者同时适用，可能会造成超越补偿性界限的惩罚甚或过度惩罚。但是，约定的定金不足以弥补一方违约造成的损失的，对方可以请求赔偿超过定金数额的损失。

五、其他补救措施

其他补救措施是指矫正合同履行不符合约定，使履行缺陷得以消除的具体措施。依据《民法典》第582条的规定，债务人履行不符合约定的，应当按照当事人的约定承担违约责任。若对违约责任没有约定或者约定不明确的，依据《民法典》第510条的规定仍不能确定的，受损害方根据标的的性质以及损失的大小，可以合理选择请求对方承担的修理、更换、重作、退货、减少价款或者报酬等违约责任。这里的修理、更换、重作、退货、减少价款或者报酬等都属于补偿措施。同时，在合同履行的数量、地点、方式等不符合约定时，违约方采取适当的措施予以补偿，也属于补偿措施。

引读案例解答

1.（1）甲在履行期限届满前，向乙明确表示到期将不履行债务，这已构成了违约。这种违约行为是在履行期届满前发生的，属于预期违约。（2）对于甲的预期违约，乙可以采取两种措施：一是等到履行期届满后要求甲承担违约责任，二是在履行期届满前要求甲承担违约责任。

2.（1）定金的数额不得超过主合同标的额的20%。定金数额超过主合同标的额20%的，超过部分无效。因此，甲提供的定金担保只能在主合同标的额20%的数额内成立。（2）在违约定金中，只有在履行债务不符合约定致使不能实现合同目的时，才能适用定金罚则。乙已经交付了95%的煤炭，尚缺部分也于12月底交货，这种迟延履行的违约行为并没有导致合同目的不能实现，因此，甲无权要求乙双倍返还定金。

课堂讨论案例

1.2015年2月，甲与乙订立了一份买卖20吨某型号钢锭的合同。按照合同约定，钢锭每吨1万元，合同总价款20万元，乙应当在2015年9月1日之前向甲提供钢锭。合同订立时，甲向乙预付10万元，其余价款货到付清。甲向乙交付5万元定金。双方还约定如有违约，则违约方需要向对方支付合同总价款5%的违约金。合同订立后，甲交付10万元预付款与5万元定金。由于钢材市场价格不断攀升，乙便与甲协商加价，但甲不同意。于是乙便不想履行与甲的合同了。履行期届满后，乙未向甲交付钢锭。急于使用钢锭的甲不断派人催促乙履行合同，因此支出2 000元费用。后甲威胁乙，如果不履行合同，便将此事公之于众。乙考虑到自己的商业信用，便同意继续履行合同。经过协商，双方同意于2015年11月1日之前将合同履行完毕。2015年10月6日，乙交付了10吨钢锭。2015年11月1日，钢锭价格已经上升至1.2万元/吨，乙便通知甲，拒绝交付剩下的钢锭。甲几次催促，但乙仍不履行，甲只好从丙处购进了10吨钢锭，价值为1.2万元/吨。

问：（1）甲能否请求乙交付剩下的10吨钢锭？（2）甲有权请求乙返还多少定金？（3）甲能否解除合同？（4）甲有权要求乙赔偿多少损失？（5）甲在请求乙双倍返还定金之后，能否再要求乙支付违约金？（6）甲有权请求乙支付违约金的数额是多少？

2.甲公司与乙公司签订了一份手机买卖合同，约定：甲公司供给乙公司某型号手机1 000部，每部单价1 000元，乙公司支付定金30万元，任何一方违约应向对方支付合同总价款30%的违约金。合同签订后，乙公司向甲公司支付了30万元定金，并将该批手机转售给丙公司，每部单价1 100元，指明由甲公司直接交付给丙公司。但甲公司未按约定期限交货。请回答以下问题：

（1）关于返还定金和支付违约金，乙公司向甲公司提出请求，下列表述中正确的是？

A. 请求甲公司双倍返还定金60万元并支付违约金30万元

B. 请求甲公司双倍返还定金40万元并支付违约金30万元

C. 请求甲公司双倍返还定金60万元或者支付违约金30万元

D. 请求甲公司双倍返还定金40万元或者支付违约金30万元

（2）关于甲公司违约时继续履行债务，下列表述中错误的是？

A. 乙公司在请求甲公司支付违约金以后，就不能请求其继续履行债务

B. 乙公司在请求甲公司支付违约金的同时，还可请求其继续履行债务

C. 乙公司在请求甲公司继续履行债务以后，就不能请求其支付违约金

D. 乙公司可选择请求甲公司支付违约金，或请求其继续履行债务

（3）关于甲、乙、丙公司间违约责任的承担，下列表述中正确的是？

A. 如乙公司未向丙公司承担违约责任，则丙公司有权请求甲公司向自己承担违约责任

B. 如乙公司未向丙公司承担违约责任，则丙公司无权请求甲公司向自己承担违约责任

C. 如甲公司迟延向丙公司交货，则丙公司有权请求乙公司承担迟延交货的违约责任

D. 如甲公司迟延向丙公司交货，则丙公司无权请求乙公司承担迟延交货的违约责任

重点思考习题

1. 如何认识违约责任的归责原则?
2. 违约行为有哪些具体形态?
3. 违约责任的法定免责事由有哪些?
4. 如何对违约的赔偿损失进行限制?
5. 违约金如何进行调整?
6. 违约定金罚则如何适用?

第四编

合同分论

第二十二章 典型合同（上）

引读案例

1. 8月3日，甲将自己的电视机借给乙使用。几天后，甲又买了一台新电视机。9月4日，甲、乙商定，甲以1 000元的价格将旧电视机卖给乙，9月10日之前，乙付清款项。但在9月6日，该电视机被雷电击坏。请分析以下问题：(1) 甲、乙的买卖合同何时成立？(2) 电视机的所有权是否转移于乙？(3) 电视机的损失应由谁承担？(4) 乙应否支付电视机的款项？

2. 甲、乙于某年3月签订了买卖合同，约定：甲向乙提供价值200万元的设备一台，货到后付款，丙在该买卖合同书上以保证人的身份签名。5月30日，乙收到设备，但未付款。11月20日，甲要求丙承担保证责任，丙未履行保证债务。请分析以下问题：(1) 甲、丙之间的保证合同是否成立？(2) 若保证合同成立，丙提供的保证是何种方式的保证？(3) 若保证合同成立，保证期间应如何计算？(4) 若保证合同成立，丙应否承担保证责任？

3. 甲急于找房子住，不顾乙的房子属于危房，急切之下与乙达成口头协议，约定甲以每年200元的价格租赁乙的房屋，租期为3年。合同签订后，甲要求乙修缮房屋，乙拒绝。请分析以下问题：(1) 如何确定租赁合同的期限？(2) 乙应否承担租赁物的瑕疵担保责任？(3) 甲是否有权解除租赁合同？

4. 甲需要乙生产的一套A型设备，因一时拿不出购买该设备的资金，于是找到丙协商，由丙购买该设备并直接租给甲使用。甲、乙、丙三方经协商签订如下内容的合同：由丙支付给乙货款600万元；乙将生产的A型设备代办托运给甲；甲承租该设备使用，期限为8年，每年租金100万元。请分析以下问题：(1) 该合同属于何种类型的合同？(2) 若设备存在瑕疵，甲应向谁主张瑕疵担保责任？(3) 甲收到设备后，能否以设备存在瑕疵为由拒绝支付租金？

法律职业资格考试要点

买卖合同的含义、当事人的权利和义务、标的物风险负担和利益承受的确定；特种买卖合同的特殊效力；供用电合同的含义、当事人的权利和义务；赠与合同的含义、当事人的权利和义务、终止、附义务的赠与合同；金融机构借款合同的含义、当事人的权利和义务，自然人借款合同的特殊规则；保证合同中当事人的权利义务、保证责任的承担；租赁合同的含义、当事人的权利和义务、租赁合同的特别效力、风险负担；融资租赁合同的含义、当事人的权利和义务；保理合同的含义、当事人的权利义务

第一节　买卖合同

一、买卖合同的含义

依据《民法典》第595条的规定，买卖合同是指出卖人转移标的物的所有权于买受人，买受人支付价款的合同。买卖合同的内容一般包括标的物的名称、数量、质量、价款、履行期限、履行地点和方式、包装方式、检验标准和方法、结算方式、合同使用的文字及其效力等条款（《民法典》第596条）。

买卖合同具有以下特点。

第一，买卖合同是出卖人转移财产所有权的合同。在买卖合同中，出卖人须将标的物的所有权转移给买受人。如果因出卖人未取得处分权致使标的物所有权不能转移的，不影响买卖合同的效力，但买受人可以解除合同并请求出卖人承担违约责任。法律、行政法规禁止或者限制转让的标的物，依照其规定（《民法典》第597条）。

第二，买卖合同是买受人支付价款的合同。出卖人出卖标的物的目的在于取得价款，买受人须向出卖人支付价款方能取得标的物的所有权。

第三，买卖合同是双务合同、有偿合同。在买卖合同中，买卖双方互负对待给付义务，即买受人的权利就是出卖人的义务，买受人的义务就是出卖人的权利。同时，买卖合同是以等价有偿的方式转让标的物的所有权，即出卖人转移标的物的财产所有权于买受人，买受人向出卖人支付价款，因而买卖合同是双务合同、有偿合同。买卖合同是典型的有偿合同，因此，法律对其他有偿合同没有规定的，可以参照适用买卖合同的有关规定（《民法典》第646条）。

第四，买卖合同是诺成合同、不要式合同。在一般情况下，买卖合同自双方当事人意思表示一致即可成立，并不以标的物的交付为合同的成立条件，因而买卖合同是诺成合同。同时，除法律另有规定或当事人另有约定外，买卖合同的成立不需要具备一定的形式，因而买卖合同属于不要式合同。

二、买卖合同的效力

（一）出卖人的主要义务

依据《民法典》第598条的规定，出卖人应当履行向买受人交付标的物或者交付提取标的物的单证，并转移标的物所有权的义务。同时，出卖人应就标的物承担物的瑕疵担保义务和权利瑕疵担保义务。

1. 交付标的物或交付提取标的物的单证

在买卖合同中，出卖人应当按照合同的约定或法律的规定将标的物或提取标的物的单证交付于买受人。同时，依据《民法典》第599条的规定，出卖人应当按照约定或者交易习惯向买受人交付提取标的物的单证以外的有关单证和资料。

出卖人交付标的物，应当符合以下要求。

（1）出卖人应当按照约定的时间交付标的物。约定交付期限的，出卖人可以在该交付期限内的任何时间交付（《民法典》第601条）。当事人没有约定标的物的交付期限或者约定不明确的，应当依据《民法典》第510条、第511条第4项规定的补充性规则确定（《民法典》第602条）。

（2）出卖人应当按照约定的地点交付标的物。依据《民法典》第603条的规定，当事人对交付地点没有约定或者约定不明确的，依据《民法典》第510条规定的补充性规则仍不能确定的，适用下列规定：1）标的物需要运输的，出卖人应当将标的物交付给第一承运人以运交给买受人。这里的所谓“标的物需要运输的”，是指标的物由出卖人负责办理托运，承运人系独立于买卖合同当事人之外的运输业者的情形。2）标的物不需要运输，出卖人和买受人订立合同时知道标的物在某一地点的，出卖人应当在该地点交付标的物；不知道标的物在某一地点的，应当在出卖人订立合同时的营业地交付标的物。

（3）出卖人应当按照约定的质量要求交付标的物。出卖人提供有关标的物的质量说明的，交付的标的物应当符合该说明的质量要求（《民法典》第615条）。当事人对标的物的质量要求没有约定或者约定不明确的，依据《民法典》第510条、第511条第1项规定的补充性规则确定（《民法典》第616条）。出卖人交付的标的物不符合质量要求的，买受人请求其承担违约责任（《民法典》第617条）。

（4）出卖人应当按照约定的包装方式交付标的物。当事人对包装方式没有约定或者约定不明确，依据《民法典》第510条的规定仍不能确定的，应当按照通用的方式包装；没有通用方式的，应当采取足以保护标的物且有利于节约资源、保护生态环境的包装方式（《民法典》第619条）。

（5）出卖人应当按照约定的数量交付标的物。出卖人多交标的物的，买受人可以接收或者拒绝接收多交的部分。但买受人接收多交部分的，按照约定的价格支付价款；买受人拒绝接收多交部分的，应当及时通知出卖人（《民法典》第629条）。

2. 转移标的物的所有权

买卖合同以转移标的物的所有权为目的，因此，出卖人负有将标的物的所有权转移给买受人的义务。依据《民法典》的规定，不动产所有权自登记时转移（第209条）；动产所有权自交付时起转移，但法律另有规定或者当事人另有约定的除外（第224条）。

出卖人在转移标的物所有权时，可以约定所有权保留。依据《民法典》第641条的规定，当事人可以在买卖合同中约定买受人未履行支付价款或者其他义务的，标的物的所有权属于出卖人。出卖人对标的物保留的所有权，未经登记，不得对抗善意第三人。可见，所有权具有担保功能。所有权保留应当遵循如下规则：（1）买卖标的物所有权保留仅适用于动产。（2）当事人约定所有权保留，在标的物所有权转移前，买受人有下列情形之一，对出卖人造成损害，出卖人有权主张取回标的物：1）未按约定支付价款的，经催告后在合理期限内仍未支付；2）未按约定完成特定条件的；3）将标的物出卖、出质或者作出其他不当处分的。在前述情形，出卖人可以与买受人协商取回标的物；协商不成的，可以参照适用担保物权的实现程序（《民法典》第642条）。（3）出卖人取回标的物后，买受人在双方约定的或者出卖人指定的合理回赎期间内，消除出卖人取回标的物的事由的，可以请求回赎标的物。买受人在回赎期限内没有回赎标的物的，出卖人可以以合理价格将标的物出卖给第三人，出卖所得价款扣除买受人未支付的价款以及必要费用后仍有剩余的，应当返还买受人；不足部分由买受人清偿（《民法典》第643条）。

出卖人出卖具有知识产权的标的物的，除法律另有规定或者当事人另有约定的以外，该标的物的知识产权不属于买受人（《民法典》第600条）。

3. 物的瑕疵担保义务

物的瑕疵担保义务是指出卖人就出卖的标的物本身所存在的瑕疵对买受人所负担的担保义务。出卖人违反这一义务的，应当承担违约责任，这种责任为物的瑕疵担保责任。依据《民法典》第618条的规定，买卖合同约定减轻或者免除出卖人对标的物的瑕疵担保责任，因出卖人故意或者因重大过失不告知买受人标的物的瑕疵的，出卖人无权主张减轻或者免除责任。

物的瑕疵担保责任成立后，发生以下法律后果：(1) 出卖人应当承担违约责任，如修理、更换、退货、减少价款或报酬等。(2) 因标的物不符合质量要求，致使合同目的不能实现时，买受人可以拒绝接受标的物或者解除合同（《民法典》第 610 条）。买受人解除买卖合同的，应注意以下三种情形：其一，依据《民法典》第 631 条的规定，因标的物的主物不符合约定而解除合同的，解除合同的效力及于从物；但标的物的从物因不符合约定被解除的，解除的效力不及于主物。其二，依据《民法典》第 632 条的规定，标的物为数物，其中一物不符合约定的，买受人可以就该物解除合同，但该物与他物分离使标的物的价值显受损害的，买受人可以就数物解除合同。其三，依据《民法典》第 633 条的规定，出卖人分批交付标的物的，出卖人对其中一批标的物不交付或者交付不符合约定，致使该批标的物不能实现合同目的的，买受人可以就该批标的物解除；出卖人对其中一批标的物不交付或者交付不符合约定，致使今后其他各批标的物的交付不能实现合同目的的，买受人可以就该批以及今后其他各批标的物解除；买受人如果就其中一批标的物解除，该批标的物与其他各批标的物相互依存的，可以就已经交付和未交付的各批标的物解除。

4. 权利瑕疵担保义务

依据《民法典》第 612 条的规定，权利瑕疵担保义务是指出卖人就交付的标的物负有保证第三人不得向买受人主张任何权利的义务。出卖人违反权利瑕疵担保义务的，应承担违约责任，这种违约责任为权利瑕疵担保责任。依据《民法典》第 613 条的规定，买受人订立合同时知道或者应当知道第三人对买卖标的物享有权利的，出卖人不承担权利瑕疵担保责任。

权利瑕疵担保责任成立后，发生以下法律后果：(1) 买受人有权要求减少价款或者解除合同；(2) 买受人遭到损害的，有权要求出卖人赔偿损失；(3) 买受人可以中止支付相应的价款，除非出卖人提供适当的担保（《民法典》第 614 条）。

5. 标的物回收义务

依照法律、行政法规的规定或者按照当事人的约定，标的物在有效使用年限届满后应予回收的，出卖人负有自行或者委托第三人对标的物予以回收的义务（《民法典》第 625 条）。

（二）买受人的主要义务

1. 支付价款

价款是买受人获取标的物所有权的对价，因此，支付价款是买受人的主要义务。买受人支付价款应当符合以下要求。

(1) 买受人应当按照约定的数额和支付方式支付价款。当事人对价款的数额和支付方式没有约定或者约定不明确的，应当依据《民法典》第 510 条、第 511 条第 2 项和第 5 项规定的补充性规则确定（《民法典》第 626 条）。

(2) 买受人应当按照约定的地点支付价款。当事人对支付地点没有约定或者约定不明确的，依据《民法典》第 510 条的规定仍不能确定的，买受人应当在出卖人的营业地支付。但是，约定支付价款以交付标的物或者交付提取标的物单证为条件的，在交付标的物或者交付提取标的物单证的所在地支付（《民法典》第 627 条）。

(3) 买受人应当按照约定的时间支付价款。当事人对支付时间没有约定或者约定不明确的，依据《民法典》第 510 条的规定仍不能确定的，买受人应当在收到标的物或者提取标的物单证的同时支付（《民法典》第 628 条）。

2. 按约定接受标的物

对于出卖人交付的标的物及其有关权利和凭证，买受人有及时受领义务。买受人无正当理由拒绝接受出卖人交付的标的物的，应负迟延受领的违约责任。

依据《民法典》的规定，买受人收到标的物时，应当在约定的检验期限内检验；没有约定检验期限的，应当及时检验（《民法典》第620条）。若约定的检验期限过短，根据标的物性质和交易习惯，买受人在检验期限内难以完成全面检验的，该期限仅视为对外观瑕疵的异议期限；约定的检验期限或质量保证期短于法律、行政法规规定期限的，以法律、行政法规规定的期限为准（《民法典》第622条）。当事人对检验期限未作约定，买受人签收的送货单、确认单等载明标的物数量、型号、规格的，推定买受人已经对数量和外观瑕疵进行检验，但是有相关证据足以推翻的除外（《民法典》第623条）。买受人检验后，应当将标的物的数量或质量不符合约定的情形通知出卖人。依据《民法典》第621条的规定，买受人的通知时间分三种情况确定：（1）当事人约定检验期限的，买受人应当在检验期限内将标的物的数量或者质量不符合约定的情形通知出卖人。买受人怠于通知的，视为标的物的数量或者质量符合约定。（2）当事人没有约定检验期限的，买受人应当在发现或者应当发现标的物的数量或者质量不符合约定的合理期限内通知出卖人。买受人在合理期限内未通知或者自标的物收到之日起2年内未通知的，视为标的物的数量或者质量符合约定；但是，对标的物有质量保证期的，适用质量保证期，不适用2年期限的规定。（3）出卖人知道或者应当知道提供的标的物不符合约定的，买受人不受前述两种通知时间的限制。

在出卖人依照买受人的指示向第三人交付标的物时，出卖人和买受人约定的检验标准与买受人和第三人约定的检验标准不一致的，以出卖人和买受人约定的检验标准为准（《民法典》第624条）。

三、买卖合同标的物的风险负担与利益承受

（一）买卖合同标的物的风险负担

买卖合同标的物的风险负担是指买卖合同订立后，标的物因不可归责于任何一方当事人的事由而毁损、灭失的风险由哪一方当事人负担。对于买卖合同标的物的风险负担，当事人可以约定；当事人未约定的，按照下列规则确定。

第一，标的物毁损、灭失的风险，在标的物交付之前由出卖人承担，交付之后由买受人承担，但是法律另有规定或者当事人另有约定的除外（《民法典》第604条）。

第二，因买受人的原因致使标的物不能按照约定的期限交付的，买受人应当自违反约定之日起承担标的物毁损、灭失的风险（《民法典》第605条）。

第三，出卖人出卖交由承运人运输的在途标的物，除当事人另有约定的以外，毁损、灭失的风险自合同成立时起由买受人承担（《民法典》第606条）。

第四，出卖人按照约定将标的物运送至买受人指定地点并交付给承运人后，标的物毁损、灭失的风险由买受人承担，但是当事人另有约定的除外。当事人没有约定交付地点或者约定不明确，依据《民法典》第603条第2款第1项的规定标的物需要运输的，自出卖人将标的物交付给第一承运人后，标的物毁损、灭失的风险由买受人承担（《民法典》第607条）。

第五，出卖人按照约定或者依据《民法典》第603条第2款第2项规定将标的物置于交付地点，买受人违反约定没有收取的，自买受人违反约定之日起标的物毁损、灭失的风险由买受人承担（《民法典》第608条）。

第六，因标的物质量不符合质量要求致使不能实现合同目的，买受人拒绝接受标的物或者解除合同的，标的物毁损、灭失的风险由出卖人承担（《民法典》第610条）。

在买卖合同标的物风险负担中，应当注意以下两个问题：一是出卖人按照约定未交付有关标的物的单证和资料的，不影响标的物毁损、灭失风险的转移（《民法典》第609条）；二是标

的物毁损、灭失的风险由买受人承担的，不影响出卖人履行义务不符合约定，买受人要求其承担违约责任的权利（《民法典》第611条）。

例题115 甲公司借用乙公司的一套设备，在使用过程中不慎损坏一关键部件，于是甲公司提出买下该套设备，乙公司同意出售。双方还口头约定在甲公司支付价款前，乙公司保留该套设备的所有权。不料在支付价款前，甲公司生产车间失火，造成包括该套设备在内的车间所有财物被烧毁。对此，下列哪些选项是正确的？

A. 乙公司已经履行了交付义务，风险负担应由甲公司承担

B. 在设备被烧毁时，所有权属于乙公司，风险负担应由乙公司承担

C. 设备虽然已经被烧毁，但甲公司仍然需要支付原定价款

D. 双方关于该套设备所有权保留的约定应采用书面形式

解析：本题的考点是买卖标的物的风险负担、所有权保留，答案为A、C项。甲公司与乙公司就购买设备达成一致，买卖合同生效。同时，双方又口头约定乙公司保留设备的所有权。该口头约定并不违反法律的规定，应为有效。在买卖合同中，关于标的物的风险负担，除法律另有规定或者当事人另有约定外，在标的物交付之前由出卖人承担，交付之后由买受人承担。甲公司在买卖合同生效前，即已占有设备，因此，乙公司是通过简易交付的方式履行交付义务的。在此情况下，风险负担应由甲公司承担。既然风险负担应当由甲公司承担，甲公司就仍然需要支付原定价款。

（二）买卖合同标的物的利益承受

买卖合同标的物的利益承受是指在合同成立后标的物所生的孳息的归属。依据《民法典》第630条的规定，标的物在交付之前产生的孳息，归出卖人所有；交付之后产生的孳息，归买受人所有。但是，当事人另有约定的除外。

四、特种买卖合同

（一）分期付款买卖合同

分期付款买卖合同是指出买人将标的物交付给买受人，买受人将其应付的总价金按照一定的期限分批向出卖人支付的买卖合同。分期付款买卖合同的特殊性在于，买卖合同成立之后，出卖人将标的物交付给买受人，而买受人则依合同约定分期支付价款。所谓“分期付款”，是指买受人将应付的总价款在一定期间内至少分三次向出卖人支付。

在分期付款买卖合同中，当事人可以约定买受人未支付全部或部分价款的，标的物的所有权保留于出卖人。同时，依据《民法典》第634条的规定，分期付款的买受人未支付到期价款的数额达到全部价款的1/5的，经催告后在合理期限内仍未支付到期价款的，出卖人可以请求买受人支付全部价款或解除合同。出卖人解除合同的，可以向买受人请求支付该标的物的使用费。

例题116 甲将其1辆汽车出卖给乙，约定价款30万元。乙先付了20万元，余款在6个月内分期支付。在分期付款期间，甲先将汽车交付给乙，但明确约定付清全款后甲才将汽车的所有权移转给乙。嗣后，甲又将该汽车以20万元的价格卖给不知情的丙，

并以指示交付的方式完成交付。下列哪一表述是正确的？

A. 在乙分期付款期间，汽车已经交付给乙，乙即取得汽车的所有权

B. 在乙分期付款期间，汽车虽然已经交付给乙，但甲保留了汽车的所有权，故乙不能取得汽车的所有权

C. 丙对甲、乙之间的交易不知情，可以依据善意取得制度取得汽车所有权

D. 丙不能依甲的指示交付取得汽车所有权

解析：本题的考点是分期付款买卖中的所有权保留，答案为B项。甲、乙之间的买卖为分期付款买卖并约定了所有权保留条款。因此，即使汽车已经交付给乙，汽车的所有权也没有转移给乙。因甲仍享有对汽车的所有权，故甲将汽车出卖给丙，不能适用善意取得。甲将汽车出卖给丙，因汽车为乙所占有，故甲可依指示交付方式交付汽车。

（二）凭样品买卖合同

凭样品买卖合同是指以一定的样品所具有的质量作为合同标的物的质量标准和凭据的买卖合同。凭样品买卖合同的特殊性在于，标的物质量的确定标准是当事人选定的样品的质量。

依据《民法典》第635条的规定，凭样品买卖的当事人应当封存样品，并可以对样品质量予以说明，出卖人交付的标的物应当与样品及其说明的质量相同。但是，如果买受人不知道样品有隐蔽瑕疵的，即使交付的标的物与样品相同，出卖人交付的标的物仍然应当符合同种物的通常标准（《民法典》第636条）。

（三）试用买卖合同

试用买卖合同是指合同成立时出卖人将标的物交付买受人试用，买受人在一定期限内使用后决定是否购买的买卖合同。试用买卖合同的特殊性在于，这种合同属于附生效条件的合同，出卖人应将标的物交付给买受人试用，最终是否同意购买取决于买受人的意愿。

依据《民法典》第637条的规定，试用买卖合同的试用期限由当事人约定；当事人对试用期限没有约定或约定不明，依据《民法典》第510条规定的补充性规则仍不能确定的，由出卖人确定。在试用买卖合同中，买受人在试用期内可以购买标的物，也可以拒绝购买标的物。试用期限届满，买受人对是否购买标的物未作表示的，视为购买。买受人在试用期内已经支付部分价款或者对标的物实施了出卖、出租、设定担保物权等非行为的，视为同意购买（《民法典》第638条）。

在试用买卖中，当事人没有约定使用费或者约定不明确，出卖人无权主张买受人支付使用费（《民法典》第639条）。同时，标的物在试用期内毁损、灭失的风险由出卖人承担（《民法典》第640条）。

例题117 甲乙签订一份试用买卖合同，但没有约定试用期。之后，双方对是否购买标的物没有达成协议。下列哪些说法是正确的？

A. 试用买卖合同没有约定试用期的，应适用法律规定的6个月试用期

B. 试用买卖合同没有约定试用期的，如果不能按照民法典的规定加以确定，应由出卖人确定

C. 试用期限届满，买受人对是否购买标的物未作表示的，视为购买

D. 试用期间，买受人没有对质量提出异议的，则应当购买标的物

解析：本题的考点是试用买卖合同，答案为B、C项。试用买卖合同没有约定试用期，按照民法典规定也无法确定试用期的，应由出卖人确定试用期，并没有6个月试用期的规定。试用期限届满后，是否购买标的物是买受人的权利，但买受人对是否购买标的物未作表示的，视为购买。

（四）招标投标买卖合同

招标投标买卖合同是指由招标人向数人或公众发出招标通知或公告，在诸多投标人中选择自己认为最优的投标人并与之订立的买卖合同。招标投标买卖合同的特殊性在于，参加投标的各投标人相互并不知道他人投标的内容，投标人在投标时间截止后，也不得改变、撤回投标。

依据《民法典》第644条的规定，招标投标买卖的当事人的权利和义务以及招标投标程序等，依照有关法律、行政法规的规定。

（五）拍卖合同

拍卖合同是指以公开竞价的形式，将特定物品转让给最高应价者的买卖合同。拍卖合同的特殊性在于，相互竞争的竞买人都知道对方提出的条件，并且可以随时改变自己所提出的条件。每个竞买人所提出的条件随他人提出更优的条件而失去效力。

依据《民法典》第645条的规定，拍卖的当事人的权利和义务以及拍卖程序等，依照有关法律、行政法规的规定。

五、互易合同的法律适用

互易合同又称易物交易，是指当事人双方约定以货币以外的财物进行交换的合同。互易合同的特殊性在于，双方直接以物换物，而不是以货币换物。由于互易合同具备买卖合同的基本属性，所以，依据《民法典》第647条的规定，当事人约定易货交易，转移标的物的所有权的，参照买卖合同的有关规定。互易合同成立后，当事人双方都负有交付标的物并转移所有权、接受标的物、瑕疵担保等义务，具体规则参照适用买卖合同的有关规定（《民法典》第646条）。

第二节　供用电、水、气、热力合同

一、供用电、水、气、热力合同的含义

供用电、水、气、热力合同是指由当事人约定，供方在一定期限内向用方供给一定种类、质量和数量的电、水、气、热力，供方给付价金的合同。供用电合同的内容一般包括供电的方式、质量、时间，用电容量、地址、性质，计量方式，电价、电费的结算方式，供用电设施的维护责任等条款。

供用电、水、气、热力合同具有以下特点。

第一，供用电、水、气、热力合同的目的具有公益性。供用电、水、气、热力合同的供方一般是具有一定垄断地位的以提高公共生活水平等公益事业为目标的公用供用企业，而非纯粹以营利为目的的企业。供用电、水、气、热力合同的标的物为电、水、气、热力，是生产和生活的特殊的必需品，而非一般的商品。供用电、水、气、热力合同的消费对象为一般的社会公

众，而非某些特殊阶层。因此，这类合同的目的具有公益性。

第二，供用电、水、气、热力合同的履行具有连续性。在供用电、水、气、热力合同中，用方订立合同目的的实现，需要供方持续不断地履行合同义务，因此，此类合同的履行具有连续性。

第三，供用电、水、气、热力合同是格式合同。供用电、水、气、热力合同的条款一般由供方制定，用方往往只能附合合同条款，因此，此类合同属于格式合同。

第四，供用电、水、气、热力合同是诺成合同、双务合同、有偿合同。供用电、水、气、热力合同自双方当事人意思表示一致时成立，不以交付标的物为成立条件。合同成立后，双方均负对待给付义务，任何一方取得权利均须支付相应的对价。因此，此类合同属于诺成合同、双务合同、有偿合同。

二、供用电合同

依据《民法典》第648条的规定，供用电合同是指供电人向用电人供电，用电人支付电费的合同。

（一）供电人的主要义务

在供电合同中，供电人负有以下主要义务。

第一，按照约定地点供电的义务。依据《民法典》第650条的规定，供用电合同的履行地点，按照当事人的约定；当事人没有约定或者约定不明确的，供电设施的产权分界处为履行地点。

第二，安全供电的义务。依据《民法典》第651条的规定，供电人应当按照国家规定的供电质量标准和约定安全供电。供电人未按照国家规定的供电质量标准和约定安全供电而造成用电人损失的，应当承担损害赔偿责任。

第三，中断供电的通知义务。依据《民法典》第652条的规定，供电人因供电设施计划检修、临时检修、依法限电或者用电人违法用电等原因，需要中断供电时，应当按照国家有关规定事先通知用电人；未事先通知用电人中断供电，造成用电人损失的，应当承担赔偿责任。

第四，及时抢修的义务。依据《民法典》第653条的规定，因自然灾害等原因断电，供电人应当按照国家有关规定及时抢修；未及时抢修，造成用电人损失的，应当承担赔偿责任。

（二）用电人的义务

在供电合同中，用电人负有以下主要义务。

第一，交付电费的义务。依据《民法典》第654条的规定，用电人应当按照国家有关规定和当事人的约定及时支付电费。用电人逾期不支付电费的，应当按照约定支付违约金。经催告用电人在合理期限内仍不支付电费和违约金的，供电人可以按照国家规定的程序中止供电。供电人依法中止供电的，应当事先通知用电人。

第二，安全用电的义务。依据《民法典》第655条的规定，用电人应当按照国家有关规定和当事人的约定安全、节约和计划用电。用电人未按照国家有关规定和当事人的约定安全用电，造成供电人损失的，应当承担赔偿责任。

例题118　九华公司在未接到任何事先通知的情况下突然被断电，遭受重大经济损失。下列哪些情况下供电公司应承担赔偿责任？

A. 因供电设施检修中断供电　　B. 为保证居民生活用电而拉闸限电

C. 因九华公司违法用电而中断供电　　D. 因电线被超高车辆挂断而断电

解析：本题的考点是供电人中断供电的责任，答案为A、B、C、D项。供电人因供电设施检修、依法限电、用电人违法用电等原因需要中断供电时，应当事先通知用电人。否则，造成用电人损失的，供电人应当承担损害赔偿责任。同时，因电线被超高车辆挂断而断电属于第三人的原因导致中断供电的违约，应由供电人承担违约责任。

三、供用电、水、气、热力合同的法律适用

供用电、水、气、热力合同在权利、义务上具有相似性，因此，供用电合同的法律规则，供用水、气、热力等合同也可以参照适用（《民法典》第656条）。

第三节　赠与合同

一、赠与合同的含义

依据《民法典》第657条的规定，赠与合同是指赠与人将自己的财物无偿给予受赠人，受赠人表示接受赠与的合同。

赠与合同具有以下特点。

第一，赠与合同是转移财产所有权的合同。赠与合同是赠与人将其所有的财产无偿转移给受赠人的合同，赠与的法律后果是转移财产的所有权。

第二，赠与合同是无偿合同、单务合同。在赠与合同中，赠与人依约无偿转移赠与物的所有权于受赠人，受赠人取得赠与物的所有权不必向赠与人为对待给付。同时，赠与人仅负担将赠与物无偿交付给受赠人的义务，而受赠人仅享受接受赠与物的权利。因此，赠与合同是无偿合同、单务合同。

第三，赠与合同是诺成合同、不要式合同。赠与合同自双方当事人意思表示一致时即成立，不以赠与财产的交付为成立条件，因此，赠与合同是诺成合同。就赠与合同的形式而言，法律并未要求采取特定的形式，因此，赠与合同应为不要式合同。

例题119　甲欠丙800元到期无力偿还，乙替甲还款，并对甲说："这800元就算给你了。"甲称将来一定奉还。事后甲还了乙500元。后二人交恶，乙要求甲偿还余款300元，甲则以乙已送自己800元为由要求乙退回500元。下列哪种说法是正确的？

A. 甲应再还300元

B. 乙应退回500元

C. 乙不必退回甲500元，甲也不必再还乙300元

D. 乙应退还甲500元及银行存款同期利息

解析：本题的考点是赠与合同的成立，答案为A项。赠与合同是双方行为，须双方意思表示一致才能成立。乙对甲有赠与的意思表示，但甲并没有受赠的意思表示，双方意思表示不一致，故赠与合同不成立，甲应再还300元。

二、赠与合同的效力

（一）赠与人的义务

在赠与合同中，赠与人负有以下主要义务。

第一，交付赠与财产的义务。赠与人应当按照约定将赠与财产的所有权交给受赠人，这是赠与人的基本义务。赠与人将赠与财产交付受赠人后，赠与财产的所有权即发生转移，但依据《民法典》第659条的规定，赠与的财产依法需要办理登记等手续的，应当办理有关手续。

第二，赠与财产的瑕疵担保义务。赠与财产有瑕疵的，赠与人不承担责任。但是，赠与人故意不告知瑕疵或保证无瑕疵，造成受赠人损失的，应当承担赔偿责任（《民法典》第662条）。

例题120　赵某将一匹易受惊吓的马赠给李某，但未告知此马的习性。李某在用该马拉货的过程中，雷雨大作，马受惊狂奔，将行人王某撞伤。下列哪一选项是正确的？

A. 应由赵某承担全部责任

B. 应由李某承担责任

C. 应由赵某与李某承担连带责任

D. 应由李某承担主要责任，赵某也应承担一定的责任

解析：本题的考点是赠与人的瑕疵担保责任，答案为B项。赵某将易受惊吓的马赠与李某，并不存在故意不告知瑕疵或保证无瑕疵的情形，故赵某不承担赠与物的瑕疵担保责任。李某作为动物的饲养人，应当对饲养动物所造成的损害承担赔偿责任。

（二）受赠人的权利

在赠与合同中，受赠人享有以下主要权利。

第一，无偿取得赠与财产的权利。赠与合同是无偿合同，受赠人取得赠与财产无须支付对价，因此，受赠人享有无偿取得赠与财产的权利。

第二，请求交付赠与物的权利。受赠人可以要求赠与人交付赠与物，但若赠与人撤销赠与的，受赠人不能请求交付赠与物。依据《民法典》第660条的规定，经过公证的赠与合同或者依法不得撤销的具有救灾、扶贫、助残等公益、道德义务性质的赠与合同，赠与人不交付赠与财产的，受赠人可以请求交付。依据前述规定应当交付的赠与财产因赠与人故意或者重大过失致使毁损、灭失的，赠与人应当承担赔偿责任。

例题121　神牛公司在H省电视台主办的赈灾义演募捐现场举牌表示向S省红十字会捐款100万元，并指明此款专用于S省B中学的校舍重建。事后，神牛公司仅支付50万元。对此，下列哪一选项是正确的？

A. H省电视台、S省红十字会、B中学均无权请求神牛公司支付其余50万元

B. S省红十字会、B中学均有权请求神牛公司支付其余50万元

C. S省红十字会有权请求神牛公司支付其余50万元

D. B中学有权请求神牛公司支付其余50万元

解析：本题的考点是受赠人请求交付赠与财产的权利，答案为C项。神牛公司向S省红十字会捐款，用于S省B中学的校舍重建，这种赠与合同属于具有公益性质的赠与合同。在这一合同中，赠与人神牛公司不履行交付赠与财产的义务，受赠人S省红十字会有权要求赠与人交付赠与财产。由于S省B中学只是赠与合同的受益人，而不是赠与合同的主体，所以，S省B中学无权要求神牛公司交付赠与财产。

三、赠与合同的终止

（一）赠与合同的任意撤销

赠与合同的任意撤销是指赠与人在赠与财产的权利转移给受赠人之前，可以基于自己单方的意思而撤销赠与合同。依据《民法典》第658条的规定，赠与人在赠与财产的权利转移之前可以撤销赠与。但是，对于经过公证的赠与合同或者依法不得撤销具有救灾、扶贫、助残等公益、道德义务性质的赠与合同，赠与人不得任意撤销。

（二）赠与合同的法定撤销

赠与合同的法定撤销是指在赠与合同生效后，赠与人或赠与人的继承人、法定代理人基于法定事由依法行使撤销权而撤销赠与合同。

1. 赠与人的法定撤销

依据《民法典》第663条的规定，受赠人有下列情形之一的，赠与人可以撤销赠与合同：（1）严重侵害赠与人或者赠与人的近亲属的合法权益；（2）对赠与人有扶养义务而不履行；（3）不履行赠与合同约定的义务。赠与人的撤销权，自赠与人知道或者应当知道撤销原因之日起1年内行使。

2. 赠与人的继承人或法定代理人的法定撤销

依据《民法典》第664条的规定，因受赠人的违法行为致使赠与人死亡或者丧失民事行为能力的，赠与人的继承人或者法定代理人可以撤销赠与合同。这种撤销权，自赠与人的继承人或法定代理人知道或者应当知道撤销原因之日起6个月内行使。

3. 赠与合同法定撤销权的行使方法及效力

撤销权人撤销赠与合同的，应当向受赠人发出撤销的通知。自通知到达受赠人时，赠与合同即告消灭。赠与合同撤销后，赠与财产未交付的，赠与人无须再交付；赠与财产已交付的，赠与人可以向受赠人请求返还赠与的财产（《民法典》第665条）。

例题122 甲曾表示将赠与乙5 000元，且已实际交付乙2 000元，后乙在与甲之子丙的一次纠纷中，将丙殴成重伤。下列说法哪些是正确的？

A. 甲可以撤销对乙的赠与

B. 丙可以要求撤销其父对乙的赠与

C. 丙应在被殴伤6个月内行使撤销权

D. 甲有权请求乙返还已赠与的2 000元

解析：本题的考点是赠与合同的法定撤销，答案为A、D项。受赠人乙将赠与人甲的儿子丙打成重伤，甲享有赠与合同的法定撤销权。因此，甲可以撤销对乙的赠与，并有权要求乙返还已赠与的2 000元。

（三）赠与合同的法定解除

依据《民法典》第666条的规定，赠与合同的法定解除是指当赠与人的经济状况显著恶化，严重影响其生产经营或者家庭生活时，赠与人可以不再履行赠与义务。赠与人不再履行赠与义务，也就意味着赠与人解除了赠与合同，而不论是一般赠与合同还是公益赠与合同。

例题123　郭某意外死亡，其妻甲怀孕两个月。郭某父亲乙与甲签订协议："如把孩子顺利生下来，就送十根金条给孩子。"当日乙把8根金条交给了甲。孩子顺利出生后，甲不同意由乙抚养孩子，乙拒绝交付剩余的两根金条，并要求甲退回8根金条。下列哪些选项是正确的?

A. 孩子为胎儿，不具备权利能力，故协议无效

B. 孩子已出生，故乙不得拒绝赠与

C. 8根金条已交付，故乙不得要求退回

D. 两根金条未交付，故乙有权不交付

解析：本题的考点是赠与合同的效力，答案为B、C项。本题中，甲、乙所订立的合同应认定为赠与合同，孩子的出生仅为合同生效的条件，因此，该合同为附条件赠与合同。该赠与合同并不存在无效事由，应为有效合同。因孩子已经出生，赠与合同生效，乙不得拒绝赠与，对于已经交付的8根金条，也不得要求退回。至于尚未交付的两根金条，乙是否有权不再交付，应取决于赠与的性质。如果认定该赠与具有道德义务的性质，则乙无权不交付。

四、附义务的赠与合同

附义务的赠与合同又称附负担的赠与合同，是指受赠人负有一定的给付义务的赠与合同。附义务的赠与合同的特殊性在于，赠与合同使受赠人负担一定的给付义务。受赠人所负给付义务的受益人可以是赠与人，也可以是特定的第三人或者不特定的社会公众。

依据《民法典》第661条的规定，赠与可以附义务，赠与附义务的，受赠人应当按照约定履行义务。一般来说，受赠人履行其义务仅限于受赠财产的价值限度内。如果赠与所附的义务超出赠与财产的价值，则对于超出部分，受赠人没有履行的义务；受赠人不履行赠与所附义务的，赠与人或者所附义务的受益人有权要求受赠人履行或者撤销赠与。

在附义务的赠与合同中，受赠人履行约定的义务虽然不构成其接受赠与财产的对价，但对受赠人也是一种负担。因此，依据《民法典》第662条的规定，于附义务的赠与，赠与的财产有瑕疵的，赠与人在附义务的限度内承担与出卖人相同的瑕疵担保责任。

例题 124 甲将300册藏书送给乙，并约定乙不得转让给第三人，否则甲有权收回藏书。其后甲向乙交付了300册藏书。下列哪一说法是正确的？

A. 甲与乙的赠与合同无效，乙不能取得藏书的所有权

B. 甲与乙的赠与合同无效，乙取得了藏书的所有权

C. 甲与乙的赠与合同为附条件的合同，乙不能取得藏书的所有权

D. 甲与乙的赠与合同有效，乙取得了藏书的所有权

解析：本题的考点是附义务的赠与合同，答案为D项。甲将300册藏书送给乙，双方成立了赠与合同。该赠与合同中虽然约定有"乙不得转让给第三人"的内容，但并不违反法律的规定，应为有效。该赠与合同所附的内容是为受赠人设定的义务，故该赠与合同为附义务的赠与合同，而不是附条件的赠与合同。甲将图书交付给乙后，乙取得了图书的所有权。

第四节　借款合同

一、借款合同的含义

依据《民法典》第667条的规定，借款合同是指借款人向贷款人借款，到期返还借款并支付利息的合同。借款合同的内容一般包括借款种类、币种、用途、数额、利率、期限和还款方式等条款（《民法典》第668条第2款）。

借款合同具有以下特点。

第一，借款合同的标的物为金钱。借款合同的标的物是一种作为特殊种类物的金钱，其他财产不能成为借款合同的标的物。

第二，借款合同是以转让标的物所有权为目的的合同。借款合同是以金钱为标的物的，当贷款人将金钱交给借款人后，金钱的所有权就发生了转移，借款人可以处分所取得的金钱。在借款合同终止时，借款人仅需偿还同等数量的金钱，无须返还原物。

第三，借款合同一般是有偿合同，也可以是无偿合同。在实践中，借款合同主要发生在金融机构与借款人之间。金融机构放出贷款总是有利息的，因此，以金融机构为贷款人的借款合同原则上为有偿合同，但如果借款合同对支付利息没有约定的，视为没有利息。（《民法典》第680条第2款）。而自然人之间的借款合同，当事人双方可以约定利息，也可以不约定利息，当事人对支付利息没有约定或者约定不明确的，借款合同为无偿合同。

第四，借款合同一般是诺成合同，但自然人之间的借款合同为实践合同。金融机构借款合同自贷款人与借款人意思表示一致时成立，不以贷款人交付借款为成立条件，因此，金融机构借款合同是诺成合同。但依据《民法典》第679条的规定，自然人之间的借款合同，自贷款人提供借款时成立，因此，自然人之间的借款合同是实践合同。

第五，借款合同一般是要式合同，但自然人之间的借款合同可以为不要式合同。依据《民法典》第668条第1款的规定，借款合同应当采用书面形式，但是自然人之间借款另有约定的除外。可见，金融机构借款合同属于要式合同，而自然人之间的借款合同可以为要式合同，也

可以基于约定而为不要式合同。

二、金融机构借款合同

（一）金融机构借款合同的订立

金融机构借款合同是指以金融机构作为贷款人向借款人提供借款，借款人到期返还借款并支付利息的合同。

金融机构借款合同的订立，除应遵循合同订立的一般规则外，还应遵守一些特殊的规定。例如，贷款人可以要求借款人提供担保，借款人应当按照贷款人的要求提供与借款有关的业务活动和财务状况的真实情况（《民法典》第 669 条）。

（二）金融机构借款合同的效力

1. 贷款人的主要义务

（1）按期、足额提供贷款的义务。贷款人未按照约定的日期、数额提供借款，造成借款人损失的，应当赔偿损失（《民法典》第 671 条第 1 款）。

（2）不得预先在本金中扣除利息的义务。依据《民法典》第 670 条的规定，借款的利息不得预先在本金中扣除。利息预先在本金中扣除的，应当按照实际借款数额返还借款并计算利息。

2. 借款人的主要义务

（1）按照约定收取借款的义务。借款人未按照约定的日期、数额收取借款的，应当按照约定的日期、数额支付利息（《民法典》第 671 条第 2 款）。

（2）按照约定用途使用借款的义务。借款合同对借款用途有约定的，借款人应当按照约定用途使用借款。依据《民法典》第 672 条的规定，贷款人按照约定，有权检查、监督借款的使用情况；借款人应当按照约定向贷款人定期提供有关财务会计报表等资料。借款人未按照约定的借款用途使用借款的，贷款人可以停止发放借款、提前收回借款或者解除合同（《民法典》第 673 条）。

（3）按照约定支付利息的义务。依据《民法典》第 674 条的规定，借款人应当按照约定的期限支付利息。借款合同对支付利息的期限没有约定或约定不明确，依据《民法典》第 510 条规定的补充性规则仍不能确定的，借款期间不满 1 年的，应当在返还借款时一并支付；借款期间为 1 年以上的，应当在每届满 1 年时支付，剩余期间不满 1 年的，应在返还借款时一并支付。借款合同对支付利息约定不明确，当事人不能达成补充协议的，按照当地或当事人的交易方式、交易习惯、市场利率等因素确定利息（《民法典》第 680 条第 3 款）。

（4）按照约定返还借款的义务。依据《民法典》的规定，借款人应当按照约定的期限返还借款；借款合同对借款的期限没有约定或者约定不明确的，依据《民法典》第 510 条规定的补充性规则仍不能确定的，借款人可以随时返还，贷款人可以催告借款人在合理期限内返还（第 675 条）；借款人未按照约定的期限返还借款的，应当按照约定或者国家有关规定支付逾期利息（第 676 条）；借款人提前偿还借款的，除当事人另有约定外，应当按照实际借款的期间计算利息（第 677 条）；借款人可以在还款期限届满前向贷款人申请展期，贷款人同意的，可以展期（第 678 条）。

例题 125 张某从银行贷得 80 万元用于购买房屋，并以该房屋设定了抵押。在借款期间，房屋被洪水冲毁。张某尽管生活艰难，仍想方设法还清了银行贷款。下列哪一观点可以成立？

A. 甲认为，房屋被洪水冲毁属于不可抗力，张某无须履行还款义务。

B. 乙认为，张某已不具备还贷能力，无须履行还款义务。

C. 丙认为，张某对房屋的毁损没有过错，且此情况不止一家，银行应将贷款作坏账处理。

D. 丁认为，张某与银行的贷款合同并未因房屋被冲毁而消灭。

解析：本题的考点是金融机构借款合同的效力，答案为D项。张某与银行之间存在借款合同和抵押两种法律关系。房屋被洪水冲毁属于不可抗力，抵押财产已不存在，故抵押关系消灭。但抵押财产的灭失并不能影响张某的还款义务。

三、自然人之间的借款合同

自然人之间的借款合同是指借款合同的双方当事人都为自然人的借款合同。与金融机构借款合同相比，自然人之间的借款合同具有以下特殊规则：其一，自然人之间的借款合同为要式合同，除非当事人另行约定。其二，自然人之间的借款合同为实践合同，自出借人提供借款时成立、生效。其三，自然人之间的借款合同可以约定利息，也可以不约定利息。未约定利息的，视为不支付利息；利息约定不明的，出借人也不能主张支付利息（《民法典》第680条）。同时，当事人约定的利息应当符合国家有关规定。对此，《民法典》第680条规定，严格禁止高利放贷，借款的利率不得违反国家有关规定。

例题126 公民甲与乙书面约定甲向乙借款5万元，未约定利息，也未约定还款期限。下列说法哪些是正确的？

A. 借款合同自乙向甲提供借款时生效

B. 乙有权随时要求甲返还借款

C. 乙可以要求甲按银行同期同类贷款利率支付利息

D. 经乙催告，甲仍不还款，乙有权主张逾期利息

解析：本题的考点是自然人之间的借款合同，答案为A、B、D项。甲、乙间成立的是自然人之间的借款合同，为实践合同，自贷款人提供借款时成立。由于甲、乙的借款合同没有约定利息和还款期限，因而，乙无权要求甲按银行同期同类贷款利率支付利息，但有权随时要求甲偿还借款。尽管乙无权要求甲按银行同期同类贷款利率支付利息，但有权要求甲支付催告后的逾期利息。

第五节 保证合同

一、保证合同的含义

保证合同是为保障债权的实现，保证人和债权人约定，当债务人不履行到期债务或者发生

当事人约定的情形时，保证人履行债务或者承担责任的合同。

保证合同具有以下特点。

第一，保证合同具有从属性。保证的从属性主要表现在以下方面：(1) 保证合同是主债权债务合同的从合同。主债权债务合同无效，保证合同无效，但是法律另有规定的除外（《民法典》第682条第1款）。(2) 保证的范围与强度从属于主债务，不得大于或者强于主债务。(3) 保证债权随主债权的转移而转移，保证人原则上在原担保的范围内承担保证责任。(4) 保证人的保证债务随主债务人债务的存在而于保证期限内存在。因此，主债务人转移主债务的，除保证人明确表示对债务转移承担保证责任外，保证人的保证债务消灭。(5) 保证债务随主债务的消灭而消灭。主债务因清偿等原因消灭的，保证债务当然也就消灭；主债务因合同解除而消灭的，保证债务也应当消灭。

第二，保证合同具有相对独立性。保证合同的相对独立性主要表现在以下方面：(1) 保证合同约定的债务的范围可以与主债务的范围不同。(2) 保证人享有独立的抗辩权，如一般保证中的先诉抗辩权。(3) 主债务人与债权人之间的诉讼判决的效力不当然及于保证人。(4) 保证合同无效，不影响主债权的效力。保证合同被确认无效后，债务人、保证人、债权人有过错的，应当根据其过错各自承担相应的民事责任（《民法典》第682条第2款）。

第三，保证合同具有无偿性、单务性、要式性。保证人的保证债务不以从债权人处取得一定财产权利为条件，债权人也无须支付任何代价而对保证人享有保证债权。在保证当事人双方之间，只有保证人一方负担义务而不享有权利，而债权人一方只享有权利而不负担任何义务。因而保证合同具有无偿性、单务性。此外，保证合同具有书面要式性，需要以书面形式订立。

二、保证合同的成立

（一）保证合同应当采取书面形式

依据《民法典》第685条的规定，保证合同可以是单独订立的书面合同，也可以是主债权债务合同中的保证条款。第三人单方以书面形式向债权人作出保证的，债权人接收且未提出异议的，保证合同成立。保证合同的内容一般包括被保证的主债权的种类、数额，债务人履行债务的期限，保证的方式、范围和期间等条款（《民法典》第684条）。

（二）保证人应当具备保证能力

保证能力是民事主体充当保证人的能力，这是保证的主体资格要件。具有代为清偿债务能力的法人、非法人组织或者自然人，可以作为保证人。保证能力包括两个方面的要求：一方面，保证人应当具有民事行为能力。保证人为自然人的，应当具有完全民事行为能力，无民事行为能力人、限制民事行为人不具有保证能力。保证人为法人或非法人组织的，应当依法取得相应的民事行为能力。依据《民法典》第683条的规定，机关法人不得为保证人，但是经国务院批准为使用外国政府或者国际经济组织贷款进行转贷的除外；以公益为目的的非营利法人、非法人组织不得为保证人。另一方面，保证人应当具有代偿能力。由于保证是以自己的财产代债务人清偿债务，因而，保证人应当具有代偿能力。此外，如果法律对保证人的资格有特殊资格要求的，保证人只有具备了这种资格，才能具有保证能力。例如，依据《公司法》第16条的规定，公司为他人提供担保，依照公司章程的规定，由董事会或者股东会、股东大会决议；公司为公司股东或者实际控制人提供担保的，必须经股东会或者股东大会决议。

（三）保证人应当具有明确、真实的承担保证责任的意思表示

保证人应当明确表示承担保证责任。如果第三人仅向债权人提供债务人能够履行债务的信

息，或者向债权人表示债务人能够履行债务，而没有明确表示自己愿意承担保证责任的，则该第三人不为保证人，保证合同不能成立。如果第三人在主合同上以保证人的名义签名或盖章而又无其他的约定，则推定该第三人有担任保证人的意思表示，保证合同成立。

保证人关于保证的意思表示除应当明确外，还必须真实，否则，保证合同不能成立，保证人不承担责任。例如，依据《民法典》第149条的规定，第三人实施欺诈行为，使一方在违背真实意思的情况下实施的民事法律行为，对方知道或者应当知道该欺诈行为的，受欺诈方有权请求人民法院或者仲裁机构予以撤销。若债权人与债务人串通骗取保证人提供保证，或者债权人采取欺诈、胁迫等手段使保证人在违背真实意思的情况下提供保证，或者债务人采取欺诈、胁迫等手段使保证人在违背真实意思的情况下提供保证而债权人知道或者应当知道欺诈、胁迫事实的，保证人均不承担责任。

例题127 根据甲公司的下列哪些“承诺（保证）函”，如乙公司未履行义务，甲公司应承担保证责任？

A. 承诺：“积极督促乙公司还款，努力将丙公司的损失降到最低”

B. 承诺：“乙公司向丙公司还款，如乙公司无力还款，甲公司愿代为清偿”

C. 保证：“乙公司实际投资与注册资金相符”。实际上乙公司实际投资与注册资金不符

D. 承诺：“指定乙公司与丙公司签订保证合同”。乙公司签订了保证合同但拒不承担保证责任

解析：本题的考点是保证的成立，答案为B、C项。A项中，甲公司并没有明确的保证意思表示，不构成保证。B项中，甲公司有明确的承担保证责任的意思表示，构成保证。C项中，甲公司保证乙公司的实际投资与注册资金相符，这属于对注册资金的担保，也可以构成保证。D项中，甲公司只是指定乙公司与丙公司签订保证合同，自己并没有明确的保证意思表示，不构成保证。

三、保证的方式

保证方式分为一般保证与连带责任保证两种。依据《民法典》第686条的规定，当事人在保证合同中对保证方式没有约定或者约定不明确的，按照一般保证承担保证责任。

（一）一般保证

一般保证是指当事人在保证合同中约定，只有在债务人不能履行债务时，保证人才承担保证责任的保证。依据《民法典》第687条的规定，当事人在保证合同中约定，债务人不能履行债务时，由保证人承担保证责任的，为一般保证。在一般保证中，保证人享有先诉抗辩权，即保证人在主合同纠纷未经审判或者仲裁，并就主债务人的财产依法强制执行仍不能履行债务前，有权拒绝承担保证责任，但是有下列情形之一的除外：（1）债务人下落不明，且无财产可供执行；（2）人民法院已经受理债务人破产案件；（3）债权人有证据证明债务人的财产不足以履行全部债务或者丧失履行债务能力；（4）保证人书面表示放弃抗辩权。

（二）连带责任保证

连带责任保证是指债务人在债务履行期限届满而不履行债务时，债权人可以请求债务人履

行债务，也可以请求保证人承担保证责任的保证方式。依据《民法典》第688条的规定，当事人在保证合同中约定保证人和债务人对债务承担连带责任的，为连带责任保证。在连带责任保证中，保证人不享有先诉抗辩权。因此，连带责任保证的债务人不履行到期债务或者发生当事人约定的情形时，债权人可以请求债务人履行债务，也可以请求保证人在其保证范围内承担保证责任。

在一般保证与连带责任保证中，保证人与债权人可以协商订立最高额保证合同，约定在最高债权额限度内就一定期间连续发生的债权提供保证。最高额保证合同除适用《民法典》对保证的规定外，参照适用《民法典》物权编最高额抵押权的有关规定（《民法典》第690条）。同时，保证人可以要求债务人提供反担保（《民法典》第689条）。

四、保证的效力

（一）保证的范围

保证的范围是保证担保的债权范围。依据《民法典》第691条的规定，保证的范围可以由当事人在保证合同中约定。根据保证人承担保证责任范围的不同，保证可以分为有限保证和无限保证；当事人未做约定的，为无限保证。

有限保证是指保证人仅在约定的限度内承担保证责任的保证。在有限保证中，保证人仅于当事人约定的范围内承担保证责任；对于超过约定范围的债务，保证人不负保证责任。当然，基于保证的从属性，当事人约定的保证范围只能较主债务为轻，而不能重于主债务。

无限保证是指当事人对全部债务承担保证责任的保证。无限保证包括两种情形：一是当事人在保证合同中约定对全部债务承担保证责任；二是当事人对保证担保的范围没有明确约定或者约定不明确，从而对全部债务承担保证责任。在无限保证中，保证的范围包括主债权及利息、违约金、损害赔偿金、实现债权的费用。

（二）保证人与债权人之间的关系

1. 债权人的权利

保证合同为单务合同，债权人对保证人仅享有权利而不负给付义务。在主债务人不履行债务时，债权人有权请求保证人承担保证责任。当然，债权人请求权的行使因保证方式的不同而不同：在一般保证中，保证人享有先诉抗辩权，因此，债权人仅在强制执行债务人的财产仍不足以清偿债权时，始可行使该请求权；在连带责任保证中，只要债务人届期不履行债务，债权人即可行使该请求权。

保证有单独保证与共同保证之分。单独保证是保证人只为一人的保证，共同保证是两个以上保证人共同担保同一债务人的同一债务而成立的保证。无论是何种形式的共同保证，都可以为一般保证，也可以为连带责任保证。依据《民法典》第699条的规定，同一债务有两个以上保证人的，保证人应当按照保证合同约定的保证份额，承担保证责任；没有约定保证份额的，债权人可以请求任何一个保证人在其保证范围内承担保证责任。可见，共同保证包括按份共同保证和连带共同保证。保证人之间按照合同约定的保证份额承担保证责任的，为按份共同保证，各保证人仅就自己负担的保证份额承担保证责任。保证人之间约定承担连带责任或者没有约定保证份额的，为连带共同保证，债权人可以要求债务人履行债务，也可以要求任何一个保证人承担全部保证责任。

2. 保证人的权利

保证合同为单务合同，保证人对债权人不享有请求给付的权利，只享有防御性的权利，主要包括以下几项。

（1）主债务人享有的抗辩权。依据《民法典》第701条的规定，一般保证人和连带责任保证人均可主张债务人对债权人的抗辩。债务人放弃抗辩的，保证人仍有权向债权人主张抗辩。此外，主债务诉讼时效期间届满，保证人享有主债务人的诉讼时效抗辩权。

（2）基于一般债务人的地位而享有的权利。在保证合同关系中，保证人为债务人，因而，一般债务人应享有的权利，保证人也应享有。例如，保证债务不成立、保证债务无效或可撤销、保证债务履行期未到、保证债务已消灭等抗辩权，保证人均可行使。

（3）保证人专属的抗辩权。保证人专属的抗辩权是一般保证的保证人所享有的先诉抗辩权，连带责任保证的保证人不享有这种权利。

（4）保证人拒绝承担保证责任的权利。依据《民法典》第702条的规定，债务人对债权人享有抵销权或者撤销权的，保证人可以在相应范围内拒绝承担保证责任。

（三）保证人与债务人之间的关系

依据《民法典》第700条的规定，保证人享有追偿权。保证人承担保证责任后，除当事人另有约定外，有权在其承担保证责任的范围内向债务人追偿，享有债权人对债务人的权利，但是不得损害债权人的利益。

1. 保证人追偿权的成立条件

（1）保证人履行了保证债务。不论是一般保证还是连带责任保证，不论保证债务的内容是代为履行还是赔偿责任，也不论保证人履行了全部债务还是部分债务，只要保证人按照保证合同履行了保证债务，保证人均享有追偿权。

（2）因保证人履行保证债务而使主债务人免责，主债务人不再向债权人履行债务。这里的免责，可以是全部免责，也可以是部分免责。

（3）保证人履行保证债务无过错。保证人在履行保证债务上有过错的，保证人丧失追偿权。例如，如果保证人应行使抗辩权却因其过错未行使，而向债权人履行了保证债务的，保证人即丧失向主债务人追偿的权利。

2. 保证人追偿权的范围

保证人的追偿权成立后，保证人追偿权的范围以其履行保证债务的范围为限，一般应当包括两部分：一是保证人为主债务人向债权人清偿的债务额，但以主债务人因其清偿受免责的数额为限；二是保证人履行保证债务所支出的必要费用，但因保证人的过错而多付出的费用不在此列。

五、保证责任的免除和消灭

（一）保证期间届满

保证期间是确定保证人承担保证责任的期间。保证期间属于除斥期间，不因任何事由发生中断、中止、延长的法律后果。依据《民法典》第692条的规定，保证期间可以由保证人与债权人约定，但是约定的保证期间早于主债务履行期限或者与主债务履行期限同时届满的，视为没有约定；没有约定或者约定不明确的，保证期间为主债务履行期限届满之日起6个月。债权人与债务人对主债务履行期限没有约定或者约定不明确的，保证期间自债权人请求债务人履行债务的宽限期届满之日起计算。

保证期间是保证责任的存续期间，因此，在保证期间内，债权人未请求保证人履行保证债务的，保证人免除保证责任。在一般保证中，保证人享有先诉抗辩权，债权人应当先对主债务人提起诉讼或申请仲裁并对债务人的财产强制执行，才能请求保证人承担保证责任。因此，一般保证的债权人未在保证期间内对债务人提起诉讼或者申请仲裁的，保证人不再承担保证责任。在连带责任保证中，保证人无先诉抗辩权，债权人得不经请求债务人履行债务而使直接请求保证人承担保证责任。因此，连带责任保证的债权人未在保证期间请求保证人承担保证责任的，保证人不再承担保证责任（《民法典》第693条）。

依据《民法典》第694条的规定，一般保证的债权人在保证期间届满前对债务人提起诉讼或者申请仲裁的，从保证人拒绝承担保证责任的权利消灭之日起，开始计算保证债务的诉讼时效期间。连带责任保证的债权人在保证期间届满前请求保证人承担保证责任的，从债权人请求保证人承担保证责任之日起，开始计算保证债务的诉讼时效期间。

（二）未经保证人书面同意加重主债务的债的变更

依据《民法典》第695条的规定，债权人和债务人未经保证人书面同意，协商变更主债权债务合同内容，减轻债务的，保证人仍对变更后的债务承担保证责任；加重债务的，保证人对加重的部分不承担保证责任。债权人和债务人变更主债权债务合同的履行期限，未经保证人书面同意的，保证期间不受影响。

例题128 甲企业与乙银行签订借款合同，借款金额为10万元人民币，借款期限为1年，由丙企业作为借款保证人。合同签订3个月后，甲企业因扩大生产规模急需资金，遂与乙银行协商，将贷款金额增加到15万元，甲企业和乙银行通知了丙企业，丙企业未予答复。后甲企业到期不能偿还债务。该案中的保证责任应如何承担？

A. 丙企业不再承担保证责任，因为甲、乙变更合同条款未得到丙的同意

B. 丙企业对10万元应承担保证责任，增加的5万元不承担保证责任

C. 丙企业应承担15万元的保证责任，因为丙企业对于甲企业和乙银行的通知未予答复，视为默认

D. 丙企业不再承担保证责任，因为保证合同因甲、乙变更了合同的数额条款而致保证合同无效

解析：本题的考点是主合同变更对保证责任的影响，答案为B项。甲、乙变更主合同，增加了甲的债务，甲、乙虽然通知了保证人丙，但并未经丙的同意。因此，丙对增加的5万元债务不承担保证责任，而对原10万元债务仍应承担保证责任。

（三）债权人违反专属保证或债权禁止转让的约定而转让债权

债权人转让全部或者部分债权，未通知保证人的，该转让对保证人不发生效力。保证人与债权人约定禁止债权转让，债权人未经保证人书面同意转让债权的，保证人对受让人不再承担保证责任（《民法典》第696条）。

例题129 甲向乙借款300万元，于某年2月28日到期，丁提供保证担保。后乙从甲处购买价值50万元的货物，双方约定同年4月1日付款。同年10月1日，乙将债权让与丙，并于同月15日通知甲，但未告知丁。对此，下列哪些选项是正确的？

A. 10月1日债权让与在乙丙之间生效

B. 10月15日债权让与对甲生效

C. 10月15日甲可向丙主张抵销50万元

D. 10月15日后丁的保证债务继续有效

解析：本题的考点是债权转让及其对保证的影响，答案为A、B项。乙、丙之间的债权转让，应自双方达成转让协议时生效。债权人转让债权的，只有在通知债务人时，才能对债务人发生效力，并且自债务人接到债权转让通知时生效。债务人接到债权转让通知时，债务人对让与人享有债权，并且债务人的债权先于转让的债权到期或同时到期的，债务人可以向受让人主张抵销。本题中，债务人甲对让与人乙享有的50万债权后于乙对甲享有的300万债权到期，故甲不能对受让人丙主张抵销。在保证期间内，债权人将主债权转让给第三人，未通知保证人的，该转让对保证人不发生效力。

（四）债务人未经保证人书面同意转让主债务

债权人未经保证人书面同意，允许债务人转移全部或者部分债务，保证人对未经其同意转移的债务不再承担保证责任，但是债权人和保证人另有约定的除外。不过，第三人加入债务的，保证人的保证责任不受影响（《民法典》第697条）。

（五）债权人放弃或者怠于行使权利致使主债务人的财产不能被执行

一般保证的保证人在主债务履行期限届满后，向债权人提供债务人可供执行财产的真实情况，债权人放弃或者怠于行使权利致使该财产不能被执行的，保证人在其提供可供执行财产的价值范围内不再承担保证责任（《民法典》第698条）。

第六节　租赁合同

一、租赁合同的含义

依据《民法典》第703条的规定，租赁合同是指出租人将租赁物交付承租人使用、收益，承租人支付租金的合同。租赁合同的内容一般包括租赁物的名称、数量、用途、租赁期限、租金及其支付期限和方式、租赁物维修等条款（《民法典》第704条）。

租赁合同具有以下特点。

第一，租赁合同是转移租赁物的使用、收益权的合同。在租赁合同中，出租人转移的只是租赁物的使用、收益权而非所有权，承租人的目的就是取得租赁物的使用、收益权。依据《民法典》第720条的规定，在租赁期限内因占有、使用租赁物获得的收益，归承租人所有，但是当事人另有约定的除外。

第二，租赁合同是继续性合同。在租赁合同中，承租人为实现合同目的，须持续不断地使用租赁物，出租人也有义务持续地提供和维持租赁物的使用状态，因此，租赁合同为继续性合同。

第三，租赁合同是有期限限制的合同。租赁合同转移的是租赁物的使用、收益权，承租人并不能取得租赁物的所有权，因此，租赁合同应有期限的限制。依据《民法典》第705条的规定，租赁期限不得超过20年；超过20年的，超过部分无效。租赁期限届满，当事人可以续订租赁合同，但约定的租赁期限自续订之日起，不得超过20年。

第四，租赁合同是诺成合同、双务合同、有偿合同。租赁合同自当事人双方意思表示一致时成立，不以租赁物的交付为成立条件，因而租赁合同为诺成合同；在租赁合同中，承租人交付租金和出租人转移租赁物的使用、收益权之间存在着对价关系，因而租赁合同属于双务合同、有偿合同。

第五，定期租赁合同应当采取书面形式。依据《民法典》第707条的规定，租赁合同的期限为6个月以上的，应当采用书面形式；当事人未采取书面形式的，无法确定租赁期限的，视为不定期租赁。可见，定期租赁合同应当采取书面形式。不定期租赁还包括以下两种情形：一是当事人对租赁期限没有约定或者约定不明确，依据《民法典》第510条规定的补充性规则仍不能确定的（《民法典》第730条）。二是租赁期限届满后，承租人继续使用租赁物，出租人没有提出异议的，原租赁合同继续有效，但租赁期限为不定期（《民法典》第734条第1款）。对于不定期租赁合同，当事人可以随时解除，但出租人应当在合理期限之前通知承租人。依据《民法典》第706条的规定，当事人未依照法律、行政法规规定办理租赁合同登记备案手续的，不影响合同的效力。

例题130 刘某欠何某100万元货款届期未还且刘某不知所踪。刘某之子小刘为替父还债，与何某签订书面房屋租赁合同，未约定租期，仅约定："月租金1万元，用租金抵货款，如刘某出现并还清货款，本合同终止，双方再行结算。"下列哪些表述是错误的？

A. 小刘有权随时解除合同

B. 何某有权随时解除合同

C. 房屋租赁合同是附条件的合同

D. 房屋租赁合同是附期限的合同

解析：本题的考点是租赁合同的期限，答案为A、B、D项。本题中，租赁合同的目的是以租金抵债，且约定在刘某出现并还清货款时合同终止，因此，合同中虽并未约定租期，但不属于不定期租赁，双方都无权随时解除合同。在双方的租赁合同中，双方约定将刘某出现并还清货款作为合同终止的事实，这一事实属于将来不确定的客观事实，因此，双方的租赁合同为附条件的合同，而非附期限的合同。

二、租赁合同的效力

（一）出租人的主要义务

在租赁合同中，出租人负有以下主要义务。

第一，交付租赁物并保持租赁物符合约定的用途。依据《民法典》第708条的规定，出租人应当按照约定将租赁物交付承租人，并在租赁期限内保持租赁物符合约定的用途。一方面，出租人应当按照合同约定的时间和方式交付租赁物。租赁物的使用以交付占有为必要的，出租人应使之处于承租人得以使用的状态。另一方面，租赁合同是继续性合同，出租人负有在租赁期间继续保持租赁物符合约定使用状态的义务。依据《民法典》第724条的规定，有下列情形之一，非因承租人原因致使租赁物无法使用的，承租人可以解除合同：(1) 租赁物被司法机关或者行政机关依法查封、扣押；(2) 租赁物权属有争议；(3) 租赁物具有违反法律、行政法规关于使用条件的强制性规定情形。

第二，租赁物的维修义务。依据《民法典》第712条的规定，除当事人另有约定外，出租人负有租赁物的维修义务。承租人在租赁物需要维修时，可以请求出租人在合理的期限内维修。出租人未履行维修义务的，承租人可以自行维修，维修费用由出租人负担。因维修租赁物影响承租人使用的，应当相应减少租金或延长租期。因承租人的过错致使租赁物需要维修的，出租人不承担维修义务。(《民法典》第713条)。

第三，物的瑕疵担保义务。物的瑕疵担保义务是指出租人应担保其所交付的租赁物符合约定的用途，能够由承租人依约定用途正常使用、收益。如果租赁物存在不能使承租人为正常使用、收益的瑕疵，则出租人应承担瑕疵担保责任，承租人有权解除合同或请求减少租金。承租人在订立合同时明知租赁物有瑕疵的，出租人不负瑕疵担保义务。但依据《民法典》第731条的规定，租赁物危及承租人的安全或者健康的，即使承租人订立合同时明知该租赁物质量不合格，承租人仍然可以随时解除合同。

第四，权利瑕疵担保义务。权利瑕疵担保义务是指出租人应担保不能因第三人主张权利而使承租人无法依约定对租赁物为使用、收益。如果租赁物存在权利瑕疵的，出租人应承担权利瑕疵担保责任。依据《民法典》第723条的规定，因第三人主张权利，致使承租人不能对租赁物使用、收益的，承租人可以请求减少租金或不支付租金；但第三人主张权利时，承租人应当及时通知出租人。

第五，负担税负及费用返还义务。基于租赁物而产生的税捐等负担，除当事人另有约定外，应当由出租人承担。同时，对于承租人为租赁物支出的费用，出租人也有偿还的义务。

（二）承租人的主要义务

在租赁合同中，承租人负有以下主要义务。

第一，按照约定的方法或租赁物的性质使用租赁物。当事人对租赁物的使用方法没有约定或者约定不明确，依据《民法典》第510条规定的补充性规则仍不能确定的，承租人应当按照租赁物的性质使用（《民法典》第709条)。承租人按照约定的方法或者租赁物的性质使用租赁物，致使租赁物受到损耗的，不承担赔偿责任（《民法典》第710条)。承租人未按照约定的方法或者未根据租赁物的性质使用租赁物，致使租赁物受到损失的，出租人可以解除合同并请求赔偿损失（《民法典》第711条)。

第二，妥善保管租赁物。依据《民法典》第714条的规定，承租人应当妥善保管租赁物，因保管不善造成租赁物毁损、灭失的，应当承担赔偿责任。

第三，不得擅自改善和增设他物。依据《民法典》第715条的规定，承租人经出租人同意，可以对租赁物进行改善或者增设他物。承租人未经出租人同意，对租赁物进行改善或增设他物的，出租人可以请求承租人恢复原状或赔偿损失。

第四，不得擅自转租。转租是指承租人不退出租赁关系，而将租赁物出租给次承租人使用、收益。依据《民法典》第716条的规定，承租人经出租人同意，可以将租赁物转租给第三人；承租人转租的，承租人与出租人之间的租赁合同继续有效，第三人对租赁物造成损失的，承租人应当赔偿损失；承租人未经出租人同意转租的，出租人可以解除合同。承租人经出租人同意将租赁物转租给第三人，转租期限超过承租人剩余租赁期限的，超过部分的约定对出租人不具有法律约束力，但是出租人与承租人另有约定的除外（《民法典》第717条)。如果出租人知道或者应当知道承租人转租，但在6个月内未提出异议的，视为出租人同意转租（《民法典》

第718条)。承租人拖欠租金的，次承租人可以代承租人支付其欠付的租金和违约金，但是转租合同对出租人不具有法律约束力的除外。次承租人代为支付的租金和违约金，可以充抵次承租人应当向承租人支付的租金；超出其应付的租金数额的，可以向承租人追偿（《民法典》第719条)。

例题131　居民甲将房屋出租给乙，乙经甲同意对承租房进行了装修并转租给丙。丙擅自更改房屋承重结构，导致房屋受损。对此，下列哪些选项是正确的？

A. 无论有无约定，乙均有权于租赁期满时请求甲补偿装修费用

B. 甲可请求丙承担违约责任

C. 甲可请求丙承担侵权责任

D. 甲可请求乙承担违约责任

解析：本题的考点是转租的效力，答案为C、D项。甲与乙签订房屋租赁合同，乙将房屋转租给丙，因此，甲与丙之间不存在合同关系，甲无权请求丙承担违约责任。因丙擅自更改房屋承重结构，造成房屋受损，构成侵权行为，所以，甲可以请求丙承担侵权责任。乙经过甲同意进行转租，属于合法转租，但乙应当对丙的行为向甲负责，因此，甲可以请求乙承担违约责任。在租赁期间，承租人经出租人同意装饰装修，租赁期间届满时，承租人请求出租人补偿装饰装修费用的，应当按照当事人的约定处理。

第五，按照约定支付租金。承租人应当按照合同约定的数量、期限、地点支付租金。依据《民法典》第721条的规定，当事人对租金的支付期限没有约定或者约定不明确，依据《民法典》第510条规定的补充性规则仍不能确定的，租赁期限不满1年的，应当在租赁期限届满时支付；租赁期限在1年以上的，应当在每届满1年时支付，剩余期限不满1年的，应当在租赁期限届满时支付。承租人无正当理由未支付或者迟延支付租金的，出租人可以请求承租人在合理期限内支付，承租人逾期不支付的，出租人可以解除合同（《民法典》第722条)。

第六，返还租赁物的义务。依据《民法典》第733条的规定，租赁期限届满，承租人应当返还租赁物。返还的租赁物应当符合按照约定或者根据租赁物的性质使用后的状态。承租人不返还租赁物或者返还的租赁物不符合按照约定或者租赁物的性质使用后的状态的，应当承担违约责任。

例题132　甲将其临街房屋和院子出租给乙作为汽车修理场所。经甲同意，乙先后两次自费扩建多间房屋作为烤漆车间。乙在又一次扩建报批过程中发现，甲出租的全部房屋均未经过城市规划部门批准，属于违章建筑。下列哪些选项是正确的？

A. 租赁合同无效

B. 因甲、乙对于扩建房屋都有过错，应分担扩建房屋的费用

C. 因甲未告知乙租赁物为违章建筑，乙可解除租赁合同

D. 乙可继续履行合同，待违章建筑被有关部门确认并影响租赁物使用时，再向甲主张违约责任

解析：本题的考点是租赁合同的效力，答案为A、B项。本题中，租赁物为违章建筑，因此，租赁合同因标的物违法而无效。既然租赁合同无效，那么就不存在解除合同、继续履行以及违约责任的问题。对于租赁合同的无效，甲明知该租赁物为违章建筑而未告知，存在明显的过错。而乙在订立租赁合同时没有查明租赁物的情况，也存在一定的过错。双方对租赁合同的无效均有过错，因此，应分担扩建房屋的费用。

（三）租赁合同的特别效力

在租赁合同中，除当事人双方的义务外，还产生以下特殊的效力。

第一，租赁物所有权的变动不影响租赁合同的效力。依据《民法典》第725条的规定，租赁物在承租人按照租赁合同占有期限内发生所有权变动的，不影响租赁合同的效力。这一规则，通常称为“买卖不破租赁”。按照这一规则，租赁权具有一定的对抗效力，这是租赁权物权化的一种表现。

第二，房屋承租人的优先购买权。依据《民法典》的规定，出租人出卖租赁房屋的，应当在出卖之前的合理期限内通知承租人，承租人享有以同等条件优先购买的权利；但是，房屋按份共有人行使优先购买权或者出租人将房屋出卖给近亲属的除外（《民法典》第726条）。这里的房屋按份共有人行使的优先购买权是在房屋出卖情形下的优先购买权，而不是按份共有人出卖共有份额时的优先购买权。如果出租人履行通知义务后，承租人在15日内未明确表示购买的，视为承租人放弃优先购买权。如果出租人未通知承租人或者有其他妨害承租人行使优先购买权情形的，承租人可以请求出租人承担赔偿责任。但是，出租人与第三人订立的房屋买卖合同的效力不受影响（《民法典》第728条）。出租人委托拍卖人拍卖租赁房屋的，应当在拍卖5日前通知承租人。承租人未参加拍卖的，视为放弃优先购买权（《民法典》第727条）。

例题133 甲与乙订立房屋租赁合同，约定租期5年。半年后，甲将该出租房屋出售给丙，但未通知乙。不久，乙以其房屋优先购买权受侵害为由，请求人民法院判决甲丙之间的房屋买卖合同无效。下列哪一表述是正确的？

A. 甲出售房屋无须通知乙

B. 丙有权根据善意取得规则取得房屋所有权

C. 甲侵害了乙的优先购买权，但甲丙之间的合同有效

D. 甲出售房屋应当征得乙的同意

解析：本题的考点是房屋承租人的优先购买权，答案为C项。在房屋租赁合同中，出租人出卖出租房屋的，应在出卖之前的合理期限内通知承租人，但无须征得承租人的同意。甲出售自己的房屋属于有权处分，丙是基于合同取得房屋所有权而不是根据善意取得规则取得房屋所有权。甲出卖出租房屋没有通知承租人乙，侵害了乙的优先购买权，但这并不影响甲、丙之间买卖合同的效力。

第三，房屋承租人的共同居住人或共同经营人的继续居住权。依据《民法典》第732条的规定，承租人在房屋租赁期限内死亡的，与其生前共同居住的人或者共同经营人可以按照原租

赁合同租赁该房屋。

第四，房屋承租人的优先承租权。依据《民法典》第 734 条第 2 款的规定，租赁期限届满，房屋承租人享有以同等条件优先承租的权利。

三、租赁合同中的风险负担

租赁合同中的风险负担是指因不可归责于出租人和承租人的事由，致使租赁物部分或全部毁损、灭失的，应当由哪一方当事人承担相应的损失。具体地说，租赁合同中的风险负担可以分以下三种情形确定。

就租赁物毁损、灭失的风险而言，因租赁物为出租人所有，所以，除法律另有规定或当事人另有约定外，租赁物毁损、灭失的风险应由出租人承担。

就承租人因租赁物毁损、灭失而不能使用租赁物的风险而言，因该风险并非出租人造成的，故承租人不能向出租人请求赔偿，该风险应由承租人负担。

就出租人不能收取租金的风险而言，因该风险并非承租人造成的，故出租人不能请求承租人继续履行支付租金的义务，承租人可以要求减少租金或者不支付租金。因租赁物部分或者全部毁损、灭失，致使不能实现合同目的的，承租人可以解除合同（《民法典》第 729 条）。可见，租金风险应由出租人负担。

第七节　融资租赁合同

一、融资租赁合同的含义

依据《民法典》第 735 条的规定，融资租赁合同是指出租人根据承租人对出卖人、租赁物的选择，向出卖人购买租赁物，提供给承租人使用，承租人支付租金的合同。融资租赁合同的内容一般包括租赁物的名称、数量、规格、技术性能、检验方法，租赁期限，租金构成及其支付期限和方式、币种，租赁期限届满租赁物的归属等条款（《民法典》第 736 条第 1 款）。

融资租赁合同具有以下特点。

第一，融资租赁合同是融资与融物相结合的合同。在融资租赁合同中，承租人要求出租人购买租赁物并向其出租的直接目的在于融资，使用租赁物并非其直接目的。承租人在租赁设备的同时，解决了购买设备的资金问题。可见，融资租赁合同在形式上是融物，而在内容上是融资。

第二，融资租赁合同是租赁关系与买卖关系相结合的合同。在融资租赁合同中，同时存在着出卖人与出租人之间的买卖关系、承租人与出租人之间的租赁关系，租赁关系以买卖关系存在为前提，而买卖关系是租赁关系实现的保证。

第三，融资租赁合同的出租人具有特定性。融资租赁合同的出租人只能是经营融资租赁业务的特定主体即金融租赁公司。

第四，融资租赁合同是诺成合同、双务合同、有偿合同、要式合同。融资租赁合同自双方当事人意思表示一致时成立，不以出租人交付租赁物为成立条件，故融资租赁合同为诺成合同。合同成立后，当事人双方都既负有一定的义务也享有一定的权利，双方的权利、义务具有对价性，故融资租赁合同为双务合同、有偿合同。融资租赁合同应当采用书面形式，故融资租赁合同为要式合同（《民法典》第 736 条第 2 款）。

二、融资租赁合同的效力

（一）出租人的主要义务

在融资租赁合同中，出租人负有以下主要义务。

第一，按照承租人的要求订立买卖合同购买租赁物。依据《民法典》第735条的规定，出租人应当根据承租人对出卖人、租赁物的选择订立买卖合同。出租人根据承租人对出卖人、租赁物的选择订立的买卖合同，未经承租人同意的，出租人不得变更与承租人有关的合同内容（《民法典》第744条）。依照法律、行政法规的规定，对于租赁物的经营使用应当取得行政许可的，出租人未取得行政许可不影响融资租赁合同的效力（《民法典》第738条）。

第二，保证承租人对租赁物的占有和使用。依据《民法典》第748条的规定，出租人应当保证承租人对租赁物的占有和使用，为此，出租人应当按照合同约定向出卖人支付货款，以保证出卖人向承租人交付租赁物。同时，出租人应当保证承租人在租赁期间对租赁物的占有和使用，不得妨碍承租人对租赁物的使用、收益。出租人有下列情形之一的，承租人有权请求其赔偿损失：(1) 无正当理由收回租赁物。(2) 无正当理由妨碍、干扰承租人对租赁物的占有和使用。(3) 因出租人的原因致使第三人对租赁物主张权利。(4) 不当影响承租人对租赁物占有和使用的其他情形。

第三，协助承租人向出卖人索赔的义务。依据《民法典》第741条的规定，出租人、出卖人、承租人可以约定，出卖人不履行买卖合同义务的，由承租人行使索赔的权利；承租人行使索赔权利的，出租人应当协助。若出租人明知租赁物有质量瑕疵而不告知承租人，或在承租人行使索赔权利时，未及时提供必要协助，致使承租人对出卖人行使索赔权利失败的，承租人有权请求出租人承担相应的责任。出租人怠于行使只能由其对出卖人行使的索赔权利，造成承租人损失的，承租人有权请求出租人承担赔偿责任（《民法典》第743条）。

第四，例外条件下的瑕疵担保义务。依据《民法典》第747条的规定，承租人依赖出租人的技能确定租赁物或者出租人干预选择租赁物的，租赁物不符合约定或者不符合使用目的的，出租人应承担租赁物的瑕疵担保责任。

（二）承租人的主要义务

在融资租赁合同中，承租人负有以下主要义务。

第一，按照约定接受租赁物。在融资租赁合同中，出卖人不是向出租人交付租赁物，而是直接向承租人交付租赁物，因此，承租人负有按照约定及时接受出卖人交付的租赁物的义务。承租人接受租赁物并验收后，应当将收到标的物的结果通知出租人。

第二，按照约定支付租金。承租人通知出租人收到租赁物后，应当按照约定向出租人交付租金。依据《民法典》第752条的规定，承租人未按照约定支付租金，经催告后在合理期限内仍不支付租金的，出租人可以要求支付全部租金，也可以解除合同，收回租赁物。承租人对出卖人行使索赔权利，不影响其履行支付租金的义务。但是，承租人依赖出租人的技能确定租赁物或者出租人干预选择租赁物的，承租人可以请求减免相应租金（《民法典》第742条）。融资租赁合同的租金，除当事人另有约定外，应当根据购买租赁物的大部分或者全部成本以及出租人的合理利润确定。

第三，妥善保管和使用租赁物并负担租赁物的维修义务。依据《民法典》第750条的规定，承租人应当妥善保管、使用租赁物，并且负有在占有租赁物期间维修租赁物的义务。

第四，因租赁物致人损害的赔偿义务。依据《民法典》第749条的规定，承租人占有租赁物期间，租赁物造成第三人人身伤害或者财产损失的，出租人不承担责任。依反面解释，承租人应负有因租赁物致人损害的赔偿义务。

第五，租赁期限届满时返还租赁物。依据《民法典》第757条的规定，出租人和承租人可以约定租赁期限届满租赁物的归属；当事人对租赁物的归属没有约定或者约定不明确，依据《民法典》第510条规定的补充性规则仍不能确定的，租赁物的所有权归出租人。此时，承租人就负有及时返还租赁物的义务。出租人对租赁物享有的所有权，未经登记，不得对抗善意第三人（《民法典》第745条）。可见，融资租赁合同具有一定的担保功能。当然，当事人也可以约定租赁期限届满租赁物归承租人所有。依据《民法典》第758条的规定，当事人约定租赁期限届满租赁物归承租人所有，承租人已经支付大部分租金，但无力支付剩余租金，出租人因此解除合同收回租赁物，收回的租赁物的价值超过承租人欠付的租金以及其他费用的，承租人可以请求相应返还。当事人约定租赁期限届满租赁物归出租人所有，因租赁物毁损、灭失或者附合、混合于他物致使承租人不能返还的，出租人有权请求承租人给予合理补偿。依据《民法典》第759条的规定，当事人约定租赁期限届满，承租人仅需向出租人支付象征性价款的，视为约定的租金义务履行完毕后租赁物的所有权归承租人。

（三）出卖人的主要义务

在融资租赁合同中，出卖人负有以下主要义务。

第一，按照合同约定向承租人交付租赁物。依据《民法典》第739条的规定，出卖人应当按照约定向承租人交付租赁物，承租人享有与受领租赁物有关的买受人的权利。出卖人违反向承租人交付标的物的义务，有下列情形之一的，承租人可以拒绝受领出卖人向其交付的标的物：（1）标的物严重不符合约定；（2）未按照约定交付标的物，经承租人或者出租人催告后在合理期限内仍未交付。承租人拒绝受领标的物的，应当及时通知出租人（《民法典》第740条）。

第二，向承租人负物的瑕疵担保义务。依据《民法典》第747条的规定，租赁物不符合约定或者不符合约定使用目的的，出租人不承担责任，但承租人依赖出租人的技能确定租赁物或者出租人干预选择租赁物的除外。这就是说，出租人一般不对承租人负物的瑕疵担保义务，而是由出卖人向承租人负担物的瑕疵担保义务。

例题134　甲根据乙的选择，向丙购买了1台大型设备，出租给乙使用。乙在该设备安装完毕后，发现不能正常运行。下列哪些判断是正确的？

A. 乙可以基于设备质量瑕疵而直接向丙索赔

B. 甲不对乙承担违约责任

C. 乙应当按照约定支付租金

D. 租赁期满后由乙取得该设备的所有权

解析：本题的考点是融资租赁合同，答案为A、B、C项。在融资租赁合同中，租赁物的瑕疵担保责任原则上由出卖人承担。因此，承租人乙可以基于设备质量瑕疵向出卖人丙索赔，而甲不应承担违约责任。在承租人乙向出卖人丙索赔的情况下，不影响乙按照约定向甲支付租金的义务。融资租赁合同期满后，租赁物的所有权并非直接归属于承租人，而是取决于合同的约定。

三、融资租赁合同的解除、无效

在融资租赁合同中，出租物归出租人所有的，承租人不得擅自处分出租物。承租人未经出租人同意，将租赁物转让、抵押、质押、投资入股或者以其他方式处分的，出租人可以解除融资租赁合同（《民法典》第753条）。依据《民法典》第754条的规定，有下列情形之一的，出租人或者承租人可以解除融资租赁合同：(1) 出租人与出卖人订立的买卖合同解除、被确认无效或者被撤销，且未能重新订立买卖合同；(2) 租赁物因不可归责于当事人的原因毁损、灭失，且不能修复或者确定替代物；(3) 因出卖人的原因致使融资租赁合同的目的不能实现。依照《民法典》的规定，融资租赁合同因买卖合同解除、被确认无效或者被撤销而解除，出卖人、租赁物系由承租人选择的，出租人有权请求承租人赔偿相应损失；但是，因出租人原因致使买卖合同解除、被确认无效或者被撤销的除外。出租人的损失已经在买卖合同解除、被确认无效或者被撤销时获得赔偿的，承租人不再承担相应的赔偿责任（《民法典》第755条）。因租赁物交付承租人后意外毁损、灭失等不可归责于当事人的原因解除的，出租人可以请求承租人按照租赁物折旧情况给予补偿（《民法典》第756条）。

依据《民法典》第737条的规定，当事人以虚构租赁物方式订立的融资租赁合同无效。融资租赁合同无效，当事人就该情形下租赁物的归属有约定的，按照其约定；没有约定或者约定不明确的，租赁物应当返还出租人。但是，因承租人原因致使合同无效，出租人不请求返还或者返还后会显著降低租赁物效用的，租赁物的所有权归承租人，由承租人给予出租人合理补偿（《民法典》第760条）。

第八节　保理合同

一、保理合同的含义

保理合同是指应收账款债权人将现有的或者将有的应收账款转让给保理人，保理人提供资金融通、应收账款管理或者催收、应收账款债务人付款担保等服务的合同。

保理合同具有以下特点。

第一，保理合同属于特殊的债权让与合同。在保理合同中，转让的是应收账款债权，而非其他债权。应收账款可以是现有应收账款，也可以是未来应收账款。因此，除另有规定外，保理合同可以适用债权转让的有关规定（《民法典》第769条）。

第二，保理合同中的保理人具有特定性。在保理合同中，保理人是依照国家规定，经主管部门批准开展保理业务的保理公司、金融机构。

第三，保理合同存在于保理业务之中。保理业务是以债权人转让其现有的或者将有的应收账款为前提，集应收账款催收、管理、付款担保及资金融通于一体的综合性金融活动。在应收账款管理中，保理人根据债权人的要求，定期或不定期向其提供关于应收账款的回收情况、逾期账款情况、对账单等财务和统计报表，进行应收账款管理；在应收账款催收中，保理人根据应收账款账期对债务人进行催收。若保理人不提供融资服务，而只是提供债权管理、催收等服务，则保理的实质是保理人以债权人名义对应收账款进行催收、管理。不过，大量的商业保理其实是以融资为目的的。在付款担保中，保理人与债权人签订保理合同后，保理人为债务人付款提供约定的担保，在债务人不付款时，保理人向债权人承担担保责任。可见，保理合同是具有担保功能的合同。

第四，保理合同为要式合同。依据《民法典》第762条的规定，保理合同应当采用书面形式，故为要式合同。保理合同的内容一般包括业务类型、服务范围、服务期限、基础交易合同情况、应收账款信息、保理融资款或者服务报酬及其支付方式等条款。

第五，保理合同包括有追索权的保理合同与无追索权的保理合同。在有追索权的保理合同中，债权人承担返还融资本息的义务，在债务人不履行的情况下，保理人可以向债权人主张权利；在无追索权的保理合同中，保理人受让债权，享有债权的全部利益，承担债权不能实现的风险。

二、保理合同的效力

（一）保理人的主要权利与义务

1. 向应收账款债务人发出转让通知。保理人向应收账款债务人发出应收账款转让通知的，应当表明保理人身份并附有必要凭证（《民法典》第764条）。若债务人未收到转让通知，则债权人与保理人之间的债权转让对债务人不生效力，债务人对保理人不承担履行的义务。

2. 在有追索权保理中，保理人拥有追索权，可以选择向债权人或者向债务人主张权利。当事人约定有追索权保理的，保理人可以向应收账款债权人主张返还保理融资款本息或者回购应收账款债权，也可以向应收账款债务人主张应收账款债权。保理人向应收账款债务人主张应收账款债权，在扣除保理融资款本息和相关费用后有剩余的，剩余部分应当返还给应收账款债权人（《民法典》第766条）。

3. 在无追索权保理中，保理人有权向债务人主张应收账款债权。当事人约定无追索权保理的，保理人应当向应收账款债务人主张应收账款债权，保理人取得超过保理融资款本息和相关费用的部分，无须向应收账款债权人返还（《民法典》第767条）。

4. 向应收账款债权人履行保理合同义务。保理人受让债权后，需向债权人提供包括应收账款融资、债权管理、债权催收、付款担保等中的至少一项保理服务。

（二）应收账款债权人的主要权利与义务

1. 按照保理合同接受保理人的服务。债权人与保理人在保理合同中对保理人的服务内容作出约定，债权人有权按照约定接受保理人支付的债权转让价款。

2. 在有追索权的保理中，债权人有权要求保理人返还在扣除保理融资款本息和相关费用后剩余的款项。保理人不向债务人而向债权人主张权利的，债权人可以继续向债务人主张债权（《民法典》第766条）。在无追索权的保理中，保理人已取得债权且不能向债权人追索，债权人通常已获得债权转让款，则债权人无前述权利。

3. 承担债权转让人的义务。保理合同中，债权人与保理人达成债权转让的合意，债权人应当将债权转让给保理人，从而使保理人拥有对债务人收款的权利。债权人承担与债权转让相关的义务，除另有规定外，可以适用《民法典》对债权让与的规定（《民法典》第769条）。当然，保理人也对债权的真实性等负有审查义务。

4. 向保理人交付其与债务人之间的基础交易合同并向保理人支付必要的费用。应收账款须具有真实性，即债权人与债务人之间存在真实的交易，债权人应当向保理人交付相关资料，以保障保理人能够行使权利。在保理人提供管理、催收等服务时，债权人应支付相应的费用。

（三）应收账款债务人的主要义务

在保理合同中，应收账款债务人承担付款义务。应收账款债务人接到应收账款转让通知后，应收账款债权人与债务人无正当理由协商变更或者终止基础交易合同，对保理人产生不利影响的，对保理人不发生效力（《民法典》第765条）。若应收账款债权人与债务人虚构应收账款作为转让标的，与保理人订立保理合同的，应收账款债务人不得以应收账款不存在为由对抗保理人，但是保理人明知虚构的除外（《民法典》第763条）。也就是说，即便债权人与债务人以恶意串通等虚假意思表示所虚构的基础交易合同为无效，也不能对抗善意的保理人，基于虚构的基础交易合同、应收账款的保理合同仍为有效，债务人应向保理人承担付款义务。

（四）应收账款重复转让的处理

在债权人将同一应收账款债权向多个保理人重复转让时，采取“登记优先”与“时间优先”的处理规则。依据《民法典》第768条的规定，应收账款债权人就同一应收账款订立多个保理合同，致使多个保理人主张权利的，已经登记的先于未登记的取得应收账款；均已经登记的，按照登记时间的先后顺序取得应收账款；均未登记的，由最先到达应收账款债务人的转让通知中载明的保理人取得应收账款；既未登记也未通知的，按照保理融资款或者服务报酬的比例取得应收账款。

引读案例解答

1.（1）甲、乙于9月4日商定出卖电视机，双方达成了意思表示一致，因此，双方之间的买卖合同于9月4日成立。（2）在买卖合同成立前，乙已经占有电视机，因此，电视机的交付时间应为买卖合同成立生效的时间即9月4日。因电视机已交付于乙，所以，乙取得了电视机的所有权。（3）由于电视机已经交付给乙，因而，电视机意外毁损的损失应由乙承担。（4）乙已取得电视机的所有权，因此，乙应当按照合同约定支付电视机的价款。

2.（1）丙在买卖合同书上以保证人的身份签名，表明了丙提供保证担保的真实意思表示，故甲、丙之间的保证合同成立。（2）丙提供的保证，并没有明确保证的方式，故应为一般保证。（3）丙所提供的保证没有约定保证期间，故保证责任期间应为主债务履行期限届满之日起6个月，即自5月30日起6个月。（4）在一般保证中，保证人在主合同纠纷未经审判或者仲裁，并就主债务人的财产依法强制执行仍不能履行债务前，有权拒绝承担保证责任。甲于11月20日要求丙承担保证责任，虽然仍在保证期间内，但丙有权拒绝承担保证责任。

3.（1）甲、乙之间的租赁合同虽约定租期为3年，但因没有采取书面形式，故无法确定租赁期限，则双方的租赁合同应为不定期租赁。（2）甲在签订租赁合同时，明知出租房屋为危房，即明知租赁物存在瑕疵，因此，乙不承担瑕疵担保责任。（3）甲可以依据以下两个理由解除房屋租赁合同：其一，甲、乙之间的房屋租赁合同为不定期租赁合同，甲可以随时解除合同；其二，乙出租的房屋为危房，存在着危及甲的安全或健康的危险，尽管甲在订立合同时知道该危险。

4.（1）在甲、乙、丙之间的合同中，丙出资向乙购买设备，然后出租给甲使用，甲向丙支付租金。这种合同符合融资租赁合同的性质，应属于融资租赁合同。（2）在融资租赁合同中，出租人一般不对承租人负物的瑕疵担保责任，而是由出卖人向承租人负物的瑕疵担保责任，除非承租人是依赖出租人的技能确定租赁物或者出租人干预选择租赁物。甲在租赁设备时，并不存在上述除外情况，因此，甲应向乙主张租赁物的瑕疵担保责任。（3）由于丙不对租赁物的瑕疵承担担保责任，因而，甲收到设备后，不能以设备存在瑕疵为由拒绝支付租金。

课堂讨论案例

1. 甲、乙订立了一份卖牛合同，合同约定甲向乙交付4头牛，分别为牛1、牛2、牛3、牛4，总价款为1万元；乙向甲交付购牛款3 000元，余下款项由乙在半年内付清。双方还约定：在乙向甲付清牛款之前，甲保留该4头牛的所有权。甲向乙交付了该4头牛。

问：(1) 假设在牛款付清之前，牛1被雷电击死，该损失由谁承担？(2) 假设在牛款付清之前，牛2生下一头小牛，该小牛由谁享有所有权？(3) 假设在牛款付清之前，乙、丙达成一项转让牛3的合同，在向丙交付牛3之前，该合同的效力如何？(4) 假设在牛款付清之前，丙不知甲保留了牛4的所有权，乙、丙达成一项转让牛4的合同，作价2 000元且将牛4交付给了丙。丙能否据此取得该牛的所有权？

2. 甲买了一个新手机，便向乙表示愿意将旧手机送给她，乙也接受了。几日后，甲又告诉乙，她改变主意了，不想把旧手机送给乙了，并且她已经把旧手机送给了丙。乙不同意，要求甲将旧手机送给自己。请分析以下问题：(1) 甲、乙、丙之间的赠与合同是否成立？(2) 乙的主张能否得到支持？

3. 甲在某小区拥有两居室住房一套。某年1月，甲、乙签订租赁合同，将该套房小房间出租给乙居住；同年3月，甲又与丙签订租赁合同，将该套房大房间出租给丙居住，租赁期均为2年。乙、丙合住于该套房中，客厅、厨房和卫生间共用。同年12月，甲、乙签订房屋买卖合同，约定甲将该套房卖给乙。在办理产权过户手续时，丙得知该交易，遂提出自己也愿意以相同于乙的条件购买该房，并诉至人民法院，以甲、乙之间的交易侵犯其优先购买权为由，要求确认该房屋买卖合同无效。

问：(1) 甲、乙、丙的租赁合同是否有效？(2) 乙、丙是否享有优先购买权？

4. 甲对乙享有60万元债权，丙、丁分别与甲签订保证合同，但未约定保证责任的范围和方式。戊以价值30万元的房屋为乙向甲设定抵押并办理了登记。请回答以下问题：

(1) 下列关于乙、丙、丁关系的表述何者正确？

A. 丙、丁的保证都为连带责任保证

B. 丙、丁对乙的全部债务承担保证责任，但彼此之间不负连带责任

C. 若丙与丁事后约定各自担保乙的30万元债务，该约定未经甲的同意不能生效

D. 若丁代乙清偿了全部债务，应首先向乙追偿，若乙不能偿还，再要求丙分担责任

(2) 若甲对乙的债权已过诉讼时效一年，下列说法何者正确？

A. 乙若对甲进行清偿，则事后无权要求甲返还

B. 丙若对甲进行清偿，则无权对乙进行追偿

C. 甲不能对戊的房屋行使抵押权

D. 倘甲催告乙还款，乙在催款通知上签字，诉讼时效将因中断而重新起算

(3) 若乙的朋友已与乙达成协议，由其代替乙向甲还款，下列说法何者正确？

A. 该协议在通知甲后发生效力

B. 如甲同意该协议，则丙、丁不再承担保证责任

C. 甲同意该协议，戊无论同意与否均应继续承担抵押担保责任

D. 若甲、戊都同意该协议，甲对戊的抵押权不因债务转移而受影响

5. 老王是一家电脑公司的董事长，其在一次赈灾晚会上向灾区捐赠20万元以及10台电脑。之后，老王自己测试10台电脑的稳定性，由于办公室里的电源插座不足，老王便将10台电脑的电源线全插在两个插座上，最后导致电脑全被烧毁。在负责赈灾工作的机构要求老王交

付10台电脑时，老王便托出实情，不想交付电脑了。老王在陆续支付了10万元之后，由于公司经营状况每况愈下，实在无法再支付剩下的10万元。然而，负责赈灾工作的机构找到老王，要求其再支付10万元，否则将提起诉讼。请回答以下问题：

(1) 老王是否需要交付赠与的10台电脑？

A. 老王不必交付，因为10台电脑已经毁损，构成履行不能

B. 老王应当交付，因为电脑属于种类物，不会构成履行不能

C. 老王享有任意撤销权，一旦撤销赠与合同，老王自然不必交付10台电脑了

D. 老王应当交付，其并不享有任意撤销权，负责赈灾工作的机构可以要求老王履行

(2) 老王又重新买了10台电脑，交付给了负责赈灾工作的机构，在转交给灾区以后，发现电脑在运行中，硬盘经常出现故障。下列选项中正确的是：

A. 老王应当负责修理电脑

B. 老王应当负责更换电脑

C. 老王应当承担赔偿责任

D. 老王不必承担修理、更换、赔偿损失等责任

(3) 老王在支付了10万元之后，经济状况出现问题，是否需要再支付剩下的10万元？

A. 老王可以不再支付，其在剩下的10万元交付之前，可以行使任意撤销权来撤销合同

B. 老王可以不再支付，其在剩下的10万元交付之前，可以行使法定撤销权来撤销合同

C. 老王可以不再支付，其可以行使法定合同解除权，解除合同

D. 如果老王行使法定合同解除权来解除合同，那么其可以要求返还已支付的10万元

重点思考习题

1. 如何理解买卖合同中的风险负担与利益承受？
2. 如何理解赠与合同的诺成性？
3. 金融机构借款合同与自然人之间借款合同有何区别？
4. 保证人的保证责任如何确定？
5. 如何理解“买卖不破租赁”规则？
6. 房屋承租人的优先购买权应当如何行使？
7. 租赁合同与融资租赁合同有何区别？
8. 如何认识保理合同的担保功能？

第二十三章 典型合同（中）

引读案例

1. 甲、乙签订了加工合同，约定：甲向乙提供含钒钢材、铸铁以及零部件，乙按照甲的设计图纸将之加工成5台某型号的设备，合同履行期为60天，加工费为50万元。合同签订后，甲将材料以及设备图纸交付给了乙。乙由于订单较多，便将其中的一部分铸铁交给了丙，要求其按照要求将铸铁融化后，制成特定形状。乙又将其中一部分材料交给了丁，要求丁按照图纸加工出2台设备。请分析以下问题：(1) 乙是否有权将承揽工作的一部分交由丙、丁完成？(2) 若乙在加工过程中发现甲的设计存在缺陷，乙可以采取何种措施？(3) 在合同履行期内，甲是否有权更改原设计图纸并要求乙按照新设计进行加工？

2. 某日，甲乘坐客车公司长途客车从北京返回家乡。客车在高速公路行驶途中，甲走到司机身边，说自己急着上厕所，要求停车。司机告之，高速公路上不能停车。甲不听，上前抓住方向盘向右猛打，导致客车失控撞上护栏，造成乘客乙、丙、丁受伤，客车也严重受损。请分析以下问题：(1) 乙是购票乘客，客车公司应否赔偿乙的损失？(2) 丙是经司机同意的无票乘客，客车公司应否赔偿丙的损失？(3) 丁是偷偷上车的无票乘客，客车公司应否赔偿丁的损失？(4) 客车公司能否要求甲赔偿客车的损失？

3. 甲委托乙就甲原有产品的生产方法进行改进，乙依约完成了改进工作。随后，乙将取得的技术成果交付给了甲，并向国家专利主管机关申请方法发明专利权。请分析以下问题：(1) 甲、乙之间的合同属于何种类型的合同？(2) 该专利申请权应当由谁享有？(3) 若专利权获得批准，甲、乙应当如何实施该专利？

4. 甲有两头母牛，分别交给乙、丙照管。其中，乙的保管为有偿保管，丙的保管为无偿保管。乙在照管过程中，母牛生下一头小牛。丙在照管过程中，未经甲同意将牛借给丁耕田。某日，乙买来草料喂牛，正好碰见丙也在喂牛，便给了丙一些草料，丙用这些草料喂了牛。由于草料有毒，两头牛均被毒死。请分析以下问题：(1) 甲与乙、丙间的保管合同何时成立？(2) 乙所照管的母牛生下小牛应归谁所有？(3) 丙能否将牛借给丁耕田？(4) 对于两头牛的死亡，甲能否要求乙、丙赔偿损失？

法律职业资格考试要点

承揽合同的含义、当事人的权利和义务、风险负担；建设工程合同的含义、当事人的权利和义务；货运合同和客运合同的含义、当事人的权利义务、多式联运合同的特殊规则；技术合同的含义、权利归属；技术开发合同的含义、当事人的权利和义务、风险责任和技术成果的归属；技术转让合同和技术许可合同的含义、当事人的权利和义务、后续改进技术成果的归属；

技术咨询合同和技术服务合同的含义、当事人的权利和义务、新技术成果归属；保管合同的含义、当事人的权利和义务、消费保管合同的特殊规则；仓储合同的含义、当事人的权利和义务

第一节　承揽合同

一、承揽合同的含义

依据《民法典》第770条第1款的规定，承揽合同是指承揽人按照定作人的要求完成工作并交付工作成果，定作人给付报酬的合同。承揽合同的内容一般包括承揽的标的、数量、质量、报酬，承揽方式，材料的提供，履行期限，验收标准和方法等条款（《民法典》第771条）。

承揽合同具有以下特点。

第一，承揽合同以完成一定的工作并交付工作成果为目的。在承揽合同中，承揽人必须按照定作人的要求完成一定的工作，但定作人的目的不是承揽人完成工作的过程，而是承揽人完成的工作成果，因此，承揽人不仅要完成工作，并且要交付完成的工作成果。

第二，承揽合同的定作物具有特定性。承揽合同是为了满足定作人的特殊要求而订立的，定作人对定作物的质量、数量、规格、形状等方面都有特殊的要求，这就使承揽的定作物具有特定性，不能用其他物来代替。

第三，承揽人完成工作的独立性。承揽人以自己的设备、技术、劳力等独立地完成工作并对工作成果的完成承担风险，因此，承揽人不得擅自将承揽的工作交给第三人完成，而且对完成工作过程中遭受的意外风险负责。

第四，承揽合同是诺成合同、有偿合同、双务合同和不要式合同。承揽合同自当事人双方意思表示一致即成立生效，而不以当事人一方实际交付标的物为合同的成立要件。承揽合同一经成立，当事人双方均负有一定义务，双方的义务具有对应性，任何一方从另一方取得利益均应支付对价。承揽合同采取何种形式，完全由当事人协商决定，法律没有特殊要求。因此，承揽合同是诺成合同、有偿合同、双务合同和不要式合同。

二、承揽合同的种类

依据《民法典》第770条第2款的规定，承揽合同主要包括加工合同、定作合同、修理合同、复制合同、测试合同、检验合同等。

加工合同是指定作人向承揽人提供原材料，承揽人以自己的设备、技术和劳力等，为定作人加工并交付加工成果，定作人接受该成果并向承揽人支付报酬的合同。

定作合同是指由承揽人自己准备原材料，并以自己的设备、技术和劳力等，为定作人加工并交付定作成果，定作人接受该成果并向承揽人支付报酬的合同。

修理合同是指定作人将损坏的物品交给承揽人，由承揽人以自己的设备、技术和劳力等将损坏物品修理好后归还定作人，定作人接受该成果并向承揽人支付报酬的合同。

复制合同是指承揽人将定作人提供的样品重新依样制作成若干份，定作人接受该成果并向承揽人支付报酬的合同。

测试合同是指承揽人以自己的设备、技术和劳力等，对定作人指定的项目进行测试并给付测试结果，定作人接受该成果并向承揽人支付报酬的合同。

检验合同是指承揽人以自己的设备、技术和劳力等对所需检验内容进行检验并提出检验结

论，定作人接受该成果并向承揽人支付报酬的合同。

三、承揽合同的效力

（一）承揽人的主要义务

在承揽合同中，承揽人负有以下主要义务。

第一，按照约定完成承揽工作。承揽工作有主要工作和辅助工作之分。就主要工作而言，依据《民法典》第772条的规定，承揽人应当以自己的设备、技术和劳力，完成主要工作，但是当事人另有约定的除外。承揽人将其承揽的主要工作交由第三人完成的，应当就该第三人完成的工作成果向定作人负责；承揽人未经定作人同意将主要工作交由第三人的，定作人可以解除合同。就辅助工作而言，依据《民法典》第773条的规定，承揽人可以将其承揽的辅助工作交由第三人完成，承揽人将其承揽的辅助工作交由第三人完成的，应当就该第三人完成的工作成果向定作人负责。

第二，按照约定使用符合标准的材料。依据《民法典》第774条的规定，承揽人提供材料的，承揽人应按照约定选用材料，并接受定作人检验。定作人提供材料的，承揽人应及时检验，发现不符合约定时，应当及时通知定作人更换、补齐或采取其他补救措施。承揽人不得擅自更换定作人提供的材料，不得更换不需要修理的零部件（《民法典》第775条）。

第三，及时通知和保密的义务。依据《民法典》第776条的规定，承揽人发现定作人提供的图纸、技术要求不合理的，应及时通知定作人。承揽人应当按照定作人的要求保守秘密，未经定作人许可，不得留存复制品或者技术材料（《民法典》第785条）。

第四，妥善保管定作人提供的材料以及完成的工作成果。依据《民法典》第784条的规定，承揽人应当妥善保管定作人提供的材料以及完成的工作成果，因保管不善造成毁损、灭失的，应当承担赔偿责任。

第五，接受定作人的必要监督、检查。依据《民法典》第779条的规定，承揽人在工作期间，应当接受定作人必要的监督检验。当然，定作人不得因监督检验而妨碍承揽人的正常工作。

第六，交付工作成果并保证符合质量要求的义务。依据《民法典》第780条的规定，承揽人完成工作时，应当向定作人交付工作成果，并提交必要的技术资料和有关质量证明。承揽人交付的工作成果应当符合合同约定的质量要求，否则，定作人可以合理选择请求承揽人承担修理、重作、减少报酬、赔偿损失等违约责任（《民法典》第781条）。

第七，共同承揽人的连带责任。共同承揽是指数人依定作人的要求，共同承揽一项工作。依据《民法典》第786条的规定，共同承揽人对定作人承担连带责任，但是当事人另有约定的除外。

（二）定作人的主要义务

在承揽合同中，定作人负有以下主要义务。

第一，按照约定提供材料、图纸或技术要求。依据《民法典》第776条的规定，如果定作人提供的图纸、技术要求不合理，且在承揽人已及时通知的情况下因怠于答复等原因造成承揽人损失的，应当赔偿损失。

第二，协助的义务。《民法典》第778条规定：承揽工作需要定作人协助的，定作人有协助的义务。定作人不履行协助义务致使承揽工作不能完成的，承揽人可以催告定作人在合理期限内履行义务，并可以顺延履行期限；定作人逾期不履行的，承揽人可以解除合同。

第三，验收并受领工作成果。依据《民法典》第780条的规定，在承揽人交付工作成果时，定作人应当验收该工作成果。定作人检验合格的，应接受该工作成果。

第四，支付报酬、材料费。定作人应当按照约定的期限、数额等支付报酬。承揽人提供材料的，定作人应当按照约定支付材料费。依据《民法典》第782条的规定，对支付报酬的期限没有约定或者约定不明确，依据《民法典》第510条规定的补充性规则仍不能确定的，定作人应当在承揽人交付工作成果时支付；工作成果部分交付的，定作人应当相应支付。定作人未向承揽人支付报酬或材料费等价款的，承揽人对完成的工作成果享有留置权或者有权拒绝交付，但是当事人另有约定的除外（《民法典》第783条）。

第五，定作人的赔偿义务。在承揽合同中，定作人有权中途变更承揽工作的要求，但造成承揽人损失的，应当赔偿损失（《民法典》第777条）。同时，依据《民法典》第787条的规定，定作人在承揽人完成工作前可以随时解除承揽合同，但造成承揽人损失的，应当赔偿损失。

例题135 育才中学委托利达服装厂加工500套校服，约定材料由服装厂采购，学校提供样品，取货时付款。为赶时间，利达服装厂私自委托恒发服装厂加工100套。育才中学按时前来取货，发现恒发服装厂加工的100套校服不符合样品要求，遂拒绝付款。利达服装厂则拒绝交货。下列哪些说法是正确的？

A. 育才中学可以利达服装厂擅自外包为由解除合同

B. 如育才中学不支付酬金，利达服装厂可拒绝交付校服

C. 如育才中学不支付酬金，利达服装厂可对样品行使留置权

D. 育才中学有权要求恒发服装厂承担违约责任

解析：本题的考点是承揽人亲自完成承揽工作的义务和定作人的报酬支付义务，答案为A、B、C项。承揽人未经定作人同意，不得将其承揽的主要工作交由第三人完成。利达服装厂在未经育才中学同意的情况下，将100套校服交由恒发服装厂加工，属于违约行为，育才中学有权解除合同。如果育才中学不解除合同，则对质量合格的400套校服应当在取货时付款。否则，利达服装厂有权行使同时履行抗辩权，拒绝交付合格的校服。同时，育才中学不支付酬金，利达服装厂具备了行使留置权的条件，有权对样品行使留置权。

四、承揽合同中的风险负担

承揽合同中的风险负担是指在承揽工作完成过程中，工作成果或者材料因不可归责于当事人任何一方的原因而毁损、灭失时，应由何方承担损失。若由承揽人承担风险，则承揽人不能向定作人请求支付报酬或材料费；若由定作人承担风险，定作人虽然不能得到工作成果，但仍须支付报酬或材料费。

（一）工作成果的风险负担

工作成果的风险负担按以下规则确定：（1）工作成果应当实际交付的，在工作成果交付前由承揽人负担风险，在工作成果交付后由定作人负担风险。同时，工作成果在定作人迟延受领期间发生的风险，应由定作人负担。（2）工作成果无须实际交付的，在工作成果完成前由承揽

人负担风险，在工作成果完成后由定作人负担风险。

（二）材料的风险负担

材料的风险负担按以下规则确定：（1）承揽人提供材料的，材料的风险由承揽人负担。（2）定作人提供材料的，若当事人约定由承揽人支付费用或价款的，则材料的所有权自交付给承揽人时起转移归承揽人，承揽人应当负担材料的风险；若当事人未约定承揽人就定作人提供的材料支付费用或价款的，则材料的所有权仍归定作人，定作人应当负担材料的风险。

第二节　建设工程合同

一、建设工程合同的含义

依据《民法典》第788条的规定，建设工程合同是指由承包人进行工程建设，发包人支付价款的合同。

建设工程合同包括工程勘察、设计、施工合同，具有以下特点。

第一，合同主体的特定性。在建设工程合同中，发包人一般为工程项目的建设单位，承包人只能是国家规定的具有承包工程项目资格的施工单位。否则，建设工程合同无效。

第二，合同标的的限定性。在建设工程合同中，承包人承包建设的标的只能是基本建设工程项目。所谓基本建设工程，是指土木建筑工程和建筑业范围内的线路、管道、设备安装工程的新建、扩建、改建及大型的建筑装饰活动，主要包括房屋、铁路、公路、机场、港口、桥梁、矿井、水库、电站、通信线路等。

第三，合同管理的强制性。建设工程合同因涉及基本建设规划，承包人所完成的工作成果事关国计民生，因此，国家对建设工程合同实行严格的监督、管理。例如，建设工程实行监理的，发包人应当与监理人采用书面形式订立委托监理合同。发包人与监理人的权利和义务以及法律责任，应当依照委托合同以及其他有关法律、行政法规的规定（《民法典》第796条）。

第四，合同形式的要式性。依据《民法典》第789条的规定，建设工程合同应当采用书面形式，因此，建设工程合同是要式合同。

二、建设工程合同的订立

建设工程合同的订立也要采取要约、承诺的方式，但因建设工程合同具有特殊性，所以，在合同订立上也有特殊的要求。这主要体现在以下方面。

第一，依据《民法典》第792条的规定，国家重大建设工程合同，应当按照国家规定的程序和国家批准的投资计划、可行性研究报告等文件订立。

第二，建设工程合同若必须采取招标投标的方式订立，其招标投标活动，应当依照有关法律的规定公开、公平、公正进行。建设工程必须进行招标而未招标或者中标无效的，合同无效。依据《民法典》第793条的规定，建设工程施工合同无效，但是建设工程经验收合格的，可以参照合同关于工程价款的约定折价补偿承包人。建设工程施工合同无效，且建设工程经验收不合格的，按照以下情形处理：修复后的建设工程经验收合格的，发包人可以请求承包人承担修复费用；修复后的建设工程经验收不合格的，承包人无权请求参照合同关于工程价款的约定折价补偿。发包人对因建设工程不合格造成的损失有过错的，应当承担相应的责任。

第三，建设工程合同可以采取总承包或分承包的方式订立。依据《民法典》第791条的规定，发包人可以与总承包人订立建设工程合同，也可以分别与勘察人、设计人、施工人订立勘察、设计、施工承包合同。发包人不得将应当由一个承包人完成的建设工程支解成若干部分发包给数个承包人。总承包人或者勘察、设计、施工承包人经发包人同意的，可以将自己承包的部分工作交由第三人完成，第三人就其完成的工作成果与总承包人或者勘察、设计、施工承包人向发包人承担连带责任。但是，承包人不得将其承包的全部建设工程转包给第三人或者将其承包的全部建设工程支解以后以分包的名义分别转包给第三人。禁止承包人将工程分包给不具备相应资质条件的单位，禁止分包单位将其承包的工程再分包。建设工程主体结构的施工必须由承包人自行完成。承包人将建设工程转包、违法分包的，发包人可以解除合同（《民法典》第 806 条第 1 款）。

三、勘察、设计合同的效力

勘察、设计合同是发包人或总承包人与勘察人、设计人为完成一定的勘察、设计工作，明确相互权利、义务的合同。勘察、设计合同的内容一般包括提交有关基础资料和概预算等文件的期限、质量要求、费用以及其他协作条件等条款（《民法典》第 794 条）。

（一）发包人的主要义务

在勘察、设计合同中，发包人负有以下主要义务。

第一，按照约定提供开展勘察设计所需的基础资料和文件。勘察合同的发包人应当按照合同的约定提供勘察工作需要的勘察基础资料、勘察技术要求及附图，设计合同的发包人应当按照合同的约定提供设计的基础资料、设计的技术要求和相关批文。依据《民法典》第 805 条的规定，因发包人变更计划，提供的资料不准确，或者未按照期限提供必需的勘察、设计工作条件而造成勘察、设计的返工、停工或者修改设计，发包人应当按照勘察人、设计人实际消耗的工作量增付费用。

第二，按照约定提供必要的协作条件。在勘察设计人员进场工作时，发包人应当为其提供必要的工作条件和生活条件，以保证其正常开展工作。

第三，按照约定接受勘察设计成果并支付勘察设计费用。勘察、设计人按照约定向发包人提交勘察、设计成果的，发包人应当接受，并按照约定支付勘察、设计费用。发包人未按合同约定的方式、标准和期限支付勘察设计费的，应负延期付款的违约责任。

第四，维护勘察、设计成果。发包人对于勘察、设计人交付的勘察设计成果不得擅自修改，也不得擅自转让该成果，否则，应承担相应的违约责任。

（二）承包人的主要义务

在勘察、设计合同中，承包人负有以下主要义务。

第一，按照合同约定按期完成勘察、设计工作。勘察人应当按照国家规定的或者合同约定的标准和技术条件进行工程测量、工程地质、水文地质等勘察工作；设计人应当按照合同的约定，根据发包人提供的文件和资料进行设计工作。勘察人、设计人应按照合同规定的进度完成勘察、设计任务。

第二，提交勘察、设计成果并对勘察、设计成果负瑕疵担保责任。勘察人、设计人应在约定的期限内将完成的勘察成果、设计图纸及说明和材料设备清单、概预算等设计成果按约定的方式交付给发包人。勘察人、设计人完成和交付的工作成果应符合法律、行政法规的规定，符合建设工程质量、安全标准，符合建设工程勘察、设计的技术规范，符合合同的约定。依据《民法典》第 800 条的规定，勘察、设计的质量不符合要求或者未按照期限提交勘察、设计文件拖延工期，造成发包人损失的，勘察人、设计人应当继续完善勘察、设计，减收或者免收勘察、设计费并赔偿损失。

第三，按合同约定完成协作的事项。设计人应当按照合同的约定对其承担设计任务的工程建设配合施工，进行设计交底，解决施工过程中有关设计的问题，负责设计变更和修改预算，参加试车考核、工程竣工和隐蔽工程等工作的验收。

四、施工合同的效力

施工合同是指发包人与承包人订立的关于工程的建筑与安装的合同。施工合同的内容一般包括工程范围、建设工期、中间交工工程的开工和竣工时间、工程质量、工程造价、技术资料交付时间、材料和设备供应责任、拨款和结算、竣工验收、质量保修范围和质量保证期、相互协作等条款（《民法典》第 795 条）。

（一）发包人的主要义务

在建设施工合同中，发包人负有以下主要义务。

第一，做好施工前的准备工作，按照约定提供材料、设备、技术资料。依据《民法典》第 803 条的规定，发包人未按照约定的时间和要求提供原材料、设备、场地、资金、技术资料的，承包人可以顺延工程日期，并有权请求赔偿停工、窝工等损失。发包人提供的主要建筑材料、建筑构配件和设备不符合强制性标准或者不履行协助义务，致使承包人无法施工，经催告后在合理期限内仍未履行相应义务的，承包人可以解除合同。合同解除后，已经完成的建设工程质量合格的，发包人应当按照约定支付相应的工程价款；已经完成的建设工程质量不合格的，参照《民法典》第 793 条的规定处理（《民法典》第 806 条第 2 款、第 3 款）。

第二，为承包人提供必要的条件。例如，发包人应当派驻工地代表，对工程进度、工程质量进行必要的监督，检查隐蔽工程，办理中间交工工程的验收手续，负责签证、解决应由发包人解决的问题；发包人不得中途变更工程量，应保证其提供的材料、设备的质量。依据《民法典》第 804 条的规定，因发包人的原因致使工程中途停建、缓建的，发包人应当采取措施弥补或者减少损失，赔偿承包人因此造成的停工、窝工、倒运、机械设备调迁、材料和构件积压等损失和实际费用。

第三，组织工程验收。在施工合同中，工程验收包括隐蔽工程的验收和工程竣工的验收。《民法典》第 798 条规定：隐蔽工程在隐蔽以前，承包人应当通知发包人检查。发包人没有及时检查的，承包人可以顺延工期，并有权请求赔偿停工、窝工等损失。建设工程竣工后，发包人应当根据施工图纸及说明书、国家颁发的施工验收规范和质量检验标准及时进行验收。建设工程竣工经验收合格后，方可交付使用；未经验收或者验收不合格的，不得交付使用（《民法典》第 799 条）。

第四，接受建设工程并支付工程价款。发包人在建设工程完工后，对竣工验收合格的工程予以接受并应按照约定的方式和期限进行工程结算，向承包人支付工程价款。依据《民法典》第 807 条的规定，发包人未按照约定支付价款的，承包人可以催告发包人在合理期限内支付价款。发包人逾期不支付的，除根据建设工程的性质不宜折价、拍卖的以外，承包人可以与发包人协议将该工程折价，也可以请求法院将该工程依法拍卖。建设工程的价款就该工程折价或者拍卖的价款优先受偿。

（二）承包人的主要义务

在建设施工合同中，承包人负有以下主要义务。

第一，按照约定按时开工和按要求进行施工。在开工前，承包人应当按照约定做好开工前的各项准备工作，依约做好建筑材料、设备和构建的采购、供应与保管工作；在施工过程中，应当严格按照施工图纸和操作规程进行施工，保证工程质量。承包人对于发包人提供的施工图和其他技术资料，不得擅自修改。承包人不按照施工图和说明书施工而造成工程质量不符合合同约定条件的，应当负责无偿修理或者返工。

第二，接受发包人的必要监督。依据《民法典》第797条的规定，发包人在不妨碍承包人正常作业的情况下，可以随时对作业进度、质量进行检查。因此，承包人有义务接受发包人对工程进度和工程质量的必要监督。

第三，按期按质完工并及时交付建设工程。承包人应当按期完成建设工程，并依约提交竣工验收技术资料，通知发包人验收工程并办理工程竣工结算和参加竣工验收，交付建设工程。依据《民法典》第801条的规定，因施工人的原因致使建设工程质量不符合约定的，发包人有权请求施工人在合理期限内无偿修理或者返工、改建；经过修理或者返工、改建后，造成逾期交付的，施工人应当承担违约责任。

第四，建设工程的质量保修义务。在建设工程质量保证期内，工程所有人或者使用人发现工程瑕疵的，有权直接请求承包人修理或者返工、改建。因保修人未及时履行保修义务，导致建筑物毁损或者造成人身、财产损害的，保修人应当承担赔偿责任。

第五，对建设工程合理使用期限内的质量安全负担保责任。依据《民法典》第802条的规定，因承包人的原因致使建设工程在合理使用期限内造成人身损害和财产损失的，承包人应当承担赔偿责任。

例题136 甲公司与没有建筑施工资质的某施工队签订合作施工协议，由甲公司投标乙公司的办公楼建筑工程，施工队承建并向甲公司交纳管理费。中标后，甲公司与乙公司签订建筑施工合同。工程由施工队负责施工。办公楼竣工验收合格交付给乙公司。乙公司尚有部分剩余工程款未支付。下列哪一选项是正确的？

A. 合作施工协议有效

B. 建筑施工合同属于效力待定

C. 施工队有权向甲公司主张工程款

D. 甲公司有权拒绝支付剩余工程款

解析：本题的考点是建设工程施工合同的效力，答案为C项。在施工合同中，法律禁止承包人将工程分包给不具备相应资质条件的单位，也禁止分包单位将其承包的工程再分包。本题中，甲公司与没有建筑施工资质的某施工队签订合作施工协议，违反了法律规定，应认定合作施工协议无效。没有建筑施工资质的某施工队借用甲公司的名义进行投标，中标后所签的建筑施工合同应认定为无效，而非效力待定。建设工程施工合同被认定无效后，如果建设工程经竣工验收合格的，承包人有权请求参照合同约定支付工程价款，甲公司不得拒绝支付。甲公司负有向施工队支付工程价款的义务，不能因乙公司尚有部分工程款未支付而拒绝，因为施工队与乙公司之间不存在合同关系。

第三节　运输合同

一、运输合同的含义

依据《民法典》第 809 条的规定，运输合同是指承运人将旅客或者货物从起运地点运输到约定地点，旅客、托运人或者收货人支付票款或运费的合同。

运输合同具有以下特点。

第一，运输合同的标的是运输行为。在运输合同中，承运人以将旅客、货物运送到约定地点为目的，因此，运输合同的标的不是货物本身或旅客，而是承运人将一定的货物或旅客运到约定的地点的运输行为。

第二，运输合同一般是诺成合同。除当事人另有约定或者另有交易习惯外，客运合同自承运人向旅客出具客票时成立（《民法典》第 814 条），货运合同自托运人与承运人达成协议时成立，因此，运输合同一般为诺成合同。

第三，运输合同是双务合同、有偿合同。运输合同成立后，双方当事人均负有义务：承运人应当在约定期间或者合理期间内，按照约定的或者通常的路线将旅客、货物运输到约定地点，旅客、托运人或者收货人应当支付票款或者运输费用。可见，运输合同是双务合同、有偿合同。

第四，运输合同大多是格式合同。在多数运输合同中，运输时间、运输费用、运输路线等合同条款都是预先拟定的，并通过客票、货运单、提单等形式确定下来，旅客、托运人只能按照这些合同条款订立运输合同，因此，运输合同大多是格式合同。

第五，公共运输合同具有强制缔约性。依据《民法典》第 810 条的规定，从事公共运输的承运人不得拒绝旅客、托运人通常、合理的运输要求。可见，公共运输合同具有强制缔约性。

二、客运合同

（一）客运合同的含义

客运合同是指承运人将旅客及其行李从起运地点运输到约定地点，旅客支付票款的合同。

客运合同除具有运输合同的一般特点外，还具有以下特点。

第一，客运合同的运送对象是旅客及其行李。客运合同的运送对象除旅客外，还包括旅客随身携带的行李。但旅客行李的运送并不构成一个独立的运送合同，而是客运合同的一部分。

第二，客运合同以客票为表现形式。客运合同属于格式合同，其表现形式为客票。作为一种有价证券，客票虽非客运合同本身，但却是客运合同的主要表现形式。

第三，客运合同是旅客得任意终止的合同。客运合同成立后、开始履行前，旅客有权任意解除合同，不必征得承运人的同意，亦无须通知承运人。当然，旅客若通过办理退票的方式终止合同，应当遵守承运人的相关退票规定。依据《民法典》第 816 条的规定，旅客因自己的原因不能按照客票记载的时间乘坐的，应当在约定的期限内办理退票或者变更手续；逾期办理的，承运人可以不退票款，并不再承担运输义务。

（二）客运合同的效力

1. 旅客的主要义务

在客运合同中，旅客负有以下主要义务。

第一，支付票款。依据《民法典》第 813 条的规定，旅客应当支付票款；但承运人未按照约定路线或者通常路线运输增加票款的，旅客可以拒绝支付增加部分的票款。

第二，持有效客票乘运。依据《民法典》第 815 条的规定，旅客应当按照有效客票记载的时间、班次和座位号乘坐。旅客无票乘坐、超程乘坐、越级乘坐或者持不符合减价条件的优惠客票乘坐的，应当补交票款，承运人可以按照规定加收票款；旅客不支付票款的，承运人可以拒绝运输。实名制客运合同的旅客丢失客票的，可以请求承运人挂失补办，承运人不得再次收取票款和其他不合理费用。

第三，限量携带行李。依据《民法典》第 817 条的规定，旅客随身携带行李应当符合约定的限量和品类要求；超过限量或者违反品类要求携带行李的，应当办理托运手续。

第四，不得携带或夹带危险品或其他违禁药品。依据《民法典》第 818 条的规定，旅客不得随身携带或者在行李中夹带易燃、易爆、有毒、有腐蚀性、有放射性以及可能危及运输工具上人身和财产安全的危险物品或者违禁物品。旅客违反规定携带或夹带违禁药品的，承运人可以将危险物品或者违禁物品卸下、销毁或者送交有关部门。旅客坚持携带或者夹带危险物品或者违禁物品的，承运人应当拒绝运输。

第五，协助义务。依据《民法典》第 819 条的规定，旅客对承运人为安全运输所作的合理安排应当积极协助和配合。

2. 承运人的主要义务

在客运合同中，承运人负有以下主要义务。

第一，按照约定完成旅客的运送。首先，承运人应当在约定的期限或者合理期限内将旅客及其行李安全运送到约定地点（《民法典》第 811 条）。承运人应当按照有效客票记载的时间、班次和座位号运输旅客。承运人迟延运输或者有其他不能正常运输情形的，应当及时告知和提醒旅客，采取必要的安置措施，并根据旅客的要求安排改乘其他班次或者退票；由此造成旅客损失的，承运人应当承担赔偿责任，但是不可归责于承运人的除外（《民法典》第 820 条）。其次，承运人应当按照约定的或通常的运输路线将旅客及其行李运送到约定地点（《民法典》第 812 条）。最后，承运人不得擅自降低服务标准。承运人擅自降低服务标准的，应根据旅客的要求退票或减收票款；提高服务标准的，不应当加收票款（《民法典》第 821 条）。

第二，安全运输义务。依据《民法典》第 819 条的规定，承运人应当严格履行安全运输义务，及时告知旅客安全运输应当注意的事项。

第三，尽力救助义务。依据《民法典》第 822 条的规定，承运人在运输过程中，应尽力救助患有急病、分娩、遇险的旅客。

第四，保证旅客安全的义务。依据《民法典》第 823 条的规定，承运人应当对运输过程中旅客的伤亡承担赔偿责任；但是，伤亡是因旅客自身健康原因造成的或者承运人证明伤亡是因旅客故意、重大过失造成的除外。承运人的这种赔偿责任也适用于按规定免票、持优待票或经承运人许可搭乘的无票旅客。

第五，妥善保管旅客的物品、行李。依据《民法典》第 824 条的规定，在运输过程中，旅客自带物品毁损、灭失，承运人有过错的，应承担损害赔偿责任；旅客托运的行李毁损、灭失的，应当按照货物运输的规定处理。

例题 137 根据民法典的规定，承运人对运输过程中发生的下列哪些旅客伤亡事件不承担赔偿责任？

A. 一旅客因制止扒窃行为被歹徒刺伤

B. 一旅客在客车正常行驶过程中突发心脏病身亡

C. 一失恋旅客在行车途中吞服安眠药过量致死

D. 一免票乘车婴儿在行车途中因急刹车受伤

解析：本题的考点是客运合同承运人对旅客的赔偿责任，答案为B、C项。旅客在客车正常行驶过程中突发心脏病身亡、在行车途中吞服安眠药过量致死，都是旅客自身健康原因造成的损害，承运人对此存在免责事由，无须承担赔偿责任；旅客因制止扒窃行为被歹徒刺伤属于在运输过程中的伤亡，承运人对此不存在免责事由，应当承担赔偿责任；免票乘车的婴儿在行车途中因急刹车受伤，应属于承运人的原因受到的损害，承运人应当承担赔偿责任。

三、货运合同

（一）货运合同的含义

货运合同是指承运人将货物从起运地点运输到约定地点，托运人或收货人支付运输费用的合同。

货运合同除具有运输合同的一般特点外，还具有以下特点。

第一，货运合同的运送对象是货物。在货运合同中，合同的目的是将货物从起运地点运输到约定地点，因此，货运合同的运送对象是货物。

第二，货运合同往往有第三人参加。货运合同是由承运人与托运人签订的，托运人与承运人是合同的当事人。但托运人既可以自己为收货人而托运货物，也可以第三人为收货人而托运货物。在托运人与收货人不一致的情况下，货运合同就涉及第三人。

第三，货运合同的履行以货物交付收货人为终点。在货运合同中，承运人将货物运送到目的地，其义务并没有履行完毕。承运人只有将货物交付给收货人，其义务的履行才告完毕。

（二）货运合同的效力

1. 托运人的主要义务

在货运合同中，托运人负有以下主要义务。

第一，如实报告托运货物的情况。依据《民法典》第825条的规定，托运人办理货物运输，应当向承运人准确表明收货人的姓名、名称或者凭指示的收货人，货物的名称、性质、重量、数量，收货地点等有关货物运输的必要情况。因托运人申报不实或者遗漏重要情况，造成承运人损失的，托运人应当承担损害赔偿责任。

第二，办理审批、检验手续。依据《民法典》第826条的规定，货物运输需要办理审批、检验等手续的，托运人应当将办理完有关手续的文件提交承运人。

第三，按约定的方式包装货物。依据《民法典》第827条的规定，托运人应当按照约定的方式包装货物。当事人对包装方式没有约定或者约定不明确，适用《民法典》第619条的规定。托运人没有妥善包装货物的，承运人可以拒绝运输。

第四，危险物品的包装和警示义务。依据《民法典》第828条的规定，托运人托运易燃、易爆、有毒、有腐蚀性、有放射性等危险物品的，应当按照国家有关危险物品运输的规定对危险物品妥善包装，作出危险物品标志和标签，并将有关危险物品的名称、性质和防范措施的书面材料提交承运人。否则，承运人可以拒绝运输，也可以采取相应措施以避免损失的发生，由此产生的费用由托运人承担。

第五，支付运费等费用。托运人应当按照合同约定的数额、时间、地点、方式等支付运费等费用。货物在运输过程中因不可抗力灭失，未收取运费的，承运人不得请求支付运费；已经收取运费的，托运人可以请求返还。法律另有规定的，依照其规定（《民法典》第835条）。托运人或者收货人不支付运费、保管费或者其他费用的，承运人对相应的运输货物享有留置权，但是当事人另有约定的除外（《民法典》第836条）。

第六，中止、变更运输的责任。依据《民法典》第829条的规定，在承运人将货物交付收货人之前，托运人可以要求承运人中止运输、返还货物、变更到达地或将货物交给其他收货人，但应当赔偿承运人因此受到的损失。

2. 承运人的主要义务

在货运合同中，承运人负有以下主要义务。

第一，按照约定将货物运送到目的地。承运人应当在约定期限或者合理期限内将货物安全运输到约定地点，应当按照约定的或者通常的运输路线运输货物。承运人未按照约定路线或者通常路线运输，增加运输费用的，托运人或收货人可以拒绝支付增加部分的运输费用。

第二，及时通知收货人提货。依据《民法典》第830条的规定，货物运输到达后，承运人知道收货人的，应当及时通知收货人提货。

第三，保证货物的安全。承运人在运输过程中，应当妥善保管货物，保证货物的安全。依据《民法典》第832条的规定，承运人对运输过程中货物的毁损、灭失承担赔偿责任。但是，承运人证明货物的毁损、灭失是因不可抗力、货物本身的自然性质或者合理损耗以及托运人、收货人的过错造成的，不承担赔偿责任。关于货物的毁损、灭失的赔偿额，依据《民法典》第833条的规定，当事人有约定的，按照其约定；当事人没有约定或者约定不明确，依据《民法典》第510条规定的补充性规则仍不能确定的，按照交付或者应当交付时货物到达地的市场价格计算。当然，法律、行政法规对赔偿额的计算方法和赔偿限额另有规定的，应当依照其规定。

此外，依据《民法典》第834条的规定，两个以上承运人以同一运输方式联运的，与托运人订立合同的承运人应当对全程运输承担责任；损失发生在某一运输区段的，与托运人订立合同的承运人和该区段的承运人承担连带责任。

3. 收货人的主要义务

在货运合同中，收货人负有以下主要义务。

第一，支付运输费用等费用。收货人应当按照约定支付运费、保管费以及其他运输费用。不支付相关费用的，除当事人另有约定的以外，承运人对相应的运输货物享有留置权。

第二，及时提货。承运人通知收货人提货后，收货人应当及时提货。收货人逾期提货的，应当向承运人支付保管费等费用（《民法典》第830条）。依据《民法典》第837条的规定，收货人不明或收货人无正当理由拒绝受领货物的，承运人可以将货物提存。

第三，及时检验货物。依据《民法典》第831条的规定，收货人提货时，应当按照约定的期限检验货物。当事人对检验货物的期限没有约定或者约定不明确，依据《民法典》第510条规定的补充性规则仍不能确定的，应当在合理期限内检验货物。收货人在约定的期限或者合理期限内对货物的数量、毁损等未提出异议的，视为承运人已经按照运输单证的记载交付的初步证据。

四、多式联运合同

多式联运合同是指多式联运经营人以两种以上不同的运输方式将货物从起运地点运输到约定地点，由托运人支付运输费用的合同。

多式联运合同除具有货运合同的一般效力外，还具有以下特殊效力。

第一，依据《民法典》第838条的规定，多式联运经营人负责履行或者组织履行多式联运合同，对全程运输享有承运人的权利，承担承运人的义务。

第二，依据《民法典》第839条的规定，多式联运经营人可以与参加多式联运的各区段承运人就多式联运合同的各区段运输约定相互之间的责任；但是，该约定不影响多式联运经营人对全程运输承担的义务。

第三，依据《民法典》第840条的规定，多式联运经营人收到托运人交付的货物时，应当签发多式联运单据。按照托运人的要求，多式联运单据可以是可转让单据，也可以是不可转让单据。所谓多式联运单据，是指证明多式联运合同以及证明多式联运经营人接管货物并负责按照合同条款交付货物的单据。

第四，依据《民法典》第841条的规定，因托运人托运货物时的过错造成多式联运经营人损失的，即使托运人已经转让多式联运单据，托运人仍然应当承担赔偿责任。

第五，依据《民法典》第842条的规定，货物的毁损、灭失发生于多式联运的某一运输区段的，多式联运经营人的赔偿责任和责任限额，适用调整该区段运输方式的有关法律规定；货物毁损、灭失发生的运输区段不能确定的，依照《民法典》中对运输合同的规定承担赔偿责任。

第四节　技术合同

一、技术合同概述

（一）技术合同的含义

依据《民法典》第843条的规定，技术合同是指当事人就技术开发、转让、许可、咨询或者服务订立的确立相互之间权利和义务的合同。技术合同的内容一般包括项目的名称，标的的内容、范围和要求，履行的计划、地点和方式，技术信息和资料的保密，技术成果的归属和收益的分配办法，验收标准和方法，名词和术语的解释等条款（《民法典》第845条）。

技术合同具有以下特点。

第一，技术合同的标的是技术成果或与技术成果有关的行为。所谓技术成果，是指利用科学技术知识、信息和经验作出的，涉及产品、工艺、材料及其改进等的技术方案，包括专利、专利申请、技术秘密、计算机软件、集成电路布图设计、植物新品种等。

第二，技术合同的主体具有限定性。技术合同的标的是技术成果或与技术成果有关的行为，而技术成果的取得并非一般民事主体能力所及，因此，技术合同的主体有特定的要求，即当事人通常至少一方是能够利用自己的技术力量从事技术开发、技术转让、技术服务或技术咨询的法人、非法人组织或自然人。

第三，技术合同的法律调整具有多重性。技术合同除受民法典的调整外，还受与相关技术成果有关的单行法的调整，如专利法、反不正当竞争法等。

第四，技术合同是诺成合同、双务合同、有偿合同。技术合同因当事人双方意思表示一致而成立，不以交付标的物为成立条件；技术合同成立后，当事人双方都负有一定的义务，双方的权利与义务是相对应的；当事人取得权利，必须要付出一定的对价。因此，技术合同是诺成合同、双务合同、有偿合同。

（二）技术合同价款、报酬或者使用费的支付方式

《民法典》第846条规定：技术合同价款、报酬或者使用费的支付方式由当事人约定，可以采取一次总算、一次总付或者一次总算、分期支付，也可以采取提成支付或者提成支付附加预付入门费的方式。约定提成支付的，可以按照产品价格、实施专利和使用技术秘密后新增的产值、利润或者产品销售额的一定比例提成，也可以按照约定的其他方式计算。提成支付的比例可以采取固定比例、逐年递增比例或者逐年递减比例。约定提成支付的，当事人可以在合同中约定查阅有关会计账目的办法。

（三）技术成果的权利归属及相关权益

1. 职务技术成果的权利归属

依据《民法典》第847条第2款的规定，职务技术成果是指执行法人或者非法人组织的工作任务，或者主要是利用法人或者非法人组织的物质技术条件所完成的技术成果。一般地说，下列情形属于“执行法人或者非法人组织的工作任务”：(1) 履行法人或者非法人组织的岗位职责或者承担其交付的其他技术开发任务；(2) 离职后1年内继续从事与其原所在法人或者非法人组织的岗位职责或者交付的任务有关的技术开发工作，但法律、行政法规另有规定的除外。当然，法人或者非法人组织与其职工就职工在职期间或者离职以后所完成的技术成果的权益有约定的，应当依约定确认。所谓“主要利用法人或者非法人组织的物质技术条件”，主要包括职工在技术成果的研究开发过程中，全部或者大部分利用了法人或者非法人组织的资金、设备、器材或者原材料等物质条件，并且这些物质条件对形成该技术成果具有实质性的影响；还包括该技术成果的实质性内容是在法人或者非法人组织尚未公开的技术成果、阶段性技术成果基础上完成的情形；但以下两种情况除外：一是对利用法人或者非法人组织提供的物质技术条件，约定返还资金或者交纳使用费的，二是在技术成果完成后利用法人或者非法人组织的物质技术条件对技术方案进行验证、测试的。

职务技术成果的使用权、转让权属于法人或者非法人组织的，法人或者非法人组织可以就该项职务技术成果订立技术合同。法人或者非法人组织订立技术合同、转让职务技术成果时，职务技术成果的完成人享有以同等条件优先受让的权利（《民法典》第847条第1款)。如果个人完成的技术成果属于执行原所在法人或者非法人组织的工作任务，又主要利用了现所在法人或者非法人组织的物质技术条件的，应当按照该自然人原所在和现所在法人或者非法人组织达成的协议确认权益；不能达成协议的，根据对完成该项技术成果的贡献大小由双方合理分享。

2. 非职务技术成果的权利归属

依据《民法典》第848条的规定，非职务技术成果的使用权、转让权属于完成技术成果的个人，完成技术成果的个人可以就该项非职务技术成果订立技术合同。

3. 完成技术成果人的相关权利

依据《民法典》第849条的规定，完成技术成果的个人享有在有关技术成果文件上写明自己是技术成果完成者的权利和取得荣誉证书、奖励的权利。所谓完成技术成果的“个人”，包括对技术成果单独或者共同作出创造性贡献的人，也即技术成果的发明人或者设计人。提出实质性技术构成并由此实现技术方案的人，属于作出创造性贡献的人。提供资金、设备、材料、试验条

件，进行组织管理，协助绘制图纸、整理资料、翻译文献等人员，不属于完成技术成果的个人。

（四）技术合同无效的特别规定

依据《民法典》第844条的规定，订立技术合同，应当有利于知识产权的保护和科学技术的进步，促进科学技术成果的研发、转化、应用和推广。因此，非法垄断技术或者侵害他人技术成果的技术合同无效（《民法典》第850条）。这类无效的技术合同主要包括以下情形：(1) 限制当事人一方在合同标的技术基础上进行新的研究开发或者限制其使用所改进的技术，或者双方交换改进技术的条件不对等，包括要求一方将其自行改进的技术无偿提供给对方、非互惠性转让给对方、无偿独占或者共享该改进技术的知识产权；(2) 限制当事人一方从其他来源获得和技术提供方的技术类似的技术或者与其竞争的技术；(3) 阻碍当事人一方根据市场需求，按照合理方式充分实施合同标的技术，包括明显不合理地限制技术接受方实施合同标的技术生产产品或者提供服务的数量、品种、价格、销售渠道和出口市场；(4) 要求技术接受方接受并非实施技术必不可少的附带条件，包括购买非必需的技术、原材料、产品、设备、服务以及接收非必需的人员等；(5) 不合理地限制技术接受方购买原材料、零部件、产品或者设备等的渠道或者来源；(6) 禁止技术接受方对合同标的技术知识产权的有效性提出异议或者对提出异议附加条件。

二、技术开发合同

（一）技术开发合同的含义

依据《民法典》第851条第1款的规定，技术开发合同是指当事人之间就新技术、新产品、新工艺、新品种或者新材料及其系统的研究开发所订立的合同。技术开发合同包括委托开发合同和合作开发合同。所谓委托开发合同，是指委托人委托研究开发人进行技术研究开发所订立的合同；所谓合作开发合同，是指当事人各方就共同进行技术研究开发工作所订立的合同。

技术开发合同除具有技术合同的一般特点外，还具有以下特点。

第一，技术开发合同的标的是具有创造性的技术成果。技术开发合同的标的是一种技术成果，即新技术、新产品、新工艺或者新材料及其系统。所谓新技术、新产品、新工艺和新材料及其系统，是指当事人在订立技术合同时尚未掌握的产品、工艺、材料及其系统等技术方案，但对技术上没有创新的现有产品的改型、工艺变更、材料配方调整以及对技术成果的验证、测试和使用除外。依据《民法典》第857条的规定，如果作为技术开发合同标的的技术已经由他人公开，致使技术开发合同的履行没有意义的，当事人可以解除合同。

第二，技术开发合同的当事人应共同承担风险。技术开发合同的技术成果是经过研究开发的创造活动所取得的成果，这种成果的取得具有一定的或然性。如果研究开发的课题在现有技术水平下具有足够的难度，即使研究开发人付出了最大的努力，也可能失败或部分失败。这种失败属于技术开发合同的风险，应由研究开发双方共同承担。当然，当事人也可以约定风险责任的承担。

第三，技术开发合同是要式合同。依据《民法典》第851条第3款的规定，技术开发合同应当采用书面形式，因此，技术开发合同属于要式合同。

（二）技术开发合同的效力

1. 委托开发合同的效力

(1) 委托人的主要义务

依据《民法典》第852条的规定，委托人负有以下主要义务：1) 按照约定支付研究开发经费和报酬；2）按照约定提供技术资料；3）提出研究开发要求，完成协作事项；4）接受研究开发成果。

委托人违反约定造成研究开发工作停滞、延误或者失败的，应当承担违约责任（《民法典》第854条）。

（2）研究开发人的主要义务

依据《民法典》第853条的规定，研究开发人负有以下主要义务：1）按照约定制订和实施研究开发计划；2）合理使用研究开发经费；3）按期完成研究开发工作，交付研究开发成果；4）向委托人提供有关的技术资料和必要的技术指导，帮助委托人掌握研究开发成果。

研究开发人违反约定造成研究开发工作停滞、延误或者失败的，应当承担违约责任（《民法典》第854条）。

2. 合作开发合同的效力

依据《民法典》第855条的规定，合作开发合同各方当事人负有以下义务：1）按照约定进行投资，包括以技术进行投资；2）按照约定分工参与研究开发工作，包括当事人约定的计划和分工，共同或者分别承担设计、工艺、试验、试制等工作；3）协作配合研究开发工作。

合作开发合同的当事人违反约定造成研究开发工作停滞、延误或者失败的，应当承担违约责任（《民法典》第856条）。

（三）技术开发合同的风险责任和技术成果归属

1. 技术开发合同的风险责任

技术开发合同的风险是指在研究开发过程中，虽经当事人一方或者双方主观努力，但受现有科技知识、认识水平和试验条件的限制，出现无法预见、无法防止和无法克服的技术困难，导致研究开发失败或者部分失败所发生的损失分担。依据《民法典》第858条的规定，在技术开发合同履行过程中，出现无法克服的技术困难，致使研究开发失败或者部分失败的，该风险责任由当事人约定；没有约定或者约定不明确，依据《民法典》第510条的规定仍不能确定的，风险由当事人合理分担。但是，当事人一方发现可能致使研究开发失败或部分失败的情形时，应当及时通知另一方并采取适当措施减少损失；没有及时通知并采取适当措施，致使损失扩大的，应当就扩大的损失承担责任。

2. 技术开发合同的技术成果归属

在技术开发合同中，有关技术成果的归属应按照以下规则确定。

第一，依据《民法典》第859条的规定，委托开发完成的发明创造，除法律另有规定或者合同另有约定以外，申请专利的权利属于研究开发人；研究开发人取得专利权的，委托人可依法实施该项专利；研究开发人转让专利申请权的，委托人享有以同等条件优先受让的权利。

第二，依据《民法典》第860条的规定，合作开发完成的发明创造，申请专利的权利属于合作开发的当事人共有；当事人一方转让其共有的专利申请权的，其他各方享有以同等条件优先受让的权利；但是，当事人另有约定的除外。合作开发的当事人一方声明放弃其共有的专利申请权的，除当事人另有约定外，可以由另一方单独申请或者由其他各方共同申请。申请人取得专利权的，放弃专利申请权的一方可以免费实施该专利。合作开发的当事人一方不同意申请专利的，另一方或者其他各方不得申请专利。

例题 138　甲、乙、丙三人合作开发一项技术，合同中未约定权利归属。该项技术开发完成后，甲、丙想要申请专利，而乙主张通过商业秘密来保护。对此，下列哪些选项是错误的？

A. 甲、丙不得申请专利

B. 甲、丙可申请专利，申请批准后专利权归甲、乙、丙共有

C. 甲、丙可申请专利，申请批准后专利权归甲、丙所有，乙有免费实施的权利

D. 甲、丙不得申请专利，但乙应向甲、丙支付补偿费

解析：本题的考点为技术开发合同中的技术成果归属，答案为 B、C、D 项。在技术开发合同中，对于合作开发完成的发明创造，除当事人另有约定外，申请专利的权利属于合作开发的当事人共有。因此，合作开发的当事人一方不同意申请专利的，另一方或其他各方不得申请专利。甲、乙、丙系合作开发的各方当事人，因乙不同意申请专利，故甲、丙不得申请专利。

第三，依据《民法典》第 861 条的规定，委托开发或者合作开发完成的技术秘密成果的使用权、转让权以及收益的分配办法，由当事人约定；没有约定或者约定不明确，依据《民法典》第 510 条的规定仍不能确定的，在没有相同技术方案被授予专利权前，当事人均有使用和转让的权利。但是，委托开发的研究开发人不得在向委托人交付研究开发成果之前，将研究开发成果转让给第三人。

三、技术转让合同和技术许可合同

（一）技术转让合同和技术许可合同的含义

技术转让合同是指合法拥有技术的权利人将现有特定的专利、专利申请、技术秘密的相关权利让与他人所订立的合同；技术许可合同是指合法拥有技术的权利人，将现有特定的专利、技术秘密的相关权利许可他人实施、使用所订立的合同。依据《民法典》第 863 条的规定，技术转让合同包括专利权转让合同、专利申请权转让合同、技术秘密转让合同等；技术许可合同包括专利实施许可、技术秘密使用许可等合同。集成电路布图设计专有权、植物新品种权、计算机软件著作权等其他知识产权的转让和许可，可以参照适用技术转让合同和技术许可合同的有关规定（《民法典》第 876 条）。

技术转让合同和技术许可合同除具有技术合同的一般特点外，还具有以下特点。

第一，技术转让和许可的标的是现有技术成果。技术转让、许可合同的标的只能是现有的、能够为某人独占或者不具有公开性，能够在生产经营中产生经济效益的技术成果。尚待研究开发的技术成果或者不涉及专利、专利申请或者技术秘密的知识、技术、经验和信息等，不能成为技术转让、许可的标的。

第二，技术转让合同和技术许可合同的目的在于取得技术成果的相关权利，如技术转让合同的目的在于取得技术成果的专利权或专利申请权等，技术许可合同的目的在于对技术成果进行使用。应当指出，技术转让合同和技术许可合同中关于提供实施技术的专用设备、原材料或者提供有关的技术咨询、技术服务的约定，属于合同的组成部分（《民法典》第 862 条第 3 款）。

第三，技术转让合同和技术许可合同是要式合同。依据《民法典》第 863 条第 3 款的规

定，技术转让合同和技术许可合同应当采取书面形式。

（二）技术转让合同和技术许可合同的效力

1. 专利权转让合同和专利权使用许可合同的效力

让与人、许可人负有以下主要义务：(1) 按照约定将专利权移交给受让人或许可被许可人实施专利。许可人未按照约定许可技术的，应当返还部分或者全部使用费，并应当承担违约责任。许可人实施专利超越约定的范围的，或违反约定擅自许可第三人实施该项专利的，应当停止违约行为，承担违约责任。让与人违约的，参照许可人违约处理（《民法典》第866条、第872条）。(2) 保证自己是所提供技术的合法拥有者，并保证所提供的技术完整、无误、有效，能够达到约定的目标（《民法典》第870条）。就专利实施许可合同而言，其仅在该专利权的存续期限内有效。若专利权有效期限届满或者专利权被宣告无效的，专利权人不得就该专利与他人订立专利实施许可合同（《民法典》第865条）。(3) 许可人应当交付实施专利有关的技术资料，提供必要的技术指导（《民法典》第866条）。(4) 瑕疵担保义务。受让人或者被许可人按照约定实施专利侵害他人合法权益的，由让与人或者许可人承担责任，但是当事人另有约定的除外（《民法典》第874条）。

受让人、被许可人负有以下主要义务：(1) 按照约定支付费用。受让人、被许可人应当按照约定支付转让费、使用费。被许可人未按照约定支付使用费的，应当补交使用费并按照约定支付违约金。不补交使用费或支付违约金的，应当停止实施专利，交还技术资料，承担违约责任。受让人不按照约定支付转让费的，参照被许可人违约进行处理（《民法典》第873条）。(2) 按照约定承担保密义务。受让人、被许可人应当按照约定的范围和期限，对让与人、许可人提供的技术中尚未公开的秘密部分，承担保密义务（《民法典》第871条）。此外，受让人受让取得专利权，应当按照法律规定实施专利技术。被许可人应当按照约定实施专利，被许可人实施专利超越约定的范围的，未经许可人同意擅自许可第三人实施专利的，应当停止违约行为，承担违约责任（《民法典》第867条、第873条）。

2. 专利申请权转让合同的效力

让与人负有以下主要义务：(1) 按照约定移交专利申请权，并提供申请专利和实施发明创造所需要的技术情报与资料。但是，让与人并没有保证所转让的专利申请权获得批准的义务。(2) 保证自己是转让的专利申请权的合法拥有者，并保证所提供的技术完整、无误、有效，能够达到约定的目标（《民法典》第870条）。

受让人负有以下主要义务：(1) 按照约定支付使用费。受让人未按照约定支付使用费的，应当补交使用费并按照约定支付违约金。(2) 按照约定的范围和期限承担保密义务。

3. 技术秘密转让合同和技术秘密使用许可合同的效力

让与人、许可人负有以下主要义务：(1) 按照合同约定转让或许可实施技术秘密，提供技术资料，进行技术指导，保证技术的实用性、可靠性（《民法典》第868条）。让与人、许可人未按照约定转让技术秘密或许可使用技术秘密的，应当返还部分或者全部费用，并应当承担违约责任（《民法典》第872条）。(2) 保证自己是技术秘密的合法拥有者，并保证所提供的技术完整、无误、有效，能够达到约定的目标（《民法典》第870条）。(3) 让与人、许可人使用技术秘密超越约定的范围，或者违反约定擅自许可第三人使用该项技术秘密的，应当停止违约行为，承担违约责任（《民法典》第872条）。(4) 按照约定的范围和期限承担保密义务。让与人与许可人均承担保密义务。许可人承担的保密义务不限制其申请专利，但是当事人另有约定的除外（《民法典》第868条）。(5) 瑕疵担保义务。受让人、被许可人按照约定使用技术秘密侵害他人合法权益的，让与人、许可人应承担责任，但是当事人另有约定的除外（《民法典》第

874条）。

依据《民法典》第869条、第873条的规定，受让人、被许可人负有以下主要义务：(1) 按照约定使用技术秘密。受让人、被许可人使用技术秘密超越约定的范围的，或者未经让与人、许可人同意，擅自许可第三人使用该技术秘密的，应当停止违约行为，承担违约责任。(2) 按照约定支付费用。受让人未按照约定支付转让费、许可费的，应当补交费用并按照约定支付违约金。受让人不补交使用费或者支付违约金的，应当停止使用技术秘密，交还技术资料，承担违约责任。(3) 按照约定的范围和期限承担保密义务。

例题139 甲公司与乙公司签订一份专利实施许可合同，约定乙公司在专利有效期限内独占实施甲公司的专利技术，并特别约定乙公司不得擅自改进该专利技术。后乙公司根据消费者的反馈意见，在未经甲公司许可的情形下对专利技术做了改进，并对改进技术采取了保密措施。下列哪一说法是正确的?

A. 甲公司有权自己实施该专利技术

B. 甲公司无权要求分享改进技术

C. 乙公司改进技术侵犯了甲公司的专利权

D. 乙公司改进技术属于违约行为

解析：本题的考点是专利实施许可合同的效力、技术转让合同中后续改进技术成果的归属，答案为B项。在甲公司与乙公司的技术转让合同中，约定有“乙公司不得擅自改进该专利技术”的条款，这种条款属于“垄断技术，妨碍技术进行”的情形，属于无效条款。因此，乙公司改进专利技术既不属于违约行为，也不构成对甲公司专利权的侵犯。甲公司与乙公司签订的是独占实施许可合同，故只有乙公司有权使用专利技术，甲公司无权使用专利技术。对于乙公司改进的技术，在无法确定归属的情况下，应由改进技术的乙公司享有，甲公司无权分享。

（三）技术转让合同和技术许可合同中后续改进技术成果的归属

在技术转让合同和技术许可合同中，后续改进的技术成果是指在合同的有效期限内，一方或者双方对作为合同标的的专利技术或技术秘密进行革新和改良而取得的技术成果。当事人可以按照互利的原则，在合同中约定实施专利、使用技术秘密后续改进的技术成果的分享办法；没有约定或者约定不明确，依据《民法典》第510条的规定仍不能确定的，一方后续改进的技术成果，其他各方无权分享（《民法典》第875条）。

四、技术咨询合同和技术服务合同

（一）技术咨询合同

1. 技术咨询合同的含义

依据《民法典》第878条第1款的规定，技术咨询合同是指当事人一方以技术知识为另一方就特定技术项目提供可行性论证、技术预测、专题技术调查、分析评价报告等而订立的合同。

技术咨询合同除具有技术合同的一般特点外，还具有以下特点。

第一，技术咨询合同的标的是技术性劳务成果。当事人订立技术咨询合同的目的，是就特定技术项目进行分析、论证、评价、预测和调查，即提供技术服务。所谓特定技术项目，包括有关科学技术与经济、社会协调发展的软科学研究项目，促进科技进步和管理现代化、提高经济效益和社会效益等运用科学知识和技术手段进行调查、分析、论证、评价、预测的专业性技术项目。

第二，技术咨询合同是不要式合同。《民法典》并没有规定技术咨询合同应当采取书面形式，因此，技术咨询合同为不要式合同。

2. 技术咨询合同的效力

委托人负有以下主要义务：(1) 按照约定阐明咨询的问题，提供技术背景材料及有关技术资料（《民法典》第 879 条）。受托人发现委托人提供的资料、数据等有明显错误或者缺陷，未在合理期限内通知委托人的，视为其对委托人提供的技术资料、数据等予以认可。(2) 接受受托人的工作成果，支付报酬（《民法典》第 879 条）。委托人不接受或者逾期接受工作成果的，支付的报酬不得追回，未支付的报酬应当支付。(3) 对受托人提出的咨询报告和意见有保密的义务。委托人未按照约定提供必要的资料，影响工作进度和质量，不接受或者逾期接受工作成果的，支付的报酬不得追回，未支付的报酬应当支付（《民法典》第 881 条第 1 款）。

受托人负有以下主要义务：(1) 按照合同约定的期限完成咨询报告或者解答问题（《民法典》第 880 条）。除当事人另有约定外，委托人按照受托人的符合约定要求的咨询报告和意见作出决策所造成的损失，由委托人承担（《民法典》第 881 条第 3 款）。(2) 提出的咨询报告应当达到合同约定的要求（《民法典》第 880 条）。受托人提出的咨询报告不符合约定的，应当承担减收或者免收报酬等违约责任（《民法典》第 881 条第 2 款）。(3) 对委托人提供的技术资料和数据有保密的义务。(4) 支付相关费用。合同对受托人正常开展工作所需费用的负担没有约定或者约定不明确的，由受托人负担（《民法典》第 886 条）。

（二）技术服务合同

1. 技术服务合同的含义

依据《民法典》第 878 条第 2 款的规定，技术服务合同是指当事人一方以技术知识为另一方解决特定技术问题所订立的合同，但不包括承揽合同和建设工程合同。

技术服务合同除具有技术合同的一般特点外，还具有以下特点。

第一，技术服务合同是为解决特定技术问题而订立的合同。所谓特定技术问题，包括需要运用专业技术知识、经验和信息解决的有关改进产品结构、改良工艺流程、提高产品质量、降低产品成本、节约资源能耗、保护资源环境、实现安全操作、提高经济效益和社会效益等专业技术问题。

第二，技术服务合同是不要式合同。《民法典》并没有规定技术服务合同应当采取书面形式，因此，技术服务合同为不要式合同。

2. 技术服务合同的效力

委托人负有以下主要义务：(1) 按照约定提供工作条件，完成配合事项（《民法典》第 882 条）。受托人发现委托人提供的资料、数据、样品、材料、场地等工作条件不符合约定，未在合理期限内通知委托人的，视为其对委托人提供的工作条件予以认可。(2) 接受受托人的工作成果并支付报酬（《民法典》第 882 条）。委托人不履行合同义务或者履行合同义务不符合约定，影响工作进度和质量，不接受或者逾期接受工作成果的，支付的报酬不得追回，未支付的报酬应当支付（《民法典》第 884 条第 1 款）。

受托人负有以下主要义务：(1) 按照合同约定完成服务项目，解决技术问题，保证工作质量，并传授解决技术问题的知识（《民法典》第 883 条）。受托人未按照合同约定完成服务工作的，应当承担免收报酬等违约责任（《民法典》第 884 条第 2 款）。(2) 妥善保管委托人提供的技术资料、数据、样品，并按合同约定的范围和期限承担保密义务。(3) 支付有关费用。当事人对受托人提供服务所需费用的负担没有约定或者约定不明确的，由受托人负担（《民法典》第 886 条）。

（三）技术咨询合同和技术服务合同中的新技术成果归属

依据《民法典》第 885 条的规定，技术咨询合同、技术服务合同履行过程中，除当事人另有约定外，受托人利用委托人提供的技术资料和工作条件完成的新的技术成果，属于受托人；委托人利用受托人的工作成果完成的新的技术成果，属于委托人。

第五节　保管合同

一、保管合同的含义

依据《民法典》第 888 条的规定，保管合同是指保管人保管寄存人交付的保管物，并返还该物的合同。除当事人另有约定或者另有交易习惯外，寄存人到保管人处从事购物、就餐、住宿等活动，将物品存放在指定场所的，视为保管。

保管合同具有以下特点。

第一，保管合同的标的是保管行为。保管合同订立的直接目的是由保管人保管物品，被保管的物品只是临时转移物品的占有权，因此，保管合同的标的是保管人的保管行为，即保管人为保管物品而提供的劳务。

第二，保管合同一般是实践合同。依据《民法典》第 890 条的规定，除当事人另有约定外，保管合同自保管物交付时成立。因此，保管合同一般为实践合同。

第三，保管合同可以是无偿合同，也可以是有偿合同。保管合同是否为有偿合同，依当事人的约定而定。若当事人明确约定寄存人应向保管人支付保管费的，则保管合同为有偿合同；若当事人对保管费没有约定或约定不明确，依据《民法典》第 510 条规定的补充性规则仍不能确定的，则保管合同为无偿合同（《民法典》第 889 条）。

第四，保管合同是双务合同、不要式合同。在保管合同中，寄存人应当按照约定向保管人支付保管费及其他费用，该费用的给付与保管人的保管行为具有对应性，因此，保管合同是双务合同。同时，保管合同仅以寄存人交付保管物为成立条件，并不要求当事人采取特定的形式，因此，保管合同是不要式合同。

二、保管合同的效力

（一）保管人的主要义务

在保管合同中，保管人负有以下主要义务。

第一，给付保管凭证。依据《民法典》第 891 条的规定，寄存人向保管人交付保管物的，保管人应当出具保管凭证，但是另有交易习惯的除外。

第二，妥善保管保管物。依据《民法典》第 892 条的规定，保管人应当妥善保管保管物。当事人可以约定保管场所或方法，除紧急情况或为了维护寄存人利益的以外，不得擅自改变保管场所或方法。在保管期内，因保管人保管不善造成保管物毁损、灭失的，保管人应当承担赔偿责任。但是，无偿保管人证明自己没有故意或重大过失的，不承担赔偿责任（《民法典》第

897条）。

第三，亲自保管保管物。依据《民法典》第894条的规定，除当事人另有约定外，保管人应当亲自保管保管物，不得将保管物转交第三人保管。保管人擅自将保管物转交第三人保管，对保管物造成损失的，保管人应承担赔偿责任。

第四，不得擅自使用或者许可第三人使用保管物。依据《民法典》第895条的规定，除当事人另有约定外，保管人不得使用或者许可第三人使用保管物。

第五，通知义务。依据《民法典》第896条的规定，第三人对保管物主张权利的，除依法对保管物采取保全或者执行措施外，保管人应当履行向寄存人返还保管物的义务。第三人对保管人提起诉讼或者对保管物申请扣押的，保管人应当及时通知寄存人。

第六，返还保管物及其孳息。依据《民法典》第899条的规定，寄存人可以随时领取保管物。当事人对保管期限没有约定或者约定不明确的，保管人可以随时要求寄存人领取保管物；约定保管期限的，保管人无特别事由，不得请求寄存人提前领取保管物。保管期限届满或者寄存人提前领取保管物的，保管人应当将原物及其孳息归还寄存人（《民法典》第900条）。

例题140 贾某因装修房屋，把一批古书交朋友王某代为保管，王某将古书置于床下。一日，王某楼上住户水管被冻裂，水流至王某家，致贾某的古书严重受损。对此，下列说法哪一项是正确的？

A. 王某具有过失，应负全部赔偿责任

B. 王某具有过失，应给予适当赔偿

C. 此事对王某而言属不可抗力，王某不应赔偿

D. 王某系无偿保管且无重大过失，不应赔偿

解析：本题的考点是保管人的赔偿责任，答案为D项。贾某与王某之间是保管合同关系，该保管合同为无偿保管合同。在王某保管期间，保管物受到严重损害，但王某对该损害的发生并不存在故意或重大过失，因此，王某对此损害不负赔偿责任。

（二）寄存人的主要义务

在保管合同中，寄存人负有以下主要义务。

第一，按照约定支付保管费及其他费用。当事人对支付的期限没有约定或者约定不明确，依据《民法典》第510条规定的补充性规则仍不能确定的，应当在领取保管物的同时支付（《民法典》第889条、第902条）。如果保管人为保管物品支出了必要费用，则寄存人应向保管人偿还该必要费用。依据《民法典》第903条的规定，寄存人未按照约定支付保管费或者其他费用的，除当事人另有约定外，保管人对保管物享有留置权。

第二，告知义务。依据《民法典》第893条的规定，寄存人交付的保管物有瑕疵或者根据保管物的性质需要采取特殊保管措施的，寄存人应当将有关情况告知保管人。寄存人未告知，致使保管物受损失的，保管人不承担赔偿责任；保管人因此受损失的，除保管人知道或者应当知道且未采取补救措施外，寄存人应当承担赔偿责任。

第三，声明义务。依据《民法典》第898条的规定，寄存人寄存货币、有价证券或其他贵重物品的，应当向保管人声明，由保管人验收或封存；寄存人未声明的，该物品毁损、灭失后，保管人可按一般物品予以赔偿。

三、消费保管合同

消费保管合同是指保管物为可替代物，双方约定保管人得取得保管物的所有权，而仅以相同种类、品质、数量的物品返还给寄存人的保管合同。依据《民法典》第 901 条的规定，保管物为货币的，保管人可以返还相同种类、数量的货币；保管物为货币之外的其他可替代物的，当事人可以约定返还相同种类、品质、数量的物品。

第六节　仓储合同

一、仓储合同的含义

依据《民法典》第 904 条的规定，仓储合同是指保管人储存存货人交付的仓储物，存货人支付仓储费的合同。

仓储合同具有以下特点。

第一，保管人须是拥有仓储设备并具有仓储资格的人。仓储合同的保管人不同于保管合同的保管人，其从事仓储业务必须具备仓储设备并具有仓储资格，并非任何人都可以成为仓储合同的保管人。

第二，仓储物的范围限于动产。在仓储合同中，保管人利用自己的仓库为存货人保管仓储物，存货人须按照合同约定将仓储物交付保管人，由保管人进行储藏和保管，因此，仓储物只能是动产。不动产不能成为仓储物。

第三，存货人交付仓储物或请求返还仓储物以仓单为凭证。仓单是指保管人收到仓储物时向存货人签发的表示收到一定数量仓储物的有价证券。仓单是物权证券，是提取仓储物的凭证。存货人或者仓单持有人在仓单上背书并经保管人签名或者盖章的，可以转让提取仓储物的权利（《民法典》第 910 条）。可见，存货人交付仓储物或请求返还仓储物均以仓单为凭证。

第四，仓储合同是诺成合同、双务合同、有偿合同、不要式合同。仓储合同自保管人和存货人意思表示一致时成立（《民法典》第 905 条），因此，仓储合同是诺成合同。仓储合同成立后，当事人双方互负给付义务，且双方的义务具有对应性和对价性，因此，仓储合同是双务合同、有偿合同。法律并没有要求仓储合同应当采取某种特定的形式，签发仓单也不是仓储合同成立的条件，因此，仓储合同为不要式合同。

二、仓储合同的效力

仓储合同是一种特殊的保管合同。依据《民法典》第 918 条的规定，法律对仓储合同没有规定的，适用保管合同的有关规定。

（一）保管人的主要义务

在仓储合同中，保管人负有以下主要义务。

第一，验收和接受仓储物。依据《民法典》第 907 条的规定，保管人应当按照约定对入库仓储物进行验收。保管人验收时发现入库仓储物与约定不符合的，应当及时通知存货人。仓储物经验收合格的，保管人应接受仓储物，及时安排入库。保管人验收后，发生仓储物的品种、数量、质量不符合约定的，保管人应当承担赔偿责任。

第二，交付仓单、入库单等凭证。存货人交付仓储物的，保管人应当出具仓单、入库单等凭证（《民法典》第 908 条）。依据《民法典》第 909 条的规定，保管人应当在仓单上签名或者盖章。仓单包括下列事项：(1) 存货人的姓名或者名称和住所；(2) 仓储物的品种、数量、质量、包装及其件数和标记；(3) 仓储物的损耗标准；(4) 储存场所；(5) 储存期限；(6) 仓储费；(7) 仓储物已经办理保险的，其保险金额、期间以及保险人的名称；(8) 填发人、填发地点和填发时间。

第三，同意存货人检查的义务。依据《民法典》第 911 条的规定，保管人根据存货人或者仓单持有人的要求，应当同意其检查仓储物或者提取样品。

第四，危险通知与催告义务。依据《民法典》第 912 条的规定，保管人对入库仓储物发现有变质或者其他损坏的，应当及时通知存货人或者仓单持有人。同时，依据《民法典》第 913 条的规定，保管人对入库仓储物发现有变质或者其他损坏，危及其他仓储物的安全和正常保管的，应当催告存货人或者仓单持有人作出必要的处置。因情况紧急，保管人可以作出必要的处置；但是，事后应当将该情况及时通知存货人或者仓单持有人。

第五，妥善保管仓储物。保管人应当按照合同约定的储存条件和保管要求，妥善保管仓储物。依据《民法典》第 906 条第 3 款的规定，保管人储存易燃、易爆、有毒、有腐蚀性、有放射性等危险物品的，应当具备相应的保管条件。在储存期内，因保管人保管不善造成仓储物毁损、灭失的，保管人应当承担赔偿责任。但因仓储物的自然性质、包装不符合约定或者超过有效储存期造成仓储物变质、损坏的，保管人不承担赔偿责任（《民法典》第 917 条）。

第六，返还仓储物。储存期限届满，保管人应当将仓储物返还给存货人或交付给仓单持有人。依据《民法典》第 914 条的规定，如当事人对储存期限没有约定或者约定不明确的，存货人或者仓单持有人可以随时提取仓储物，保管人也可以随时请求存货人或者仓单持有人提取仓储物，但是应给予必要的准备时间。

（二）存货人的主要义务

在仓储合同中，存货人负有以下主要义务。

第一，仓储物危险的说明义务。依据《民法典》第 906 条第 1 款、第 2 款的规定，储存易燃、易爆、有毒、有腐蚀性、有放射性等危险物品或者易变质物品，存货人应当说明物品的性质，提供有关资料，否则，保管人可以拒收仓储物，也可以采取相应措施以避免损失的发生，因此而产生的费用由存货人承担。

第二，按时提取仓储物。依据《民法典》第 915 条、第 916 条的规定，储存期限届满，存货人或者仓单持有人应当凭仓单、入库单等提取仓储物。存货人或者仓单持有人逾期提取的，应当加收仓储费；提前提取的，不减收仓储费。储存期限届满后，存货人或者仓单持有人不提取仓储物的，保管人可以催告其在合理期限内提取，逾期不提取的，保管人可以提存仓储物。

**例题 141**　关于保管合同和仓储合同，下列哪些说法是错误的？

A. 二者都是有偿合同

B. 二者都是实践性合同

C. 寄存人和存货人均有权随时提取保管物或仓储物而无须承担责任

D. 因保管人保管不善造成保管物或仓储物毁损、灭失的，保管人承担严格责任解析：本题的考点是保管合同和仓储合同的区分，答案为A、B、C、D项。从合同的属性上说，仓储合同是有偿合同、诺成合同；而保管合同一般是实践合同，其是否有偿取决于当事人的约定。保管合同的寄存人可以随时提取保管物；而仓储合同的存货人只有在合同对储存期限没有约定或约定不明的情况下，才可以随时提取仓储物，而且还应当给予保管人必要的准备时间。在保管合同中，若为无偿保管，则保管人承担过错责任，即只有保管人具有故意或重大过失的，才就保管物的毁损、灭失承担赔偿责任。

引读案例解答

1. 甲、乙之间签订的加工合同属于承揽合同，当事人双方应当按照合同约定或法律规定履行自己的义务。(1) 乙将一部分材料交给丁并要求丁按照图纸加工设备，这种工作属于承揽的主要工作。因此，乙在未经甲同意的情况下，无权将这部分工作交由丁完成。乙将一部分铸铁交给丙，要求丙按照要求将铸铁融化制成特定形状，这种工作属于承揽的辅助工作，乙有权将其交由丙完成。(2) 在完成承揽工作过程中，乙若发现甲提供的设计存在缺陷，应当及时通知甲。甲若怠于答复造成乙损失的，应当承担赔偿责任。(3) 在承揽合同履行期内，甲有权中途更改原设计图纸，并要求乙按照新设计进行加工。如果因甲变更设计图纸造成乙损失的，甲应当承担赔偿责任。

2. (1) 乙在运输过程中受到伤害，并不是其自身健康原因造成的，乙对自身的伤害也没有故意或重大过失，因此，客车公司应当赔偿乙的损失。(2) 丙在运输过程中受到伤害，虽然丙是无票乘客，但丙无票乘车是经司机许可的，因此，客车公司对丙的伤害也应承担赔偿责任。(3) 丁在运输过程中受到伤害，因丁是无票乘车且未经客车公司同意，所以，客车公司对丁的伤害不承担赔偿责任。(4) 甲违反运输规则导致客车受损，对此存在过错，因此，客车公司有权要求甲赔偿客车的损失。

3. (1) 甲委托乙就产品的生产方法进行改进，应属于技术开发，因此，甲、乙签订的合同属于技术开发合同，为委托开发合同。(2) 若甲、乙在合同中没有另外约定，则乙对其开发完成的技术成果享有申请专利的权利。(3) 若乙经申请获得专利权，乙当然可以实施该专利，甲也可以免费实施该专利。

4. (1) 保管合同为实践合同，因此，甲与乙、丙之间的保管合同均于甲交付母牛时成立。(2) 甲将母牛交付乙保管，母牛的所有权并没有发生转移。因此，母牛产生的孳息即小牛，应当归甲所有。(3) 丙负有妥善保管母牛的义务，未经甲同意不得将母牛借给丁使用。丙在未经甲同意的情况下，将母牛借给丁耕田属于一种违约行为。(4) 乙的保管为有偿保管，其在购买草料以及喂牛时不知道也不应当知道草料有毒，因此，乙已经履行了妥善保管义务，甲不能要求乙赔偿损失。丙的保管为无偿保管，其不知道也不应当知道草料有毒，对牛的死亡没有重大过失，因此，甲不能要求丙赔偿损失。

课堂讨论案例

1. 甲有300立方米的木材要加工成家具，乙、丙一起找到甲，三方签订了合同，约定：乙、丙将300立方米的木材加工成家具，合同履行期为50天，加工费为30万元。乙、丙也签订了一份合同，约定：乙负责200立方米，丙负责100立方米，所取得的加工费以及所承担的责任也按此比例处理。在加工过程中，因为乙的工作人员抽烟，导致60立方米的木材被全部烧毁。合同履行期满后，乙、丙将全部木材加工成了家具，但乙交付的数量不足。甲要求乙、丙承担连带赔偿责任，遭到丙的拒绝。三方无法协商一致，甲要求丙交付家具，丙提出，甲不交付加工费，自己便拒绝交付家具。甲索性便通知丙解除合同。

问：(1) 甲交付的木材被烧毁，能否适用风险负担规则加以处理？(2) 乙与丙是否应当对甲承担连带责任？(3) 丙能否在甲交付加工费之前拒绝交付家具？(4) 甲能否解除合同？

2. 甲建筑工程公司与乙学校签订了一份建筑6层综合实验楼的建设工程合同，约定：甲包工包料，乙在工程完工后支付工程款。合同订立后，甲将实验楼的施工任务包给了丙工程队，乙方驻工地代表发现后未加阻止。工程完工后，甲乙双方对实验楼进行验收，发现实验楼的多数水管漏水，很多房间没有接通电源，部分房间的地板出现裂缝。于是，乙要求甲返工，并赔偿损失。甲认为，实验楼已经包给丙施工，乙知道并未加以制止，应视为同意。因此，实验楼质量不合格的责任应由丙工程队承担。同时，甲认为，工程已经完工，乙应当按照合同约定支付工程款，否则将拍卖该工程以行使优先受偿权。

问：(1) 甲将实验楼的施工任务包给丙的行为是何种性质的行为，是否合法？(2) 甲应否对实验楼的质量不合格承担责任？为什么？(3) 乙能否解除合同？为什么？(4) 若甲仅将实验楼的水电工程包给丙且经过了乙的同意，这种行为是否合法？在此情况下，实验楼质量不合格的责任应由谁承担？(5) 甲能否就实验楼行使优先受偿权？为什么？

3. 甲研究所与乙厂签订合同约定，甲将自己的“节能热水器”专利技术许可乙使用，但合同未约定后续技术成果的分享办法。1年以后，甲又对“节能热水器”进行了改造，研制成“高效节能热水器”。乙得知情况后，要求甲将“高效节能热水器”的技术交给自己使用，遭到甲的拒绝。请分析以下问题：(1) 甲、乙之间的合同属于何种类型的合同？(2) 乙是否有权要求甲交付“高效节能热水器”的技术归其使用？

4. 甲公司指派员工唐某从事新型灯具的研制开发，唐某按约定完成了一种新型灯具的开发。甲公司对该灯具的技术申请了发明专利并获得批准授权。在此之前，甲公司与乙公司签订专利实施许可合同，约定乙公司使用该灯具专利技术4年，每年许可使用费10万元。获得专利权2年后，甲公司欲以80万元将该专利技术转让给丙公司。唐某、乙公司也想以同等条件购买该专利技术。最终甲公司将该专利出让给了唐某。

问：(1) 唐某作为发明人，依法应享有哪些权利？(2) 甲公司在未获得专利前，与乙公司签订的专利实施许可合同是否有效？如甲乙双方因此发生纠纷，应如何适用有关法律？(3) 甲公司能否将专利技术出让给唐某？该专利技术转让合同成立后，对甲公司和乙公司之间的专利实施许可合同的效力有何影响？

5. 某年2月1日，甲、乙订立了仓储合同，甲将一批货物存储在乙的仓库，存储期为12个月，仓储费为1万元。2月3日，乙收到货物，便向甲签发了仓单。6月1日，甲依法将仓单转让给了丙。8月1日，丙持仓单要求乙交付货物。乙提出该批货物的仓储费并未支付，从而拒绝交付货物。8月4日，丙向乙支付了1万元仓储费，取走货物。11月1日，甲、丙之间转让仓单的买卖合同被人民法院撤销。于是，甲主张乙向丙交付货物是无效的，要求乙赔偿损失。

问：(1) 甲、乙之间的仓储合同何时成立？(2) 甲依法转让仓单应具备什么条件？(3) 乙可否拒绝向丙交付货物？(4) 甲能否要求乙赔偿损失？

重点思考习题

1. 如何理解承揽合同的特点和效力？
2. 承揽合同中的风险负担应当如何确定？
3. 建设施工合同中的承包人应当如何行使优先受偿权？
4. 货运合同当事人负有哪些义务？
5. 如何区分职务技术成果与非职务技术成果？
6. 如何确定技术开发合同的风险责任和技术成果归属？
7. 如何确定技术转让合同中后续改进技术的归属？
8. 保管合同与仓储合同有何异同？

第二十四章 典型合同（下）

引读案例

1. 甲供电公司为收取他人拖欠的电费，与律师乙签订合同，约定：由乙代理甲通过诉讼向丙、丁两家公司追讨所欠电费，律师费 8 万元。在乙的代理下，甲将丙诉至人民法院并获得胜诉判决。随后，甲以对丁不再起诉为由，要求解除合同。请分析以下问题：(1) 甲、乙签订的合同是什么类型的合同？(2) 甲能否解除合同？(3) 乙能否请求甲支付 8 万元律师费？

2. 甲公司与乙签订了中介合同，由乙为甲公司寻找机会，租赁一幢适合甲公司作办公之用的大楼。事成之后，甲公司支付给乙 2 万元的报酬，合同履行期为 30 天。签订合同后，乙四处奔波，为甲公司寻找适合的大楼，但一直未找到。甲公司的负责人很着急，经常打电话询问乙是否找到适合的大楼。乙担心若道出实情，甲公司很可能会另托他人，就不会向自己支付 2 万元，便一直说正在与对方协商，稍等几天便可以签合同了。甲公司的负责人信以为真，便一直等着乙传来好消息。合同履行期满，乙未找到合适的大楼。请分析以下问题：(1) 乙的行为是否属于违约行为？为什么？(2) 乙能否请求甲公司支付活动费用？为什么？(3) 甲公司能否要求乙赔偿损失？为什么？

法律职业资格考试要点

委托合同的含义、当事人的权利和义务、终止原因及后果；物业服务合同的含义、当事人的权利和义务；行纪合同的含义、当事人的权利和义务；中介合同的含义、当事人的权利和义务；合伙合同的含义、合伙人的权利和义务

第一节 委托合同

一、委托合同的含义

依据《民法典》第 919 条的规定，委托合同是指委托人和受托人约定，由受托人处理委托人事务的合同。

委托合同具有以下特点。

第一，委托合同是以为他人处理事务为目的的合同。受托人为委托人处理的委托事务，既可以是民事法律行为，也可以是事实行为，但不能是当事人亲自履行的身份行为和需要利用他人特定技能完成的行为。

第二，委托合同以双方当事人的相互信任为前提。委托合同是一种信赖合同，以当事人间的信赖关系为基础。委托合同基于信赖关系的存在而成立，基于信赖关系的终结而终止。

第三，受托人一般以委托人的名义处理委托事务。在处理委托事务涉及第三人时，受托人一般以委托人的名义处理委托事务，但在例外情形下，受托人也可以自己的名义处理委托事务。

第四，委托合同可以是有偿合同，也可以是无偿合同。委托合同是否为有偿合同，取决于当事人的约定或者交易习惯。

第五，委托合同为诺成合同、双务合同、不要式合同。委托合同自双方当事人意思表示一致时成立，不以物的交付或当事人实际履行作为合同成立的要件，因此，委托合同是诺成合同。无论委托合同是否为有偿合同，当事人之间均负有给付义务，因此，委托合同属于双务合同。委托合同采用何种形式，由当事人双方自行约定，因此，委托合同是不要式合同。

二、委托合同的效力

（一）受托人的主要义务

在委托合同中，受托人负有以下主要义务。

第一，不得越权处理委托事务。依据《民法典》第920条的规定，委托人可以特别委托受托人处理一项或者数项事务，也可以概括委托受托人处理一切事务。前者为特别委托，后者为概括委托。不论是哪种委托，受托人都应当在委托人委托的权限内处理委托事务，不得越权处理委托事务。受托人超越权限给委托人造成损失的，应当赔偿损失（《民法典》第929条第2款）。

第二，按照委托人的指示处理委托事务。依据《民法典》第922条的规定，受托人应当按照委托人的指示处理委托事务。需要变更委托人指示的，应当经委托人同意；因情况紧急，难以和委托人取得联系的，受托人应当妥善处理委托事务，但是事后应当将该情况及时报告委托人。

第三，亲自处理委托事务。依据《民法典》第923条的规定，受托人应当亲自处理委托事务。经委托人同意，受托人可以转委托。转委托经同意或者追认的，委托人可以就委托事务直接指示转委托的第三人，受托人仅就第三人的选任及其对第三人的指示承担责任。转委托未经同意或者追认的，受托人应当对转委托的第三人的行为承担责任；但是，在紧急情况下受托人为了维护委托人的利益需要转委托第三人的除外。

第四，向委托人报告委托事务的处理情况。依据《民法典》第924条的规定，受托人应当按照委托人的要求，报告委托事务的处理情况；合同终止时，受托人应当报告委托事务的结果。

第五，交付财产的义务。依据《民法典》第927条的规定，受托人处理委托事务取得的财产，应当转交给委托人。

第六，妥善处理委托事务。受托人处理委托事务，应尽必要的注意义务，否则，造成委托人损失的，受托人应当赔偿损失。依据《民法典》第929条第1款的规定，于有偿的委托合同，因受托人的过错给委托人造成损失的，委托人可以请求赔偿损失；于无偿的委托合同，因受托人的故意或者重大过失给委托人造成损失的，委托人可以请求赔偿损失。两个以上的受托人共同处理委托事务的，对委托人承担连带责任（《民法典》第932条）。

（二）委托人的主要义务

在委托合同中，委托人负有以下主要义务。

（1）承受委托事务的处理结果。受托人以委托人名义处理事务的，结果由委托人承受。受托人以自己名义处理事务所产生的债务，应由委托人以债务承担的方式向债权人承担。

（2）支付处理委托事务的费用。依据《民法典》第921条的规定，委托人应当预付处理委托事务的费用。受托人为处理委托事务垫付的必要费用，委托人应当偿还该费用并支付利息。

（3）支付报酬。《民法典》第928条规定：受托人完成委托事务的，委托人应当按照约定向其支付报酬。因不可归责于受托人的事由，委托合同解除或者委托事务不能完成的，委托人应当向受托人支付相应的报酬。当事人另有约定的，按照其约定。

（4）赔偿受托人的损失。委托人在下列两种情况下，应当赔偿受托人的损失：1）依据《民法典》第930条的规定，受托人处理委托事务时，因不可归责于自己的事由受到损失的，可以向委托人请求赔偿损失。2）依据《民法典》第931条的规定，委托人经受托人同意，可以在受托人之外委托第三人处理委托事务，因此给受托人造成损失的，受托人可以向委托人请求赔偿损失。

例题142 甲去购买彩票，其友乙给甲10元让其顺便代购彩票，同时告知购买号码，并一再嘱咐甲不要改变。甲预测乙提供的号码不能中奖，便擅自更换号码为乙购买了彩票并替乙保管。开奖时，甲为乙购买的彩票中了奖，二人为奖项归属发生纠纷。下列哪一分析是正确的？

A. 甲应获得该奖项，因按乙的号码无法中奖，甲、乙之间应类推适用借贷关系，由甲偿还乙10元

B. 甲、乙应平分该奖项，因乙出了钱，而甲更换了号码

C. 甲的贡献大，应获得该奖项之大部，同时按比例承担彩票购买款

D. 乙应获得该奖项，因乙是委托人

解析：本题的考点是委托合同的效力，答案为D项。乙委托甲代购彩票，二人之间成立委托合同关系，而非借贷关系或合作投资关系。因此，甲、乙之间的纠纷应当按照委托合同处理。在委托合同中，受托人处理委托的结果应由委托人承担。虽甲改变了乙的委托指令，但甲作为受托人，处理委托事务取得的财产，应当转交给委托人乙。

（三）受托人以自己的名义与第三人订立合同的效力

1. 受托人公开代理关系订立合同的效力

依据《民法典》第925条的规定，受托人以自己的名义，在委托人的授权范围内与第三人订立的合同，第三人在订立合同时知道受托人与委托人之间的代理关系的，该合同直接约束委托人和第三人；但是，有确切证据证明该合同只约束受托人和第三人的除外。

2. 受托人不公开代理关系订立合同的效力

依据《民法典》第926条的规定，受托人以自己的名义与第三人订立合同时，第三人不知道受托人与委托人之间的代理关系的，受托人因第三人的原因对委托人不履行义务，受托人应当向委托人披露第三人，委托人因此可以行使受托人对第三人的权利。但是，第三人与受托人订立合同时如果知道该委托人就不会订立合同的除外。受托人因委托人的原因对第三人不履行义务的，受托人应当向第三人披露委托人，第三人因此可以选择受托人或者委托人作为相对人主张其权利，但是第三人不得变更选定的相对人。委托人行使受托人对第三人的权利的，第三

人可以向委托人主张其对受托人的抗辩。第三人选定委托人作为相对人的，委托人可以向第三人主张其对受托人的抗辩以及受托人对第三人的抗辩。

例题 143　甲委托乙销售一批首饰并交付，乙经甲同意转委托给丙。丙以自己的名义与丁签订买卖合同，约定将这批首饰以高于市场价10%的价格卖给丁，并赠其一批箱包。丙因此与戊签订箱包买卖合同。丙依约向丁交付首饰，但因戊不能向丙交付箱包，导致丙无法向丁交付箱包。丁拒绝向丙支付首饰款。下列哪一表述是正确的？

A. 乙的转委托行为无效

B. 丙与丁签订的买卖合同直接约束甲和丁

C. 丙应向甲披露丁，甲可以行使丙对丁的权利

D. 丙应向丁披露戊，丁可以行使丙对戊的权利

解析：本题的考点是转委托、受托人不公开代理关系的委托合同的效力、合同的相对性，答案为C项。甲委托乙销售首饰，双方成立委托合同关系。乙经甲同意后，将该事务转委托给丙，因此，转委托有效。转委托人丙以自己的名义与丁签订合同，而丁在签订合同时并不知道甲、丙之间的代理关系，因此，该合同并不能直接约束甲和丁。在不公开代理关系的委托合同中，第三人丁拒绝支付首饰款，丙应当向委托人甲披露丁。基于合同的相对性，丙与戊之间签订的合同只能约束丙、戊双方，戊不能向丙交付箱包，只能由戊向丙承担违约责任。

三、委托合同的终止

在通常情况下，委托合同因委托事务处理完毕、委托合同履行不能、委托合同约定的期限届满等原因而终止。此外，委托合同还有特殊的终止原因。

（一）当事人一方解除委托合同

依据《民法典》第933条的规定，委托人或者受托人可以随时解除委托合同，因解除合同造成对方损失的，除不可归责于该当事人的事由外，无偿委托合同的解除方应当赔偿因解除时间不当造成的直接损失，有偿委托合同的解除方应当赔偿对方的直接损失和合同履行后可以获得的利益。

例题 144　某律师事务所指派吴律师担任某案件的一、二审委托代理人。第一次开庭后，吴律师感觉案件复杂，本人和该事务所均难以胜任，建议不再继续代理。但该事务所坚持代理。一审判决委托人败诉。下列哪些表述是正确的？

A. 律师事务所有权单方解除委托合同，但须承担赔偿责任

B. 律师事务所在委托人一审败诉后不能单方解除合同

C. 即使一审胜诉，委托人也可解除委托合同，但须承担赔偿责任

D. 只有存在故意或者重大过失时，该律师事务所才对败诉承担赔偿责任

解析：本题的考点是委托合同的解除、受托人的赔偿责任，答案为A、C项。在委托合同中，委托人或者受托人可以随时解除委托合同。如因解除委托合同给对方造成损失的，除不可归责于该当事人的事由以外，应当赔偿损失。委托合同若是有偿的，因受托人的过错给委托人造成损失的，委托人可以要求赔偿损失；委托合同若是无偿的，因受托人的故意或者重大过失给委托人造成损失的，委托人可以要求赔偿损失。本题中没有表明该委托合同是有偿的还是无偿的，故上述两种情况都有可能发生。

（二）当事人一方死亡、丧失民事行为能力或者破产

依据《民法典》第934条的规定，委托人死亡、终止或者受托人死亡、丧失民事行为能力、终止的，委托合同终止；但是，当事人另有约定或者根据委托事务的性质不宜终止的除外。这种除外情况包括以下两种：其一，依据《民法典》第935条的规定，因委托人死亡或者被宣告破产、解散，致使委托合同终止将损害委托人利益的，在委托人的继承人、遗产管理人或者清算人承受委托事务之前，受托人应当继续处理委托事务。其二，依据《民法典》第936条的规定，因受托人死亡、丧失民事行为能力或者被宣告破产、解散，致使委托合同终止的，受托人的继承人、遗产管理人、法定代理人或者清算人应当及时通知委托人。因委托合同终止将损害委托人利益的，在委托人作出善后处理之前，受托人的继承人、遗产管理人、法定代理人或者清算人应当采取必要措施。

第二节　物业服务合同

一、物业服务合同的含义

依据《民法典》第937条的规定，物业服务合同是物业服务人在物业服务区域内，为业主提供建筑物及其附属设施的维修养护、环境卫生和相关秩序的管理维护等物业服务，业主支付物业费的合同。

物业服务合同具有以下特点。

第一，物业服务合同主体具有特殊性。物业服务人包括物业服务企业和其他管理人。依据《物业管理条例》第32条的规定，从事物业管理活动的企业应当具有独立的法人资格。

第二，物业服务合同为要式合同。物业服务合同应当采用书面形式（《民法典》第938条），因此，物业服务合同为要式合同。

第三，物业服务合同具有涉他性。依据《民法典》第939条的规定，建设单位依法订立的前期物业服务合同以及业主委员会与业主大会依法选聘的物业服务人订立的物业服务合同，对业主具有法律约束力。可见，物业服务合同具有一定的涉他性。

二、物业服务合同的订立与续订

一个物业服务区域由一个物业服务企业实施物业服务，前期物业服务通常由建设单位选聘。业主委员会应当与业主大会选聘的物业服务企业订立书面的物业服务合同（《物业管理条例》第34条第1款）。在业主、业主大会选聘物业服务企业之前，建设单位选聘物业服务企业

的，应当签订书面的前期物业服务合同（《物业管理条例》第 21 条）。物业服务合同的内容一般包括服务事项、服务质量、服务费用的标准和收取办法、维修资金的使用、服务用房的管理和使用、服务期限、服务交接等条款。物业服务人公开作出的有利于业主的服务承诺，为物业服务合同的组成部分（《民法典》第 938 条）。

物业服务期限届满前，业主依法共同决定续聘的，应当与原物业服务人在合同期限届满前续订物业服务合同。物业服务期限届满前，物业服务人不同意续聘的，应当在合同期限届满前 90 日书面通知业主或者业主委员会，但是合同对通知期限另有约定的除外（《民法典》第 947 条）。物业服务期限届满后，业主没有依法作出续聘或者另聘物业服务人的决定，物业服务人继续提供物业服务的，原物业服务合同继续有效，但是服务期限为不定期。当事人可以随时解除不定期物业服务合同，但是应当提前 60 日书面通知对方（《民法典》第 948 条）。建设单位依法与物业服务人订立的前期物业服务合同约定的服务期限届满前，业主委员会或者业主与新物业服务人订立的物业服务合同生效的，前期物业服务合同终止（《民法典》第 940 条）。

三、物业服务合同的效力

（一）物业服务人的主要义务

1. 提供物业服务。物业服务人应当按照约定和物业的使用性质，妥善维修、养护、清洁、绿化和经营管理物业服务区域内的业主共有部分，维护物业服务区域内的基本秩序，采取合理措施保护业主的人身、财产安全。对物业服务区域内违反有关治安、环保、消防等法律法规的行为，物业服务人应当及时采取合理措施制止、向有关行政主管部门报告并协助处理（《民法典》第 942 条）。

2. 不得将全部物业服务转委托给第三人。物业服务人将物业服务区域内的部分专项服务事项委托给专业性服务组织或者其他第三人的，应当就该部分专项服务事项向业主负责。物业服务人不得将其应当提供的全部物业服务转委托给第三人，或者将全部物业服务支解后分别转委托给第三人（《民法典》第 941 条）。

3. 报告义务。物业服务人应当定期将服务的事项、负责人员、质量要求、收费项目、收费标准、履行情况，以及维修资金使用情况、业主共有部分的经营与收益情况等以合理方式向业主公开并向业主大会、业主委员会报告（《民法典》第 943 条）。

4. 返还义务。物业服务合同终止的，原物业服务人应当在约定期限或者合理期限内退出物业服务区域，将物业服务用房、相关设施、物业服务所必需的相关资料等交还给业主委员会、决定自行管理的业主或者其指定的人，配合新物业服务人做好交接工作，并如实告知物业的使用和管理状况。原物业服务人违反上述规定的，不得请求业主支付物业服务合同终止后的物业费；造成业主损失的，应当赔偿损失（《民法典》第 949 条）。

5. 合同终止的后续义务。物业服务合同终止后，在业主或者业主大会选聘的新物业服务人或者决定自行管理的业主接管之前，原物业服务人应当继续处理物业服务事项，并可以请求业主支付该期间的物业费（《民法典》第 950 条）。

（二）业主的主要义务

1. 支付物业费。依据《民法典》第 944 条的规定，业主应当按照约定向物业服务人支付物业费。物业服务人已经按照约定和有关规定提供服务的，业主不得以未接受或者无须接受相关物业服务为由拒绝支付物业费。业主违反约定逾期不支付物业费的，物业服务人可以催告其在合理期限内支付；合理期限届满仍不支付的，物业服务人可以提起诉讼或者申请仲裁。但是，物业服务人不得采取停止供电、供水、供热、供燃气等方式催交物业费。

2. 告知义务。业主装饰装修房屋的，应当事先告知物业服务人，遵守物业服务人提示的合理注意事项，并配合其进行必要的现场检查。业主转让、出租物业专有部分、设立居住权或者依法改变共有部分用途的，应当及时将相关情况告知物业服务人（《民法典》第945条）。

3. 解除合同的赔偿责任。业主依照法定程序共同决定解聘物业服务人的，可以解除物业服务合同。业主共同决定解聘物业服务人，应当提前60日书面通知物业服务人，但是合同对通知期限另有约定的除外。业主解除合同造成物业服务人损失的，除不可归责于业主的事由外，业主应当赔偿损失（《民法典》第946条）。

第三节　行纪合同

一、行纪合同的含义

依据《民法典》第951条的规定，行纪合同是指行纪人以自己的名义为委托人从事贸易活动，委托人支付报酬的合同。

行纪合同具有以下特点。

第一，行纪合同中的行纪人为经营行纪业务的人。行纪是一种营业，因此，行纪合同的行纪人必须是从事行纪营业的人。行纪人须取得专门的营业资格后，才能从事行纪营业。

第二，行纪合同的标的是行纪人为委托人处理事务。这种委托事务表现为行纪人为委托人从事贸易活动，即买进或卖出特定物品或财产权利。由于行纪人处理事务是与第三人之间发生的，因而行纪合同的标的只能是民事法律行为，而不能是事实行为。

第三，行纪人以自己的名义和费用处理事务。在行纪合同中，行纪人为委托人的利益处理事务，但行纪人并不是以委托人的名义和费用处理事务，而是以自己的名义与费用为委托人处理委托事务，因此，行纪人在与第三人实施民事法律行为时，行纪人自己为权利、义务的主体。

第四，行纪合同为诺成合同、双务合同、有偿合同、不要式合同。行纪合同自当事人双方意思表示一致时成立，无须标的物的实际交付，因此，行纪合同是诺成合同。行纪人负有为委托人处理委托事务的义务，而委托人负有给付报酬的义务，双方的义务是相对应的，因此，行纪合同是双务合同、有偿合同。行纪合同的成立无须采取特别的方式，当事人可以约定采取口头、书面或其他方式，因此，行纪合同为不要式合同。

二、行纪合同的效力

行纪合同与委托合同都属于提供劳务的合同，两者具有相同之处，因此，依据《民法典》第960条的规定，法律对行纪合同没有规定的，适用委托合同的有关规定。

（一）行纪人的主要义务

在行纪合同中，行纪人负有以下主要义务。

第一，负担行纪费用。依据《民法典》第952条的规定，行纪人处理委托事务支出的费用，由行纪人负担，但是当事人另有约定的除外。

第二，妥善保管并合理处分委托物。依据《民法典》第953条的规定，行纪人占有委托物的，应当妥善保管委托物。如果委托物交付给行纪人时有瑕疵或者容易腐烂、变质的，经委托人同意，行纪人可以处分该物；不能与委托人及时取得联系的，行纪人可以合理处分（《民法典》第 954 条)。

第三，遵从委托人的指示从事贸易活动。依据《民法典》第 955 条的规定，行纪人低于委托人指定的价格卖出或者高于委托人指定的价格买入的，应当经委托人同意；未经委托人同意，行纪人补偿其差额的，该买卖对委托人发生效力。行纪人高于委托人指定的价格卖出或者低于委托人指定的价格买入的，可以按照约定增加报酬；没有约定或者约定不明确，依据《民法典》第 510 条的规定仍不能确定的，该利益属于委托人。委托人对价格有特别指示的，行纪人不得违背该指示卖出或者买入。

第四，以自己的名义处理委托事务并负担其后果。行纪人在处理委托事务时须以自己的名义进行，并承受由此而生的权利、义务。第三人不履行义务致使委托人受到损害的，行纪人应当承担赔偿责任，但是行纪人与委托人另有约定的除外（《民法典》第 958 条)。

例题 145　甲将 10 吨大米委托乙商行出售。双方只约定，乙商行以自己名义对外销售，每公斤售价 2 元，乙商行的报酬为价款的 5%。下列哪些说法是正确的?

A. 甲与乙商行之间成立行纪合同关系

B. 乙商行为销售大米支出的费用应由自己负担

C. 如乙商行以每公斤 2.5 元的价格将大米售出，双方对多出价款的分配无法达成协议，则应平均分配

D. 如乙商行与丙食品厂订立买卖大米的合同，则乙商行对该合同直接享有权利、承担义务

解析：本题的考点是行纪合同的成立、行纪人的义务，答案为 A、B、D 项。甲委托乙商行出售大米，乙商行作为受托人以自己的名义对外销售，双方之间成立了行纪合同关系。在甲、乙商行没有约定销售大米的费用由谁负担的情形下，这种费用应当由行纪人乙商行负担。乙商行以高于甲指定的价格将大米卖出，因双方没有约定高出部分的利益归属，该利益应认定属于甲，而不能由双方平均分配。乙商行作为行纪人以自己的名义与丙订立买卖合同，由此产生的权利义务也应由乙商行承担，即应由乙商行对该买卖合同直接享有权利、承担义务。

（二）委托人的主要义务

在行纪合同中，委托人负有以下主要义务。

第一，及时受领委托物。依据《民法典》第 957 条第 1 款的规定，行纪人按照约定买入委托物，委托人应当及时受领；经行纪人催告，委托人无正当理由拒绝受领的，行纪人可以提存委托物。

第二，及时取回及处分委托物。当委托物不能卖出或者委托人撤回出卖时，委托人应当将委托物取回或处分。依据《民法典》第 957 条第 2 款的规定，经行纪人催告，委托人不取回或者不处分委托物的，行纪人可以提存委托物。

第三，支付报酬的义务。依据《民法典》第 959 条的规定，行纪人完成或者部分完成委托事务的，委托人应当向其支付相应的报酬。委托人逾期不支付报酬的，行纪人对委托物享有留置权，但是当事人另有约定的除外。应当指出的是，在行纪人行使介入权的情况下，委托人仍负有支付报酬的义务。所谓行纪人的介入权，是指在行纪人接受委托卖出或买入具有市场定价的商品时，除委托人有相反的意思表示外，行纪人有权以自己的名义充当买受人或出卖人

（《民法典》第956条第1款）。行纪人一旦行使介入权，即与委托人之间成立买卖关系。买卖合同履行后，行纪人的行纪业务即告完成，所以，行纪人仍享有对委托人的报酬请求权。

例题146 甲委托乙寄售行以该行名义将甲的一台仪器以3 000元出售，除酬金外双方对其他事项未作约定。其后，乙将该仪器以3 500元卖给了丙，为此乙多支付费用100元。对此，下列哪些选项是正确的？

A. 甲与乙订立的是中介合同

B. 高于约定价格卖得的500元属于甲

C. 如仪器出现质量问题，丙应向乙主张违约责任

D. 乙无权要求甲承担100元费用

解析：本题的考点是行纪合同，答案为B、C、D项。甲委托乙以乙的名义出售甲的仪器，双方之间成立的是行纪合同，而不是中介合同。乙以高于甲指定的价格将仪器卖出，因双方对此利益没有约定，故该利益应属于甲。乙与丙签订买卖合同，应由乙直接对丙享有权利、承担义务。因此，因仪器出现质量问题，丙应向乙主张违约责任。乙为甲处理委托事务，在双方没有另外约定的情况下，处理事务的费用应由乙承担，乙无权要求甲承担多支付的100元费用。

第四节　中介合同

一、中介合同的含义

依据《民法典》第961条的规定，中介合同是指中介人向委托人报告订立合同的机会或者提供订立合同的媒介服务，委托人支付报酬的合同。

中介合同具有以下特点。

第一，中介合同的标的是中介劳务。这种中介劳务，包括向委托人报告订约机会（称为指示中介）或提供订约媒介服务（称为媒介中介）。可见，中介人中介活动的内容就是使委托人能够与另一方订立合同。

第二，中介人须按照委托人的指示和要求为中介活动。中介人不是委托人的代理人，其只是根据委托人的具体要求，为委托人报告有关可以与委托人订立合同的人，为委托人提供订约机会，或者充任委托人与第三人之间订立合同的中介人，使双方订立合同，因此，中介人应当按照委托人的指示和要求为中介活动。

第三，中介合同是诺成合同、双务合同、有偿合同、不要式合同。中介合同自当事人双方意思表示一致时成立，不以当事人的现实交付为成立条件，因此，中介合同为诺成合同。在中介合同中，中介人为委托人报告订约机会或提供订约媒介服务，委托人支付报酬，两者互为对价，因此，中介合同是双务合同、有偿合同。当事人可以采取口头、书面或其他形式订立中介合同，因此，中介合同是不要式合同。

第四，中介报酬的给付具有不确定性。虽然中介合同是有偿合同，但中介人能否取得报酬

并不确定，而是依是否促成合同成立而定。就是说，中介人促成合同成立的，中介人享有报酬请求权，否则，中介人不享有报酬请求权。因此，中介报酬的给付具有不确定性。

二、中介合同的效力

中介合同与委托合同都属于提供劳务的合同，两者具有相同之处，因此，依据《民法典》第966条的规定，法律对中介合同没有规定的，参照适用委托合同的有关规定。

（一）中介人的主要义务

在中介合同中，中介人负有以下主要义务。

第一，如实报告有关事项。依据《民法典》第962条的规定，中介人应当就有关订立合同的事项向委托人如实报告；中介人故意隐瞒与订立合同有关的重要事实或者提供虚假情况，损害委托人利益的，不得要求支付报酬并应承担赔偿责任。

第二，负担中介费用。依据《民法典》第963条第2款的规定，中介人促成合同成立的，中介费用由中介人负担。

（二）委托人的主要义务

在中介合同中，委托人负有以下主要义务。

第一，支付中介报酬。依据《民法典》第963条第1款的规定，中介人促成合同成立后，委托人应当按照约定支付报酬。对中介人的报酬没有约定或者约定不明确的，依据《民法典》第510条规定的补充性规则仍不能确定的，根据中介人的劳务合理确定。因中介人提供订立合同的媒介服务促成合同成立的，由该合同的当事人平均负担中介人的报酬。委托人在接受中介人的服务后，利用中介人提供的交易机会或者媒介服务，绕开中介人直接订立合同的，应当向中介人支付报酬（《民法典》第965条）。

第二，偿付有关费用的义务。中介人促成合同成立的，因其享有报酬请求权，而中介报酬中包含了中介费用，所以中介人不得请求偿付中介费用。依据《民法典》第964条的规定，中介人未促成合同成立的，不得要求支付报酬；但是，可以要求按照约定请求委托人支付从事中介活动支出的必要费用。

例题147　刘某与甲房屋中介公司签订合同，委托甲公司帮助出售房屋一套。关于甲公司的权利义务，下列哪一说法是错误的？

A. 如有顾客要求上门看房时，甲公司应及时通知刘某

B. 甲公司可代刘某签订房屋买卖合同

C. 如促成房屋买卖合同成立，甲公司可向刘某收取报酬

D. 如促成房屋买卖合同成立，甲公司自行承担中介活动费用

解析：本题的考点是中介合同的效力，答案为B项。刘某与甲公司之间签订的委托合同实为中介合同，甲公司为中介人，应当就有关订立合同的事项向委托人如实报告。因此，如有顾客要求上门看房时，甲公司应及时通知刘某，故A项正确。在中介合同中，中介人有权要求委托人在合同成立时向其支付报酬，故C项正确。如果中介人促成合同成立的，中介人应当自行承担中介活动的费用，故D项正确。刘某与甲公司订立的是中介合同，因此，甲公司无权代刘某签订房屋买卖合同。

第五节　合伙合同

一、合伙合同的含义

依据《民法典》第967条的规定，合伙合同是两个以上合伙人为了共同的事业目的，订立的共享利益、共担风险的协议。在合伙合同中，合伙人可以为自然人，也可以是法人、非法人组织。

合伙合同具有以下特点。

第一，目的共同性。合伙人订立合伙合同是为了共同经营合伙事业，合伙事业可以是长期性的，也可以是临时性的。

第二，内容特殊性。合伙人存在合作关系，合伙合同需要对利润分配和亏损分担等事项作出约定，共享利益、共担风险。

第三，不要式性。合伙合同不需要采取特定的形式，但其他法律另有规定的除外。例如，《合伙企业法》规定设立合伙企业的合伙合同应当采取书面形式。

第四，继续性。合伙合同的共同目的可以是长期性的，也可是临时性的，但均需要合伙人持续履行合同，因此，合伙合同属继续性合同。

二、合伙合同的效力

第一，合伙人履行出资义务。合伙合同生效后，合伙人应当按照约定的出资方式、数额和缴付期限，履行出资义务（《民法典》第968条）。

第二，合伙财产的归属。合伙财产具有统一性。合伙人的出资、因合伙事务依法取得的收益和其他财产，属于合伙财产。合伙合同终止前，合伙人不得请求分割合伙财产（《民法典》第969条）。合伙人对合伙财产形成共同共有关系，但是合伙人对合伙财产也存在份额。

第三，合伙事务的执行。合伙事务是指在合伙关系存续期间，所有与合伙事业相关的、涉及合伙利益的事务，包括对外事务，也包括对内事务。各合伙人享有平等的对内、对外执行事务的权利，包括管理权、经营权、表决权、监督权和代表权。依据《民法典》第970条的规定，合伙人就合伙事务作出决定的，除合伙合同另有约定外，应当经全体合伙人一致同意。对于合伙事务，应由全体合伙人共同执行。但是，按照合伙合同的约定或者全体合伙人的决定，也可以委托一个或者数个合伙人执行合伙事务；其他合伙人不再执行合伙事务，但是有权监督执行情况。合伙人分别执行合伙事务的，执行事务合伙人可以对其他合伙人执行的事务提出异议；提出异议后，其他合伙人应当暂停该项事务的执行。应当指出，合伙人不得因执行合伙事务而请求支付报酬，但是合伙合同另有约定的除外（《民法典》第971条）。

第四，合伙损益的分配。合伙的利润分配和亏损分担，按照合伙合同的约定办理；合伙合同没有约定或者约定不明确的，由合伙人协商决定；协商不成的，由合伙人按照实缴出资比例分配、分担；无法确定出资比例的，由合伙人平均分配、分担（《民法典》第972条）。

第五，合伙债务的承担。合伙债务是指合伙经营过程中应由合伙承担的债务，包括因合同、侵权等而产生的债务。对于合伙债务，合伙人应当承担连带责任。清偿合伙债务超过自己应当承担份额的合伙人，有权向其他合伙人追偿（《民法典》第973条）。

第六，合伙份额的转让。除合伙合同另有约定外，合伙人向合伙人以外的人转让其全部或者部分财产份额的，须经其他合伙人一致同意（《民法典》第974条）。

第七，债权人权利的限制。在合伙人存在个人债务时，合伙人的债权人不得代位行使合伙人依照民法典对合伙的规定和合伙合同享有的权利，但是合伙人享有的利益分配请求权除外（《民法典》第975条）。当然，债权人得请求合伙分配利益，以清偿合伙人的债务。

三、合伙合同的终止

合伙合同基于下列原因而终止。

第一，合伙期限届满。若合伙合同约定了合伙存续期限，期限届满后，合伙人不愿继续合伙的，可以终止合伙合同，解散合伙。合伙期限届满，合伙人继续执行合伙事务，其他合伙人没有提出异议的，原合伙合同继续有效，但是合伙期限为不定期（《民法典》第976条第2款）。

第二，合伙人对合伙期限没有约定或者约定不明确，依据《民法典》第510条的规定仍不能确定的，视为不定期合伙。合伙人可以随时解除不定期合伙合同，但是应当在合理期限之前通知其他合伙人（《民法典》第976条第1款、第3款）。

第三，合伙人死亡、丧失民事行为能力或者终止的，合伙合同终止；但是，合伙合同另有约定或者根据合伙事务的性质不宜终止的除外（《民法典》第977条）。

第四，合伙目的已经实现或无法实现，合伙人可以终止合伙合同，解散合伙。

第五，全体合伙人决定终止合伙合同，解散合伙。

合伙合同终止后，合伙人需要进行清算。合伙财产在支付因终止而产生的费用以及清偿合伙债务后有剩余的，依据《民法典》第972条的规定进行分配（《民法典》第978条）。

引读案例解答

1.（1）甲委托乙通过诉讼的方式向丙、丁追讨所欠电费，这是乙以自己的劳务为甲处理追讨电费事务，因此，甲、乙之间的合同为委托合同。（2）甲、乙之间的合同为委托合同，双方当事人均享有随时解除合同的权利。因此，甲有权解除委托合同。（3）甲解除委托合同之前，乙已经完成了部分委托事务，且委托合同的解除并不存在可归责于乙的事由，因此，乙有权要求甲支付相应的报酬，但不能要求支付全部报酬。

2.（1）乙的行为属于违约行为。因为合同中虽然没有约定乙应当向甲公司如实报告事务的处理进程，但中介人承担向委托人如实报告的法定义务，乙违反了此项义务，构成违约。（2）可以。中介人未促成合同成立的，不得要求支付报酬，但可以要求委托人支付从事中介活动支出的必要费用。（3）可以。乙违反法定的如实报告义务，向甲公司提供虚假情况，致使甲公司受到损失，乙不得请求支付报酬，并需要承担损害赔偿责任。

课堂讨论案例

1. 甲公司生产电器，其与乙公司订立了委托合同，由乙公司向丙公司销售甲公司所生产的电器，并且乙公司应以自己的名义与丙公司订立合同。之后，乙公司以自己的名义与丙公司订立了买卖合同，丙公司以100万元购买100台电器，但双方没有约定履行顺序。由于甲公司生产出现了问题，一直未向乙公司交货。丙公司要求乙公司履行合同，交付100台电器，但乙公司不能对丙公司履行。丙公司要求乙公司赔偿损失，此时乙公司只得向丙公司披露其是受甲公司的委托而与丙公司订立合同的。由于甲公司生产出现问题，故未将电器交给乙公司。丙公司便要求甲公司承担违约责任。同时，乙公司告诉甲公司，丙公司也没有履行合同。

问：(1) 丙公司能否要求甲公司承担违约责任？为什么？(2) 甲公司能否拒绝丙公司提出的交货要求？为什么？(3) 丙公司向甲公司追究责任不成，又要求乙公司承担违约责任，乙公司是否可以拒绝承担违约责任？为什么？

2. 甲、乙订立了行纪合同，甲将一批水果交给乙出售，要求在10天之内售完，价格不低于5元/斤，售完后乙可以按照销售款的5%提成。由于突发泥石流，道路堵塞，根本没有办法将水果运出，水果发生腐烂。乙又无法同甲取得联系，便以3元/斤的价格处理了一部分水果，剩下的水果乙自掏腰包全部买下，从而处理了全部的水果。

问：(1) 甲将水果交付给乙，水果的所有权归属于谁？(2) 乙是否应就水果腐烂而向甲承担违约责任？(3) 乙以3元/斤的价格处理了一部分水果，是否需要补足2元/斤差额？(4) 乙自己购买水果后，能否要求甲支付报酬？

重点思考习题

1. 委托合同、行纪合同、中介合同之间有何异同？
2. 物业服务合同的效力有哪些？
3. 合伙合同有何效力？

第二十五章 准合同

引读案例

1. 甲、乙订有购买化肥合同，约定由甲向乙提供化肥 10.5 吨。当乙持提货单到甲处提货时，保管员将 10.5 吨看成 15 吨，致使乙拉走化肥 15 吨。在月底盘库时，甲发现其向乙多发了化肥，遂向乙索要，但乙拒绝返还，认为这是甲自己造成的，其没有责任。于是，甲起诉到法院，要求乙返还多收的化肥。请分析以下问题：(1) 乙的行为是否构成不当得利？(2) 甲能否要求乙返还多收的化肥？

2. 甲有无花果树十余棵。正值果实成熟时，甲去外地出差。一日，天气预报有暴风雨来临。邻居乙担心甲的果实受损，就请人及时代甲抢收，将采得的果实运到集镇，售给小贩丙，得款 300 元。乙支出抢收工资和运费 40 元。丙卖出无花果得款 400 元。几天后，甲出差回来，乙及时将上述情况告诉了甲。甲对于乙找人抢收表示感谢，但认为乙无权出售其无花果。双方为应还给甲的款项发生纠纷。请分析以下问题：(1) 乙的行为是否构成无因管理？(2) 甲、乙之间发生何种权利义务关系？

法律职业资格考试要点

无因管理的含义、性质、构成条件、效力；不当得利的含义、性质、构成条件、基本类型、效力

第一节 无因管理

一、无因管理的含义和性质

无因管理是指没有法律规定的或者约定的义务，为避免他人利益受损失而为他人进行管理的法律事实。依据《民法典》第 979 条的规定，管理人没有法定的或者约定的义务，为避免他人利益受损失而管理他人事务的，可以请求受益人偿还因管理事务而支出的必要费用；管理人因管理事务受到损失的，可以请求受益人给予适当补偿。管理事务不符合受益人真实意思的，管理人不享有前述权利；但是，受益人的真实意思违反法律或者违背公序良俗的除外。

无因管理是一种法律事实，属于合法的事实行为。这包括以下含义：其一，无因管理与人的意志有关，属于行为，而不属于事件。其二，无因管理不以行为人的意思表示为要素，因而属于事实行为，不属于民事法律行为。在无因管理中，尽管法律也要求管理人具有为他人管理

事务的意思，但这种意思仅是指管理人具有因管理而发生的利益归于受益人的意思，而不是发生法律效果的意思，即无因管理的发生及内容完全基于法律的直接规定，而不问管理人是否具有此种效果意思。其三，无因管理是一种合法行为。法律确立无因管理制度的直接目的就在于赋予无因管理行为以合法性，也即阻却违法性。

二、无因管理的构成条件

（一）为他人管理事务

为他人管理事务，是无因管理成立的客观要件。所谓管理，是指对事务进行处理，实现事务内容的行为。所谓事务，是指一切可以满足人们生活利益各方面需要的事项。管理的事务可以是有关财产性的事务，也可以是非财产性的事务。但是，非法的或违背公序良俗的事务、结婚等应由本人亲为的事务、单纯的不作为、非经本人授权不得办理的事务等，不得作为无因管理上的事务。管理的行为可以是民事法律行为，也可以是事实行为；可以是继续的行为，也可以是一时的行为；可以是管理单一事项，也可以是管理多数事项。

管理人所管理的事务须为他人的事务，纯为自己的事务或者误将自己的事务作为他人的事务进行管理的，不能构成无因管理。但是，管理的事务属于管理人自己和他人的共同事务时，可以就属于他人的事务部分，成立无因管理。所谓他人的事务，可以分为客观的他人事务与主观的他人事务。客观的他人事务是指事务在性质上与他人具有当然的结合关系，事务的内容属于他人利益的范畴，如救助落水的儿童、修缮他人的房屋等。而主观的他人事务是指该事务在外表上属于中性，依其内容或性质并不当然与何人有结合关系，但是可以依管理人的意思而成为他人事务。例如，在研究生考试前，购买重要的复习资料，如果是为自己参加考试复习所买，则纯属自己的事务；如果是为他人参加考试复习所买，则可转变为他人事务。于客观的他人事务，由于其特性从外观上可直接证明，无须管理人证明。而于主观的他人事务，其性质取决于管理人的主观意思，因此应由管理人举证证明为他人事务，若管理人不能证明其所管理的事务为他人事务，则其管理不能构成无因管理。此外，依据《民法典》第980条的规定，管理人所管理的事务并非受益人的事务，但受益人对之享有管理利益的，也成立无因管理，受益人应当在其获得的利益范围内向管理人承担责任。

（二）没有法定或约定的义务

无因管理上的"无因"，是指没有法律上的原因，也就是没有法律规定的或者约定的义务。凡是负有法定义务或约定义务的人所实施的管理行为，均不构成无因管理；管理人虽负有义务，但超过义务范围而处理事务时，就其超过的部分仍属于无义务，可以成立无因管理。

管理人有无管理他人事务的义务，应依管理人着手管理时的客观事实认定，而不能以管理人主观的判断为标准。管理事务开始时原无管理的义务，而后发生管理义务的，在管理义务发生前成立无因管理；管理事务开始时有管理义务，而后管理义务消灭的，自该管理义务消灭之时起，其后的管理成立无因管理；管理人事实上没有管理的义务而管理人主观上认为有义务的，可以成立无因管理；管理人事实上有管理义务而管理人主观上认为无义务的，则不能成立无因管理。

（三）有为他人管理事务的意思

有为他人管理事务的意思又称管理意思，是指管理人在管理事务时所具有的为他人谋利益的意思，《民法典》第979条将之规定为"为避免他人利益受损失"。管理意思的内容，是将因管理而生的利益归属于受益人。当管理人误将他人事务作为自己事务，为自己利益予以管理，或者明知是他人事务而出于自己利益为管理时，都因缺乏为他人管理的意思而不成立无因管理。然而，管理人在具有为他人管理事务的意思的同时，兼具为自己利益的，仍可成立无因管理。应当指出，管理人只要有管理意思，即使没有取得管理效果，仍可成立无因管理。

管理意思属于事实上的意思而非效果意思，因此，管理意思无须示外。无因管理的效力源于法律的直接规定，而非基于管理人的欲求，因此，管理人只要具有一般的意思能力即可，无须具有完全民事行为能力，限制民事行为能力人或无民事行为能力人也可以为管理人。

管理人是否具有为他人管理事务的意思，一般应由管理人负举证责任。管理人可以从主观愿望、事务性质、管理必要性以及管理后果等方面证明自己的管理是为他人谋利益的。只要管理人的管理在客观上确实避免了他人利益的损失，即使其未有明确的为他人利益管理的目的，也可以构成无因管理。管理人主观上既有为他人的目的又有为自己的动机，客观上自己也同时受益的，仍可成立无因管理。

（四）符合受益人真实意思

管理应当符合受益人的真实意思，而不得违反受益人明示的或可得推知的意思。也就是说，在受益人明示的情况下，管理人应依指示行事；如受益人未作明示，管理人应依客观上的受益人利益来推知其意思，照之行事。依据《民法典》第 979 条第 2 款的规定，管理事务不符合受益人真实意思的，管理人不能请求受益人偿还必要费用或给予适当补偿，但是受益人的真实意思违反法律或者违背公序良俗的除外。例如，管理人遇有人跳河自杀而予以抢救，虽管理人的管理与受益人的真实意思相反，但符合公序良俗，仍然成立无因管理。

例题 148 下列哪一情形会引起无因管理？

A. 甲向乙借款，丙在明知诉讼时效已过后擅自代甲向乙还本付息

B. 甲在自家门口扫雪，顺便将邻居乙的小轿车上的积雪清扫干净

C. 甲与乙结婚后，乙生育一子丙，甲抚养丙 5 年后才得知丙是乙和丁所生

D. 甲拾得乙遗失的牛，寻找失主未果后牵回暂养。因地震致屋塌牛死，甲出卖牛皮、牛肉获价款若干

解析：本题的考点是无因管理的构成，答案为 D 项。A 项中，甲享有时效利益，丙明知诉讼时效已过还擅自代甲向乙还本付息，明显违背了甲的意思，不构成无因管理。B 项中，甲在自家门口扫雪，顺便将邻居乙的小轿车上的积雪清扫干净，是生活中常见的互助行为，并不产生民事法律关系，不构成无因管理。C 项中，甲抚养丙 5 年后才得知丙并非自己亲生，主观上是履行自己的抚养义务，没有为他人的意思，不构成无因管理。D 项中，甲客观上管理了乙的事务，主观上有为他人管理事务的意思，也没有法定或约定的管理义务，而且甲的管理行为并不违反乙的意思，构成无因管理。

三、无因管理的效力

（一）管理人的义务

无因管理成立后，管理人负有以下主要义务。

第一，适当管理的义务。依据《民法典》第 981 条的规定，管理人管理他人事务，应当采取有利于受益人的方法。中断管理对受益人不利的，无正当理由不得中断。所谓“有利于受益

人的方法”，是指管理人对事务管理的方法、管理的结果有利于受益人而不损害受益人的利益。一般而言，管理人对所管理的事务应尽到如同管理自己的事务的注意义务。如管理人在管理中未尽适当的注意义务，则为不适当管理，管理人有过错的，应当承担债务不履行的责任。但是，在管理中为避免受益人生命、身体或财产上的急迫危险而进行管理的场合，对于对受益人造成的损害，管理人仅于具有恶意或者重大过失时始负赔偿责任。管理人因不适当管理所承担的赔偿责任，一般应限于管理人不管理就不会发生的损害，不包括其他损失。

第二，通知义务。管理人在管理开始后，应将开始管理的事实通知受益人。依据《民法典》第 982 条的规定，管理人管理他人事务，能够通知受益人的，应当及时通知受益人。管理的事务不需要紧急处理的，应当等待受益人的指示。如果管理人无法通知或没有必要通知的，管理人不负通知义务。在通常情况下，管理人未履行通知义务的，对于因其不通知所造成的损失应承担赔偿责任。

第三，报告和计算的义务。依据《民法典》第 983 条的规定，管理结束后，管理人应当向受益人报告管理事务的情况。管理人管理事务取得的财产，应当及时转交给受益人。管理人在管理开始后应及时将管理的情况报告给受益人，管理关系终止时应向受益人报告事务管理的始末。管理人因管理事务所取得的各种利益应交付给受益人；管理人为了自己的利益而使用了应交付给受益人的钱款或者应为受益人利益而使用的钱款，应自使用之日起支付利息。

例题 149 甲正在市场卖鱼，突闻其父病危，急忙离去，邻摊菜贩乙见状遂自作主张代为叫卖，以比甲原每斤 10 元高出 5 元的价格卖出鲜鱼 200 斤，并将多卖的 1 000 元收入自己囊中，后乙因急赴喜宴将余下的 100 斤鱼以每斤 3 元卖出。下列哪些选项是正确的？

A. 乙的行为构成无因管理

B. 乙收取多卖 1 000 元构成不当得利

C. 乙低价销售 100 斤鱼构成不当管理，应承担赔偿责任

D. 乙可以要求甲支付一定报酬

解析：本题的考点是无因管理的构成和管理人适当管理的义务，答案为 A、B、C 项。乙在没有受甲委托的情况下，为避免甲遭受损害而主动为甲卖鱼，这符合无因管理的构成条件，乙的行为构成无因管理。乙作为管理人，负有将管理事务所取得的利益交付给本人甲的义务，而乙将多卖的 1 000 元收入自己囊中，这符合不当得利的构成条件，乙侵占 1 000 元的行为构成了不当得利。乙在开始管理后，负有妥善管理的义务，乙以低价销售 100 斤鱼属于未尽适当的注意义务，构成不当管理，应当承担赔偿责任。乙作为管理人，有权要求甲偿还其所支出的必要费用，但无权要求甲支付报酬。

（二）管理人的权利

依据《民法典》第 979 条的规定，无因管理成立后，管理人享有以下主要权利。

第一，必要费用偿还请求权。管理人有权请求受益人偿还因管理事务而支出的必要费用。管理人所支出的费用是否必要，应以费用支出时的客观情况加以判断。如果管理人认为是必要的费用，但客观上属于非必要的费用，管理人无权请求偿还；如果受益人认为是非必要的费用，但客观上属于必要的费用，管理人有权请求偿还；如果费用在支出时是必要的，则即使嗣

后未能获得预期的效果，管理人仍有权请求偿还。

第二，负债清偿请求权。管理人在事务管理中以自己的名义为管理事务负担债务时，有权要求受益人直接向债权人清偿。但管理人可以向受益人请求清偿的债务，应以管理事务所必要或有益为限。对非必要或非有益的债务，由管理人自担，受益人不负清偿义务。

第三，损失补偿请求权。管理人为管理事务而受到损失的，有权请求受益人补偿。管理人有权请求补偿的损失，以实际损失为限。可得利益损失应认定为管理人的自我牺牲，是其甘愿为无因管理行为付出的代价，应由管理人自担。同时，管理人的实际损失与事务管理之间应有因果关系。

管理人享有的以上请求权，不以受益人因管理人的管理行为所受的利益范围为限。管理人管理事务的结果即使对受益人无任何利益，受益人仍对管理人负有以上义务。如果管理事务不利于受益人、违反受益人明示或可推知的意思，只有当受益人向管理人主张无因管理的利益时，管理人才享有上述权利，并且以受益人所受利益范围为限。

依据《民法典》第984条的规定，管理人管理事务经受益人事后追认的，从管理事务开始时起，适用委托合同的有关规定，但是管理人另有意思表示的除外。此即经受益人事后追认的，在管理人与受益人之间成立委托合同关系，按照委托合同确定权利义务关系。

例题150 刘某承包西瓜园，收获季节突然病故。好友刁某因联系不上刘某家人，便主动为刘某办理后事和照看西瓜园，并将西瓜卖出，获益5万元。其中，办理后事花费1万元、摘卖西瓜雇工费以及其他必要费用共5 000元。刁某认为自己应得劳务费5 000元。关于刁某的行为，下列哪一说法是正确的?

A. 5万元属于不当得利　　B. 应向刘某家人给付3万元

C. 应向刘某家人给付4万元　　D. 应向刘某家人给付3.5万元

解析：本题的考点是无因管理人的权利，答案为D项。刁某在没有法定和约定义务的情况下，为了避免刘某的利益受损，主动为刘某办理后事并对其西瓜园进行管理的行为构成无因管理，而非不当得利。刁某作为管理人，有权要求受益人即刘某的家人偿付其因管理行为而支付的必要费用。该必要费用包括刁某办理刘某后事花费1万元、摘卖西瓜雇工费以及其他必要费用5 000元，共1.5万元，但不应包括刁某要求的劳务费5 000元。因此，刁某应从获益的5万元中扣除1.5万的必要费用，向刘某家人给付3.5万元。

第二节 不当得利

一、不当得利的含义和性质

依据《民法典》第985条的规定，不当得利是指没有法律根据，取得不当利益并造成他人受有损失的法律事实。其中，没有法律根据而取得不当利益的一方当事人称为得利人，负有向对方返还不当利益的债务；受有损失的一方称为受损人，享有请求得利人返还不当利益的债权。

不当得利可以基于人的行为而发生，也可以基于自然事件而发生。由于不当得利可以引起债的发生，因而，不当得利属于一种法律事实。由于不当得利返还请求权的发生系基于无法律根据而受有不当利益并导致他人受有损失的事实，而造成这种事实的原因是否属于人的行为，在所不问；同时，在这种事实系基于人的行为发生时，也不问行为人是否具有民事行为能力，因而，不当得利属于法律事实中的事件。

二、不当得利的构成条件

（一）一方获得利益

一方获得利益即一方受有利益，是指一方当事人因与他方当事人之间利益的不当变动而取得财产利益。一方是否受有利益，应以其现在的财产或利益与利益不当变动前所应有的财产或利益的总额相比较而定。现在的财产或利益较以前有所增加的，即为受有利益；财产或利益本应减少而未减少的，也为受有利益；既有得利又有损失的，其损益相抵后有剩余利益的，仍为受有利益。应当指出，不当得利上的获得利益仅指财产性的利益，无须具有金钱或物的形态，但因其须适于返还，故应具有可以计算的经济价值或者可以通过比照得出其具有的经济价值。

（二）他方受到损失

他方受到损失即他方受损，是指因一方获得利益而造成的相对人财产的减少或可得增加而未增加。如果一方获得利益，但未导致他方当事人受到损失的，则不构成不当得利。至于受损人的利益“可得增加”的判定，不以其“必然增加”为必要。只要在通常情况下受损人的利益可能增加的，即为“可得增加”。例如，占用他人房屋时，虽然房屋的所有权人并无将该房屋出租于他人的意图，但其利用财产的可能性受到限制，即为受到损失。

（三）受益与受损之间有因果关系

受益与受损之间的因果关系，是指他方受到损失是一方获得利益所造成的结果，或者说一方获得利益是建立在他方受到损失的基础之上。依据《民法典》第 985 条的规定，只要他人的损失是由取得不当利益造成的，或者如果没有不当利益的取得，他人就不会造成损失的，就应当认定受益与受损之间有因果关系。

（四）没有法律根据

没有法律根据是指得利人的受益没有法律上的原因。得利人之所以不能取得其所获得的利益，就在于其利益的获得没有法律根据。没有法律根据主要有两种情况：一是得利人在取得利益时没有法律根据；二是得利人取得利益时有法律根据，其后该法律根据丧失。

例题 151 甲将某物出售于乙，乙转售于丙，甲应乙的要求，将该物直接交付于丙。下列哪一说法是错误的？

A. 如仅甲、乙间买卖合同无效，则甲有权向乙主张不当得利返还请求权

B. 如仅乙、丙间买卖合同无效，则乙有权向丙主张不当得利返还请求权

C. 如甲、乙间以及乙、丙间买卖合同均无效，甲无权向丙主张不当得利返还请求权

D. 如甲、乙间以及乙、丙间买卖合同均无效，甲有权向乙、乙有权向丙主张不当得利返还请求权

解析：本题的考点是不当得利的构成，答案为C项。甲、乙间的买卖合同与乙、丙间的买卖合同是两个独立的合同关系。当甲、乙间的买卖合同无效时，乙丧失取得标的物的法律根据，构成不当得利，甲有权向乙主张不当得利返还请求权。当乙、丙间的买卖合同无效时，同理。当两个买卖合同均无效时，乙、丙的获得均丧失法律根据，因此，甲有权向乙、乙有权向丙主张不当得利返还请求权。在两个买卖合同都无效的情况下，甲的受损与丙的获利之间存在着因果关系，因此，甲有权向丙主张不当得利返还请求权。

三、不当得利的基本类型

(一）给付型的不当得利

给付型的不当得利是指基于受损人的给付而发生的不当得利。当事人一方为实现给付的法律目的而为给付行为，当法律目的欠缺时，另一方因该给付所取得的利益就是无合法根据的，从而构成不当得利。

给付型的不当得利包括以下情形：(1）给付的目的自始不存在，即一方为履行债务向另一方为给付，但该义务自始不存在。(2）给付的目的嗣后不存在，即一方的给付原本是有法律目的的，但在给付后该法律目的不存在。(3）给付的目的未达到，即一方为一定目的而为给付，但其目的因某种原因未达到。

在一般情况下，具有上述三种情形的，即可发生不当得利。但在以下情况下，一方虽然没有给付义务，也不能构成不当得利：(1）为履行道德义务进行的给付；(2）债务到期之前的清偿；(3）明知无给付义务而进行的债务清偿（《民法典》第985条)。

(二）非给付型的不当得利

非给付型的不当得利是基于给付以外的事实而发生的不当得利。这种不当得利的发生原因，可以是行为或自然事实，也可以是法律规定。

1\. 基于行为而发生的不当得利

(1）基于得利人的行为而发生的不当得利。这种不当得利主要表现为得利人侵害他人的权益而得利，属于权益侵害不当得利，主要包括无权处分他人之物，无权使用他人之物，擅自出租他人之物等。

(2）基于受损人的行为而发生的不当得利。这种不当得利以受损人支出费用为常态，属于支出费用不当得利，如误认他人之牛为自己之牛而加以饲养，误认他人之物为自己之物而加以修缮等。

(3）基于第三人的行为而发生的不当得利。这种不当得利并非受损人或得利人的行为造成的，而是基于第三人的原因发生的财产利益变动，如甲以乙的饲料喂养丙的牲畜。

2\. 基于自然事件而发生的不当得利

财产利益的变动会受自然因素的影响，因此在某些情形下，因自然事件的发生会导致不当得利的发生。例如，甲饲养的鱼因发生洪水被冲到乙的鱼塘里，就属于因自然事件而发生的不当得利。

3\. 基于法律规定而发生的不当得利

基于一定事实的发生，法律直接规定可以构成不当得利。例如，在发生添附的情况下，一方可以基于法律规定而取得他方之物的所有权，但另一方不能因此而受损失，取得所有权的一方并无得到利益的根据，须向另一方返还所取得的利益。

**例题 152** 下列哪一情形产生了不当得利？

A. 甲欠乙款超过诉讼时效后，甲向乙还款

B. 甲欠乙款，提前支付全部利息后又在借期届满前提前还款

C. 甲向乙支付因前晚打麻将输掉的 2 000 元现金

D. 甲在乙银行的存款账户因银行电脑故障多出 1 万元

解析：本题的考点是不当得利的构成、类型，答案为 D 项。A 项中，甲欠乙的款项虽然超过了诉讼时效，但乙的债权仍存在，乙接受甲的还款有法律根据，不构成不当得利。B 项中，甲的清偿构成期前清偿，不属于不当得利。C 项中，甲向乙的支付为不法支付，不属于不当得利。D 项中，甲在乙银行的存款账户因银行电脑故障多出 1 万元，甲获益，乙银行受损，两者之间有因果关系，且没有法律依据，构成不当得利。

四、不当得利的效力

（一）不当得利的返还标的

不当得利的返还标的为得利人所取得的不当利益。得利人返还的不当利益，应当包括原物及其孳息。具体地说，得利人返还的不当利益，除原物外，通常还包括以下利益：（1）原物的收益，如因原物所得的孳息以及使用利益。（2）基于权利之所得，如原物为债权的，得利人所受的清偿；原物为彩票的，得利人中奖之所得。（3）原物的代偿，如原物被毁损而由第三人取得的赔偿金，原物被征收而取得的补偿金。

返还不当利益以返还原物为原则、以偿还价额为例外，只有在不能返还原物时，才采取偿还价额的方式。

（二）不当得利的返还范围

不当得利的返还范围是指返还不当得利请求权的标的范围，也就是得利人返还义务的范围。得利人不当得利的返还范围根据其所受利益时是否为善意而有所不同。

1. 得利人为善意时的利益返还

得利人为善意的，即得利人不知道且不应当知道取得的利益没有法律根据的，取得的利益已不存在的，得利人不负返还该利益的义务（《民法典》第 986 条）。如果受损人的损失大于得利人取得的利益的，得利人返还的利益范围仅以现存利益为限；如果受损人的损失小于得利人取得的利益的，得利人返还的利益范围以受损人受到的损失为准。

2. 得利人为恶意时的利益返还

得利人为恶意的，即得利人知道或者应当知道取得的利益没有法律根据的，受损人可以请求得利人返还其取得的利益并依法赔偿损失（《民法典》第 987 条）。即使得利人取得的利益已不存在，也应负责返还。如果得利人取得的利益小于受损人的损失，得利人除返还其所取得的全部利益外，还需赔偿受损人的损失。

3. 得利人受益时为善意而嗣后为恶意的利益返还

得利人在取得利益时是善意而嗣后为恶意的，得利人返还的利益范围应以恶意开始之时存在的利益为准。

4. 第三人的返还义务

依据《民法典》第988条的规定，得利人已经将取得的利益无偿转让给第三人的，受损人可以请求第三人在相应范围内承担返还义务。

例题153　甲遗失其为乙保管的迪亚手表。为偿还乙，甲窃取丙的美茄手表和4 000元现金。甲将美茄手表交乙，因美茄手表比迪亚手表便宜1 000元，甲又从4 000元中补偿乙1 000元。乙不知甲盗窃情节。乙将美茄手表赠与丁，又用该1 000元的一半支付某自来水公司水费，用另一半购得某商场出售的一件衬衣。下列哪些说法是正确的?

A. 丙可请求丁返还手表

B. 丙可请求甲返还3 000元，请求自来水公司和商场各返还500元

C. 丙可请求乙返还1 000元不当得利

D. 丙可请求甲返还4 000元不当得利

解析：本题的考点为不当得利的认定、返还，答案为A、D项。甲窃取的丙的手表和现金，为盗窃物。甲将盗窃的手表交给乙，乙又将其赠与丁，丁对手表的取得不构成善意取得，故所有人丙有权要求丁返还手表。自来水公司和商场各自取得的500元是基于与乙之间合法有效的供用水合同和买卖合同，且货币具有“占有即等于所有”的属性，故不属于不当得利，不应返还。乙并不知甲盗窃的情节，甲将1 000元交付给乙是补偿乙手表的差价，亦不属于不当得利。甲盗窃丙4 000元属于不当得利，丙可要求其返还。

引读案例解答

1.（1）依照甲、乙之间合同的约定，甲负有向乙给付10.5吨化肥的义务。甲的保管员的失误致使乙多收了4.5吨化肥，造成了甲的损失。可见，乙多收4.5吨化肥构成了不当得利。（2）不当得利成立后，受益人乙应当将取得的不当利益返还给受损人甲，甲有权要求乙返还多收取的4.5吨化肥。

2.（1）乙在暴风雨即将来临的情形下，为避免甲遭受损失，请人代为抢收并将无花果出售给丙。这一行为属于管理他人事务的行为，具有为避免他人利益受损失的管理意思，且乙没有管理的义务。因此，乙的行为构成无因管理。（2）无因管理成立后，管理人乙享有必要费用偿还请求权，同时负有将管理事务所取得的利益交付给受益人甲的义务。乙为管理甲的事务而支出的抢收工资和运费40元，属于必要费用，甲有偿还的义务；乙出售无花果所得的300元应当交付给甲。二者相抵，乙应返还给甲260元。

课堂讨论案例

1. 甲未经乙同意，擅自将其大型广告牌悬挂于乙家的墙上。由于乙家所处位置较好，广告产生了较好的效益。乙不希望自家墙上悬挂广告牌，于是与甲协商拆除，但甲不同意。于是，乙起诉至法院，要求甲拆除广告牌，同时要求甲返还因悬挂广告牌所获得的不当利益。

问：（1）甲的行为是否构成不当得利?（2）乙是否有权要求甲返还不当利益?

2. 张某在一风景区旅游，爬到山顶后，见一女子孤身站在山顶悬崖边上，目光异样，即心生疑惑。该女子见有人来，便向悬崖下跳去。张某情急中拉住女子的衣服，将女子救上来。张某救人过程中，随身携带的照相机被碰坏，手臂被擦伤；女子的头也被碰伤，衣服被撕破。张某将女子送到山下医院，为其支付各种费用500元，并为包扎自己的伤口用去20元。当晚，张某住在医院招待所，但已身无分文，只好向服务员借了100元，用以支付食宿费。次日，轻生女子的家人赶到医院，向张某表示感谢。

问：(1) 张某与轻生女子之间存在何种民事法律关系？(2) 张某的照相机被损坏以及治疗自己伤口的费用应否由女子偿付？为什么？(3) 张某为女子支付的医疗费等费用能否请求女子偿付？为什么？(4) 张某向服务员借的100元，应当由谁偿付？为什么？(5) 张某能否请求女子给付一定的报酬？为什么？(6) 张某应否赔偿女子衣服损失？为什么？

重点思考习题

1. 如何理解无因管理和不当得利的性质？
2. 无因管理和不当得利须具备哪些构成条件？
3. 无因管理和不当得利成立后发生哪些效力？

第五编 人格权

第二十六章 人格权总论

引读案例

吉某是中华人民共和国成立前天津庆云戏院的演员，艺名“荷花女”，1944年病故，年仅19岁。被告魏某以“荷花女”为主人公创作完成11万字的小说《荷花女》。小说使用了吉某的真实姓名和艺名，并虚构吉某从17岁到19岁病逝的两年间，先后同三人恋爱，“百分之百地愿意”做妾，先后被当时天津帮会头子、大恶霸奸污而忍气吞声的情节。《今晚报》在副刊上连载该小说，并加插图。小说连载过程中，吉某之母陈某以小说插图及虚构的情节有损吉某的名誉为由，先后两次到《今晚报》报社要求停载。但《今晚报》报社以报纸要对读者负责为由在将小说题、图修改后，继续连载。请分析以下问题：死者是否存在人格利益？法律是否应当给予保护？

法律职业资格考试要点

人身权的含义、人身权的种类；人格权的定义、人格权的性质、人格权的分类；人格权请求权、死者“人格”保护

第一节　人身权概述

一、人身权的含义

人身权又称人身非财产权，是指具有人身属性、不具有直接财产内容的权利的统称，包含人格权和身份权。

人身权具有以下特点。

第一，人身权的客体是人身利益。人身权以特定的人身关系为基础，体现了民法对民事主体的人身利益的确认和保护，因此，人身权的客体是民事主体的人身利益，这种人身利益包括人格利益和身份利益。

第二，人身权具有法定性。民事主体究竟享有哪些人身权，必须由法律加以明确规定。即使人身权的内容不确定，也需要由有权机关经一定程序来确定。例如，一般人格权的内容具有不确定性，其内容需要由有权机关经一定程序来确定。

第三，人身权具有非财产性。人身权的客体是人身利益，这种人身利益不像有形财产那样具有价值和使用价值，不能用金钱加以衡量。民事主体享有和行使人身权并不以满足物质利益

为目的，而在于满足某种精神利益的需要。因此，人身权的实现不直接体现为财产利益。

二、人身权的种类

（一）人格权与身份权

按照权利内容的不同，人身权可以分为人格权与身份权。

1. 人格权

人格权是以生命、身体、健康、姓名、肖像、名誉、荣誉、隐私等人格利益为内容的民事权利。人格权是绝对权，其义务人为权利人之外的所有人。人格权具有如下特征。

一是固有性。人格权的固有性意味着，人格权与主体生死与共，它基于出生而取得，又基于死亡而消灭，不得抛弃。

二是专属性。人格权的专属性意味着，人格权专属于主体，与主体不可分离，不得以任何外在于主体的形式存在。人格权因其专属性所以也排斥买卖、赠与、继承等存在形式。对此，《民法典》第992条规定，人格权不得放弃、转让或者继承。

三是非财产性。人格作为法律上的目的，不能用金钱来衡量。即便事实上具有财产价值，法律上也不承认其具有财产性。因此，法律禁止人体细胞、人体组织、人体器官的买卖，鼓励捐献。至于姓名、肖像上的经济利益，其虽然已为法律所承认，却因超出人格的范畴而成为特殊的财产。

2. 身份权

身份权是自然人基于家庭伦理而享有的非财产权。《民法典》第112条规定："自然人因婚姻家庭关系等产生的人身权利受法律保护。"身份权主要以婚姻家庭关系为前提，一般存在于家庭成员之间。例如，父或母与任一子女均成立监护权关系。与人格权相比，它具有如下特征。

一是身份专属性。身份关系虽然不同于人格关系，但仍不失其人身属性，亦不能放弃、不可转让、不得继承。由于身份描述的是主体间的伦理地位，所以，身份权往往与财产相关联，如父母对子女的抚养、子女对父母的赡养、配偶间的相互扶养等均存在财产内容。

二是权利义务化。古代法上的家庭因承担了一定的政治功能，所以家庭成员具有不平等性，家父享有至上的权力。现代法上的家庭关系实现了成员间的人格平等。基于这种平等地位，成员之间不得强制对方为特定行为。所以，身份权名为权利，实际上是以特定义务为中心的。

三是人格依附性。身份权虽然以义务为中心，但权利人对其身份义务享有人格利益。例如，父母对子女负有教育、保护的义务，但履行对子女的教育、保护义务，也体现了为人父母的人格尊严。所以，身份权保护可以参照适用人格权保护的有关规定（《民法典》第1001条）。

（二）自然人的人身权与法人、非法人组织的人身权

按照主体性质的不同，人身权可分为自然人的人身权和法人、非法人组织的人身权。

1. 自然人的人身权

自然人的人身权是自然人基于其人格尊严、家庭伦理而享有的权利。自然人人身权的范围广泛，包含自然人的人格权与身份权。依据《民法典》第110条第1款规定，自然人享有生命权、身体权、健康权、姓名权、肖像权、名誉权、荣誉权、隐私权、婚姻自主权等权利。

2. 法人、非法人组织的人身权

法人、非法人组织虽然也是民事主体，具有法律人格，但因为缺乏自然人一般的尊严伦

理，所以能够享有的人身权范围较窄，且不包含身份权。依据《民法典》第 110 条第 2 款规定，法人、非法人组织享有名称权、名誉权和荣誉权。[①]

第二节　人格权的含义和种类

一、人格权的含义

与财产概念相比，“人格”一词具有多义性，并常常引起人们误解。据考证，“人格”是个伦理学概念，康德将其引入哲学中。在法学上，自罗马法以降，与人格相关的概念是“人”和“主体”，但当“人格”一词成为法律概念时，它就取代了人的概念，具有了多重内涵。在人格概念的发展过程中，德国学者基尔克区分了作为主体的人格与作为权利客体的人格，完成了人格权与主体的分离，推动了人格权的理论发展。

所谓人格权，即自然人享有的以人格要素受尊重为内容的非财产权利。传统民法多认为，作为绝对权的人格权也是支配权，只是人格支配与物上支配并不相同。也有学者认为，法律设置人格权的目的，旨在保障决定人的基本要素不受非法侵害，而不是赋予自然人对其人格利益进行支配利用的权利；或者说，内在于人的利益或人的伦理价值可为权利对象，但并不意味着可以或必然成为支配的对象。因此，人格权属于“受尊重权”。

二、人格权的种类

（一）人格权法定原则

所谓人格权法定原则，不是指法律规定的人格权才受法律保护，而是指人格权虽因出生而取得，但其类型和内容由法律规定，当事人不能通过约定的形式自由创设。人格权法定原则强调的是立法对人格权边界的明确，而不是说人格权是法律所赋予的。这就决定了人格权法定的开放性，即在法律规定的人格权类型之外，总会存在一些尚未成为法定权利或只能以利益形式存在的人格利益。对此，学界常将法定人格权和未法定的人格利益称为具体人格权和一般人格权。

《民法典》第 990 条规定：“人格权是民事主体享有的生命权、身体权、健康权、姓名权、名称权、肖像权、名誉权、荣誉权、隐私权等权利。”“除前款规定的人格权外，自然人享有基于人身自由、人格尊严产生的其他人格权益。”因此，法律不仅保护生命权等法定人格权，也保护法定人格权之外的其他人格利益。

（二）人格权的分类

1. 物质性人格权与精神性人格权

按照人格要素是否为有形，人格权分为物质性人格权和精神性人格权。物质性人格权以物质性人格要素（肉体）为权利对象，主要包括生命权、身体权、健康权等；精神性人格权以精神性人格要素为权利对象，又可进一步划分为标表型人格权（姓名权与肖像权）、自由型人格权和尊严型人格权（名誉权、荣誉权、隐私权等）。

2. 生物型人格权、自由型人格权、尊严型人格权、标表型人格权

人格要素应作为目的性存在，不能作为“物质”来对待。事实上，人格要素均为“内在要

① 值得注意的是，虽然通说认为法人、非法人组织作为民事主体，应当享有人格权，但对通说的批评也从未间断。在比较法上，各国民法典也多不正面回答法人、非法人组织的人格权问题，而是在自然人部分规定人格权。

素”，并无“外在人格”之说。但人格要素存在“客观—主观”的维度，体现了人从生物性到社会性的过渡。反过来说，人格从自然性、生物性向社会性的发展，就是人格从客观向主观“逃逸”的过程。因此，按照人格要素社会性的不同，人格权可以划分为生物型人格权、自由型人格权、尊严型人格权以及标表型人格权。

其一，生物型人格权保护的是人作为生物存在的人格要素，包含生命权、身体权和健康权。生物型人格权的客观性最强，但也体现了尊严的主观属性，这在涉及器官捐献、人体试验、基因编辑的判断时非常明显。

其二，自由型人格权以人的生物存在为基础，但它赋予人的生物性存在以道德功能和初步的社会化功能，行动自由为其典型。值得注意的是，《民法典》并未单列自由型人格权一章，而是将行动自由规定在“生命权、身体权和健康权”一章。

其三，尊严型人格权是建立在人的生物存在基础之上，以精神自由为内容的人格权，包含名誉权、荣誉权、隐私权等。这种人格权主观性极强，也体现了较强的社会性。例如，隐私权已拓展到自然人身体外的物理空间、行动空间。

其四，标表型人格权是权利人决定、变更以特定语言、文字、图像等符号表彰民事主体的权利，主要包含姓名权、肖像权等。虽然标表型人格权体现的是主体的自由和尊严，但它完全因人的社会性而生，人格标识也因而具有他为性。当然，虽然《民法典》将人格标识的许可使用也作为标表型人格权的内容，但其实它已超越人格权的范畴，成为财产权的权利对象。

第三节　人格权的民法保护

一、损害赔偿请求权

依据《民法典》的规定，侵害人格权可以产生损害赔偿请求权，但因损害类型的不同而有区别。

其一，侵害自然人的生命权、身体权、健康权造成人身损害的，应当赔偿医疗费、护理费、交通费、营养费、住院伙食补助费等为治疗和康复支出的合理费用，以及因误工减少的收入。造成残疾的，还应当赔偿辅助器具费和残疾赔偿金；造成死亡的，还应当赔偿丧葬费和死亡赔偿金（《民法典》第1179条）。侵害自然人人身权益造成严重精神损害的，被侵权人还可以请求精神损害赔偿（《民法典》第1183条第1款）。存在于特定物上的精神利益也可以获得法律保护，但须侵权人主观上有故意或者重大过失，受害人的精神损害又足够严重（《民法典》第1183条第2款）。

此外，依据《民法典》第996条的规定，因当事人一方的违约行为，损害对方人格权并造成严重精神损害，受损害方选择请求其承担违约责任的，不影响受损害方请求精神损害赔偿。这就意味着，在旅游、婚庆服务、骨灰保管、观看演出等以精神利益为内容的合同中，精神利益也可被视为履行利益，可在违约之诉中获得保护。

其二，由于人格标识的他为性，在为公共利益而实施新闻报道、舆论监督等行为时，可以合理使用民事主体的姓名、名称、肖像、个人信息等。只有在使用不合理侵害民事主体人格权时，才应承担民事责任（《民法典》第999条）。当然，名誉权、隐私权也常因公共利益受到限制。

其三，由于生命权、身体权、健康权以外的人格权存在较强的主观性，因而在认定其民事责任时，应当考虑行为人和受害人的职业、影响范围、过错程度，以及行为的目的、方式、后果等因素（《民法典》第998条）。

二、人格权请求权

除作为侵权请求权的损害赔偿之外，停止侵害、排除妨碍、消除危险、消除影响、恢复名誉、赔礼道歉也是侵害人格权的救济方式，并且共同构成人格权请求权的内容。就其区别而言，停止侵害、排除妨碍、消除危险既不以行为人的过错为要件，也不以造成现实损害为条件，同时不适用诉讼时效。而消除影响、恢复名誉、赔礼道歉虽以过错、损害为要件，但也不适用诉讼时效（《民法典》第995条）。

在行为人因侵害人格权而承担消除影响、恢复名誉、赔礼道歉等民事责任时，责任承担应与行为的具体方式和造成的影响范围相当。行为人拒不承担前述民事责任的，人民法院可以采取在报刊、网络等媒体上发布公告或者公布生效裁判文书等方式执行，产生的费用由行为人负担（《民法典》第1000条）。

为预防损害，行使停止侵害、排除妨碍、消除危险的人格权请求权，民事主体在有证据证明行为人正在实施或者即将实施侵害其人格权的违法行为，不及时制止将使其合法权益受到难以弥补的损害时，有权依法向人民法院申请采取责令行为人停止有关行为的措施（《民法典》第997条）。

三、死者人格利益保护

《民法典》第994条规定："死者的姓名、肖像、名誉、荣誉、隐私、遗体等受到侵害的，其配偶、子女、父母有权依法请求行为人承担民事责任；死者没有配偶、子女且父母已经死亡的，其他近亲属有权依法请求行为人承担民事责任。"对此，应区分三种情况分别处理。

其一，就死者的姓名、肖像而言，由于死者不再存在决定、变更姓名以及制作肖像、录制声音的自由，因而，本条所谓死者的姓名、肖像利益，限于姓名、肖像的商业利用权。由于人格标识的商业利用在性质上为特殊财产权，因而，死者姓名、肖像上的人格利益可通过《民法典》继承编的规定，由继承人继承。

其二，就遗体而言，学界围绕其与物的关系，形成了物说和非物说两种基本立场。物说认为，遗体是包含社会伦理道德因素的特殊物；非物说则认为，遗体不是民法上的物，应将其作为人格遗存加以特殊对待。遗体虽为有形存在，但因不具备民法上物的功能，故为自然之物，不适用物权法上的物的规则。但近亲属为实现其在遗体上的祭奠、追思利益，可对遗体为占有的行为。

其三，就死者的名誉、荣誉、隐私而言，学界以死者"人格"为题，进行了旷日持久的讨论。依是否承认死者享有身后权益为标准，可分为直接保护与间接保护两种模式。其中，直接保护模式又有死者权利保护说、死者法益保护说之分；间接保护模式则有公共法益保护说、近亲属权利保护说、人格利益继承说之别。

在民法上，民事权利能力始于出生、终于死亡，这是民法不可突破的机理。死者没有生命，自然没有民事权利能力，也无法成为权利和利益的归属主体。不过，死者没有民事权利能力，却并未从法律世界里消失，而是成为符号世界的一部分，从而具有法律上的利益。一方面，真实的符号世界是社会认知的前提，破坏符号世界的真实性构成对公共利益的侵害；另一方面，高尚的人格具有道德引领功能，诋毁高尚的人格不利于社会道德的引领。此外，死者近亲属还对其存在追思、悼念的个人利益。

引读案例解答

虽然吉某已经死亡，但其生前形象仍然受法律保护。被告魏某在创作小说《荷花女》时，使用吉某的真实姓名和艺名，并虚构情节，损害了吉某的生前形象，侵害了吉某之母陈某的祭奠、追思利益。因此，吉某之母陈某有权要求被告赔偿精神损害。

课堂讨论案例

1. 杨某到某餐厅就餐。席间曾某牵一条狗坐在杨某对面，点菜放在餐桌上喂狗。杨某找到餐厅主张某，主张其准许曾某在人的餐厅点菜喂狗损害了其人格尊严，请求赔偿精神损害。张某不以为然，对杨某的请求置之不理。

问：张某是否侵害了杨某的人格权？

2. 某医院有一位患者亟待眼角膜移植，但眼库没有库存眼角膜。一天，有一位患者病逝。主治医生为了能使这位眼疾患者恢复健康、重见光明，私自潜入太平间，将死者的两只眼角膜摘下，并立即为这名患者进行了眼角膜移植，手术获得成功。第二天，死者亲属发现死者眼角膜丢失，立即向警方报了案。在警察侦查过程中，该医生承认了自己的所为。

问：(1) 死者的遗体是否受民法保护？(2) 死者的亲属能否要求医生赔偿精神损害？

重点思考习题

1. 为什么说人格权是受尊重权？
2. 人格权请求权应如何行使？
3. 死者“人格”保护的本质是什么？

第二十七章 生物型人格权

引读案例

1. 原告在某超市溜达时，被该超市保安拦截，怀疑原告偷拿橘子，并对原告进行了搜身，搜身后没有发现原告偷拿东西，原告即离开。后原告到当地公安派出所报案，举报被告超市保安对其非法搜身。数小时后，原告因胸闷心悸等症状住院治疗，花费住院治疗费用若干。请分析以下问题：(1) 被告行为是否构成侵权，侵犯了原告何种权利？(2) 被告应如何承担民事责任？

2. 原告肖某系被告公司的镶嵌厂员工，入职后从事抛光光货工作。在原告工作期间，被告的保安员在原告下班时使用金属探测仪检测其身体，以防止偷盗金料。原告认为被告的行为属于非法搜身，侵害了其身体权，故诉至人民法院。请分析被告行为的合法性。

法律职业资格考试要点

生命权、身体权和健康权的内容；人体组成部分的捐献原则；基因检测、基因编辑的法律规制；人体胚胎的处置；临床试验的法律规制；性骚扰的法律责任

第一节 生命权

一、生命权的含义和内容

生命权是指自然人享有的以生命安全和生命尊严为权利对象和内容的人格权（《民法典》第 1002 条）。生命是自然人作为民事主体的前提和基础，是自然人最高的人格利益。任何组织或者个人都不得侵害他人的生命权，盖“生命不保，万事皆休”。

所谓生命安全，是指维持生命存在、防止生命丧失的利益；同时在生命遇有迫切的危险时，权利人得采取积极的防卫措施。

所谓生命尊严，是指自然人有作出妨害生命存在，但体现人的道德性、精神性、社会性，彰显生命意义的行为的自由，如为社会公共利益、他人利益或个人气节而献出生命、舍己救人等。

二、关于安乐死的问题

安乐死意指无痛苦死亡。一般所谓的安乐死，是指患有不治之症的病人在垂危状态下，由

于精神和躯体的极端痛苦，在病人和其亲友的要求下，经医生认可，用人道方法使病人在无痛苦状态中结束生命的过程。这就把安乐死的范围限于消极安乐死，从而与积极安乐死即自杀区别开来。

学界一般认为，《民法典》规定的生命尊严为安乐死的合法化预留了空间。确实，在理论上，虽然生命作为目的而存在，但生命本身也包含了死亡的内容。因此，当生命延续已经无望、死亡即将来临，生命的安全价值荡然无存之时，与其痛苦地走向终点，不如无痛地、尊严地走向死亡。此时，生命尊严与生命安全的矛盾是表面的，二者实际上存在内在的统一。

但《民法典》关于生命尊严的规定不能成为消极安乐死的法律依据。因为安乐死作为攸关生死的大事，需要严格的程序设计，而这应当在形成社会共识的前提下，由汇聚民意、体现民主的立法明确规定。

例题 154 下列哪一情形构成对生命权的侵犯？

A. 甲女视其长发如生命，被情敌乙尽数剪去

B. 丙应丁要求，协助丁完成自杀行为

C. 戊为报复欲置己于死地，结果将己打成重伤

D. 庚医师因误诊致辛出生即残疾，辛认为庚应对自己的错误出生负责

解析：本题的考点是生命权的保护，答案为B项。A项中，虽然甲女视其长发为生命，但长发并不是生命，因此，长发被情敌尽数剪去，并没有侵犯甲的生命权，只能认定侵犯身体权。B项中，丙应丁要求，协助丁完成自杀行为，构成了对丁生命权的侵犯。C项中，尽管戊具有侵犯己生命权的主观目的，但仅造成己的重伤，不构成对生命权的侵犯，而构成对健康权的侵犯。D项为错误出生问题，无涉生命权的侵犯。

第二节　身体权

一、身体权含义和内容

《民法典》第1003条规定：“自然人享有身体权。自然人的身体完整和行动自由受法律保护。任何组织或者个人不得侵害他人的身体权。”据此，身体权是以身体完整、行动自由为权利对象的人格权。

身体完整作为身体权的内容，也是学说的一贯立场。所谓身体，包含体外的躯体与四肢、发须指甲，体内的基因、组织、器官、牙齿等。假肢、假牙如已成为肢体不可分离的一部分，则属于身体。与身体分离的人体组成，如仍有维持或实现身体功能的目的，则仍为身体之一部。此外，强行搜身、检查，或加之于身体但未损害肉体组织的暴行，如面唾他人、未致伤害之殴打等，均构成对身体的侵害。

在身体完整之外，身体权还应包含身体尊严的内容。如同生命一样，身体上既存在维护身体完整的利益，也存在体现身体道德性、精神性、社会性以彰显身体意义的自由。如在人体细胞、人体组织、人体器官的无偿捐献中，捐献行为虽然有害于身体完整，但它体现了救助他人

的无私精神，因而具有正当性。从事与人体基因、人体胚胎相关的医疗和科研行为，也应以维护身体尊严为目的。

《民法典》将行动自由作为身体权的内容，这是值得商榷的。立法者的意思是，身体与自由紧密关联，有身体即有行动自由，无身体则无行动自由，因而将二者并列规定。但一方面，伤害身体与丧失行动自由的关系，如同丧失劳动力一样，其实是身体被侵害后的间接损失；另一方面，《民法典》第1011条规定，以非法拘禁等方式剥夺、限制他人的行动自由，或者非法搜查他人身体的，受害人有权依法请求行为人承担民事责任。可见，该条已单独规定行动自由，因此，在解释上不宜认为行动自由属于身体权的内容。

二、身体权的保护

在侵权责任之外，《民法典》规定了几种特殊情形下的身体权的保护。

（一）人体细胞、人体组织、人体器官的捐献

《民法典》第1006条第1款规定："完全民事行为能力人有权依法自主决定无偿捐献其人体细胞、人体组织、人体器官、遗体。任何组织或者个人不得强迫、欺骗、利诱其捐献。"同时，第1007条规定："禁止以任何形式买卖人体细胞、人体组织、人体器官、遗体。""违反前款规定的买卖行为无效。"

从身体尊严的角度出发，人体细胞、人体组织、人体器官的捐献应遵循如下准则。

1. 自主捐献原则

虽然人体组成部分的捐献体现了利他主义的崇高道德，但捐献人享有自主选择是否捐献的自由，不能因捐献具有公共利益而强制他人捐献。关于同意捐献的意思表示，《民法典》要求应当采用书面形式或者订立遗嘱的方式（第1006条第2款）。此外，为保障自主决定，医疗机构应履行充分的告知义务，捐献申请应经过伦理委员会的审查，并允许捐献人自由撤销同意捐献的意思表示。

2. 无偿捐献原则

无偿捐献原则也是捐献伦理属性的体现。但是，无偿捐献不等于不能有任何费用。基于人道主义的考虑，同时也是出于鼓励捐献的目的，对人体组成部分的捐献可以给予适当的补助。此种补助在活体捐献中属于捐献人所有，在尸体捐献中则为近亲属共有（而非遗产）。

3. 尸体捐献中的同意规则

《民法典》第1006条第3款规定："自然人生前未表示不同意捐献的，该自然人死亡后，其配偶、成年子女、父母可以共同决定捐献，决定捐献应当采用书面形式。"依反面解释，如果自然人生前表示不同意捐献的，其近亲属无权决定予以捐献。同时，这种捐献应当由死者的配偶、成年子女、父母共同决定。

（二）从事与人体基因、人体胚胎有关的医学和科研活动

《民法典》第1009条规定："从事与人体基因、人体胚胎等有关的医学和科研活动，应当遵守法律、行政法规和国家有关规定，不得危害人体健康，不得违背伦理道德，不得损害公共利益。"这主要涉及人体基因的检测与编辑、人工辅助生殖等问题。

1. 人体基因检测

基因检测有广义与狭义之分。广义的基因检测是指通过对细胞内的DNA、染色体或基因产物的检测，分析受检者的基因状况，从中获取家族遗传信息、潜在的致病或缺陷基因，或者发现其他优势基因；狭义的基因检测限于医疗层面，不包含家族遗传信息检测，所以又称疾病

易感基因检测。

（1）人体基因检测的私法规制。基因检测的应用相对安全，在技术上也准确、成熟，因此其伦理争议相对较小，在私法中具有较大自由，但也存在医学伦理和家庭伦理的限制。一是基因检测中检测者的不予告知义务。基因检测的私法问题主要在于，由于基因检测技术过于强大，以至于被检测者在获知自身携带潜在的无法克服的疾病基因时难以接受。于此情况下，应正视人类乃至所有生物的健康不完美性，从医学伦理角度课予检测者不予告知的义务，保护不完美的人类正常生活的权利。二是亲子鉴定中的子女最佳利益原则。在亲子关系的认定中，确保未成年人利益最大化是法治国家应当遵循的基本原则。因此，在符合条件的亲子关系确认或否认之诉中，如果相对方不予配合，应本着保护子女最佳利益的原则，区分适用亲子关系推定规则：在亲子关系确认之诉中，因确认有利于子女利益，故应适用亲子关系存在的推定规则；但亲子关系否认之诉往往具有以离婚等不利于子女利益的目的，故不应予以推定。

（2）人体基因检测的公法限制。例如，基于法律对劳动者的加强保护，基因检测的自主与隐私利益也可以向企业主张，以对抗可能存在的就业基因歧视。基本权利本身当然也存在界限，公权力机关可以基于公共利益的需要对基本权利进行限制，只是对基本权利的限制也受到严格限制，即应符合法律保留原则和比例原则，具体表现在两个方面：一是公共卫生领域的公法限制。鉴于公共健康的极端重要性，如有必要，可强制进行基因筛检。《传染病防治法》第12条第1款规定："在中华人民共和国领域内的一切单位和个人，必须接受疾病预防控制机构、医疗机构有关传染病的调查、检验、采集样本、隔离治疗等预防、控制措施，如实提供有关情况。疾病预防控制机构、医疗机构不得泄露涉及个人隐私的有关信息、资料。"二是就业领域的公法限制。劳动者享有就业不受歧视的权利，用人单位应当平等对待每一个劳动者。但基于工作岗位的特殊要求，用人单位可以强制要求劳动者进行基因检测，并作出筛选，但在法律保留、比例原则之外，还应通过事先进行的知情同意规则进行限制。

2. 人体基因编辑

所谓基因编辑，是指在活细胞的基因组中插入、替换或移除DNA的行为。目前，国际上常用的基因编辑技术有三种：ZFNs、TALENs以及CRISPR/Cas9，其中，CRISPR/Cas9最为先进和成熟。但人类基因编辑尚未完全成熟，其有效性、安全性需进一步的科学验证。此外，人体基因编辑还面临多重伦理难题。

科学的相对性既然不可避免，人类就应对其持开放态度，但应从技术本身和社会共识两个方面进行规制。就技术而言，人体基因编辑尚未臻于完善，有进一步加强技术攻关的必要，使安全风险降至可接受的范围之内。但科技风险的化解之道，不全在科技本身，还在于人们能在多大程度上形成共识。为此，在技术成熟的情况下，加强立法的民主参与和透明度、建立中立性质的伦理审查机构就尤为重要。

即便人体基因编辑可以临床应用，也还存在应用限度或称范围问题。其一，人体基因编辑因编辑对象为体细胞或生殖细胞而有不同，后者要受到更为严格的限制。如《人胚胎干细胞研究伦理指导原则》第4条规定："禁止进行生殖性克隆人的任何研究。"第6条规定："进行人胚胎干细胞研究，必须遵守以下行为规范：（一）利用体外受精、体细胞核移植、单性复制技术或遗传修饰获得的囊胚，其体外培养期限自受精或核移植开始不得超过14天。（二）不得将前款中获得的已用于研究的人囊胚植入人或任何其它动物的生殖系统。（三）不得将人的生殖细胞与其他物种的生殖细胞结合。"其二，人体基因编辑有恢复性（治疗性）和改良性（增强性）之分，法律应予承认的类型限于前者，即以恢复未来健康为标准的基因编辑。因为增强性的基因编辑也是生来就不完美、不自由的人类对绝对完美、绝对自由的幻想，不仅与人内在的局限性、生活的丰富性相悖，还会如同军备竞赛一样，破坏正常的人际秩序。

3. 人工辅助生殖

所谓人工辅助生殖，是指运用医学技术和方法对配子、合子、胚胎进行人工操作，以达到受孕目的的技术，主要有人工授精和体外受精—胚胎移植技术。人工授精是指用人工方式将精液注入女性体内取代性交途径使其妊娠的一种方法。根据精液来源的不同，又分为丈夫精液人工授精和供精人工授精。体外受精—胚胎移植技术是指从女性体内取出卵子，在器皿内培养后，加入经技术处理的精子，待卵子受精后，继续培养，到形成早期胚胎时，再转移到子宫内着床，发育成胎儿直至分娩的技术。《人类辅助生殖技术管理办法》第 3 条明确禁止代孕行为："人类辅助生殖技术的应用应当在医疗机构中进行，以医疗为目的，并符合国家计划生育政策、伦理原则和有关法律规定。禁止以任何形式买卖配子、合子、胚胎。医疗机构和医务人员不得实施任何形式的代孕技术。"

（三）性骚扰及其禁止

所谓性骚扰，是指以言语、文字、图像、肢体行为等方式实施的违背他人意愿的行为（《民法典》第 1010 条第 1 款）。在主观上，只有故意才叫"骚扰"，因此，性骚扰以行为人具有性意图的故意为要件。就其本质而言，性骚扰违背了受害人性交流的自由，因而具有违法性，必须禁止。当然，如果存在身体接触，则在构成性骚扰的同时，也侵害了他人的身体权。

《民法典》第 1010 条第 2 款规定："机关、企业、学校等单位应当采取合理的预防、受理投诉、调查处置等措施，防止和制止利用职权、从属关系等实施性骚扰。"这就为机关、企业、学校等单位设定了防止性骚扰的安全保障义务。单位未采取上述措施，即应认为对损害的发生存在过错。就责任形式而言，可以类推适用安全保障义务者的补充责任。

（四）行动自由不受侵犯

行动自由，又称身体自由、狭义人身自由。学界对其内涵存在不同看法：一是身体活动说，即将行动自由限于身体活动自由；二是身体、精神活动说，即将精神活动自由纳入行动自由的范畴。

考虑到民法上自由的层次性，应将行动自由权限缩于身体活动自由，而将精神自由划归一般私法自由层次。因为自由在民法上具有整体性，只有在社会生活有加剧侵害的可能，从而需要设立特别保护规则时，自由才有类型化保护的必要。在现代生活背景下，行动自由最容易受到侵犯，从而有类型化保护的必要。而其他的如创作、研究等精神自由，鲜有人予以干预，即便有，也只能通过限制行动自由的方式进行，因此无肢解并类型化的必要。

第三节　健康权

一、健康权的含义和内容

健康权是指自然人享有的以身心健康为权利对象的人格权（《民法典》第 1004 条）。健康权与身体权存在明显区别：身体权重在维护身体完整，健康权则保护身体和心理正常机能。

"身心健康"即身体机能健康和心理机能健康，它构成健康权的基本内容。但健康权的健康不是指无疾病状态，而是指不因侵权行为导致身体或心理功能受损。心理机能的健康也不同于心理健康，后者可能是心理上的不舒服状态。

健康权的内容除身体和精神健康之外，如同生命权、身体权一样，也存在健康尊严的问题。健康权不反对权利人实施一些事实上不利于健康，但体现人的道德性、精神性和社会性，彰显健康意义的行为，典型的为参与为研制新药、医疗器械等实施的临床试验。

二、健康权的保护

在侵权责任之外，《民法典》第1008条还规定了临床试验中的健康权保护。

临床试验又称人体试验，是以人体为研究对象的生物医学试验，即在生物学、医学领域内，以自然人作为试验的对象，以验证科学推理或者假定为方法，进行新药物、新医疗设备、新治疗方法试验研究的行为。

临床试验的义务主体包含了试验者和发起人。试验者是指基于科学背景和医疗经验而进行医学试验的医生或者科学家，其所在机构包括医疗、研究机构等；发起人是指发起、资助、监督人体试验，并承受试验结果和承担相应责任的人。

进行临床试验应当依法经相关主管部门批准并经伦理委员会审查同意，向受试者或者受试者的监护人告知试验目的、用途和可能产生的风险等详细情况，并经其书面同意，且不得向受试者收取试验费用。

第四节　法定救助人的救助义务

一、法定救助人的范围

《民法典》第1005条规定："自然人的生命权、身体权、健康权受到侵害或者处于其他危难情形的，负有法定救助义务的组织或者个人应当及时施救。"基于救助内容的不同，本条所谓的"法定"既包含特别法的明确规定，也包含依《民法典》的具体规定经体系解释出的法定。

（一）特别法上的法定救助人

特别法上的法定救助人在其职责范围内负有与不法行为、自然灾害等作斗争的积极救助义务。

1. 医疗机构及其工作人员。《医疗机构管理条例》第31条规定："医疗机构对危重病人应当立即抢救。对限于设备或者技术条件不能诊治的病人，应当及时转诊。"《执业医师法》第24条规定："对急危患者，医师应当采取紧急措施进行诊治；不得拒绝急救处置。"此外，《道路交通安全法》第75条第1句规定："医疗机构对交通事故中的受伤人员应当及时抢救，不得因抢救费用未及时支付而拖延救治。"

2. 警察、武装警察、消防员和军人。《人民警察法》第21条规定："人民警察遇有公民的人身财产安全受到侵犯或者处于其他危难情形，应当立即救助；对公民提出解决纠纷的要求，应当给予帮助；对公民的报警案件，应当及时查处。"《人民武装警察法》第28条规定："人民武装警察遇有公民的人身财产安全受到侵犯或者处于其他危难情形，应当及时救助。"《消防法》第44条第4款规定："消防队接到火警，必须立即赶赴火灾现场，救助遇险人员，排除险情，扑灭火灾。"

3. 海事主管机关和船长。《交通运输部主要职责内设机构和人员编制规定》第2条第4项规定了交通运输部的"救助打捞"职责。《海商法》第174条规定："船长在不严重危及本船和船上人员安全的情况下，有义务尽力救助海上人命。"据此，船长的法定救助义务略有不同，若严重危及本船和船上人员安全，则其不负有法定救助义务。

（二）《民法典》上的法定救助人

依据体系解释，《民法典》上如下主体为法定救助义务人，但仅负有消极送医的救助义务，不过，父母对子女的救助义务构成例外。

1. 父母对子女的救助义务。《民法典》第1068条规定："父母有教育、保护未成年子女的权利和义务。未成年子女造成他人损害的，父母应当依法承担民事责任。"从本条规定的"保护"义务的文义上看，包括了阻止正在进行的侵权行为，因此为积极法定救助义务。

2. 夫妻之间的救助义务。《民法典》第1059条第1款规定："夫妻有相互扶养的义务。"按照举重以明轻的解释原则，夫妻之间互相负有消极救助义务。

3. 用人单位对其工作人员负有救助义务、接受劳务一方对提供劳务一方负有救助义务（《工伤保险条例》第2条、《民法典》第1192条的体系解释）。

4. 负有安全保障义务的经营者、管理者、组织者负有救助义务（《民法典》第1198条的体系解释）。

5. 教育机构负有救助义务（《民法典》第1199条～第1201条的体系解释）。

二、履行法定救助义务的要件

（一）须受害人的生命权、身体权、健康权处于危难情形

虽然最为危难的情形是对生命权的侵害，但生命权是以身体权、健康权为依托的，侵害身体权、健康权后若未得到及时救助，往往也会危及生命权。因此，生命权、身体权、健康权处于危难情形时，均可触发法定救助义务。

（二）须基于法定职责或身份进行救助

危难情形存在危险程度上的不同，救助义务人的救助义务也因法定职责、身份的不同而有所区别。医生、警察、武装警察、军人、消防员、海事部门的专业救援力量因其法定职责负有积极的救助义务，船长则负有较轻的积极救助义务。就《民法典》中的救助义务主体而言，父母依其身份负有积极的法定救助义务，其他主体则依其身份负有消极的救助义务。

（三）须救助义务人具有救助能力

在法定救助人丧失救助能力的情形，不宜苛求救助义务人履行与其职责、身份相应的救助义务，而应令其履行与其当时能力相当的救助义务。如警察在与歹徒搏斗时因受伤无法制止犯罪行为，但只要其及时向总部报告，向周围同事、群众求援，亦应认为其已尽法定救助义务。

引读案例解答

1.（1）被告某超市的保安不具有执法权，无权搜查他人身体，其对原告的非法搜身行为，侵犯了原告的身体权。（2）被告应向原告赔礼道歉，并赔偿原告精神损失。若保安存在故意或重大过失，超市可向其进行追偿。

2. 原告身体权受法律保护无疑，但身体权并非没有边界，而是受到一定限制。被告的保安员系在原告下班时使用金属探测仪器对其进行检测，并非采取非法搜身的行为。被告作为黄金首饰的生产、加工企业，为防止员工偷盗金料，依据行业惯例及内部管理制度，在不侵害员工人身自由、人格尊严的前提下，采用金属探测仪器等工具，对出厂员工进行检查，并无不妥。

课堂讨论案例

1. 小谢等3名同学大学毕业后，顺利通过公务员考试，即将进入某市经贸局工作，但被体检这最后一道关卡“击倒”了。他们被查出是“地中海贫血”基因携带者，最终因“血液病”而被拒录。

问：用人单位在体检中进行基因检测的行为是否合法?

2. 美国某大学的科研机构联合其他单位在我国某县的镇中心小学进行转基因大米人体试验。试验者隐瞒其在从事人体试验的事实，告知儿童及家长这是免费的“营养餐”，致使家长虽然在同意书上签字，却自始至终不知道是人体试验。据参与试验的儿童家长反映，自从吃过“营养餐”，孩子的抵抗力就变得很差，稍微受点儿凉就感冒、发烧。

问：该转基因大米试验是否合法?如不合法，侵害的是儿童的何种权利?

重点思考习题

1. 生命权、身体权、健康权有何关联?
2. 安乐死是否符合生命尊严的目的?
3. 如何认识与身体分离的人体部分的法律性质?
4. 法定救助义务的范围和要件是什么?

第二十八章
标表型人格权

引读案例

1. 某县新闻传媒发展中心与某县农村合作银行联合举办“年画宝宝”大赛，并通过网络、报纸等宣传形式发布了活动介绍，明确告知本次大赛共选拔“封面宝宝”一名、“月份宝宝”十二名，并将使用该十三名入选宝宝的照片制作挂历，入选宝宝将免费拍摄照片，并获得挂历十本及奖金若干。王某（9周岁）报名参加本次大赛，并被评选为第二名，其肖像也被用于印制挂历。后王某要求退出比赛。请分析以下问题：王某是否有权退出比赛？

2. 甲医院未经夫妇丙、丁的同意擅自使用其生活照，用于其不孕不育专科的广告宣传。甲医院对照片进行了处理，在丙、丁的头像中间加入了一男婴戊的头像，并配以“某某医院不孕不育专科，被誉为真正的送子观音，解除你的难言之隐，圆你美满家庭生活”的广告词。该广告在当地省市电视台频繁播放，造成了一定影响。请分析以下问题：(1) 甲医院侵犯了丙、丁的何种权利？(2) 若使用戊的照片也未经过同意，甲医院侵犯了戊的何种权利？

法律职业资格考试要点

姓名权的内容、姓名权的限制；肖像权的内容、肖像的合理使用；肖像许可使用的有利解释原则、肖像许可使用的任意解除权和特殊解除权；声音保护的参照适用

第一节　姓名权和名称权

一、姓名权

（一）姓名权的含义和内容

依据《民法典》第1012条的规定，姓名权是指自然人享有的依法决定、使用、变更或许可他人使用的权利。一般地说，姓名是指自然人的登记姓名（即正式姓名）。如果非登记姓名（如笔名、艺名、网名、译名、姓名简称）具有一定社会知名度，被他人使用足以造成公众混淆的，其法律保护参照适用姓名权保护的有关规定（《民法典》第1017条）。

姓名权包括依法决定、使用、变更以及许可他人使用四项权能。任何组织或者个人不得以干涉、盗用、假冒等方式侵害他人的姓名权（《民法典》第1014条）。

第一，姓名决定权，即自然人决定自己姓名的权利，包括决定姓氏和名字的权利。当然，自然人出生后，因其尚无民事行为能力，所以姓名的决定权往往由其父母或者其他监护人代为

行使。但是，自然人在具备相应民事行为能力后，即有权决定自己的姓名。自然人决定姓名，应当依法向有关机关办理登记手续，但是法律另有规定的除外（《民法典》第 1016 条第 1 款）。

第二，姓名使用权，即自然人根据自己的意愿使用自己姓名的权利，此处的使用包含了一般意义的使用和商业利用。值得注意的是，姓名使用权不具有排他性，他人在不侵害自然人隐私的情况下得为交往必要而使用自然人姓名，并且负有正确使用和称呼自然人姓名的义务。

第三，姓名变更权，即自然人依照有关规定改变自己姓名的权利。权利人改变自己的姓名，既可以是姓氏的改变，又可以是名字的改变，也可以是姓氏和名字一同改变。当然，权利人改变自己的姓名，应当依法向有关机关办理登记手续，但是法律另有规定的除外（《民法典》第 1016 条第 1 款）。民事主体变更姓名的，变更前实施的民事法律行为对其具有法律约束力（《民法典》第 1016 条第 2 款）。

第四，许可他人使用的权利，即许可他人进行商业利用的权利。在解释上，与自然人自己进行商业利用一样，许可他人进行商业利用已经超越人格的范畴，从而属于特殊财产权的范畴。

（二）姓名权的限制

姓名权的限制分为决定、变更的限制和使用的限制。其中，姓名决定、变更的限制又分为取姓的限制和用字的限制。

1. 取姓的限制

姓氏具有血缘、宗族等身份识别功能，原则上，自然人应当随父姓或者母姓。但是有下列情形之一的，可以在父姓和母姓之外选取姓氏：（1）选取其他直系长辈血亲的姓氏；（2）因由法定扶养人以外的人扶养而选取扶养人姓氏；（3）有不违背公序良俗的其他正当理由。此外，少数民族自然人的姓氏可以遵从本民族的文化传统和风俗习惯（《民法典》第 1015 条）。

2. 用字的限制

名字的意义旨在区分个体，更能彰显自然人的人格。因此，只要不违背公序良俗，姓名用字即可自由为之。就文字形式而言，原则上，姓名用字应限于规范汉字，但例外者有三：其一，姓氏可依习惯使用繁体字、异体字；其二，已经使用繁体、异体或冷僻字登记的，可以保留；其三，区域自治的少数民族，可以决定同时使用规范汉字和民族文字。

3. 使用的限制

依据《民法典》第 999 条的规定，为公共利益实施新闻报道、舆论监督等行为的，可以合理使用民事主体的姓名、名称、肖像、个人信息等；使用不合理侵害民事主体人格权的，应当依法承担民事责任。

二、名称权

（一）名称权的含义

依据《民法典》第 1013 条的规定，法人、非法人组织享有名称权。名称权是指法人、非法人组织依法决定、使用、变更、转让或者许可他人使用自己名称的权利。

名称是法人、非法人组织的主体标识。法人、非法人的名称权具有双重性：一方面，名称权具有人格权的基本属性，是法人、非法组织所固有、必备的权利；另一方面，法人、非法人组织的名称权具有一定的财产属性，能够为权利主体带来经济利益。

（二）名称权的内容

法人、非法人组织的名称权受法律保护，任何组织或者个人不得以干涉、盗用、假冒等方式侵害法人、非法人组织的名称权（《民法典》第1014条）。

名称权包括如下内容。

第一，名称设定权，即法人、非法人组织自己设定名称而不受他人干涉的权利。法人、非法人组织在设定名称时，应当遵照法律的规定，并且应进行登记。

第二，名称使用权，即法人、非法人组织使用其名称的权利。在非商业利用的场合，名称使用权不具有排他性，甚至具有他为性，他人得基于交往的必要使用法人、非法人组织的名称，但在商业利用的场合，名称权具有排他性。

第三，名称变更权，即法人、非法人组织依法变更自己名称的权利。名称的变更，可以是部分变更，也可以是全部变更。法人、非法人组织改变名称的，应当办理变更登记。同时，变更前实施的民事法律行为对其具有法律约束力。

第四，名称转让权，即法人、非法人组织依法转让自己名称的权利。在我国，企业名称由行政区划、字号、行业特点、组织形式组成，因此具有唯一性。所以，名称转让通常与民事主体的企业财产一并或部分转让。

第五，许可使用权，即法人、非法人组织许可他人基于商业目的使用自己名称的权利。由于企业名称具有唯一性，因而许可他人使用主要是指字号的许可使用，或者虽然是整体使用但同时标识许可使用地的行政区划。

第二节 肖像权

一、肖像权的含义和内容

肖像是通过影像、雕塑、绘画等方式在一定载体上所反映的特定自然人可以被识别的外部形象（《民法典》第1018条第2款）。肖像权，即自然人依法制作、使用、公开或者许可他人使用自己肖像的权利（《民法典》第1018条第1款）。

依据《民法典》第1018条的规定，肖像权有制作、使用、公开或者许可他人使用四项内容。

第一，肖像制作权，即肖像权人有权根据自己的需要和他人、社会的需要，通过任何形式由自己或他人制作自己的肖像。肖像制作权为专属权，在不构成合理使用的情况下，未经同意，任何人不得制作自然人的肖像。

第二，肖像使用权，即肖像权人有权使用自己的肖像，包含一般意义上的使用和商业利用。但与姓名权一样，肖像使用权也不是专有权，他人在不侵害隐私和涉及商业利用的情况下，得为必要的使用，同时负担正确使用（不得移花接木、利用信息技术深度伪造）的义务。

第三，肖像公开权，即肖像权人根据自己的意愿有权公开自己已制作完成的肖像。在解释上，虽然肖像公开的对象为肖像，但此时的肖像利益实际为隐私利益。因为肖像公开权保护的是肖像权人的合理隐私期待。

第四，肖像许可使用权，即肖像权人有权许可他人对其肖像进行商业利用。

二、肖像的合理使用

依据《民法典》第1020条规定，下列行为属于肖像的合理使用，无须肖像权人同意：（1）为个人学习、艺术欣赏、课堂教学或者科学研究，在必要范围内使用肖像权人已经公开的肖像；（2）为实施新闻报道，不可避免地制作、使用、公开肖像权人的肖像；（3）为依法履行职责，国家机关在必要范围内制作、使用、公开肖像权人的肖像；（4）为展示特定公共环境，不可避免地制作、使用、公开肖像权人的肖像；（5）为维护公共利益或者肖像权人合法权益，制作、使用、公开肖像权人的肖像的其他行为。

例题 155 朴某系知名美容专家。某医院未经朴某同意，在医院网站上将其作为医院美容专家使用了朴某的照片和简介，且将朴某名字和简介错误地安在了其他专家的照片旁。下列哪一说法是正确的？

A. 医院未侵犯朴某的姓名权　　B. 医院未侵犯朴某的肖像权

C. 医院侵犯了朴某的肖像权和姓名权　　D. 医院侵犯了朴某的荣誉权

解析：本题的考点是侵犯肖像权和姓名权的认定，答案为C项。某医院在未经美容专家朴某同意的情况下，擅自将朴某的照片和简介发布在医院网站上，不仅侵犯了朴某的肖像权，也侵犯了朴某的姓名权。虽然医院网站将朴某名字和简介错误地安在了其他专家的照片旁，但并没有损害朴某的荣誉，故不构成对荣誉权的侵犯。

例题 156 某影楼与甲约定："影楼为甲免费拍写真集，甲允许影楼使用其中一张照片作为影楼的橱窗广告。"后甲发现自己的照片被用在一种性药品广告上。经查，制药公司是从该影楼花 500 元买到该照片的。下列说法哪些是正确的？

A. 某影楼侵害了甲的肖像权　　B. 某影楼享有甲写真照片的版权

C. 某影楼的行为构成违约　　D. 制药公司的行为侵害了甲的隐私权

解析：本题的考点是侵害肖像权的认定，答案为 A、B、C 项。制药公司未经甲同意，将其照片用在性药品广告上，属于侵害肖像权的行为；同时，因某影楼与甲事先约定了甲的照片的使用范围，故影楼擅自将甲的照片出卖给制药公司，属于一种违约行为。依据《著作权法》的规定，摄影作品属于作品的范围，故影楼对甲的写真照片具有著作权。

三、声音的保护

声音是与姓名、肖像并列的人格标识。《民法典》第 1023 条第 2 款规定："对自然人声音的保护，参照适用肖像权保护的有关规定。"因此，如同肖像权一样，自然人对其声音享有制作、使用、公开和许可他人使用的自由。同时，声音的保护还可参照适用肖像许可使用的特殊规则。

第三节　人格标识的使用

一、人格标识的同一性与他为性

人格标识的基本功能就是建立与主体的稳定联系，使人格标识成为主体自己的表征，此即人格标识的同一性功能。基于人格标识的同一性，权利人对自己的人格标识的使用具有不受他人否认、冒用或不正确使用的利益。一般所谓“我的姓名”“我的肖像”就是在同一性的意义上使用的，即特定姓名仅指代我自己，特定肖像代表的是我的外部形象，而不是说只有我自己才可以使用特定的文字、图像，比比皆是的重名现象即为明证。

在人格标识的同一性基础上，人格标识的非商业性使用还有另外一重含义，即他人也可以在正确使用并不侵害人格标识权利人其他利益的前提下，自由地使用民事主体的人格标识，此即人格标识的他为性。如俚语云：“姓名起了就是让他人叫的”。本质上，肖像、声音也具有他为性，只是肖像、声音的他为性程度较低（肖像尤甚，仅在特殊必要场合才存在）。可见，在商业利用之外，一概排除他人对人格标识的使用有违常理。

二、人格标识的同一性与许可使用

基于人格标识的同一性，人们可建立物、商品与特定主体的联系，利用个性化人格的促销价值来获取商业利益，这就是人格标识的商业利用。《民法典》第 993 条规定：“民事主体可以将自己的姓名、名称、肖像等许可他人使用，但是依照法律规定或者根据其性质不得许可的除外。”

值得注意的是，促销价值不是人格的独有功能，地理标志、个性化的物的形象与名称均可能具有促销价值。加上人格标识的利用无法与人格标识的形成自由共存为一个权利对象，因此，人格标识的商业利用将形成独立的财产权。

基于人格标识的同一性，人格标识的商业利用不能以转让为之，只能采许可使用的方式。在人格标识的许可使用中，存在两个特殊规则。

1. 有利解释规则

《民法典》第 1021 条规定：“当事人对肖像许可使用合同中关于肖像使用条款的理解有争议的，应当作出有利于肖像权人的解释。”而结合《民法典》第 1023 条的规定，姓名、声音的许可使用，同样存在有利解释规则的适用余地。

2. 特殊解除规则

基于人格标识的同一性，一方面，人格标识的商业利用事关人的尊严；另一方面，人格的促销价值也受自然人名誉形象的变化而具有不确定性。为保护权利人的个性化利益，法律规定，在未约定许可使用期限或约定不明确时，双方当事人均享有任意解除权，但是应当在合理期限之前通知对方（《民法典》第 1022 条第 1 款）。

在当事人对肖像许可使用期限有明确约定时，为优先保护人格标识权利人，人格标识权利人有正当理由的，可以解除肖像许可使用合同，但是应当在合理期限之前通知对方。因解除合同造成对方损失的，除不可归责于肖像权人的事由外，应当赔偿损失（《民法典》第 1022 条第 2 款）。所谓正当理由，限于被许可人因违法或不道德行为致声誉降低，可能对人格标识权利人造成不利影响的情形。

三、人格标识的隐私性

人格标识的他为性不是绝对的。因此，在人格标识上存在合理的隐私期待时，姓名、肖像、声音的他为性就被隐私性取代，未经同意公开他人人格标识就构成隐私侵权。《民法典》第 999 条规定：“为公共利益实施新闻报道、舆论监督等行为的，可以合理使用民事主体的姓名、名称、肖像、个人信息等；使用不合理侵害民事主体人格权的，应当依法承担民事责任。”

本条与其说是对姓名权、名称权、肖像权、个人信息的限制，不如说是对人格标识上合理隐私期待的限制。

当然，与姓名、声音相比，肖像的他为性要更低，存在合理隐私期待的情形就更多。例如，身份证、评选表上的肖像具有他为性，但在其他非必要场合擅自公开他人肖像则侵害了肖像权人的合理隐私期待。所以，擅自公开他人肖像，与其说是侵害了肖像权，毋宁说是侵害了隐私权。

引读案例解答

1. 原告王某同意参加比赛，实际上是同意了被告广告宣传的条件，在当事人之间形成了肖像权许可使用协议；王某要求退出比赛，实际上是要求解除或撤销该协议，其主张应当有法定或者约定的事由，或者存在正当理由，本案中并不存在此种事由和正当理由，因此，对原告的主张不予支持。

2. (1) 甲医院使用丙、丁的肖像没有经其同意，属于侵害肖像商业利用权的行为；甲医院使用丙、丁的肖像用于不孕不育广告，给人以丙、丁患有不孕不育症的印象，对丙、丁的名誉造成了不良影响，侵害了丙、丁的名誉权。(2) 戊是无民事行为能力人，甲医院使用其照片应当征得其法定代理人的同意。在未经同意的情况下，甲医院使用戊的照片属于侵害肖像商业利用权的行为。

课堂讨论案例

1. 江西鹰潭人赵某为其儿子取名“赵C”，进行了户口登记，并申领了第一代身份证。后赵C在申领第二代身份证时，鹰潭市公安局月湖分局以“C”为外文文字为由不予更换，并告知赵C，要更换第二代身份证，必须把这中英结合的名字改掉。赵C于是将鹰潭市公安局月湖分局告上法庭。

问：(1) 公安机关是否侵害赵C的姓名权？(2) 姓名权的限制应如何为之？

2. 原告华某在出访期间，同被告温某及其余四人与某国国家贸易局局长合影留念。后该国国家贸易局在上海设立办事处，被告温某任首席代表，并将该合影印发于对外宣传之材料上，致原告不满，原告遂诉至人民法院。

问：被告温某是否侵害原告华某的肖像权？

重点思考习题

1. 为什么姓名权人、肖像权人不享有姓名、肖像的专有使用权？
2. 人格标识许可使用中优先保护人格标识权利人是否妥当？
3. 试以肖像为例，说明标表型人格权、人格标识商业利用权、隐私权之间的关系。

第二十九章 尊严型人格权

引读案例

1. 某报社在一篇新闻报道中披露未成年人甲是乙的私生子，致使甲备受同学的嘲讽与奚落。甲因精神痛苦，自残左手无名指，学习和生活受到重大影响。请分析以下问题：某报社侵犯了甲的哪种人格权？

2. 姜某在自己的博客中以日记形式记载了自杀前两个月的心路历程，日记中含有丈夫王某与一名案外女性的合影，并指二人有不正当两性关系。此外，姜某还披露了王某姓名、工作单位、地址等信息。姜某委托网友在其死后打开博客。后姜某自杀，王某遭人肉搜索。请分析以下问题：网友公开信息的行为是否构成侵权，如果是，侵害的是何种人格权？

法律职业资格考试要点

名誉权的含义、名誉权的限制、名誉侵权的认定；信用评价的维护、荣誉权的含义和内容；隐私权的内容；个人信息的保护

第一节 名誉权与荣誉权

一、名誉权

（一）名誉权的含义和内容

名誉是对民事主体的品德、声望、才能、信用等的社会评价（《民法典》第1024条第2款）。这种社会评价专属于民事主体，因为它不取决于某一个人的主观判断，而是由不特定他人的各种评价自然、有机形成的。

名誉权是民事主体对其名誉不受侵犯所享有的权利。名誉权的内容有两个方面。

一是名誉保有权。名誉保有权的实质，是民事主体通过自己的行为、业绩、创造成果作用于社会所形成的有关名誉的社会评价不受他人以诽谤等方式侵害的权利。

二是名誉维护权。一方面，权利人对于其他任何人有不得侵害其名誉的不作为请求权，其他任何人都负有不得侵害名誉权的法定义务；另一方面，对于侵害名誉权的行为，权利人基于名誉维护权，可以寻求司法保护。

（二）名誉权的保护

与财产权、生物型人格权的客观性不同，名誉权作为尊严型人格权的典型代表，具有强烈

的主观属性，名誉权侵权因而具有观念性。因此，名誉侵权要想具备违法性和过错，必须以建立不实事实与被侵权人的联系为前提，即不实事实必须指向具体的被侵权人。正因为如此，《民法典》第1027条规定："行为人发表的文学、艺术作品以真人真事或者特定人为描述对象，含有侮辱、诽谤内容，侵害他人名誉权的，受害人有权依法请求该行为人承担民事责任。行为人发表的文学、艺术作品不以特定人为描述对象，仅其中的情节与该特定人的情况相似的，不承担民事责任。"

此外，民事主体的名誉权还受公共利益的限制。《民法典》第1025条规定："行为人为公共利益实施新闻报道、舆论监督等行为，影响他人名誉的，不承担民事责任，但是有下列情形之一的除外：（一）捏造、歪曲事实；（二）对他人提供的严重失实内容未尽到合理核实义务；（三）使用侮辱性言辞等贬损他人名誉。"同时，新闻媒体亦应有其职业道德，对他人提供的内容负有核实义务。在认定其是否对他人提供的严重失实内容尽到合理核实义务时，应当考虑下列因素：（1）内容来源的可信度；（2）对明显可能引发争议的内容是否进行了必要的调查；（3）内容的时限性；（4）内容与公序良俗的关联性；（5）受害人名誉受贬损的可能性；（6）核实能力和核实成本（《民法典》第1026条）。当然，民事主体有证据证明报刊、网络等媒体报道的内容失实，侵害其名誉权的，有权请求该媒体及时采取更正或者删除等必要措施（《民法典》第1028条）。

例题157 某市国土局一名前局长、两名前副局长和一名干部因贪污终审被判有罪。薛某在当地晚报上发表一篇报道，题为"市国土局成了贪污局"，内容为上述四人已被人民法院查明的主要犯罪事实。该国土局、一名未涉案的副局长、被判缓刑的前局长均以自己名誉权被侵害为由起诉薛某，要求赔偿精神损害。下列哪种说法是正确的？

A. 三原告的诉讼主张均能够成立

B. 国土局的诉讼主张成立，副局长及前局长的诉讼主张不能成立

C. 国土局及副局长的诉讼主张成立，前局长的诉讼主张不能成立

D. 三原告的诉讼主张均不能成立

解析： 本题的考点是侵害名誉权的认定，答案为D项。薛某在当地晚报发表"市国土局成了贪污局"的文章，内容属实，并没有损害国土局的名誉权。同时，文章的内容并未涉及未涉案的副局长，不会对其名誉权造成损害；而被判缓刑的前局长已构成贪污罪，晚报反映真实情况，也不侵害其名誉权。因此，三原告的诉讼主张均不能成立。

（三）信用评价的维护

信用有主观信用与客观信用之分，前者指主观诚信状态，后者指客观履约能力。无论主观信用还是客观信用，均与名誉难分彼此，所以《民法典》第1024条第2款将信用纳入名誉范畴。

客观履约能力的社会评价，又称信用评价，由于其为特定机构（征信机构）所作出，一般人要想侵害他人的信用评价，只能通过冒名的方式为之，此时被侵权人的信用受损属于间接损失（纯粹经济损失）。就民事主体与征信机构的关系而言，如果征信机构及其工作人员直接侵害他人信用评价，被侵权人可以通过名誉权获得救济。而在多数情况下，征信机构的行为只是

对银行提供的基础交易信息进行处理，对基础交易信息的失实不具有过错和违法性，故不构成侵权。

因此，除征信机构及其工作人员直接侵害他人信用评价的名誉权侵权外，民事主体与征信机构的关系与具有同一性利益的个人信息法律关系类似。《民法典》第 1030 条规定："民事主体与征信机构等信用信息处理者之间的关系，适用本编有关个人信息保护的规定和其他法律、行政法规的有关规定。"就信用评价的维护而言，《民法典》第 1029 条规定："民事主体可以依法查询自己的信用评价；发现信用评价不当的，有权提出异议并请求采取更正、删除等必要措施。信用评价人应当及时核查，经核查属实的，应当及时采取必要措施。"

例题 158　甲用其拾得的乙的身份证在丙银行办理了信用卡，并恶意透支，致使乙的姓名被列入银行不良信用记录名单。经查，丙银行在办理发放信用卡之前，曾通过甲在该行留下的乙的电话（实为甲的电话）核实乙是否申请办理了信用卡。根据我国现行法律规定，下列哪些表述是正确的？

A. 甲侵犯了乙的姓名权　　B. 甲侵犯了乙的名誉权

C. 甲侵犯了乙的个人信用利益　　D. 丙银行不应承担责任

解析：本题的考点是侵害姓名权、个人信用的认定，答案为 A、C 项。甲未经许可，为取得不正当利益，擅自使用乙的姓名去办理信用卡，属于盗用他人姓名的行为，侵犯了乙的姓名权。但甲没有采用侮辱、诽谤等方式损害乙的名誉，因而并没有侵犯乙的名誉权。甲的行为导致乙被列入不良信用记录的名单，对乙的信用确有影响，侵害了乙的个人信用利益。在办理信用卡的过程中，银行负有审查办卡人身份的义务。甲冒用乙的姓名办信用卡，银行在审查工作中存在疏忽，应当承担一定的责任。

二、荣誉权

（一）荣誉权的含义

荣誉权是指民事主体获得、保持、利用荣誉并享有其所生利益的权利。《民法典》第 1031 条规定："民事主体享有荣誉权。任何组织或者个人不得非法剥夺他人的荣誉称号，不得诋毁、贬损他人的荣誉。获得的荣誉称号应当记载而没有记载的，民事主体可以请求记载；获得的荣誉称号记载错误的，民事主体可以请求更正。"据此，自然人、法人、非法人组织享有荣誉权。

（二）荣誉权的内容

第一，荣誉维护权。荣誉享有人有权维护自己荣誉的准确性：获得的荣誉称号应当记载而没有记载的，民事主体可以请求记载；获得的荣誉称号记载错误的，民事主体可以请求更正。至于荣誉获得的正当性问题，则不应归为荣誉权的内容。

第二，荣誉利用权。荣誉权人可以将荣誉用于生产、经营以及生活的各个方面，并享有由此所带来的各种利益。

第三，荣誉证书不受破坏权。虽然荣誉证书不同于荣誉本身，但基于其与荣誉之间的密切关系，荣誉证书已成为具有人格纪念或商誉意义的特殊物。破坏他人荣誉证书，应一并赔偿荣誉证书及依附于荣誉证书的人格利益、商誉利益损失。

第二节　隐私权与个人信息保护

一、隐私权

（一）隐私权的含义和内容

1. 隐私权的含义

隐私权是指自然人的私人生活安宁和不愿为他人知晓的私密空间、私密活动、私密信息不被他人刺探、侵扰、泄露、公开等方式侵害的权利（《民法典》第1032条）。

按照传统的领域说，私密性即私人性，因此私密空间、行为和信息不包括公共空间和已为他人知悉的信息，隐私公开属于绝对的或有或无模式。但领域的公私之分并非泾渭分明，如果立足于“不愿为他人知晓”的主观角度，结合客观情形，则公共场合也可能存在隐私，已为他人知悉的信息仍可能受法律保护，此即隐私权的相对性问题。

事实上，隐私自始具有相对属性，在信息社会的大数据时代尤其如此。其一，即便在传统工业社会，隐私也存在家庭、朋友等关系的共享。可以说，隐私自诞生时就不单纯限于个人领域，已将特定的关系包含在内。其二，在现代信息社会下，基于个人生活或公共利益的需要，隐私信息必须在某种程度上共享因而具有社会属性，但其并非进入放弃隐私期待的完全陌生领域。

2. 隐私权的内容

依据《民法典》规定，隐私权包含四个方面的内容。

第一，私人生活安宁权，即自然人享有的排除他人对自己私生活安定和宁静的打扰和妨碍的权利。在信息社会，侵害他人私生活安宁的手段丰富多样，包括但不限于电话、短信、即时通讯工具、电子邮件、传单等。

第二，私密空间不受侵犯权，即私人支配的空间场所不受侵犯的权利。空间包含住宅空间，也包含行李箱、书包、口袋、日记、网络空间等。前者是典型的物理空间，后者是物理空间的衍生形态。

第三，私密活动不受侵犯权，即私人与公共利益无关的私人行为，如家庭活动、婚姻活动、社会交往、信教活动、男女性行为等，不受他人侵犯。这是一种动态的隐私内容，因而可以不限于是否发生于私密空间。

第四，私密信息不被泄露权。私密信息包含个人基因信息、健康信息，以及姓名、肖像、出生日期、身份证件号码、生物识别信息、住址、电话号码、电子邮箱地址、行踪信息等。这些信息因其强弱不同的可识别性，有不当暴露的风险，故应纳入隐私的保护范围。

（二）隐私权的保护

《民法典》第1033条规定：“除法律另有规定或者权利人明确同意外，任何组织或者个人不得实施下列行为：（一）以电话、短信、即时通讯工具、电子邮件、传单等方式侵扰他人的私人生活安宁；（二）进入、拍摄、窥视他人的住宅、宾馆房间等私密空间；（三）拍摄、窥视、窃听、公开他人的私密活动；（四）拍摄、窥视他人身体的私密部位；（五）处理他人的私密信息；（六）以其他方式侵害他人的隐私权。”本条除规定私生活安宁、私人空间、私密活动、私密部位、私密信息不被他人侵犯外，还规定了宾馆房间为私密空间以及以其他方式侵害隐私权的情形。这就扩展了传统隐私权的内涵，与隐私权的弹性、开放性一致。

例题 159 某媒体未征得艾滋病孤儿小兰的同意，发表了一篇关于小兰的报道，将其真实姓名、照片和患病经历公之于众。报道发表后，隐去真实身份开始正常生活的小兰再次受到歧视和排斥。下列哪一选项是正确的？

A. 该媒体的行为不构成侵权　　B. 该媒体侵犯了小兰的健康权

C. 该媒体侵犯了小兰的姓名权　　D. 该媒体侵犯了小兰的隐私权

解析：本题的考点是侵害隐私权的认定，答案为D项。小兰是艾滋病孤儿，这属于小兰的隐私。某媒体未征得小兰的同意，将其真实姓名、照片和患病经历公之于众，从而将小兰的隐私泄露，严重影响了小兰的正常生活，构成了对小兰隐私权的侵害。

二、个人信息的保护

（一）个人信息的含义

个人信息是以电子或者其他方式记录的能够单独或者与其他信息结合识别特定自然人的各种信息，包括自然人的姓名、出生日期、身份证件号码、生物识别信息、住址、电话号码、电子邮箱、健康信息、行踪信息等（《民法典》第 1034 条第 2 款）。

《民法典》并未如同规定隐私权一样规定个人信息权，同时《民法典》明确了个人信息中的私密信息也适用隐私权保护的规定（《民法典》第 1034 条第 3 款）。其原因在于，个人信息在范围上难以与隐私区分，二者在功能上也具有相似性，所以立法者采谨慎态度，未明确其权利属性。但通说认为，个人信息多属公开信息，隐私权对其保护力有不逮，所以应当独立成权。

（二）个人信息上的利益

个人信息不是一个纯粹的法律概念，它包含了如下三类利益。

1. 个人信息上的同一性利益

所谓同一性利益，即自然人的人格标识、个人信息仅指代主体自己，权利人对自己人格标识、个人信息的使用不受他人否认、冒用或不正确使用的利益。个人信息具有识别功能，它既是个人标识自己的工具，也是他人识别个人的工具。因此，个人信息也具有表征功能和同一性利益，个人简介、信用评价为其典型。

从个人信息的理论发展上看，自我表现理论可视为对个人信息同一性利益的发现。自我表现理论意味着，个人需要公开自己的个人信息以塑造自己的人格形象（即人设），此种公开多数情况下是主动的，有时候是被动的，但都事关主体的人格形象问题。从个人信息同一性利益中，可以推导出自然人对个人信息享有查阅、复制、异议、更正等权利。对此，《民法典》第 1037 条第 1 款规定："自然人可以依法向信息处理者查阅或者复制其个人信息；发现信息有错误的，有要提出异议并请求及时采取更正等必要措施。"

2. 个人信息上的隐私利益

在同一性利益之外，基于隐私公开的相对性，个人信息上还存在隐私利益，无须独立赋权即可受法律保护。即个人信息虽在一定范围内公开，但由于自然人仍未丧失其合理的隐私期待，所以并未溢出隐私的范畴。个人对信息除享有作为隐私侵权责任方式的删除请求权之外（《民法典》第 1037 条第 2 款），不存在完全的自主控制权。

3. 个人信息上的财产利益

个人信息在人格利益之外还存在财产利益，即所谓的信息财产、数据财产。个人信息上的财产利益应通过个人信息的区分处理来实现。

按照个人信息的可识别性标准，个人信息可分为直接识别信息和间接识别信息两种。直接识别信息是能够单独识别特定自然人的信息；间接识别信息是与其他信息结合才能识别特定个人的信息。两种信息对人的尊严的影响并不相同：直接识别信息可与头脑中熟悉的“既定”人物形象对应，直接关涉人的尊严；间接识别信息仅了解其属于“某个人”，却并不“认识”他是谁，也不知悉其“身份”，在与其他信息结合前，无涉人的尊严。

值得注意的是，在大数据的背景之下，直接识别信息可以脱敏，成为间接识别信息，间接识别信息一旦与其他信息结合也会重新获得直接识别的能力，从而丧失商业利用的合法性基础，除非再次获得授权。这样，隐私信息的界定就实现了从一次静态到二阶动态的转变。在这一动态过程中，基于直接识别与间接识别的过渡，隐私信息中的人格利益与财产利益发生了分离。

（三）个人信息保护的特别规则

1. 个人信息的处理原则

个人信息的处理包括个人信息的收集、存储、使用、加工、传输、提供、公开等。处理自然人个人信息应当遵循合法、正当、必要原则，不得过度处理，并符合下列条件：(1) 征得该自然人或者其监护人同意，但是法律、行政法规另有规定的除外；(2) 公开处理信息的规则；(3) 明示处理信息的目的、方式和范围；(4) 不违反法律、行政法规的规定和双方的约定（《民法典》第 1035 条）。

处理自然人个人信息，有下列情形之一的，行为人不承担民事责任：(1) 在该自然人或者其监护人同意的范围内合理实施的行为；(2) 合理处理该自然人自行公开的或者其他已经合法公开的信息，但是该自然人明确拒绝或者处理该信息侵害其重大利益的除外；(3) 为维护公共利益或者该自然人合法权益，合理实施的其他行为（《民法典》1036 条）。

2. 信息处理者的守法义务与信息安全保障义务

个人信息一旦泄露，将造成难以挽回的后果。为此，有必要规定信息处理者的守法义务和信息安全义务。

关于信息处理者的守法义务，《民法典》第 1038 条第 1 款规定：“信息处理者不得泄露或者篡改其收集、存储的个人信息；未经自然人同意，不得向他人非法提供其个人信息，但是经过加工无法识别特定个人且不能复原的除外。”

关于信息处理者的信息安全保障义务，《民法典》第 1038 条第 2 款规定：“信息处理者应当采取技术措施和其他必要措施，确保其收集、存储的个人信息安全，防止信息泄露、篡改、丢失；发生或者可能发生个人信息泄露、篡改、丢失的，应当及时采取补救措施，依照规定告知自然人并向有关主管部门报告。”

3. 国家机关、承担行政职能的法定机构及其工作人员的保密义务

除作为民事主体的信息处理者之外，国家机关、承担行政职能的法定机构在行使公权力的过程中也会涉及个人信息的处理。为此，《民法典》第 1039 条规定：“国家机关、承担行政职能的法定机构及其工作人员对于履行职责过程中知悉的自然人的隐私和个人信息，应当予以保密，不得泄露或者向他人非法提供。”

例题 160　林某通过植入木马程序的方式，非法侵入某省普通高等学校招生考试信息平台网站，取得该网站管理权，非法获取当年某省高考考生个人信息 64 万余条，拨打诈骗电话共计 1 万余次，骗取了人钱款 20 余万元，考生王某因受骗引发心脏病死亡。依照我国现行法规定，下列哪一选项是正确的？

A. 林某的行为侵害了考生的个人信息利益

B. 林某的行为侵害了考生的隐私权

C. 林某的行为侵害了考生的王某的生命权

D. 林某的行为侵害了考生的姓名权

解析：本题的考点是侵害人格权益的认定，答数为 A 项。林某非法获取高考考生个人信息，应认定是对考生个人信息的侵害。考生个人信息因高考主管部门、招生学校、招生人员都可以阅读，不具有隐私的性质，故林某的行为不构成对考生隐私权的侵害。考生王某的死亡并不是林某非法获取王某个人信息造成的，故不构成对王某生命权的侵害。林某并没有干涉、盗用、假冒考生的姓名，故不构成对考生姓名权的侵害。

引读案例解答

1. 甲是乙的私生子，这属于甲的隐私范畴，任何人未经甲同意，不得擅自泄露该隐私。某报社在新闻报道中披露甲是乙的私生子，从而使其他人知道了甲的这种隐私，这就构成了对甲的隐私权的侵害。当然，由于甲的隐私权被侵害，甲备受同学的嘲讽与奚落，其名誉也受到了损害，但这种损害后果并不是侵害名誉权造成的，而是侵害隐私权造成的。

2. 王某婚内出轨固然有违道德，但其信息隐私仍受法律保护，不得因王某出轨而公开其隐私信息，故该信息公开行为构成侵权，且侵害的是隐私权。当然，在公开隐私信息的行为人之外，网站也可能因违反网络安全保障义务而构成不作为侵权。

课堂讨论案例

1. 某日，小李来到某摄影部，制作了一本艺术照影集。小李取回影集后，将影集中的几张照片用喷绘的方式翻印了十余张，并专门放大了一张挂在家中，还分别赠与几位朋友。几天后，小李的一位好友来到家中看到挂在墙上的照片，大惊失色地对小李说："这样的照片怎么能挂在墙上，照片下的英语单词翻译成中文的意思是'母鸡，我需要爱呀'。"原来，在小李影集中的几张照片下方印上了英文，不懂英文的她在拿影集时并没有注意到在封面照片的下方印有一行英文"Hen，I need love"。之后几天里，她接二连三地接到朋友的电话，有的和她开玩笑，有的则直接告诉她照片下端的英文不妥。小李又询问了几位懂英语的朋友，得到的答复都是"这句英文有贬低人格的意思，不能放在照片上"。小李觉得受到了朋友的嘲笑，人格受到了极大的侮辱，名誉受到了损害，于是多次找到摄影部负责人协商解决此事，均未能得到满意的答复。

问：(1) 摄影部的行为是否侵害了小李的人格权？(2) 若摄影部侵害了小李的人格权，是何种人格权？

2. 甲男年过三十而未婚，喜欢同事乙女，但乙拒绝与甲建立恋爱关系。甲利用电脑合成技术，将集体照中自己的照片与乙的照片合成在一起，并向同事与朋友炫耀自己与乙之间的“真挚感情”，并宣称与乙多次发生性关系。

问：甲宣称与乙发生性关系的行为侵害了乙的哪种权利？

重点思考习题

1. 过失侵害他人名誉应如何认定？
2. 名誉的形成机制有何特殊性？
3. 个人信息上存在哪些利益和权能？
4. 信息安全保障义务的理论基础是什么？

第六编

婚姻家庭

第三十章 婚姻家庭概述

引读案例

1. 甲妻早丧，有婚生子乙和养女丙。乙、丙成年后产生恋情，欲登记结婚，但甲表示强烈反对。因暴力阻止无效，甲决定断绝与乙、丙的父母子女关系，并与乙、丙分别签订了父母子女关系终止协议，但没有办理相关手续。后甲要求乙、丙履行赡养义务，乙、丙则以与甲的父母子女关系终止为由拒绝履行赡养义务。请分析以下问题：(1) 甲暴力阻止乙、丙结婚的行为性质是什么？(2) 甲、乙之间的生父子关系能否协议终止？(3) 甲、丙之间的养父女关系能否协议终止？(4) 乙、丙拒绝甲赡养请求的行为是否成立？

2. 甲、乙双方具备结婚条件，但未办理结婚登记即以夫妻名义同居生活，后补办了结婚登记。甲向人民法院提起离婚诉讼，经人民法院调解双方达成离婚协议后，甲先于乙两日签收了离婚调解书，但人民法院未告知其在乙签收前不得再行结婚。甲签收调解书当日即与丙登记结婚。请分析以下问题：(1) 双方的配偶关系于何时发生？(2) 双方的配偶关系于何时终止？(3) 甲与丙的婚姻是否构成重婚？

法律职业资格考试要点

亲属的范围和种类；亲等的计算；亲属的发生和终止的原因

第一节 亲属的含义和种类

一、亲属的含义

亲属，是指基于婚姻、血缘和法律拟制而形成的具有一定权利、义务的特定人之间的关系。

亲属具有以下特点。

第一，亲属产生于特定的法律事实。亲属关系是一种民事法律关系，这种民事法律关系只能基于特定的法律事实而产生，这种特定的法律事实包括婚姻、血缘和法律拟制。

第二，亲属有固定的身份和称谓。亲属关系产生后，主体间的亲属身份和称谓是固定的，除法律规定外，当事人不得随意变更或解除。例如，基于血缘而产生的父母子女、兄弟姐妹等亲属身份和称谓，当事人不能变更或解除；基于婚姻而产生的配偶身份和称谓因离婚而解除；基于法律拟制而产生的养父母子女、养兄弟姐妹等亲属身份和称谓因解除收养关系而解除。

第三，亲属之间有法律上的权利义务关系。亲属基于特定的法律事实产生后，即在亲属之间产生一定的权利义务关系，如相互扶养、相互继承遗产、禁止结婚等权利义务关系。

二、亲属的种类

依不同的标准，亲属有不同的分类。以亲属关系的发生原因为依据，可以将亲属分为配偶、血亲和姻亲。这是当代亲属的基本分类，在立法和法律适用上具有重要意义。我国《民法典》第 1045 条第 1 款规定，亲属包括配偶、血亲和姻亲。

（一）配偶

配偶即夫妻，是合法婚姻关系的男女双方形成的亲属关系。夫妻结合是亲属关系的起点，配偶是血亲和姻亲赖以发生的基础，在亲属关系中具有承上启下的作用。

（二）血亲

血亲是指有血缘联系的亲属。根据血亲间血缘来源的不同，血亲有自然血亲和拟制血亲之分。同时，根据血亲间血缘联系的程度不同，血亲又有直系血亲和旁系血亲之别。

自然血亲是指有自然血缘联系的亲属。自然血亲的亲属出自同一祖先，在血缘上具有同源关系，是被血缘纽带联结在一起的。自然血亲基于出生的事实发生，不同辈分的血缘同源之人如父母子女之间、祖孙之间以及伯、叔、姑与侄子女之间等为自然血亲；同一辈分的亲属之间，包括全血缘（同父同母）和半血缘（同父异母或同母异父）的兄弟姐妹之间，也属于自然血亲。

拟制血亲又称准血亲，是指相互之间本无该种血亲应当具有的血缘关系，但法律确认其与该种血亲具有相同的权利、义务的亲属。拟制血亲一般发生在无自然血缘联系者之间，但也可发生在原有自然血缘联系者之间。如果原来存在某种自然血亲关系，依法拟制后创设的则是另一种拟制血亲关系，因而发生了亲属关系重复的现象。在这种情况下，根据“一关系不为另一关系吸收或排斥”原则，并存的亲属关系各自独立存在，但不能产生双重权利、义务的效力，应采“从近从重”原则，适用亲属关系近者、权利义务重者的法律规定，发生该种亲属的效力，同时停止亲属关系远者、权利义务轻者的亲属效力。例如，姑姑收养侄子，双方原本的亲属关系为自然血亲的三代以内旁系血亲，拟制后则为拟制血亲的直系血亲，双方的权利、义务应当按照父母子女关系确定。

（三）姻亲

姻亲是以婚姻为中介而形成的亲属关系，但配偶本身除外。

姻亲分为以下三类：一是血亲的配偶。以己身为本位，己身的血亲的配偶均为姻亲，如子之妻（儿媳）、姐妹之夫（姐夫、妹夫），以及伯、叔、舅之妻（伯母、婶母、舅母）等。二是配偶的血亲。以己身为本位，己身配偶的血亲均为姻亲，如妻之父母（岳父、岳母）、夫之伯、叔、舅、姨及其子女等。三是配偶血亲的配偶。这种姻亲不是以一次婚姻为中介，而是以两次婚姻为中介而形成的，如夫与妻的姊妹之夫、妻与夫的兄弟之妻等。

第二节　亲系和亲等

一、亲系

亲系是指亲属间的联络系统，联络的载体是客观存在的血缘联系和婚姻基础。血亲之间当然具有血缘联系，姻亲虽以婚姻为中介，但它是配偶一方与另一方的血亲之间的关系，配偶双方与各自的血亲之间同样具有血缘联系。因此，除配偶本身外，一切亲属关系总是有一定的亲系可循的。各种亲系相互交织，形成一个复杂的亲属网络，按不同的联系标准，分为不同系统。

（一）直系亲和旁系亲

1. 直系血亲和旁系血亲

直系血亲是指相互之间具有直接血缘联系的血亲，包括生育自己和自己所生育的上下各代血亲，上至父母、祖父母、曾祖父母、高祖父母，下至子女、孙子女、曾孙子女、玄孙子女（此处兼指父母双系，祖辈、孙辈包括男女两性），概莫能外。法律拟制的直系血亲，如养父母与养子女等亦属于直系血亲。

旁系血亲是指相互之间具有间接的血缘联系的血亲。旁系血亲之间没有直接的血缘联系，但在血缘上同出一源。例如，自己与兄弟姐妹因同源于父母而具有间接的血缘联系。法律拟制的旁系血亲，如养兄弟姐妹间的亲属关系，亦属于旁系血亲。

2. 直系姻亲和旁系姻亲

直系姻亲是指己身与直系血亲的配偶或与配偶的直系血亲所形成的亲属关系。例如，公婆与儿媳为直系姻亲。

旁系姻亲是指与旁系血亲的配偶或与配偶的旁系血亲所形成的亲属关系。例如，己身与兄弟之妻、姐妹之夫，己身与妻之兄弟姐妹是旁系姻亲。

（二）父系亲和母系亲

父系亲是指通过父亲的血缘关系联络的亲属，如祖父母、伯、叔、姑等；母系亲是指通过母亲的血缘关系联络的亲属，如外祖父母、舅、姨等。

（三）男系亲和女系亲

男系亲是指通过男子的血缘关系联络的亲属，女系亲是指通过女子的血缘关系联络的亲属。

（四）长辈亲、同辈亲与晚辈亲

亲属的行辈（或称辈行、辈分）是按世代划分的。以行辈为依据，可以将亲属分为长辈亲属（旧称尊亲属）、同辈亲属与晚辈亲属（旧称卑亲属）。辈分高于己身辈的亲属是长辈亲属，与己身辈相同的亲属是同辈亲属，辈分低于己身辈的亲属是晚辈亲属。

二、亲等

亲等即亲属的等级，是计算亲属关系亲疏远近的基本单位。由于血缘联系是计算亲等的客观依据，所以亲等的计算是以血亲为基准，从而准用于姻亲的。配偶之间不计亲等。

关于亲等的计算，国外立法上主要有罗马法亲等计算法和寺院法亲等计算法。我国采用世代计算法。

（一）罗马法亲等计算法

这种计算法创自罗马，随罗马法的传播为欧洲大陆法系国家相继采用，是世界上绝大多数国家所采用的亲等计算法，按直系血亲和旁系血亲分别计算。

1. 直系血亲亲等的计算法

直系血亲亲等的计算方法，是从己身往上或往下数（不算己身），以一世代为一等亲等。例如，从己身往上数，父母为一亲等，祖父母、外祖父母为二亲等，以此类推；从己身往下数，子女为一亲等，孙子女、外孙子女为二亲等，以此类推。按此方法计算，父母与子女是一亲等的直系血亲，祖父母与孙子女是二亲等的直系血亲，即父母与子女比祖父母与孙子女的血缘关系近。

2. 旁系血亲亲等的计算法

旁系血亲亲等的计算方法，是首先找出最近的血缘同源之人，即己身与对方最近的共同长辈直系血亲。然后按直系血亲亲等的计算方法从己身往上数至最近血缘同源之人，记下亲等数；再按直系血亲亲等的计算方法从最近血缘同源之人数至对方亲属，最后将两边的亲等数相加所得之和，就是旁系血亲的亲等数。例如，要计算己身与姨表兄弟姐妹的亲等数，首先找出己身与姨表兄弟姐妹的最近同源直系血亲外祖父母，从己身往上数至外祖父母是二亲等，再从外祖父母往下数至姨表兄弟姐妹也是二亲等，然后两边亲等数相加为四，因此，己身与姨表兄弟姐妹是四亲等旁系血亲。

关于姻亲亲等的计算，是以“姻亲从血亲”为原则，即姻亲的亲等数是以赖以发生姻亲的一方与其血亲的亲等数为依据。例如，儿媳与公婆的亲等，因丈夫与其父母是一亲等的直系血亲，所以，儿媳与公婆是一亲等的直系姻亲；伯叔与侄子女是三亲等的旁系血亲，因此，侄子女与伯母、婶母是三亲等的旁系姻亲。

（二）寺院法亲等计算法

这种计算法创自欧洲中世纪的教会法，由于宗教影响和立法传统等原因，至今为少数国家采用。寺院法亲等计算法亦按直系血亲和旁系血亲分别计算。

1. 直系血亲亲等的计算法

直系血亲亲等的计算方法，与罗马法直系血亲亲等的计算方法完全相同，即从己身往上或往下数（不算己身），一个世代为一等亲。

2. 旁系血亲亲等的计算法

旁系血亲亲等的计算方法，与罗马法旁系血亲亲等的计算方法有所不同。寺院法旁系血亲亲等的计算方法是：从己身往上数（不算己身）至最近血缘同源之人，记下亲等数；再从最近血缘同源之人往下数至要计算亲等的旁系血亲，记下亲等数。如果两边的亲等数相同，则取一边的亲等数为旁系血亲的亲等数；如果两边的亲等数不同，则取数大的一边亲等数为旁系血亲的亲等数。例如，己身与兄弟姐妹的最近同源直系血亲是父母，从己身上数至父母是一亲等，再从父母往下数至兄弟姐妹也是一亲等，两边亲等数相同，取一边的亲等数，则兄弟姐妹间是一亲等的旁系血亲。又如，计算己身与侄子女的亲等数，先从己身往上数至同源直系血亲父母为一亲等，再从父母数至侄子女为二亲等，取大的一边亲等数，则己身与侄子女是二亲等的旁系血亲。

关于姻亲的亲等计算，寺院法与罗马法的计算方法相似，也是以赖以发生姻亲的一方与其血亲的亲等数为依据。

（三）我国现行法中的代数计算法

依据《民法典》第 1048 条的规定，直系血亲或者三代以内的旁系血亲，禁止结婚。可见，我国民法是以“代”来表示亲属关系的亲疏远近。这里所说的“代”，就是我国法律规定的计算亲属关系亲疏远近的单位。代即世辈，以一辈为一代，具体按直系血亲和旁系血亲两个方面计算。

1. 直系血亲的计算方法

从己身开始，己身为一代，往上或往下数。例如，从己身往上数，父母为二代，祖父母、外祖父母为三代，以此类推；从己身往下数，子女为二代，孙子女、外孙子女为三代，以此类推。

2. 旁系血亲的计算方法

首先找出与己身最近的血缘同源之人，按直系血亲的计算方法，从己身往上数至最近血缘同源之人，记下世代数；再从最近血缘同源之人往下数至要计算的旁系血亲，记下世代数。如果两边的世代数相同，则取一边的世代数为定代数；如果两边的世代数不同，则取世代数大的一边为定代数。例如，要计算兄弟姐妹的代数，首先要找出最近血缘同源之人父母，己身为一世代，往上数至父母为二世代；父母为一世代，往下数至兄弟姐妹是二世代。因此，兄弟姐妹之间是二代的旁系血亲。再如，要计算己身与堂兄弟姐妹的子女的代数，先找出最近血缘同源之人祖父母（对堂兄弟姐妹的子女一边来说为其曾祖父母），己身为一世代，往上数至父亲为二世代，祖父母为三世代，再从祖父母往下数至堂兄弟姐妹的子女为四世代，因此，己身与堂兄弟姐妹的子女为四代的旁系血亲。

第三节　亲属的发生和终止

一、配偶的发生和终止

配偶是因婚姻而产生的亲属关系，因此，配偶关系以结婚为发生原因。依据《民法典》第1049条的规定，配偶关系应以完成结婚登记的时间作为发生时间。在司法实践中，未办理结婚登记而被认定为事实婚姻关系的双方当事人的关系视为配偶关系，事实婚姻双方配偶关系的发生时间应当从双方符合《民法典》所规定的结婚实质要件时起算。另外，补办结婚登记的当事人之间的配偶关系的发生时间，应从双方符合《民法典》所规定的结婚实质要件时起算。

配偶关系终止的法律事实有二，即配偶一方死亡和双方离婚。配偶关系因死亡（包括自然死亡和宣告死亡）而终止的，死亡时间即为配偶关系的终止时间。配偶双方离婚而终止婚姻关系时，协议离婚的，以完成离婚登记的时间为配偶关系终止的时间；诉讼离婚的，则以人民法院准予离婚的调解书或判决书生效的时间为配偶关系终止的时间。

二、血亲的发生和终止

（一）自然血亲的发生和终止

自然血亲是基于人的出生而产生的亲属关系，因此，只要出生的事实发生，无论是婚生还是非婚生，出生者均与其生父母以及生父母的亲属间发生自然血亲关系，无须当事人双方或对方认可，也不需要履行法律手续。因此，出生是发生自然血亲的唯一原因。

自然血亲关系因死亡而终止。基于血缘联系而形成的自然血亲关系，死亡是唯一的终止原因，不能通过法律程序或其他方式人为地解除。即使子女被他人收养，该子女与生父母的权利义务关系消除，但双方的自然血亲关系仍然存在，法律中有关禁婚亲的规定仍然适用。

（二）拟制血亲的发生和终止

拟制血亲是法律设定的血亲，由于拟制血亲的种类不同，其发生和终止的原因也不同。

1. 养父母与养子女关系的发生和终止

养父母与养子女间的拟制血亲关系，因收养关系的成立而发生。收养关系成立后，收养人与被收养人之间即发生父母子女关系。同时，被收养人与收养人的其他近亲属之间也发生拟制血亲关系。

养父母与养子女的拟制血亲关系除因一方死亡而终止外，还可因收养关系解除而终止。协议解除收养的，收养关系自办理解除收养关系登记之日起终止；诉讼解除收养的，则以人民法院准予解除收养关系的调解书或判决书生效之日起终止。收养关系解除后，收养人及其近亲属与被收养人的拟制血亲关系终止。

2. 有抚养关系的继父母子女关系的发生和终止

继父或继母与继子女间拟制血亲关系的发生，须同时具备两个条件：一是继子女的生母或生父与继父或继母结婚；二是继父或继母对继子女进行了抚养教育，即继父或继母与继子女之间形成抚养教育关系。

有抚养关系的继父或继母与继子女间的拟制血亲关系，除因继父母子女当事人一方自然死亡而终止外，还可以基于双方当事人自愿而协议解除，或由一方当事人诉请人民法院依法调解或判决解除。如果生父（母）与继母（父）离婚，继子女与继父或继母已经形成的抚养关系不因生父（母）与继母（父）离婚而自动消除，但如果继子女未成年而继父或继母拒绝继续抚养的，则该继子女与继父或继母间的拟制血亲关系终止。

三、姻亲的发生和终止

姻亲以婚姻的成立为发生原因。婚姻的成立是姻亲关系发生的基础，只有以婚姻为中介，一方才与另一方的血亲或血亲的配偶成为姻亲。因此，一般情况下，婚姻成立的时间即为姻亲关系发生的时间。

一般来说，姻亲关系既然因婚姻的成立而发生，自应以婚姻的终止而终止。但各国在姻亲关系终止的问题上却存在着立法差别：其一，姻亲关系是否因离婚而消灭，各国有不同的立法例。[①] 我国现行法对于姻亲关系是否因离婚而消灭没有规定。但从社会生活来看，配偶双方离婚后，姻亲当事人也不会再保持姻亲关系，姻亲关系因离婚而消灭。其二，姻亲关系是否因配偶一方的死亡而终止，各国法律的规定有很大的差别，存在着有条件不消灭主义和有条件消灭主义。[②] 我国现行法对于姻亲关系是否因配偶一方死亡而消灭也未作规定，但依据《民法典》第 1129 条的规定，丧偶的儿媳对公婆、丧偶的女婿对岳父母尽了主要赡养义务的，作为第一顺序法定继承人。从其立法精神看，姻亲关系不因配偶一方死亡而终止，也不因生存配偶一方再婚而终止。

第四节　婚姻家庭制度的基本原则

婚姻家庭制度的基本原则是指婚姻家庭立法、婚姻家庭司法与婚姻家庭活动的基本准则。依照《民法典》的规定，婚姻家庭制度的基本原则主要包括：婚姻自由原则，一夫一妻原则，男女平等原则，保护妇女、未成年人和老年人合法权益原则等。

---

① 有采取不消灭主义的，如《德国民法典》第 1590 条规定：“由婚姻而生的姻亲关系，不因该婚姻解除而消灭。”也有采取消灭主义的，如《日本民法典》第 728 条第 1 款规定：“姻亲关系因离婚而终止。”

② 有条件不消灭主义认为，配偶一方的死亡并不当然终止姻亲关系。如《意大利民法典》第 78 条第 3 款规定：“没有子女的姻亲关系，不因配偶一方的死亡而消灭，特别法有规定的不在此限。”有条件消灭主义认为，如果配偶一方死亡，而生存一方再婚或作出了消灭姻亲的意思表示时，姻亲关系归于消灭。如《日本民法典》第 728 条第 2 款规定，“夫妻一方死亡时，如有生存的配偶关于终止姻亲关系的意思表示时”，姻亲关系终止。

一、婚姻自由原则

（一）婚姻自由原则的含义

婚姻自由是指婚姻关系当事人有权依照法律规定，自由行使婚姻问题的选择权和决定权，另一方和第三人不得以任何手段加以强制。

婚姻自由包括结婚自由和离婚自由两个方面的内容。结婚自由是指婚姻当事人依照法律规定，缔结婚姻关系的自由；离婚自由是指夫妻双方或一方基于婚姻关系破裂的事实，通过法律程序解除婚姻关系的自由。在结婚自由和离婚自由这两个方面的关系中，结婚自由是主要的，离婚自由是结婚自由的必要补充。

婚姻自由权是法律赋予自然人的一项人身权利，具有专属性，只能由婚姻当事人本人行使。因此，自然人结婚、离婚必须由当事人自己决定，当事人一方不得对他方加以强迫，任何第三者也不得加以干涉。但是，自然人行使婚姻自由权，无论是结婚还是离婚，都必须依照法律规定的条件和程序进行，这样才能受到法律的保护。

（二）保障婚姻自由原则实施的禁止性规定

《民法典》第1042条第1款规定："禁止包办、买卖婚姻和其他干涉婚姻自由的行为。禁止借婚姻索取财物。"

1. 禁止包办、买卖婚姻和其他干涉婚姻自由的行为

包办婚姻是指第三者（包括父母）违背婚姻自由原则，包办强迫他人婚姻的行为；买卖婚姻是指第三者（包括父母）以索取大量财物为目的，包办强迫他人婚姻的行为；其他干涉婚姻自由的行为是指第三者阻挠他人婚姻自由的行为，如父母干涉子女结婚、子女干涉父母再婚、干涉他人离婚或复婚等。

包办、买卖婚姻和其他干涉婚姻自由的行为侵害了自然人的婚姻自由。首先，包办、买卖婚姻和其他干涉婚姻自由的行为是一种民事违法行为，受害人可以请求停止侵害；属于可撤销婚姻的，可通过撤销权的行使撤销婚姻；属于无效婚姻的，如买卖婚姻同时构成重婚的，可请求宣告婚姻无效。其次，在干涉婚姻自由时使用暴力的，应按照《刑法》的规定追究行为人的刑事责任。

2. 禁止借婚姻索取财物

借婚姻索取财物是指婚姻当事人一方或者一方的亲属，向对方索取一定数量的财物作为结婚条件的行为。当事人结婚是自愿的，但将财产关系作为人身关系的前提，不符合"结婚必须双方完全自愿"的条件，同样违反了婚姻自由的原则，为我国法律所禁止。在认定和处理具体问题时，应当注意区分借婚姻索取财物与买卖婚姻、正常赠与、借婚姻骗取财物、给付彩礼等问题的区别。

例题161 甲以外出务工为名，将其女友乙诱骗到某地，以人民币5万元的价格卖予丙为妻。乙被迫与丙登记结婚后，寻找机会摆脱了丙及家人的控制，报警求助从而得到解救。关于甲、丙的行为，下列表述中哪些是正确的？

A. 甲以索取财物为目的，包办强迫乙的婚姻，其行为构成买卖婚姻

B. 甲以索取财物为目的，将乙拐卖与丙为妻，其行为构成拐卖妇女罪

C. 丙明知乙是被拐卖的妇女而收留，并迫使乙与其结婚，其行为构成收买被拐卖妇女罪

D. 丙胁迫乙与其结婚，乙可以请求人民法院撤销其与丙的婚姻关系。

解析：本题的考点是违反婚姻自由行为的后果。答案为A、B、C、D项。甲以索取财物为目的，违反婚姻自由原则，包办强迫他人婚姻，其行为构成买卖婚姻。同时，该买卖婚姻的行为又符合拐卖妇女罪的犯罪构成，甲应当承担拐卖妇女罪的刑事责任。丙违背乙的意愿，强迫乙与其登记结婚，具备婚姻撤销的情形，乙有权以受胁迫为由请求撤销该婚姻。丙明知乙是被拐卖的妇女而收留，其行为符合收买被拐卖妇女罪的犯罪构成，应当承担收买被拐卖妇女罪的刑事责任。

二、一夫一妻原则

（一）一夫一妻制的含义

一夫一妻制亦称单偶制，是指一男一女互为配偶的婚姻形式。

按照一夫一妻制原则的要求，婚姻只能是一夫一妻互为配偶的合法结合，任何人不得同时拥有两个以上的配偶；有配偶者在婚姻终止即配偶死亡（包括自然死亡和宣告死亡）或离婚前，不得再行结婚；禁止重婚，重婚者应依法承担刑事责任；禁止有配偶者与他人同居。

（二）禁止重婚

所谓重婚，是指有配偶者又与他人再行结婚的行为。重婚包括事实上的重婚和法律上的重婚。法律上的重婚是指前一个婚姻关系并未终止，一方或双方又与他人骗取登记而形成的重婚；事实上的重婚是指前一个婚姻关系并未终止，一方或双方又与他人以夫妻名义共同生活，周围群众也认为是夫妻关系而形成的重婚。

重婚是对一夫一妻制的严重破坏，禁止重婚是当代各国立法的通例，我国法律也不例外。在民法上，重婚是结婚的禁止条件，是婚姻无效的原因，是判决离婚的法定理由和承担离婚损害赔偿责任的过错事由。在刑法上，重婚行为依法成立重婚罪。《刑法》第258条规定："有配偶而重婚的，或者明知他人有配偶而与之结婚的，处二年以下有期徒刑或者拘役。"

（三）禁止有配偶者与他人同居

有配偶者与他人同居是指有配偶者与婚外异性，不以夫妻名义，持续、稳定地共同居住。在现实生活中，如果有配偶者与他人结婚，或者与他人以夫妻名义同居生活，自可按重婚处理。但是，某些有配偶者为规避法律，与他人并不是以夫妻名义同居生活，对此，法律也应采取必要的措施。《民法典》第1042条第2款中"禁止有配偶者与他人同居"的规定，在法律上增强了保护婚姻家庭、维护一夫一妻制的力度。同时，《民法典》第1079条和第1091条也规定，有配偶者与他人同居是判决离婚的法定理由和承担离婚损害赔偿责任的过错事由。

在《民法典》第1042条第2款中，禁止重婚和禁止有配偶者与他人同居是同时规定的，因此，有配偶者与他人同居显然是指那些性质不属于重婚的非法同居关系。在认定有配偶者与他人同居时，要注意它与事实重婚、通奸等婚外性关系的区别。

三、男女平等原则

（一）男女平等的含义

男女平等是指妇女在婚姻家庭领域与男子处于平等的法律地位，享有同男子平等的权利，承担平等的义务。

婚姻家庭领域里的男女平等主要体现在以下方面：第一，男女双方在结婚、离婚问题上的权利和义务是平等的；第二，夫妻在人身关系、财产关系上的权利和义务是平等的；第三，父母在抚养、教育、保护子女等方面的权利和义务是平等的。对此，《民法典》第1058条规定："夫妻双方平等享有对未成年子女抚养、教育和保护的权利，共同承担对未成年子女抚养、教育和保护的义务。"第四，在祖孙、兄弟姐妹关系上，男性和女性亲属享有的权利和承担的义务是平等的。总之，婚姻家庭主体依法享有的权利和承担的义务，均不因性别不同而不同。

（二）男女平等原则的贯彻

在我国，婚姻家庭领域男女双方在法律上的平等已经基本实现，但在现实生活中的男女平等还没有完全实现，如在抚养问题上存在的遗弃、虐待女婴、女童，在家庭地位问题上存在的丈夫夫权思想严重，采取暴力手段伤害、虐待妻子等。因此，为彻底贯彻男女平等原则，必须在进一步发展社会经济、提高妇女的经济地位的同时，要在现有的男女平等的社会条件下，认真贯彻执行我国民法和其他法律中有关男女平等的规定，通过各种措施包括法律措施为妇女权利的行使创造更加有利的条件。

四、保护妇女、未成年人、老年人和残疾人合法权益原则

（一）保护妇女合法权益

保护妇女合法权益的意义主要有两个方面：一是对男女平等原则的必要补充。我国法律虽然规定了男女平等原则，但旧社会遗留下来的男尊女卑、夫权统治等封建思想的残余并未完全消除，歧视妇女、侵犯妇女合法权益的现象依然不同程度地存在。在婚姻家庭中，父母包办女儿的婚姻，阻碍妇女参加工作学习，剥夺妇女的财产继承权或妻子享有的夫妻共同财产份额，虐待妇女、拐卖妇女、遗弃女婴等违法犯罪行为仍时有发生。因此，法律必须对妇女给予特殊保护，以真正实现男女平等。二是妇女生理因素的要求。男女两性的生理差异决定了妇女在体力上普遍低于同龄男子。妇女负担着怀孕、生育和哺育子女的任务，身体负担和精神负担较男子更重。因此，法律应对妇女权益给予一定的特殊保护，以照顾妇女生理因素的要求。

《民法典》和《妇女权益保障法》对妇女合法权益的保护性规定主要有：国家保障妇女享有与男子平等的文化教育权利、劳动权利和社会保障权利、财产权利、人身权利、婚姻家庭权利；国家保护妇女的婚姻自由权；妇女有按照国家规定实行计划生育的权利，也有不生育的自由；女方在怀孕、分娩后1年内或终止妊娠后6个月内，男方不得提出离婚；父母双方对未成年子女享有平等的监护权；妇女享有与男子平等的财产继承权等。

（二）保护未成年人合法权益

未成年人是祖国的未来，是社会主义事业的接班人。法律须对未成年人的合法权益进行特别的保护，以使他们在德、智、体、美、劳各方面得到全面健康的成长。

《民法典》和《未成年人保护法》对未成年人合法权益的保护性规定主要有：父母或其他监护人应当依法履行对未成年人的监护职责和抚养义务，不得虐待、遗弃未成年人；不得歧视女性未成年人或者有残疾的未成年人；禁止溺婴、弃婴；必须使适龄未成年人按照规定接受义

务教育；应当以健康的思想、品行和适当的方法教育未成年人；不得允许或强迫未成年人结婚，不得为未成年人订立婚约；父母或者其他监护人不履行监护职责或者侵害未成年人的合法权益的，应当依法承担责任等。

（三）保护老年人合法权益

尊敬老年人是中华民族的传统美德。老年人为我国社会主义革命和建设事业付出了辛勤劳动，贡献了毕生精力，为社会创造了财富。在家庭中，他们也为培养后代和建设家庭操劳了一生，履行了应尽的义务。因此，当他们年老丧失劳动能力时，理应受到社会和后代的尊重，他们的权利理应受到法律的保障，应使他们幸福、愉快地安度晚年。

《民法典》和《老年人权益保障法》对老年人合法权益的保护性规定主要有：家庭成员应当关心和照料老年人；父母或者祖父母、外祖父母在年老、丧失劳动能力、生活困难时，子女或者孙子女、外孙子女有赡养扶助的义务。赡养人应当履行对老年人经济上供养、生活上照料和精神上慰藉的义务，照顾老年人的特殊需要。赡养人不履行赡养义务，老年人有要求付给赡养费的权利，并可以向人民法院提起诉讼；人民法院对老年人追索赡养费或者扶养费的申请，可以依法裁定先予执行；禁止歧视、侮辱、虐待或者遗弃老年人；老年人有依法继承父母、配偶、子女或者其他亲属遗产的权利，有接受赠与的权利；暴力干涉老年人婚姻自由或者对老年人负有赡养义务、扶养义务而拒绝赡养、扶养，情节严重构成犯罪的，依法追究刑事责任等。

（四）保护残疾人合法权益

残疾人是指在心理、生理、人体结构上，某种组织、功能丧失或者不正常，全部或者部分丧失以正常方式从事某种活动能力的人。残疾人因存在视力、听力、言语、肢体、智力、精神等方面的残疾，无法以正常方式从事社会活动，所以残疾人的合法权益应当得到特殊保障。

《民法典》和《残疾人保障法》对残疾人合法权益的保护性规定主要有：残疾人在政治、经济、文化、社会和家庭生活等方面享有同其他公民平等的权利；残疾人的人格尊严受法律保护；禁止基于残疾的歧视，禁止侮辱、侵害残疾人，禁止通过大众传播媒介或者其他方式贬低损害残疾人人格；残疾人的抚养人必须对残疾人履行抚养义务；残疾人的监护人必须履行监护职责，尊重被监护人的意愿，维护被监护人的合法权益；残疾人的亲属、监护人应当鼓励和帮助残疾人增强自立能力；禁止对残疾人实施家庭暴力，禁止虐待、遗弃残疾人；国家保障残疾人享有康复服务的权利、平等接受教育的权利、平等参与文化生活的权利、社会保障的权利以及劳动的权利。

（五）禁止家庭暴力

《民法典》第1042条第3款中规定："禁止家庭暴力"。家庭暴力的内涵应如何界定，学者们的解释不尽相同。《反家庭暴力法》第2条规定："本法所称家庭暴力，是指家庭成员之间以殴打、捆绑、残害、限制人身自由以及经常性谩骂、恐吓等方式实施的身体、精神等侵害行为。"

与发生在其他领域的暴力行为相比较，家庭暴力有其自身的特殊性。家庭暴力的施暴者和受害者之间具有特定的亲属关系。施暴者一般是在家庭中处于强势地位的成员，受害人一般是在家庭中处于弱势地位的成员，这些成员往往缺乏独立生活能力或自卫能力，在实际生活中以妇女、老年人、未成年人居多。根据我国法律的规定，家庭暴力的实施者首先应当承担行政责任和民事责任，对造成严重后果构成犯罪的，施暴者必须承担刑事责任。

（六）禁止家庭成员间的虐待和遗弃

我国《民法典》第1042条第3款中规定："禁止家庭成员间的虐待和遗弃。"虐待是指以作为或者不作为的手段，如打骂、冻饿、恐吓、限制人身自由、有病不予医治等，对家庭成员进行精神上和肉体上的折磨、摧残，使其遭受严重痛苦的行为。遗弃是指应当履行扶养、抚养和赡养的法定义务而不履行，使被害人的身心遭受严重损害的行为。遗弃和虐待家庭成员的，行为人应当承担行政和民事责任；情节严重构成犯罪的，还要追究行为人虐待和遗弃的刑事责任。

例题 162 甲作为两个女儿的唯一监护人，独自承担抚养义务，但是一直怠于履行抚养义务。一天下午，甲为两个女儿（殁年分别为 2 岁 5 个月和 1 岁 3 个月）预留了少量食物、饮水后，将两个女儿置留家中主卧室内，用布条反复缠裹窗户锁扣并用尿不湿夹紧主卧室房门（以防小孩跑出），锁上大门后离家出走，把孩子丢在家中近两个月。此后，甲多次从社区领取救助金用于在外吸食毒品、打游戏。明知两个孩子无生活自理能力，在无人照料的情况下会因饥饿致死，但甲直至案发时一直未回家，最终导致两个女儿死在家中。关于甲的行为，下列哪一表述是正确的？

A. 甲的行为构成遗弃　　B. 甲的行为构成虐待

C. 甲的行为构成故意伤害　　D. 甲的行为构成故意杀人

解析：本题的考点主要是虐待、遗弃和故意伤害的区别，答案为 D 项。甲在负有抚养义务、具备抚养能力的情况下，不履行抚养义务，造成两个被害人死亡。甲的行为排除了幼儿自救和别人实施救助的机会，不宜按照遗弃行为定性。甲主观上没有虐待孩子的故意，其行为也不宜定虐待。甲的行为虽没有故意剥夺他人的生命，但其对死亡后果主观上应是过失，不符合故意伤害的行为特征，更符合间接故意杀人的行为特征，构成故意杀人罪。

五、家庭成员间相互关系的原则性规定

《民法典》第 1043 条规定："家庭应当树立优良家风，弘扬家庭美德，重视家庭文明建设。夫妻应当互相忠实，互相尊重，互相关爱；家庭成员应当敬老爱幼，互相帮助，维护平等、和睦、文明的婚姻家庭关系。"这一基本原则既涉及家庭关系，也涉及夫妻关系，对婚姻家庭关系具有重要意义。

（一）家庭应当树立优良家风，弘扬家庭美德，重视家庭文明建设

家风是一个家庭的精神内核。一个家庭能否做到源远流长、薪火相传，其关键性的因素就是这个家庭里面的家风相传问题。在现代国民教育和终身教育体系中，家庭教育因为具有"做人教育、终身教育和私人教育"的属性而居于重要地位。《民法典》对家庭、家风和家庭文明建设进行规范，将家庭教育融入民法体系，既是完善我国家庭教育法律法规框架体系的必要步骤，也是弘扬"社会主义核心价值观"的重要措施。

（二）夫妻应当相互忠实、相互尊重

夫妻应当相互忠实、相互尊重，意味着在夫妻关系平等的基础上双方都享有独立的完整的人身权利，要求当事人在夫妻共同生活中不仅要严格恪守一夫一妻原则，而且应当充分意识到彼此的合法夫妻身份和各自独立的人格，不得从事任何伤害对方尊严、感情和正当利益的行为。

（三）家庭成员间应当敬老爱幼，相互帮助，维护平等、和睦、文明的婚姻家庭关系

其一，家庭成员间应当敬老爱幼。晚辈家庭成员对长辈家庭成员应予以尊敬，使之安享晚年；长辈家庭成员对晚辈家庭成员应当予以爱护，使其快乐成长。敬老爱幼与保护未成年人、老年人的合法权益的原则是从不同的角度加以规定的。保护未成年人、老年人的合法权益是保护未成年人、老年人的人格权、财产权、继承权等具体的权利，而敬老爱幼是在保护未成年人、老年人合法权益的基础上，根据未成年人和老年人特殊的生理、心理需要提出的要求。

其二，家庭成员间应当相互帮助。家庭成员间具有婚姻关系和血缘关系，同居一家，共同生活，在思想、生活、经济等方面应互相关心和帮助。这是家庭的社会功能（如教育功能、经济功能等）在家庭成员关系间的具体表现，而且这种帮助是来自其他方面的帮助所不能替代的。

其三，家庭成员应当维护平等、和睦、文明的婚姻家庭关系。作为平等主体的家庭成员应当享有同等的权利，不得以强凌弱，对家庭成员实行差别待遇；家庭成员间应融洽相处，团结互助，避免无谓的纠纷；有能力的家庭成员应努力工作，不断提高物质生活水平；应当努力学习，不断提高道德水平和文化素质。如果夫妻之间互敬互爱，家庭中上孝敬父母老人，下爱护教育子女，家庭成员之间形成相互帮助、地位平等、关系和睦、生活文明的氛围，家家如此，人人幸福，社会自然安定祥和。

引读案例解答

1.（1）甲干涉乙、丙的婚事，违反婚姻自由原则，其行为符合干涉他人婚姻自由的特征。其在干涉过程中采用了暴力手段，构成暴力干涉他人婚姻自由罪。（2）甲、乙为自然血亲的父子关系，双方的亲属关系只能因一方死亡而终止，不能通过协议方式解除，所以，甲、乙签订的解除父子关系协议无效，不产生父子关系终止的效力，乙不得以双方的父子关系已经解除为由，拒绝履行对甲的赡养义务。（3）甲、丙为拟制血亲的父女关系，双方的养父女关系可以通过协议的方式解除，但收养关系解除的效力自办理登记之日起生效。甲、丙虽达成了收养关系解除的协议，但未办理解除收养关系登记，故不产生收养关系解除的效力，丙不得以养父女关系已经解除为由，拒绝履行对甲的赡养义务。（4）乙、丙作为甲的生子女和养子女，对甲有赡养费的支付义务，二人以父子女关系已协议解除为由拒不支付赡养费，违反了保护老年人合法权益的原则。

2.（1）甲、乙双方未办理结婚登记即以夫妻名义同居生活，补办结婚登记后，补办结婚登记的效力应溯及双方符合《民法典》规定的结婚实质要件之日，所以，双方以夫妻名义同居生活之日为甲、乙配偶关系的发生时间。（2）在婚姻关系存续期间，甲向人民法院提起离婚诉讼，要求解除与乙的婚姻关系。因该离婚案件是通过调解方式结案的，调解书经甲、乙双方当事人签收后，即具有法律效力，所以，自乙签收调解书后，离婚调解书生效，甲、乙的配偶关系终止。（3）甲与丙的婚姻构成重婚，但不构成重婚罪。乙签收离婚调解书之前，甲、乙的婚姻关系仍然存在。婚姻关系存续期间，甲与丙登记结婚，构成法律上的重婚。但甲在签收离婚调解书时，人民法院未告知其在乙签收前不得再行结婚，甲主观上不具有重婚的故意，重婚情形也在乙签收离婚调解书后消除，情节显著轻微，危害不大，根据我国《刑法》第13条的规定，不认为是犯罪。

课堂讨论案例

1. 甲婚后经常被其丈夫乙打骂，遂向人民法院提起离婚诉讼。人民法院审理后认为，双方感情确已破裂，遂判决准予离婚，并对共有财产进行了分割。甲认为人民法院对财产的处理不公平，于是提起上诉。在二审审理期间，乙因意外事故死亡，二审人民法院遂裁定终结诉讼。

问：甲、乙的配偶关系是因何种原因而消灭的？

2. 甲的父亲与乙的祖母是兄妹关系，甲是表叔，乙是表侄女。后乙被丙夫妇收养，并办理了收养登记手续。现甲、乙要申请结婚登记，但婚姻登记机关以双方为三代以内旁系血亲为由，不予办理登记。

问：甲、乙之间发生何种亲属关系？如何计算其亲等？

重点思考习题

1. 试分析亲属关系的类型及发生和终止的原因。
2. 我国民法上的亲等应当如何计算？
3. 试分析婚姻家庭制度基本原则的类型及贯彻。

第三十一章
结婚制度

引读案例

1. 甲的母亲与乙的父亲是亲姐弟关系，甲、乙表兄妹两人从小学、中学都是同班同学。某日，甲、乙分别向各自的父母提出了结婚的要求。因当事人所在地奉行着“舅表亲，亲上亲；打断骨，连着筋”的传统观点，双方父母遂同意两人结婚。于是，甲、乙两人隐瞒表兄妹的事实，到当地婚姻登记机关办理了结婚登记手续。后为避免影响子女健康，乙到医院做了绝育手术。甲婚后到外地务工，与丙以夫妻名义共同生活。请分析以下问题：(1) 甲、乙骗取结婚登记的效力如何？(2) 乙在做绝育手术后，是否符合与甲结婚的条件？(3) 甲能否以婚姻无效对抗乙的重婚罪自诉请求？

2. 甲男与乙女登记结婚后，甲得知乙婚前与他人同居并生有一子的事实。甲提出离婚，乙不同意。甲向婚姻登记机关申请撤销与乙的婚姻，婚姻登记机关不予受理。一年后，甲向人民法院起诉，请求人民法院撤销其与乙的婚姻。请分析以下问题：(1) 乙结婚登记前未告知甲未婚生子的事实，是否属于婚姻撤销的事由？(2) 甲撤销婚姻的申请，是否属于婚姻登记机关受理的范围？(3) 甲撤销婚姻的请求，人民法院是否应予以支持？

法律职业资格考试要点

结婚的条件和程序；无效婚姻的原因、确认程序和法律后果；可撤销婚姻的原因、撤销程序和撤销权的行使；事实婚姻的认定

第一节 结婚的条件

一、结婚的含义

结婚亦称婚姻的成立，是男女双方确立婚姻关系的民事法律行为。结婚作为一种民事法律行为，具有以下特点。

第一，结婚行为的主体须为异性。结婚行为的主体是男女双方当事人，同性不能成立婚姻。

第二，结婚行为是要式行为。结婚行为是一种民事法律行为，该行为必须符合法律规定的结婚条件并履行结婚登记手续，才能形成有效婚姻。因此，男女双方当事人申请结婚登记、婚姻登记机关完成结婚登记后，即使双方没有同居生活，婚姻亦成立；反之，双方未办理结婚登

记，即使符合结婚条件并以夫妻名义共同生活，婚姻也不能成立。

第三，结婚行为的效力是确立婚姻关系。男女双方因结婚形成了互为配偶的夫妻身份，享有并承担《民法典》所规定的夫妻之间的权利和义务。婚姻关系形成后，未经法定程序，当事人一方或双方不能任意解除。

二、结婚的必备条件

结婚的必备条件又称结婚的积极条件，是指结婚必须具备、不可缺少的条件。依照《民法典》的规定，结婚的必备条件如下。

第一，男女双方完全自愿。结婚应当男女双方完全自愿，禁止任何一方对另一方加以强迫，禁止任何组织或者个人加以干涉（《民法典》第1046条）。

第二，男女双方须达到法定婚龄。法定婚龄是法律规定的最低结婚年龄，是当事人结婚的最低年龄限制。结婚年龄，男不得早于22周岁、女不得早于20周岁（《民法典》第1047条）。

第三，符合一夫一妻制。一夫一妻制是《民法典》的基本原则，同时《民法典》第1042条明确规定“禁止重婚”。按照民事法律行为的一般原理，民事法律行为不得违反法律的禁止性规定，否则，该民事法律行为无效。因此，符合一夫一妻制应是结婚的必要条件，有配偶者在配偶死亡或离婚后始得再婚。

三、结婚的禁止条件

结婚的禁止条件又称结婚的消极条件或者结婚的障碍，是结婚不能具备、必须排除的条件。依据《民法典》第1048条的规定，直系血亲或者三代以内的旁系血亲，禁止结婚。可见，禁止结婚的亲属分为两类。

（一）直系血亲

自然血亲关系的直系血亲间禁止结婚，为各国立法通例，我国也不例外。拟制直系血亲之间能否结婚，我国现行法没有明确规定，但因养父母和养子女间的权利和义务以及继父或者继母和受其抚养教育的继子女之间的权利和义务，适用法律对父母子女关系的有关规定（《民法典》第1111条、第1072条），所以，从法理上讲，法律对直系血亲缔结婚姻关系的限制，也同样适用于拟制直系血亲之间。

（二）三代以内的旁系血亲

三代以内旁系血亲是指同源于祖父母、外祖父母的没有直接血缘联系的血亲。其范围包括：同源于父母的兄弟姐妹，包括同胞的兄弟姐妹和同父异母或同母异父的兄弟姐妹；同源于祖父母或外祖父母的不同辈分的伯叔与侄女、姑与侄子、舅与外甥女、姨与外甥；同源于祖父母和外祖父母的相同辈分的堂兄弟姐妹、姑表兄弟姐妹、舅表兄弟姐妹和姨表兄弟姐妹。自然血缘的三代以内旁系血亲，禁止结婚。法律拟制的三代以内旁系血亲如不具有自然旁系血亲关系，无论辈分相同或不同，均不属于禁止结婚的亲属。

第二节　结婚的程序

一、结婚程序的含义

结婚程序亦称结婚方式，即结婚的形式要件，是法律规定的缔结婚姻所必须履行的法定手续。依据《民法典》第 1049 条的规定，要求结婚的男女双方应当亲自到婚姻登记机关申请结婚登记。符合《民法典》规定的，予以登记，发给结婚证。完成结婚登记，即确立婚姻关系；未办理结婚登记的，应当补办登记。可见，我国《民法典》在结婚程序上采取了登记制，要求当事人结婚必须到国家主管部门办理结婚登记，结婚登记是唯一合法、有效的程序。只有依法办理结婚登记，婚姻关系的法律效力才能发生。

二、结婚登记的机关

依据《中华人民共和国婚姻登记条例》（以下简称《婚姻登记条例》）的规定，内地居民办理结婚登记的机关是县级人民政府民政部门或者乡（镇）人民政府，省、自治区、直辖市人民政府可以按照便民原则确定农村居民办理婚姻登记的具体机关。中国公民同外国人，内地（大陆）居民同香港特别行政区居民、澳门特别行政区居民、台湾地区居民、华侨办理婚姻登记的机关是省、自治区、直辖市人民政府民政部门或者省、自治区、直辖市人民政府民政部门确定的机关。

内地居民结婚，男女双方应当共同到一方当事人常住户口所在地的婚姻登记机关办理结婚登记。中国公民同外国人在中国内地（大陆）结婚的，内地（大陆）居民同香港特别行政区居民、澳门特别行政区居民、台湾地区居民、华侨在中国内地（大陆）结婚的，男女双方应当共同到内地（大陆）居民常住户口所在地的婚姻登记机关办理结婚登记。

三、结婚登记的程序

结婚登记应当经过以下程序。

第一，申请。申请是自愿结婚的男女双方共同到婚姻登记机关要求结婚登记。结婚双方当事人必须同时、亲自到场，不能由一方单独申请，也不能委托他人代理。依据《婚姻登记条例》第 5 条的规定，申请结婚的当事人应当出具相应的证件和证明材料，如本人的户口簿、身份证等有效证件，本人无配偶以及与对方当事人没有直系血亲和三代以内旁系血亲关系的声明等。

第二，审查。审查是婚姻登记机关依法对当事人的结婚申请进行审核、查实。婚姻登记机关应当对当事人出具的证件、证明材料进行审查并询问相关情况，认定当事人是否符合结婚的条件。

第三，登记。登记是婚姻登记机关对当事人的结婚申请进行审查后，对符合结婚条件的，予以登记，发给结婚证。婚姻登记机关对当事人不符合结婚条件不予登记的，应当向当事人说明理由。

四、结婚登记的效力

依据《民法典》第 1049 条的规定，完成结婚登记，即确立婚姻关系。亦即只要男女双方履行了结婚登记手续，完成结婚登记，当事人之间就形成了合法、有效的婚姻关系，无论他们是否举行婚礼，也无论他们是否同居生活。

结婚证是婚姻登记机关签发的证明婚姻关系成立和存续的法律文书，如果当事人遗失或损毁结婚证的，依《婚姻登记条例》第 17 条的规定，当事人可以持户口簿、身份证向原办理婚姻登记的机关或者一方当事人常住户口所在地的婚姻登记机关申请补领。婚姻登记机关对当事人的婚姻登记档案进行查证，确认属实的，应当为当事人补发结婚证。

应当指出的是，离婚后男女双方自愿恢复婚姻关系的，不能要求补发结婚证，应当依据

《民法典》第1083条的规定，到婚姻登记机关重新进行结婚登记。

第三节　婚姻的无效与撤销

一、婚姻的无效

（一）婚姻无效的原因

婚姻的无效是指男女双方违反了法律规定的结婚要件而不具有法律效力的违法结合。依据《民法典》第1051条的规定，有下列情形之一的，婚姻无效。

1. 重婚

重婚是指有配偶者又与他人再行结婚的行为，包括法律上的重婚和事实上的重婚。重婚包括以下情形：已登记结婚的一方又与第三人登记结婚；已登记结婚的一方又与第三人形成事实婚姻关系；事实婚姻关系的一方又与第三人登记结婚；事实婚姻关系的一方又与第三人形成新的事实婚姻关系。

2. 有禁止结婚的亲属关系

依据《民法典》第1048条的规定，直系血亲和三代以内的旁系血亲禁止结婚。因此，直系血亲和三代以内的旁系血亲之间结婚的，婚姻无效。禁止结婚的直系血亲，包括自然血亲的直系血亲和拟制血亲的直系血亲。当然，拟制血亲关系解除后所缔结的婚姻应当是有效婚姻。

3. 未到法定婚龄

当事人未到法定婚龄结婚，因为心理尚未发育成熟，不能承担作为婚姻当事人的责任和对家庭其他成员的法律责任，这不仅会对男女双方的身体和心理带来不利的影响，也会产生相应的社会问题，所以，未到法定婚龄者的婚姻为无效婚姻。

（二）婚姻无效的宣告程序

我国对无效婚姻的确认采宣告无效主义而非当然无效主义，因此，无效婚姻在宣告无效之前已经进行了婚姻登记，在形式上应被推定有效。在被宣告为无效婚姻之前，该婚姻仍处于有效状态，当事人受该婚姻的约束，一方如果与他人结婚，构成重婚。无效婚姻经过有权机关确认无效并宣告以后，因为婚姻被宣告无效所具有的溯及力，经过登记而产生的婚姻效力被彻底否定，婚姻自始无效。

关于无效婚姻的宣告机关，我国现行法采取单轨制，即只有人民法院才有权宣告婚姻无效。人民法院在审理宣告婚姻无效案件时，婚姻效力的审理程序区别于财产分割及子女抚养的审理程序。

（1）当事人和利害关系人向人民法院提起宣告婚姻无效的诉讼，有关婚姻效力的案件应适用特别程序。无效婚姻案件应以判决的形式结案，而不应以调解的形式结案。有关婚姻效力的判决一经作出，即发生法律效力，当事人不得上诉。原告申请撤诉的，不予准许。

（2）人民法院审理宣告婚姻无效案件，涉及财产分割和子女抚养的，适用普通程序或简易程序。人民法院审理宣告婚姻无效案件，涉及财产分割和子女抚养的，可以调解。调解达成协议的，另行制作调解书。对涉及财产分割和子女抚养问题的判决不服的，当事人可以上诉。人民法院应当对婚姻效力的认定和其他纠纷的处理分别制作裁判文书。

（3）人民法院在审理有关案件发现无效婚姻时，有权主动审查并依法作出判决。人民法院受理离婚案件后，经审查确属无效婚姻的，应当将婚姻无效的情形告知当事人，并依法作出宣告婚姻无效的判决。人民法院就同一婚姻关系分别受理了离婚和申请宣告婚姻无效案件的，对离婚案件的审理，应当待申请宣告婚姻无效案件作出判决后进行，并在相关案件的判决中予以宣告。

（三）婚姻无效的请求权主体

关于婚姻无效的请求权主体，《民法典》并没有具体规定。根据无效民事法律行为的基本原理，该婚姻的当事人及其利害关系人均可为请求宣告婚姻无效的主体。由于婚姻无效的原因不同，无效婚姻请求权人的利害关系人的范围也不同：（1）以重婚为由申请宣告婚姻无效的，为当事人的近亲属及基层组织。这里的基层组织包括当事人所在单位、住所地居民委员会、村民委员会、派出所、民政部门，以及妇联、工会等有关组织机构。（2）以未到法定婚龄为由申请宣告婚姻无效的，为未到法定婚龄者的近亲属。（3）以有禁止结婚的亲属关系为由申请宣告婚姻无效的，为当事人的近亲属。

（四）婚姻无效请求权的行使期限

在一般情况下，当事人请求宣告婚姻无效或人民法院确认婚姻无效没有期限的限制，但在以下情形下，当事人提出的婚姻无效的申请不能得到支持：（1）申请人申请时，法定的无效婚姻情形已消失。例如，未到法定婚龄者已到法定婚龄，申请人申请宣告婚姻无效的，人民法院不予支持。但对于以重婚为由申请宣告婚姻无效的，即使申请时重婚状态已经消除，对当事人婚姻无效的申请也应予以支持。（2）申请人申请时，已经过申请期限。司法实践中，该期限通常为死者死亡后1年。

例题163 甲（男，22周岁）为达到与乙（女，19周岁）结婚的目的，故意隐瞒乙的真实年龄办理了结婚登记。两年后，因双方经常吵架，乙以办理结婚登记时未达到法定婚龄为由向人民法院起诉，请求宣告婚姻无效。下列哪一表述是正确的？

A. 以办理结婚登记时未达到法定婚龄为由宣告婚姻无效

B. 对乙的请求不予支持

C. 宣告婚姻无效，确认为非法同居关系，并予以解除

D. 认定为可撤销婚姻，乙可行使撤销权

解析：本题的考点是未到法定婚龄的无效婚姻请求权的行使，答案为B项。乙未到法定婚龄而结婚，构成无效婚姻，而不是可撤销婚姻。乙结婚时虽然未到法定婚龄，但在乙请求人民法院宣告婚姻无效时，其无效事由已经消失，即乙已到法定婚龄，因此，乙的请求不能得到支持。

二、婚姻的撤销

（一）婚姻撤销的原因

可撤销婚姻是指不具备某些法定条件，享有请求权的人可依法申请撤销的婚姻。依据《民法典》第1052条和第1053条的规定，婚姻撤销的原因为胁迫或者受欺诈结婚。胁迫是指行为人以给另一方当事人或者其近亲属的生命、身体健康、名誉、财产等方面造成损害为要挟，迫使另一方当事人违背真实意愿结婚的情况；欺诈是指行为人患有重大疾病，但是在结婚登记前隐瞒病情，没有如实告知另一方，使另一方当事人违背真实意愿结婚的情况。一方捏造事实或

者隐瞒其他事实真相致另一方违背真实意愿结婚的情况，不构成作为婚姻撤销原因的欺诈。因受胁迫或者受欺诈而同意结婚的，这种意思表示是不真实的，双方当事人之间缺乏有效的结婚合意，违反了《民法典》第1046条有关结婚应当男女双方完全自愿的规定，因此，应当允许当事人撤销。

（二）撤销婚姻请求权的行使主体

婚姻关系事关婚姻当事人的身份利益，因受胁迫或受欺诈而结婚的一方当事人是否有意撤销婚姻，应尊重其自主意愿。依照《民法典》的规定，因受胁迫或者受欺诈而请求撤销婚姻的主体，只能是受胁迫或者受欺诈的婚姻关系当事人本人。其他人不得代其提出撤销婚姻的申请，人民法院也不能依职权主动撤销其婚姻。

（三）撤销婚姻请求权的行使期限

依照《民法典》的规定，婚姻撤销请求权行使的法定期限为1年。具体为：(1) 因受胁迫结婚而请求撤销婚姻的，应当自胁迫行为终止之日起算；请求权人被非法限制人身自由的，上述期限自恢复人身自由之日起算（《民法典》第1052条）。(2) 因受欺诈结婚而请求撤销婚姻的，应当自知道或者应当知道撤销事由之日起算（《民法典》第1053条）。撤销婚姻请求权的行使期限属于除斥期间，不适用诉讼时效中止、中断或者延长的规定。

（四）撤销婚姻的程序

可撤销婚姻的程序为诉讼程序，不包括行政程序，因此，请求权人只能向人民法院请求撤销该婚姻，婚姻登记机关不再享有撤销婚姻的权利。

例题164　21岁女子甲与25岁男子乙在网上聊天后产生好感，乙秘密将甲裸聊的镜头复制保存。后乙要求与甲结婚，甲不同意。乙威胁甲要公布其裸聊镜头，甲只好同意结婚并办理了登记。下列哪些说法是错误的？

A. 甲、乙的婚姻为可撤销婚姻

B. 甲可以自婚姻登记之日起1年内请求撤销该婚姻

C. 甲有权主张该婚姻无效

D. 甲有权自婚姻登记之日起2年内主张该婚姻无效

解析：本题的考点是可撤销婚姻，答案为B、C、D项。乙采取威胁的手段，迫使甲与其结婚，属于可撤销婚姻，因此，甲应当自胁迫行为终止之日起1年内请求撤销该婚姻，而不能主张该婚姻无效。

三、婚姻被确认无效或被撤销的法律后果

依据《民法典》第1054条的规定，婚姻被确认无效或被撤销后，发生以下四个方面的效力。

第一，时间上的效力。从时间上说，无效或被撤销的婚姻自始没有法律约束力。所谓自始没有法律约束力，是指无效或者可撤销婚姻依法被宣告无效或被撤销的，该婚姻自成立时即不受法律保护。

第二，身份关系上的效力。婚姻有效是确立夫妻关系的前提，无效或被撤销的婚姻并不导致缔结夫妻关系的法律效果，因此，当事人之间不具有夫妻身份，相互之间不产生夫妻身份关

系上的权利和义务，也不发生因结婚而引起的近亲属之间的权利和义务。

第三，财产关系上的效力。婚姻无效或被撤销的，当事人同居期间所得的财产，由当事人协议处理；协议不成时，由人民法院根据照顾无过错方的原则判决。对于重婚导致的无效婚姻的财产处理，不得侵害合法婚姻当事人的财产权益。婚姻无效或者被撤销的，无过错方有权请求损害赔偿。

第四，亲子关系上的效力。婚姻无效或被撤销的，并不影响父母子女间的亲子关系，他们的关系仍然适用《民法典》中有关父母子女关系的规定。

四、事实婚姻和补办结婚登记

（一）事实婚姻

事实婚姻是法律婚姻的对称，是指没有配偶的男女符合结婚的实质要件，但没有办理结婚登记即以夫妻名义共同生活的两性结合。我国现行法确立了无效婚姻和可撤销婚姻制度，将欠缺结婚实质要件的违法婚姻纳入无效婚姻和可撤销婚姻的范畴，对事实婚姻则是通过司法解释进行调整的。

1. 事实婚姻的认定条件

在我国，现行法对事实婚姻采取有条件承认主义。1994 年 2 月 1 日《婚姻登记管理条例》（已废止）公布实施以前，未办理结婚登记而以夫妻名义共同生活的男女双方，已经符合结婚实质要件的，按事实婚姻处理；1994 年 2 月 1 日《婚姻登记管理条例》公布实施以后，未办理结婚登记而以夫妻名义共同生活的男女双方，已经符合结婚实质要件但未补办结婚登记的，按同居关系处理。由此可见，事实婚姻的认定以 1994 年 2 月 1 日为界限：对于此前男女双方符合结婚实质要件但未办理结婚登记而以夫妻名义的结合，法律承认其为事实婚姻关系；对于此后男女双方符合结婚实质要件但未办理结婚登记而以夫妻名义的结合，法律不承认其为事实婚姻关系，而按同居关系处理。

2. 事实婚姻的效力

男女双方没有办理结婚登记即以夫妻名义共同生活的两性结合被认定为事实婚姻关系之后，事实婚姻关系的存续期间视为婚姻关系存续期间，事实婚姻关系双方的权利义务适用《民法典》关于夫妻双方权利义务的规定。

（二）补办结婚登记

1994 年 2 月 1 日以后符合结婚实质要件，但未办理结婚登记而以夫妻名义共同生活的男女结合，法律实行的是婚姻效力补正制度。依据《民法典》第 1049 条的规定，未办理结婚登记的，应当补办登记。男女双方补办结婚登记的，婚姻关系的效力从双方均符合《民法典》所规定的结婚实质要件时起算。可见，未办理结婚登记即以夫妻名义同居生活的男女双方之间，是效力待定的关系。如果当事人双方补办了结婚登记，补办登记具有溯及既往的效力，婚姻关系的效力溯及双方均符合《民法典》所规定的结婚实质要件时，自此时起，原来的违法结合转化为合法婚姻。

引读案例解答

1. （1）甲、乙骗取结婚登记，完成结婚登记，婚姻关系成立。但是，甲、乙存在三代以内旁系血亲关系，为《民法典》第 1051 条规定的婚姻无效的情形，因此，双方的婚姻为无效婚姻。（2）甲、乙系表兄妹关系，亲属性质为三代以内的旁系血亲，属于我国法律禁止结婚的亲属关系。禁婚亲是法律的强制性规定，任何人不得以任何理由加以改变。因此，乙即使做了绝育手术不再生育后代，仍不能与甲结婚。(3) 甲不能以婚姻无效对抗乙的自诉请求。无效婚姻在宣告无效之前是经登记而成立的婚姻，未经过法定程序被宣告为无效婚姻之前，当事人受该婚姻的约束，一方如果与他人再行结婚，构成重婚。

2. (1) 乙结婚登记前未告知甲未婚生子的事实，虽然属于欺诈，但不属于婚姻的撤销事由，因为依据《民法典》第 1053 条第 1 款的规定，只有隐瞒重大疾病的，才能构成撤销婚姻的原因。(2) 甲撤销婚姻的申请，不属于婚姻登记机关受理的范围。依据《民法典》的规定，当事人请求撤销婚姻的，只能采取诉讼途径，不能向婚姻登记机关请求撤销婚姻。(3) 甲撤销婚姻的请求，人民法院不予支持，因为不具备法定的撤销事由。

课堂讨论案例

1. 甲女与乙男在工作中产生好感。后乙要求与甲结婚，甲不同意，乙以毁其容貌相威胁，甲无奈同意结婚并办理了登记。婚后甲受赠人民币 10 万元。结婚登记近一年后，甲以受胁迫结婚为由，请求人民法院撤销与乙的婚姻。

问：(1) 乙的行为是否属于《民法典》所称的胁迫行为？(2) 人民法院应否受理甲的起诉？(3) 甲接受赠与所得的人民币 10 万元是否为甲、乙的共同财产？

2. 甲男与乙女具备结婚条件但未办理结婚登记，举行仪式后即以夫妻名义共同生活。共同生活后不到一年，甲的父亲去世，甲继承房屋一套。甲父去世后，甲与乙补办了结婚登记。婚姻关系存续期间，双方约定婚姻关系存续期间的财产归各自所有。

问：(1) 双方补办的结婚登记，于何时发生确立婚姻关系的效力？(2) 双方补办的结婚登记的溯及力如何体现？(3) 甲继承所得的房屋，是否属于婚姻关系存续期间所得的财产？

重点思考习题

1. 结婚的必备条件包括哪些？
2. 婚姻无效与婚姻撤销有何区别？
3. 婚姻被确认无效和被撤销后，发生哪些法律后果？
4. 如何认定事实婚姻？

第三十二章 家庭关系

引读案例

1. 甲婚前首付20万元购买房屋A一套，作为婚姻住所，婚后双方共同还贷，产权登记在甲的名下；甲结婚后其父去世，甲根据遗嘱继承遗产房屋B一套，被继承人在遗嘱中明确甲继承的房屋仅归甲个人所有。乙婚后购买首饰及名贵衣包等个人专有用品价值近30万元；婚姻关系存续期间，乙的父母全资购买房屋C一套，产权登记在乙的名下。夫妻两人因感情不和，决定分居，并签订分居协议，协议约定：登记在甲名下的夫妻共有房屋D归乙所有。分居期间，乙父死亡，乙根据父亲生前所立遗嘱，继承遗产房屋E一套。请分析以下问题：(1) 房屋A、B、C、D、E的所有权归属应当如何确定？(2) 乙婚后购买的个人专有用品的所有权归属如何确定？

2. 甲10周岁时父母离婚，父亲乙与继母丙结婚。乙、丙结婚后，甲随生父乙与丙共同生活，丙承担了对甲的抚养和教育义务。甲成年后进入某大学学习。为了锻炼甲的独立生活能力，乙、丙决定不再支付甲大学期间的抚养费，甲对此耿耿于怀，自此一直到工作后，不再回家探望父母。乙、丙对甲提起诉讼，要求甲履行探望义务。乙不幸去世，继母丙无生活来源，生活出现困难，请求甲支付赡养费，被甲拒绝。请分析以下问题：(1) 甲成年后大学学习期间，其父母是否应履行抚养费的支付义务？(2) 乙去世后，丙是否有权请求甲支付赡养费？

法律职业资格考试要点

夫妻人身关系；夫妻共同财产制、夫妻特有财产制、夫妻分别财产制；父母子女之间的权利义务关系；祖孙之间的权利义务关系；兄弟姐妹之间的权利义务关系

第一节 夫妻关系

一、夫妻人身关系

夫妻之间基于配偶身份，存在着特定的人身权利义务关系。这主要包括以下几项。

第一，夫妻独立姓名权。依据《民法典》第1056条的规定，夫妻双方都有各自使用自己姓名的权利。

第二，夫妻人身自由权。依据《民法典》第1057条的规定，夫妻双方都有参加生产、工作、学习和社会活动的自由，一方不得对另一方加以限制或者干涉。

第三，夫妻同居的权利、义务。同居权是夫妻一方要求与另一方共同生活的权利；同居义

务是夫妻任何一方都有与对方共同生活的义务。

第四，夫妻忠实义务。依据《民法典》第1043条的规定，夫妻应当互相忠实。这就肯定了夫妻间的忠实义务。夫妻忠实义务主要是指贞操义务，即专一的夫妻性生活的义务。广义的夫妻忠实义务还包括不得恶意遗弃配偶，以及不得为第三人的利益而损害或牺牲配偶他方的利益。

第五，夫妻婚姻住所决定权。婚姻住所决定权是指选择、决定夫妻婚后共同生活住所的权利。依据《民法典》第1050条的规定，登记结婚后，按照男女双方约定，女方可以成为男方家庭的成员，男方也可以成为女方家庭的成员。

第六，互相尊重、互相协助义务。依据《民法典》第1043条的规定，夫妻应当互相尊重，互相关爱；家庭成员应当敬老爱幼，互相帮助，维护平等、和睦、文明的婚姻家庭关系。

第七，夫妻日常家事代理权。夫妻日常家事代理权又称夫妻相互代理权，是指夫或妻因日常家庭事务与第三人为一定行为时互为代理人、互有代理权。依据《民法典》第1060条的规定，夫妻一方因家庭日常生活需要而实施的民事法律行为，对夫妻双方发生效力，但是夫妻一方与相对人另有约定的除外。夫妻之间对一方可以实施的民事法律行为范围的限制，不得对抗善意相对人。

二、夫妻财产关系

关于夫妻财产关系，我国现行法中总体上是法定财产制与约定财产制相结合，在法定财产制中是共同财产制与个人特有财产制相结合。

（一）夫妻共同财产制

夫妻共同财产制是指夫妻在婚姻关系存续期间所得的财产，除特有财产外，均属夫妻共同所有的财产制度。所谓“婚姻关系存续期间”，是指婚姻关系的效力发生期间，即从完成结婚登记起到离婚法律文书生效之日或一方死亡之日止；双方为事实婚姻关系的，婚姻关系的效力发生期间，为自双方符合结婚实质要件时起至离婚的法律文书生效之日或一方死亡之日止。所谓“所得财产”，是指在婚姻关系存续期间取得所有权的财产。这里的“所得”应是权利的所得，而非占有的所得。

1. 夫妻共同财产的范围

依据《民法典》第1062条第1款的规定，夫妻共同财产的范围主要包括以下几类。

（1）工资、奖金、劳务报酬。工资、奖金是我国普遍实行的劳动报酬形式，主要是指夫妻一方或双方的劳动报酬所得。劳务报酬是指工资、奖金之外因提供劳务所获得的报酬，如讲课费、专家咨询费等。

（2）生产、经营、投资的收益。这里的“生产、经营、投资的收益”，既包括农民的生产劳动收入，也包括工业、服务业、信息业等行业的生产、经营、投资的收益。

（3）知识产权的收益。知识产权的收益是指婚姻关系存续期间，实际取得或者已经明确可以取得的财产性收益。

（4）继承或受赠的财产。婚姻关系存续期间一方接受继承或受赠的财产，为夫妻共同财产，但遗嘱或赠与合同中确定只归一方的财产属于该方所有。在司法实践中，婚后由一方父母出资为子女购买的不动产，产权登记在出资人子女名下的，可视为只对自己子女一方的赠与，该不动产应认定为夫妻一方的个人财产；由双方父母出资购买的不动产，产权登记在一方子女名下的，该不动产可认定为双方按照各自父母的出资份额按份共有，但当事人另有约定的除外。

（5）其他应当归共同所有的财产。其他应当归共同所有的财产包括：一方以个人财产投资取得的收益；男女双方实际取得或者应当取得的住房补贴、住房公积金；男女双方实际取得或者应当取得的养老保险金、破产安置补偿费。复员军人、转业军人所得的复员费、自主择业费等一次性费用中，以夫妻婚姻关系存续年限乘以年平均值，所得数额为夫妻共同财产。

例题 165 甲乙的下列哪一项婚后增值或所得，属于夫妻共同财产？

A. 甲婚前承包果园，婚后果树上结的果实

B. 乙婚前购买的 1 套房屋升值了 50 万元

C. 甲用婚前的 10 万元于婚后投资股市，得利 5 万元

D. 乙婚前收藏的玉石升值了 10 万元

解析：本题的考点是夫妻共同财产的认定，答案为 C 项。夫妻一方个人财产在婚后产生的收益，除孳息和自然增值外，应认定为夫妻共同财产。A 项中的“果树上结的果实”属于天然孳息，B、D 项中的“升值”属于自然增值，不能认定为夫妻共同财产。C 项中，甲用婚前的 10 万元于婚后投资股市所得 5 万元，是婚后投资所得，属于夫妻共同财产。

2. 夫妻共同财产权利的行使

夫妻对共同财产，有平等的处理权（《民法典》第 1062 条第 2 款）。夫妻共同财产权属于共同共有权，因而夫妻对全部共同财产，应不分份额、平等地享有权利和承担义务。夫或妻非因家庭日常生活需要对夫妻共同财产作重要处理决定，夫妻双方应当平等协商，取得一致意见。一方未经另一方同意出售夫妻共同共有的房屋，第三人善意购买、支付合理对价并办理产权登记手续，另一方无权追回该房屋。夫妻一方擅自处分共同共有的房屋造成另一方损失，离婚时另一方请求赔偿损失的，法院应予支持。

3. 夫妻共同财产制的终止

夫妻共同财产制在共有的基础丧失后终止，即婚姻关系消灭，则夫妻共同财产制终止。在婚姻关系存续期间，夫妻双方协商一致时可以终止夫妻共同财产制。在有重大事由时，夫或妻也可以单方终止夫妻共同财产制。依据《民法典》第 1066 条的规定，有下列情形之一的，夫妻一方可以向人民法院请求分割共同财产：（1）一方有隐藏、转移、变卖、毁损、挥霍夫妻共同财产或者伪造夫妻共同债务等严重损害夫妻共同财产利益行为；（2）一方负有法定扶养义务的人患重大疾病需要医治，另一方不同意支付相关医疗费用。

（二）夫妻特有财产制

夫妻特有财产制是指夫妻在婚后实行共同财产制时，依据法律的规定或夫妻双方的约定，夫妻一方保有婚前财产和婚姻关系存续期间一定财产个人所有权的财产制度。

1. 夫妻特有财产的范围

依据《民法典》第 1063 条的规定，夫妻特有财产的范围包括以下几项。

（1）夫妻一方的婚前财产。这是指结婚以前夫妻一方就已经享有所有权的财产，既包括夫妻单独享有所有权的财产，也包括夫妻一方与他人共同享有所有权的财产；既包括婚前个人劳动所得的财产，也包括通过继承、受赠和其他合法途径获得的财产；既包括现金、有价证券，也包括购置的物品等。

（2）一方因受到人身损害获得的赔偿或者补偿。一方因受到人身损害获得的赔偿或者补偿，主要包括医疗费、残疾人生活补助费等费用。这两类费用以及类似性质的费用，具有人身

专属性，他人不能分享，因此，这些费用属于夫妻个人财产的范畴。

（3）遗嘱或者赠与合同中确定只归一方的财产。被继承人在遗嘱中明确遗产只归继承人或受遗赠人个人所有，排斥继承人或受遗赠人配偶的共有，则遗产只归继承人个人所有。同理，如果赠与人在赠与合同中明确赠与夫或妻的某项财产所有权仅归该受赠人，则所赠与的财产就应属于夫或妻一方的个人财产。

（4）一方专用的生活用品。一方专用的生活用品是指婚后以夫妻共同财产购置的供夫或妻个人使用的生活消费品，如衣物、饰物等。这类财产由于在使用价值方面具有特殊性，不是夫妻双方通用或者共用的生活用品，所以应属于夫或妻一方个人所有。

（5）其他应当归一方的财产。这是指依照其他有关规定而归属于特定行为人本人的财产，主要包括：军人的伤亡保险金、伤残补助金、医药生活补助费；军人复员费、自主择业费中夫妻共同所有之外的部分；夫妻一方因参与体育竞赛活动取得优胜而荣获奖杯、奖牌，这类物品记载着优胜者的荣誉权，其财产所有权应当归享有该项荣誉权的夫妻一方。

2. 夫妻对特有财产的权利义务

夫妻特有财产是夫妻婚后依法或依约定保留的个人所有财产，故夫妻一方的特有财产，其效力等同于婚前个人财产，夫妻一方可依自己的意愿独立行使占有、使用、收益和处分的权利，不需征得对方同意；夫妻一方所有的财产，除非当事人另有约定，不因婚姻关系的延续或共同使用关系而转化为夫妻共同财产；夫妻一方将婚前个人财产投入婚姻家庭生活之用，并已被消耗或毁损、灭失的，不得主张用夫妻共同财产加以补偿或抵偿。同时，婚姻关系存续期间夫妻一方所负的个人债务以及特有财产所生债务等，均应由其特有财产负担清偿责任。

（三）夫妻约定财产制

夫妻约定财产制是指婚姻当事人以约定的方式，选择决定夫妻财产制形式的法律制度。我国实行法定财产制和约定财产制相结合的夫妻财产制，法定财产制和约定财产制的适用原则是约定财产制优先于法定财产制。

1. 夫妻约定财产制的适用条件

夫妻对财产的约定为民事法律行为，因此，应当具备民事法律行为的有效条件。

（1）约定主体须适格。一方面，当事人在进行夫妻财产约定时应当具有完全民事行为能力；另一方面，夫妻财产约定的双方必须具有合法的夫妻关系。

（2）约定须夫妻意思表示一致。如果一方以胁迫、欺诈手段，使另一方作出违背自己真实意思的约定，则另一方有权请求撤销。

（3）约定的内容须合法。夫妻对财产的约定不能损害国家、集体和他人的利益，不能将国家财产、集体财产或家庭其他成员的财产约定为夫妻共同所有或一方所有，不能借夫妻财产约定逃避对第三人的债务，不能通过财产约定免除法定的抚养、扶养、赡养义务。

2. 夫妻约定财产制的内容

依据《民法典》第1065条的规定，夫妻约定财产的范围，既包括夫或妻一方的婚前个人财产，也包括夫妻双方在婚姻关系存续期间所得的财产。关于约定的类型，我国法律允许当事人在一般共同制、部分共同制和分别财产制三种方式中选择一种类型作为双方约定的夫妻财产制。一般共同制即婚前财产和婚姻关系存续期间所得的财产，均归夫妻双方共同所有；部分共同制即婚前财产和婚姻关系存续期间所得的财产中，只将部分财产设为夫妻共同所有，由双方约定属共同所有的财产和一方个人所有的财产的范围；分别财产制即婚前财产和婚姻关系存续期间所得的财产，归各自所有。

3. 夫妻约定财产制的时间和方式

夫妻约定财产制协议可以在结婚前订立，也可以在结婚后订立，但结婚前订立的协议只能在婚姻关系成立时生效。依据《民法典》第1065条第1款的规定，夫妻约定财产制协议应当采用书面形式。

4. 夫妻约定财产制的效力

（1）对内效力。夫妻约定财产制的对内效力，是对夫妻双方的法律约束力（《民法典》第1065条第2款）。夫妻之间有关夫妻财产制的约定，对双方当事人具有约束力，非经双方同意，任何一方不得擅自变更和解除。夫妻双方关于财产所有权的约定，法院可以直接作为财产所有权确认的根据：夫妻将共同财产约定为一方个人所有的，自约定生效之日起所有权转归该个人所有；夫妻个人财产约定为双方共有的，自约定生效之日起为双方共同共有。但不动产未经登记或动产未经交付的，不得对抗善意第三人。

（2）对外效力。夫妻财产约定制的对外效力，是对第三人的约束力。依据《民法典》第1065条第3款的规定，夫妻对婚姻关系存续期间所得的财产约定归各自所有，夫或者妻一方对外所负的债务，相对人知道该约定的，以夫或者妻一方所有的财产清偿。可见，夫妻财产约定是否对第三人发生效力，以第三人是否知悉该约定为准。

三、夫妻之间的扶养权利、义务

依据《民法典》第1059条的规定，夫妻有相互扶养的义务，需要扶养的一方，在另一方不履行扶养义务时，有要求其给付扶养费的权利。

夫妻之间的扶养权利义务，是夫妻身份关系所导致的必然结果。夫妻一方向对方所负的扶养义务，从接受者的角度来看，就是接受扶养的权利。夫妻之间的扶养权利和义务是彼此平等的，任何一方不得只强调自己应享有接受扶养的权利而拒绝承担扶养对方的义务。同时，夫妻之间的扶助义务属于强行性义务，夫妻之间不得以约定形式改变此种法定义务。在夫妻实行分别财产制的情形下，夫妻之间的扶养义务也不得因此而改变。

夫妻之间扶养义务的内容包括夫妻之间相互为对方提供经济上的供养和生活上的扶助，以此维系婚姻家庭日常生活的正常进行。当夫妻一方没有固定收入，又没有生活来源，或者无独立生活能力等原因需要扶养，另一方不履行扶养义务时，需要扶养的一方有权要求对方给付扶养费或进行生活上的扶助，以维持其日常生活。扶养人拒绝扶养权利人的扶养请求的，扶养权利人有权向人民法院提起追索扶养费的民事诉讼，通过民事诉讼程序强制扶养义务人履行扶养义务。夫妻一方不履行法定的扶养义务，情节恶劣，后果严重，致使扶养权利人陷入生活无着的境地，构成遗弃罪的，在承担民事责任的同时，还应当承担刑事责任。

四、夫妻遗产继承权

夫妻遗产继承权是婚姻效力的表现之一，是夫妻之间权利义务不可缺少的内容。所谓夫妻继承权，是指夫和妻基于配偶身份而依法享有的相互继承对方遗产的权利（《民法典》第1061条）。

第二节　父母子女关系

一、父母子女关系的种类

父母子女关系又称亲子关系，亲即父母双亲，子即子女。在民法中，父母子女关系可分为两大类。

一是自然血亲的父母子女关系。自然血亲的父母子女关系是基于子女的出生而发生的父母子女关系，因此，这种血亲关系是客观存在的，不能人为地解除，只能因一方死亡而消灭。即使在子女被他人收养的情况下，也只是消除父母子女间的权利义务关系，而不能消除双方的自然血亲关系。根据子女出生时父母是否具有合法婚姻关系，父母子女关系包括父母与婚生子女关系和父母与非婚生子女关系。

二是法律拟制血亲的父母子女关系。法律拟制血亲的父母子女间本无该血亲应具有的血缘关系，但法律上确认其与自然血亲有同等的权利、义务，因此又称准血亲关系。在我国，这类血亲关系包括养父母与养子女关系、继父母与形成抚养关系的继子女关系。法律拟制的父母子女关系是依法产生的，因此，在一定条件下，不仅双方的权利义务关系可以解除，而且双方的血亲关系也可以依法解除。

二、父母子女关系的产生

（一）父母与婚生子女

1. 婚生子女的推定

婚生子女是指因婚姻关系受孕或者出生的子女。所谓婚生子女的推定，是指对子女婚生身份或者丈夫为子女生父的一种法律上的推定。一般情况下，婚生子女可以直接根据生母怀胎、分娩的事实和生父母婚姻关系存在的客观状况加以确认。但是，要证明子女的血缘来自具有合法配偶身份的男女双方比较困难。在何种情况下子女应当被视为婚生子女，就是婚生子女的推定标准。

在设立婚生子女推定制度的国家中，各国关于婚生子女推定标准的规定差别较大，主要有两种立法例：一是受胎论，即在婚姻关系存续期间受孕而出生的子女是夫妻双方的子女，推定为婚生子女；二是出生论，即推定婚姻关系存续期间出生的以及在婚姻关系存续期间受孕而出生的子女是夫妻双方的子女。我国《民法典》对婚生子女的推定规则未作出明确规定。实践中一般认为，有婚姻关系的夫妻双方在婚姻关系存续期间妻受胎所生子女，或婚姻关系存续期间受胎、在婚姻关系终止后所生子女，推定夫为其父。

2. 婚生子女的否认

婚生子女的否认是对婚生子女推定的限制，是指有关当事人依照法律规定否认推定的婚生子女为自己亲生子女的一项制度。

通过婚生子女的推定，可以确定子女为婚生子女。但既然是一种推定，就存在推定与事实不符的问题，即推定为婚生子女者实际上并不是真正的婚生子女。在现实生活中，也确实存在受婚生推定的子女实际上是婚外性关系所生子女的情况。

我国《民法典》第1073条对亲子关系的否认作出了规定，对亲子关系有异议且有正当理由的，父或者母可以向人民法院提起诉讼，请求确认或者否认亲子关系。对亲子关系有异议且有正当理由的，成年子女可以向人民法院提起诉讼，请求确认亲子关系。在司法实践中，夫妻一方向人民法院起诉请求确认亲子关系不存在，并已提供必要证据予以证明，另一方没有相反证据又拒绝做亲子鉴定的，人民法院可以推定请求确认亲子关系不存在一方的主张成立。在婚生子女的身份被否认后，就涉及受欺诈人支出的抚养费应如何处理的问题。对此，最高人民法院《关于夫妻关系存续期间男方受欺骗抚养非亲生子女离婚后可否向女方追索抚养费的复函》作了规定：“……在夫妻关系存续期间，一方与他人通奸生育了子女，隐瞒真情，另一方受欺骗而抚养了非亲生子女，其中离婚后给付的抚育费，受欺骗方要求返还的，可酌情返还；至于在夫妻关系存续期间受欺骗方支出的抚育费用应否返还，因涉及的问题比较复杂，尚需进一步研究……”我们认为，对于欺诈性抚养关系，受欺诈人可以行使不当得利返还请求权，不仅离婚后支出的抚育费用应当返还给受欺诈人，离婚前婚姻关系存续期间支出的抚育费用也应当返还给受欺诈人。

3. 父母与人工生育的子女

人工生育子女是指根据生物遗传工程理论，采用人工方法取出精子或卵子，然后用人工方法将精子或卵子胚胎注入妇女的子宫内，使其受孕所生育的子女，例如，通过人工授精、代理母亲等方式所生育的子女。依据《人类辅助生殖技术管理办法》第 3 条第 2 款的规定，医疗机构和医务人员不得实施任何形式的代孕技术。这意味着我国不承认代理母亲这种人工生育子女的方式。

关于人工生育子女的法律地位，《民法典》未作出规定，司法实践中，对在夫妻关系存续期间，双方一致同意进行人工授精所生子女，视为夫妻双方的婚生子女，应适用法律关于父母子女之间权利义务关系的规定。[①]

（二）父母与非婚生子女

1. 非婚生子女的法律地位

非婚生子女是指没有合法婚姻关系的男女所生的子女。非婚生子女包括未婚男女所生子女、已婚男女与第三人所生子女、无效婚姻和被撤销婚姻当事人所生子女、妇女被强奸后所生的子女等。生育非婚生子女的男女，是非婚生子女的生父母。

在我国，非婚生子女与婚生子女具有同等法律地位。依据《民法典》第 1071 条的规定，非婚生子女享有与婚生子女同等的权利，任何组织或者个人不得加以危害和歧视。不直接抚养非婚生子女的生父或者生母，应当负担未成年子女或者不能独立生活的成年子女的抚养费。

2. 非婚生子女的认领

非婚生子女的认领是指非婚生子女的生父承认非婚生子女是自己的子女。非婚生子女与生母之间的关系一般无须加以特别的证明，基于分娩的事实即可认定。非婚生子女与生父之间的关系确定，发生争议时需要认领确定。非婚生子女的认领一般有两种情况：一是由生父自愿表示认领。生父指认该子女为其生子女的请求被生母或者成年子女否认时，可以向人民法院提起诉讼，请求确认亲子关系（《民法典》第 1073 条）。二是强制认领。生母指认该子女的生父为其丈夫以外的第三人而遭否认时，可以向人民法院提起诉讼，请求确认亲子关系。成年子女也可以向人民法院提起诉讼，请求确认亲子关系（《民法典》第 1073 条）。当事人请求认领时，应当有正当理由。人民法院在必要时，可以委托有关部门进行亲子鉴定。当事人一方起诉请求确认亲子关系，并提供必要证据予以证明，另一方没有相反证据又拒绝做亲子鉴定的，人民法院可以推定请求确认亲子关系一方的主张成立。

生父的身份通过认领被确认后，其即和生母一样负有对非婚生子女的抚养义务。对于不履行抚养义务的生父母，非婚生子女有要求付给抚养费的权利。至于非婚生子女的抚养归属，不满 2 周岁的非婚生子女一般由生母抚养；已满 2 周岁的非婚生子女，如生父要求领回自行抚养，可由生父母双方协商解决，协商不成的，可请求人民法院作出判决。未与非婚生子女共同生活的父母一方，享有探望非婚生子女的权利，另一方有协助的义务。

---

① 参见最高人民法院《关于夫妻关系存续期间以人工授精所生子女的法律地位的函》。

（三）养父母与养子女

养父母与养子女之间因收养关系的合法成立而建立法律上拟制的父母子女关系。养父母与养子女间的权利义务关系，适用《民法典》关于父母子女关系的规定。

（四）继父母与继子女

1.继子女的法律地位

继子女是指夫与前妻或妻与前夫所生的子女，继父母是指母之后夫或父之后妻。继父母与继子女关系产生的原因有二：一是父母一方死亡，他方再行结婚；二是父母离婚，父或母再行结婚。子女对父母的再婚配偶称为继父母，夫或妻对其再婚配偶的子女称为继子女。继父母子女关系分为三种情形：第一，父或母再婚时，继子女成年并已独立生活；第二，父或母再婚后，未成年的或未独立生活的继子女未与继父母共同生活或未受其抚养、教育；第三，父或母再婚后，未成年的或未独立生活的继子女与继父母长期共同生活，继父或继母对其进行了抚养、教育。

继父母与继子女间，不得虐待或者歧视；继父或者继母和受其抚养教育的继子女间的权利和义务，适用《民法典》对父母子女关系的有关规定（《民法典》第1072条）。

关于继子女的法律地位，可以分以下三个方面考察。

（1）未形成抚养、教育关系的继父母与继子女。未形成抚养、教育关系的继父母与继子女之间属于姻亲关系，他们之间只是一种亲属称谓上的父母子女关系。因继父母未对继子女进行抚养、教育或抚养、教育未达一定期限，继子女不享有受继父或继母抚养、教育的权利；因继子女未受继父母的抚养、教育，继父或继母不享有受继子女赡养的权利。

（2）形成抚养关系的继父母与继子女。形成抚养关系的继父母与继子女之间属于法律上的拟制血亲，他们之间具有与自然血亲的父母子女相同的权利和义务。与此同时，该继子女与其生父或生母的关系仍然存在，他们之间自然血亲的父母子女关系并不因未共同生活而消除。这样，这类继子女就具有双重法律地位：一方面，与生父母保持着父母子女间的权利和义务；另一方面，与抚养自己的继父或继母又形成拟制血亲父母子女间的权利和义务。所以，继子女享有双重权利，负有双重义务。与之相对应，形成抚养关系的继父或继母也具有双重的法律地位：一方面，与自己的生子女保持着自然血亲父母子女间的权利义务关系；另一方面，与受自己抚养的继子女又形成拟制血亲父母子女之间的权利义务关系。所以，继父母也享有双重的权利，负有双重的义务。

（3）形成收养关系的继父母与继子女。继父或继母经继子女的生父母同意，可以收养继子女。通过收养行为，继父或继母与继子女间的关系转化为养父母子女关系。继子女被继父或继母收养后，双方的关系适用《民法典》有关养父母子女关系的规定。

2.继父母子女间形成抚养关系的认定

如何认定继父母与继子女之间形成了抚养关系，现行法并没有规定，理论上一般认为：继父或继母负担了继子女全部或部分的生活费和教育费，应当认定双方形成了抚养关系；继父或继母虽未负担继子女的抚养费用，但与未成年继子女共同生活并对继子女进行了教育和生活上的照料，也应当认定形成了抚养关系。

3.继父母子女关系的解除

继父或继母与继子女之间关系的基础是姻亲关系，如果继子女的生父与继母或生母与继父的婚姻关系终止，继父或继母与继子女之间的姻亲关系解除。但在继父或继母对未成年继子女进行抚养而形成抚养关系的情况下，继父或继母与继子女关系转化为拟制血亲关系，其地位与自然血亲的父母子女关系相同。在生父与继母或生母与继父离婚、生父或生母死亡时，继父或继母与继子女已经形成的拟制血亲关系继续存在，不能因婚姻的终止而自然解除。因此，在生父与继母或生母与继父离婚、生父或生母死亡时，继父或继母对于形成抚养关系的未成年继子女仍有抚养、教育的权利和义务；受继父或继母抚养长大的继子女，对于无劳动能力、生活困难的继父或继母有赡养的义务。

由于继父或继母与继子女关系间权利、义务产生的亲属基础毕竟是姻亲关系，所以，在姻亲关系因为离婚或一方死亡而解除的情况下，对于已经转化为拟制血亲的继父或继母与继子女间的关系，允许基于一定的特殊原因解除：（1）生父与继母或生母与继父离婚，继子女未成年的，继母或继父拒绝继续抚养的，继母或继父与继子女间的拟制血亲关系解除，已经形成的权利义务关系终止；（2）生父与继母或生母与继父离婚，继子女成年，继父或继母与成年继子女关系恶化，可以协议或诉讼解除。

继父母子女关系解除后，未形成抚养关系的继父母与继子女间的姻亲关系消除，继父母与继子女的称谓关系也不再存在；已形成抚养关系的继父母子女关系解除后，双方之间的拟制血亲关系消除，他们之间父母子女的权利和义务也不复存在。但受继父或继母抚养、教育成年并已独立生活的继子女，对于年老丧失劳动能力又无生活来源的继父或继母，应承担给付生活费的义务。

三、父母与子女间的权利和义务

（一）父母对子女的义务

1. 父母对未成年子女有抚养的义务

父母对未成年子女有抚养的义务（《民法典》第 26 条第 1 款）。父母不履行抚养义务的，未成年子女或者不能独立生活的成年子女，有要求父母给付抚养费的权利（《民法典》第 1067 条第 1 款）。所谓抚养，是指父母对子女经济上的供养和生活上的照料，包括负担子女的生活费、教育费、医疗费等。父母对未成年子女的抚养义务不因离婚而免除。在一般情况下，父母的抚养义务到子女成年时为止。未成年子女一般是指不满 18 周岁的自然人，但已满 16 周岁而未满 18 周岁、能够以自己的劳动收入为主要生活来源的人除外。所谓“不能独立生活的成年子女”，是指因尚在校接受高中及以下学历教育，或者丧失或未完全丧失劳动能力等非主观原因而无法维持正常生活的成年子女。

父母不履行抚养义务时，未成年的或不能独立生活的子女，有要求父母付给抚养费的权利。追索抚养费的要求，可以向抚养义务人的所在单位或有关部门提出，也可以直接向人民法院提起诉讼。拒不履行抚养义务、恶意遗弃未成年子女，情节严重，构成犯罪的，应当依法追究刑事责任。

2. 父母对子女有教育的义务

父母有教育未成年子女的权利和义务（《民法典》第 26 条第 1 款、第 1068 条）。所谓教育，是指父母在思想品德上对子女的关怀和培养。父母对子女的教育包括两个方面的内容：一是父母应当尊重未成年人受教育的权利，必须使适龄的未成年人按照规定接受义务教育，不得使在校接受义务教育的未成年人辍学；二是父母应当以健康的思想、品行和适当的方法教育未成年人，引导未成年人进行有益身心健康的活动，预防和制止未成年人吸烟、酗酒、流浪以及聚赌、吸毒、卖淫。

父母不履行对子女的教育义务，使在校接受义务教育的未成年人辍学，侵害未成年子女的合法权益的，任何组织和个人都有权予以劝阻、制止或者向有关部门提出检举或者控告。

3. 父母对子女有保护的权利和义务

父母有保护未成年子女的权利和义务(《民法典》第26条第1款、第1068条)。保护是指父母应保护未成年子女的人身安全和合法权益,防止和排除来自自然的损害以及他人的非法侵害。父母是未成年子女的法定监护人,当未成年子女的人身或财产遭受他人侵害时,父母有以法定代理人的身份提起诉讼,请求排除侵害、赔偿损失的权利;当未成年子女脱离家庭或监护人时,父母有要求归还子女的权利;在发生拐骗子女的行为时,父母有请求司法机关追究拐骗者刑事责任的权利。

4. 父母对子女造成的他人损害有赔偿的义务

依据《民法典》第1068条的规定,未成年子女造成他人损害的,父母应当依法承担民事责任。

(二) 子女对父母的义务

依据《民法典》第26条第2款的规定,成年子女对父母负有赡养、扶助和保护的义务。成年子女不履行赡养义务的,缺乏劳动能力或者生活困难的父母,有要求成年子女给付赡养费的权利(《民法典》第1067条第2款)。所谓赡养,是指成年子女对父母的供养,即在物质上和经济上为父母提供必要的生活条件。成年子女对父母赡养的方式是支付赡养费,不得以父母再婚为由拒绝履行赡养义务(《民法典》第1069条)。所谓扶助,是指成年子女对父母在精神上和生活上的关心、帮助和照料。所谓保护,是指成年子女应当采取合理的措施,防止父母的人身权利和财产权利遭受损害。

(三) 父母子女之间有相互继承遗产的权利

依据《民法典》第1070条的规定,父母和子女有相互继承遗产的权利。

第三节 祖孙和兄弟姐妹关系

一、祖孙关系

(一) 祖孙关系的产生

在祖孙关系中,相关亲属的范围包括:(1)祖父母、外祖父母,即孙子女、外孙子女父母的父母。从孙子女、外孙子女父母的角度界定,祖父母、外祖父母包括:孙子女、外孙子女父母的生父母、养父母、形成抚养关系的继父母。(2)祖父母、外祖父母的子女,即孙子女、外孙子女的父母。从祖父母、外祖父母的子女的角度界定,祖父母、外祖父母的子女包括:祖父母、外祖父母的生子女、养子女、形成抚养关系的继子女。(3)孙子女、外孙子女,即祖父母、外祖父母子女的子女。从祖父母、外祖父母的子女的角度界定,孙子女、外孙子女包括:祖父母、外祖父母的生子女的生子女、养子女;养子女的生子女、养子女;形成抚养关系的继子女的生子女、养子女。

应当注意的是,继父母与其继子女之间因抚养关系形成而产生了父母子女的权利义务关系,并不意味着继祖父母、继外祖父母与继孙子女、继外孙子女之间也同时产生祖孙间的权利义务关系。只有在继子女与继父母的抚养关系形成后,继祖父母、继外祖父母对继孙子女、继外孙子女实际进行了抚养,双方的抚养关系形成后,相互间关系才适用《民法典》中有关祖孙关系的规定。

（二）祖父母、外祖父母与孙子女、外孙子女间的权利和义务

1. 祖父母、外祖父母对孙子女、外孙子女有抚养的权利和义务

依据《民法典》第 1074 条第 1 款的规定，有负担能力的祖父母、外祖父母，对于父母已经死亡或者父母无力抚养的未成年的孙子女、外孙子女，有抚养的义务。

2. 孙子女、外孙子女对祖父母、外祖父母有赡养义务

依据《民法典》第 1074 条第 2 款的规定，有负担能力的孙子女、外孙子女，对于子女已经死亡或者子女无力赡养的祖父母、外祖父母，有赡养的义务。

3. 祖孙间的继承权

依据《民法典》第 1127 条的规定，祖父母、外祖父母是第二顺序法定继承人。

二、兄弟姐妹关系

（一）兄弟姐妹关系的产生

在兄弟姐妹关系中，兄弟姐妹包括自然血亲的兄弟姐妹和拟制血亲的兄弟姐妹，具体包括：同胞兄弟姐妹、同父异母兄弟姐妹、同母异父兄弟姐妹、养兄弟姐妹，以及形成扶养关系的继兄弟姐妹。

应当注意的是，生父或生母与其继子女之间因抚养关系形成而产生了父母子女的权利义务关系，这并不意味着继兄弟姐妹之间也因此同时产生了兄弟姐妹之间的权利义务关系。只有在继子女与继父母的抚养关系形成后，继兄弟姐妹间实际进行了扶养，双方的扶养关系形成后，相互间的关系才适用婚姻法中有关兄弟姐妹关系的规定。

（二）兄弟姐妹间的权利、义务

1. 兄、姐对弟、妹有扶养义务

依据《民法典》第 1075 条第 1 款的规定，有负担能力的兄、姐，对于父母已经死亡或者父母无力抚养的未成年的弟、妹，有扶养的义务。

某一未成年人既有有负担能力的祖父母、外祖父母，又有有负担能力的兄、姐的，这些扶养人处于同等的地位，他们应根据自己的经济情况共同负担扶养的义务。

2. 弟、妹对兄、姐有扶养义务

依据《民法典》第 1075 条第 2 款的规定，由兄、姐扶养长大的有负担能力的弟、妹，对于缺乏劳动能力又缺乏生活来源的兄、姐，有扶养的义务。

3. 兄弟姐妹间的继承权

依据《民法典》第 1127 条的规定，兄弟姐妹是第二顺序法定继承人，相互有继承遗产的权利。

引读案例解答

1. (1) 房屋 A 为甲婚前支付首付款购买，婚后用夫妻共同财产还贷，产权登记在甲的名下，房屋 A 的产权归属应当由甲、乙双方协商决定。协商不成的，所有权归甲，尚未归还的贷款为甲的个人债务。双方婚后共同还贷支付的款项及其相对应财产增值部分，离婚时应依据《民法典》第 1087 条第 1 款规定的原则，由甲对乙进行补偿。

房屋 B 为甲婚姻关系存续期间继承所得，但被继承人在遗嘱中明确该遗产只归甲方所有，依据《民法典》第 1063 条的规定，房屋 B 为甲的个人财产。

房屋 C 为乙父母付全资购买，产权登记在乙的名下，应视为对自己子女一方的赠与，应认

定为夫妻一方的个人财产，因此，房屋C的产权应归属于乙。

房屋D是婚姻关系存续期间双方共同购置的财产，虽登记在甲的名下，但为甲、乙双方共同所有的财产。在婚姻关系存续期间，双方签订分居协议书，约定该房屋产权由共有财产变更为乙个人所有财产。该分居协议在性质上为夫妻约定财产制协议，依据《民法典》第1065条的规定，协议书中对房屋D的处分合法有效，产生产权归属于乙的效果。

房屋E为乙在婚姻关系存续期间接受继承所得财产，被继承人虽立遗嘱，但在遗嘱中并未明确该遗产的所有权只归乙所有，因此，依据《民法典》第1062条的规定，房屋E归甲、乙共同所有。

（2）乙婚后购买的价值近30万元的首饰及名贵衣包等，属于个人专用的生活用品，依据《民法典》第1063条的规定，为乙的个人财产。

2.（1）父母对于不能独立生活的子女，有支付生活费、教育费、医疗费等抚养费的义务，即父母对于尚在校接受高中及其以下学历教育，或者丧失或未完全丧失劳动能力等非因主观原因而无法维持正常生活的成年子女，有抚养的义务。甲为成年人，接受的是大学教育，所以，父母对甲不再有支付抚养费的义务。（2）甲与继母丙长期共同生活，丙对甲履行了抚养和教育义务，双方形成了抚养关系，依据《民法典》第1072条的规定，相互之间产生父母子女间的权利和义务。甲、丙的拟制血亲关系产生后，相互间的关系是一种独立的权利义务关系，不因生父与继母之婚姻关系的终结而自然消除，所以，甲对生活困难又没有生活来源的丙有赡养的义务。

课堂讨论案例

1. 甲与乙是夫妻。婚后，甲因工作需要，购置了大量的外文专业工具书，花费近20万元。甲获省级自然科学奖，奖金50万元。因不满甲对自己和孩子的漠不关心，乙决定与甲离婚，甲表示同意。十几年的夫妻关系行将结束，乙伤感走上街头，看到一福利彩票站，随手购买了一张5注共计10元的福利彩票。甲乙登记离婚后第三日开奖，乙中奖80万元。

问：（1）甲在婚姻关系存续期间购置的专业书籍，是否为夫妻共同财产？（2）甲在婚姻关系存续期间获得的50万元自然科学奖金，是否为夫妻共同财产？（3）乙离婚前购买福利彩票所获得的80万元奖金，是否为夫妻共同财产？

2. 甲婚前购置房屋A、B，并办理了产权登记手续。甲与妻子乙再婚后，与乙签订财产协议，约定房屋A归乙所有，房屋B归双方共有，但均未办理过户登记手续。后因甲与前妻所生子女的抚养问题，双方产生矛盾，乙提起离婚诉讼，并要求甲按照协议履行房屋A、B的过户义务。甲同意离婚，但拒绝办理过户手续，要求撤销赠与。

问：（1）甲乙婚后签订的关于A、B房屋归属的协议性质是什么？（2）对于甲所有的房屋A归乙所有的协议，甲是否有权撤销？（3）对于甲所有的房屋B归双方共有的协议，甲是否有权撤销？

3. 甲与妻子结婚后，有婚生子乙和养女丙（未办理收养登记）。甲父丁没有生活来源，日常生活费用依靠甲与弟戊供给。甲去世后，丁身体每况愈下，经常住院，赡养费用骤增。戊除赡养丁外，还要抚养自己的一双儿女，戊妻子失业后一直没有找到工作，除家庭用度之外，戊的剩余资金不能满足赡养丁的需要。丁要求乙、丙向其支付赡养费，被乙、丙拒绝。

问：（1）丙与丁有亲属关系吗？（2）戊对丁有赡养义务吗？（3）乙与丙有赡养丁的义务吗？

重点思考习题

1. 如何区分夫妻共同财产和夫妻个人财产?
2. 夫妻财产约定有哪些效力?
3. 婚生子女如何推定?
4. 非婚生子女如何认领?
5. 继父或继母与继子女形成抚养关系的条件是什么?
6. 父母子女之间的权利义务有哪些?
7. 祖孙间的抚养义务是如何形成的?
8. 兄弟姐妹间的扶养义务是如何形成的?

第三十三章 离婚制度

引读案例

1. 甲与妻子乙因感情破裂，决定离婚。双方签署了离婚协议书，对财产处理和子女抚养问题作出如下约定：甲婚前所有房产A和甲、乙共有房产B均归乙所有；夫妻共同债务50万元由甲负责清偿；儿子丙由乙抚养，甲每年支付抚养费30 000元，直到丙大学毕业。完成离婚登记后，甲对财产处理和子女抚养问题反悔，向人民法院提起诉讼，请求重新处理。请分析以下问题：(1) 甲、乙签订的离婚协议书何时生效？(2) 离婚协议书中关于夫妻共同债务由甲负责清偿的约定，能否对抗债权人？(3) 丙考取大学时已满18周岁，离婚协议书中关于丙的抚养问题的条款是否有效？(4) 甲对离婚财产处理和子女抚养问题反悔，是否有权请求人民法院重新处理？

2. 甲因怀疑丈夫乙有婚外恋而引起乙的不满，自此夫妻争吵不断。某日，乙带人强行将甲送进精神病医院。精神病医院在对甲治疗的过程中，发现甲不具有精神病人的病情特征，在医院度过紧张的五天后，甲获准出院。甲以乙侵犯其名誉权为由，向人民法院提起诉讼，要求乙赔礼道歉，赔偿精神损失5万元。请分析以下问题：(1) 乙的行为是否构成对甲权利的侵害？(2) 乙的行为是否应当承担离婚损害赔偿责任？(3) 甲在婚姻关系存续期间能否对乙提起侵权之诉？

法律职业资格考试要点

协议离婚的条件和程序；诉讼离婚的条件、程序；离婚后的子女抚养；离婚时的财产分割、债务清偿、经济补偿、经济帮助、损害赔偿

第一节 婚姻终止的原因

婚姻的终止是指合法、有效的婚姻关系因发生一定的法律事实而归于消灭。引起婚姻关系终止的法律事实，称为婚姻终止的原因。婚姻终止的原因不同，其法律后果也不尽相同。

一、婚姻因配偶死亡而终止

配偶关系作为一种身份法律关系，以配偶双方的存在为前提，配偶一方死亡，双方的共同生活关系不能维系，必然引起婚姻关系终止的法律后果。

（一）婚姻因配偶一方自然死亡而终止

配偶一方自然死亡，夫妻之间的权利义务消灭，婚姻关系自然终止。因配偶一方死亡而终止婚姻的效力，只限于对夫妻双方的内部效力，即夫妻之间人身关系和财产关系上的权利和义务不复存在，但夫妻以外的婚姻效力并不当然消灭。

（二）婚姻因配偶一方被宣告死亡而终止

1. 配偶一方被宣告死亡，双方的婚姻关系自动解除。依据《民法典》第 51 条的规定，被宣告死亡的人的婚姻关系，自死亡宣告之日起消除。

2. 死亡宣告的判决被撤销的，原婚姻关系有条件地自行恢复。依据《民法典》第 51 条，死亡宣告被撤销的，婚姻关系自撤销死亡宣告之日起自行恢复，但是其配偶再婚或者向婚姻登记机关书面声明不愿意恢复的除外。

二、婚姻因离婚而终止

离婚是指在婚姻关系存续期间，依照法定的条件和程序解除婚姻关系的民事法律行为。配偶一方死亡，婚姻关系自动解除，而离婚系人为地解除婚姻关系。离婚作为一种民事法律行为，具有以下特点。

第一，离婚的主体只能是具有合法夫妻身份关系的男女。离婚只能由具有合法夫妻身份的男女双方本人提出，其他任何人都无权代替夫妻一方提出离婚，也不能对他人的婚姻提出离婚请求。

第二，离婚只能在夫妻双方生存期间办理，如夫妻一方死亡的，则婚姻关系已经终止，不必进行离婚。

第三，离婚的前提是男女双方存在合法的婚姻关系。离婚是对合法、有效婚姻关系的解除，对于无效婚姻或不构成事实婚姻的男女双方的同居关系，不得按离婚办理。

第四，离婚必须符合法定的条件，履行法定程序。离婚作为一种民事法律行为，必须具备法定的条件并履行法定的程序，才能发生法律效力。双方当事人自行订立的离婚协议或基层组织主持调解所达成的离婚协议，都不能发生解除婚姻关系的法律效力。

第五，离婚的后果是婚姻关系的解除，并引起夫妻财产关系、子女抚养关系、对外债务清偿等一系列法律后果。所以，离婚不仅关系到双方当事人的利益，同时也会影响到子女的利益和社会的利益。

第二节　协议离婚

协议离婚又称两愿离婚、自愿离婚，是指夫妻双方自愿并就子女和财产问题达成协议，经过有关机关认可而解除婚姻关系。在我国，双方自愿离婚的法律程序为离婚登记程序，由婚姻登记机关对当事人的离婚申请进行审查、登记。婚姻登记机关发给离婚证，婚姻关系终止。

一、离婚登记的条件

一般来说，离婚登记须具备以下条件。

第一，双方当事人具有完全民事行为能力。依据《婚姻登记条例》第 12 条的规定，办理离婚登记的当事人属于限制民事行为能力人或者无民事行为能力人的，婚姻登记机关不予受理。依该规定的反面解释，办理离婚登记的双方当事人应当具有完全民事行为能力。夫妻一方为无民事行为能力人或限制民事行为能力人的离婚，只能依诉讼程序进行。

第二，双方当事人具有离婚的合意。依据《民法典》第1076条第1款的规定，夫妻双方自愿离婚的，应当签订书面离婚协议，并亲自到婚姻登记机关申请离婚登记。

第三，双方当事人对离婚后子女抚养、财产和债务等问题达成一致。依据《民法典》第1076条第2款的规定，离婚协议书应当载明双方自愿离婚的意思表示和对子女抚养、财产以及债务处理等事项协商一致的意见。离婚不仅仅是夫妻身份关系的解除，还涉及夫妻财产关系、子女等方面的后果。所以，法律要求夫妻在办理离婚登记时，必须就子女的抚养、财产以及债务等问题达成一致，以维护当事人和第三人的合法权益。

二、离婚登记的程序

离婚登记应当经过以下程序。

第一，申请。依据《婚姻登记条例》第10条的规定，内地居民自愿离婚的，男女双方应当共同到一方当事人常住户口所在地的婚姻登记机关办理离婚登记。办理离婚登记的婚姻当事人应当出具相关的证件和证明材料（如本人的户口簿、身份证等有效证件）、结婚证、双方当事人共同签署的离婚协议书等。依据《民法典》第1077条第1款的规定，自婚姻登记机关收到离婚申请之日起30日内，任何一方不愿意离婚的，可以撤回离婚登记申请。上述30日的期间，通常称为离婚“冷静期”。在冷静期届满后30日内，双方未共同到婚姻登记机关申请发给离婚证的，视为撤回离婚登记申请。

第二，审查。婚姻登记机关应当对离婚登记当事人出具的证件、证明材料进行审查并询问相关情况。审查的过程，也就是对当事人进行引导和说服的过程。另外，在审查过程中，婚姻登记机关还必须对协议的内容作全面的了解，如当事人是否具有夫妻身份，离婚是否真实、自愿，有无欺诈、胁迫、弄虚作假等违法现象，对子女安排和财产分割是否合理等。

第三，登记。冷静期届满后30日内，双方当事人应当亲自到婚姻登记机关申请发给离婚证。依据《民法典》第1078条和第1080条的规定，婚姻登记机关查明双方确实是自愿离婚，并已经对子女抚养、财产及债务处理等事项协商一致的，予以登记，发给离婚证。完成离婚登记，即解除婚姻关系。离婚证是婚姻登记机关出具的证明婚姻关系解除的法律文书，与法院的离婚判决书、离婚调解书具有同等的法律效力。

第三节　判决离婚

一、判决离婚的适用条件

判决离婚又称裁判离婚或诉讼离婚，是指对于夫妻一方提出的离婚诉讼请求，人民法院经审理，作出肯定或否定判决的一种离婚制度。

依据《民法典》第1079条第1、2款的规定，夫妻一方要求离婚的，可以由有关组织进行调解或者直接向人民法院提起离婚诉讼。人民法院审理离婚案件，应当进行调解；如感情确已破裂，调解无效的，应当准予离婚。可见，判决离婚的适用条件是男女一方要求离婚并且夫妻感情确已破裂。如果双方对离婚达成合意并且对子女抚养、财产分割等问题协商一致，则应通过行政程序离婚；如果一方坚持要求离婚，但夫妻感情并未破裂，则不能判决离婚。

二、判决离婚的程序

在判决离婚中，法院在审理案件过程中的调解是必经程序。当事人之间离婚纠纷的调解可以分为诉讼外调解和诉讼内调解。

1. 诉讼外调解

诉讼外调解是指当事人所在单位、群众团体、居民委员会或村民委员会、婚姻登记机关等主持的调解。

诉讼外调解并不是判决离婚的必经程序，是否由有关组织进行调解由当事人双方自己决定。当事人可以不经这一阶段而直接向人民法院起诉，请求判决离婚，人民法院不得以未经有关组织调解而拒绝受理。经有关组织调解当事人所达成的离婚协议无法律约束力，不产生当事人婚姻关系解除的法律后果，有关财产处理和子女抚养费支付的内容，当事人也不得请求强制执行。

2. 诉讼内调解

诉讼内调解是指在审理离婚案件过程中，由人民法院所主持的调解。依据《民法典》第1079条第2款的规定，人民法院审理离婚案件，应当进行调解。可见，调解是人民法院审理离婚案件的必经程序。如果当事人因特殊情况无法出庭参加调解的，除本人不能表达意志的以外，应当出具书面意见。通过调解达成的协议，必须双方自愿，不得强迫；协议的内容不得违反法律规定。

3. 判决

对于调解无效的离婚案件，如双方感情确已破裂，应判决准予离婚，不能久调不决。一审判决离婚的，人民法院在宣告判决时必须告知当事人在判决发生法律效力前不得另行结婚。当事人不服一审判决的，有权在上诉期内提起上诉。第二审人民法院审理上诉案件可以进行调解，经调解双方达成协议的，自调解书送达时起原审判决即视为撤销；调解不成的，第二审人民法院对当事人的上诉分别作出维持原判、依法改判或发回原审法院重审的处理。

三、有关离婚问题的两项特别规定

（一）对现役军人配偶离婚请求权的限制问题

依据《民法典》第1081条的规定，现役军人的配偶要求离婚，应当征得军人同意，但是军人一方有重大过错的除外。适用这一规定，应当具备以下条件。

（1）现役军人的配偶一方提出离婚。如果是现役军人与配偶合意离婚，则不适用这一规定。

（2）现役军人的配偶向现役军人提起离婚诉讼。现役军人是指正在中国人民解放军和中国人民武装警察部队服役、具有军籍的人员，不包括退役军人、复员军人、转业军人和军事单位中不具有军籍的职工；现役军人的配偶，是指现役军人的非军人配偶。如果双方都是现役军人或者是现役军人提起离婚诉讼，则不适用这一规定。

（3）现役军人的非军人配偶的离婚请求权受现役军人同意权的限制，即须征得军人的同意。但当现役军人一方存在重大过错且导致了夫妻感情破裂时，其配偶要求离婚的，可以不必征得军人的同意。现役军人有以下情形的，可以视为军人有重大过错：一是现役军人重婚或与他人同居的；二是现役军人实施家庭暴力或虐待、遗弃家庭成员的；三是现役军人有赌博、吸毒等恶习，屡教不改的；四是现役军人有其他重大过错，导致夫妻感情破裂的。

（二）对男方离婚请求权的限制问题

依据《民法典》第1082条的规定，女方在怀孕期间、分娩后1年内或终止妊娠后6个月内，男方不得提出离婚；但是，女方提出离婚或者人民法院认为确有必要受理男方离婚请求的除外。可见，在下列三种情形下，应当对男方离婚请求权给予限制，即女方怀孕期间、分娩后1年内、终止妊娠后6个月内。应当指出，在下列两种情形下，对男方离婚请求权的限制仍应当适用：（1）女方分娩后1年内，婴儿死亡的；（2）原审人民法院判决离婚后，在上诉期内女方发现怀孕，提起上诉，或在二审诉讼期间女方发现怀孕的，二审人民法院应撤销原判决，裁定驳回男方的离婚请求。当然，法律对男方离婚请求权的限制，仅是一种暂时性的限制，既不是对男方离婚诉权的剥夺，也不涉及离婚的实质要件，期间届满之后其离婚请求权自然恢复。

法律对男方离婚请求权的限制只是一般规则，在特殊情况下，男方离婚请求权并不受限制。除女方提出离婚外，人民法院认为确有必要受理男方离婚请求的，不受特定期限不得起诉的限制。所谓“确有必要”，主要指两种情况：一是在此期间双方确实存在不能继续共同生活的重大而紧迫的理由，一方对他方有危及生命、人身安全的可能；二是女方怀孕系在婚姻关系存续期间与他人通奸所致，女方也不否认，夫妻感情确已破裂，人民法院应根据具体情况，受理男方的离婚请求。

四、判决离婚的条件

依据《民法典》第1079条的规定，夫妻感情确已破裂是判决准予离婚的法定条件。在下列情形下，可以认定夫妻感情确已破裂。

1. 重婚或者与他人同居

这里的重婚包括法律上的重婚和事实上的重婚；“与他人同居”，是指有配偶者与婚外异性，不以夫妻名义，持续、稳定地共同居住。

2. 实施家庭暴力或虐待、遗弃家庭成员

依据《反家庭暴力法》第2条的规定，家庭暴力，是指家庭成员之间以殴打、捆绑、残害、限制人身自由以及经常性谩骂、恐吓等方式实施的身体、精神等侵害行为。持续性、经常性的家庭暴力，构成虐待。遗弃是指负有赡养、扶养义务的一方不履行其义务的情形。

3. 有赌博、吸毒等恶习，屡教不改

一方有赌博、吸毒等恶习而且屡教不改，对方提出离婚，调解无效的，应准予离婚。

4. 因感情不和分居满2年

男女双方因为感情不和，分居已达2年之久，足以认定夫妻感情确已破裂的，应准予离婚。

5. 其他导致夫妻感情破裂的情形

其他导致夫妻感情破裂的情形，主要有：（1）一方有生理缺陷或有其他原因不能发生性行为，且难以治愈的；（2）婚前缺乏了解，草率结婚，婚后未建立起夫妻感情，难以共同生活的；（3）婚前隐瞒了重大疾病，婚后久治不愈，或者婚前知道对方患有重大疾病而与其结婚或一方在夫妻共同生活期间患重大疾病，久治不愈的；（4）双方办理结婚登记后，未同居生活，无和好可能的；（5）一方被依法判处长期徒刑，或其违法、犯罪行为严重伤害夫妻感情等情况；（6）夫妻双方因是否生育发生纠纷，致使感情确已破裂，一方请求离婚，人民法院调解无效的。

此外，依据《民法典》第1079条的规定，一方被宣告失踪，另一方提起离婚诉讼的，应准予离婚；经人民法院判决不准离婚后，双方又分居届满1年，一方再次提起离婚诉讼的，应当准予离婚。

第四节　离婚的法律后果

一、离婚后的子女抚养

1. 离婚后父母与子女的关系

依据《民法典》第 1084 条第 1 款的规定，父母与子女间的关系不因父母离婚而消除。离婚后，子女无论由父或者母直接抚养，仍是父母双方的子女。可见，父母离婚只能消除夫妻关系，而不能消除父母子女之间的权利义务关系。因此，离婚后，父母对于子女仍有抚养、教育、保护的权利和义务。

养父母离婚，也不能消除养父母与养子女之间的权利义务关系。养父母离婚后，养子女无论由养父或养母抚养，仍是养父母双方的养子女。在特殊情况下，如养父母离婚时经生父母及有识别能力的未成年养子女同意，双方自愿达成协议，可依法解除收养关系，由生父母抚养。

生父或生母与继母或继父离婚，已形成抚养关系的继父母与继子女，如继子女未成年并随生父或生母生活，继父或继母拒绝继续抚养继子女的，该继子女与继父母的权利义务关系，随之自然解除。如受继父母长期抚养、教育的继子女已成年，则继父母与继子女间已形成的身份关系和权利义务关系不能因离婚而当然解除。

2. 离婚后未成年子女的抚养归属

依据《民法典》第 1084 条第 3 款的规定，离婚后，不满 2 周岁的子女，以由母亲直接抚养为原则。已满 2 周岁的子女，父母双方对抚养问题协议不成的，由人民法院根据双方的具体情况，按照最有利于未成年子女的原则判决。子女已满 8 周岁的，应当尊重其真实意愿。

3. 离婚后子女抚养费的分担和变更

依据《民法典》第 1085 条的规定，离婚后，子女由一方抚养的，另一方应负担部分或者全部抚养费。负担费用的多少和期限的长短，由双方协议；协议不成的，由人民法院判决。关于子女抚养费协议或判决，不妨碍子女在必要时向父母任何一方提出超过协议或判决原定数额的合理要求。

4. 离婚后对子女的探望权

依据《民法典》第 1086 条第 1 款的规定，探望权是指在离婚后，不直接抚养子女的父或者母，有探望子女的权利。在不直接抚养子女的父或者母行使探望权时，另一方有协助的义务。

（1）探望权的行使主体为不直接抚养子女的父或母。所谓不直接抚养子女的父或母，是指不随子女共同生活的一方。探望不以负担费用为前提，即使父或母因某种原因而未支付抚养费，仍有探望的权利；也不以随子女共同生活的父或母一方未再婚为前提，即使已经再婚，仍有探望的权利；也不以非轮流抚养为限，在父或母轮流抚养子女的情况下，未与子女共同生活的一方仍有探望权。

（2）探望权的主要内容是会面和交往，也包括通信、通话等。无论采取何种方式，都要以不影响子女的学习、生活为前提。

（3）依据《民法典》第 1086 条第 2 款的规定，行使探望权利的方式、时间由当事人协议；协议不成的，由人民法院判决。对于人民法院有关探望权的判决，义务人有履行的义务；对于拒不执行有关探望权判决的，人民法院应当依法强制执行。所谓由人民法院依法强制执行，是指对于拒不协助另一方行使探望权的有关个人和单位采取拘留、罚款等强制措施，不能对子女的人身、探望行为进行强制执行。

（4）探望权的中止和恢复。依据《民法典》第1086条第3款的规定，父或者母探望子女，不利于子女身心健康的，由人民法院依法中止探望的权利；中止的事由消失后，应当恢复探望的权利。中止探望权只是探望权的暂时停止，而不是探望权的消灭。中止探望权的情形消失后，应当允许恢复探望权的行使。人民法院应当根据当事人的申请，经过严格审查，确信当事人不存在不利于子女身心健康的情形后，通知其恢复探望权的行使。

例题166 屈赞与曲玲协议离婚并约定婚生子屈曲由屈赞抚养，另口头约定曲玲按其能力给付抚养费并可随时探望屈曲。对此，下列哪些选项是正确的？

A. 曲玲有探望权，屈赞应履行必要的协助义务

B. 曲玲连续几年对屈曲不闻不问，违背了法定的探望义务

C. 屈赞拒不履行协助曲玲探望的义务，经由裁判可依法对屈赞采取拘留、罚款等强制措施

D. 屈赞拒不履行协助曲玲探望的义务，经由裁判可依法强制从屈赞处接领屈曲与曲玲会面

解析：本题的考点是离婚后子女的探望权，答案为A、C项。夫妻离婚后，不直接抚养子女的父或母，有探望子女的权利，另一方有协助的义务。如果一方拒不履行协助另一方探望的义务，经由裁决可对有关个人和单位采取拘留、罚款等强制措施，但不能对子女的人身、探望行为进行强制执行。探望权属于一方的权利，故曲玲连续几年对屈曲不闻不问，并不违背探望义务。

二、离婚后的财产分割

1. 财产分割的原则和范围

依据《民法典》第1087条的规定，离婚时，夫妻的共同财产由双方协议处理；协议不成的，由法院根据财产的具体情况，按照照顾子女、女方和无过错方权益的原则判决；对夫或妻在家庭土地承包经营中享有的权益等，应当依法予以保护。

夫妻离婚时分割的财产，仅是双方共同共有的财产。双方在婚姻关系存续期间实行法定财产制的，除特有财产外，分割的是婚后所得财产；双方约定实行一般共同制的，分割的是双方婚前财产和婚后所得财产；双方约定实行混合财产制的，分割的是约定为共同共有的财产。是个人财产还是夫妻共同财产难以确定的，主张权利的一方有责任举证。当事人举不出有力证据又无法查实的，按夫妻共同财产处理。凡是属于夫妻一方所有的财产，不因婚姻关系的延续而转化为夫妻共同财产，除非双方另有约定。

2. 财产分割的方法

在司法实践中，人民法院在对夫妻共同财产具体分割时，应遵循以下具体规则。

（1）夫妻共同财产，原则上均等分割。根据生产、生活的实际需要和财产的来源等情况，具体处理时也可以有所差别。

（2）夫妻分居两地分别管理、使用的婚后所得财产，应认定为夫妻共同财产。在分割时，各自分别管理、使用的财产归各自所有；双方所分财产相差悬殊的，差额部分，由多得财产的一方以与差额相当的财产抵偿另一方。

（3）已登记结婚，尚未共同生活，一方或双方受赠的礼金、礼物应认定为夫妻共同财产，具体处理时考虑财产来源、数量等情况合理分割。各自出资购置、使用的财物，原则上归各自所有。

（4）以一方名义用夫妻共同财产在合伙企业中的出资，另一方不是该企业合伙人的，入伙的财产可分给一方所有，分得入伙财产的一方对另一方应给予相当于入伙财产一半价值的补偿。如夫妻双方协商一致，将其合伙企业中的财产份额全部或部分转让给对方时，按以下情形分别处理：1）其他合伙人一致同意的，该配偶依法取得合伙人地位；2）其他合伙人不同意转让，在同等条件下行使优先受让权的，可以对转让所得的财产进行分割；3）其他合伙人不同意转让，也不行使优先受让权，但同意该合伙人退伙或者退还部分财产份额的，可以对退还的财产进行分割；4）其他合伙人既不同意转让，也不行使优先受让权，又不同意该合伙人退伙或者退还部分财产份额的，视为全体合伙人同意转让，该配偶依法取得合伙人地位。

（5）属于夫妻共同财产的生产资料，可分给有经营条件和能力的一方。分得该生产资料的一方对另一方应给予相当于该财产一半价值的补偿。

（6）对夫妻共同经营的当年无收益的养殖、种植业等，离婚时应从有利于发展生产、有利于经营管理考虑，予以合理分割或折价处理。

（7）离婚时一方所有的知识产权尚未取得经济利益的，在分割夫妻共同财产时可根据具体情况对另一方予以适当的照顾。

（8）婚前个人财产在婚后共同生活中自然毁损、消耗、灭失，离婚时一方要求以夫妻共同财产抵偿的，不予支持。

（9）夫妻双方分割共同财产中的股票、债券、投资基金份额等有价证券以及未上市股份有限公司股份时，协商不成或者按市价分配有困难的，可以根据数量按比例分配。

（10）以一方名义用夫妻共同财产在有限责任公司出资的，对该出资额，另一方不是该公司股东的，按以下情形分别处理：1）夫妻双方协商一致将出资额部分或者全部转让给该股东的配偶，过半数股东同意、其他股东明确表示放弃优先购买权的，该股东的配偶可以成为该公司股东。2）夫妻双方就出资额转让份额和转让价格等事项协商一致后，过半数股东不同意转让，但愿意以同等价格购买该出资额的，可以对转让出资所得财产进行分割。过半数股东不同意转让，也不愿意以同等价格购买该出资额的，视为其同意转让，该股东的配偶可以成为该公司股东。

（11）以一方名义用夫妻共同财产投资设立独资企业的，分割夫妻在该独资企业中的共同财产时，应当按照以下情形分别处理：1）一方主张经营该企业的，对企业资产进行评估后，由取得企业一方给予另一方相应的补偿；2）双方均主张经营该企业的，在双方竞价基础上，由取得企业的一方给予另一方相应的补偿；3）双方均不愿意经营该企业的，依据《个人独资企业法》等有关规定办理。

（12）离婚时夫妻一方尚未退休、不符合领取养老保险金条件，另一方请求按照夫妻共同财产分割养老保险金的，法院不予支持；婚后以夫妻共同财产缴付养老保险费，离婚时一方主张将养老金账户中婚姻关系存续期间个人实际缴付部分作为夫妻共同财产分割的，人民法院应予支持。

3. 离婚时的房屋分割

在司法实践中，离婚时对房屋的分割，应当按照以下规定处理。

（1）由一方婚前承租、婚后用共同财产购买的房屋，房屋权属证书登记在一方名下的，应当认定为夫妻共同财产，应按照夫妻共同财产分割房屋。

（2）双方对夫妻共同财产中的房屋价值及归属无法达成协议时，人民法院应按以下情形分别处理：1）双方均主张房屋所有权并且同意竞价取得的，应当准许；2）一方主张房屋所有权的，由评估机构按市场价格对房屋作出评估，取得房屋所有权的一方应当给予另一方相应的补偿；3）双方均不主张房屋所有权的，根据当事人的申请拍卖房屋，就所得价款进行分割。

（3）离婚时双方对尚未取得所有权或者尚未取得完全所有权的房屋有争议且协商不成的，人民法院不宜判决房屋所有权的归属，应当根据实际情况判决由当事人使用。当事人就该房屋取得完全所有权后，有争议的，可以另行向人民法院提起诉讼。

（4）对于父母为子女购置房屋的权属和分割问题，应区分两种情形处理：1）当事人结婚前，父母为双方购置房屋出资的，该出资应当认定为对自己子女的个人赠与，但父母明确表示赠与双方的除外；2）当事人结婚后，父母为双方购置房屋出资的，该出资应当认定为对夫妻双方的赠与，但父母明确表示赠与一方的除外。在上述两种情形下，如果确定是对夫妻一方的赠与的，另一方不得参与分割；如果确定归夫妻双方共有的，在离婚时应依法按照共同财产予以分割。

（5）夫妻一方婚前签订不动产买卖合同，以个人财产支付首付款并在银行贷款，婚后用夫妻共同财产还贷，不动产登记于首付款支付方名下的，离婚时该不动产由双方协议处理；不能达成协议的，法院可以判决该不动产归产权登记一方，尚未归还的贷款为产权登记一方的个人债务。双方婚后共同还贷支付的款项及其相对应财产增值部分，由产权登记一方对另一方进行补偿。

（6）婚姻关系存续期间，双方用夫妻共同财产出资购买以一方父母名义参加房改的房屋，产权登记在一方父母名下，离婚时另一方主张按照夫妻共同财产对该房屋进行分割的，法院不予支持。购买该房屋时的出资，可以作为债权处理。

4. 离婚财产分割的救济

依据《民法典》第 1092 条的规定，夫妻一方有隐藏、转移、变卖、毁损、挥霍夫妻共同财产，或者伪造债务企图侵占另一方财产的行为的，在离婚分割夫妻共同财产时，对该方可以少分或者不分。离婚后，另一方发现有上述行为的，可以向人民法院提起诉讼，请求再次分割夫妻共同财产。

例题 167　乙起诉离婚时，才得知丈夫甲此前已着手隐匿并转移财产。关于甲、乙离婚的财产分割，下列哪一选项是错误的？

A. 甲隐匿转移财产，分割财产时可少分或不分

B. 就履行离婚财产分割协议事宜发生纠纷，乙可再起诉

C. 离婚后发现甲还隐匿其他共同财产，乙可另诉再次分割财产

D. 离婚后因发现甲还隐匿其他共同财产，乙再行起诉不受诉讼时效限制

解析：本题的考点是离婚时的财产处理，答案为 D 项。依据《民法典》第 1092 条的规定，离婚时，一方隐藏、转移、变卖、毁损、挥霍夫妻共同财产的，分割财产时对该方可少分或不分。如果双方达成了离婚财产分割协议，则就协议发生纠纷的，一方可以再起诉。在离婚后，如发现一方隐匿共同财产的，另一方可以再次请求分割财产，但应受诉讼时效的限制。

三、离婚时的债务清偿

1. 夫妻共同债务的清偿

依据《民法典》第1089条的规定，离婚时，夫妻共同债务，应当共同偿还。共同财产不足清偿的，或财产归各自所有的，由双方协议清偿；协议不成的，由人民法院判决。

依据《民法典》第1064条第1款的规定，所谓夫妻共同债务，是指夫妻双方共同签名或者夫妻一方事后追认等共同意思表示所负的债务以及夫妻一方在婚姻关系存续期间以个人名义为家庭日常生活需要所负的债务。夫妻共同债务主要包括：(1) 夫妻为家庭日常生活需要所负的债务；(2) 夫妻为共同生产、经营、投资等所负的债务；(3) 夫妻一方为生产、经营、投资等并经另一方同意或虽未经对方同意但收益用于夫妻共同生活所负的债务；(4) 夫妻双方共同签名或者夫妻一方事后追认等共同意思表示所负的债务。

夫妻对共同债务承担共同清偿责任，具体清偿顺序为：首先，夫妻共同债务应用夫妻共同财产清偿；其次，夫妻共同财产不足或财产各自所有、无夫妻共同财产的，由双方协议各自清偿的数额；最后，夫妻双方协商不成的，由人民法院判决。

2. 夫妻个人债务的清偿

夫妻个人债务，是指夫妻以个人名义所负的超出家庭日常生活需要所负的债务。《民法典》第1064条第2款规定："夫妻一方在婚姻关系存续期间以个人名义超出家庭日常生活需要所负的债务，不属于夫妻共同债务；但是，债权人能够证明该债务用于夫妻共同生活、共同生产经营或者基于夫妻双方共同意思表示的除外。"依据该规定，夫或者妻个人债务一般包括：(1) 婚前所负的债务；(2) 婚姻关系存续期间因个人生活需要所负债务；(3) 一方未经对方同意，独自筹资从事生产经营活动，其收入未用于共同生活所负的债务；(4) 双方约定的个人负担债务。

夫或妻的个人债务，应当由债务人以个人财产偿还，非债务方配偶有权拒绝债权人的共同清偿的请求。但是，依据《民法典》第1065条第3款的规定，夫妻对婚姻关系存续期间所得财产约定归各自所有，夫或者妻一方对外所负债务，相对人不知道该约定的，应当由夫妻共同清偿。

例题168 甲、乙结婚第二年，甲以个人名义向其弟借款10万元购买商品房一套，夫妻共同居住。甲、乙离婚后，甲向其弟所借的钱，离婚时应如何处理？

A. 由甲偿还　　B. 由乙偿还　　C. 以夫妻共同财产偿还　　D. 主要由甲偿还

解析：本题的考点是夫妻共同债务的清偿，答案为C项。在婚姻关系存续期间，甲虽然是以个人名义借款买房，但所购房为夫妻共同居住，因此，该债务为夫妻共同债务，应以夫妻共同财产偿还。

四、离婚时夫妻一方对另一方的经济补偿

依据《民法典》第1088条的规定，夫妻一方因抚育子女、照料老年人、协助另一方工作等负担较多义务的，离婚时有权向另一方请求补偿，另一方应当予以补偿，另一方应当给予补偿。

经济补偿请求权的行使时间是"离婚时"，即由请求权人在离婚诉讼中向对方一并提出。

如果当事人符合条件而未提出，人民法院应行使释明权。

关于经济补偿的数额和给付方式，首先由双方协商，如双方在人民法院主持下达成调解协议的，人民法院应在调解书中予以记载；调解不成的，由人民法院根据双方结婚时间的长短、家务劳动的强度和时间、给对方提供的帮助多少等因素进行判决确定。

五、离婚时对生活困难一方的经济帮助

依据《民法典》第1090条的规定，离婚时，如果一方生活困难，有负担能力的另一方应当给予适当帮助。具体办法由双方协议；协议不成的，由人民法院判决。所谓一方生活困难，是指依靠个人财产和离婚时分得的财产无法维持当地基本生活水平。一方离婚后没有住处的，亦可认定属于生活困难。

经济帮助的形式不限于金钱，也可以是生活用品，还可以是房屋的居住权或者房屋的所有权。在实践中，经济帮助除了帮助方的经济条件外，应着重考虑受帮助方的具体情况和实际需要。

例题169 王某与周某结婚时签订书面协议，约定婚后所得财产归各自所有。周某婚后即辞去工作在家奉养公婆，照顾小孩。王某长期在外地工作，后与李某同居，周某得知后向人民法院起诉要求离婚。周某的下列哪些请求可以得到法院的支持？

A. 由于自己为家庭生活付出较多，请求王某予以补偿

B. 请求人民法院判决确认双方约定婚后所得归各自所有的协议归于无效

C. 请求人民法院撤销双方约定婚后所得归各自所有的协议

D. 由于离婚后生活困难，请求王某给予适当帮助

解析：本题考点是离婚时的经济补偿、经济帮助，答案为A、D项。王某与周某离婚时，周某对家庭生活付出较多，因此，周某有权要求王某给予经济补偿。双方的约定不存在无效和可撤销的事由，周某无权请求人民法院确认该约定无效或撤销该约定。在离婚后，周某生活困难，有权请求王某给予经济帮助。

六、离婚时的损害赔偿

离婚损害赔偿是指因夫或妻一方的法定过错导致离婚的，对无过错的另一方进行的赔偿。依据《民法典》第1091条的规定，有下列情形之一，导致离婚的，无过错方有权请求损害赔偿：(1) 重婚；(2) 与他人同居；(3) 实施家庭暴力；(4) 虐待、遗弃家庭成员；(5) 有其他重大过错。

离婚损害赔偿的前提是双方离婚。因此，人民法院判决不准离婚的案件，或者在婚姻关系存续期间，当事人不起诉离婚而单独提出损害赔偿请求的案件，都不产生离婚损害赔偿问题。

在离婚损害赔偿中，承担损害赔偿责任的主体是离婚中夫妻有过错的一方。相应地，请求权主体就是离婚中夫妻无过错的一方。如果夫妻双方均有法律规定的过错情形，一方或者双方无权向对方提出离婚损害赔偿请求。

离婚损害赔偿既适用于判决离婚，也适用于协议离婚。但不同的离婚方式中，离婚损害赔偿请求权的行使要求并不相同。在协议离婚中，当事人在婚姻登记机关办理离婚登记手续后，

以《民法典》第1091条的规定为由向人民法院提出损害赔偿请求的，人民法院应当受理。在判决离婚中，人民法院受理离婚案件时，应当将《民法典》第1091条规定的当事人的权利、义务书面告知当事人。在适用《民法典》第1091条时，应当区分以下不同情况：（1）符合《民法典》第1091条规定的无过错方作为原告基于该条规定向人民法院提出损害赔偿请求的，必须在离婚诉讼的同时提出。（2）符合《民法典》第1091条规定的无过错方作为被告的离婚诉讼案件，如果被告不同意离婚，也不基于该条规定提出损害赔偿请求的，可以在离婚后1年内就此单独提起诉讼。（3）无过错方作为被告的离婚诉讼案件，一审时被告未基于《民法典》第1091条的规定提出损害赔偿请求，二审期间提出的，法院应当进行调解，调解不成的，告知当事人在离婚后1年内另行起诉。

例题170 钟某性情暴躁，常殴打妻子柳某，柳某经常找同村未婚男青年杜某诉苦排遣，日久生情。现柳某起诉离婚。关于钟、柳二人的离婚财产处理事宜，下列哪一选项是正确的？

A. 针对钟某家庭暴力，柳某不能向其主张损害赔偿

B. 针对钟某家庭暴力，柳某不能向其主张精神损害赔偿

C. 如柳某婚内与杜某同居，则柳某不能向钟某主张损害赔偿

D. 如柳某婚内与杜某同居，则钟某可以向柳某主张损害赔偿

解析：本题的考点是离婚损害赔偿，答案为C项。因钟某对柳某实施家庭暴力，柳某起诉离婚的，柳某作为家庭暴力的无过错方有权请求损害赔偿，包括精神损害赔偿。若柳某婚内与杜某同居，属于有配偶者与他人同居，柳某有过错，故其不能向钟某主张损害赔偿。同时，钟某因实施家庭暴力，亦有过错，不能向柳某主张损害赔偿。

引读案例解答

1.（1）甲、乙签订的离婚协议书于完成离婚登记时生效。离婚协议书是当事人以婚姻关系解除为目的而达成的协议，该协议中关于子女的抚养和财产处理以及债务负担等内容，均是离婚所产生的法律后果，是以离婚为前提条件的，因此，离婚协议书并不是自达成之日起生效，而是自完成离婚登记、婚姻关系解除的效力发生时生效。

（2）离婚协议书中关于夫妻共同债务由甲负责清偿的约定，不能对抗债权人。夫妻共同债务，应当夫妻共同偿还。夫妻约定由一方承担，属于移转的债务承担行为，必须经债权人同意才能产生对抗债权人的效力。

（3）父母对未成年子女有抚养的义务，对已经成年、身体健康且接受大学教育的子女没有抚养义务。假如甲、乙离婚时，丙已经成年，父母对其抚养义务已经消灭，丙也丧失了受父母抚养的权利主体资格。但是，甲、乙在协议中约定各自对丙的抚育费支付义务，属于为第三人设定权利的行为，双方当事人完全自愿，不违反法律的强制性规定，合法有效。

（4）甲对离婚财产处理问题反悔，有权请求人民法院重新处理。在男女双方协议离婚后1年内，就财产分割问题反悔，请求变更或者撤销财产分割协议的，人民法院应当受理。人民法院审理后，未发现订立财产分割协议时存在欺诈、胁迫等情形的，应当依法驳回当事人的诉讼请求。

2. (1) 甲未患精神病，被乙送到精神病院接受强制治疗，构成对甲名誉权的侵害。

(2) 乙的行为应当承担侵权的民事责任，但不应承担离婚损害赔偿责任。依据《民法典》第 1091 条的规定，乙对甲实施的侵权行为，虽属于“有其他重大过错”的承担离婚损害赔偿责任的情形，但甲未提起离婚诉讼，乙的行为未导致离婚后果的发生，因此乙不应承担离婚损害赔偿责任。

(3) 甲在婚姻关系存续期间可以对乙提起侵权之诉。依据《民法典》第 1165 条的规定，行为人因过错侵害他人民事权益，应当承担侵权责任。行为人该侵权责任的承担，不因与受害人之间的配偶关系而豁免。甲作为受害人，可在婚姻关系存续期间提起诉讼，请求乙承担侵权的民事责任。

课堂讨论案例

1. 甲与乙婚后生有一子，共同经营一建材商店。某日，甲进货途中发生车祸成了植物人。乙在照顾甲两年之后，眼见几十万的积蓄所剩无几，便以每月 3 000 元的工资请一名护工照顾甲，自己又开始经营商店。既经营商店，又要照顾子女和丈夫，乙心力交瘁，很想有人能分担自己的压力。于是，乙向人民法院提起离婚诉讼，要求与甲离婚，并承诺离婚后，甲每月 3 000 元的护工费仍由其承担。对于乙请求离婚的行为，甲的父母及兄弟非常气愤，不能接受。

问：(1) 甲成为植物人，乙是否有权提起离婚诉讼？(2) 乙与甲的离婚诉讼，与其他类型的民事诉讼相比，有何不同？(3) 乙与甲的代理人达成的离婚调解协议，能否得到人民法院的认可？(4) 如果人民法院判决准予离婚，乙的承诺如何能保证执行？

2. 甲男无固定职业且有赌博恶习，乙女系某国家机关工作人员。甲、乙二人网恋相识并结婚，婚后生有一女丙（3 周岁），由甲的父母看护照料。甲的父母在甲结婚后付款为其购买住房一套，产权登记在甲的名下。婚后两人经常为生活琐事发生争吵，夫妻感情破裂。乙提起离婚诉讼，并要求直接抚养丙；甲同意离婚，但也要求抚养丙。

问：(1) 丙的抚养归属如何确定？(2) 如果人民法院判决丙由乙直接抚养，甲没有固定收入，抚育费如何承担？(3) 甲有赌博恶习，品行不良，是否有探望丙的权利？

重点思考习题

1. 婚姻终止的原因有哪些？
2. 宣告死亡人重新出现后对原婚姻关系有何影响？
3. 协议离婚的条件和程序是什么？
4. 离婚与婚姻的无效和撤销有何区别？
5. 诉讼离婚的条件和程序是什么？
6. 离婚时夫妻财产如何分割？
7. 试述离婚后父母的探望权。
8. 离婚后夫妻债务清偿责任应当如何承担？
9. 夫妻离婚后，一方在什么条件下有权请求经济补偿和经济帮助？
10. 夫妻离婚后，一方在什么条件下有权请求离婚损害赔偿？

第三十四章 收养制度

引读案例

1. 甲是乙的姐姐。乙有一子一女，其女丙已满 17 周岁，就读于某中学高三。甲有一对双胞胎儿子，经与乙夫妇协商，甲决定收养丙，但甲的丈夫表示反对。请分析以下问题：(1) 丙为生父母无特殊困难的未成年人，能否被甲收养？(2) 甲已有子女，是否具备收养丙的条件？(3) 甲未经其夫同意能否单方收养丙？

2. 甲欲收养乙为子，甲父母丙、丁表示反对。甲、乙的收养关系成立后，在养父母子女关系存续期间，甲遭遇车祸死亡，乙刚满 10 周岁，无生活来源。于是乙请求丙、丁履行抚养义务，丙、丁有能力但以乙应由生父母抚养为由拒绝。请分析以下问题：(1) 乙被甲收养后，是否与丙、丁产生祖孙间的权利义务关系？(2) 甲死亡后，乙与生父母的权利义务关系是否自然恢复？(3) 甲死亡后，丙、丁对乙是否有抚养的义务？

法律职业资格考试要点

收养关系成立的实质要件和形式要件；收养的拟制效力和解消效力；收养解除的方式和后果

第一节 收养关系的成立

一、收养的含义

收养是指自然人依照法律规定的条件和程序，收养他人的子女作为自己的子女，从而使没有父母子女关系的当事人之间产生法律拟制的父母子女关系的民事法律行为。

收养具有以下特点。

第一，收养是一种身份行为，是用来创设特定的身份关系的，因此，收养关系只能发生在自然人之间，而且是非直系血亲的自然人之间。

第二，收养是一种变更亲属关系及其权利、义务的行为。一方面，通过收养，收养人和被收养人之间发生法律拟制的亲子关系，双方具有与自然血亲的父母子女相同的权利和义务；另一方面，养子女和生父母之间的权利和义务因收养的成立而消除。可见，收养不同于寄养。孤儿或者生父母无力抚养的子女，可以由生父母的亲属、朋友抚养，但抚养人与被抚养人之间关系不发生收养的效力（《民法典》第 1107 条）。

第三，收养创设的是拟制血亲的亲子关系，是可以依法解除的。基于收养而发生的亲子关系，既可在符合法定条件时依照法定程序而成立，亦可在出现法定事由时通过法定方式而解除。

二、收养成立的实质要件

（一）被收养人的条件

依据《民法典》第 1093 条的规定，下列未成年人可以被收养。

第一，丧失父母的孤儿。孤儿是指其父母死亡或法院宣告其父母死亡的未成年人。

第二，查找不到生父母的未成年人。这里所说的未成年人，是指被父母遗弃的未成年人。遗弃未成年人的，一般为生父母，也可能是养父母。作为被收养人的未成年人，应当以其生父母查找不到为必要条件。

第三，生父母有特殊困难无力抚养的子女。生父母是否有特殊困难无力抚养子女，应当根据当事人的具体情况来认定。一般说来，如生父母因经济负担能力、患有严重疾病、丧失民事行为能力等原因，无法或不宜抚育子女的，均可视为有特殊困难无力抚养。

（二）送养人的条件

依据《民法典》第 1094 条的规定，下列个人、组织可以作为送养人。

第一，孤儿的监护人。孤儿已丧失父母，处于他人监护之下，以监护人为送养人是出于保护孤儿的需要。但是，监护人送养孤儿的，应当征得有抚养义务的人同意。有抚养义务的人不同意送养、监护人不愿意继续履行监护职责的，应当依法另行确定监护人（《民法典》第 1096 条）。

第二，儿童福利机构。我国的儿童福利机构，主要是各地民政部门主管的收养、养育孤儿和查找不到生父母的未成年人的儿童福利院。

第三，有特殊困难无力抚养子女的生父母。有特殊困难无力抚养子女的生父母为送养人的，同生父母有特殊困难无力抚养的子女为被收养人的规定相一致。在这种情况下，通过送养、收养变更亲属关系对子女的健康成长是有利的。生父母作为送养人送养子女的，应当遵守以下特殊规定：(1) 生父母送养子女，应当双方共同送养。生父母一方不明或者查找不到的，可以单方送养（《民法典》第 1097 条）。(2) 配偶一方死亡，另一方送养未成年子女的，死亡一方的父母有优先抚养的权利（《民法典》第 1108 条）。(3) 未成年人的父母均不具备完全民事行为能力且可能严重危害该未成年人的，该未成年人的监护人可以将其送养（《民法典》第 1095 条）。

（三）收养人的条件

依据《民法典》第 1098 条的规定，收养人应当同时具备以下条件。

第一，无子女或者只有 1 名子女。这里所说的无子女，包括未婚者无子女、已婚者尚无子女以及因欠缺生育能力而不可能有子女等各种情形。在解释上，子女既包括婚生子女，也包括非婚生子女和养子女。

第二，有抚养、教育和保护被收养人的能力。衡量收养人是否具有抚养、教育和保护被收养人的能力，不能仅考虑收养人的经济负担能力，还要考虑收养人在思想品德、健康状况等方面有无抚养、教育和保护的能力。

第三，未患有在医学上认为不应当收养子女的疾病。这既是为保障养子女的身体健康，也是收养人抚育养子女的前提条件。

第四，无不利于被收养人健康成长的违法犯罪记录。收养应当有利于被收养人的健康成长，如果收养人曾经因为实施寻衅滋事、故意杀人、故意伤害、强奸、猥亵儿童、盗抢等违法犯罪行为被行政处罚或者被追究过刑事责任，有此类违法犯罪记录人的品性不利于被收养人的健康成长，不具备收养人的资格。

第五，年满 30 周岁。不满 30 周岁的人，生育子女的机会尚多，不必急于收养他人子女作为自己的子女。到达相当年龄后再收养子女，能够更好地承担父母的职责。基于我国的人口现状和人口政策，规定年满 30 周岁始得收养子女是比较适宜的。

此外，关于收养人的条件，还应当注意以下几项规定：(1) 无子女的收养人可以收养 2 名子女，有子女的收养人只能收养 1 名子女（《民法典》第 1100 条第 1 款）；(2) 有配偶者收养子女，应当夫妻共同收养（《民法典》第 1101 条）；(3) 无配偶者收养异性子女的，收养人与被收养人的年龄应当相差 40 周岁以上（《民法典》第 1102 条）。

（四）当事人的收养合意

收养关系的成立，以有关当事人的意思表示一致为必要条件。依据《民法典》第 1104 条的规定，收养合意有以下两个方面的要求。

一是收养人收养与送养人送养应当双方自愿。具体来说，收养人和送养人须在平等、自愿的基础上，达成有关成立收养的协议。有配偶者送养或收养子女，须夫妻共同送养或共同收养。收养儿童福利机构抚养的孤儿或者查找不到生父母的未成年人，应当征得儿童福利机构的同意。

二是收养年满 8 周岁以上的未成年人的，应当征得被收养人的同意。作为限制民事行为能力人的未成年人已具有部分民事行为能力，被收养是有关变更其亲子关系的重大问题，征得本人同意是完全有必要的。

（五）关于收养条件的特殊规定

1. 收养三代以内同辈旁系血亲的子女

依据《民法典》第 1099 条的规定，收养人收养三代以内旁系同辈血亲的子女的，可以放宽以下收养条件：(1) 生父母无特殊困难有抚养能力的子女，亦可为被收养人；(2) 无特殊困难有抚养能力的生父母，亦可为送养人；(3) 无配偶者收养异性子女，不受收养人和被收养人之间须有 40 周岁以上年龄差的限制；(4) 收养人如为华侨，回国收养三代以内旁系同辈血亲的子女，不受收养人无子女或者只有 1 名子女的限制。

2. 收养孤儿、残疾未成年人或者儿童福利机构抚养的找不到生父母的未成年人，可以不受收养人无子女或者只有 1 名子女以及无子女的收养人可以收养 2 名子女、有子女的收养人只能收养 1 名子女的限制。

3. 继父母收养继子女

依据《民法典》第 1103 条的规定，继父或者继母经继子女的生父母同意，可以收养继子女。继父或者继母收养继子女时，即使继子女的生父母无特殊困难有抚养能力；即使继父或者继母已有子女，欠缺抚养教育和保护的能力；即使继父或者继母患有在医学上认为不应当收养子女的疾病；即使继父或者继母有不利于被收养人健康成长的违法犯罪记录；即使继父或者继母不满 30 周岁，双方之间仍得成立收养关系，而且可以收养数名养子女。

例题 171 吴某（女）16 岁，父母去世后无其他近亲，吴某的舅舅孙某（50 岁，离异，有一个 19 岁的儿子）提出愿将吴某收养。孙某咨询律师收养是否合法，律师的下列哪一项答复是正确的？

A. 吴某已满16岁，不能再被收养

B. 孙某与吴某年龄相差未超过40岁，不能收养吴某

C. 孙某已有子女，不能收养吴某

D. 孙某可以收养吴某

解析：本题的考点是收养的条件，答案为D项。孙某与吴某是三代以内的旁系血亲，孙某收养吴某不受被收养人不满14周岁、年龄相差40周岁以上的限制；吴某为孤儿，孙某收养吴某不受无子女的限制。

三、收养成立的形式要件

收养关系成立的法定程序是收养登记，同时以收养协议及收养公证为补充。

（一）收养登记的程序

1. 办理收养登记的机关

办理收养登记的机关是县级以上人民政府的民政部门（《民法典》第1105条）。依据民政部《中国公民收养子女登记办法》的规定，收养登记的管辖因被收养人情况不同而有所区别：（1）收养儿童福利机构抚养的查找不到生父母的未成年人的，在儿童福利机构所在地的收养登记机关办理登记；（2）收养非儿童福利机构抚养的查找不到生父母的未成年人的，在未成年人发现地的收养登记机关办理登记；（3）收养生父母有特殊困难无力抚养的子女或者由监护人监护的孤儿的，在被收养人生父母或者监护人常住户口所在地（组织作为监护人的，在该组织所在地）的收养登记机关办理登记；（4）收养三代以内同辈旁系血亲的子女，以及继父或者继母收养继子女的，在被收养人生父或者生母常住户口所在地的收养登记机关办理登记。

2. 收养登记的程序

（1）申请。办理收养登记时，收养关系当事人应当亲自到收养登记机关办理收养关系登记申请，直接向收养登记机关工作人员作出收养的意思表示。申请收养登记时，收养人应当向收养登记机关提交收养登记申请书，收养人和送养人还应当提供与收养有关的证件和证明材料。

（2）审查。收养登记机关收到收养登记申请书及有关材料后，应当在自次日起30日内进行审查。审查的主要内容包括：收养申请人是否符合法律所规定的收养人条件以及其收养的目的是否正当；被收养人是否符合法律所规定的被收养人条件；送养人是否符合法律所规定的送养人条件；证明材料是否真实、有效；当事人申请收养的意思表示是否真实等。

（3）公告。对于查找不到生父母的未成年人，收养登记机关应当在登记前予以公告。自公告之日起满60日，未成年人的生父母或者其他监护人未认领的，视为查找不到生父母的未成年人，才可以办理收养登记。

（4）登记。经审查，收养登记机关对于申请人证件齐全有效、符合收养条件的，应为其办理收养登记，发给收养证，收养关系自登记之日起成立；对于不符合收养条件的，不予登记，并对当事人说明理由。

（二）收养协议和收养公证

1. 收养协议

依据《民法典》第1105条第3款的规定，收养关系当事人愿意签订收养协议的，可以签订收养协议。一般来说，订立收养协议应当符合以下要求：（1）订立收养协议的当事人，即收

养人、被收养人与送养人，均须符合收养成立的条件；(2) 收养协议的主要条款，应当包括收养人、送养人和被收养人的基本情况，收养的目的，收养人不虐待、不遗弃被收养人和抚育被收养人健康成长的保证，以及双方要求订入的其他内容；(3) 收养协议应当采书面形式。收养协议自收养关系当事人签订之日起生效，但当事人约定收养关系自协议生效之日起成立而未办理收养登记的，收养关系不成立。在收养关系中，收养人、送养人要求保守收养秘密的，其他人应当尊重其意愿，不得泄露（《民法典》第1110条）。

2. 收养公证

依据《民法典》第1105条第4款、第5款的规定，收养关系当事人各方或者一方要求办理收养公证的，应当办理收养公证。县级以上人民政府民政部门应当依法进行收养评估。

第二节　收养的效力

一、收养的拟制效力

收养的拟制效力是指收养依法创设新的亲属关系以及权利、义务的效力。依据《民法典》第1111条第1款的规定，自收养关系成立之日起，养父母与养子女间的权利义务关系，适用《民法典》关于父母子女关系的规定；养子女与养父母的近亲属间的权利义务关系，适用《民法典》关于子女与父母的近亲属关系的规定。可见，收养的拟制效力不仅及于养父母与养子女，也及于养子女与养父母的近亲属。

（一）养父母与养子女间形成法律拟制的父母子女关系

自收养关系成立之日起，养父母与养子女间的权利义务关系，适用法律关于父母子女关系的规定，因此，《民法典》中有关父母对未成年子女的抚养、教育，保护，子女对父母的赡养、扶助等规定，《民法典》中有关父母与子女互为第一顺序继承人的规定，均适用于养父母与养子女。

收养的拟制效力也表现在养子女的姓氏问题上。依据《民法典》第1112条的规定，养子女可以随养父或者养母的姓氏，经当事人协商一致，也可以保留原姓氏。

（二）养子女与养父母的近亲属间形成相应的拟制血亲关系

收养关系成立后，养子女与养父母之间拟制血亲关系的效力及于养父母的近亲属。养子女与养父母的近亲属间的权利义务关系，适用法律关于子女与父母的近亲属关系的规定。养子女与养父母的近亲属间的权利义务关系，是养亲子关系在法律上的延伸。具体来说，养子女与养父母的父母间，有祖孙间的权利和义务；养子女与养父母的子女间，有兄弟姐妹间的权利和义务。

二、收养的解消效力

收养的解消效力是指收养依法终止原有的亲属关系及其权利、义务的效力。依据《民法典》第1111条第2款的规定，养子女与生父母及其他近亲属间的权利义务关系，因收养关系的成立而消除。可见，我国法上的收养属于完全收养，其解消效力不仅及于养子女与生父母，也及于养子女与生父母以外的其他近亲属。

（一）养子女与生父母间的权利义务关系消除

养子女与生父母间的权利义务关系，因收养关系的成立而消除。收养的解消效力所消除的，仅为法律意义上的父母子女关系，即相互间父母子女的权利义务关系，而非自然意义上的父母子女关系。

（二）养子女与生父母以外的其他近亲属的权利义务关系消除

养子女与生父母以外的其他近亲属间的权利义务关系，亦因收养关系的成立而消除。因此，子女被他人收养后，其与生父母的父母不再具有祖孙间的权利和义务关系，与生父母的其他子女间不再具有兄弟姐妹间的权利义务关系。

三、无效收养行为

（一）无效收养的原因

依据《民法典》第 1113 条第 1 款的规定，收养行为有民事法律行为的无效情形以及违反有关收养条件的规定，应为无效。

（二）确认收养无效的程序

1. 行政程序

依据《中国公民收养子女登记办法》第 12 条的规定，收养关系当事人弄虚作假，骗取收养登记的，收养关系无效，由收养登记机关撤销登记，收缴收养登记证。

2. 诉讼程序

在实践中，以诉讼程序确认收养无效有以下两种情形：一是当事人或利害关系人提出确认收养无效之诉，由人民法院依法判决收养无效；二是人民法院在审理有关案件的过程中发现无效收养行为，在有关的判决中确认收养无效。拟制血亲的亲子关系和自然血亲的亲子关系一样，是赡养、抚养、监护、法定继承等得以发生的基础法律关系，因此，认定收养行为是否有效，是正确处理有关案件的必要前提。

（三）收养无效的法律后果

依据《民法典》第 1113 条第 2 款的规定，无效的收养行为自始没有法律约束力。收养无效具有溯及既往的效力，这是收养无效和收养解除的重要区别。

第三节 收养关系的解除

一、收养关系解除的含义

收养关系因一定法律事实而成立，亦可因一定法律事实而终止。收养关系终止的原因有二：一是收养人或被收养人死亡，因主体缺位而自然终止；二是收养关系存续期间，通过法律手段解除而终止。就法理而言，收养关系因死亡而终止的，以收养关系为中介的其他亲属关系并不终止；收养关系因依法解除而终止的，以该收养关系为中介的其他亲属关系亦随之终止。

二、收养关系解除的方式

根据当事人对解除收养所持的态度，收养关系的解除有协议解除和诉讼解除两种不同的方式。

（一）协议解除

1. 协议解除的条件

协议解除是指依当事人的协议而解除收养关系。在以下两种情况下，收养关系可以协议解除。

（1）收养人在被收养人成年以前，不得解除收养关系，但是收养人、送养人双方协议解除的除外。养子女年满 8 周岁以上的，应当征得本人同意（《民法典》第 1114 条第 1 款）。

（2）养父母与成年养子女关系恶化、无法共同生活的，可以协议解除收养关系（《民法典》第 1115 条）。

2. 协议解除的程序

当事人协议解除收养关系的，应当到民政部门办理解除收养关系登记（《民法典》第 1116 条）。当事人在办理解除收养关系的登记时，应当持居民户口簿、居民身份证、收养登记证和解除收养关系的书面协议，共同到被收养人常住户口所在地的收养登记机关办理解除收养关系登记。

收养登记机关对当事人解除收养关系申请书及有关材料审查后，对于符合《民法典》规定的，应当为当事人办理解除收养关系的登记，收养关系自登记之日起解除。

（二）诉讼解除

1. 诉讼解除的条件

诉讼解除是指当事人在不能达成解除收养关系协议的情况下，一方向法院提起诉讼，通过诉讼程序解除收养关系。在以下两种情况下，收养关系当事人可通过诉讼方式解除收养关系。

（1）收养人不履行抚养义务，有虐待、遗弃等侵害未成年养子女合法权益行为的，送养人有权要求解除养父母与养子女间的收养关系。送养人、收养人不能达成解除收养关系协议的，可以向人民法院起诉（《民法典》第 1114 条第 2 款）。

（2）养父母与成年养子女关系恶化、无法共同生活的，可以协议解除收养关系；不能达成协议的，可以向人民法院起诉（《民法典》第 1115 条）。

2. 诉讼解除的程序

当事人一方要求解除收养关系的，应当依诉讼程序办理。人民法院审理要求解除收养关系的案件，应当查明有关事实真相，根据法律的有关规定，做好调解工作，保护未成年养子女和成年养子女的养父母的合法权益，在调解无效的情况下，依法作出准予或不准予解除收养关系的判决。

三、收养关系解除的法律后果

（一）身份关系上的法律后果

收养关系解除后，养子女与养父母及其他近亲属间的权利义务关系即行消除，与生父母及其他近亲属间的权利义务关系自行恢复。但是，成年养子女与生父母及其他近亲属间的权利义务关系是否恢复，可以协商确定（《民法典》第 1117 条）。

（二）财产关系上的法律后果

收养关系解除后，经养父母抚养的成年养子女，对缺乏劳动能力又缺乏生活来源的养父母，应当给付生活费。因养子女成年后虐待、遗弃养父母而解除收养关系的，养父母可以要求养子女补偿收养期间支出的抚养费（《民法典》第 1118 条第 1 款）。生父母要求解除收养关系的，养父母可以要求生父母适当补偿收养期间支出的抚养费；但是，因养父母虐待、遗弃养子女而解除收养关系的除外（《民法典》第 1118 条第 2 款）。可见，收养关系解除后，成年养子女对养父母有生活费给付义务，养父母有抚养费补偿请求权。应当指出，收养关系解除后养子女的生活费给付义务，并不是收养关系效力之下养子女对养父母的赡养义务，而是收养关系解除后养子女对养父母抚养义务履行的回报，是权利、义务一致原则的体现。

引读案例解答

1.（1）甲收养丙属于收养三代以内旁系血亲的子女的情形，可以不受送养人有特殊困难无力抚养的限制，所以丙的父母虽不具备有特殊困难无力抚养的送养人条件，丙仍可被甲收养。(2) 甲生育有双胞胎儿子，不具备收养人的条件。(3) 甲有配偶，而有配偶者收养子女，须夫妻共同收养，不能单方收养。

2.（1）甲、乙之间收养关系成立后，甲、乙形成法律拟制的父母子女权利义务关系。乙与甲的拟制血亲效力延伸到乙与甲的近亲属之间，所以，乙与丙、丁之间的关系适用法律关于祖孙间的权利义务关系的规定。(2) 甲、乙的收养关系成立后，在收养关系存续期间收养人甲死亡，甲、乙的收养关系终止，但该收养关系不是因为解除而终止，所以，乙虽未成年，但与生父母的权利义务关系并不自然恢复。乙与生父母间权利义务关系的恢复，须乙的生父母、乙的养祖父母协商一致，并征得乙的同意。(3) 甲死亡后，乙与丙、丁之间拟制的祖孙关系并不因此消灭，所以，在乙的抚养人养父甲死亡而丙、丁有抚养能力的情况下，丙、丁应当履行对乙的抚养义务。

课堂讨论案例

1. 甲、乙结婚后，乙子丙随乙与甲共同生活，双方形成了抚养关系。后甲征得丙生父丁的同意，收养了丙。甲、丁签订收养协议后，未办理收养登记。丙成年后与甲协议解除了收养关系。后丁丧失劳动能力，要求丙履行赡养义务，遭丙拒绝。

问：(1) 甲、丙之间的收养关系是否成立？(2) 甲、丙的收养关系是否发生解除的效力？(3) 丙是否有赡养丁的义务？

2. 张林夫妇因婚后数年未生育，由他人介绍，从方某夫妇处收养方晓（3 周岁）为养子，后又生育一女张楠。张楠大学毕业后任职于某事业单位；张林夫妇亦先后从工作单位退休。方晓成年后不务正业，打架斗殴，长期因生活琐事无端打骂张林夫妇。迫于无奈，张林夫妇向人民法院提起诉讼，请求解除与方晓的收养关系。

问：(1) 张林夫妇能否解除与方晓的收养关系？(2) 若双方解除了收养关系，张林夫妇能否要求方晓给付生活费和补偿收养期间支出的抚养费？

重点思考习题

1. 收养关系的成立应当具备哪些条件？
2. 收养关系成立后发生哪些法律效力？
3. 收养关系解除的法律后果如何？

第七编

继　承

第三十五章 继承概述

引读案例

甲去世后，留有遗产包括价值100万元的房屋5间、存款20万元、债务10万元。甲去世时有妻乙、子丙和女丁。甲生前与丙关系不好，两人经常发生争吵。甲去世后，丁以书面形式向乙、丙表示放弃对甲遗产的继承权。请分析以下问题：(1) 如何认识继承人的继承权？(2) 乙、丙、丁是如何接受和放弃继承权的？(3) 丙是否丧失了继承权？

法律职业资格考试要点

继承和继承权的含义；继承权的接受和放弃；继承权丧失的事由和效力

第一节 继承与继承权的含义

一、继承的含义

继承是指在自然人死亡时，其法律规定范围内的近亲属依据法律规定或者遗嘱指定，依法承受死者所遗留的个人合法财产的法律制度。其中，遗留财产的死者称为被继承人，依法承受遗留财产的人称为继承人，死者死亡时遗留的财产称为遗产。

在民法上，继承具有以下特点。

第一，继承基于自然人的死亡而发生。继承是因自然人死亡而发生的法律现象，因此，没有自然人死亡的法律事实，就不会发生继承问题。在现代民法上，继承只能从自然人死亡时开始。所以，只有因自然人死亡而发生的财产转移才属于继承的范畴，不是因自然人的死亡而发生的财产转移不属于继承。

第二，继承主体只能是死者一定范围内的近亲属。自然人死亡后，能够继承其遗产的主体只能是自然人，国家、集体以及其他社会组织都不能作为继承人，而只能作为受遗赠人。但是，能够作为继承主体的自然人也不是没有限制的，只能是法律规定范围内的死者的近亲属。死者近亲属以外的人，依法只能作为受遗赠人。

第三，继承的客体只能是死者的个人合法财产。继承的客体只能是自然人死亡时所遗留的个人合法财产，他人的财产、国家或集体的财产都不能作为继承的客体；同时，法律规定或者按照其性质不得继承的遗产，不能作为继承的客体。

第四，继承产生财产权利变动的后果。自然人死亡之后，其财产权的主体必定要发生变更，即死者的继承人成为财产权的主体，因此，继承发生后，会发生权利变更的后果。

二、继承的种类

（一）根据继承人继承遗产的方式，继承可以分为法定继承与遗嘱继承

法定继承是指继承人依照法律规定的顺位、继承份额以及遗产分配的原则和方法取得遗产的法律制度；遗嘱继承是指继承人按照遗嘱的指定取得遗产的法律制度。

区分法定继承与遗嘱继承的主要意义在于：一方面，法定继承与遗嘱继承的适用依据不同，法定继承的适用依据是法律规定，而遗嘱继承的适用依据是遗嘱。另一方面，在继承方式的适用上，遗嘱继承的效力优先于法定继承的效力。

（二）根据继承人承受遗产债务的限度，继承可以分为限定继承与不限定继承

限定继承又称有限继承，是指继承人对被继承人的遗产债务只在其所继承的遗产的实际价值范围内负责清偿的继承；不限定继承又称无限继承，是指继承人对被继承人的遗产债务承担无限清偿责任，而不以继承人继承的遗产价值为限定条件的继承。

区分限定继承与不限定继承的主要意义在于：在这两种继承中，继承人对被继承人遗留的债务所负的清偿责任不同，即限定继承的继承人负有限责任，不限定继承的继承人负无限责任。在我国继承法上，继承属于限定继承。

（三）根据继承人参与继承时的地位，继承可以分为本位继承与代位继承

本位继承是指继承人基于自己的地位依照法律的规定或遗嘱的指定继承遗产的继承；代位继承是指在直接应继承遗产的顺序者不能为继承时，由其晚辈直系血亲代其地位的继承。

区分本位继承与代位继承的主要意义在于：这两种继承的适用范围不同，本位继承可以适用于法定继承和遗嘱继承，而代位继承只在法定继承中适用。

（四）根据继承人的应继份额，继承可以分为均等份额继承与不均等份额继承

均等份额继承是指同一顺序的共同继承人在分配遗产时原则上应当均分；不均等份额继承是指共同继承人得继承的遗产份额不均等，其中特定的继承人与其他继承人相比其应继份额要多。

区分均等份额继承与不均等份额继承的主要意义在于：法定继承人在分配遗产时，原则上应实行均等份额继承，特殊情况下实行不均等份额继承。

三、继承权的含义

继承权是指继承人依照法律规定或者遗嘱指定所享有的继承遗产的权利。在继承法上，继承权有客观意义上的继承权和主观意义上的继承权之分。客观意义上的继承权是指在继承开始前，继承人根据法律规定或遗嘱的指定享有的在被继承人死亡时继承遗产的资格。客观意义上的继承权属于民事权利能力的范畴，是继承人享有的一种期待利益。主观意义上的继承权是指在继承开始后，继承人依法实际享有的继承遗产的权利。客观意义上的继承权和主观意义上的继承权既存在着联系，也有着本质的区别：从联系上来看，享有客观意义上的继承权是享有主观意义上的继承权的前提，主观意义上的继承权是客观意义上的继承权的实现方式，客观意义上的继承权转变为主观意义上的继承权依赖于一定法律事实的发生即被继承人死亡。客观意义上的继承权与主观意义上的继承权的区别在于：前者属于民事权利能力的范畴，被称为“继承期待权”；而后者是继承人实际享有并得通过自身行为实现的权利，被称为“继承既得权”。

区分客观意义上的继承权与主观意义上的继承权的主要意义在于：前者专属于继承人，不

可转让、放弃；而后者在现实性上是一种财产权利，可以放弃。前者是一种期待利益，不可请求依靠国家强制力实现其内容；而后者是一种既得权，当遭受侵犯或有侵犯之虞时，权利人可以依靠国家强制力量保护权利。从诉讼上来说，前者受侵害不可作为诉由，而后者受侵害可以作为诉由。

第二节　继承权的接受和放弃

一、继承权的接受

继承权的接受是指继承人对继承权取得的事实表示认可、承受的意思表示。继承权的接受是继承人参与继承法律关系，行使继承权而接受遗产的条件。可见，继承权的接受是与继承权的取得相关的一个概念。所谓继承权的取得，是指当自然人死亡时，继承人根据法律规定或遗嘱指定取得继承人地位的事实。

在继承开始后，虽然继承人取得了主观意义上的继承权，但继承人还需作出接受继承的意思表示，才能参与遗产的继承。继承人接受继承的意思表示，可以是明示的，也可以是默示的。依据《民法典》第 1124 条第 1 款的规定，只要继承人没有作出放弃继承权的意思表示，即视为接受继承权。

二、继承权的放弃

（一）继承权放弃的含义

继承权的放弃是指继承人于继承开始后、遗产分割前作出的放弃继承遗产的权利的意思表示。依据《民法典》第 1124 条第 1 款的规定，继承权的放弃应在继承开始后、遗产分割前作出。一方面，在继承开始前，尚不存在可得处分之既得继承权，放弃行为因缺乏标的而不发生放弃效力；另一方面，在遗产分割后，继承权已得到实现，继承人所放弃的实际上是遗产的所有权。

继承权的放弃在性质上为民事法律行为，因此，放弃继承权的继承人应当具有民事行为能力。依据《民法典》第 19 条至第 22 条的规定，无民事行为能力人的继承权由他的法定代理人代为行使，限制民事行为能力人的继承权由他的法定代理人代为行使或者征得法定代理人同意后行使。但是，依照代理人的职责，法定代理人一般不能代理被代理人放弃继承权。

（二）继承权放弃的方式

依据《民法典》第 1124 条第 1 款的规定，继承人放弃继承的，应当作出放弃继承权的表示；没有表示的，视为接受继承权。可见，放弃继承权的意思表示仅得以明示方式作出，默示不构成对继承权的放弃。这种明示的方式应为书面形式。

（三）继承权放弃的限制

继承权的放弃虽然是继承人的权利，但该权利的行使不能损害其他人的利益。因此，继承人因放弃继承权，致其不能履行法定义务的，放弃继承权的行为无效。同时，继承人放弃继承权须受禁反言的消极约束，即继承人作出放弃继承权的表示后，不得撤销。

（四）继承权放弃的效力

继承人放弃继承权虽然是在继承开始后作出的，但放弃继承权的效力应溯及继承开始的时间。因此，放弃继承权的继承人，自继承开始就不为继承，退出继承法律关系，其应继承份额的遗产由其他继承人按照法定继承的方式继承。

应当指出的是，继承人放弃继承权并非免除继承人的一切责任。例如，如果放弃继承权的继承人占有遗产的，在遗产交付给其他继承人以前，对占有的遗产仍有保管的义务。被继承人生前与继承人之间有债权债务关系的，该债权、债务也不因继承人放弃继承权而消灭。

例题 172　下列哪一行为可引起放弃继承权的后果？

A. 张某书面放弃继承权

B. 王某在遗产分割后放弃继承权

C. 李某以不再赡养父母为前提，书面表示放弃其对父母的继承权

D. 赵某与父亲共同发表书面声明断绝父子关系

解析：本题的考点是继承权的放弃，答案为 A 项。A 项中，张某用书面方式表示放弃继承，符合法律的规定，发生放弃继承权的法律后果。B 项中，王某在遗产分割后表示放弃继承权的，不发生放弃继承权的法律后果。C 项中，李某以不履行其法定的赡养义务为由主张放弃继承权，该放弃继承权的行为无效，不发生放弃继承权的法律后果。D 项中，赵某与父亲虽然发表书面声明断绝父子关系，但双方的自然血亲关系不能人为地解除，因此，这种声明没有法律效力，也不会发生放弃继承权的法律后果。

第三节　继承权的丧失

一、继承权丧失的含义

继承权丧失又称继承权的剥夺，是指继承人因法定事由被依法剥夺作为继承人的资格。

如前所述，继承权有客观意义上的继承权和主观意义上的继承权之分。继承权丧失所丧失的只能是客观意义上的继承权，而不能是主观意义上的继承权。因此，继承权丧失与继承权放弃有着本质的区别：前者源于法律的否定性评价，体现法律的强制性；而后者源于继承人的自由意思，法律予以尊重。前者可以发生在继承发生前，也可以发生在继承发生后；而后者只能发生在继承开始后、遗产分割前。

二、继承权丧失的事由

依据《民法典》第 1125 条第 1 款规定，继承人有下列行为之一的，丧失继承权。

（一）故意杀害被继承人

继承人故意杀害被继承人的，丧失继承权。过失杀害被继承人、因正当防卫或紧急避险而危及被继承人生命的，不构成丧失继承权的事由。同时，继承人故意杀害被继承人不论既遂或未遂，也不论出于何种动机和目的、是否受到刑事制裁，只要实施了故意杀害行为，即应丧失继承权。

（二）为争夺遗产而杀害其他继承人

继承人为争夺遗产而杀害其他继承人的，丧失继承权。这一事由须具备以下三个条件：

(1) 杀害的对象是其他继承人，包括法定继承人和遗嘱继承人。至于被杀害的继承人所处的继承顺位、是否已被剥夺继承权、是否被遗嘱排除在继承人之外，均在所不问。(2) 杀害的目的是争夺遗产。继承人非因争夺遗产的目的杀害其他继承人的，虽须负刑事责任，但其继承权并不因此而丧失。(3) 须有杀害行为。只要继承人有杀害其他继承人的行为，无论杀害行为是在预备阶段还是在实施阶段、是既遂还是未遂，也无论是否该继承人受到刑事制裁，其继承权均依法丧失。

（三）遗弃被继承人，或者虐待被继承人情节严重

遗弃被继承人是指继承人拒不履行对于缺乏劳动能力又无生活来源或没有独立生活能力的被继承人的抚养义务。遗弃被继承人的继承人具有主观恶性，即有能力履行抚养义务而拒绝履行。如果继承人生活困苦，没有履行义务的能力而无法尽抚养义务，或被继承人的生活有保障而不要求继承人尽抚养义务，则不构成继承人对被继承人的遗弃。

虐待被继承人是指继承人通过各种手段对被继承人加以肉体摧残和精神折磨。虐待被继承人须情节严重，方可构成继承权丧失的法定事由。至于继承人虐待被继承人情节是否严重，可以从实施虐待行为的时间、手段、后果和社会影响等方面认定。同时，虐待被继承人情节严重的，不论是否追究刑事责任，均可确认其丧失继承权。

（四）伪造、篡改隐匿或者销毁遗嘱，情节严重

伪造遗嘱是指继承人以被继承人的名义制作假遗嘱；篡改遗嘱是指继承人擅自改变被继承人所立遗嘱的内容；隐匿遗嘱是指继承人故意藏匿被继承人遗嘱的行为；销毁遗嘱是指继承人将被继承人所立遗嘱完全破坏、毁灭。任何伪造、篡改或者销毁遗嘱的行为都违背了被继承人的真实意愿，侵犯了其他继承人的合法权利，是非法的。然而，伪造、篡改、隐匿、销毁遗嘱，并不当然导致继承权的丧失。只有在伪造、篡改、隐匿、销毁遗嘱的行为情节严重时，继承人才会丧失继承权。

（五）以欺诈、胁迫手段迫使或者妨碍被继承人设立、变更或者撤回遗嘱，情节严重

以欺诈手段迫使或者妨碍被继承人设立、变更或者撤回遗嘱，是指继承人故意欺骗被继承人，使被继承人陷入错误判断，并基于此错误判断设立、变更或者撤回遗嘱；以胁迫手段迫使或者妨碍被继承人设立、变更或者撤回遗嘱，是指继承人通过威胁、恐吓等不法手段对被继承人思想上施加强制，使被继承人产生恐惧心理并基于恐惧心理设立、变更或者撤回遗嘱。被继承人在遭受欺诈、胁迫时作出的设立、变更或者撤回遗嘱的行为，违背了自己的真实意愿，是其意思不自由的表现。欺诈、胁迫行为具有不法性，严重侵害意思自治原则，损害当事人利益，因而会导致实施欺诈、胁迫行为的继承人丧失继承权。但是，并不是所有以欺诈、胁迫手段迫使或者妨碍被继承人设立、变更或者撤回遗嘱的行为都会导致继承权丧失，只有在情节严重时，继承人才会丧失继承权。

三、继承人宽恕制度

依据《民法典》第 1125 条第 2 款的规定，继承人具有法律规定的情形，确有悔改表现，被继承人表示宽恕或者事后在遗嘱中将其列为继承人的，该继承人不丧失继承权。即《民法典》第 1125 条第 1 款规定的第一、二种情形属于继承权的绝对丧失，而第三、四、五种情形属于继承权的相对丧失，可以因为被继承人的宽恕而使继承人的继承资格得以恢复。

对继承人的宽恕是有严格限定条件的，即只有对确有悔改表现的继承人，才能予以宽恕。宽恕的方式是被继承人自己采取的行为，在现实生活存在多种表现形式，如被继承人生前通过

书面文件、书信等表示宽恕，或者当着两个以上无利害关系的人公开宣布表示宽恕并经查证属实等。而被继承人事后在遗嘱中将其列为继承人则是遗嘱自由的体现，被继承人有自由处分财产的权利，可按照自己的意思通过订立遗嘱处分自己的财产，通过设定遗嘱让确有悔改表现的继承人继承财产，该行为并没有违法或违反公序良俗，可让相对丧失继承权的继承人的继承资格得以恢复。

四、继承权丧失的确认

继承权丧失的确认是指继承人丧失继承权应以何种方式或经何种程序得到宣示。在继承法上，继承权丧失的确认通常有继承权自然丧失和继承权经法定程序丧失之分。依据《民法典》第1125条的规定，在继承人具备了继承权丧失的事由时，继承人即丧失其继承权，而不需要采取特定的方式或履行特定程序。但是，在继承人之间就某继承人是否丧失继承权发生争议时，应当由法院确认继承人是否丧失继承权，其他任何机关或者个人均无权确认继承人丧失继承权。

五、继承权丧失的效力

（一）继承权丧失的时间效力

无论继承权丧失的事由发生在继承开始之前或之后，继承权丧失均自继承开始之时发生效力。

（二）继承权丧失的对人效力

1. 继承权丧失对其他被继承人的效力

继承权的丧失仅是继承人丧失对特定被继承人的继承权，仅对特定的被继承人发生效力，对继承人的其他被继承人不发生效力。所以，继承人丧失对某一被继承人继承权的，并不影响其对其他被继承人的继承权。

2. 继承权丧失对第三人的效力

第三人从丧失继承权的继承人之处取得被继承人的遗产，如该第三人取得遗产时为善意，则应按善意取得规则处理，继承权丧失不得对抗善意第三人；如第三人取得遗产时为恶意，或者虽为善意但为无偿取得时，则应保护其他继承人的权益，其他继承人得请求该第三人返还。

引读案例解答

甲因死亡而产生了继承法律关系，甲为被继承人。(1) 甲的继承人包括乙、丙、丁。在甲死亡前，乙、丙、丁享有客观意义上的继承权；在甲死亡后，乙、丙、丁享有主观意义上的继承权。(2) 乙、丙在继承开始后，没有作出放弃继承权的表示，应认定乙、丙接受继承权。而丁在继承开始后向乙、丙表示放弃继承权，故丁不再享有继承权。(3) 虽然丙与甲关系不好，两人经常争吵，但丙的行为并不构成遗弃行为，因此，丙不具备丧失继承权的事由，不能认定丙丧失继承权。

课堂讨论案例

1. 甲娶妻乙，育有一子一女。女儿丙已出嫁，儿子娶妻丁，生有一子戊。儿子于5年前不幸遇车祸死亡。甲、乙均年老，无固定生活来源。女儿丙出嫁后，拒不赡养老人，并曾数度虐待甲、乙。甲、乙主要依靠儿媳丁供养。甲死亡后，留下房屋4间。甲死亡后，戊书面表示放弃继承权。

问：(1) 丙是否丧失了继承权？(2) 戊能否放弃继承权？

2. 甲未婚配，收养乙为养子。乙成年后娶妻丙，生子丁。甲患癌症之后，乙尽心照顾。后来，乙见养父之病已无可救药，有意让其安乐死，遂在甲的药中投入大量的安眠药。事后，乙想起甲对他的抚育之恩，不忍甲死去，便呼叫医生抢救。经抢救，甲脱险，乙被判处刑罚。乙在服刑期间死亡，而甲在死亡前对乙的行为表示宽恕。现甲弟与丙、丁为分割遗产发生纠纷：甲弟认为乙对甲有杀害行为，应当剥夺其继承权。丙、丁则认为甲生前已原谅了乙，乙对甲的遗产应当有继承权。

问：(1) 乙是否丧失了继承权？(2) 丁能否代位继承？

重点思考习题

1. 客观意义上的继承权与主观意义上的继承权有何关系？
2. 继承人应当如何接受和放弃继承权？
3. 如何认定继承权丧失的事由？
4. 继承权丧失发生哪些效力？

第三十六章 法定继承

引读案例

1. 甲死亡后，有遗产房屋4间、存款30万元。甲父母早亡，有妻乙，子丙、丁和女戊。丙为甲与前妻所生，丁为甲与乙所生，戊为乙与前夫所生，戊随母与继父甲共同生活时尚未成年，甲承担了戊的抚养费和教育费。甲生前立有遗嘱，明确将其遗产中的2万元遗赠给朋友己，遗产中的房屋2间由乙继承。甲死亡后，己在知道受遗赠后60日内明确表示接受遗赠。乙、丙、丁、戊为遗产继承发生纠纷，丙向人民法院提起诉讼。请分析以下问题：(1) 如何确定甲的法定继承人的范围？(2) 甲的哪些遗产应当按照法定继承处理？

2. 被继承人有一子、一女，均于继承开始前死亡，被继承人的配偶、父母也已先于被继承人死亡。其子留有子女甲、乙、丙，其女留有子丁。被继承人的儿媳戊对其尽了主要赡养义务。被继承人死亡后，甲、乙、丙、丁、戊为各自应继承的份额发生纠纷，丁向人民法院提起诉讼。请分析以下问题：(1) 本案是否发生代位继承？(2) 如何确定继承人的范围？(3) 继承人之间应当如何分配遗产？

法律职业资格考试要点

法定继承的适用范围；法定继承人的范围和继承顺序；代位继承的条件；转继承的条件；法定继承中的遗产分配原则；非继承人的遗产取得权

第一节 法定继承概述

一、法定继承的含义

法定继承是指继承人按照法律规定的继承顺位、继承份额、遗产分配原则等继承遗产的一种法律制度。

法定继承具有以下特点。

第一，法定继承人的范围、继承顺位、继承份额和遗产分配原则等方面的内容都由法律明确规定，而不是由被继承人指定，因此，法定继承的适用具有强行性。

第二，法定继承人与被继承人之间存在特殊的身份关系。在法定继承中，法律规定继承人的根据是继承人与被继承人之间的亲属关系，这是发生法定继承的纽带。

第三，法定继承的效力次后于遗嘱继承的。继承开始后，被继承人立有合法、有效遗嘱的，应优先适用遗嘱继承。只有在无法按照遗嘱继承方式处理被继承人遗产时，才得适用法定继承。因而，遗嘱继承限制了法定继承的适用范围，法定继承具有替补适用的特点。

二、法定继承的适用范围

法定继承的适用范围是指在何种情形下适用法定继承处理被继承人的遗产。依据《民法典》第 1123 条的规定，继承开始后，按照法定继承办理；有遗嘱的，按照遗嘱继承或者遗赠办理；有遗赠扶养协议的，按照协议办理。可见，在被继承人生前未与他人订立遗赠扶养协议，又没有设立遗嘱时，被继承人的全部遗产只能适用法定继承；或者虽被继承人生前与他人订立遗赠扶养协议，但该协议无效或不能执行，或者虽被继承人设立遗嘱但遗嘱全部无效的，被继承人的全部遗产也只能适用法定继承。

此外，依据《民法典》第 1154 条的规定，有下列情形之一的，遗产中的有关部分按照法定继承办理：(1) 遗嘱继承人放弃继承或者受遗赠人放弃受遗赠；(2) 遗嘱继承人丧失继承权或者受遗赠人丧失受遗赠权；(3) 遗嘱继承人、受遗赠人先于遗嘱人死亡或者终止；(4) 遗嘱无效部分所涉及的遗产；(5) 遗嘱未处分的遗产。

第二节　法定继承人的范围和继承顺序

一、法定继承人的范围

法定继承人的范围是指哪些人依法律的规定可以作为法定继承人依法继承遗产，并承担相应的财产义务。依据《民法典》第 1127 条、第 1129 条的规定，法定继承人的范围包括：配偶、子女、父母、兄弟姐妹、祖父母与外祖父母，以及对公婆或岳父母尽了主要赡养义务的丧偶儿媳或女婿。

(一) 配偶

配偶是具有合法婚姻关系的夫妻之间的对称。依据《民法典》第 1061 条的规定，夫妻有相互继承遗产的权利。作为继承人的配偶须于被继承人死亡时与被继承人之间存在合法的婚姻关系。在被继承人死亡时已经解除婚姻关系的，不为被继承人的配偶，不能以配偶的身份继承遗产。

如果双方的婚姻无效或为可撤销婚姻被撤销的，则当事人不具有夫妻的权利、义务，一方死亡的，另一方不能以配偶的身份主张继承权。但于可撤销的婚姻，在撤销前一方死亡的，生存的一方得以配偶的身份主张继承权。

(二) 子女

依据《民法典》第 1127 条第 3 款的规定，子女包括婚生子女、非婚生子女、养子女和有扶养关系的继子女。

婚生子女，不论是儿子或女儿，不论子女随父姓或随母姓，不论已婚或未婚，也不论结婚后女到男家落户或男到女家落户，都有权继承父母的遗产。

非婚生子女与婚生子女享有平等的继承权，不仅有权继承其生母的遗产，也有权继承其生父的遗产，不论其生父是否认领该非婚生子女。

养子女与亲生子女享有平等的继承权，有权继承养父母的遗产。收养关系成立后，养子女与其生父母之间的权利义务关系解除，因此，养子女只有权继承养父母的遗产，而无权继承其生父母的遗产。

继子女作为继父母的继承人，以继子女与继父母之间形成扶养关系为前提，因此，只有形成了扶养关系的继子女才能作为继父母的继承人。

（三）父母

依据《民法典》第1127条第4款的规定，父母包括生父母、养父母和有扶养关系的继父母。

生父母对其亲生子女的遗产有继承权，不论该子女为婚生子女还是非婚生子女。但亲生子女已由他人收养的，父母对其遗产无继承权。

基于收养关系，养父母有权继承养子女的遗产。但是，一旦收养关系解除，不论解除的原因为何，养父母均无权继承养子女的遗产。

继父母作为继子女的继承人，以继子女与继父母之间形成扶养关系为前提，因此，只有形成了扶养关系的继父母才能作为继子女的继承人。

（四）兄弟姐妹

依据《民法典》第1127条第5款的规定，兄弟姐妹包括同父母的兄弟姐妹、同父异母或者同母异父的兄弟姐妹、养兄弟姐妹、有扶养关系的继兄弟姐妹。

同父母的兄弟姐妹为全血缘的兄弟姐妹，具有全血缘关系，相互间有继承遗产的权利，互为法定继承人。

同父异母或者同母异父的兄弟姐妹为半血缘的兄弟姐妹。同父异母或同母异父的半血缘的兄弟姐妹与全血缘的同胞兄弟姐妹一样，相互有继承遗产的平等权利，互为法定继承人。

养兄弟姐妹因收养关系而成立，被收养人与收养人所生子女之间是兄弟姐妹关系。依据《民法典》第1127条的规定，养兄弟姐妹之间相互有继承遗产的权利。被收养人与其亲兄弟姐妹之间的权利义务关系，因收养关系的成立而消除，不能互为第二顺序继承人。

继兄弟姐妹是异父异母的兄弟姐妹关系，相互间无血缘关系。依据《民法典》第1127条的规定，只有形成了扶养关系的继兄弟姐妹之间才有相互继承遗产的权利。继兄弟姐妹之间相互继承了遗产的，不影响其继承亲兄弟姐妹的遗产。

（五）祖父母、外祖父母

祖父母、外祖父母为孙子女、外孙子女的法定继承人，有权继承孙子女、外孙子女的遗产。继承法上的祖父母，包括亲祖父母、亲外祖父母、养祖父母、养外祖父母、有扶养关系的继祖父母和有扶养关系的继外祖父母。

（六）对公婆、岳父母尽了主要赡养义务的丧偶儿媳、女婿

依据《民法典》第1129条的规定，丧偶儿媳对公、婆，丧偶女婿对岳父、岳母，尽了主要赡养义务的，作为第一顺序继承人。在司法实践中，对被继承人生活提供了主要经济来源，或在劳务方面给予了主要扶助的，应当认定尽了主要赡养义务或主要扶养义务。可见，只要丧偶的儿媳对公、婆或者丧偶女婿对岳父、岳母尽了主要赡养义务，不论其在丧偶后是否再婚，也不论是否有代位继承人代位继承，都为法定继承人。

例题173 钱某与胡某婚后生有子女甲和乙，后钱某与胡某离婚，甲、乙归胡某抚养。胡某与吴某结婚，当时甲已参加工作而乙尚未成年，乙跟随胡某与吴某居住，后胡某与吴某生下一女丙，吴某与前妻生有一子丁。钱某和吴某先后去世，下列哪些说法是正确的？

A. 胡某、甲、乙可以继承钱某的遗产

B. 甲和乙可以继承吴某的遗产

C. 胡某和丙可以继承吴某的遗产

D. 乙和丁可以继承吴某的遗产

解析：本题的考点是法定继承人的范围，答案为C、D项。在钱某死亡时，钱某与胡某已经离婚而不存在配偶关系，故胡某不能作为钱某的法定继承人而继承遗产。甲、乙作为钱某的亲生子女，为法定继承人，有权继承钱某的遗产。胡某与吴某再婚后，吴某与甲、乙之间产生了继父母子女关系。甲已参加工作，没有与吴某形扶养关系，故甲不能作为吴某的法定继承人而继承遗产。乙在胡某再婚时尚未成年，跟随胡某与吴某共同生活，与吴某形成了扶养关系，故乙为吴某的法定继承人，有权继承吴某的遗产。在吴某死亡时，胡某与吴某之间存在着婚姻关系，故胡某为吴某的法定继承人，有权继承吴某的遗产。丙、丁为吴某的亲生子女，当然为法定继承人，有权继承吴某的遗产。

二、法定继承人的继承顺序

法定继承人的继承顺序或继承顺位，是指继承法规定的法定继承人于继承开始后参加继承的次序、顺位。

法定继承人的继承顺序属于法律的强制性规定，先顺位继承人的继承权排斥后顺位继承人的继承权，存在前一顺位的继承人且未丧失继承权又未放弃继承权的，由前一顺位的继承人继承遗产；前一顺位继承人死亡并且不存在代位继承或者都丧失继承权或放弃继承权的，则由后一顺位继承人继承遗产。

依据《民法典》第1127条和第1129条的规定，法定继承人的继承顺序分为以下两个顺序，即遗产按照下列顺序继承：第一顺序继承人包括，配偶、子女、父母、对公婆或岳父母尽了主要赡养义务的丧偶儿媳或女婿。第二顺序继承人包括，兄弟姐妹、祖父母、外祖父母。

例题174　甲（男）与乙（女）结婚，其子小明20周岁时，甲与乙离婚。后甲与丙（女）再婚，丙子小亮8周岁，随甲、丙共同生活。小亮成年成家后，甲与丙甚感孤寂，收养孤儿小光为养子，视同己出，未办理收养手续。丙去世，其遗产的第一顺序继承人有哪些？

A. 小明　　B. 小亮　　C. 甲　　D. 小光

解析：本题的考点是法定继承人的范围和顺序，答案为B、C项。丙去世后，其配偶甲、儿子小亮为其第一顺序法定继承人。小明在其父与丙再婚时已成年，与丙并没有形成扶养关系，因此，小明不能以继子女的身份成为丙的法定继承人。甲、丙收养小光，但没有办理收养手续，收养关系不成立，故小光不能作为丙的养子而成为法定继承人。

第三节　代位继承和转继承

一、代位继承

（一）代位继承的含义

代位继承是指被继承人的子女或兄弟姐妹先于被继承人死亡时，由被继承人的子女的晚辈直系血亲代或被继承人的兄弟姐妹的子女代替该被继承人的子女或兄弟姐妹的继承地位，继承被继承人的遗产的法律制度。

在代位继承中，先于被继承人死亡的被继承人的子女或兄弟姐妹称为被代位继承人，代被代位继承人继承被继承人的遗产的人称为代位继承人。

（二）代位继承的条件

依据《民法典》第1128条的规定，代位继承须具备以下条件。

第一，被代位继承人于继承开始前死亡。继承自被继承人死亡时开始，因此，只有在被代位继承人先于被继承人死亡（包括自然死亡与宣告死亡）时，才能发生代位继承。若继承人后于被继承人死亡，则因继承已经开始，继承人得自行继承，而不会发生代位继承。

第二，被代位继承人为被继承人的子女和兄弟姐妹。代位继承只能发生于被继承人的子女或兄弟姐妹先于被继承人死亡的情形下。被继承人的尊亲属先于被继承人死亡的，不发生代位继承。因此，在存在第一顺位继承人的情形下，只有被继承人的子女才能成为被代位继承人，其他继承人都不能成为被代位继承人。被继承人的子女包括亲生子女、养子女和有扶养关系的继子女。在无第一顺序继承人之情形下，只有被继承人的兄弟姐妹才能成为被代位继承人。被继承人的兄弟姐妹包括同父母的兄弟姐妹、同父异母或者同母异父的兄弟姐妹、养兄弟姐妹、有扶养关系的继兄弟姐妹。

第三，被代位继承人未丧失继承权。在我国司法实践中，代位继承采取代位权说，即只有被代位继承人享有继承权，才能产生代位继承问题。因此，被代位继承人未丧失继承权是代位继承发生的一个条件。

第四，代位继承人为被代位继承人的晚辈直系血亲和被代位继承人的子女。依据《民法典》第1128条第1款的规定，在被继承人的子女为被代位继承人时，只有被代位继承人的晚辈直系血亲，才有代位继承权。依据《民法典》第1128条第2款的规定，在被继承人的兄弟姐妹为被代位继承人时，只有被代位继承人的子女才有代位继承权。

（三）代位继承人的应继承份额

代位继承人一般只能继承被代位继承人有权继承的遗产份额，因此，代位继承人参加继承时，代位继承人若为数人，则不能与其他第一顺序的法定继承人一同按人数均分遗产，而只能共同继承被代位继承人有权继承的遗产份额。

例题175　甲育有二子乙、丙。甲生前立下遗嘱，其个人所有的房屋死后由乙继承。乙与丁结婚，并有一女戊。乙因病先于甲死亡后，丁接替乙赡养甲。丙未婚。甲死亡后遗有房屋和现金。下列哪些表述是正确的？

A. 戊可代位继承　　　　　　　　　　B. 戊、丁无权继承现金
C. 丙、丁为第一顺序继承人　　　　　D. 丙无权继承房屋

解析：本题的考点是法定继承的适用、法定继承人的范围、代位继承，答案为A、C项。乙、丙为甲的子女，属于第一顺序继承人。甲立遗嘱，其房屋由乙继承，但乙先于甲死亡，故该房屋应按照法定继承办理。乙先于甲死亡，乙的子女戊可代位继承。丁在丧偶后，接替乙赡养甲，尽了主要赡养义务，应作为第一顺序继承人。丙、丁作为甲的第一顺序继承人，戊作为代位继承人，有权继承甲的房屋、现金等遗产。

二、转继承

（一）转继承的含义

依据《民法典》第1152条的规定，转继承是指继承人在继承开始后、遗产分割前死亡，并没有放弃继承的，其应当继承的遗产转给其继承人继承的制度。已死亡的继承人称为被转继承人，实际接受遗产的已死亡继承人的合法继承人称为转继承人。

转继承是一种连续发生的二次继承。在被继承人死亡后，继承人参与继承，这是发生的第一次继承；继承人在参与继承后、遗产分割前死亡，又由转继承人承受被继承人的遗产，这是发生的第二次继承。

（二）转继承的条件

转继承须具备以下三个条件：一是继承人于被继承人死亡后、遗产分割前死亡。只有在继承开始后继承人死亡的，才会发生转继承。同时，只有继承人于遗产分割前死亡的，才能适用转继承。若继承人于遗产分割后死亡，则该继承人的继承人直接继承其遗产，而不必直接参与被继承人遗产的分割。二是继承人未丧失继承权，也未放弃继承权。如果继承人丧失继承权或者放弃继承权，则其不能继承被继承人的遗产，即使其于被继承人死亡后、遗产分割前死亡，也不发生其应继份额由何人承受的问题，也就不发生转继承。三是遗嘱没有另外安排。也就是说，如果遗嘱中对遗产已经有另外安排的，则不发生转继承。例如，被继承人在遗嘱中指定，若继承人死亡后，其应当继承的遗产由继承人的长子继承。此时发生后位继承，而不发生转继承。再如，继承人在遗嘱中指定，其死亡后，全部遗产捐赠给某基金会。此时发生遗赠，也不发生转继承。

（三）转继承的效力

在具备转继承的条件时，被转继承人应继承的被继承人遗产份额构成其遗产的一部分，应转由其继承人继承，转继承人可直接参与被继承人遗产的分配。这里的继承人既包括法定继承人，也包括遗嘱继承人。在法定继承中，转继承人应继承的为被转继承人的应继份额；若被转继承人为遗嘱继承人，则转继承人应继承的为被继承人的遗嘱中指定由被转继承人继承的遗产份额。

三、代位继承与转继承的区别

第一，性质不同。代位继承是由代位继承人继承被继承人的遗产而非被代位继承人的遗产，因此，代位继承具有替补的性质。转继承是两个本位继承的连续，首先是继承人直接继承

被继承人的遗产，其次是由转继承人直接取得被转继承人的遗产。可见，转继承具有连续继承的性质。

第二，发生条件不同。代位继承发生在继承人先于被继承人死亡的情形，而转继承发生在继承开始后、遗产分割前继承人死亡的情形。

第三，主体不同。代位继承人只能是被代位继承人的晚辈直系血亲或是被代位继承人的子女，而转继承人并不限于被转继承人的晚辈直系血亲，还包括被转继承人的其他法定继承人，如配偶、父母、兄弟姐妹、祖父母、外祖父母。

第四，适用范围不同。代位继承只适用于法定继承，而转继承适用于法定继承和遗嘱继承。

第四节　法定继承中的遗产分配

一、法定继承的遗产分配原则

法定继承的遗产分配是指在同一顺序法定继承人之间分配被继承人的遗产，即确定法定继承人的应继份额。因此，法定继承的遗产分配原则，就是确定同一顺序法定继承人应继承的遗产份额的基本准则。

依据《民法典》第 1130 条的规定，同一顺序继承人在分配遗产时，应当遵循以下两项原则，即一般应当均等和特殊情况下可以不均等。

一般应当均等是指，在不存在法律规定的特殊情形时，同一顺序的法定继承人应分得相同份额的被继承人的遗产。

特殊情况下可以不均等是指，在法律规定的特殊情形下，同一顺序的法定继承人的应继份额可以不均等。依据《民法典》第 1130 条的规定，在下列情况下，同一顺序的法定继承人应继份额可以不均等：(1) 对生活有特殊困难的缺乏劳动能力的继承人，分配遗产时，应当予以照顾。(2) 对被继承人尽了主要扶养义务或者与被继承人共同生活的继承人，分配遗产时，可以多分。但是，有扶养能力和有扶养条件的继承人虽然与被继承人共同生活，但对需要扶养的被继承人不尽扶养义务的，分配遗产时，可以少分或不分。(3) 有扶养能力和有扶养条件的继承人，不尽扶养义务的，分配遗产时，应当不分或少分。继承人有扶养能力和扶养条件，愿意尽扶养义务，但被继承人因有固定收入和劳动能力，明确表示不要求其扶养的，分配遗产时，一般不应因此而影响其继承份额。(4) 继承人协商同意的，也可以不均等。

例题 176　郭大爷的女儿五年前病故，留下一子甲。女婿乙一直与郭大爷共同生活，尽了主要赡养义务。郭大爷继子丙虽然与其无扶养关系，但也不时从外地回来探望。郭大爷还有一丧失劳动能力的养子丁。郭大爷病故，关于其遗产的继承，下列哪些选项是正确的？

A. 甲为第一顺序继承人　　B. 乙在分配财产时，可多分

C. 丙无权继承遗产　　D. 分配遗产时应该对丁予以照顾

解析：本题的考点是法定继承人的范围和顺序、遗产分配原则，答案为A、B、C、D项。甲为郭大爷女儿的晚辈直系血亲，郭大爷的女儿先于郭大爷死亡，故甲为代位继承人，在继承中作为第一顺序继承人。乙为丧偶女婿，对郭大爷尽了主要赡养义务，为第一顺序法定继承人，且因其对被继承人尽了主要扶养义务，分配遗产时可以多分。丙为郭大爷的继子，双方不存在扶养关系，丙不能作为法定继承人。丁与郭大爷之间存在收养关系，丁为第一顺序法定继承人，且因丁丧失了劳动能力，分配遗产应当给予照顾。

二、非继承人的遗产取得权

（一）取得遗产的非继承人的范围

在法定继承中，除依法参加继承的法定继承人外，具备法定条件的继承人以外的其他人也有权取得一定的遗产。依据《民法典》第1131条的规定，对继承人以外的依靠被继承人扶养的人，或者继承人以外的对被继承人扶养较多的人，可以分给他们适当的遗产。所谓继承人以外的人，是指享有继承既得权的法定继承人以外的人，既包括法定继承人以外的人，也包括不能继承被继承人遗产的后顺位法定继承人。

（二）非继承人取得遗产的份额

依据《民法典》第1131条的规定，非继承人在具备规定的条件时，可以分给他们适当的遗产。适当的遗产应依非继承人的具体情况和遗产的情况确定。一般说来，对于继承人以外的依靠被继承人扶养的人，应依被继承人扶养的情况来定应分给的遗产额，但以满足其生活基本需要为限；对于对被继承人扶养较多的人，应依其对被继承人扶养的情况而定其应分得的遗产份额。至于非继承人取得遗产的份额，可以按具体情况多于或少于继承人的遗产份额。

例题177　张某1岁时被王某收养并与其一直共同生活。张某成年后，将年老多病的生父母接到自己家中悉心照顾。王某、张某生父母相继去世。下列哪种说法是正确的？

A. 张某有权作为第一顺序继承人继承生父母的财产

B. 张某有权作为第二顺序继承人继承生父母的财产

C. 张某无权继承养父王某的财产

D. 张某可适当分得生父母的财产

解析：本题的考点是养子女的继承权和取得遗产的非继承人的确定，答案为D项。张某被王某收养后，便与王某形成了养父母子女关系，张某有权继承养父王某的遗产。同时，张某被收养后，即解除了与生父母的权利义务关系。由于张某不属于其生父母的法定继承人，因此，张某无权继承其生父母的遗产。但张某对生父母扶养较多，可以适当分得生父母的遗产。

引读案例解答

1.（1）甲死亡时，其父母已死亡，因此，甲的父母不属于甲的法定继承人。而在甲死亡时，甲妻乙、婚生子女丙和丁均为生存之人，为甲的第一顺序法定继承人。戊为甲的继子女，与甲已形成了扶养关系，故为甲的第一顺序法定继承人。（2）甲的遗产有房屋4间、存款30万元。其中，甲立有遗嘱将2间房屋指定由乙继承，因此，该2间房屋应按照遗嘱继承处理，而剩余2间房屋应按照法定继承处理。甲在遗嘱中将2万元遗产遗赠给己，而己在知道受遗赠后60日内表示接受遗赠，因此，这2万元遗产应按遗赠处理，而剩余的28万元遗产应按法定继承处理。

2.（1）被继承人的子女已先于被继承人死亡，且甲、乙、丙、丁均为被继承人子女的晚辈直系血亲，因此，本案发生代位继承。（2）甲、乙、丙、丁作为代位继承人，属于被继承人的法定继承人范围。同时，因被继承人的丧偶儿媳戊对被继承人尽了主要赡养义务，所以，戊为被继承人的第一顺序法定继承人。（3）甲、乙、丙、丁与戊同为第一顺序法定继承人，但甲、乙、丙、丁不能与戊五人均分遗产，也不能将遗产分为二份，由戊继承一份，由甲、乙、丙、丁共同继承另一份，或者由戊与甲、乙、丙共同继承一份，由丁继承另一份。原则上，被继承人的遗产应分为三份，由戊继承一份，由甲、乙、丙三人共同继承一份，由丁继承一份。

课堂讨论案例

1. 甲、乙为夫妻，无父母子女。甲只有一兄丙，乙只有一妹丁。丙、丁均独立生活，且与甲、乙往来较少。某日，甲、乙驾马车进城购买年货，回家途中因马受惊狂奔，甲、乙被摔下悬崖。戊路过时发现甲已死亡，乙尚存一点气息，在被送往医院途中死亡。为继承甲、乙的遗产，丙、丁发生争执。

问：（1）甲、乙的继承人应当如何确定？（2）甲、乙的遗产应如何继承？

2. 甲与前妻乙协议离婚后，婚生子丙由乙抚养。甲、丁再婚后，婚后感情一般。再婚三年后，甲被确诊为肝癌。丁在甲住院之初尚能尽妻子之责，但在见甲的病情没有任何好转后，便改变了态度，不再对甲进行照料，也很少再支付医疗费用。无奈之下，丙请求乙照料甲。乙念及夫妻以往的感情，承担了对甲的照料责任，并和丙共同承担了甲的治疗费用。一年后甲去世，留有遗产房屋8间。甲去世时，其亲人中除丙、丁外，还有父母，其父母没有劳动能力，也没有生活来源。因甲未立遗嘱，丁与甲的父母、丙为继承甲的遗产份额发生纠纷。丁向人民法院提起诉讼，请求继承甲的遗产。在诉讼进行中，乙提出请求，要求适当分得甲的遗产。

问：（1）甲的继承人包括哪些？（2）甲的遗产应当如何分配？

重点思考习题

1. 如何确定法定继承人的范围和继承顺位？
2. 代位继承和转继承的适用条件有哪些？二者有何区别？
3. 法定继承人之间在什么条件下分配遗产可以不均等？
4. 继承人以外的哪些人可取得被继承人的遗产？

第三十七章
遗嘱继承

引读案例

甲进手术室做心脏手术前，邀主治大夫乙为见证人立下口头遗嘱，指定遗产由妻子、女儿各继承一半，陪同护士丙在场听到了甲口头遗嘱的全部内容。甲手术成功后，在妻子的精心照顾下，很快恢复了健康。但在甲住院期间，女儿对甲关心不够，甲很伤心。甲出院后不久，又书写了一份遗嘱，将全部遗产指定由妻子继承。2年后，甲因心脏病复发而死亡。请分析以下问题：(1) 如何认定甲的口头遗嘱和自书遗嘱的效力？(2) 甲的遗产应当如何继承？

法律职业资格考试要点

遗嘱继承的适用条件；遗嘱的有效条件；遗嘱的形式和见证；遗嘱的变更和撤回；遗嘱的执行

第一节　遗嘱继承概述

一、遗嘱继承的含义

遗嘱继承又称指定继承，是指继承开始后，继承人按照被继承人生前所设立的合法、有效的遗嘱继承遗产的法律制度。其中，生前设立遗嘱的被继承人称为遗嘱人，被指定于继承人死亡时继承遗产的继承人称为遗嘱继承人。

遗嘱继承与法定继承相比，具有以下特点。

第一，遗嘱继承的发生以存在合法、有效的遗嘱为要件。与法定继承不同，引起遗嘱继承发生的事实有两个，即被继承人的死亡和存在合法、有效的遗嘱。因此，只有被继承人的死亡，而没有被继承人设立的合法、有效的遗嘱，不能发生遗嘱继承问题。

第二，遗嘱继承人、继承份额的确定以遗嘱中被继承人的意思为依据。与法定继承不同，在遗嘱继承中，继承人、继承份额、继承的遗产等都由被继承人在遗嘱中指定，被继承人在遗嘱中表示的意思是遗嘱继承进行的依据，体现了意思自治的私法理念。当然，依据《民法典》1133条的规定，被继承人应当在法定继承人范围内指定遗嘱继承人。

第三，遗嘱继承在效力上优先于法定继承。依据《民法典》第1123条的规定，继承开始后，按照法定继承办理；有遗嘱的，按照遗嘱继承办理。可见，遗嘱继承具有优先于法定继承的效力。

二、遗嘱继承的适用条件

依据《民法典》的相关规定，遗嘱继承的适用应当具备以下条件。

第一，没有遗赠扶养协议。在遗产的处理方式中，遗赠扶养协议具有最优先的效力。因此，只有在没有遗赠扶养协议的情况下，才能适用遗嘱继承。当然，如果被继承人生前与他人订有遗赠扶养协议，同时又立有遗嘱的，继承开始后，如果遗赠扶养协议与遗嘱没有抵触，遗产分别按遗赠扶养协议和遗嘱处理；如果有抵触，按遗赠扶养协议处理，与遗赠扶养协议抵触的遗嘱全部或部分无效。可见，遗赠扶养协议在效力上优先于遗嘱，遗嘱不能对抗遗赠扶养协议，只有在没有遗赠扶养协议或遗嘱与遗赠扶养协议不相抵触时，才可适用遗嘱继承。

第二，被继承人生前立有合法、有效的遗嘱。遗嘱是遗嘱继承发生的条件，也是遗嘱继承适用的依据。继承人若按照遗嘱继承方式继承遗产，必须存在被继承人生前设立的合法、有效的遗嘱，否则，不适用遗嘱继承。

第三，继承人未丧失或放弃继承权。继承人享有继承资格是继承发生和进行的前提条件，遗嘱继承也不例外。如果遗嘱继承人被依法剥夺了继承权，则不得适用遗嘱继承；如果遗嘱继承人放弃了继承权，遗嘱中指定由其继承的遗产也不适用遗嘱继承。

例题 178 张某、李某系夫妻，生有一子张甲和一女张乙。张甲于 2017 年意外去世，有一女丙。张某在 2020 年死亡，生前拥有个人房产一套，遗嘱将该房产处分给李某。关于该房产的继承，下列哪些表述是正确的？

A. 李某可以通过张某的遗嘱继承该房产

B. 丙可以通过代位继承要求对该房产进行遗产分割

C. 继承人自张某死亡时取得该房产所有权

D. 继承人自该房产变更登记后取得所有权

解析：本题的考点是代位继承、遗嘱继承、继承的物权变动，答案为 A、C 项。张某订有遗嘱将其一套房产处分给李某，因此，李某可以通过张某的遗嘱继承该房产。虽然张甲作为张某的子女先于张某死亡，但丙作为张某的子女的晚辈直系血亲也不能代位继承该房产，因为代位继承只适用于法定继承，而不适用于遗嘱继承。因继承取得物权的，自继承开始时发生效力。因此，继承人李某在张某死亡时取得该房屋的所有权，而非办理完过户登记后才取得房屋的所有权。

第二节　遗嘱的设立

一、遗嘱的含义

遗嘱是指自然人生前就其遗产在其死亡后如何处分所作的意思表示。遗嘱是一种民事法律行为，具有以下特点。

第一，遗嘱是单方行为。遗嘱仅依赖于遗嘱人的单方意思表示即可成立，不以遗嘱继承人作出相应的意思表示为必要，因此，遗嘱是一种单方行为。

第二，遗嘱是死因行为。遗嘱人在设立遗嘱时，遗嘱虽已成立，但并不立即发生效力，而只能以遗嘱人的死亡为生效要件。由于遗嘱是死因行为，因而，遗嘱继承人先于遗嘱人死亡的，遗嘱不生效力。

第三，遗嘱是处分行为。遗嘱是遗嘱人对其财产所作的处分，在性质上为处分行为，而不是负担行为，因此，遗嘱继承人不得请求遗嘱人履行交付财产的义务。

第四，遗嘱是由遗嘱人本人实施的民事法律行为。遗嘱必须由遗嘱人本人亲自设立，不能由他人辅助或者代理。遗嘱人应具备遗嘱能力，无民事行为能力人或限制民事行为能力人设立的遗嘱，为无效遗嘱。遗嘱必须是遗嘱人真实的意思表示，不体现遗嘱人真实意思的遗嘱不发生法律效力。

第五，遗嘱是要式行为。基于意思自治的理念，虽然民法坚持遗嘱自由原则，但为兼顾遗嘱继承人、法定继承人、受遗赠人的利益，避免和防范伦理道德风险，《民法典》对遗嘱的形式作出了严格规定，以具备一定的形式作为遗嘱成立、生效的要件。遗嘱非依法定方式作成，不能产生法律效力。

二、遗嘱的内容

遗嘱的内容是指遗嘱人在遗嘱中表示出来的对自己财产的处分及安排相关事项的意思。一般说来，遗嘱主要包括以下内容。

其一，指定继承人、受遗赠人。依据《民法典》第 1133 条的规定，自然人可以立遗嘱将个人财产指定由法定继承人中的一人或者数人继承；自然人可以立遗嘱将个人财产赠与国家、集体或者法定继承人以外的组织、个人。因遗嘱的主要目的是指定继承人、受遗赠人，所以，指定继承人、受遗赠人为遗嘱的主要内容。遗嘱中指定的继承人可以为法定继承人中的任何人，不受继承人继承顺序的限制，但不能是法定继承人以外的人。受遗赠人可以是国家、集体，也可以是自然人，但不能是法定继承人范围之内的人。

其二，指定遗产的分配办法或份额。遗嘱人应当在遗嘱中列明自己留下的财产清单，说明财产的名称、数量以及存放的地方等。遗嘱中应当说明每个指定继承人得继承的具体财产；指定由数个继承人共同继承某项遗产的，应当说明指定继承人对遗产的分配办法或者每个人应继承的遗产份额。遗赠财产的，要具体说明将某一财产遗赠给何人、何单位。遗嘱人在遗嘱中可以处分全部财产，也可以仅处分部分财产。

其三，对遗嘱继承人、受遗赠人附加的义务。遗嘱中可以对遗嘱继承人或者受遗赠人规定附加义务，这就是所谓的遗托。依据《民法典》第 1144 条的规定，遗嘱继承或者遗赠附有义务的，继承人或者受遗赠人应当履行义务。没有正当理由不履行义务的，经利害关系人或者有关组织请求，人民法院可以取消其接受附义务部分遗产的权利。在遗嘱中，遗嘱人可以指明某继承人或者受遗赠人应当将某项遗产用于特定的用途，也可以指定继承人承担其他的义务。

其四，再指定继承人、再指定受遗赠人。再指定继承人是指遗嘱人于遗嘱中指定在被指定的继承人不能继承遗产时由某人继承；再指定受遗赠人是指遗嘱人在遗嘱中指定在受遗赠人不能接受遗赠时将该遗产赠与某人。遗嘱中再指定的继承人称为候补继承人或者补充继承人，再指定的受遗赠人称为候补受遗赠人或补充受遗赠人。候补继承人只有在指定继承人不能继承的情形下，才能依遗嘱的指定参加继承；候补受遗赠人只有在受遗赠人不能接受遗赠的情形下，才能依遗嘱接受遗赠。此外，对于后位继承，《民法典》第 1152 条也是有条件地承认。

其五，指定遗嘱执行人。依据《民法典》第 1133 条第 1 款的规定，遗嘱中可以指定遗嘱执行人。因遗嘱执行人是否合适，关系到能否真正按照遗嘱人的遗嘱执行，以实现遗嘱人的意思，所以，指定遗嘱执行人也是遗嘱的重要内容。

其六，依法设立遗嘱信托。所谓遗嘱信托，是指委托人以遗嘱的方式将遗产的规划内容，如遗产的管理、分配、运用等相关内容订立于遗嘱中，并于委托人死亡时生效的一种遗产管理安排。

例题 179 甲有二子乙、丙，甲立有遗嘱将其全部财产留给乙。甲死亡后，查明：甲立遗嘱时乙 17 岁、丙 14 岁，现乙、丙均已工作。甲的遗产应如何处理？

A. 乙、丙各得二分之一　　B. 乙得三分之二，丙得三分之一

C. 乙获得全部遗产　　D. 丙获得全部遗产

解析：本题的考点是遗嘱的效力，答案为 C 项。甲立遗嘱时，丙虽然未成年，但在遗嘱生效时，丙已工作，已不属于缺乏劳动能力又没有生活来源的继承人。因此，甲所立的遗嘱有效，乙作为遗嘱继承人有权继承全部遗产。

三、遗嘱的形式

遗嘱的形式又称遗嘱的方式，是指遗嘱人用以表示处分其财产的意思的方式。依据《民法典》的规定，遗嘱的法定形式有自书遗嘱、代书遗嘱、打印遗嘱、录音录像遗嘱、口头遗嘱、公证遗嘱。

（一）自书遗嘱

所谓自书遗嘱，是指由遗嘱人亲笔书写的遗嘱。依据《民法典》第 1134 条的规定，自书遗嘱由遗嘱人亲笔书写，签名，注明年、月、日。

（二）代书遗嘱

所谓代书遗嘱，是指由遗嘱人口授、他人代为书写的遗嘱。依据《民法典》第 1135 条的规定，代书遗嘱应当有两个以上见证人在场见证，由其中一人代书，并由遗嘱人、代书人和其他见证人签名，注明年、月、日。

（三）打印遗嘱

所谓打印遗嘱，是指以电子打印形式制作的遗嘱。依据《民法典》第 1136 条的规定，打印遗嘱应当有两个以上见证人在场见证。遗嘱人和见证人应当在遗嘱每一页签名，注明年、月、日。

（四）录音录像遗嘱

所谓录音录像遗嘱，是指以录音或录像方式录制下来的遗嘱人口述的遗嘱。依据《民法典》第 1137 条的规定，以录音录像形式立的遗嘱，应当有两个以上见证人在场见证。遗嘱人和见证人应当在录音录像中记录其姓名或者肖像，以及年、月、日。

（五）口头遗嘱

所谓口头遗嘱，是指遗嘱人在危急情况下以口头形式设立的遗嘱。依据《民法典》第 1138 条的规定，遗嘱人在危急情况下，可以立口头遗嘱；危急情况消除后，遗嘱人能够用书面或者录音录像形式立遗嘱的，所立的口头遗嘱无效。所谓危急情况，一般是指遗嘱人因突发疾病、意外事故、自然灾害或战争等生命垂危或随时面临生命危险，没有办法采取其他方式设立遗嘱的情况。遗嘱人于危急情况下设立口头遗嘱的，须有两个以上见证人在场见证。见证人

应将遗嘱人口授的遗嘱记录下来，并由记录人、其他见证人签名，注明年、月、日。

（六）公证遗嘱

所谓公证遗嘱，是指经公证机构公证的遗嘱。依据《民法典》第1139条的规定，公证遗嘱由遗嘱人经公证机构办理。遗嘱人在设立公证遗嘱时，应亲自向公证机构申请办理遗嘱公证，并在办理公证时依法亲自在公证人员面前以书面或口头表述出遗嘱的内容，由公证人员依法进行公证，出具公证书。

四、遗嘱的见证

依据《民法典》第1135条至第1138条的规定，遗嘱见证制度适用于代书遗嘱、打印遗嘱、录音录像遗嘱、口头遗嘱，而公证遗嘱、自书遗嘱则不以见证为必要。

遗嘱见证的目的在于证明和确保遗嘱的真实性，因此，遗嘱见证人应当对所见证的遗嘱的法律意义有认知能力，具有客观、公正的立场。为此，遗嘱见证人必须为完全民事行为能力人，且与遗嘱没有利害关系。依据《民法典》第1140条的规定，下列人员不具有见证人资格，不能作为遗嘱见证人：(1) 无民事行为能力人、限制民事行为能力人以及其他不具有见证能力的人；(2) 继承人、受遗赠人；(3) 与继承人、受遗赠人有利害关系的人，例如继承人、受遗赠人的债权人、债务人，共同经营的合伙人。

五、遗嘱的有效条件

遗嘱的有效条件是指遗嘱产生法律效力所应具备的条件。遗嘱是一种民事法律行为，因此，遗嘱若欲生法律效力，须具备民事法律行为的一般有效条件。

（一）遗嘱人具有遗嘱能力

遗嘱能力是指自然人依法享有的依个人意思设立遗嘱、处分其财产的资格。自然人要么有遗嘱能力，要么无遗嘱能力，并不存在限制遗嘱能力之说。依据《民法典》第1143条第1款的规定，只有完全民事行为能力人才具有遗嘱能力，无民事行为能力人和限制民事行为能力人没有遗嘱能力，他们所立的遗嘱无效。

遗嘱人是否具有遗嘱能力，应以立遗嘱时为准，即遗嘱人立遗嘱时必须有民事行为能力。无民事行为能力人所立的遗嘱，即使其本人后来有了民事行为能力，仍属无效遗嘱。遗嘱人立遗嘱时有民事行为能力，后来丧失了民事行为能力的，不影响遗嘱的效力。

（二）遗嘱人的意思表示真实

遗嘱人的意思表示真实，是指遗嘱所体现的内容应与遗嘱人的真实意愿相一致。遗嘱不是遗嘱人真实意思表示的，遗嘱无效。依据《民法典》第1143条第2、3、4款的规定，下列遗嘱因意思表示不真实而无效。

第一，受欺诈、受胁迫所设立的遗嘱。受欺诈所立的遗嘱是指遗嘱人因受他人的歪曲的、虚假的行为或者言词的错误导向而产生错误的认识，订立的与自己的真实意愿不相符合的遗嘱；受胁迫所立的遗嘱是指遗嘱人受到他人非法的威胁、要挟，为避免自己或亲人的财产或生命健康遭受侵害，违心地作出与自己的真实意思相悖的遗嘱；受欺诈、受胁迫所设立的遗嘱不是遗嘱人的真实意思表示，因此，受胁迫、受欺诈所立的遗嘱无效。

第二，伪造的遗嘱。伪造的遗嘱是指以被继承人的名义设立的，但根本不是被继承人意思表示的遗嘱。伪造的遗嘱根本就不是被继承人的意思表示，所以无论遗嘱的内容如何，也无论遗嘱是否损害了继承人的利益，均为无效。

第三，遗嘱被篡改的部分。被篡改的遗嘱是指内容被遗嘱人以外的其他人作了更改的遗嘱。篡改只能是对遗嘱的部分内容的更改，如对遗嘱的全部内容更改，则为伪造遗嘱。被篡改的遗嘱中篡改的内容已经不是遗嘱人的意思表示，而是篡改人的意思表示，因而也就不能发生遗嘱的效力，是无效的。

（三）遗嘱的内容合法

遗嘱的内容合法是指遗嘱的内容应当符合法律的强制性规定，符合公序良俗的要求，否则，所立的遗嘱无效。在以下两种情形下，遗产因内容不合法而无效。

第一，遗嘱应当保留继承人必要遗产份额的，对应当保留的必要份额的处分无效。依据《民法典》第1141条的规定，遗嘱应当对缺乏劳动能力又没有生活来源的继承人保留必要的遗产份额。因此，如果遗嘱中没有对缺乏劳动能力又没有生活来源的继承人保留必要的遗产份额的，遗嘱的该部分内容无效。至于继承人是否缺乏劳动能力又没有生活来源，应按遗嘱生效时该继承人的具体情况确定。

第二，遗嘱中处分不属于遗嘱人自己的财产的部分内容无效。遗嘱是遗嘱人处分自己的财产的意思表示，不能处分不属于遗嘱人自己的财产。因此，遗嘱人以遗嘱处分了属于国家、集体或他人所有的财产的，遗嘱的这部分应认定无效。

（四）遗嘱的形式合法

如前所述，遗嘱为要式行为，应当具备法律规定的形式，否则，所立的遗嘱无效。

例题180 甲与乙结婚，女儿丙三岁时，甲因医疗事故死亡，获得60万元赔款。甲生前留有遗嘱，载明其死亡后的全部财产由其母丁继承。经查，甲与乙婚后除共同购买了一套住房外，另有20万元存款。下列哪一说法是正确的？

A. 60万元赔款属于遗产

B. 甲的遗嘱未保留丙的遗产份额，遗嘱全部无效

C. 住房和存款的各一半属于遗产

D. 乙有权继承甲的遗产

解析：本题的考点是遗产的认定、遗嘱的效力，答案为C项。死亡赔偿金是对死者近亲属的一种物质赔偿，不属于死者的遗产。甲的遗嘱未保留丙的必要遗产份额，遗嘱的这部分内容无效，并不是遗嘱全部无效。住房和存款应属于甲、乙双方的夫妻共有财产，因此，住房和存款的各一半属于遗产。甲生前留有遗嘱，载明其死亡后的全部财产由其母丁继承。该遗嘱仅未保留丙的必要遗产份额部分无效，其余部分仍有效，因此，乙无权继承甲的遗产。

第三节 遗嘱的撤回、变更和执行

一、遗嘱的撤回、变更

（一）遗嘱撤回、变更的含义

依据《民法典》第1142条第1款的规定，遗嘱人可以撤回、变更自己所立的遗嘱。所谓

遗嘱的撤回，是指遗嘱人取消其已经设立的遗嘱；所谓遗嘱的变更，是指遗嘱人在遗嘱设立后对所立遗嘱的内容作部分修改。遗嘱的撤回是对原遗嘱中遗嘱人意思表示的完全改变，而遗嘱的变更是对原遗嘱中遗嘱人意思表示的部分更改。

从本质上说，遗嘱的撤回、变更亦为遗嘱行为，因而，遗嘱的撤回、变更须具备遗嘱的一般生效要件始能发生效力，例如遗嘱撤回、变更时遗嘱人具有遗嘱能力，遗嘱撤回或变更须是遗嘱人真实的意思表示，变更后遗嘱的内容合法，遗嘱撤回或变更的形式合法。

（二）遗嘱撤回、变更的方式

1. 遗嘱撤回、变更的明示方式

遗嘱撤回、变更的明示方式是指遗嘱人以明确的意思表示撤回、变更遗嘱。遗嘱人以明示方式撤回、变更遗嘱的，须采取法律规定的设立遗嘱的方式。

2. 遗嘱撤回、变更的推定方式

遗嘱撤回、变更的推定方式是指遗嘱人虽未以明确的意思表示撤回、变更所立的遗嘱，但可从其生前的行为中推定其撤回、变更了遗嘱。

遗嘱撤回、变更的推定方式主要有以下几种。

（1）遗嘱人立有数份遗嘱且内容相抵触的，推定撤回、变更遗嘱。依据《民法典》第1142条第3款的规定，立有数份遗嘱，内容相抵触的，以最后的遗嘱为准。所谓“以最后的遗嘱为准”，是指若数份遗嘱的内容只是部分抵触，则在后设立的遗嘱为对在前设立的遗嘱的变更；若数份遗嘱的内容完全抵触，则在后设立的遗嘱构成对在先设立的遗嘱的撤回。

（2）遗嘱人的生前行为与遗嘱的内容相抵触的，推定撤回、变更遗嘱。依据《民法典》第1142条第2款的规定，立遗嘱后，遗嘱人实施与遗嘱内容相反的民事法律行为的，视为对遗嘱相关内容的撤回。

（3）遗嘱人故意销毁遗嘱的，应推定撤回遗嘱。遗嘱人故意将其所立的遗嘱销毁的，也就是否定遗嘱的内容，因而应推定其撤回遗嘱。当然，遗嘱人销毁遗嘱须是基于其个人意思所为，否则，不能发生遗嘱撤回的效力。

例题181 甲立下一份公证遗嘱，将大部分财产留给儿子乙，少部分的存款留给女儿丙。后乙因盗窃而被判刑，甲伤心至极，在病榻上当着众亲友的面将遗嘱烧毁，不久去世。乙出狱后要求按照遗嘱的内容继承遗产。对此，下列哪一选项是正确的？

A. 乙有权依据遗嘱的内容继承遗产　　B. 乙只能依据法定继承的规定继承遗产

C. 乙无权继承任何遗产　　D. 可以分给乙适当的遗产

解析：本题的考点是遗嘱的撤回，答案是B项。乙是甲的法定继承人，甲在公证遗嘱中指定乙为遗嘱继承人合法。甲烧毁遗嘱的行为属于撤回，乙无权依据遗嘱的内容继承遗产。但是，乙并没有丧失继承权，也没有放弃继承权，仍依据法定继承的规定继承遗产。

（三）遗嘱撤回、变更的效力

遗嘱经遗嘱人依法撤回、变更后，即发生相应的法律效力。遗嘱人撤回遗嘱的，被撤回的遗嘱失去效力，遗嘱人立有新遗嘱的，以新设立的遗嘱为遗嘱人真实的意思表示，并于继承开始后作为继承进行的依据；遗嘱人未立有新遗嘱的，视为被继承人未立有遗嘱，被撤回的遗嘱所涉及的遗产按法定继承办理。遗嘱人变更遗嘱的，依变更后的遗嘱确定遗嘱人的真实意思，继承开始后，继承的进行以变更后的遗嘱为依据。

例题 182 甲有乙、丙和丁三个女儿。甲于某年 1 月 1 日亲笔书写一份遗嘱，写明其全部遗产由乙继承，并签名和注明年月日。同年 3 月 2 日，甲又请张律师代书一份遗嘱，写明其全部遗产由丙继承。同年 5 月 3 日，甲因病被丁送至医院急救，甲又立口头遗嘱一份，内容是其全部遗产由丁继承，在场的赵医生和李护士见证。甲病好转后出院休养，未立新遗嘱。如甲死亡，下列哪一选项是甲遗产的继承权人？

A. 乙　　B. 丙　　C. 丁　　D. 乙、丙、丁

解析：本题的考点是数份遗嘱的效力，答案为 A 项。甲先后立有 3 份遗嘱：第一份遗嘱为自书遗嘱，符合法律规定的条件，为有效遗嘱；第二份遗嘱为代书遗嘱，但因缺乏遗嘱见证人而无效；第三份遗嘱是在危急情况下所立的口头遗嘱，因甲在危急情况解除后未用书面或录音录像形式立遗嘱，该口头遗嘱无效。据此，甲遗产的继承权人只有乙。

二、遗嘱的执行

（一）遗嘱的执行的含义

遗嘱的执行是指继承开始后，将遗嘱人所立遗嘱的内容付诸实现的行为或程序。遗嘱的执行关系到遗嘱人遗愿的实现，关系到继承人与其他利害关系人的利益，是继承中的重要环节。但是，并不是遗嘱内容中的所有事项均须执行才能实现，只有其中的积极事项的实现才有赖于积极的执行行为；其中的消极事项，因遗嘱生效后自然发生效力而不需要借助积极的执行行为，如遗嘱内容中的债务免除等事项。

（二）遗嘱执行人的确定

遗嘱的执行需要有遗嘱执行人。遗嘱的执行在性质上属重大而复杂的民事法律行为，遗嘱执行人应为完全民事行为能力人，无民事行为能力人和限制民事行为能力人不得为遗嘱执行人。依据《民法典》第 1133 条第 1 款的规定，自然人可以在遗嘱中指定遗嘱执行人。遗嘱中指定的遗嘱执行人既可以是法定继承人，也可以是法定继承人以外的人。

（三）遗嘱执行人的职责

遗嘱执行人的职责是遗嘱执行人的法律地位的具体体现。依据《民法典》第 1145 条的规定，继承开始后，遗嘱执行人为遗产管理人。因而遗嘱执行人作为遗产管理人应当履行遗产管理人的有关职责。依据《民法典》第 1147 条的规定，遗产管理人的职责主要有：（1）清理遗产并制作遗产清单；（2）向继承人报告遗产情况；（3）采取必要措施防止遗产毁损、灭失；（4）处理被继承人的债权债务；（5）按照遗嘱或者依照法律规定分割遗产；（6）实施与管理遗产有关的其他必要行为。

引读案例解答

甲生前立有遗嘱，这首先需要认定遗嘱的效力，然后才能确定遗产的继承。（1）甲做心脏

手术很有可能失败，从而导致死亡，这应属于危急情况，因此，甲可以立口头遗嘱，但甲立口头遗嘱应有两个以上见证人在场见证。甲只邀请乙为其口头遗嘱作见证，并没有邀请丙作见证人。因此，尽管丙了解遗嘱的全部内容，但因丙不具有见证人资格，甲的口头遗嘱也为无效。甲后来所立的自书遗嘱，并无违反法律规定之处，故该遗嘱有效。(2) 由于甲的口头遗嘱无效而自书遗嘱有效，因而，应当执行自书遗嘱，由甲的妻子继承甲的全部遗产，而甲的女儿不能继承甲的遗产。

课堂讨论案例

1. 甲有三子乙、丙、丁，有遗产房屋 3 间、汽车 1 部、存款 20 万元。甲于 2010 年立自书遗嘱，指定房屋 3 间由乙继承；2011 年立代书遗嘱，指定汽车由丙继承；2012 年立公证遗嘱，指定存款 20 万元由丁继承；2013 年立录音遗嘱，指定全部财产由乙继承；2018 年临终前立口头遗嘱，指定 20 万元和房屋 3 间由丙继承。甲死亡后，乙、丙、丁为继承遗产发生纠纷。

问：(1) 若上述遗嘱均符合法律的规定，应如何确定其效力？(2) 甲的遗产应当如何继承？

2. 甲有二子乙、丙，甲于 2016 年立下遗嘱将其全部财产留给乙。甲于 2020 年 4 月死亡。经查，甲立遗嘱时乙 17 岁、丙 14 岁，现丙已工作，但乙因病已丧失劳动能力且无生活来源。

问：(1) 甲所立的遗嘱是否有效？(2) 甲的遗产应当如何分配？

重点思考习题

1. 遗嘱继承的适用条件有哪些？
2. 遗嘱的形式有哪几种，各须具备什么条件？
3. 哪些遗嘱需要见证人制度？哪些人不得担任遗嘱见证人？
4. 遗嘱的有效条件包括哪些？
5. 遗嘱的撤回、变更有何效力？

第三十八章 遗赠和遗赠扶养协议

引读案例

1. 甲生前立有遗嘱，指定其死后房屋2间归朋友乙所有。乙知道自己作为受遗赠人后，因对丙所负债务到期被丙催债，遂萌生杀害甲以尽快取得受遗赠财产偿还债务的念头。一切准备就绪后，乙于某日晚前往甲处实施杀害行为，但因甲不在家而未得逞。三天后，甲因车祸身亡。乙在知道甲死亡的消息后60日内表示接受遗赠，并在一次意外事故中死亡。乙死亡后，其债权人丙、继承人丁对2间房屋发生争执。请分析以下问题：(1) 乙是否享有受遗赠权？(2) 丙、丁能否取得2间房屋的所有权？

2. 甲终生未育，其丈夫去世后，甲失去了生活依靠。乙在甲失去生活能力后，主动担负起扶养甲的责任。甲、乙经协商签订了遗赠扶养协议，约定：乙对甲履行生养死葬的义务；甲去世后其所有的4间房屋归乙所有。协议签订后，乙就把甲接到自己家里进行扶养。2年后，甲在其侄子丙的唆使下，委托丙将自己的4间房屋以高于市场价出卖给丁，并办理了过户登记手续。乙得知后，请求甲要回房屋，遭到拒绝。请分析以下问题：(1) 甲、乙之间的遗赠扶养协议是否有效？(2) 甲是否有权出卖遗赠的房屋？(3) 乙是否有权解除遗赠扶养协议？

法律职业资格考试要点

遗赠与遗嘱继承的区别；遗赠的效力；遗赠扶养协议的效力和解除

第一节 遗 赠

一、遗赠的含义

遗赠是指自然人设立遗嘱，将个人财产赠与国家、集体或者法定继承人以外的组织、个人，并于其死后发生法律效力的民事法律行为。依据《民法典》第1133条第3款的规定，自然人可以立遗嘱将个人财产赠与国家、集体或者法定继承人以外的组织、个人。

遗赠具有以下特点。

第一，遗赠是单方行为。遗赠是遗赠人通过遗嘱的方式将财产赠与他人，而遗嘱是一种单方行为，因而遗赠也就是一种单方行为。

第二，遗赠是死因行为。遗赠是遗赠人生前作出的意思表示，但只有在遗赠人死亡后才能发生效力，因此，遗赠属于死因行为。

第三，受遗赠人是非法定继承人。遗赠人可以将其财产赠与国家、集体，也可以赠与法定继承人以外的组织、个人，但不能赠与法定继承人以内的人。应当指出的是，受遗赠人也包括遗赠人死亡时已受孕的胎儿，但胎儿娩出时为死体的，遗赠不生效力。

第四，遗赠是无偿行为。在遗赠中，遗赠财产只能是财产利益，而不是财产义务。这种财产利益可以是给予财产权利，也可以是免除财产义务。同时，遗赠的生效不以受遗赠人支付相应的对价为条件，因此，遗赠是无偿行为。

第五，受遗赠人须于继承开始后亲自以明示方式作出接受遗赠的表示。依据《民法典》第1124条第2款的规定，受遗赠人应当在知道受遗赠后60日内，作出接受或者放弃接受遗赠的表示；到期没有表示的，视为放弃接受遗赠。可见，受遗赠人接受遗赠的，应当在知道受遗赠后60日内，以明示方式作出接受的表示。

二、遗赠的效力

依据《民法典》的规定，遗赠发生以下几个方面的效力。

第一，对遗赠人的效力。如前所述，遗赠是一种单方行为、死因行为，因此，遗赠人得在生前依个人意思随时撤回、变更遗赠，任何人无权干涉。

第二，对受遗赠人的效力。遗赠对受遗赠人没有强制约束力，受遗赠人有接受或放弃受遗赠的自由，但受遗赠人接受遗赠的意思表示须以明示的方式作出。同时，若遗赠附有义务的，受遗赠人应当履行义务。受遗赠人有继承人丧失继承权的行为时，受遗赠人应丧失受遗赠权（《民法典》第1125条第3款）。

第三，对继承人的效力。受遗赠权在效力上优于法定继承权，而等同于遗嘱继承权，因此，在继承开始后，被继承人立有遗嘱的，应按照遗嘱继承或者遗赠办理。

第四，对遗产债权人的效力。依据《民法典》第1162的规定，执行遗赠不得妨碍清偿遗赠人依法应当缴纳的税款和债务。可见，遗赠不具有对抗遗产债权人的效力。

第五，遗赠不得违背保留必留份的规定。遗赠是以遗嘱的形式表现出来的，因此，遗赠应当遵守法律关于保留必留份的规定。

例题183　甲死后留有房屋一间和存款若干，法定继承人为其子乙。甲生前立有遗嘱，将其存款赠与侄女丙。乙和丙被告知3个月后参与甲的遗产分割，但直到遗产分割时，乙与丙均未作出是否接受遗产的意思表示。下列说法哪一个是正确的？

A. 乙、丙视为放弃接受遗产　　B. 乙视为接受继承，丙视为放弃接受遗赠

C. 乙视为放弃继承，丙视为接受遗赠　　D. 乙、丙均应视为接受遗产

解析：本题的考点是继承和遗赠的接受和放弃问题，答案为B项。乙为法定继承人，在继承开始后，乙没有表示放弃继承权，因此，应当认定乙接受了继承权。丙为受遗赠人，在继承开始后，丙在知道受遗赠后60日内没有作出接受遗赠的表示，因此，应当认定丙放弃受遗赠。

第二节　遗赠扶养协议

一、遗赠扶养协议的含义

遗赠扶养协议是指遗赠人（受扶养人）与扶养人签订的关于扶养人承担遗赠人生养死葬的

义务，遗赠人将其财产于死后赠与扶养人的协议。依据《民法典》第1158条的规定，自然人可以与继承人以外的组织或者个人签订遗赠扶养协议。按照协议，该组织或者个人承担该自然人生养死葬的义务，享有受遗赠的权利。

遗赠扶养协议具有以下特点。

第一，遗赠扶养协议是双方行为。遗赠扶养协议与遗赠不同，须经双方当事人意思表示一致始能成立，因此，遗赠扶养协议属于双方行为，任何一方不得擅自变更或者解除已经有效成立的遗赠扶养协议。在遗赠扶养协议中，受扶养人只能是自然人，而扶养人可以是个人，也可以是组织。但应当指出的是，由于法定继承人负有法定的扶养义务，所以，扶养人只能是法定继承人以外的人。

第二，遗赠扶养协议是双务行为。在遗赠扶养协议中，双方当事人都享有一定的权利、负担一定的义务。扶养人对遗赠人负有生养死葬的义务，遗赠人则对扶养人负有将其财产遗赠给扶养人的义务。因此，遗赠扶养协议属于双务行为。

第三，遗赠扶养协议是有偿行为。在遗赠扶养协议中，任何一方享有权利都以对另一方履行一定的义务作为对价。扶养人不履行对遗赠人生养死葬的义务，则不能享有受遗赠的权利；遗赠人不将自己的财产于其死后赠与扶养人，则不能享有要求扶养人扶养的权利。因此，遗赠扶养协议属于有偿行为。

第四，遗赠扶养协议是诺成行为。遗赠扶养协议自当事人双方意思表示一致即成立，不以交付标的物或履行一定行为为成立要件，因此，遗赠扶养协议是诺成行为。

第五，遗赠扶养协议是自然人对其遗产的一种处置方式。从遗赠人的角度看，遗赠扶养协议是遗赠人生前将其遗产赠与扶养人的意思表示，扶养人如履行了遗嘱扶养协议中约定的义务，则有权依协议取得遗赠人死亡时遗留的财产。因此，遗赠扶养协议如同遗嘱继承、遗赠一样，也是自然人对其遗产的一种处置方式。

二、遗赠扶养协议的效力

遗赠扶养协议具有合同效力，双方当事人应当依法、全面、诚实履行协议。扶养人应当履行对遗赠人的扶养义务，给予生活上的照料和扶助，并在遗赠人死后负责办理丧葬事务；遗赠人应当履行其遗赠义务，不得擅自处分遗赠财产。如果扶养人无正当理由不履行协议，致使协议解除的，不能享有受遗赠的权利，其支付的供养费用一般不予补偿；遗赠人无正当理由不履行协议，致使协议解除的，应当偿还扶养人已支付的供养费用。

例题 184 甲妻病故，膝下无子女，养子乙成年后常年在外地工作。甲与村委会签订遗赠扶养协议，约定甲的生养死葬由村委会负责，死后遗产归村委会所有。后甲又自书一份遗嘱，将其全部财产赠与侄子丙。甲死后，乙就甲的遗产与村委会以及丙发生争议。对此，下列哪一选项是正确的？

A. 甲的遗产应归村委会所有

B. 甲的遗产归丙所有

C. 村委会、乙和丙共同分割遗产，村委会可适当多分

D. 村委会和丙平分遗产，乙无权分得任何遗产

解析：本题的考点是遗赠扶养协议，答案为A项。甲只有养子乙，甲死亡后，乙是唯一的法定继承人；甲与村委会签订遗赠扶养协议后，又设立了一份自书遗嘱，将全部财产赠与丙。由于遗赠扶养协议与遗赠相抵触，而遗赠扶养协议具有优先于遗嘱继承、法定继承的效力，因而，应当执行遗赠扶养协议的约定，即甲的遗产应归村委会所有，乙、丙均无权分得遗产。

引读案例解答

1.（1）乙并不是甲的法定继承人，因此，乙可以作为受遗赠人。但乙对遗赠人甲有杀害行为，尽管该杀害行为未遂，乙亦丧失了受遗赠权。（2）乙丧失了受遗赠权，因此，即使乙在知道受遗赠后的60日内表示接受遗赠也是无效的。因乙不享有受遗赠权，故丙、丁对2间房屋也不存在任何权利。

2.（1）甲、乙之间不存在法定扶养关系，因此，甲、乙之间有权签订遗赠扶养协议。该协议的内容并不存在违法之处，为有效协议。（2）在遗赠扶养协议中，有关遗赠的内容于遗赠人死亡后才发生效力，因此，甲去世前对其在遗赠扶养协议中遗赠给乙的房屋仍享有所有权，甲有权将遗赠的房屋出卖。（3）甲将遗赠的房屋出卖给丁，导致乙的受遗赠权已无法实现，因此，乙有权解除遗赠扶养协议，并得要求甲补偿其已经付出的扶养费用。

课堂讨论案例

1. 甲与妻子乙结婚多年，有一养子。甲、乙因感情不和，一直分居，但并未离婚。后来，甲开始与丙来往，并公开同居生活，依靠甲的工资（退休金）及奖金生活，但甲、乙并未离婚。在甲病重住院期间，乙一直在医院照顾。在住院期间，甲立下遗嘱："我决定，将依法所得的住房补贴金、公积金、抚恤金和住房一套，以及手机一部遗留给我的朋友丙一人所有。我去世后骨灰盒由丙负责安葬。"甲去世后，丙根据遗嘱向乙索要财产和骨灰盒，遭到乙的拒绝。

问：（1）丙能否作为遗嘱继承人？（2）甲的遗嘱是否有效？

2. 某年2月17日，甲立下自书遗嘱，主要内容为："甲的生前生活由侄女乙负责，死后由乙安埋，自立字据之日起甲的3间房屋归乙所有。"同年3月6日，甲、乙到公证处公证。公证文书名为"赠与书"，主要内容为："赠与人甲，受赠人乙。甲所有的3间平房，面积约60平方米，价值11万元。现甲因年老多病，又无其他亲人，自愿将上述房屋及其他家具有条件地赠与乙，从赠与书生效之日起，产权即归乙所有，同时乙必须负责甲的生养死葬。"协议签订后，甲将房屋等交付乙，乙也给甲提供了粮食、蔬菜等。后来，甲、乙发生矛盾，双方关系不断恶化，乙放弃了对甲的扶养。之后，甲以"房屋赠与乙是有条件的赠与，现乙对我不尽义务"为由，向人民法院起诉，请求乙返还房屋和其他财产。

问：（1）甲、乙之间的赠与书的性质是什么？（2）赠与书中"从赠与书生效之日起，产权即归乙所有"的内容是否能在赠与人生前生效？（3）甲能否解除双方的协议？

重点思考习题

1. 遗赠与遗嘱继承、赠与有何区别？
2. 遗赠扶养协议与遗赠有何区别？
3. 遗赠扶养协议有何效力？

第三十九章 遗产的处理

引读案例

1. 甲、乙自幼失去双亲，兄弟两人相依为命。甲前妻早丧，留有双胞胎儿子丙、丁，后妻戊已怀孕数月。乙未婚配，甲结婚后即单独生活。某日，甲、乙同车探亲途中遇车祸死亡，死亡先后时间不能确定。甲有遗产房屋12间、存款20万元。甲生前投保了人身意外伤害险，保险金为2万元，未指定受益人。乙有遗产房屋6间、存款15万元，甲、乙死亡后，丙、丁与戊因遗产继承发生纠纷。请分析以下问题：(1) 甲、乙的死亡时间应当如何确定？(2) 甲、乙的遗产范围应当如何确定？(3) 丙、丁、戊和戊未出生的胎儿能否分割甲、乙的遗产？

2. 甲去世后，留有遗产存款40万元、房屋4间（价值20万元），继承人有妻乙、子丙、女丁。甲生前留有遗嘱，明确将存款中的10万元给其弟戊，遗产中的5万元给朋友己。乙、丙、丁执行完遗嘱后，将剩余的遗产存款25万元、价值20万元的房屋平均分割。遗产分割完毕后，甲的债权人庚以甲生前对其负有50万元的债务为由，请求乙、丙、丁、戊、己履行偿还义务。请分析以下问题：(1) 甲的继承人应当如何分配遗产？(2) 甲的遗产债务应当如何清偿？

法律职业资格考试要点

继承开始的时间和地点；遗产的范围；遗产分割的原则和效力；遗产债务清偿的原则和方式；无人承受遗产的处理

第一节 继承的开始

一、继承开始的时间

继承的开始是指继承法律关系的产生，因此，继承开始的时间就是引起继承法律关系产生的法律事实出现的时间。依据《民法典》第1121条第1款的规定，继承从被继承人死亡时开始。这里的死亡包括自然死亡和宣告死亡，因此，被继承人自然死亡或者宣告死亡的时间就是继承开始的时间。

同时，依据《民法典》第1121条第2款的规定，相互有继承关系的数人在同一事件中死亡，难以确定死亡时间的，推定没有其他继承人的人先死亡。都有其他继承人，辈分不同的，推定长辈先死亡；辈分相同的，推定同时死亡，相互不发生继承。

例题 185　王某与李某系夫妻，二人带女儿外出旅游，发生车祸全部遇难，但无法确定死亡的先后时间。下列哪些选项是正确的？

A. 推定王某和李某先于女儿死亡

B. 推定王某和李某同时死亡

C. 王某和李某互不继承

D. 女儿作为第一顺序继承人继承王某和李某的遗产

解析：本题的考点是继承关系中自然人死亡时间的推定，答案为 A、B、C、D 项。王某、李某与其女儿在同一事故死亡，又不能确定其死亡先后时间，应推定王某、李某同时死亡，而王某、李某应先于女儿死亡。因此，王某、李某互不继承，而女儿有权以第一顺序继承人的身份继承王某和李某的遗产。

二、继承开始的地点

继承开始的地点是指继承人参与继承法律关系，行使继承权，接受被继承人遗产的场所。在我国司法实践中，一般以被继承人生前最后住所地为继承开始的地点。如果被继承人生前最后住所地与主要遗产所在地不一致的，则以主要遗产所在地为继承开始的地点。

关于主要遗产所在地，如果遗产中有动产和不动产，则应以不动产所在地为主要遗产所在地；如果遗产属于同类动产，则应以财产的多少确定主要遗产所在地；如果不属于同类动产，则应依各处遗产的价值额确定主要遗产所在地。

三、继承开始的通知

继承开始后，继承人及遗嘱执行人由于各种原因，如侨居国外等，可能不知道继承开始的事实，从而无法行使继承权。为此，继承开始的通知是继承开始的一个重要环节。

依据《民法典》第 1150 条的规定，继承开始后，知道被继承人死亡的继承人应当及时通知其他继承人和遗嘱执行人。继承人中无人知道被继承人死亡或者知道被继承人死亡而不能通知的，由被继承人生前所在单位或者住所地的居民委员会、村民委员会负责通知。

负有通知义务的继承人或者单位应当及时发出继承开始的通知。至于具体的方式，法律上并没有要求，可以是口头形式或者书面形式，也可以采取公告的形式。负有通知义务的继承人或单位，如果有意隐瞒继承开始的事实，造成继承人损失的，应当承担赔偿责任。

第二节　遗产的范围

一、遗产的含义

依据《民法典》第 1122 条的规定，遗产是指自然人死亡时遗留的个人合法财产。可见，遗产具有以下特点。

第一，遗产专指自然人死亡时遗留的财产。自然人在世时所拥有的以及自然人死亡时已经消耗掉的财产不能称作遗产。

第二，遗产应是自然人的个人财产。自然人生前合法占有的国家财产、集体财产、他人的财产以及共有财产中他人享有的财产份额，不属于遗产，在遗产分割时应予分出。

第三，遗产应是合法财产。不仅非法财产不能作为遗产，而且非法财产的占有者还应受到法律的制裁。非法财产包括以非法手段取得的财产、没有法律依据而占有的他人财产以及个人占有的法律禁止个人占有的财产等。

二、遗产的范围

依据《民法典》第 1122 条的规定，自然人死亡时遗留的个人合法财产为遗产。依照法律规定或者根据其性质不得继承的遗产，不得继承。可见，该条采取概括的方式明确了遗产的范围，并没有列举具体的遗产范围。因此，民法上的一切积极财产，除依照法律规定或者根据其性质不得继承的以外，皆可作为遗产。从权利内容上说，物权、债权、知识产权中的财产权皆为遗产；从权利作用上说，请求权、抗辩权、形成权亦可为遗产；其他财产性利益如占有利益、数据权益、虚拟财产等皆可以作为遗产；就财产性义务而言，无论是私法上的债务还是公法上的债务，除根据其性质不得继承的以外，皆为遗产。

一般而言，法律上直接规定不得继承的财产的情况并不多见，大都可通过财产的性质确定其是否为遗产。例如，在《民法典》中，第 369 条规定了居住权不得继承。因此，居住权虽为用益物权，但不为遗产。根据财产的性质不得继承的财产，不能作为遗产。这里的性质是指财产有无可让与性，也即凡不具有可让与性的财产皆不能作为遗产。概括地说，不能作为遗产的财产主要包括如下几项：(1) 以被继承人的特定身份为基础而产生的财产权利和义务，如基于扶养费、赡养费等产生的权利义务；(2) 以特别信任关系为前提成立的财产权利和义务，如基于委托、雇佣等产生的权利义务；(3) 以被继承人特有的知识、技术为基础成立的财产权利和义务，如以艺术家的创作为内容的权利义务；(4) 只能由特定人取得的财产，例如，宅基地使用权、土地承包经营权以及自留山、自留地等集体土地的使用权；采矿权、探矿权、养殖权、捕捞权等国有资源的使用权。

例题 186 甲在乙寺院出家修行，立下遗嘱，将下列财产分配给女儿丙：乙寺院出资购买并登记在甲名下的房产；甲以僧人身份注册的微博账号；甲撰写《金刚经解说》的发表权；甲的个人存款。甲死后，在遗产分割上乙寺院与丙之间发生争议。下列哪一说法是正确的？

A. 房产虽然登记在甲名下，但甲并非事实上所有权人，其房产应归寺院所有

B. 甲以僧人身份注册的微博账号，目的是为推广佛法理念，其微博账号应归寺院所有

C. 甲撰写的《金刚经解说》属于职务作品，为保护寺院的利益，其发表权应归寺院所有

D. 甲既已出家，四大皆空，个人存款应属寺院财产，为维护宗教事业发展，其个人存款应归寺院所有

解析：本题的考点是遗产的范围，答案为A项。A项中，房产系由寺院出资购买，尽管登记甲的名下，但甲并非事实上的所有人，其真正的所有人应为寺院，故不属于遗产的范围。B项中，甲以个人身份注册的微博账号归属于甲个人，不属于寺院所有，可以通过遗嘱分配给女儿丙。C项中，甲撰写的《金刚经解说》不属于职务作品，其发表权应归属于甲。D项中，甲虽然出家，但并不能否定其个人财产所有权。故甲的个人存款应属于甲所有，可以作为遗产。

三、遗产的保管

遗产为继承人的共同财产，但在遗产分割前，遗产的最后归属尚没有确定，因此，应当对遗产加以保管，以防止遗产遭受损害。依据《民法典》第1151条的规定，存有遗产的人，应当妥善保管遗产，任何组织或者个人不得侵吞或者争抢。

遗产保管的标的为遗产，因此，遗产的保管只能发生在继承开始后、遗产分割前，而不能发生在继承开始前或遗产分割后。

遗产的保管人负有清理遗产并编制遗产清单、通知继承人（或其他继承人）参加继承、妥善保管遗产以及于遗产分割后及时移交遗产于继承人等义务。若存有遗产的人为继承人而故意隐匿、侵吞或争抢遗产，人民法院可以酌情减少其应当继承的遗产；如存有遗产的人不为继承人，有关权利人得请求其返还遗产。遗产保管人在保管遗产期间未尽妥善保管义务，对遗产受到的损害存在故意或重大过失的，其应对有关权利人负赔偿责任。

遗产的保管人在负有义务的同时，也享有一定的权利，主要包括保管期间得排除他人对遗产的不法之侵害、遗产分割时得于遗产中扣除或请求相关权利人支付其所支出的必要的遗产管理费用等，但遗产的保管为无偿行为，保管人不得向遗产的有关权利人请求支付报酬。

第三节　遗产的管理

一、遗产管理的含义

遗产管理是指在继承开始后、遗产分割前，为确保遗产得到顺利分割，更好地维护继承人、债权人利益，而由专门单位或个人对被继承人的遗产实施管理的制度。遗产管理人是指对被继承人遗产负责保存和管理的单位或个人。遗产管理人制度是《民法典》新增加的制度，有利于保障遗产处理过程和结果的公正性，可以更好地维护继承人、债权人利益。

二、遗产管理人的确定

依据《民法典》第1145条和第1146条的规定，遗产管理人的产生主要有以下几种方式。

第一，遗嘱指定了遗嘱执行人的，遗嘱执行人为遗产管理人。依据《民法典》第1133条第1款的规定，自然人可以依照法律规定立遗嘱处分个人财产，并可以指定遗嘱执行人。因而，被继承人有权在遗嘱中按照自己的意愿选择一个或若干个个人或者单位管理自己的遗产。

第二，没有遗嘱执行人的，继承人应当及时推选遗产管理人。此处“没有遗嘱执行人”包括被继承人没有立遗嘱、遗嘱无效或部分无效、遗嘱中指定的遗产管理人欠缺管理资格等情形。此时，继承人应当及时推选遗产管理人。

第三，没有遗嘱执行人且继承人又未推选遗产管理人的，由继承人共同担任遗产管理人。通常情况下，继承人最了解被继承人的遗产情况，由继承人共同担任遗产管理人对遗产进行管理较为便捷。

第四，没有继承人或者继承人均放弃继承的，由被继承人生前住所地的民政部门或者村民委员会担任遗产管理人。这种确定遗产管理人的方式保证了无人承受遗产的安全和合理使用。

第五，对遗产管理人的确定有争议的，利害关系人可以向人民法院申请指定遗产管理人。此处“有争议”主要指在由继承人选任遗产管理人时，各继承人之间存在争议，无法对遗产管理人的选择达成一致意见或利害关系人发现已选任的遗产管理人存在损害自己权益等情形。该程序的启动须经利害关系人申请，人民法院不得依职权启动该程序。

三、遗产管理人的职责

遗产管理人职责的确定是遗产管理制度的关键所在，只有明确其职责，才能使其更好地发挥作用，妥善管理遗产。依据《民法典》第 1147 条的规定，遗产管理人应当履行下列职责。

第一，清理遗产并制作遗产清单。遗产管理人对于由其管理的遗产应当进行清点，查清遗产的名称、数量、地点、价值等状况并登记造册、制作遗产清单，以确定遗产的范围及价值。

第二，向继承人报告遗产情况。遗产管理人了解遗产情况后，应当向继承人报告遗产情况，便于继承人了解遗产情况，掌握遗产管理事务的进展并随时监督遗产管理行为。

第三，采取必要措施防止遗产毁损。遗嘱中对遗产的管理有要求的，遗嘱管理人应当按照遗嘱中的要求妥善管理遗产。遗嘱中对遗产的管理没有提出要求的，遗嘱管理人也应当对遗产妥善保存、合理管理，采取必要措施防止遗产毁损，尽到勤勉谨慎之义务。

第四，处理被继承人的债权债务。遗产管理人并不是单纯地保存遗产，还需对被继承人的债权债务进行处理。在处理相关债务时，要遵循遗产债务清偿的规定，例如限定继承原则、保留必留份原则、清偿遗产债务优先于执行遗赠原则、法定继承部分优先清偿债务原则等。

第五，按照遗嘱或者依照法律规定分割遗产。在依法律规定处理完遗产债务等相关事项后，遗产管理人应将剩余遗产进行分配。在被继承人有遗嘱的情形下，遗产管理人应当严格执行遗嘱内容，根据遗嘱分割遗产。在没有遗嘱或遗嘱无效的情形下，则应当依据法定继承的相关规定对遗产进行分配。

第六，实施与管理遗产有关的其他必要行为。现实生活中，遗产管理事务纷繁复杂，法律无法事无巨细地全部作出规定，根据现实情况，遗产管理人可作出上述五项之外的与遗产管理有关的其他必要行为。

四、遗产管理人的责任和报酬请求权

遗产管理人应当认真履行法律规定的职责，否则，造成损害的，应当承担民事责任。依据《民法典》第 1148 条的规定，遗产管理人应当依法履行职责，因故意或者重大过失造成继承人、受遗赠人、债权人损害的，应当承担民事责任。

遗产管理人对遗产进行清点、保存、管理，向继承人报告相关情况，并处理被继承人的债务，履行了诸多职责，客观上已经付出了劳动，保障了继承人、债权人及利害关系人的权益。因而，基于权利义务对等原则，作为对其劳动的回馈，应当赋予其报酬请求权。依据《民法典》第 1149 条的规定，遗产管理人可以依照法律规定或者按照约定获得报酬。

第四节　遗产的分割

一、遗产分割的原则

（一）遗产分割自由原则

遗产分割自由原则是指继承人得随时要求分割遗产，其他继承人不得拒绝分割。当然，遗产分割自由原则并不是绝对的，如果继承人约定不得分割遗产或遗嘱禁止分割遗产的，则继承人不能请求分割遗产。

（二）保留胎儿继承份额原则

保留胎儿继承份额原则是指遗产分割时，若有胎儿，应当保留胎儿的继承份额。依据《民法典》第 16 条的规定，涉及遗产继承时，胎儿视为具有民事权利能力。但是胎儿娩出时为死体的，其民事权利能力自始不存在。依据《民法典》第 1155 条的规定，遗产分割时，应当保留胎儿的继承份额。胎儿娩出时是死体的，保留的份额按照法定继承办理。

（三）互谅互让、协商分割原则

依据《民法典》第 1132 条的规定，继承人应当本着互谅互让、和睦团结的精神，协商处理继承问题。遗产分割的时间、办法和份额，由继承人协商确定；协商不成的，可以由人民调解委员会调解或者向法院提起诉讼。

（四）物尽其用原则

物尽其用原则是指分割遗产应当符合有利于生产、生活需要，充分发挥遗产的效用的要求。依据《民法典》第 1156 条的规定，遗产分割应当有利于生产和生活需要，不损害遗产的效用；不宜分割的，可以采取折价、适当补偿或者共有等方法处理。

例题 187　熊某与杨某结婚后，杨某与前夫所生之子小强由二人一直抚养。熊某死亡，未立遗嘱。熊某去世前杨某孕有一对龙凤胎，于熊某死后生产，产出时男婴为死体，女婴为活体但旋即死亡。关于对熊某遗产的继承，下列哪些选项是正确的?

A. 杨某、小强均是第一顺位的法定继承人

B. 女婴死亡后，应当发生法定的代位继承

C. 为男婴保留的遗产份额由杨某、小强继承

D. 为女婴保留的遗产份额由杨某继承

解析：本题的考点是继承人的确定、遗产分割，答案为 A、C、D 项。熊某生前未立遗嘱，因此，熊某死后，其遗产应当按照法定继承处理。熊某与杨某为夫妻关系，熊某死后，杨某为第一顺序的法定继承人。熊某与继子小强之间形成了扶养关系，因此，小强也为熊某的第一顺序法定继承人。男婴出生时为死体，保留的遗产份额应当由被继承人的继承人即杨某、小强继承。女婴出生后死亡，保留的遗产份额由其继承人即杨某继承，不发生代位继承问题。

二、遗产分割的方式

遗产分割的方式是继承人取得遗产应继份的具体方法。依据《民法典》第 1153 条的规定，夫妻共同所有的财产，除有约定的外，遗产分割时，应当先将共有所有的财产的一半分出为配偶所有，其余的为被继承人的遗产；遗产在家庭共有财产之中的，遗产分割时，应当先分出他人的财产。

依据《民法典》第 1156 条的规定，遗产分割方法主要有以下 4 种。

一是实物分割，即由继承人对遗产进行实体分割，由各继承人取得分割部分的单独所有权。采取实物分割方式分割遗产的，不能违背遗产分割的原则；对于不宜进行实物分割的遗产，应采用其他分割方法进行分割。

二是变价分割，即将遗产出卖而由继承人分配价金。如果遗产不宜实物分割，且继承人都不愿意取得该遗产，则可以将遗产变卖，换取价金，并由继承人按照各自应继份的比例对该价金进行分割。

三是补偿分割，即由某个继承人取得遗产的所有权，并由该继承人向其他继承人补偿其应继份的价值。对于不宜进行实物分割的遗产，如果继承人中有人愿意取得该遗产，则由该继承人取得遗产的所有权，然后由该继承人按照其他继承人应继份的比例向其他继承人分别给付相应的价金作为补偿。

四是保留共有的分割，即继承人对遗产不作实物分割、变价分割和补偿分割，而是继续保持继承人对遗产的共有状态。当遗产不宜进行实物分割，继承人又都愿意取得遗产的；或者继承人出于某种生产或生活目的，愿意继续保持遗产共有状况的，可以采取保留共有的分割方式，由继承人继续对遗产享有共有权，各继承人的共有份额按照应继份的比例确定。但应当注意的是，在遗产分割之后，各继承人的关系由原来的遗产共同共有关系转变为普通的财产按份共有关系。

三、遗产分割的效力

遗产分割的效力是指遗产的分割在法律上产生的法律后果。遗产分割主要产生以下两个方面的效力。

一是遗产分割的对内效力，即遗产分割在继承人之间产生的效力。遗产分割后，继承人之间的遗产共同共有关系转变为单独的财产所有权关系或普通的财产共有关系。为保护继承人的利益，继承人应就其分得的遗产份额对其他继承人负瑕疵担保责任，包括物的瑕疵担保责任和权利瑕疵担保责任。如果某一继承人所分得的遗产因有瑕疵而不能完全取得所有权的，可以要求重新分割遗产或要求其他继承人给予补偿。

二是遗产分割的对外效力，即遗产分割对遗产债务的效力。遗产分割不具有对抗遗产债务的效力。就是说，即使在遗产分割后，各共同继承人仍然要对被继承人的债权人负连带责任。

第五节　遗产债务的清偿

一、遗产债务的含义

遗产债务是指被继承人生前个人依法应当缴纳的税款和承担的个人债务。遗产债务主要包括：被继承人应当缴纳的税款；被继承人因合同、侵权行为、不当得利、无因管理等原因而欠下的债务；被继承人因其他原因所欠下的债务，如合伙债务等。

关于遗产债务，应当明确以下两点：一是遗产债务专指被继承人死亡时尚未清偿而在其生前个人负担的债务。因遗产保管、分割以及遗嘱执行所发生的继承费用不是遗产债务。二是遗产债务须是被继承人生前所负担的个人债务，应与被继承人的夫妻债务、家庭债务以及与他人共同承担的债务区分开来。夫妻债务、家庭债务以及与他人共同承担的债务中应由被继承人承担的部分才属遗产债务。当然，若这些债务为连带债务，债权人得就遗产主张全部清偿，继承人应以遗产承担全部清偿责任。之后，继承人得就非被继承人承担的部分向其他债务人主张权利，请求返还。

二、遗产债务的清偿原则

（一）保留必留份原则

依据《民法典》第 1159 条的规定，分割遗产，应当清偿被继承人依法应当缴纳的税款和债务。但是，应当为缺乏劳动能力又没有生活来源的继承人保留必要的遗产。

（二）限定继承原则

依据《民法典》第 1161 条的规定，继承人以所得遗产实际价值为限清偿被继承人依法应当缴纳的税款和债务。超过遗产实际价值部分，继承人自愿偿还的不在此限。继承人放弃继承的，对被继承人依法应当缴纳的税款和债务可以不负清偿责任。

（三）清偿遗产债务优先于执行遗赠原则

依据《民法典》第 1162 条的规定，执行遗赠不得妨碍清偿遗赠人依法应当缴纳的税款和债务。可见，在遗赠和清偿债务的顺序上，清偿债务优先于执行遗赠，只有在清偿债务之后，还有剩余遗产时，遗赠才能得到执行。

（四）法定继承部分优先清偿债务原则

依据《民法典》第 1163 条的规定，既有法定继承又有遗嘱继承、遗赠的，由法定继承人清偿被继承人的债务、缴纳所欠税款；超过法定继承遗产实际价值部分，由遗嘱继承人和受遗赠人按比例以所得遗产清偿。

例题 188　何某死后留下一间价值 6 万元的房屋和 4 万元现金。何某立有遗嘱，4 万元现金由四个子女平分，房屋的归属未作处理。何某女儿主动提出放弃对房屋的继承权，于是三个儿子将房屋变卖，每人分得 2 万元。现债权人主张何某生前曾向其借款 12 万元，并有借据为证。下列哪些说法是错误的？

A. 何某已死，债权债务关系消灭

B. 四个子女平均分担，每人偿还 3 万元

C. 四个子女各自以继承所得用于清偿债务，剩下 2 万元由四人平均分担

D. 四个子女各自以继承所得用于清偿债务，剩下 2 万元四人可以不予清偿

解析：本题的考点是遗产债务的清偿，答案为A、B、C项。被继承人死亡并不能导致被继承人生前参与的债权债务关系当然消灭，继承人应当清偿遗产债务；继承人放弃继承权的，对遗产债务可以不负偿还责任；继承人清偿遗产债务的，以遗产的实际价值为限。本题中，被继承人何某的遗产价值为10万元，而遗产债务为12万元。因此，何某的四个继承人应当在10万元的范围内清偿何某生前所欠的债务，剩下的2万元债务可不予清偿。何某的女儿放弃了对房屋的继承权，何某的三个儿子按照法定继承分别继承了2万元。同时，何某的四个子女按照遗嘱分别继承了1万元。可见，何某的10万元债务，应当由三个儿子分别清偿3万元，女儿清偿1万元。

三、遗产债务的清偿时间和方式

继承人、遗产保管人或遗嘱执行人在清理遗产完毕后，应当及时通知债权人主张权利，以便继承人清偿债务。对于已到期债务，继承人应当及时清偿；对于未到期的，继承人经债权人同意可以提前清偿，也可以在遗产分割时保留相应的遗产数额，待到期时再为清偿。

关于遗产债务的清偿方式，一般采用下列两种方法：一是先清偿债务后分割遗产，即继承人先从遗产中划出相应数额的遗产交付给债权人，然后再依据法律或遗嘱分割遗产。二是先分割遗产后清偿债务，即共同继承人首先根据他们应当继承的遗产份额分割遗产，同时分摊遗产债务；然后，各继承人根据自己分摊的债务数额向债权人清偿。

第六节　无人承受遗产的处理

一、无人承受遗产的含义

无人承受遗产是指无人继承，亦无人受遗赠的遗产。所谓无人继承，是指在被继承人死亡时，不存在法定继承人或遗嘱继承人，或者在遗产分割前，所有法定继承人及遗嘱继承人均丧失或放弃了继承权。所谓无人受遗赠，是指被继承人生前未以遗嘱方式将自己的财产赠与国家、集体或法定继承人范围以外的个人，或者虽有遗赠，但受遗赠人均丧失或放弃受遗赠。

二、无人承受遗产的处理

依据《民法典》第1160条的规定，无人继承又无人受遗赠的遗产，归国家所有，用于公益事业；死者生前是集体所有制组织成员的，归所在集体所有制组织所有。

在处理无人承受遗产时，应当注意以下四个问题。

第一，依据《民法典》第1161条的规定，分割遗产，应当清偿被继承人依法应当缴纳的税款和债务。因而，在处理无人承受遗产时，应先清偿被继承人依法应当交纳的税款和承担的个人债务，只有在清偿后仍有剩余遗产时，国家或集体所有制组织才能取得剩余部分的遗产。

第二，遗产因无人承受收归国家或集体组织所有时，按《民法典》第1131条的规定可以分给遗产的人提出取得遗产要求的，法院应视情况适当分给遗产。

第三，集体组织对“五保户”实行“五保”时，双方有扶养协议的，按协议处理；没有扶养协议，死者有遗嘱继承人或法定继承人要求继承的，按遗嘱继承或法定继承处理，但集体组织有权要求扣回“五保”费用。如果遗产属于无人承受遗产，该遗产应当归死者生前所在的集体组织所有。

第四，依据《民法典》第1160条的规定，无人继承又无人受遗赠的遗产归国家所有后应当用于公益事业。这是《民法典》新增的对无人承受的遗产收归国有后的具体用途的规定，符合社会公众预期，也是在处理无人承受遗产时需特别注意的问题。

引读案例解答

1.（1）甲、乙在同一事故中死亡而不能确定其死亡时间，因乙除甲外无其他继承人，所以，应推定乙先死亡。（2）乙的遗产包括：房屋6间、存款15万元；甲的遗产包括：房屋12间、存款20万元、保险金2万元、从乙处所继承的遗产。（3）甲在分割乙的遗产前死亡，因此，甲对乙遗产的继承份额由甲的法定继承人转继承。转继承所得的遗产扣除戊的共有份额后剩余部分为甲的遗产，加上甲的其他遗产，由丙、丁、戊继承。但丙、丁、戊在分割遗产时，应当为戊未出生的胎儿保留继承份额。如果胎儿出生时是死体的，则保留的继承份额按照法定继承办理。

2.（1）甲在遗嘱中并没有处分全部遗产，因此，甲的遗产首先应当按照遗嘱继承、遗赠处理，剩余遗产应当按照法定继承处理。继承人戊按照遗嘱继承10万元遗产，受遗赠人已按照遗赠取得5万元遗产。剩余的遗产25万元、房屋4间应当由法定继承人乙、丙、丁共同继承。（2）乙、丙、丁在执行遗赠和分割遗产后得知甲生前债务的存在，因为既有法定继承人，又有遗嘱继承人和受遗赠人，所以，首先应由乙、丙、丁用其所得的45万元遗产清偿甲对庚的债务，不足清偿的5万元债务由戊、已按比例用所得遗产偿还。

课堂讨论案例

1. 甲是个体工商户，经营饮食业。妻子乙丧失劳动能力，儿子丙、丁和戊已参加工作，甲曾向银行贷款10万元用于经营活动。甲去世后，共欠税款3万元。甲生前立有遗嘱，将遗产2万元给负责照看妻子的侄女已。丙、丁、戊在办完甲的丧事后，将甲的遗产折价出售获12万元，分给已2万元，就其余部分与乙各继承2.5万元。银行与税务机关向人民法院起诉，要求偿还欠款和税款。

问：（1）甲的遗产被分割后，其生前债务应如何清偿？（2）当遗产不足以清偿全部债务时，乙的利益如何保护？

2. 甲有两个儿子。大儿子乙于2010年8月同丙结婚。2014年春节期间，乙因车祸死亡。此时，其妻丙已怀孕4个月。乙死后，丙仍和其丈夫的弟弟丁及其父甲共同生活在一起。2014年5月，甲在交通事故中不幸死亡。在料理完甲的丧事以后，丁提出一人继承甲家的全部财产。丙不同意丁的意见，认为自己至少有权继承丈夫乙的财产。后经村民委员会出面调解，双方达成如下协议：乙的遗产由丁和丙二人平均分割；甲的遗产由丁一人继承；丙结婚时带来的嫁妆归丙所有。双方根据此协议对遗产进行了分割。2014年8月，丙生下一男孩。丙后来觉得这份遗产分割协议有些不妥，遂找丁要求加以修改，而丁拒不同意丙的要求。

问：（1）丙与丁之间签订的遗产分割协议是否有效？（2）丙按照分割协议将遗产分割完毕后，是否还享有继承回复请求权？

重点思考习题

1. 继承开始的时间应如何确定？
2. 如何确定遗产及其范围？
3. 遗产分割应坚持哪些原则？
4. 遗产分割具有何种法律效力？
5. 清偿遗产债务应坚持哪些原则？
6. 无人承受遗产应如何处理？

第八编

侵权责任

第四十章
侵权责任概述

引读案例

甲、乙两家系近邻。甲在自家院内邻接乙家的位置修建了一座平房。平房落成后，乙的儿子高考落榜。乙请风水先生分析原因，风水先生认为是甲家的平房破坏了乙家的风水，从而致其子高考落榜。于是，乙要求甲拆除平房，并赔偿其子复读所需的相关费用。请分析以下问题：甲修建平房的行为对乙构成侵权吗？

法律职业资格考试要点

侵权行为的含义和分类；侵权责任的含义；违约责任与侵权责任的竞合

第一节　侵权行为的含义和分类

一、侵权行为的含义

侵权行为是指侵害他人的民事权益，依法应当承担侵权责任的行为。侵权行为具有以下特点。

第一，侵权行为是一种事实行为。侵权行为是一种行为而非事件，但侵权行为并不是民事法律行为，而是一种事实行为。侵权行为是一种无须效果意思即可发生法律效果的行为，其法律效果的发生基于法律的直接规定，而非基于侵权人的意思表示。所以，侵权行为是一种事实行为。

第二，侵权行为是一种不法行为。从本质上说，侵权行为是一种不法行为，不法性是侵权行为的本质属性。侵权行为是一种事实行为，而事实行为有合法与不法之分，侵权行为就是一种不法的事实行为。侵权行为的不法性是指不符合法律的规定，为法律所不允，其实质是违反了法律所规定的义务。

第三，侵权行为是一种加害行为。侵权行为构成对他人权利和利益的侵害，因而属于加害行为。侵权行为所加害的权利一般为绝对权，如人身权、物权、继承权、知识产权等。除民事权利外，民法所保护的合法利益也可以成为侵权行为加害的对象，如死者的人格利益、占有利益、个人信息利益等。

第四，侵权行为是一种应责行为。侵权行为是一种应责行为，其区别于受法律保护和鼓励的奖励行为。侵权人对他人之民事权益的加害，具有法律上的应受责难性，因此，法律对待侵权行为的态度是对侵权人课以侵权责任。《民法典》第120条规定：“民事权益受到侵害的，被侵权人有权请求侵权人承担侵权责任。”《民法典》侵权责任编所调整的民事关系，就是因侵害民事权益而产生的民事关系（第1164条）。

二、侵权行为的分类

（一）根据侵权行为的行为形态，侵权行为可以分为积极侵权行为与消极侵权行为

积极侵权行为又称作为的侵权行为，是指侵权人以一定的作为方式侵害他人民事权益的侵权行为。在违反义务的性质上，积极侵权行为的侵权人违反的是对他人应负的不作为义务。例如，任何人负有的不得侵害他人人身权、财产权的义务，即属于不作为义务。

消极侵权行为又称不作为的侵权行为，是指侵权人以不作为的方式侵害他人民事权益的侵权行为。在违反义务的性质上，消极侵权行为的侵权人违反的是对他人应负的作为义务，是通过不作为而加害于他人。一般地说，消极侵权行为以侵权人负有某种作为义务为前提。侵权人是否负有作为义务，应当视法律的规定、当事人的约定和具体的行为情境而定，如消防员对失火者的救助义务、医师对危急病人的救护义务、交通肇事者对受伤者的救护义务等，都属于作为义务。

（二）根据侵权行为的加害形态，侵权行为可以分为直接侵权行为与间接侵权行为

直接侵权行为是指侵权人以自己的行为直接加害于他人的侵权行为。直接侵权行为是侵权行为的常态，例如，动手殴打他人、出言辱骂他人、著书诽谤他人、驾车撞伤他人等，都是侵权人直接实施的侵权行为。直接侵权行为人对自己的侵权行为承担侵权责任，是民法上“自己行为之责任”的典型体现。

间接侵权行为是指侵权人借助特定的人或物加害于他人的侵权行为。间接侵权行为虽非侵权行为的常态，但亦不鲜见。例如，甲教唆乙殴打丙，直接侵权行为的实施者是乙，甲实施的是间接侵权行为；再如，甲饲养的狼狗咬伤乙，甲未对乙直接实施侵权行为，在加害形态上，甲的侵权行为是间接侵权行为。

（三）根据侵权行为的人数结构，侵权行为可以分为单独侵权行为与数人侵权行为

单独侵权行为是指侵权人仅为一人的侵权行为。单独侵权行为的侵权人单一，责任人亦为单一。侵害主体与责任主体明确，有利于被侵权人在明确责任的基础上迅速求偿。

数人侵权行为是指侵权人为二人以上的侵权行为。在数人侵权行为中，如果数人之间存在共同过错，则构成共同侵权行为；如果数人之间不存在共同过错，则构成无意思联络的数人侵权行为。数人侵权行为因侵权人为复数主体，故不仅涉及被侵权人与侵权人间的求偿，而且涉及数个侵权人之间的责任承担和追偿。

（四）根据侵权行为的责任性质，侵权行为可以分为一般侵权行为与特殊侵权行为

一般侵权行为又称通常侵权行为，是指侵权人负单纯的过错责任的侵权行为。基于一般侵权行为而产生的侵权责任，通常称为一般侵权责任。

特殊侵权行为是指侵权人所负责任非为单纯的过错责任的侵权行为。基于特殊侵权行为而发生的侵权责任，通常称为特殊侵权责任。

第二节　侵权责任的含义和责任竞合

一、侵权责任的含义

侵权责任是指侵权人侵害他人权益时，依法应承担的民事法律后果。侵权责任具有以下特点。

第一，侵权责任具有法定性。侵权行为是一种事实行为，其法律效果非基于行为人的意思而定，因而作为侵权行为之否定性法律后果的侵权责任具有法定性。侵权责任的构成、免责事由、责任方式、损害赔偿的范围等，均由法律直接加以规定。

第二，侵权责任具有损害填补性。侵权责任的损害填补性是指经由侵权责任的承担，使被侵权人的权益恢复至未受侵害前的状态。不论是财产责任还是非财产责任，课处侵权责任的目的都在于填补被侵权人所受的损害，从而恢复被侵权人的人身利益和财产利益。

第三，侵权责任具有损害预防性。侵权责任是由法律直接规定的一种民事责任，侵权人承担侵权责任，可以有效地预防侵权人或其他人实施相同的侵权行为，因此，侵权责任在填补被侵权人损害的同时，具有预防损害再次发生的功能。

二、侵权责任与违约责任的竞合

民事责任的竞合是指一个违法行为同时构成两种以上民事责任的构成要件的法律现象。在民事责任竞合中，最常见的是违约责任与侵权责任的竞合。侵权责任是侵权人侵害他人民事权益应承担的民事责任，而违约责任是违约方侵害合同相对方的权益应承担的民事责任，二者各有其独立的构成条件。但在合同关系中，若一方的违约行为同时符合侵权行为的构成条件，或者一方的侵权行为同时导致对合同义务的违反，从而符合违约责任的构成条件，则会发生侵权责任与违约责任的竞合问题。

依据《民法典》第186条的规定，在侵权责任与违约责任发生竞合时，受害人可以选择其中一种要求对方承担责任。亦即：因当事人一方的违约行为，损害对方人身权益、财产权益的，受损害方有权选择请求其承担违约责任或者侵权责任。

例题189　王某买票乘坐某运输公司的长途车，开车司机为钱某。长途车行驶中与朱某驾驶的车辆相撞，致王某受伤。经认定，朱某对交通事故负全部责任。下列哪些说法是正确的？

A. 王某可以向朱某请求侵权损害赔偿

B. 王某可以向运输公司请求违约损害赔偿

C. 王某可以向钱某请求侵权损害赔偿

D. 王某可以向运输公司请求侵权损害赔偿

解析：本题考点主要是侵权责任与违约责任的竞合，答案为A、B、D项。王某的损害是因朱某负全责的交通事故导致的，因此，王某可以向朱某请求侵权损害赔偿；王某与运输公司间具有客运合同关系，王某在运输中受伤，运输公司不仅应承担违约责任，还应承担侵权责任，因此，王某可以选择要求运输公司承担违约损害赔偿或者侵权损害赔偿。钱某是运输公司的雇员，因其从事雇佣活动而致人损害的，侵权责任由运输公司承担。

引读案例解答

甲于自家院落内修建平房，属权利的正当行使，不具有不法性；乙受风水先生蛊惑，认为是甲家的平房破坏了自家的风水，并导致其子高考落榜，不具有任何法律上的根据。因此，甲修建平房的行为在法律上不具有任何的应责性，不构成侵权行为。

课堂讨论案例

甲、乙、丙三个均不满9周岁的小朋友在未经家长同意的情况下，相约一块儿去河边玩耍。在玩耍的过程中，甲不慎陷入较深水域的泥沙中而不能自救。乙、丙见状后都非常惊恐，但因害怕父母知道后责备自己，二人便迅速离开河边，既未施救，亦未呼救。两小时后，甲被发现已溺水身亡。甲的父母知道实情后，向人民法院起诉，要求乙、丙的父母承担赔偿责任。

问：乙、丙对甲未施救是否构成侵权行为？

重点思考习题

1. 什么是侵权行为和侵权责任？
2. 侵权行为的分类有何意义？
3. 如何处理侵权责任与违约责任的竞合？

第四十一章
侵权责任的归责原则与构成条件

引读案例

1. 失恋的甲精神恍惚地骑着自行车逆行在人行道上，将对面走来的乙撞倒，致乙的面部擦伤，花去医药费若干。请分析以下问题：应当按何种归责原则确定甲的侵权责任？

2. 甲、乙系好友。某日，甲送给乙一瓶“不倒翁”牌白酒。可是，乙只喝了一小杯后即不省人事，被送往医院急诊。后证明该酒含有毒物质。乙将生产该酒的“诚信”酒厂告上了法庭。请分析以下问题：应当按何种归责原则确定酒厂的侵权责任？

3. 甲、乙系上下楼邻居，素来不睦。甲喜得贵子，忙得不亦乐乎。因孩子经常半夜哭闹，影响了乙的休息。甲虽多次致歉，但都没能取得乙的谅解。后乙以其“安眠权”受到侵害为由，将甲告上了法庭。请分析以下问题：甲是否侵害了乙的合法权益？

4. 甲、乙系旧时同窗，多年未见，见面后分外高兴。酒至三巡，二人开始划拳。由于动作幅度过大，甲的手指不慎戳到了乙的眼睛，致乙左眼不治失明。请分析以下问题：甲应否对乙承担侵权责任？

法律职业资格考试要点

过错责任原则和无过错责任原则的含义与适用；损害的含义和种类；损害与行为之间因果关系的认定标准；行为违法性的认定；过错的形式和证明

第一节　侵权责任的归责原则

一、侵权责任归责原则的含义和体系

侵权责任的归责原则是指据以确定侵权责任由行为人承担的根据。侵权责任的归责原则在侵权法中居于核心地位，是全部侵权责任规范的基础，直接体现了侵权法的立法取向。

依据《民法典》的规定，侵权责任的归责原则包括过错责任原则和无过错责任原则，而过错推定和公平责任均不是侵权责任的归责原则。就过错推定而言，其只是过错责任原则适用的一种规则，包括在过错责任原则之中；就公平责任而言，依据《民法典》第 1186 条的规定，受害人和行为人对损害的发生都没有过错的，依照法律的规定由双方分担损失。这里所规定的是由“双方分担损失”，而不是“分担责任”，表明这种情形并不产生侵权责任，而只是一种损失分担而已。

二、过错责任原则

（一）过错责任原则的含义

过错责任原则又称过失责任原则，是指以行为人的主观过错为归责之必要条件的归责原则。依据《民法典》第 1165 条第 1 款的规定，行为人因过错侵害他人民事权益造成损害的，应当承担侵权责任。这里所规定的就是过错责任原则，其具有以下特点。

第一，过错责任原则是核心归责原则。不论侵权责任归责原则的体系如何构建，过错责任原则都是不可或缺的一项归责原则。在整个归责原则体系中，过错责任原则居于核心地位，其他的归责原则都是以其为基础发展起来的。

第二，过错责任原则具有主观归责性。过错责任原则以过错为侵权责任构成的必要条件，而过错是指行为人的主观心理状态，所以，过错责任原则具有归责上的主观性。不论对过错采取主观认定方法还是客观认定方法，都不能否认过错本身的主观性。

第三，过错责任原则具有广泛适用性。过错责任原则的核心地位决定了其适用上的广泛性。一般侵权行为引起的侵权责任都为过错责任，均适用过错责任原则；特殊侵权行为引起的侵权责任有一部分是过错推定责任，亦适用过错责任原则。

（二）过错责任原则的适用

关于过错责任原则的适用，应当注意以下几个问题。

第一，过错是指侵权人的过错。在过错责任原则中，所谓过错，是指侵权人的过错，非指第三人的过错或被侵权人的过错，后者虽然可能会影响责任承担或赔偿范围，但与侵权责任的构成无关。

第二，过错是侵权责任构成的必要条件。依过错责任原则，过错是侵权责任构成的必要条件，但非充分条件。除过错这一条件外，还需具备加害行为、损害结果、因果关系，否则，侵权责任仍不能成立。

第三，过错的举证责任应由被侵权人承担。过错责任原则实行“谁主张，谁举证”的举证规则，即被侵权人须举证证明侵权人存在过错，否则，侵权人不承担侵权责任。但在例外情形下，依举证责任倒置规则，被侵权人的过错证明责任被免除，而由侵权人负举证证明自己无过错的责任；若侵权人举证不能，则应按过错推定规则承担过错责任。

第四，过错程度可以决定侵权责任的赔偿范围。在一般情况下，侵权责任的赔偿范围视损害的具体情形而定，与侵权人的过错无关。但在某些特殊情形下，过错程度会影响损害赔偿的范围。例如，在共同侵权人内部责任的分担上，数个侵权人应依过错程度分别承担相应的赔偿责任。再如，知识产权中的惩罚性赔偿，须以行为人故意侵害他人知识产权且情节严重为条件（《民法典》第 1185 条）

（三）过错推定规则

过错推定是过错责任原则适用的一种特殊情况，是指若受害人能证明其所受损害是由行为人所造成，而行为人不能证明自己对损害的造成没有过错的，则依法推定行为人有过错并就此损害承担侵权责任。过错推定责任是一种介于过错责任与无过错责任之间的中间责任。从举证规则的角度看，过错推定责任将过错的证明责任转移给了行为人，减轻了受害人的举证责任，从而较之一般的过错责任更有利于对受害人利益的保护。

过错推定规则加重了行为人的举证责任，因此，其适用范围须由法律明确规定；若法律没有规定适用该规则的，原则上不得适用。依据《民法典》第 1165 条第 2 款的规定，依照法律规定推定行为人有过错，行为人不能证明自己没有过错的，应当承担侵权责任。这里所规定的就是过错推定规则。依据《民法典》的规定，下列侵权责任应适用过错推定规则：（1）无民事行为能力人在幼儿园、学校或者其他教育机构学习、生活期间受到人身损害时，幼儿园、学校或者其他教育机构所承担的侵权责任（第1199条）；（2）他人非法占有高度危险物造成损害时，所有人、管理人所承担的侵权责任（第1242条）；（3）动物园饲养的动物造成损害时，动物园所承担的侵权责任（第1248条）；（4）建筑物、构筑物或者其他设施及其搁置物、悬挂物脱落、坠落造成损害时，所有人、管理人或使用人所承担的侵权责任（第1253条）；（5）堆放物倒塌造成损害时，堆放人所承担的侵权责任（第1255条）；（6）林木折断造成损害时，所有人或管理人所承担的侵权责任（第1257条）；（7）地面施工造成损害时，施工人所承担的侵权责任以及窨井等地下设施造成损害时，管理人所承担的侵权责任（第1258条）。

三、无过错责任原则

（一）无过错责任原则的含义

无过错责任原则是指不依行为人主观上的过错，而是依照法律的特别规定确定行为人是否承担侵权责任的归责原则。依据《民法典》第1166条的规定，行为人造成他人民事权益损害，不论行为人有无过错，法律规定应当承担侵权责任的，依照其规定。这里所规定的就是无过错责任原则，其具有以下特点。

第一，无过错责任原则是一项新兴的归责原则。无过错责任原则是工业化时代的产物，相对于过错责任原则而言，是一项新兴的归责原则。但无过错责任原则与过错责任原则具有同等重要的体系价值，亦属侵权法的一项基本归责原则。

第二，无过错责任原则具有客观归责性。过错责任原则强调归责的主观性，“无过错即无责任”；而无过错责任原则强调归责的客观性，“无过错亦有责任”，因此，在价值判断上，过错责任原则关注行为的道德非难性，强调矫正正义的实现；而无过错责任原则对行为的道德性不作评价，关注的是损害的分散性，强调分配正义的实现。

第三，无过错责任原则具有归责法定性。法律对于适用过错责任原则的侵权责任不作列举性规定，采概括立法模式，由法官酌情裁量；而法律对于适用无过错责任原则的侵权责任作列举性规定，或以单行法规的形式予以明确，因而具有归责的法定性，法官对于是否适用无过错责任原则没有裁量权。

（二）无过错责任原则的适用

关于无过错责任原则的适用，应当注意以下几个问题。

第一，无过错责任原则具有特定的适用范围。无过错责任原则只有在法律有特别规定的情况下才能适用，具体适用于法律特别规定的部分特殊侵权责任。依据《民法典》的规定，下列侵权责任适用无过错责任原则：产品责任、高度危险责任、环境污染和生态破坏责任、饲养动物损害责任、监护人责任、用人单位责任等。

第二，无过错责任原则中的“无过错”是指行为人无过错。但准确地说，行为人“无过错”是指不问行为人有无过错，而非指行为人一定不能具有过错。在这一点上，无过错责任与过错推定责任不同，后者推定行为人有过错。

第三，无过错责任原则不以过错为构成条件。在适用无过错责任原则归责时，不以过错为构成条件。不论行为人是否具有过错，只要法律规定应当承担侵权责任的，行为人就必须承担责任。在这一点上，无过错责任与过错责任不同，后者以过错为构成条件。

第四，无过错责任原则不排除免责事由的适用。虽然无过错责任原则不以行为人的过错作为承担侵权责任的根据，但无过错责任原则并非结果责任原则（“有损害即有责任”的归责原则），因此，在适用无过错责任原则时，如果存在法定的免责事由，行为人仍可据以抗辩而免责。

第五，无过错责任原则存在赔偿限额的限制。这由无过错责任原则归责之法定性所决定。在某些情况下，法律会对无过错责任的赔偿范围作出一定的限制，这与过错责任的全部赔偿存在根本的不同。这与无过错责任原则的制度宗旨不在于制裁不法而在于分散损害有关。依据《民法典》第1244条的规定，承担高度危险责任，法律规定赔偿限额的，依照其规定，但是行为人有故意或者重大过失的除外。

第二节　侵权责任的一般构成条件

侵权责任构成条件是指在一定归责原则的基础上，行为人承担侵权责任所应具备的条件。由于侵权责任的归责原则和责任形式不同，其构成条件也会有所差异。过错责任原则是侵权责任的一般归责原则，因此，侵权责任的一般构成条件包括加害行为、损害、损害与行为间的因果关系和过错四个要件。

一、加害行为

（一）加害行为的含义

加害行为是行为人实施的加害于他人之民事权益的不法行为。如前所述，侵权行为的本质属性在于其不法性，因此，只有行为人的加害行为违法，才能产生侵权行为，进而产生侵权责任。加害行为的违法性，是指行为违反了法律的规定，也就是违反了法律所规定的任何人不得损害他人合法权益的不特定义务。

加害行为的违法包括形式违法和实质违法两种情形。形式违法是指行为触犯了某项具体的法律规则，如“未经所有权人同意，不得擅自处分他人之物”的规则。实质违法是指行为触犯了法律的基本原则和精神。行为构成实质违法的法理根据在于，当法律对某种行为的规制出现空缺时，因无具体的法律规则可资适用，就须援引法律原则或法律精神来判断是否要对该行为作否定性评价。

（二）行为违法的认定标准

在行为违法性的认定上，存在结果不法说与行为不法说两种不同的认定标准。结果不法说主张，加害行为之所以被法律非难而具有违法性，是因为其肇致对权益侵害的结果。行为不法说主张，一个行为不能仅因其肇致他人之权利受侵害就被认定为违法，其违法的成立须以行为人未尽避免侵害他人之权利的注意义务为必要。比较而言，结果不法说更为可取。

例题190　甲、乙在火车上相识，甲怕自己到站时未醒，请求乙在A站唤醒自己下车，乙欣然同意。火车到达A站时，甲沉睡，乙也未醒。甲未能在A站及时下车，为此支出了额外费用。甲要求乙赔偿损失。下列说法哪一项是正确的？

A. 由乙承担违约责任　　B. 由乙承担侵权责任

C. 由乙承担缔约过失责任　　D. 由甲自己承担损失

解析：本题的考点是行为违法性的认定，答案为D项。甲请求乙到站时叫醒自己，二人间成立的是一种“好意施惠”关系，乙并不对甲承担任何法律上的义务。因此，当乙未叫醒甲时，其行为并不构成违法，乙既不需承担侵权责任，亦不需承担违约责任，更不需承担缔约过失责任。

二、损害

（一）损害的含义

损害是指权利或利益受侵害的结果。损害具有以下特点。

第一，损害的客观性。损害是否发生，应作客观判断。不论是现实损害还是可得利益损害，都必须是客观存在的损害，而不能是主观想象的损害。

第二，损害的确定性。损害的确定性是指损害范围及数额的可得确定性。要确定赔偿的范围，必须先确定损害的范围，而对不确定性的损害，是无法确定损害赔偿范围的。

第三，损害的补救性。损害的补救性是指给予损害救济的必要性和可能性。如果损害无补救的必要或者无补救的可能，则不为责任构成意义上的损害。

（二）损害的种类

1. 财产损害

财产损害又称财产损失，是指侵害他人的财产权益或人身权益所造成的财产利益的减少或丧失。财产损害有积极损害与消极损害之分。积极损害又称实际损失，是指既存财产利益的减少；消极损害又称可得利益损失，是指现存财产利益应增加而未增加。前者如因治伤而支出的医疗费，后者如因受伤住院治疗而丧失的工资收入。

2. 人身损害

人身损害是指自然人的生命、身体或健康受到侵害而遭受的损害。人身损害的可能后果有三，即一般伤害、残疾和死亡。人身损害一般会伴随着财产损害，但人身损害与财产损害是分别独立的两种损害形态。

3. 精神损害

精神损害是一种无形损害，是指侵害自然人的人身权所造成的精神利益丧失。精神损害具体表现为被侵权人精神上的恐惧、悲伤、痛苦、羞辱以及神经损伤等。依据《民法典》第1183条的规定，侵害自然人人身权益造成他人严重精神损害的，被侵权人有权请求精神损害赔偿；因故意或者重大过失侵害自然人具有人身意义的特定物造成严重精神损害的，被侵权人有权请求精神损害赔偿。

三、损害与行为间的因果关系

（一）损害与行为间的因果关系的含义和形态

损害与行为间的因果关系是指加害行为与损害结果二者间具有前因后果的关系，加害行为是损害发生的原因，损害是加害行为发生的结果。损害与行为间的因果关系有多种表现形态，如一因一果的因果关系、一因多果的因果关系、多因一果的因果关系、多因多果的因果关系等。

所谓一因一果的因果关系，是指一个原因事实（加害行为）产生一个损害后果。例如，甲挥拳击毁乙的手提电脑，即为一个加害行为（甲挥拳打击）产生一个损害后果（电脑毁损）。

所谓一因多果的因果关系，是指一个原因事实（加害行为）产生多个损害后果。例如，甲殴打乙致残疾，则甲的一个加害行为（殴打）致多个损害结果产生，即乙的人身损害、财产损害和精神损害。

所谓多因一果的因果关系，是指多个原因事实（加害行为）产生一个损害后果。多因一果的因果关系比较复杂，可以分为如下三种情形：一是聚合因果关系（累积性因果关系），即两个以上的原因事实（加害行为）导致损害后果的发生，且其中任何一个原因事实均足以导致损害后果的发生。例如，甲、乙二人分别对丙下毒，其分量各足以致丙死亡。二是共同因果关系，即两个以上的原因事实（加害行为）共同作用，导致损害后果的发生，而其中单个的原因事实（加害行为）尚不足以导致损害后果的发生。例如，甲、乙二人分别对丙下毒，个别的下毒分量均不足以致丙死亡，但二者的共同作用致丙死亡。三是择一因果关系，即两个以上的原因事实（加害行为）均足以导致损害后果的发生，但造成实际损害的只可能是其中的一个原因事实（加害行为），然而究竟是哪一个原因事实（加害行为）却不能证明。此种形态实际上并非真正的因果关系问题，而只是事实证明问题。例如，甲、乙二人同时向丙开枪，只有一枪伤害丙，但无法证明为何人所射。

所谓多因多果的因果关系，是指多个原因事实（加害行为）导致多个损害后果。多因多果是一种较为复杂的因果关系形态，应结合具体的侵害事实加以分析。

（二）损害与行为间因果关系的认定标准

因果关系的认定存在不同的标准，由于因果关系的复杂性，任何一个单一标准都很难解决所有的因果关系认定问题，因而，应当结合因果关系的具体形态，采取不同的认定标准。

1. 必然因果关系说

必然因果关系说主张，当加害行为与损害结果之间有内在的、本质的联系时，行为与损害之间为有因果关系。如果行为与结果之间只有外在的、偶然的联系，则二者之间没有因果关系。这种学说强调要将原因和条件区别开来，原因是必然引起结果发生的因素，而条件仅为结果的发生提供了可能性。可见，必然因果关系说在因果关系的认定上十分严格。尽管如此，这种认定标准在某些情况下还是很适用的。例如，甲用剧毒将乙毒死，通过必然因果关系就可以认定因果关系的存在，而无须采取其他的认定方法。

2. 相当因果关系说

相当因果关系说又称适当条件说，依该观点，所谓相当因果关系，是指某原因仅于现实情形发生某结果的，尚不能断定该原因与该结果间有因果关系，还须于一般情形，依照社会通行观念，也认为该原因于同一情形能发生同一结果的，才能认定该原因与该结果间具有因果关系。

相当因果关系由“条件关系”和“相当性”两部分构成，在适用上分为两个阶段：第一阶段先审查条件上的因果关系，如为肯定，再于第二阶段认定其条件的相当性。对条件关系的认定，采用“若无，则不”（but-for）的检验方式，即“若无此行为，必不生此种损害”。例如，“若无甲下毒，乙必不死亡”（作为侵权的因果关系），“若非医生迟迟不开刀，乙必不死亡”（不作为侵权的因果关系）。相当因果关系中的“相当性”，旨在限制侵权责任的范围。一般来说，对相当性的判断，常用的标准是：“若有此行为，通常即足生此种损害”。可见，对相当因果关系的判断，可以作如下正反两方面的概括：从正面（积极面）来讲，“无此行为，必不生此损害”（条件关系），“有此行为，通常即足生此种损害”（相当性）者，为有因果关系；从反面（消极面）来讲，“无此行为，必不生此种损害”（条件关系），“有此行为，通常亦不生此种损害”（相当性）者，为无因果关系。

3. 推定因果关系说

在侵权责任的构成中，法律为保护受害人的利益，在特殊情形下实行因果关系推定规则，即由行为人举证证明因果关系的不存在，如果行为人不能证明因果关系不存在，则推定因果关系成立。例如，因污染环境、破坏生态致人损害的，应由侵权人就其行为与损害结果之间不存在因果关系承担举证责任；因共同危险行为致人损害的，应由实施危险行为的人就其行为与损害结果之间不存在因果关系承担举证责任。

例题 191　一小偷利用一楼住户甲违规安装的防盗网，进入二楼住户乙的室内，行窃过程中将乙打伤。下列哪一种说法是正确的？

A. 乙的人身损害应由小偷和甲承担连带责任

B. 乙的人身损害只能由小偷承担责任

C. 乙的人身损害应由甲和小偷根据过错大小，各自承担责任

D. 乙的人身损害应先由小偷承担责任，不足部分由甲承担

解析：本题的考点是因果关系的认定，答案为B项。甲违规安装防盗网导致小偷进入乙的室内行窃，应认定甲的行为与乙的财产损害之间存在因果关系。但甲违规安装防盗网的行为与乙的人身伤害之间并不存在因果关系，甲对乙的人身伤害不应承担赔偿责任，而应由小偷承担赔偿责任。

（三）损害的原因力

所谓损害的原因力，是指原因事实对损害结果所起的作用力。在多因一果、多因多果的因果关系形态下，数个原因事实对同一损害结果所起作用力的大小、强弱一般并不相同，而作用力的大小、强弱对责任范围会有影响，因而确定不同原因事实的原因力是有意义的。

损害的原因力，主要有以下两种情形。

一是根据加害行为对损害结果所起作用力的大小，损害的原因可以分为主要原因与次要原因。主要原因起主要作用，原因力大；次要原因起次要作用，原因力小。区分主要原因与次要原因的主要目的在于确定责任的范围：在责任承担上，原因力大者，责任也大；原因力小者，责任也小。

二是根据加害行为作用于损害结果的不同方式，损害的原因可以分为直接原因与间接原因。直接原因直接引起损害结果的发生，间接原因间接引起损害结果的发生。区分直接原因与间接原因的主要目的在于确定间接原因情况下的责任承担问题。对此，应当根据客观情况，结合其他构成条件综合加以分析。

四、过错

（一）过错的含义和形式

过错是指行为人具有的主观上应受非难的心理状态。在侵权法上，过错包括故意和过失两种形式。

1. 故意

故意是指行为人预见到自己行为的后果，但仍然希望或者放任该结果发生的心理状态。希

望损害结果发生的，可称为恶意；听任损害结果发生的，可称为放任。但不论是恶意还是放任，其在侵权责任的构成上都具有同等的价值，对责任的构成并无影响。

2. 过失

过失是指行为人应当预见或者能够预见自己行为的后果而没有预见，或者虽然预见到自己行为的后果但轻信能够避免的心理状态。应当预见而没有预见的心理状态，可称为疏忽；预见到但轻信能够避免的心理状态，可称为懈怠。可见，疏忽的过失是一种无认识的过失，而懈怠的过失是一种有认识的过失。

在大陆法中，过失分为重大过失和轻过失，轻过失又可以分为抽象轻过失和具体轻过失。所谓重大过失，是指违反最低注意义务的过失。最低注意义务即具有最低注意能力的人所应负担的注意义务。最低注意义务要求的注意程度极低，一般人稍加注意即可预见并避免损害的发生。若行为人仍疏忽或懈怠而未加注意的，则行为人主观的过失程度较深，因此，在法律规制上，重大过失视同故意。所谓抽象轻过失，是指违反善良管理人或理性人应尽之注意义务的过失。善良管理人或理性人是一个抽象人或法律拟制的人，并不对应于现实生活中的某一个人。一个善良管理人或理性人能注意而行为人未注意的，则为有过失。所谓具体轻过失，是指违反与处理自己事务应负之相同注意义务的过失。每个人的注意能力高低并不相同，因此，每个人所负的处理自己事务的注意义务的大小也不相同。例如，对甲而言能注意者，对乙而言则未必能注意。所以，对具体轻过失应就各个行为人作具体的认定。

在我国法上，过失分为重大过失和轻过失。如果法律在某种情况下对行为人应当注意和能够注意的程度有较高要求，行为人没有遵守这种较高的要求，但未违背一般人应当注意并能注意的一般规则，这种过失就是轻过失；如果行为人不仅没有遵守法律对他的较高要求，甚至连一般人都应当注意并能注意的较低标准也未达到，这种过失就是重大过失。

（二）过错的证明

行为人是否具有过错，应由受害人举证证明，这是过错责任原则在举证责任分配上的一般规则。但在某些情形下，依法律的特别规定或者案件的具体情形，受害人的举证责任会被免除或减轻。例如，在举证责任倒置的情形，如果法律要求行为人就自己之行为无过错负举证责任的，则免除受害人的举证责任。但在举证责任减轻的情形，并不意味着证明责任改由行为人承担，举证不能而败诉的风险仍由受害人承担，只是法官根据案件的具体情形，可以根据经验法则，经由推定的方式协助受害人完成举证责任。

引读案例解答

1. 甲虽然精神恍惚但并未丧失民事行为能力，因此，甲骑自行车逆行、撞伤乙在主观上存在过失，其应当按照过错责任原则对乙所受伤害承担侵权责任。

2. 酒厂生产的“不倒翁”白酒含有毒物质，属于产品缺陷，乙因此而受到损害，酒厂应当承担产品责任。而产品责任是一种无过错责任，不问产品生产者是否具有过错。因此，酒厂应当按照无过错责任原则对乙的损害承担侵权责任。

3. 甲结婚、生子不具有违法性，更不对任何人的权益构成侵害；而夜半子哭，乃幼子天性，任何人无权通过法律途径阻止孩子哭闹。虽然甲子的哭闹对乙的安眠造成了某种程度上的干扰，但这未超出乙作为邻人应正常容忍的限度。因此，甲子半夜哭闹并未构成对乙之合法权益的侵害。

4. 确定甲应否承担侵权责任，关键在于认定甲是否具有过错。从案件事实看，甲对于戳瞎乙眼睛的行为显然不具故意。甲、乙为完全民事行为能力人，酒后划拳时应当预见且能够预见自己手指戳到对方眼睛所致的可能后果，但由于其疏忽而未预见或者由于其懈怠而未能避免，因而，甲具有过失，应当对乙所受伤害承担侵权责任。

课堂讨论案例

1. 甲、乙居住在同一单元楼，甲住 2 楼，乙住 3 楼。某年 11 月 20 日，甲利用休息时间将 2 楼和 1 楼的楼梯清洗得一干二净。因为当日的气温较低，泼水清洗后潮湿的楼梯很快结了一层薄冰。晚上，乙下楼外出时不慎滑倒，摔伤腰椎，支付医疗费用若干。

问：甲对乙的损害是否应承担赔偿责任？

2. 甲在马路边的广场上放风筝，突然，一阵狂风吹来，风筝倒栽于地，恰巧击中正在马路边仰头观看的乙的头上。正在马路对面观看的乙之夫丙见状，情急之下跑步横穿马路，不幸被丁所驾之超速车辆撞伤。

问：本案中包括哪些侵权责任关系？各适用什么归责原则？

3. 甲、乙都腕力惊人，二人素来互不服气。某日，丙用“激将法”鼓动二人比试一下，二人欣然同意。不幸的是，在较力的过程中，甲的手腕骨折，花去医药费若干。甲要求乙、丙承担赔偿责任。

问：乙、丙应否对甲的损害承担赔偿责任？

4. 甲系一果农，其果园经常遭小偷侵扰，损失若干。某日，乙进入甲的果园偷摘苹果。在偷摘过程中突然一声轰响，乙倒在血泊之中。后经查，甲为阻止小偷进入其果园，在果园地里埋设了土雷。事后，乙起诉至法院，要求甲赔偿其人身损害。

问：甲应否对乙的人身损害承担赔偿责任？

重点思考习题

1. 侵权责任归责原则在适用中应当注意哪些问题？
2. 过错推定规则应当如何适用？
3. 侵权责任的一般构成条件包括哪些？
4. 如何认定侵权责任的因果关系？
5. 过错包括哪几种形式？

第四十二章 侵权责任的方式和免责事由

引读案例

1. 甲、乙两家系近邻。某日，狂风将甲家院内的一棵大树吹倒，正好砸在乙家的屋顶上。因屋顶损坏漏雨，致使乙家的彩电短路烧毁。于是，乙向人民法院提起诉讼。请分析以下问题：甲应对乙承担哪些侵权责任？

2. 甲在拆除自家旧房时，不慎将停在墙边乙的货车砸坏。为此，乙花去修理费 3 000 元，因停运导致损失 5 000 元。乙要求甲赔偿 8 000 元，但甲认为赔偿额过高。为此，二人发生争执。请分析以下问题：甲的赔偿数额应如何确定？

3. 甲驾车正常行驶在公路上，突遇强烈地震。因地面剧烈颠簸、摇晃，车辆失控，冲向了路边正在乘凉的乙，致其重伤。乙请求赔偿，甲拒绝。请分析以下问题：甲拒绝赔偿有理由吗？

4. 甲邀请乙、丙、丁三人到饭店吃饭。在酒足饭饱之后，甲借口去付款而溜之大吉。乙、丙、丁等了好长一段时间，见甲还没有回来，便要离去。但饭店的服务员要求他们付清饭钱。乙、丙、丁一听，知道上了甲的当，便以被邀请吃饭为由拒付饭钱，并要强行离去。饭店的服务员见乙的照相机放在桌子上，便将其扣留，声称不付饭钱就不返还照相机。请分析以下问题：饭店服务员扣留照相机的行为是否合法？

法律职业资格考试要点

侵权责任方式的主要类型；侵权损害赔偿责任的适用规则；人身损害、财产损害、精神损害的赔偿范围；受害人过错、第三人过错、不可抗力、正当防卫、紧急避险、受害人同意、自助行为等作为免责事由的条件和效力

第一节 侵权责任的承担方式

一、侵权责任方式的主要类型

侵权责任的方式是指侵权人承担侵权责任的具体形式。不同之责任方式有其不同的适用范围和适用条件，因而可以单独适用，也可以合并适用。依据《民法典》第 179 条的规定，侵权责任的方式包括以下 8 种。

第一，停止侵害。停止侵害是指责令侵权人停止正在实施的侵权行为的责任形式。依据

《民法典》第1167条的规定，侵权行为危及他人人身、财产安全的，被侵权人可以请求侵权人承担停止侵害的侵权责任。停止侵害既包括要求应作为而不作为的人履行作为义务，也包括要求不应作为而作为的人履行不作为义务。停止侵害的适用，以侵害确已发生但尚未结束为前提。对于尚未发生的侵害或已经终止的侵害，不能适用停止侵害的责任方式。停止侵害的适用范围相当广泛，不论是财产侵害还是人身侵害，都可以适用停止侵害。

第二，排除妨碍。排除妨碍又称排除妨害，是指排除侵权行为给权利人正常行使权利所造成的障碍。依据《民法典》第1167条的规定，侵权行为危及他人人身、财产安全的，被侵权人可以请求侵权人承担排除妨碍的侵权责任。排除妨碍的适用前提是行为人的行为给他人正常行使权利造成了妨碍，故这种妨碍应当是实际存在的、不正当的。对于行为人正当行使权利所造成妨碍的，受妨害人不得请求排除。侵权人对他人正常行使权利造成妨碍的，无论其是否存在过错，也无论妨碍行为持续多久，都应当予以排除。排除妨碍的费用，也应当由侵权人承担。

第三，消除危险。消除危险是指消除因侵权人的行为而致他人财产、人身损害或者损害扩大的危险。依据《民法典》第1167条的规定，侵权行为危及他人人身、财产安全的，被侵权人可以请求侵权人承担消除危险的侵权责任。消除危险并非单纯指使危险化为乌有，还包括降低危险发生的可能性以及减轻危险的损害程度。消除危险以危险的现实存在为前提。所谓危险的现实存在，是指危险可能性的现实存在。如果危险已经转化为现实损害，则危险本身已不复存在，也就没有适用消除危险的可能。

第四，返还财产。返还财产是指侵权人将非法侵占的财产返还给被侵权人。返还财产适用于财产侵占性侵权行为。所谓侵占财产，是指将他人的财产据为己有。在侵占财产情形，要使被侵权人的财产利益恢复至侵占未发生前的状态，最直接的手段就是责令侵权人返还侵占财产于被侵权人。

第五，恢复原状。恢复原状是指侵权人损坏他人财产的，应当将被损坏的财产修复。恢复原状的适用须满足如下两个条件：一是被损坏的财产有修复的可能，无修复可能的，不适用之；二是被损坏的财产有修复的必要，无修复必要的，不适用之。何为修复的可能和必要，应视侵权人的经济能力、技术手段、被侵权人之需求以及其他各种因素，进行具体的综合判断。

第六，赔偿损失。赔偿损失是指侵权人支付一定的金钱或实物赔偿因其侵权行为给他人所造成的损害。赔偿损失是最为常用的一种侵权责任方式，不论是财产损害、人身损害或精神损害，都可以适用赔偿损失的责任方式。赔偿损失往往也是一种兜底性的责任方式，即在其他责任方式的承担都无法弥补被侵权人所受损害的情况下，均可以责令侵权人承担赔偿损失的责任。依据《民法典》第1187条的规定，损害发生后，当事人可以协商赔偿费用的支付方式，协商不一致的，赔偿费用应当一次性支付；一次性支付确有困难的，可以分期支付，但是被侵权人有权请求提供相应的担保。

第七，消除影响、恢复名誉。消除影响是指侵权人因其侵害了他人之人格权而造成不良影响的，应当消除此种不良影响；恢复名誉是指侵权人因其侵害了他人之人格权而致被侵权人名誉受损的，应当将被侵权人的名誉恢复至未受侵害时的状态。消除影响、恢复名誉是一种责任方式，而非两种责任方式的并列。就是说，通过消除影响来恢复名誉，而消除影响之目的在于恢复名誉。消除影响、恢复名誉属于非财产责任方式，仅适用于人格权受侵害的情形。

第八，赔礼道歉。赔礼道歉是指侵权人向被侵权人公开承认错误，表示歉意。赔礼道歉是一种非财产责任方式，适用于人格权受侵害的情形。赔礼道歉具有消气止争的功能，是其他的财产责任方式和非财产责任方式所无法替代的。赔礼道歉可以采取口头的方式，也可以采取书面的方式，凡是被侵权人能够接受的合理方式，皆无不可。

例题 192 某广告公司于金某出差时，在金某房屋的院墙上刷写了一条妇女卫生巾广告。金某 1 个月后回来，受到他人耻笑，遂向广告公司交涉。下列哪些选项是正确的？

A. 广告公司应恢复原状

B. 广告公司应排除妨碍

C. 广告公司应向金某支付使用院墙 1 个月的费用

D. 广告公司应为金某恢复名誉

解析：本题的考点是侵权责任方式的适用，答案为 A、C 项。广告公司未经金某许可擅自在其家院墙上刷写广告，构成对金某财产权的侵害，须承担侵权责任。排除妨碍的适用前提是行为人的行为给他人正常行使权利造成了妨碍，但广告公司的行为并没有给金某行使房屋所有权造成妨碍，故广告公司不承担排除妨碍的责任。恢复名誉是人格损害的责任方式，金某虽然遭人耻笑，但其名誉并未因此受损，其不能要求广告公司承担恢复名誉的责任。恢复原状是财产损害的一种责任方式，结合本题事实，予以恢复原状是完全可能的和必要的，因此，广告公司应恢复原状。同时，广告公司在未付费的情况下使用了金某的院墙，其应当支付使用期间的使用费。

二、侵权损害赔偿责任的适用规则

（一）全部赔偿规则

全部赔偿是指侵权人对于其侵权行为所致之被侵权人的全部损失应予以赔偿。换言之，赔偿的范围应当与损失的范围相当。侵权损害赔偿之所以坚持全部赔偿规则，与侵权责任的损害填补性相关，目的在于使被侵权人的利益恢复至损害未发生前的状态。

适用全部赔偿规则，应注意以下问题：（1）赔偿范围的大小，原则上依损失范围的大小而定。（2）赔偿的范围包括全部损失。就财产损害而言，损失包括实际损失和可得利益损失；就人身损害而言，损失包括因人身损害而支出的全部费用以及因受害而失去的应得利益；就精神损害而言，损失包括因精神损害而遭受的财产损失以及其他的合理费用损失。（3）法律明定实行有限责任的，赔偿的最高数额应限于法律规定的最高限额。

（二）过失相抵规则

过失相抵是指被侵权人对于损害的发生或扩大也有过失的，可以减轻侵权人的赔偿责任。依据《民法典》第 1173 条的规定，被侵权人对同一损害的发生或者扩大有过错的，可以减轻侵权人的责任。这里所规定的就是过失相抵规则。

适用过失相抵规则，应注意以下问题：（1）被侵权人和侵权人的行为系损害发生或扩大的共同原因。（2）被侵权人的行为须不当。被侵权人的行为是否不当，应依社会一般观念确定。（3）被侵权人须有过错。这里的过错仅指过失，不包括故意。如果被侵权人故意造成损害的，侵权人不承担责任，也就无过失相抵规则的适用。（4）侵权人因故意或者重大过失致人损害，而被侵权人只有一般过失的，不减轻侵权人的赔偿责任。（5）被侵权人与侵权人依各自过失大小确定责任比例，并依此相应地减轻侵权人的赔偿责任。

（三）损益相抵规则

损益相抵是指被侵权人基于受损害的同一原因而受有利益时，应将所受利益从损害赔偿额中扣除，以确定侵权人的赔偿数额。损益相抵规则的适用，在于避免被侵权人因损害赔偿而获得不当的额外利益。

适用损益相抵规则，应注意以下问题：（1）侵权人须造成被侵权人损害，这是损益相抵规则适用的前提条件。（2）被侵权人须受有利益，包括积极利益和消极利益。（3）被侵权人所受损害与所受利益之间须有因果关系，即损害与利益须基于同一原因事实而发生。但被侵权人因受害而获得其他人之无偿帮助或救济的，因他人的帮助或救济而获得的利益与损害的发生间不具有因果关系，不得以之与损害相抵。

（四）权衡利益规则

权衡利益是指权衡侵权人的赔偿能力和被侵权人的损害承受能力而确定赔偿的范围。权衡利益规则的适用旨在维护社会正义，实现社会和谐。

适用权衡利益规则，应注意以下问题：（1）应当确定侵权人的责任。只有确定侵权人的责任后，才能根据其赔偿能力的大小决定最终的赔偿数额。（2）应当综合考虑各种因素，以达到既切实保护被侵权人的利益，又不至于使侵权人处于重大不利境地的目的。权衡利益规则所考虑的情况，主要是当事人的经济状况。此外，当地的社会风俗习惯、社会舆论等也是考虑的因素。（3）应当以全部赔偿规则为前提。全部赔偿规则是确定侵权损害赔偿责任的首要规则，权衡利益规则的适用应当以该规则为前提。换言之，应当首先明确侵权人的全部赔偿责任，然后在此基础上根据侵权人的经济状况，决定是否减少侵权人的赔偿数额。

三、人身损害的赔偿责任

依据《民法典》第1179条的规定，侵害他人造成人身损害的，应当赔偿医疗费、护理费、交通费、营养费、住院伙食补助费等为治疗和康复支出的合理费用，以及因误工减少的收入。造成残疾的，还应当赔偿辅助器具费和残疾赔偿金；造成死亡的，还应当赔偿丧葬费和死亡赔偿金。可见，人身损害的赔偿责任因人身损害的程度不同而有所差别。

（一）一般伤害的赔偿范围

侵害他人身体造成一般伤害的，其赔偿范围主要包括以下几个方面。

1. 医疗费

医疗费包括诊断费、治疗费、化验费、手术费、检查费、医药费、住院费等，应当根据医疗机构出具的医药费、住院费等收款凭证，结合病历和诊断证明等相关证据确定。侵权人对治疗的必要性和合理性有异议的，应当承担相应的举证责任。医疗费的赔偿数额，按照一审法庭辩论终结前实际发生的数额确定。器官功能恢复训练所必要的康复费、适当的整容费以及其他后续治疗费，被侵权人可以待实际发生后另行起诉；但根据医疗证明或者鉴定意见确定必然发生的费用，可以与已经发生的医疗费一并予以赔偿。

2. 护理费

护理费应当根据护理人员的收入状况和护理人数、护理期限确定。护理人员有收入的，参照误工费的规定计算；护理人员没有收入或者雇用护工的，参照当地护工从事同等级别护理的劳务报酬标准计算。护理人员原则上为1人，但医疗机构或者鉴定机构有明确意见的，可以参照确定护理人员的人数。护理期限应计算至受害人恢复生活自理能力时止。

3. 交通费

交通费应当根据被侵权人及其必要的陪护人员因就医或者转院治疗实际发生的费用计算。交通费应当以正式票据为凭，有关凭据应当与就医地点、时间、人数、次数相符合。

4. 误工费

误工费应当根据被侵权人的误工时间和收入状况确定。误工时间根据被侵权人接受治疗的医疗机构出具的证明确定。被侵权人因伤致残持续误工的，误工时间可以计算至定残日前一天。被侵权人有固定收入的，误工费按照实际减少的收入计算。被侵权人无固定收入的，按照其最近3年的平均收入计算；被侵权人不能举证证明其最近3年的平均收入状况的，可以参照受诉法院所在地相同或者相近行业上一年度职工的平均工资计算。

5. 其他必要费用

除上述费用外，被侵权人因人身伤害而支出的营养费、住院伙食补助费等，侵权人也应当给予赔偿。

（二）致人残疾的赔偿范围

侵害他人身体造成残疾的，侵权人除应赔偿前述医疗费、护理费、交通费、误工费以及其他必要费用外，还应赔偿残疾生活辅助器具费、残疾赔偿金。

1. 残疾生活辅助器具费

残疾生活辅助器具费应当按照普通适用器具的合理费用标准计算；伤情有特殊需要的，可以参照辅助器具配制机构的意见确定相应的合理费用标准。辅助器具的更换周期和赔偿期限参照配制机构的意见确定。

2. 残疾赔偿金

残疾赔偿金应当根据被侵权人丧失劳动能力程度或者伤残等级，按照受诉人民法院所在地上一年度城镇居民人均可支配收入或者农村居民人均纯收入标准，自定残之日起按20年计算。但60周岁以上的，年龄每增加1岁减少1年；75周岁以上的，按5年计算。被侵权人因伤致残但实际收入没有减少，或者伤残等级较轻，但造成职业妨害，严重影响其劳动就业的，可以对残疾赔偿金作相应调整。

（三）致人死亡的赔偿范围

侵害他人身体造成死亡的，侵权人除应赔偿前述可能发生的费用外，还应赔偿丧葬费、死亡赔偿金。

1. 丧葬费

丧葬费应当按照受诉法院所在地上一年度职工月平均工资标准，以6个月总额计算。

2. 死亡赔偿金

死亡赔偿金应当按照受诉法院所在地上一年度城镇居民人均可支配收入或者农村居民人均纯收入标准，按20年计算。但60周岁以上的，年龄每增加1岁减少1年；75周岁以上的，按5年计算。

应当指出，依据《民法典》第1180条的规定，因同一侵权行为造成多人死亡的，可以以相同数额确定死亡赔偿金。在被侵权人死亡时，其近亲属有权请求侵权人承担侵权责任。被侵权人死亡的，支付被侵权人医疗费、丧葬费等合理费用的人有权请求侵权人赔偿费用，但侵权人已经支付该费用的除外（《民法典》第1181条第2款）。

四、财产损害的赔偿责任

（一）财产损害的赔偿方法

财产损害赔偿有广义与狭义之分。广义的财产损害赔偿是指侵害财产权的侵权责任，其方法包括返还财产、恢复原状、赔偿损失等；狭义的财产损害赔偿仅指侵害财产权所产生的赔偿责任，其方法为赔偿损失。这里所指的财产损害赔偿取其狭义，因此，其赔偿的方法就是赔偿损失。

赔偿损失可以采取两种方式：一是金钱赔偿，二是实物赔偿。金钱赔偿就是将被侵权人所遭受的财产损失折算成现金，通过支付金钱的方式予以赔偿。在适用金钱赔偿时，应当考虑被侵害财产的残存价值。实物赔偿就是用同种类、同品质的实物赔偿被侵权人的损害。如毁损他人手表的，侵权人可以通过购置同种类、同品质的手表予以赔偿。当然，如果被毁损的财产为已经使用过的财产，则侵权人在用实物赔偿时，应当考虑被毁损财产的实际折旧情况。

（二）财产损害的赔偿范围

财产损害的赔偿范围，包括实际损失和可得利益损失。对于实际损失的赔偿，无论是采取金钱赔偿的方法，还是采取实物赔偿的方法，都需要确定实际损失的具体数额。依据《民法典》第 1184 条的规定，侵害他人财产的，财产损失按照损失发生时的市场价格或者其他合理方式计算。可见，实际损失额的确定，一般要根据财产损失发生时的市场价格确定；如果没有市场价格的，则按照其他方法如评估方法确定。对于可得利益损失的赔偿，可以采取收益平均法加以确定，即根据损害发生前的一段时间内被侵权人的平均收益确定可得利益损失。如损坏他人营运中的汽车，经营者因汽车被损而停运 1 个月，就可以根据损害发生前的月平均营运收益确定可得利益损失的数额。如果采用平均收益法无法确定可得利益损失的，也可以采取同类比照法加以确定，即以同行业、同时期、同地区、同等条件的同类经营者的平均收益确定可得利益损失。

依据《民法典》第 1182 条的规定，侵害他人人身权益造成财产损失的，按照被侵权人因此受到的损失或者侵权人获得的利益赔偿；被侵权人因此受到的损失以及侵权人因此获得的利益难以确定，被侵权人和侵权人就赔偿数额协商不一致，向人民法院提起诉讼的，由人民法院根据实际情况确定赔偿数额。

例题 193 王某以 5 万元从甲商店购得标注为明代制品的瓷瓶一件，放置于家中客厅。李某好奇把玩，不慎将瓷瓶摔坏。经鉴定，瓷瓶为赝品，市场价值为 100 元。王某下列请求哪些是合法的？

A. 要求甲商店赔偿 15 万元　　B. 要求甲商店赔偿 5 万元

C. 要求李某赔偿 5 万元　　D. 要求李某赔偿 100 元

解析：本题的考点主要是财产损害赔偿范围的确定，答案为 A、B、D 项。甲商店出卖的瓷瓶为赝品，依《消费者权益保护法》第 55 条的规定，应双倍赔偿，故王某有权要求甲商店赔偿 15 万元。李某因过失而致王某 100 元的财产损害，按照全部赔偿规则，王某只能要求李某赔偿 100 元，而不能要求其赔偿 5 万元。甲商店的行为属于欺诈，因此，王某有权请求撤销双方之间的买卖合同。在买卖合同被撤销后，王某有权要求甲商店赔偿相应的损失即 5 万元。

五、精神损害的赔偿责任

（一）精神损害赔偿的适用范围

《民法典》第 1183 条规定："侵害自然人人身权益造成严重精神损害的，被侵权人有权请求精神损害赔偿。因故意或者重大过失侵害自然人具有人身意义的特定物造成严重精神损害的，被侵权人有权请求精神损害赔偿。"可见，精神损害赔偿的适用范围原则上限于对自然人人身权益的侵害，只是在例外情形下扩及于对"具有人身意义的特定物"之侵害。

（二）精神损害赔偿额的确定

确定精神损害赔偿的数额应考虑以下因素：（1）侵权人的过错程度，法律另有规定的除外；（2）侵害的手段、场合、行为方式等具体情节；（3）侵权行为所造成的后果；（4）侵权人的获利情况；（5）侵权人承担责任的经济能力；（6）受诉法院所在地平均生活水平。此外，法律、行政法规对残疾赔偿金、死亡赔偿金等有明确规定的，适用法律、行政法规的规定。

例题 194 周某将拍摄了其结婚仪式的彩色胶卷底片交给某彩扩店冲印，并预交了冲印费。周某于约定日期去取相片，彩扩店告知：因失火，其相片连同底片均被焚毁。周某非常痛苦，诉至法院请求彩扩店赔偿胶卷费、冲印费损失及精神损害。下列哪些选项是正确的？

A. 彩扩店侵害了周某的财产权和肖像权

B. 彩扩店的行为构成违约行为和侵权行为

C. 彩扩店应当赔偿胶卷费并返还冲洗费

D. 周某的精神损害赔偿请求应当得到支持

解析：本题的考点主要是侵权责任与违约责任的竞合、精神损害赔偿的适用范围，答案为 B、C、D 项。彩扩店损毁胶卷的行为与周某的肖像权无关，不涉及侵害肖像权的问题，但损害了周某的财产权。周某与彩扩店之间存在合同关系，彩扩店的行为既损害了周某的合同履行利益，又损害了其固有利益，故构成了侵权责任与违约责任的竞合。彩扩店于合同履行后应返还周某的胶卷，因其不能返还，应给予赔偿。由于彩扩店未履行合同义务，故应返还冲印费。周某拍摄的胶卷属于具有人格象征意义的特定纪念物品，周某有权请求精神损害赔偿。

第二节　侵权责任的免责事由

侵权责任的免责事由又称侵权责任的抗辩事由，是指侵权人得以主张的免除或减轻其侵权责任的法律事实。依据《民法典》的相关规定，侵权责任的免责事由包括了受害人过错、第三人过错、不可抗力、正当防卫、紧急避险、自甘风险、自助行为等。

一、受害人过错

受害人过错是指受害人对于损害的发生具有过错。依据《民法典》第 1173 条的规定，被侵权人对同一损害的发生或者扩大有过错的，可以减轻侵权人的责任。受害人的“过错”不仅包括过失，也包括故意。如果受害人的故意是损害发生的唯一原因，则应适用“受害人故意”的免责事由，免除行为人的责任。对此，依据《民法典》第1174条的规定，损害是因受害人故意造成的，行为人不承担责任。

二、第三人过错

第三人过错是指第三人对损害的发生具有故意或过失。当损害的发生完全是因第三人的过错造成时，就应当由该第三人承担责任，而免除其他人的责任。依据《民法典》第1175条的规定，损害是由第三人造成的，第三人应当承担侵权责任。

三、不可抗力

不可抗力是指不能预见、不能避免并不能克服的客观现象，例如，因自然原因引起的地震、台风、洪水、泥石流、海啸等，因社会原因引起的战争、武装冲突等。不可抗力是侵权责任的一般免责事由，适用于法律没有另外规定的侵权责任。依据《民法典》第180条的规定，因不可抗力不能履行民事义务的，不承担民事责任；法律另有规定的，依照其规定。“不能履行民事义务”当然包括了不能履行不得侵害他人合法权益的民事义务，因而不可抗力为侵权责任的免责事由之一。但是，不可抗力作为免责事由，只有在不可抗力是造成损害的唯一原因时，才能免除行为人的责任。也就是说，在发生不可抗力的情况下，如果行为人对于造成损害也有过错的，则不能完全免责，行为人应当按照其过错程度承担相应的责任。

四、正当防卫

正当防卫是指为了使国家利益、公共利益、本人或者他人的人身、财产和其他权益免受正在进行的不法侵害，而对不法侵害人实施的制止其不法侵害且未明显超过必要限度的行为。正当防卫的成立须具备以下条件：（1）须针对正在进行的不法侵害行为实施。对于尚未发生的或已经结束的侵害行为，不能进行正当防卫。（2）须针对不法侵害人本人实施。正当防卫行为只能对不法侵害人本人实施，而不能对其他人实施。（3）须为保护合法权益而实施。基于报复等违法目的而实施的行为，不能构成正当防卫。（4）须防卫不超过必要的限度。认定正当防卫是否在必要限度以内，不能以防卫的手段、强度与不法侵害的手段、强度是否相当为标准，而应当以能否足以制止不法侵害，从而使被侵害的合法权益避免遭受损害或减少损害为标准。

正当防卫行为是对不法侵害行为实施的正当、合法行为，其不仅不具有社会危害性，而且有益于社会，为法律所保护、支持和鼓励。依据《民法典》第181条的规定，因正当防卫造成损害的，不承担民事责任；但正当防卫超过必要的限度，造成不应有的损害的，正当防卫人应当承担适当的责任。这里所说的“适当的责任”，是指行为人仅对超过必要限度而造成的不应有的损害部分承担责任，而不是对防卫行为所造成的全部损害后果承担责任。

五、紧急避险

紧急避险是指为了使国家利益、公共利益、本人或者他人的人身、财产和其他权益免受正在发生的危险，不得已而采取的损害另一较小合法权益的救险行为。紧急避险的成立须具备以下条件：（1）合法权益遭受紧急危险。该危险必须是正在发生的、现实的，如不采取措施就会造成更大的损害。对于已经消除或尚未发生的危险，或者虽有危险存在，但不具有紧迫性的，不能进行紧急避险。(2) 是在不得已的情况下所采取的避险措施。所谓“不得已”，是指除采取该损害某种利益的行为外，无其他方式可以避免危险，即采取的避险措施应为适当。(3) 不超过必要的限度。如果避险行为所造成的损害大于危险可能造成的损害，则为超过必要的限度。一般地说，人身价值大于财产价值，因此，为保全财产而损害人身的，为超过必要的限度；财产之间应视其价值大小而判断是否超过必要的限度，若为保全价值较低的财产而损害价值较大的财产的，则为超过必要的限度。

依据《民法典》第 182 条的规定，因紧急避险造成损害的，由引起险情发生的人承担民事责任。如果危险是由自然原因引起的，紧急避险人不承担民事责任，可以给予适当补偿。紧急避险采取措施不当或者超过必要的限度，造成不应有的损害的，紧急避险人应当承担适当的民事责任。这里所说的“适当的责任”，是指避险人仅就采取措施不当而扩大的损害部分或者超过必要限度的损害部分承担责任，而不是就避险行为所造成的全部损害承担责任。

六、自甘风险

《民法典》第 1176 条第 1 款规定：“自愿参加具有一定风险的文体活动，因其他参加者的行为受到损害的，受害人不得请求其他参加者承担侵权责任；但是，其他参加者对损害的发生有故意或者重大过失的除外。”据此，自甘风险又称自甘冒险，是指受害人自愿进入对其权益具有侵害可能性的危险状态，若其因此而遭受损害，行为人不承担责任。例如，在拳击比赛中，一方虽因对方击打而受伤，但不得请求对方承担侵权责任。

自甘风险的成立应具备下列条件：(1) 受害人进入某种危险状态。这种危险状态仅限于具有一定风险的文体活动，而不适用于其他活动。(2) 受害人自愿进入某种危险状态。自愿进入，是指受害人明知其可能因危险状态的存在而遭受损害，但仍冒险为之。(3) 受害人主观上并不追求或希望损害的发生。尽管受害人明知存在危险仍冒险为之，但其内心并不追求或希望损害的发生，而是期待不发生损害。因此，自甘风险中损害是否发生具有不确定性。这与受害人同意中损害的发生具有确定性存在明显不同，故两者是不同的免责事由。(4) 受害人遭受损害。若受害人并未因此而遭受损害，则其无理由主张损害赔偿，也不会发生行为人免责问题。

关于自甘风险的免责事由，须明确如下两点：一是主张自甘风险抗辩的主体仅为文体活动的其他参加者，原则上不包括活动的组织者。对于活动组织者的责任，适用《民法典》第 1198 条关于“违反安全保障义务责任”以及第 1199 条至第 1201 条关于“教育机构责任”的规定。二是文体活动的其他参加者对损害的发生有故意或重大过失的，其应承担侵权责任。

七、自助行为

自助行为是指行为人为了保护自己的合法权益，在情势紧迫而又不能及时请求公力机关救助的情况下，对他人的人身加以拘束或对他人的财产予以扣留、毁损的行为。《民法典》第 1177 条规定：“合法权益受到侵害，情况紧迫且不能及时获得国家机关保护，不立即采取措施将使其合法权益受到难以弥补的损害的，受害人可以在保护自己合法权益的必要范围内采取扣留侵权人的财物等合理措施；但是，应当立即请求有关国家机关处理。受害人采取的措施不当造成他人损害的，应当承担侵权责任。”自助行为应当具备以下条件才能成立：(1) 为保护自己的合法权益。自助行为是为弥补公力救济的不足而设立的制度，只能为保护行为人自己的合法权益而实施。(2) 情势紧迫，来不及请求公力救济。情势紧迫是指如不采取自助措施，行为人的权利就难以实现。(3) 为法律和社会公德所许可。行为人应当采取法律和社会公德所许可的方式实施自助行为，如扣押财产可实现自助目的的，毁损财产则为不当。(4) 不超过必要限度。自助行为是权利人在情势紧迫、来不及请求公力救济的情况下所采取的一种保护自己的合法权利的措施。因此，自助行为只能在必要限度内实施。应当指出，行为人在采取自助行为后，应当及时请求公力救济。

例题 195 一住店客人一早拒付房钱离开旅馆去车站，旅馆服务员见状揪住他不让走，并打电话报警。客人说："你不让我走还限制我自由，我要告你们旅馆，耽误了乘火车要你们赔偿。"旅馆这样做的性质应如何认定？

A. 属于侵权，系侵害人身自由权　　B. 属于侵权，系积极侵害债权

C. 不属于侵权，是行使抗辩权之行为　　D. 不属于侵权，是自助行为

解析：本题的考点是自助行为，答案为 D 项。住店客人与旅馆之间形成了服务合同关系，客人负有支付房费的义务。在客人拒付房费的情况下，旅馆服务员为保护旅馆的债权，不让客人离店不构成侵权行为，应属于自助行为。

引读案例解答

1. 就本案事实而言，甲应对乙承担 4 种侵权责任。首先，甲所有的大树压在乙的房屋上，已经构成对乙行使房屋所有权的妨碍，因此，甲应承担排除妨碍的侵权责任；其次，大树压在房屋上，造成某种持续的危险状态，因此，甲应承担消除危险的侵权责任；再次，乙的房屋被损坏，而有修复的可能和必要，因此，甲应承担恢复原状的侵权责任；最后，房屋损坏漏雨，致乙彩电毁损，因此，甲还应承担赔偿损失的侵权责任。

2. 根据全部赔偿规则，甲应赔偿乙因货车受损而遭受的全部经济损失，包括直接损失和可得利益损失，即 3 000 元修理费和 5 000 元营运损失，合计 8 000 元。同时，根据损益相抵规则，因与损害发生的同一原因而伴生的利益，应从最终损害赔偿总额中扣除。因此，在货车修理停运期间，乙未支出的柴油费等相关费用，属于因货车受损而获得的利益，应从损害赔偿总额 8 000 元中扣除。

3. 甲驾车正常行驶在公路上，若不发生强震，车辆不可能失控。而地震的发生对于甲而言是不能预见、不能避免且不能克服的自然现象，因此，甲可以不可抗力进行免责抗辩。

4. 甲、乙、丙、丁去饭店吃饭，他们与饭店之间建立了一种合同关系，饭店为债权人，甲、乙、丙、丁为共同债务人，负有支付饭钱的义务。共同债务人拒付饭钱，就是一种违约行为，损害了饭店的合法权益。如果饭店不采取一定的措施，其自身的合法权益就难以得到保护。所以，饭店扣留乙的照相机，完全是在自己的合法权益受到损害的紧急情况下，为了保护自己的合法权益而采取的行为，构成自助行为。因此，饭店扣留照相机的行为合法，不构成侵权行为。

课堂讨论案例

1. 甲驾车不慎撞倒乙，致其残疾，花去医药费若干，并且致乙因双腿截肢而必须配置假

肢。后经法医鉴定，乙完全丧失了劳动能力。同时，乙的面部也受到损害，其上唇开裂而无法愈合。乙上有75岁老母，下有7岁幼子。乙对甲提起侵权之诉，要求赔偿损失。而乙妻丙以“亲吻权”受到侵害为由，单独起诉到人民法院，要求甲赔偿因其不能行使“亲吻权”而导致的精神损害。

问：(1) 乙有权请求赔偿的范围包括哪些？(2) 丙的诉讼主张能否得到支持？

2. 甲经常到乙开设的商店购买日用品，双方是老相识。某年5月，甲到乙的店里购买5箱方便面，因柜台存货不多，乙叫甲到他家后院仓库取货，他随后就到。甲拉开乙家后院门时看到院内拴着的一条狗正朝他狂吠，甲吓得转身就跑，撞到身后的乙，两人同时摔倒在地，乙脊椎骨折，花去医疗费若干。乙向甲索赔，甲则认为事件的起因是乙养的狗追他造成的，因此拒绝赔偿。

问：甲的行为是否构成紧急避险？

重点思考习题

1. 侵权责任方式包括哪些类型？
2. 侵权损害赔偿责任的适用规则包括哪些？
3. 财产损害的赔偿范围如何确定？
4. 如何确定精神损害赔偿的适用范围？
5. 如何认定正当防卫与紧急避险的成立条件？
6. 如何区分自助行为与侵权行为？

第四十三章 数人侵权责任

引读案例

1. 甲、乙在汽车驾驶室内打牌，丙躺在该车驾驶室外左侧的地上休息。甲、乙在车内玩牌时，甲掏出香烟递给乙，乙便掏出火柴为甲和自己点燃香烟，并将未熄灭的火柴梗顺手向自己座位旁的脚下扔去，正巧落到一只盛汽油的无盖油桶里，将桶内汽油引燃。乙发现油桶起火燃烧，便急忙将油桶递给甲，甲慌忙接过油桶即扔向驾驶室外，恰巧砸在丙身上，导致丙被烧伤。请分析以下问题：甲、乙应否对丙承担赔偿责任？

2. 甲在某商场购买了乙生产的一台热水器，同时购买了丙生产的多功能漏电保护器。甲请专业人员安装后即开始使用。一日，甲在洗澡时，因热水器漏电和多功能漏电保护器不起作用，致使甲遭电击死亡。请分析以下问题：乙、丙应当如何对甲承担责任？

法律职业资格考试要点

共同侵权责任的种类和承担；无意思联络的数人侵权责任的种类和承担

第一节 共同侵权责任

一、共同侵权责任的含义和构成条件

共同侵权责任是指二人以上共同侵害他人民事权益造成损害时，共同侵权人所应承担的侵权责任。共同侵权责任的构成除须具备侵权责任构成的一般条件外，还需具有以下条件。

第一，行为人须为二人以上。共同侵权责任是因共同侵权行为而产生的一种侵权责任，因此，单个侵权人实施侵权行为的，不能产生数人侵权责任。

第二，数个行为人均实施了一定的行为。虽数个行为人各自实施了一定行为，但各个行为都针对同一对象，是互相联系的，是造成损害的同一的、不可分割的原因。

第三，损害后果须具有同一性。虽然数个行为人实施了多个行为，但数个行为所造成的损害结果是同一的、不可分割的。如果损害后果并不是同一的，是可以分割的，如甲打伤受害人的眼睛，乙打伤受害人的脚部，则不产生共同侵权责任。

第四，数个行为人之间在主观上存在共同过错。在共同侵权责任中，数个行为人在主观上须有共同侵害他人民事权益的故意或过失，即具有共同过错。这里的共同过错，既可以是共同故意，也可以是共同过失，还可以是故意与过失的混合。如果数个行为人之间没有共同过错，

则不构成数人侵权责任。

二、共同侵权责任的种类

（一）共同加害责任

依据《民法典》第1168条的规定，二人以上共同实施侵权行为，造成他人损害的，应当承担连带责任。可见，共同加害责任是指二人以上基于共同过错而共同实施侵权行为所产生的共同侵权责任。共同加害责任属于狭义的共同侵权责任，是共同侵权责任的典型形态。

（二）教唆、帮助共同侵权责任

依据《民法典》第1169条第1款的规定，教唆、帮助他人实施侵权行为的，应当与行为人承担连带责任。可见，教唆、帮助共同侵权责任是指教唆、帮助他人实施侵权行为，教唆人、帮助人与被教唆人、被帮助人所承担的共同侵权责任。在教唆、帮助侵权行为中，教唆人、帮助人并没有实施具体的侵权行为，但侵权行为的实行人是在教唆、帮助之下实施侵权行为的，也就是说，教唆、帮助行为与实行人的侵权行为之间具有因果关系，构成了损害的共同原因，因此，教唆人、帮助人与实行人被视为共同侵权行为人，应当承担连带责任。

应当指出的是，在教唆、帮助侵权行为中，只有被教唆人、被帮助人为完全民事行为能力人时，才能产生共同侵权责任。如果被教唆人、被帮助人为无民事行为能力人、限制民事行为能力人，则不产生共同侵权责任，应当由教唆人、帮助人自己承担侵权责任。依据《民法典》第1169条第2款的规定，教唆、帮助无民事行为能力人、限制民事行为能力人实施侵权行为的，应当承担侵权责任；该无民事行为能力人、限制民事行为能力人的监护人未尽到监护责任的，应当承担相应的责任。

（三）共同危险责任

依据《民法典》第1170条的规定，二人以上实施危及他人人身、财产安全的行为，其中一人或者数人的行为造成他人损害，能够确定具体侵权人的，由侵权人承担责任；不能确定具体侵权人的，行为人承担连带责任。可见，共同危险责任是指基于共同危险行为而产生的共同侵权责任。

一般地说，共同危险责任的构成须具有以下条件。

第一，数人实施了共同危险行为。所谓共同危险行为，是指数人的行为均有危及他人人身、财产安全的可能性。这种危险可以从行为本身、周围环境以及行为人对致人损害可能性的控制条件加以判断。

第二，数个行为中只有一个行为造成损害，但无法判明何人的行为造成损害。在共同危险行为中，数个行为都有可能造成他人的损害，但由于数个行为发生的时间、地点是相同的，因而无法判断谁是侵权人。如果行为人主张其行为没有造成损害，应当由该行为人就其行为与损害结果之间不存在因果关系承担举证责任。

第三，数人在主观上存在共同过失。在共同危险行为中，数个行为并不针对任何特定的人，也没有人为的侵害方向，因此，共同危险行为人没有共同致人损害的故意，而只有共同的过失。一般地说，行为人的这种过失是以推定的形式存在的，即实施具有危险性的行为本身就表明了疏于注意过失的存在。

三、共同侵权责任的承担

1. 共同侵权责任的外部承担

无论何种形态的共同侵权责任，共同侵权人对被侵权人均应承担连带责任。依据《民法典》第 178 条第 1 款的规定，二人以上依法承担连带责任的，权利人有权请求部分或者全部连带责任人承担责任。因此，被侵权人有权向共同侵权人的部分或全部请求赔偿全部损失，共同侵权人中的任何一人或数人有义务向被侵权人赔偿全部损失；若共同侵权人中的一人或数人向被侵权人赔偿了全部损失，则其他人的赔偿责任消灭。

2. 共同侵权责任的内部分担

虽然共同侵权人之间对被侵权人承担连带责任，但共同侵权人内部应当根据共同侵权人的过错程度以及对损害所起作用的大小进行责任分担。依据《民法典》第 178 条第 2 款的规定，连带责任人的责任份额根据各自责任大小确定；难以确定责任大小的，平均承担责任。实际承担责任超过自己责任份额的连带责任人，有权向其他连带责任人追偿。

第二节　无意思联络的数人侵权责任

一、无意思联络的数人侵权责任的含义

无意思联络的数人侵权责任是指二人以上分别实施侵权行为，造成他人损害时，数个行为人所应承担的侵权责任。

无意思联络的数人侵权责任具有以下特点。

第一，各行为人均实施了侵权行为。无意思联络的数人侵权与共同侵权一样，都是数人致人损害的行为，具有主体复数性。单一的行为主体所实施的侵权行为，不能产生无意思联络的数人侵权责任。

第二，各行为人的行为造成了同一损害后果。无意思联络的数人侵权也具有损害后果同一性的特点，各个行为与损害的发生之间均存在因果关系。也就是说，各个行为在客观上结合在一起，从而造成了同一损害后果。

第三，各行为人不存在共同过错。在无意思联络的数人侵权责任中，尽管行为人也是多个，但多个行为人是分别实施侵权行为而不是共同实施侵权行为，也就是说，各行为人在主观上并不存在共同过错。这是无意思联络的数人侵权责任与共同侵权责任的本质区别。

二、无意思联络的数人侵权责任的种类和承担

依照行为人的行为与损害后果之间的关联性，无意思联络的数人侵权责任可以分为两种，行为人就此承担不同形态的责任。

一是“分别实施行为，足以造成损害”的无意思联络的数人侵权责任。依据《民法典》第 1171 条的规定，二人以上分别实施侵权行为造成同一损害，每个人的侵权行为都足以造成全部损害的，行为人承担连带责任。这种连带责任的基础并不是行为人的共同过错，而是累积性因果关系。

二是“分别实施行为，结合造成损害”的无意思联络的数人侵权责任。依据《民法典》第 1172 条的规定，二人以上分别实施侵权行为造成同一损害，能够确定责任大小的，各自承担相应的责任；难以确定责任大小的，平均承担赔偿责任。这种按份责任的基础也不是行为人的共同过错，而是行为人各自行为的原因力，即部分因果关系。

引读案例解答

1. 甲、乙在驾驶室有油桶的情况下吸烟，应当预见引起汽油燃烧的可能性，而乙随意丢弃未熄灭的火柴梗，导致油桶内汽油燃烧，并将燃烧的油桶递给甲，而甲在慌乱之中将油桶扔出驾驶室外，导致丙被烧伤。对此，甲、乙具有共同过失，并造成了同一损害后果，因此，甲、乙的行为构成了共同侵权行为，双方应当对丙的损害承担连带赔偿责任。

2. 甲的死亡后果是由两个原因造成的：一是热水器漏电的产品缺陷，二是多功能漏电保护器不起作用的产品缺陷。这两个原因结合在一起，导致了甲的死亡。可见，乙、丙在主观上并不存在共同过错。同时，这两种原因只是偶然结合在一起造成同一损害后果，因此，双方不承担共同侵权责任，而应当承担无意思联络的数人侵权责任。由于这两个原因中并不是每一个原因都足以造成损害后果的发生，因而，双方应当根据原因力的大小承担按份责任；如无法确定责任大小，双方应平均承担赔偿责任。

课堂讨论案例

1. 甲因过失致乙重伤，乙被群众紧急送往医院救治。接诊医师丙认出乙为自己数年前的情敌，因此，借故延误不治。1 小时后，乙因失血过多而身亡。

问：(1) 甲、丙之间是否应构成数人侵权责任？(2) 甲、丙应当如何承担赔偿责任？

2. 甲教唆乙将张三诱至一山崖底下，由丙、丁对张三实施殴打，致张三重伤。恰巧登山爱好者戊正在此处攀岩，不慎踩落一石块，击中重伤后无法躲避的张三。后经医治无效，张三死亡。

问：(1) 甲、乙、丙、丁、戊之间产生何种数人侵权责任？(2) 该 5 人之间应如何对张三之死承担责任？

3. 甲、乙、丙三位游客站在海边沙滩上向海里打水漂。当三人同时分别奋力掷出石子时，不幸发生了，其中的一枚石子正中在海里游泳的丁的面颊，致其面部骨折。甲、乙、丙三人相互推诿，都认为自己掷出的石子绝对没有击中丁，但三人都不能证明自己的主张，同时也不能指认是何人所为。

问：(1) 甲、乙、丙之间是否构成数人侵权责任？(2) 甲、乙、丙应当如何对丁承担侵权责任？

重点思考习题

1. 数人侵权责任的构成条件如何？
2. 如何确定数人侵权责任的承担？
3. 如何确定无意思联络的数人侵权责任的承担？

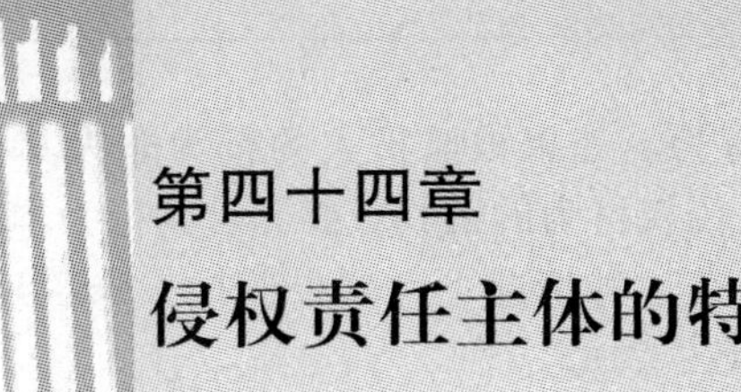

第四十四章 侵权责任主体的特殊规定

引读案例

1. 甲女士虐猫的一段视频在网上公布后，网友们便开始“人肉搜索”。几个小时之内，甲女士的电话号码、身份证号码、家庭住址、工作单位等全部曝光。许多人发短信给甲女士，声称要弄死她。请分析以下问题：网友及网站“人肉搜索”的行为是否构成侵权责任？

2. 甲和几个朋友在乙开的火锅店就餐。用餐期间，甲去卫生间，当走到卫生间转弯的台阶处时，因地面光滑突然摔倒在台阶下，造成右小腿骨折。请分析以下问题：乙应否对甲承担赔偿责任？

3. 甲系某幼儿园学生。在星期五上午课间休息期间，甲从没有安全设施的校园操场边摔至小溪里，头面部受伤。请分析以下问题：幼儿园应否对甲承担赔偿责任？

法律职业资格考试要点

监护人责任、暂时无意识者责任、用人单位责任、个人劳务责任、定作人责任、网络侵权责任、违反安全保障义务责任、教育机构责任的归责原则、构成条件、承担主体

第一节 监护人责任

一、监护人责任的含义

监护人责任是指无民事行为能力人或限制民事行为能力人造成他人损害时，监护人依法应承担的侵权责任。

在监护人责任中，无论监护人有无过错，亦即是否尽到监护职责，监护人都应承担赔偿责任，而不能以已尽了监护职责为由免除责任。但监护人尽到监护职责的，可以减轻其赔偿责任（《民法典》第1188条第1款）。因此，监护人责任适用无过错责任原则。

二、监护人责任的构成条件

监护人责任适用无过错责任原则，其构成条件除被侵权人受有损害、因果关系外，还需具备以下条件。

第一，行为人为被监护人。被监护人包括无民事行为能力人和限制民事行为能力人。如果致害行为人是监护人自己，则监护人承担的是自己责任，而不是监护人责任。

第二，被监护人的行为是其自身的独立行为。如果被监护人的行为非为其自身的独立行为，而只是受别人唆使或帮助，则其只是他人侵权行为的工具或媒介，其行为本身也就不构成侵权行为，监护人也就无须承担责任。当然，在这种情况下，如果监护人未尽到监护责任的，应当承担相应的责任（《民法典》第1169条第2款）。

第三，被监护人的行为具有客观违法性。由于被监护人一般不具有侵权责任能力，所以其主观上往往也就不存在过错问题。而之所以仍要归责于监护人，是因为其行为具有客观违法性。如果被监护人的行为并不违法，则即使造成损害，监护人也不承担责任。

三、监护人责任的承担

依据《民法典》第1188条第2款的规定，有财产的无民事行为能力人、限制民事行为能力人造成他人损害的，从本人财产中支付赔偿费用，不足部分，由监护人赔偿。可见，监护人责任的承担，根据被监护人的财产状况确定：在无财产的被监护人造成他人损害的情况下，完全由监护人承担赔偿责任；在有财产的被监护人造成他人损害的情况下，应先由被监护人本人承担赔偿费用（从本人财产中支付赔偿费用），监护人只对不足部分承担赔偿责任。

在委托监护的情况下，依据《民法典》第1189条的规定，无民事行为能力人、限制民事行为能力人造成他人损害，监护人将监护职责委托给他人的，监护人应当承担侵权责任；受托人有过错的，承担相应的责任。

在监护人责任中，如果被监护人有几个监护人的，则应当由与被监护人共同生活的监护人承担责任；如果与被监护人共同生活的监护人独立承担责任有困难的，未与被监护人共同生活的监护人应与其他监护人共同承担责任。

被监护人造成他人损害，有明确监护人的，由监护人承担赔偿责任；监护人不明确的，由顺序在前的有监护能力的人承担赔偿责任。如果顺序在前的有监护能力的人为数人的，应由他们共同承担赔偿责任。

例题196 甲的儿子乙（8岁）因遗嘱继承了祖父遗产10万元。某日，乙玩耍时将另一小朋友丙的眼睛划伤。丙的监护人要求甲承担赔偿责任2万元。后人民法院查明，甲已尽到监护职责。下列哪一说法是正确的？

A. 因乙的财产足以赔偿丙，故不需用甲的财产赔偿

B. 甲已尽到监护职责，无须承担侵权责任

C. 用乙的财产向丙赔偿，乙赔偿后可在甲应承担的份额内向甲追偿

D. 应由甲直接赔偿，否则会损害被监护人乙的利益

解析：本题的考点是监护人责任，答案为A项。在监护人责任中，监护人应当承担责任。如果监护人尽到监护责任的，可以减轻其侵权责任。因此，甲虽然尽到了监护职责，但仍需承担责任。如果被监护人有财产的，应从本人财产中支付赔偿费用；不足部分，由监护人赔偿。由于乙的财产足以赔偿，因而，甲无须承担不足部分的赔偿。在被监护人赔偿后，不存在向监护人追偿的问题。

第二节　暂时无意识者责任

一、暂时无意识者责任的含义

暂时无意识者责任是指完全民事行为能力人在对其行为暂时没有意识或失去控制时造成他人损害所应承担的侵权责任。

依据《民法典》第1190条第1款的规定，在暂时无意识者责任中，只有完全民事行为能力人就对自己的行为暂时没有意识或失去控制存在过错时，行为人才承担侵权责任；没有过错的，根据行为人的经济状况对受害人适当补偿。因此，暂时无意识者责任适用过错责任原则。

二、暂时无意识者责任的构成条件

暂时无意识者责任适用过错责任原则，其构成条件除被侵权人受有损害、因果关系外，还需具备以下条件。

第一，行为人是暂时没有意识或失去控制的完全民事行为能力人。暂时无意识者责任的行为人须是完全民事行为能力人，而不能是无民事行为能力人和限制民事行为能力人。同时，完全民事行为能力人在实施行为时须暂时没有意识或失去控制。

第二，暂时无意识者实施了加害行为。完全民事行为能力人虽然没有意识或失去控制，但没有加害行为的，不会产生暂时无意识者责任。

第三，暂时无意识者对于自己暂时没有意识具有过错。这里的过错是指行为人对于暂时没有意识或失去控制存在过错，而不是指对损害后果具有过错。完全民事行为能力人因醉酒、滥用麻醉药品或者精神药品对自己的行为暂时没有意识或者失去控制的，应当认定行为人具有过错。

三、暂时无意识者责任的承担

依据《民法典》第1190条的规定，暂时无意识者责任的承担主体为暂时无意识的完全民事行为能力人，具体责任承担区分以下情形。

第一，完全民事行为能力人对自己的行为暂时没有意识或者失去控制造成他人损害有过错的，应当承担侵权责任。也就是说，尽管行为人在致害时因无意识而无过错，但其对行为时的意识丧失是有过错的，即因其过错导致暂时无意识或失去控制，因此，行为人仍应承担侵权责任。

第二，完全民事能力人对自己的行为暂时没有意识或失去控制没有过错的，应根据行为人的经济状况对受害人适当补偿。

第三，完全民事行为能力人因醉酒、滥用麻醉药品或者精神药品对自己的行为暂时没有意识或者失去控制，造成他人损害的，应当承担侵权责任。

第三节　用人单位责任

一、用人单位责任的含义

用人单位责任是指用人单位的工作人员因执行工作任务造成他人损害时，用人单位所应承担的侵权责任。

在用人单位责任中，只要用人单位的工作人员在执行工作任务时造成了他人损害，用人单位就应承担侵权责任，而不能通过证明自己在选任或监督方面尽到了相应的义务而不承担责任。因此，用人单位责任适用无过错责任原则。

二、用人单位责任的构成条件

用人单位责任适用无过错责任原则，其构成条件除被侵权人受有损害、因果关系外，还需具备以下条件。

第一，行为人为用人单位的工作人员，包括法定代表人、负责人及其他工作人员。

第二，工作人员的行为为执行工作任务的行为。所谓“执行工作任务”，是指执行本职工作或主管人员交办的事务的行为，如经营行为、社会调查行为、购买办公用品的行为等。工作人员实施的与工作任务无关的行为，即使发生在工作时间内，也不属于执行工作任务的行为。

第三，工作人员的行为构成侵权行为。工作人员的行为是否构成侵权行为，应依行为的性质加以认定。

三、用人单位责任的承担

依据《民法典》第1191条的规定，用人单位的工作人员因执行工作任务造成他人损害的，由用人单位承担侵权责任。用人单位承担侵权责任后，可以向有故意或者重大过失的工作人员追偿。劳务派遣期间，被派遣的工作人员因执行工作任务造成他人损害的，由接受劳务派遣的用工单位承担侵权责任；劳务派遣单位有过错的，承担相应的责任。可见，用人单位责任的承担主体为用人单位。这里的用人单位，既包括企业、事业单位、国家机关、社会团体等。如果在劳务派遣期间，被派遣的工作人员因执行工作任务造成他人损害的，责任的承担主体为接受劳务派遣的用工单位。但是，若劳务派遣单位有过错的，应当承担相应的责任。

例题197 甲公司为劳务派遣单位，根据合同约定向乙公司派遣搬运工。搬运工丙脾气暴躁常与人争吵，乙公司要求甲公司更换丙或对其教育管理，甲公司不予理会。一天，乙公司安排丙为顾客丁免费搬运电视机，丙与丁发生激烈争吵，故意摔坏电视机。对此，下列哪些说法是错误的？

A. 甲公司和乙公司承担连带赔偿责任

B. 甲公司承担赔偿责任，乙公司承担相应责任

C. 甲公司和丙承担连带赔偿责任

D. 乙公司承担赔偿责任，甲公司承担相应责任

解析：本题的考点是用人单位责任，答案为A、B、C项。在用人单位责任中，如果发生劳务派遣关系，那么在劳务派遣期间，被派遣的工作人员因执行工作任务造成他人损害的，由接受劳务派遣的用工单位承担侵权责任；劳务派遣单位有过错的，承担相应责任。

第四节　个人劳务责任

一、个人劳务责任的含义

个人劳务责任是指在个人劳务关系中，提供劳务一方因劳务造成他人损害或者受到损害时，接受劳务一方所应承担的侵权责任。

个人劳务责任包括两种责任：一是个人劳务提供者致害责任，即提供劳务一方因劳务造成他人损害的责任。这种责任与用人单位责任属于同一种责任，只要提供劳务一方因劳务造成他人损害的，接受劳务一方就应当承担责任，不能以自己没有过错为由不承担责任。因此，这种个人劳务责任适用无过错责任原则。二是个人劳务提供者受害责任，即提供劳务一方因劳务受到损害的责任。这种个人劳务责任以接受劳务一方存在过错为条件，因此，这种个人劳务责任适用过错责任原则。

二、个人劳务责任的构成条件

个人劳务责任因适用的归责原则不同，其构成条件也存在差别，这种差别主要体现在主观条件方面，也就是说，适用过错责任原则的个人劳务提供者受害责任须接受劳务一方存在过错，而适用无过错责任原则的个人劳务提供者致害责任无须接受劳务一方存在过错。

就客观条件而言，个人劳务责任的构成条件除被侵权人受有损害、因果关系外，还需提供劳务一方因个人劳务关系提供劳务而实施一定的行为。个人劳务责任是发生在个人劳务关系中的一种责任，因此，提供劳务一方与接受劳务一方之间须存在个人劳务关系。在个人劳务关系中，须提供劳务一方因提供劳务而实施一定的行为，即提供劳务一方的行为应属于完成工作任务的行为，个人劳务责任才能产生。

三、个人劳务责任的承担

依据《民法典》第1192条的规定，在个人劳务提供者致害责任中，提供劳务一方因劳务造成他人损害的，由接受劳务一方承担侵权责任。接受劳务一方承担侵权责任后，可以向有故意或者重大过失的提供劳务一方追偿。在个人劳务提供者受害责任中，提供劳务一方因劳务受到损害的，双方根据各自的过错承担相应的责任。如果在提供劳务期间，因第三人的行为造成提供劳务一方损害的，提供劳务一方有权请求第三人承担侵权责任，也有权请求接受劳务一方给予补偿。接受劳务一方补偿后，可以向第三人追偿。

例题 198　甲在乙承包的水库中游泳，乙的雇工丙、丁误以为甲在偷鱼苗将甲打伤。下列哪一说法是正确的？

A. 乙、丙、丁应承担连带责任

B. 丙、丁应先赔偿甲的损失，再向乙追偿

C. 只能由丙、丁承担连带责任

D. 只能由乙承担赔偿责任

解析：本题的考点是个人劳务责任，答案为D项。依《民法典》第1192条的规定，提供劳务一方因劳务造成他人损害的，应由接受劳务一方承担侵权责任，即乙承担赔偿责任。

应当指出，个人劳务责任不同于帮工责任。为他人无偿提供劳务的帮工人，在从事帮工活动中致人损害的，被帮工人应当承担赔偿责任。被帮工人明确拒绝帮工的，不承担赔偿责任。帮工人存在故意或者重大过失，赔偿权利人请求帮工人和被帮工人承担连带责任的，法院应予支持。帮工人因帮工活动遭受人身损害的，被帮工人应当承担赔偿责任。被帮工人明确拒绝帮工的，不承担赔偿责任，但可以在受益范围内予以适当补偿。帮工人因第三人侵权遭受人身损害的，由第三人承担赔偿责任。第三人不能确定或者没有赔偿能力的，可以由被帮工人予以适当补偿。

例题199 甲家盖房，邻居乙、丙前来帮忙。施工中，丙因自己失误从高处摔下受伤，乙不小心撞伤小孩丁。下列哪些表述是正确的？

A. 对丙的损害，甲应承担赔偿责任，但可减轻其责任

B. 对丙的损害，甲不承担赔偿责任，但可在受益范围内予以适当补偿

C. 对丁的损害，甲应承担赔偿责任

D. 对丁的损害，甲应承担补充赔偿责任

解析：本题的考点是被帮工人的侵权责任，答案为A、C项。甲盖房，乙、丙前来帮忙，构成帮工关系。本题中，丙因自己失误从高处摔下受伤，属于帮工人因帮工活动遭受人身损害的情况，应由被帮工人甲对此承担赔偿责任。但因丙个人存在过失，故甲可以减轻其责任。帮工人乙在从事帮工活动中致第三人丁损害的，由被帮工人甲承担赔偿责任。

第五节 定作人责任

一、定作人责任的含义

定作人责任是指在承揽关系中，承揽人于完成工作过程中造成他人损害或者自己损害时，定作人因对定作、指示或者选任有过错时所应当承担的侵权责任。

在承揽关系中，承揽人与定作人之间并未形成劳务关系，承揽人应当独立完成承揽工作，因而承揽人在完成定作工作造成他人损害或者自己损害时，原则上应由承揽人自己承担。但是，如果定作人对定作、指示或者选任存在过错的，则应当承担相应的责任。可见，定作人责任适用过错责任原则。

二、定作人责任的构成条件

定作人责任适用过错责任原则，其构成条件除被侵权人或定作人遭受损害、因果关系外，还需具备以下条件。

第一，行为人须为承揽人。只有承揽人造成他人损害或自己损害，才能产生定作人责任问题。

第二，侵害行为须发生在承揽工作过程中。承揽是承揽人按照定作人的要求完成工作的，因此，只有在承揽人完成承揽工作过程中造成损害，定作人才有可能对该损害后果承担责任。

第三，定作人须有过错。定作人的过错体现为对定作、指示或者选任有过错。一方面，定作人在定作任务安排、具体工作要求上存在过错，例如，定作人要求完成的工作存在违法性（定作过错）、指定使用质量不合格的材料（指示过错）。另一方面，定作人在选任承揽人时存在过错，如选任没有资质的承揽人。

三、定作人责任的承担

依据《民法典》第1193条的规定，承揽人在完成工作过程中造成第三人损害或者自己损害的，定作人不承担侵权责任。但是，如果定作人对定作、指示或者选任有过错的，应当由定作人承担相应的责任。所谓“相应的责任”，即与定作人的过错程度相适应的责任。

例题 200　李某是甲公司的员工，经公司指派，李某为黄某安装空调。在安装过程中，黄某要求李某将电源接到公共电路上。李某遵从黄某的指示进行安排，但不慎从高处掉落安装工具，将路人王某砸成重伤。下列哪一选项是正确的？

A. 李某应对王某承担赔偿责任

B. 李某与甲公司应对王某承担连带赔偿责任

C. 黄某与甲公司应对王某承担连带赔偿责任

D. 黄某应对王某承担相应的责任

解析：本题的考点是定作人责任，答案为D项。甲公司与黄某之间成立了承揽关系，李某是甲公司的员工。李某在完成甲公司的工作任务中造成他人的损害，产生用人单位责任，应由甲公司承担责任，李某不承担责任。黄某作为承揽合同的定作人，其在李某完成承揽工作时，作出了违法的指示，具有过错，因此，黄某应当承担相应的责任。

第六节　网络侵权责任

一、网络侵权责任的含义

网络侵权责任是指网络用户或网络服务提供者利用网络侵害他人民事权益时，网络用户或网络服务提供者所应承担的侵权责任。

网络侵权责任不是指某种特定的侵权责任，而是指一切利用网络侵害他人权益而产生的侵权责任。这些侵权责任属于一般侵权责任的范围，只不过发生在网络空间而已。因此，网络侵权责任适用过错责任原则。

二、网络侵权责任的构成条件

网络侵权责任适用过错责任原则，因此，这种责任应当具备侵权责任的一般构成条件，包括加害行为、损害后果、因果关系、过错。

网络侵权责任是发生在网络空间的一种侵权责任，因此，须网络用户或网络服务提供者利用网络实施加害行为并造成损害，网络侵权责任才能成立。这里的损害包括财产损害和精神损害，但不包括人身损害。

三、网络侵权责任的承担

依据《民法典》第1194条的规定，网络侵权责任的承担主体为网络用户、网络服务提供者。所谓网络用户，是指接受网络服务的当事人；所谓网络服务提供者，是指为网络信息交流和交易活动提供中介服务的网络主体。

依据《民法典》第1195条的规定，在网络用户利用网络服务实施侵权行为时，权利人有权通知网络服务提供者采取删除、屏蔽、断开链接等必要措施。该通知应当包括构成侵权的初步证据以及权利人的真实身份信息。网络服务提供者接到通知后，应当及时将该通知转送相关网络用户，并根据构成侵权的初步证据和服务类型采取必要措施；未及时采取必要措施的，对损害的扩大部分与该网络用户承担连带责任。如果权利人因错误通知造成网络用户或者网络服务提供者损害的，应当承担侵权责任，但法律另有规定的除外。

网络用户接到转送的通知后，可以向网络服务提供者提交不存在侵权行为的声明。该声明应当包括不存在侵权行为的初步证据以及网络用户的真实身份信息。网络服务提供者接到声明后，应当将该声明转送发出通知的权利人，并告知其可以向有关部门投诉或者向人民法院提起诉讼。网络服务提供者在转送声明到达权利人后的合理期限内，未收到权利人已经投诉或者提起诉讼通知的，应当及时终止所采取的措施（《民法典》第1196条）。

网络服务提供者知道或者应当知道网络用户利用其网络服务侵害他人民事权益而未采取必要措施的，应当与该网络用户承担连带责任（《民法典》第1197条）。

例题201 甲、乙是同事，因工作争执，甲对乙不满，写了一份丑化乙的短文发布在丙网站。乙发现后要求丙网站删除，丙网站不予理会，致使乙遭受的损害扩大。关于损害扩大部分的责任承担，下列哪一说法是正确的？

A. 甲承担全部责任　　B. 丙网站承担全部责任

C. 甲和丙网站承担连带责任　　D. 甲和丙网站承担按份责任

解析：本题的考点是网络侵权责任，答案为C项。甲以书面形式丑化乙，侵害了乙的名誉权，构成网络侵权责任，甲应当承担侵权责任。甲利用网络发表侵权文章，丙网站在乙通知后未采取必要措施导致了乙的损害扩大，丙网站应当对损害扩大部分与甲承担连带责任。

第七节　违反安全保障义务的责任

一、违反安全保障义务责任的含义

违反安全保障义务的责任是指宾馆、商场、银行、车站、机场、体育场馆、娱乐场所等经营场所、公共场所的经营者、管理者或者群众性活动的组织者，未尽到安全保障义务，造成他人损害时，经营者、管理者或组织者所应承担的侵权责任。

在违反安全保障义务的责任中，经营场所的经营者、公共场所的管理者或群众性活动的组织者，在经营、管理或组织中负有安全保障义务。如果经营者、管理者或组织者未尽到安全保障义务，就说明他们是有过错的，就应当承担侵权责任。因此，违反安全保障义务责任适用过错责任原则。

二、违反安全保障义务责任的构成条件

违反安全保障义务的责任适用过错责任原则，因此，这种责任应当具备侵权责任的一般构成条件，包括加害行为、损害后果、因果关系、过错。

违反安全保障义务的责任以存在安全保障义务为前提。所谓安全保障义务，是指经营场所的经营者、公共场所的管理者或者群众性活动的组织者保护他人人身、财产安全的义务。这种义务属于作为义务，经营者、管理者或组织者应当为保障他人人身、财产安全而采取积极的安全保障措施；如果没有采取积极的安全保障措施，就违反了安全保障义务，进而也就可以认定其有过错。

在违反安全保障义务的责任中，因果关系是指不作为的因果关系，即经营者、管理者或组织者因怠于作为而造成了损害。这种因果关系有两种表现形式：一是违反安全保障义务的行为直接造成了他人的损害，这种不作为是造成损害的直接原因；二是违反安全保障义务的行为间接造成了他人的损害，这种不作为是造成损害的间接原因，即第三人的行为造成他人损害时，管理人或者组织者未尽到安全保障义务。

三、违反安全保障义务责任的承担

依据《民法典》第1198条的规定，违反安全保障义务责任的承担主体为经营场所的经营者、公共场所的管理者或者群众性活动的组织者，其承担责任的形式包括以下两种。

一是直接责任，即宾馆、商场、银行、车站、机场、体育场馆、娱乐场所等经营场所、公共场所的经营者、管理者或者群众性活动的组织者，未尽到安全保障义务，造成他人损害的，经营者、管理者或组织者应当承担直接责任。

二是补充责任，即因第三人的行为造成他人损害的，由第三人应当承担侵权责任；经营者、管理者或者组织者未尽到安全保障义务的，承担相应的补充责任。经营者、管理者或者组织者承担补充责任后，可以向第三人追偿。

例题 202　小偷甲在某商场窃得乙的钱包后逃跑，乙发现后急追。甲逃跑中撞上欲借用商场厕所的丙，因商场地板湿滑，丙摔成重伤。下列哪些说法是错误的？

A. 甲应当赔偿丙的损失

B. 商场须对丙的损失承担补充赔偿责任

C. 乙应适当补偿丙的损失

D. 甲和商场对丙的损失承担连带责任

解析：本题的考点是违反安全保障义务责任，答案为 C、D 项。甲因偷窃被乙追赶而撞到丙，丙因商场地板湿滑而摔成重伤，对此，甲应当承担赔偿责任。商场的地板湿滑，很容易导致顾客摔伤，应属于未尽到安全保障义务，商场对丙的损失应当承担相应的补充责任，但非连带责任。乙对丙的摔伤没有过错，不应承担责任。

第八节　教育机构责任

一、教育机构责任的含义

教育机构责任是指无民事行为能力人、限制民事行为能力人在幼儿园、学校或者其他教育机构（以下简称教育机构）学习、生活期间因教育机构失职而受到人身损害时，教育机构所应承担的侵权责任。

依据《民法典》的相关规定，教育机构责任适用过错责任原则，具体有三种情形：一是无民事行为能力人在教育机构学习、生活期间受到人身损害的，适用过错推定的过错责任原则，只要教育机构不能证明尽到教育、管理职责，就推定其有过错，应当承担责任（第 1199 条）。二是限制民事行为能力人在教育机构学习生活期间受到人身损害的，适用一般的过错责任原则，教育机构未尽到教育、管理职责的，为有过错。被侵权人对教育机构未尽到教育、管理职责即有过错承担举证责任（第 1200 条）。三是无民事行为能力人、限制民事行为能力人因教育机构以外的第三人的原因而受到人身损害的，教育机构责任适用一般的过错责任原则（第 1201 条）。

二、教育机构责任的构成条件

教育机构责任适用过错责任原则，因此，这种责任应当具备侵权责任的一般构成条件，包括加害行为、损害后果、因果关系、过错。

教育机构的加害行为表现为失职行为，即教育机构未尽到教育、管理职责。被侵权人须是在教育机构内学习、生活的无民事行为能力人和限制民事行为能力人，并且须是在教育机构内学习、生活期间受到人身损害。教育机构的过错表现为：在履行教育、管理职责时没有尽到必要的注意义务。

三、教育机构责任的承担

依据《民法典》的相关规定，教育机构责任的承担主体为教育机构，包括幼儿园、学校或者其他教育机构，其承担的责任区分为以下两种情况。

一是直接责任，即无民事行为能力人、限制民事行为能力人在幼儿园、学校或者其他教育机构学习、生活期间受到人身损害的，教育机构应当承担直接责任（《民法典》第1199条和第1200条）。

二是相应的补充责任，即无民事行为能力人或者限制民事行为能力人在幼儿园、学校或者其他教育机构学习、生活期间，受到幼儿园、学校或者其他教育机构以外的第三人人身损害的，由该第三人承担侵权责任；教育机构未尽到管理职责的，承担相应的补充责任。当然，教育机构承担补充责任后，可以向第三人追偿（《民法典》第1201条）。

例题 203　某小学组织春游，队伍行进中某班班主任张某和其他教师闲谈，未跟进照顾本班学生。该班学生李某私自离队购买食物，与小贩刘某发生争执被打伤。对李某的人身损害，下列哪一说法是正确的？

A. 刘某应承担赔偿责任

B. 某小学应承担赔偿责任

C. 某小学应与刘某承担连带赔偿责任

D. 刘某应承担赔偿责任，某小学应承担相应的补充赔偿责任

解析：本题的考点是教育机构责任，答案为D项。无民事行为能力人或者限制民事行为能力人在幼儿园、学校或者其他教育机构学习、生活期间，受到第三人侵权造成人身损害的，应当由侵权人承担侵权责任；幼儿园、学校或者其他教育机构未尽到管理职责的，承担相应的补充责任。某小学在组织学生春游时，班主任张某没有照顾好本班学生，致使李某私自离队后被刘某打伤，这说明张某没有尽到相应的管理职责。对于李某的伤害，刘某应当承担赔偿责任，张某所在学校应当承担相应的补充责任。

引读案例解答

1. 网友进行“人肉搜索”，将甲女士的电话号码、身份证号码、家庭住址、工作单位等私人信息全部在网站上曝光，侵害了甲女士的隐私权，构成网络侵权责任，甲女士有权要求网络用户承担侵权责任。同时，甲女士还有权要求网络服务提供者及时采取删除、屏蔽、断开链接等必要措施。如果网络服务提供者接到通知后未及时采取必要措施，甲女士也有权要求网络服务提供者承担侵权责任。

2. 乙作为火锅店的经营者，在经营过程中应当保证其提供的商品或者服务符合保障人身、财产安全的要求。乙的火锅店地面光滑，很容易造成顾客摔伤事故，据此可以认定乙未能尽到安全保障义务。正是乙违反了安全保障义务造成了甲摔伤的损害后果，因此，乙应当对甲的损害后果承担侵权责任。

3. 甲为未成年人，幼儿园对其有教育、管理、保护的义务。幼儿园的操场与小溪紧邻而未设置安全设施，存在不安全因素，可以认定幼儿园没有尽到职责范围内的相关义务。由于幼儿园没有尽到职责范围内的义务造成了甲摔伤的后果，幼儿园应当承担相应的赔偿责任。

课堂讨论案例

1. 某幼儿园聘请甲担任幼儿班教师。某日上午9时左右，幼儿班课间休息时，甲离开教

室打电话，几个幼儿在教室里的火炉旁烤火。其中乙（5岁）和丙（4岁）因争夺位置而打斗，乙用煤块将丙头部打破，丙则把乙按在火炉上，乙被烫伤。为此，丙花去医药费5万元，乙花去医药费5 000元。

问：(1) 乙的医药费应如何承担？(2) 丙的医药费应如何承担？

2. 某日下午4时许，住宾馆的甲准备外出，下到三楼楼梯时，不慎摔倒在地，撞到了走在前面的宾馆清洁工乙，致使乙手提的桶里的硫酸溢出，甲身上多处被烧伤。经查，乙系为了清洗宾馆的厕所而从楼梯上的库房里用桶提取硫酸。同时，乙系某劳务派遣公司员工，基于劳务派遣公司与宾馆的劳务派遣协议，被派遣到宾馆负责清洁工作。乙平时的工作任务、内容由宾馆安排、指示、管理，并应遵守宾馆的规章制度。

问：甲的人身伤害应当由谁承担侵权责任？

3. 甲与乙、丙、丁签订了一份雇佣合同，由乙、丙、丁在A县B镇收购木材。某日，乙、丙、丁驾车到B镇C村收购木材后，准备回B镇再收购木材。但是，因天气下雨，从C村回B镇的路况不好，所以，乙、丙、丁从C村绕道经A县县城回B镇。在从A县县城回B镇的路上，发生交通事故，造成丙死亡。甲认为乙、丙、丁绕道A县县城，超出了雇佣工作的地点范围，因此，拒绝赔偿丙死亡造成的损失。

问：甲应否对丙的死亡承担侵权责任？

重点思考习题

1. 如何确定监护人责任的承担？
2. 暂时无意识者责任的构成条件包括哪些？
3. 用人单位责任与个人劳务责任在责任承担上有何不同？
4. 个人劳务责任与定作人责任有何不同？
5. 如何确定网络侵权责任的承担？
6. 违反安全保障义务责任的责任形式包括哪几种？
7. 如何确定教育机构责任的承担？

第四十五章 特殊侵权责任

引读案例

1. 甲为了修缮自己的屋顶，从炼油厂购买1吨沥青。甲在路旁架起一口大锅，在锅内熔化沥青。中午休息时，甲没有将火熄灭，也没有对锅内的沥青采取必要的防范措施。邻居的小孩乙、丙、丁在锅旁玩耍时，乙不慎将手伸入锅中被烫伤致残。请分析以下问题：甲对乙应否承担赔偿责任？

2. 甲将一挂鞭炮拴在乙家耕牛的尾巴上点燃，牛因受惊而四处乱窜，撞伤丙。请分析以下问题：甲、乙对丙应否承担赔偿责任？

3. 甲将自己的花盆放在5楼办公室的办公桌上，在甲外出期间，乙将花盆放在办公室的窗外，花盆被风吹落，砸伤行人丙。请分析以下问题：甲、乙对丙应否承担赔偿责任？

法律职业资格考试要点

产品责任、机动车交通事故责任、医疗损害责任、环境污染和生态破坏责任、高度危险责任、饲养动物损害责任、建筑物和物件损害责任的归责原则、构成条件、责任主体

第一节　产品责任

一、产品责任的含义

产品责任是指因产品存在缺陷造成他人损害时，生产者、销售者所应承担的侵权责任。

产品责任是产品的生产者、销售者对被侵权人的一种赔偿责任，我国现行法并没有规定以产品生产者、销售者的过错为承担产品责任的条件，因此，产品责任适用无过错责任原则，产品的生产者或销售者无论有无过错，都应当对被侵权人承担赔偿责任。被侵权人向销售者要求赔偿的，销售者不能以无过错为由拒绝承担赔偿责任。

二、产品责任的构成条件

产品责任适用无过错责任原则，其构成条件包括产品存在缺陷、被侵权人受有损害、因果关系。

依据《产品质量法》第46条的规定，所谓产品缺陷，是指产品存在危及人身、他人财产安全的不合理的危险；产品有保障人体健康和人身、财产安全的国家标准、行业标准的，是指

不符合该标准。一般而言，产品缺陷包括设计缺陷、制造缺陷和指示缺陷。依据《产品质量法》第2条的规定，所谓产品，是指经过加工、制作，用于销售的产品。因此，未经过加工、制作的自然物（如初级农产品、原始矿产品等），以及加工、制作的目的不在于销售的物品，都不属于产品责任意义上的产品。此外，产品是指动产，不包括不动产，因建设工程致人损害的，不属于产品侵权责任的范畴。

在产品责任中，损害包括人身损害和财产损害。就人身损害而言，被侵权人并不限于直接购买产品的人，凡是产品的使用人以及与产品在空间范围上存在一定关联的人，都属于被侵权人的范畴。就财产损害而言，依据《产品质量法》第41条的规定，因产品存在缺陷造成人身、缺陷产品以外的其他财产损害的，生产者应当承担赔偿责任。据此规定，产品责任的财产损害仅指缺陷产品以外的其他财产的损害，缺陷产品自身的损害不包括在内。但是，《民法典》第1202条并没有区分这两种财产损害，因此，在《民法典》中，产品责任的财产损害，既包括缺陷产品以外的其他财产的损害，也包括缺陷产品自身的损害。

三、产品责任的承担

在产品责任中，产品责任的承担主体包括产品的生产者和销售者。依据《民法典》第1203条的规定，因产品存在缺陷造成他人损害的，被侵权人可以向产品的生产者请求赔偿，也可以向产品的销售者请求赔偿。产品缺陷由生产者造成的，销售者赔偿后，有权向生产者追偿；因销售者的过错使产品存在缺陷的，生产者赔偿后，有权向销售者追偿。

例题 204 李某用100元从甲商场购买一只电热水壶，使用时因漏电致李某手臂灼伤，花去医药费500元。经查该电热水壶是乙厂生产的。下列哪一表述是正确的？

A. 李某可直接起诉乙厂要求其赔偿500元损失

B. 根据合同相对性原理，李某只能要求甲商场赔偿500元损失

C. 如李某起诉甲商场，则甲商场的赔偿范围以100元为限

D. 李某只能要求甲商场更换电热水壶，500元损失则只能要求乙厂承担

解析：本题的考点是产品责任，答案为A项。在产品责任中，被侵权人可以向产品的生产者请求赔偿，也可以向产品的销售者请求赔偿。乙厂是电热水壶的生产者，李某有权要求乙厂赔偿损失。李某因电热水壶漏电受到伤害花去医药费500元，因此，李某无论是要求乙厂赔偿，还是要求甲商场赔偿，其赔偿范围均为500元医药费的损失。

在产品责任中，如果存在第三人的责任，则产品的生产者或销售者在赔偿后，有权向该第三人追偿。依据《民法典》第1204条的规定，因运输者、仓储者等第三人的过错使产品存在缺陷，造成他人损害的，产品的生产者、销售者赔偿后，有权向第三人追偿。

产品的生产者、销售者除应当承担赔偿责任外，还应当承担以下两种特殊责任：一是停止侵害、排除妨碍、消除危险等侵权责任。依据《民法典》第1205条的规定，因产品缺陷危及他人的人身、财产安全的，被侵权人有权请求生产者、销售者承担停止侵害、排除妨碍、消除危险等侵权责任。二是惩罚性赔偿责任。依据《民法典》第1207条的规定，明知产品存在缺陷仍然生产、销售，或者没有依法及时采取停止销售、警示、召回等有效补救措施，造成他人死亡或者健康严重损害的，被侵权人有权请求相应的惩罚性赔偿。

在产品责任中，虽然生产者承担无过错责任，但生产者如果能够证明具备法定抗辩事由，则不承担赔偿责任。依据《产品质量法》第 41 条的规定，产品的生产者能够证明下列情形之一的，不承担赔偿责任：(1) 未将产品投入流通的；(2) 产品投入流通时，引起损害的缺陷尚不存在的；(3) 将产品投入流通时的科学技术水平尚不能发现缺陷的存在的。依据《民法典》第 1206 条的规定，产品投入流通后发现存在缺陷的，生产者、销售者应当及时采取停止销售、警示、召回等补救措施；未及时采取补救措施或者补救措施不力造成损害扩大的，对扩大的损害也应当承担侵权责任。采取召回措施的，生产者、销售者应当负担被侵权人因此支出的必要费用。

例题 205　甲系某品牌汽车制造商，发现已投入流通的某款车型刹车系统存在技术缺陷，即通过媒体和销售商发布召回该款车进行技术处理的通知。乙购买该车，看到通知后立即驱车前往丙销售公司，途中因刹车系统失灵撞上大树，造成伤害。下列哪些说法是正确的?

A. 乙有权请求甲承担赔偿责任　　B. 乙有权请求丙承担赔偿责任

C. 乙有权请求惩罚性赔偿　　D. 甲的责任是无过错责任

解析：本题的考点是产品责任，答案为 A、B、D 项。乙因汽车刹车系统失灵发生交通事故，甲的责任构成产品责任，为无过错责任。乙可以向汽车的生产者甲请求赔偿，也可以向汽车的销售者丙请求赔偿。但甲、丙并不存在明知该汽车存在缺陷而故意生产、销售的情况，故乙无权请求惩罚性赔偿。

第二节　机动车交通事故责任

一、机动车交通事故责任的含义

机动车交通事故责任是指机动车在道路上通行造成他人损害时，机动车一方所应承担的侵权责任。

依据《中华人民共和国道路交通安全法》(以下简称《道路交通安全法》) 第 76 条第 1 款的规定，机动车发生交通事故造成人身伤亡、财产损失的，首先由保险公司在机动车强制保险责任限额范围内予以赔偿；不足部分由机动车一方按照下列规定进行赔偿：(1) 机动车之间发生交通事故的，由有过错的一方承担赔偿责任；双方都有过错的，按照各自过错的比例分担责任。(2) 机动车与非机动车驾驶人、行人之间发生交通事故，非机动车驾驶人、行人没有过错的，由机动车一方承担赔偿责任；有证据证明非机动车驾驶人、行人有过错的，根据过错程度适当减轻机动车一方的赔偿责任；机动车一方没有过错的，承担不超过 10%的赔偿责任。可见，机动车交通事故责任实行过错责任原则和无过错责任原则二元归责原则体系。机动车之间的交通事故责任适用过错责任原则，即只有机动车一方有过错的，才能承担赔偿责任；机动车与非机动车驾驶人、行人之间的交通事故责任适用无过错责任原则，即无论机动车一方是否存在过错，均应承担赔偿责任，但具备法定事由的，可以减轻机动车一方的赔偿责任，或者实行限额赔偿。

二、机动车交通事故责任的构成条件

机动车交通事故责任实行过错责任原则和无过错责任原则二元归责原则体系，因此，适用不同的归责原则，机动车交通事故责任的构成条件也有所不同，这种差别主要体现在主观条件方面，即适用过错责任原则的机动车交通事故责任须机动车一方存在过错，而适用无过错责任原则的机动车交通事故责任无须机动车一方存在过错。

就客观条件而言，机动车交通事故责任须具备机动车一方有交通违法行为、被侵权人受有损害、因果关系的条件。机动车一方的交通违法行为通常表现为在道路通行时违反了道路交通安全法律、法规，但交通违法行为并不限于此，即使机动车一方没有违反道路交通安全法律、法规的规定，因意外造成他人损害的，亦属于交通违法行为，这种违法属于结果不法，被侵权人受到的损害是交通事故所造成的损害。依据《道路交通安全法》第 119 条第 5 项的规定，所谓交通事故，是指车辆在道路上因过错或者意外造成的人身伤亡或者财产损失的事件。

三、机动车交通事故责任的承担

在机动车交通事故责任中，机动车一方为责任的承担主体。但是，交通事故的损失是由非机动车驾驶人、行人故意碰撞机动车造成的，则机动车一方不承担赔偿责任（《道路交通安全法》第 76 条第 2 款）。

依据《民法典》第 1213 条的规定，机动车发生交通事故造成损害，属于该机动车一方责任的，先由承保机动车强制保险的保险人在强制保险责任限额范围内予以赔偿；不足部分，由承保机动车商业保险的保险人按照保险合同的约定予以赔偿；仍然不足或者没有投保机动车商业保险的，由侵权人赔偿。

关于机动车交通事故责任的承担，还应当明确以下问题。

第一，因租赁、借用等情形机动车所有人、管理人与使用人不是同一人时，发生交通事故造成损害，属于该机动车一方责任的，由机动车使用人承担赔偿责任；机动车所有人、管理人对损害的发生有过错的，承担相应的赔偿责任（《民法典》第 1209 条）。未经允许驾驶他人机动车发生交通事故造成损害的，当事人有权请求机动车驾驶人承担赔偿责任。机动车所有人或者管理人有过错的，应当承担相应的赔偿责任，但盗窃、抢劫、抢夺机动车发生交通事故的除外。机动车发生交通事故造成损害，机动车所有人或者管理人有下列情形之一，应当认定其对损害的发生有过错，并确定其相应的赔偿责任：(1) 知道或者应当知道机动车存在缺陷，且该缺陷是交通事故发生原因之一的；(2) 知道或者应当知道驾驶人无驾驶资格或者未取得相应驾驶资格的；(3) 知道或者应当知道驾驶人因饮酒、服用国家管制的精神药品或者麻醉药品，或者患有妨碍安全驾驶机动车的疾病等，依法不能驾驶机动车的；(4) 其他应当认定机动车所有人或者管理人有过错的。

第二，当事人之间已经以买卖或者其他方式转让并交付机动车但是未办理登记，发生交通事故造成损害，属于该机动车一方责任的，由受让人承担赔偿责任（《民法典》第 1210 条）。机动车被多次转让但未办理转移登记的机动车发生交通事故造成损害，属于该机动车一方责任的，当事人有权请求最后一次转让并交付的受让人承担赔偿责任。

第三，以挂靠形式从事道路运输经营活动的机动车发生交通事故造成损害，属于该机动车一方责任的，由挂靠人和被挂靠人承担连带责任（《民法典》第 1211 条）。套牌机动车发生交通事故造成损害，属于该机动车一方责任的，当事人有权请求套牌机动车的所有人或者管理人承担赔偿责任；被套牌机动车所有人或者管理人同意套牌的，应当与套牌机动车的所有人或者管理人承担连带责任。

第四，未经允许驾驶他人机动车，发生交通事故造成损害，属于该机动车一方责任的，由机动车使用人承担赔偿责任；机动车所有人、管理人对损害的发生有过错的，承担相应的赔偿责任，但是法律另有规定的除外（《民法典》第1212条）。

第五，以买卖或者其他方式转让拼装或者已经达到报废标准的机动车，发生交通事故造成损害的，由转让人和受让人承担连带责任（《民法典》第1214条）。拼装车、已达到报废标准的机动车或者依法禁止行驶的其他机动车被多次转让并发生交通事故造成损害的，当事人有权请求所有的转让人和受让人承担连带责任。

第六，盗窃、抢劫或者抢夺的机动车发生交通事故造成损害的，由盗窃人、抢劫人或者抢夺人承担赔偿责任。盗窃人、抢劫人或者抢夺人与机动车使用人不是同一人，发生交通事故造成损害，属于该机动车一方责任的，由盗窃人、抢劫人或者抢夺人与机动车使用人承担连带责任。保险公司在机动车强制保险责任限额范围内垫付抢救费用的，有权向交通事故责任人追偿（《民法典》第1215条）。

第七，机动车驾驶人发生交通事故后逃逸，该机动车参加强制保险的，由保险公司在机动车强制保险责任限额范围内予以赔偿；机动车不明、该机动车未参加强制保险或者抢救费用超过机动车强制保险责任限额，需要支付被侵权人人身伤亡的抢救、丧葬等费用的，由道路交通事故社会救助基金垫付。道路交通事故社会救助基金垫付后，其管理机构有权向交通事故责任人追偿（《民法典》第1216条）。

第八，非营运机动车发生交通事故造成无偿搭乘人损害，属于该机动车一方责任的，应当减轻其赔偿责任，但是机动车使用人有故意或者重大过失的除外（《民法典》第1217条）。

第九，接受机动车驾驶培训的人员，在培训活动中驾驶机动车发生交通事故造成损害，属于该机动车一方责任的，当事人有权请求驾驶培训单位承担赔偿责任。机动车试乘过程中发生交通事故造成试乘人损害，当事人有权请求提供试乘服务者承担赔偿责任；试乘人有过错的，应当减轻提供试乘服务者的赔偿责任。

第十，因道路管理维护缺陷导致机动车发生交通事故造成损害的，当事人有权请求道路管理者承担相应的赔偿责任，但道路管理者能够证明已按照法律、法规、规章、国家标准、行业标准或者地方标准尽到安全防护、警示等管理维护义务的除外。依法不得进入高速公路的车辆、行人，进入高速公路发生交通事故造成自身损害，管理人已经采取安全措施并尽到警示义务的，可以减轻或者不承担赔偿责任。因在公共道路上堆放、倾倒、遗撒物品等妨碍通行的行为，导致交通事故造成损害的，当事人有权请求行为人承担赔偿责任。公共道路管理者不能证明已按照法律、法规、规章、国家标准、行业标准或者地方标准尽到清理、防护、警示等义务的，应当承担相应的赔偿责任。未按照法律、法规、规章或者国家标准、行业标准、地方标准的强制性规定设计、施工，致使道路存在缺陷并造成交通事故的，当事人有权请求建设单位与施工单位承担相应的赔偿。

例题 206　甲赴宴饮酒，遂由有驾照的乙代驾其车，乙违章撞伤丙。交管部门认定乙负全责。以下假定情形中对丙的赔偿责任，哪些表述是正确的？

A. 如乙是与甲一同赴宴的好友，乙不承担赔偿责任

B. 如乙是代驾公司派出的驾驶员，该公司应承担赔偿责任

C. 如乙是酒店雇用的为饮酒客人提供代驾服务的驾驶员，乙不承担赔偿责任

D. 如乙是出租车公司驾驶员，公司明文禁止代驾，乙为获高额报酬而代驾，乙应承担赔偿责任

解析：本题的考点是机动车交通事故责任、用人单位责任，答案为B、C项。甲赴宴饮酒，由有驾照的乙代驾其车，汽车的所有权人与使用人不是同一人，若乙是与甲一同赴宴的好友，则依据《民法典》第1209条的规定，乙违章造成交通事故应由乙承担责任。若乙是代驾公司派出的驾驶员，乙的行为就是执行工作任务的行为，则依据《民法典》第1191条的规定，代驾公司应承担赔偿责任。若乙是酒店雇用的为饮酒客人提供代驾服务的驾驶员，乙的行为同样是执行工作任务的行为，酒店应当承担赔偿责任，乙不承担赔偿责任。若乙是出租车公司的驾驶员，尽管出租车公司明文禁止代驾，但第三人对此并不知情，出租车司机为人代驾仍属于执行工作任务的行为，因而出租车公司应当承担赔偿责任。

第三节　医疗损害责任

一、医疗损害责任的含义

医疗损害责任是指医疗机构或者其医务人员在诊疗活动中因过错造成患者损害时，医疗机构所应承担的侵权责任。

在医疗损害责任中，患者在诊疗活动中受到损害，只有医疗机构或者其医务人员有过错的，医疗机构才承担赔偿责任。因此，医疗损害责任适用过错责任原则。在通常情况下，患者应当就医疗机构或者其医务人员存在过错负举证责任。但在某些特殊情况下，对于医疗机构的严重不当行为，法律实行过错推定规则，推定医疗机构有过错。

二、医疗损害责任的构成条件

医疗损害责任适用过错责任原则，因此，这种责任应当具备一般侵权责任的构成条件，包括加害行为、损害后果、因果关系、过错。

就加害行为而言，医疗机构的诊疗行为须具有违法性。诊疗行为的违法性，既可以表现为作为的违法，也可以表现为不作为的违法。前者如医疗机构及其医务人员违反诊疗规范实施不必要的检查（《民法典》第1227条），后者如医务人员在诊疗活动中未尽到诊疗说明义务。如依据《民法典》第1219条的规定，医务人员在诊疗活动中应当向患者说明病情和医疗措施。需要实施手术、特殊检查、特殊治疗的，医务人员应当及时向患者具体说明医疗风险、替代医疗方案等情况，并取得其明确同意；不能或者不宜向患者说明的，应当向患者的近亲属说明，并取得其明确同意。医务人员未尽到诊疗说明义务，造成患者损害的，医疗机构应当承担赔偿责任。

就医疗机构或者其医务人员的过错而言，这种过错属于诊疗过错，是一种业务过错。依据

《民法典》第1221条的规定，医务人员在诊疗活动中未尽到与当时的医疗水平相应的诊疗义务，即构成诊疗过错。依据《民法典》第1222条的规定，患者在诊疗活动中受到损害，有下列情形之一的，推定医疗机构有过错：（1）违反法律、行政法规、规章以及其他有关诊疗规范的规定；（2）隐匿或者拒绝提供与纠纷有关的病历资料；（3）遗失、伪造、篡改或者违法销毁病历资料。[①] 应当指出，这里的推定不允许医疗机构通过反证加以推翻。

三、医疗损害责任的承担

依据《民法典》第1218条的规定，医疗损害责任的承担主体是医疗机构，而不是有过错的医务人员。当然，医疗机构具备法定抗辩事由的，不承担医疗损害责任。依据《民法典》第1224条的规定，患者在诊疗活动中受到损害，有下列情形之一的，医疗机构不承担赔偿责任：（1）患者或者其近亲属不配合医疗机构进行符合诊疗规范的诊疗。在这种情况下，如果医疗机构或者其医务人员也有过错，则应当承担相应的赔偿责任。（2）医务人员在抢救生命垂危的患者等紧急情况下已经尽到合理诊疗义务。例如，因抢救生命垂危的患者等紧急情况，不能取得患者或者其近亲属意见的，经医疗机构负责人或者授权的负责人批准，可以立即实施相应的医疗措施（《民法典》第1220条）。（3）限于当时的医疗水平难以诊疗。

在医疗损害责任中，如果因药品、消毒产品、医疗器械的缺陷或者输入不合格的血液，造成患者损害的，患者可以向药品上市许可持有人、生产者、血液提供机构请求赔偿，也可以向医疗机构请求赔偿。患者向医疗机构请求赔偿的，医疗机构赔偿后，有权向负有责任的药品上市许可持有人、生产者、血液提供机构追偿（《民法典》第1223条）。

依据《民法典》第1226条规定，医疗机构及其医务人员应当对患者的隐私和个人信息保密。泄露患者的隐私和个人信息，或者未经患者同意公开其病历资料的，应当承担侵权责任。

例题207　田某突发重病神志不清，田父将其送至医院，医院使用进口医疗器械实施手术，手术失败，田某死亡。田父认为医院在诊疗过程中存在一系列违规操作，应对田某的死亡承担赔偿责任。关于本案，下列哪一选项是正确的？

A. 医疗损害适用过错责任原则，由患方承担举证责任

B. 医院实施该手术，无法取得田某的同意，可自主决定

C. 如因医疗器械缺陷致损，患方只能向生产者主张赔偿

D. 医院有权拒绝提供相关病历，且不会因此承担不利后果

解析：本题的考点是医疗损害责任，答案为A项。医疗损害责任适用过错责任原则，患方对此应承担举证责任。在诊疗活动中，需要实施手术、特殊检查、特殊治疗的，应当取得患者书面同意；如不能取得患者同意，应当取得患者的近亲属的书面同意。在因医疗器械缺陷致损的情况下，患者可以向生产者请求赔偿，也可以向医疗机构请求赔偿。在治疗过程中，如果医疗机构拒绝提供相关病历资料的，应推定医疗机构有过错。

---

① 依据《民法典》第1225条的规定，医疗机构及其医务人员应当按照规定填写并妥善保管住院志、医嘱单、检验报告、手术以及麻醉记录、病理资料、护理记录等病历资料。患者要求查阅、复制病历资料的，医疗机构应当及时提供。

第四节 环境污染和生态破坏责任

一、环境污染和生态破坏责任的含义

环境污染和生态破坏责任是指因污染环境、破坏生态造成他人损害时，侵权人所应承担的侵权责任。

环境污染和生态破坏是一种异常复杂的社会现象，若要求被侵权人举证证明侵权人就污染行为或者破坏行为存在过错，是极其困难的；特别是在侵权人达标排污的情况下，要证明侵权人存在过错是不可能的。因此，环境污染和生态破坏责任适用无过错责任原则。亦即，因污染环境、破坏生态造成损害，不论侵权人有无过错，侵权人应当承担侵权责任；侵权人以排污符合法律规定的排放标准为由主张不承担责任的，人民法院不予支持。

二、环境污染和生态破坏责任的构成条件

环境污染和生态破坏责任适用无过错责任原则，其构成条件除被侵权人受有损害外，在加害行为和因果关系的条件上有一定的特殊性。

就加害行为而言，污染环境、破坏生态行为主要表现为一定的作为，如排放废气、废水、废渣、粉尘、垃圾、放射性物质等。在一定情况下，不作为也可以构成污染环境、破坏生态行为，如没有采取安全措施，致使有害气体泄漏等。

就因果关系而言，依据《民法典》第 1230 条的规定，因污染环境、破坏生态发生纠纷，侵权人应当就法律规定的不承担责任或者减轻责任的情形及行为与损害之间不存在因果关系承担举证责任。可见，污染环境、破坏生态行为与污染损害之间的因果关系实行推定制度。侵权人举证证明下列情形之一的，应当认定其污染行为或者破坏行为与损害之间不存在因果关系：（1）排放的污染物没有造成该损害可能的；（2）排放的可造成该损害的污染物未到达该损害发生地的；（3）该损害于排放污染物之前已发生的；（4）其他可以认定污染行为或者破坏行为与损害之间不存在因果关系的情形。

三、环境污染和生态破坏责任的承担

依据《民法典》第 1229 条的规定，环境污染和生态破坏责任的承担主体为污染者和破坏者。如果两个以上侵权人污染环境、破坏生态的，承担责任的大小，应当根据污染物的种类、浓度、排放量，破坏生态的方式、范围、程度，以及行为对损害后果所起的作用等因素确定（《民法典》第 1231 条）。具体而言，两个以上侵权人污染环境、破坏生态的，对侵权人承担责任的大小，应当根据污染物的种类、排放量、危害性以及有无排污许可证、是否超过污染物排放标准、是否超过重点污染物排放总量控制指标等因素确定。在两个以上侵权人污染环境、破坏生态时，应当按照以下规则确定责任：（1）两个以上侵权人共同实施污染行为或者破坏行为造成损害的，被侵权人有权依据《民法典》第 178 条的规定请求侵权人承担连带责任；（2）两个以上侵权人分别实施污染行为或者破坏行为造成同一损害，每一个侵权人的污染行为或者破坏行为都足以造成全部损害的，被侵权人有权依据《民法典》第 1171 条请求侵权人承担连带责任；（3）两个以上侵权人分别实施污染行为或者破坏行为造成同一损害，每一个侵权人的污染行为或者破坏行为都不足以造成全部损害的，被侵权人有权依据《民法典》第 1172 条请求

侵权人承担责任；（4）两个以上侵权人分别实施污染行为或者破坏行为造成同一损害，部分侵权人的污染行为或者破坏行为足以造成全部损害，部分侵权人的污染行为或者破坏行为只造成部分损害的，被侵权人有权依据《民法典》第 1171 条请求足以造成全部损害的侵权人与其他侵权人就共同造成的损害部分承担连带责任，并对全部损害承担责任。

侵权人违反法律规定故意污染环境、破坏生态造成严重后果的，被侵权人有权请求相应的惩罚性赔偿（《民法典》第 1232 条）。

如果因第三人的过错污染环境、破坏生态的，被侵权人可以向侵权人请求赔偿，也可以向第三人请求赔偿。侵权人赔偿后，有权向第三人追偿（《民法典》第 1233 条）。被侵权人请求第三人承担赔偿责任的，人民法院应当根据第三人的过错程度确定其相应赔偿责任，但侵权人不得以第三人的过错污染环境、破坏生态造成损害为由主张不承担责任或者减轻责任。侵权人不承担责任或者减轻责任的情形，适用《海洋环境保护法》《水污染防治法》《大气污染防治法》等环境保护单行法的规定；相关环境保护单行法没有规定的，适用《民法典》的规定。

依据《民法典》第 1234 条的规定，违反国家规定造成生态环境损害，生态环境能够修复的，国家规定的机关或者法律规定的组织有权请求侵权人在合理期限内承担修复责任。侵权人在期限内未修复的，国家规定的机关或者法律规定的组织可以自行或者委托他人进行修复，所需费用由侵权人负担。关于生态环境损害的赔偿损失和费用的范围，依据《民法典》第 1235 条的规定，主要包括：（1）生态环境受到损害至修复完成期间服务功能丧失导致的损失；（2）生态环境功能永久性损害造成的损失；（3）生态环境损害调查、鉴定评估等费用；（4）清除污染、修复生态环境费用；（5）防止损害的发生和扩大所支出的合理费用。

例题 208　甲、乙、丙三家公司生产三种不同的化工产品，生产场地的排污口相邻。某年，当地大旱导致河水水位大幅下降，三家公司排放的污水混合发生化学反应，产生有毒物质致使河流下游丁养殖场的鱼类大量死亡。经查明，三家公司排放的污水均分别经过处理且符合国家排放标准。后丁养殖场向三家公司索赔。下列哪一选项是正确的？

A. 三家公司均无过错，不承担赔偿责任

B. 三家公司对丁养殖场的损害承担连带责任

C. 三家公司因排污标准符合国家标准，不承担责任

D. 三家公司应按照污染物的种类、排放量等因素承担责任

解析：本题的考点是环境污染和生态破坏责任的承担，答案为 D 项。环境污染和生态破坏责任为无过错责任，因此，三家公司不能以无过错以及排污标准符合国家标准为由不承担赔偿责任。如果两个以上侵权人污染环境、破坏生态，侵权人承担责任的大小，应当根据污染物的种类、排放量等因素确定，侵权人之间不存在连带责任。

第五节　高度危险责任

一、高度危险责任的含义

高度危险责任是指因从事高度危险作业造成他人损害时，作业人所应承担的侵权责任。

在高度危险作业责任中，只要从事高度危险作业造成他人损害，无论作业人是否存在过错，都要承担侵权责任，除非存在法定的抗辩事由。因此，高度危险责任适用无过错责任原则。

二、高度危险责任的构成条件

高度危险作业责任适用无过错责任原则，其构成条件除被侵权人受有损害、因果关系外，还包括作业人从事了高度危险作业。

依据《民法典》的规定，高度危险作业主要包括两种：一是高度危险活动，如使用民用核设施、高速轨道运输工具和从事高空、高压、地下挖掘等高度危险活动；二是占有、使用易燃、易爆、剧毒、高放射性、强腐蚀性、高致病性等高度危险物的行为。

三、高度危险责任的承担

依据《民法典》第 1236 条的规定，高度危险责任的承担主体为作业人。关于作业人的损害赔偿额，依据《民法典》第 1244 条的规定，承担高度危险责任，法律规定赔偿限额的，依照其规定，但是行为人有故意或者重大过失的除外。

由于高度危险作业的类型不同，作业人的表现形态也有所不同，主要有两种情形。

（一）高度危险作业的经营者

第一，民用核设施或者运入运出核设施的核材料发生核事故造成他人损害的，民用核设施的营运单位应当承担侵权责任；但是，能够证明损害是因战争、武装冲突、暴乱等情形或者受害人故意造成的，不承担责任（《民法典》第 1237 条）。

第二，民用航空器造成他人损害的，民用航空器的经营者应当承担侵权责任，但能够证明损害是因受害人故意造成的，不承担责任（《民法典》第 1238 条）。

第三，从事高空、高压、地下挖掘活动或者使用高速轨道运输工具造成他人损害的，经营者应当承担侵权责任；但是，能够证明损害是因受害人故意或者不可抗力造成的，不承担责任。被侵权人对损害的发生有重大过失的，可以减轻经营者的责任（《民法典》第 1240 条）。

（二）高度危险物的占有人、使用人、所有人、管理人

第一，占有或者使用易燃、易爆、剧毒、高放射性、强腐蚀性、高致病性等高度危险物造成他人损害的，占有人或者使用人应当承担侵权责任；但是，能够证明损害是因受害人故意或者不可抗力造成的，不承担责任。被侵权人对损害的发生有重大过失的，可以减轻占有人或者使用人的责任（《民法典》第 1239 条）。

第二，遗失、抛弃高度危险物造成他人损害的，由所有人承担侵权责任。所有人将高度危险物交由他人管理的，由管理人承担侵权责任；所有人有过错的，与管理人承担连带责任（《民法典》第 1241 条）。

第三，非法占有高度危险物造成他人损害的，由非法占有人承担侵权责任。所有人、管理人不能证明对防止他人非法占有尽到高度注意义务的，与非法占有人承担连带责任（《民法典》第 1242 条）。

第四，未经许可进入高度危险活动区域或者高度危险物存放区域受到损害，管理人能够证明已经采取足够安全措施并尽到充分警示义务的，可以减轻或者不承担责任（《民法典》第 1243 条）。

第六节　饲养动物损害责任

一、饲养动物损害责任的含义

饲养动物损害责任是指饲养的动物造成他人损害时，动物饲养人或管理人所应承担的侵权责任。饲养动物应当遵守法律法规，尊重社会公德，不得妨碍他人生活（《民法典》第1251条）。

在一般情况下，无论动物饲养人或管理人是否有过错，只要饲养的动物造成他人损害，除具有法定的抗辩事由外，动物饲养人或管理人就应承担责任。因此，饲养动物损害责任适用无过错责任原则。但由于饲养动物的复杂性，在特殊情况下，饲养动物损害责任并不适用无过错责任原则，而是适用过错推定的过错责任原则。依据《民法典》第1248条的规定，动物园的动物造成他人损害的，动物园能够证明尽到管理职责的，不承担责任。动物园不能证明尽到管理职责的，即推定其有过错。

二、饲养动物损害责任的构成条件

饲养动物损害责任适用过错责任原则和无过错责任原则二元归责原则体系，适用不同的归责原则，饲养动物损害责任的构成要件也有所不同，这种差别主要体现在主观条件方面，即适用过错责任原则的饲养动物损害责任，须动物饲养人或管理人主观上存在过错；而适用无过错责任原则的饲养动物损害责任无须动物饲养人或管理人主观上存在过错。

就客观条件而言，饲养动物损害责任的构成条件除被侵权人受有损害、因果关系外，还有以下两个：（1）致害物是饲养的动物。所谓饲养的动物，是指人工喂养、放养和管束的动物。人工喂养或放养的前提条件是人对动物的占有，因此，饲养的动物也就是为人所占有和控制的动物，如饲养的家畜、家禽、动物园的动物等。不为任何人占有和控制的动物，不属于饲养的动物，如野生动物等。（2）饲养的动物基于独立动作加害于他人。所谓动物的独立动作，是指动物基于其本身的危险，在不受外力强制或驱使下实施的自身动作，如狂犬咬人、牲畜吃掉庄稼等。动物在人们的强制或驱使下的加害行为，不属于动物的独立动作，而是属于人的行为，应由行为人承担一般侵权责任。

三、饲养动物损害责任的承担

依据《民法典》第1245条的规定，饲养动物损害责任的承担主体是动物饲养人或管理人。如果动物饲养人或管理人能够证明损害是因被侵权人故意或重大过失造成的，可以不承担责任或者减轻责任。

关于饲养动物损害责任的承担，应当明确以下问题。

第一，动物饲养人或管理人违反管理规定，未对动物采取安全措施，造成他人损害的，应当承担侵权责任；但是，能够证明损害是因被侵权人故意造成的，可以减轻责任（《民法典》第1246条）。

第二，禁止饲养的烈性犬等危险动物造成他人损害的，动物饲养人或者管理人应当承担侵权责任（《民法典》第1247条）。

第三，动物园的动物造成他人损害的，动物园应当承担侵权责任，但是，能够证明尽到管理职责的，不承担责任（《民法典》第1248条）。

第四，遗弃、逃逸的动物在遗弃、逃逸期间造成他人损害的，由动物原饲养人或者管理人承担侵权责任（《民法典》第1249条）。

第五，因第三人的过错致使动物造成他人损害的，被侵权人可以向动物饲养人或者管理人请求赔偿，也可以向第三人请求赔偿。动物饲养人或者管理人赔偿后，有权向第三人追偿（《民法典》第1250条）。

例题209 关于动物致害侵权责任的说法，下列哪些选项是正确的？

A. 甲8周岁的儿子翻墙进入邻居院中玩耍，被院内藏獒咬伤，邻居应承担侵权责任

B. 小学生乙和丙放学途经养狗的王平家，丙故意逗狗，狗被激怒咬伤乙，只能由丙的监护人对乙承担侵权责任

C. 丁下夜班回家途经邻居家门时，未看到邻居饲养的小猪趴在路上而绊倒摔伤，邻居应承担侵权责任

D. 戊带女儿到动物园游玩时，动物园饲养的老虎从破损的虎笼蹿出，将戊的女儿咬伤，动物园应承担侵权责任

解析：本题的考点是动物致害责任的构成，答案为A、C、D项。A项中，藏獒属于禁止饲养的烈性犬，依据《民法典》第1247条的规定，甲的儿子被邻居家的藏獒咬伤，邻居应承担侵权责任。B项中，丙故意逗狗造成乙的损害，属于因第三人的过错致使动物造成他人损害，依据《民法典》第1250条的规定，乙可以向王平家请求赔偿，也可以向丙请求赔偿。C项中，邻居对饲养的小猪未采取安全措施，致使丁被绊倒摔伤，依据《民法典》第1246条的规定，邻居应承担侵权责任。D项中，虎笼破损说明动物园未尽到管理职责，依据《民法典》第1248条的规定，动物园应对戊的女儿承担侵权责任。

第七节　建筑物和物件损害责任

一、建筑物和物件损害责任的含义

建筑物和物件损害责任是指建筑物、构筑物、其他设施倒塌或者其上的搁置物、悬挂物等物件发生脱落、坠落等造成他人损害时，建筑物和物件的建设单位、施工单位、所有人、管理人、使用人、第三人等所应承担的侵权责任。

建筑物和物件损害责任是一个统称的概念，包括多种具体的责任类型，而不同类型的责任适用的归责原则存在差别。从《民法典》的规定来看，建筑物和物件损害责任的归责原则包括过错推定的过错责任原则和无过错责任原则，实行二元归责原则体系。适用过错推定的过错责任原则的责任包括：建筑物及其上物件等脱落及坠落损害责任、堆放物倒塌损害责任、林木折断损害责任、地面施工损害责任、窨井等地下设施损害责任。适用无过错责任原则的责任包

括：建筑物等设施倒塌损害责任、妨碍通行物损害责任。

二、建筑物和物件损害责任的构成条件

建筑物和物件损害责任因类型不同而分别适用过错推定的过错责任原则和无过错责任原则，适用不同归责原则的建筑物和物件损害责任在构成要件上存在不同，这种差别主要体现在主观条件方面，即适用过错责任原则的建筑物和物件损害责任须建筑物和物件的所有人、管理人或使用人存在过错。当然，这种过错为推定过错，而适用无过错责任原则的建筑物和物件损害责任无须建筑物和物件所有人、管理人或使用人存在过错。

就客观条件而言，建筑物和物件损害责任的构成条件除被侵权人受有损害、因果关系外，还有物件加害于他人。在建筑物和物件损害责任中，建筑物和物件加害他人有多种表现形式。例如，建筑物、构筑物或者其他设施及其搁置物、悬挂物发生脱落、坠落；建筑物、构筑物或者其他设施倒塌、塌陷；堆放物倒塌；在公共道路上堆放、倾倒、遗撒物品，妨碍通行；林木折断；在公共场所或者道路上挖坑、修缮安装地下设施，没有设置明显标志和采取安全措施。

三、建筑物和物件损害责任的承担

依据《民法典》的规定，建筑物和物件损害责任的责任主体包括建筑物的建设单位、施工单位或者建筑物和物件的所有人、管理人、使用人、第三人等，具体的责任主体因责任类型的不同而有所差别。

第一，建筑物、构筑物或者其他设施倒塌造成他人损害的，由建设单位与施工单位承担连带责任，但是建设单位与施工单位能够证明不存在质量缺陷的除外。建设单位、施工单位赔偿后，有其他责任人的，有权向其他责任人追偿。因所有人、管理人、使用人或者第三人的原因，建筑物、构筑物或者其他设施倒塌、塌陷，造成他人损害的，由所有人、管理人、使用人或者第三人承担侵权责任（《民法典》第 1252 条）。

第二，建筑物、构筑物或者其他设施及其搁置物、悬挂物发生脱落、坠落造成他人损害，所有人、管理人或者使用人不能证明自己没有过错的，应当承担侵权责任。所有人、管理人或者使用人赔偿后，有其他责任人的，有权向其他责任人追偿（《民法典》第 1253 条）。

第三，禁止从建筑物中抛掷物品。从建筑物中抛掷物品或者从建筑物上坠落的物品造成他人损害的，由侵权人依法承担侵权责任；经调查难以确定具体侵权人的，除能够证明自己不是侵权人的外，由可能加害的建筑物使用人给予补偿。可能加害的建筑物使用人补偿后，有权向侵权人追偿。物业服务企业等建筑物管理人应当采取必要的安全保障措施防止前述情形的发生；未采取必要的安全保障措施的，应当依法承担未履行安全保障义务的侵权责任（《民法典》第 1254 条）。

第四，堆放物倒塌、滚落或者滑落造成他人损害，堆放人不能证明自己没有过错的，应当承担侵权责任（《民法典》第 1255 条）。

第五，在公共道路上堆放、倾倒、遗撒妨碍通行的物品，造成他人损害的，由行为人承担侵权责任。公共道路管理人不能证明已经尽到清理、防护、警示等义务的，应当承担相应的责任（《民法典》第 1256 条）。

第六，因林木折断、倾倒或者果实坠落等造成他人损害，林木的所有人或者管理人不能证明自己没有过错的，应当承担侵权责任（《民法典》第 1257 条）。

第七，在公共场所或者道路上挖掘、修缮安装地下设施等造成他人损害，施工人不能证明

已经设置明显标志和采取安全措施的，应当承担侵权责任。窨井等地下设施造成他人损害，管理人不能证明尽到管理职责的，应当承担侵权责任（《民法典》第1258条）。

例题210 张小飞邀请关小羽来家中做客，关小羽进入张小飞所住小区后，突然从小区的高楼内抛出一块砚台，将关小羽砸伤。关于砸伤关小羽的责任承担，下列哪一选项是正确的？

A. 张小飞违反安全保障义务，应承担侵权责任

B. 顶层业主通过证明当日家中无人，可以免责

C. 小区物业违反安全保障义务，应承担侵权责任

D. 如查明砚台系从10层抛出，10层以上业主仍应承担补充责任

解析：本题的考点为违反安全保障义务责任、建筑物和物件损害责任，答案为B项。依据《民法典》第1198条第1款的规定，只有经营场所、公共场所的经营者、管理者或者群众性活动的组织者，才承担违反安全保障义务责任。本题中，事故发生在张小飞所住的小区内，不属于公共场所，因此，不产生违反安全保障义务责任。依据《民法典》第1254条的规定，从建筑物中抛掷物品或者从建筑物上坠落的物品造成他人损害，难以确定具体侵权人的，除能够证明自己不是侵权人的外，由可能加害的建筑物使用人给予补偿。本题中，顶层业主可以证明当天家中无人而得以免责。同时，如果查明砚台系从10层抛出，10层以上业主也不承担责任。

引读案例解答

1. 甲在路旁架起一口大锅用于熔化沥青，这种活动对周围人们的财产和人身安全具有很大的危险性，应属于高度危险作业。甲在从事这种作业时没有采取必要的防范措施，导致乙不慎受伤，构成了高度危险作业责任。由于甲并不具有法定的免责事由，因而，甲作为作业人应对乙的损害承担赔偿责任。

2. 乙是耕牛的所有人，耕牛造成丙损害，产生饲养动物损害责任。但牛造成丙的损害是因第三人甲的过错造成的，因此，耕牛的所有人乙对丙不承担赔偿责任，而甲应当对丙承担赔偿责任。丙可以向乙要求赔偿，也可以向甲要求赔偿。甲赔偿后，有权向乙追偿。

3. 甲为花盆的所有人，其将花盆放在5楼办公室的办公桌上并无不妥。乙在甲外出期间，将甲的花盆放在办公室的窗外，对此，乙负有管理的义务，乙为花盆的管理人。花盆被风吹落，砸伤丙，产生建筑物和物件损害责任。乙对花盆被风吹落，砸伤丙存在过错，同时乙也不具备法定的免责事由。因此，乙应当对丙的损害承担赔偿责任。

课堂讨论案例

1. 甲道路施工企业因爆破作业，致乙家阳台窗户掉落，砸伤正在遛狗的路人丙。狗挣脱绳索后，咬伤了正骑车经过的路人丁。

问：(1) 本案涉及哪几种侵权责任类型？(2) 丙对丁应否承担侵权责任？(3) 乙对丙应否承担侵权责任？(4) 甲对丙应否承担侵权责任吗？

2.6月28日中午，甲驾驶微型面包车外出办事。到达办事地点后，甲停车后未将发动机熄火，使空调保持开启状态，并将1岁大的女儿独自放在车内睡觉。不久，面包车起火，车头冒烟，甲马上冲到汽车旁打开车门，但为时已晚，甲的女儿当场死亡。事故发生后，公安机关经调查无法认定火灾原因。甲认为起火汽车存在质量缺陷是导致其女死亡的原因，而汽车制造商称起火汽车不存在质量缺陷，并认为甲对其女儿之死存在重大过失。

问：(1) 汽车制造商应否承担赔偿责任？(2) 甲对其女儿的监护是否存在过错？

3. 某日，甲感觉左眼疼痛，来到乙医院就诊。主治医师诊断甲患有“左眼复发性结膜囊肿”，需要手术摘除。甲在该院接受了左眼脂肪瘤摘除术。出院后，甲感到不能睁眼，遂又到乙处就诊。该医院为甲实施了左眼上睑下垂矫正手术，术后左眼能微睁但仍受限。后来，甲到另一医院就诊，主治医师告知其左眼上睑下垂是由于左眼上睑提肌损伤所致。甲认为，乙应当履行术前告知义务，但主治医师在手术前未向自己告知术后有关并发症，而且乙在为自己进行手术的过程中还刻断了上睑提肌，给自己造成了极大的精神痛苦，乙的医疗行为已经构成侵权，应当赔偿自己的经济损失和精神损失。

问：(1) 乙是否违反了说明告知义务？(2) 乙的行为是否构成医疗损害责任？

4. 某日晚19时10分左右，甲驾驶大中型拖拉机经过某地段时发生交通事故，该拖拉机冲出机动车道，撞坏隔离带，冲进非机动车道，导致正从该交通事故地点路过的乙受到事故的精神刺激而跌倒在地，经医院抢救无效死亡。事后，相关部门对乙进行了尸体检验，结论是：死者乙未见明显外伤，病理检验见其冠心病；高血压性心脏病、向心性肥大可构成死因。

问：(1) 甲的道路交通肇事行为与乙的死亡之间是否存在因果关系？(2) 甲应否对乙的死亡承担机动车交通事故责任？

重点思考习题

1. 产品责任的构成条件包括哪些？
2. 如何确定机动车交通事故责任的承担？
3. 医疗损害责任应当适用何种归责原则？
4. 环境污染和生态破坏责任为什么实行因果关系推定规则？
5. 高度危险责任为何实行无过错责任原则？
6. 如何确定饲养动物损害责任的承担？
7. 建筑物和物件损害责任包括哪些类型？各适用何种归责原则？

图书在版编目（CIP）数据

民法/房绍坤主编．--5版．--北京：中国人民大学出版社，2020.8
21世纪中国高校法学系列教材
ISBN 978-7-300-28293-0

Ⅰ.①民… Ⅱ.①房… Ⅲ.①民法-中国-高等学校-教材 Ⅳ.①D923

中国版本图书馆CIP数据核字（2020）第110080号

21世纪中国高校法学系列教材
民法（第五版）
主　编　房绍坤
Minfa

出版发行	中国人民大学出版社		
社　　址	北京中关村大街31号	**邮政编码**	100080
电　　话	010－62511242（总编室）		010－62511770（质管部）
	010－82501766（邮购部）		010－62514148（门市部）
	010－62515195（发行公司）		010－62515275（盗版举报）
网　　址	http：//www.crup.com.cn		
经　　销	新华书店		
印　　刷	北京宏伟双华印刷有限公司	**版　　次**	2009年4月第1版
规　　格	185 mm×260 mm　16开本		2020年8月第5版
印　　张	36.25　插页1	**印　　次**	2021年2月第2次印刷
字　　数	933 000	**定　　价**	69.00元

《　　　　　　》※任课教师调查问卷

为了能更好地为您提供优秀的教材及良好的服务，也为了进一步提高我社法学教材出版的质量，希望您能协助我们完成本次小问卷，完成后您可以在我社网站中选择与您教学相关的1本教材作为今后的备选教材，我们会及时为您邮寄送达！如果您不方便邮寄，也可以申请加入我社的**法学教师QQ群：83961183（申请时请注明法学教师）**，然后下载本问卷填写，并发往我们指定的邮箱（cruplaw@163.com）。

邮寄地址：北京市海淀区中关村大街31号中国人民大学出版社806室收

邮　　编：100080

再次感谢您在百忙中抽出时间为我们填写这份调查问卷，您的举手之劳，将使我们获益匪浅！

基本信息及联系方式：※

姓名：______________ 性别：______________ 课程：____________________

任教学校：________________________ 院系（所）：____________________

邮寄地址：________________________ 邮编：____________________

电话（办公）：______________ 手机：______________ 电子邮件：______________

调查问卷：※

1. 您认为图书的哪类特性对您使用教材最有影响力？（　　）（可多选，按重要性排序）

   A. 各级规划教材、获奖教材　　B. 知名作者教材

   C. 完善的配套资源　　D. 自编教材

   E. 行政命令

2. 在教材配套资源中，您最需要哪些？（　　）（可多选，按重要性排序）

   A. 电子教案　　B. 教学案例

   C. 教学视频　　D. 配套习题、模拟试卷

3. 您对于本书的评价如何？（　　）

   A. 该书目前仍符合教学要求，表现不错将继续采用。

   B. 该书的配套资源需要改进，才会继续使用。

   C. 该书需要在内容或实例更新再版后才能满足我的教学，才会继续使用。

   D. 该书与同类教材差距很大，不准备继续采用了。

4. 从您的教学出发，谈谈对本书的改进建议：________________________

____

____

选题征集：如果您有好的选题或出版需求，欢迎您联系我们：

联系人：宁丹丽　黄　强　联系电话：010-62515536

索取样书：书名：____________________________________

书号：____

备注：※为必填项。